Hirschberg · Ju

Biographische Quellen zur Zeitgeschichte

Herausgegeben im Auftrag des Instituts für Zeitgeschichte von Werner Röder und Udo Wengst

Band 20

R. Oldenbourg Verlag München 1998

Max Hirschberg

Jude und Demokrat

Erinnerungen
eines Münchener Rechtsanwalts
1883 bis 1939

Bearbeitet von
Reinhard Weber

R. Oldenbourg Verlag München 1998

Die Deutsche Bibliothek - CIP-Einheitsaufnahme

Hirschberg, Max:
Jude und Demokrat : Erinnerungen eines Münchener Rechtsanwalts
1883 - 1939 / Max Hirschberg. Bearb. von Reinhard Weber. -
München : Oldenbourg, 1998
   (Biographische Quellen zur Zeitschichte ; Bd. 20)
   ISBN 3-486-56367-X

© 1998 R. Oldenbourg Verlag GmbH, München
Rosenheimer Straße 145, D-81671 München
Internet: http://www.oldenbourg.de

Umschlaggestaltung: Dieter Vollendorf
Gedruckt auf säurefreiem, alterungsbeständigem Papier (chlorfrei gebleicht).
Satz: Falkner GmbH, Inning
Druck und Bindung: R. Oldenbourg Graphische Betriebe GmbH, München

ISBN 3-486-56367-X

Inhalt

Geleitwort
von Bundesminister a.D. Dr. Hans-Jochen Vogel 7

Einleitung 9

Zur Edition 51

Max Hirschberg: Erinnerungen 53

Vorwort 55

 1. Kapitel: Elternhaus, Schule, Bildung 61
 2. Kapitel: Studium, Berufsausbildung, Literatur 68
 3. Kapitel: Berufliche Anfänge, „Durchschnittsanwalt" 81
 4. Kapitel: Im Weltkrieg 91
 5. Kapitel: Revolution, Politisierung, Kampf für die Republik 112
 6. Kapitel: Die Fechenbach-Sache 157
 7. Kapitel: Anstieg des Faschismus, Fememorde, Inflation 188
 8. Kapitel: Kampf gegen Fehlurteile 204
 9. Kapitel: Der Hitler-Putsch 232
10. Kapitel: Der Dolchstoß-Prozeß 1925 251
11. Kapitel: Die Schwäche der Weimarer Republik und der Aufstieg
            des Nationalsozialismus (nicht abgedruckt) 274
12. Kapitel: Urlaub im Süden (nicht abgedruckt) 274
13. Kapitel: Der Untergang der Weimarer Republik (Teilabdruck) . . . 274
14. Kapitel: Im Gefängnis. Flucht ins Ausland 278
15. Kapitel: Fünf Jahre in Italien 293

Anhang:
Max Hirschberg an den Präsidenten des Oberlandesgerichts
München am 12. Mai 1933 betr. Zulassung zur Rechtsanwaltschaft . . . 309

Lebensdaten Max Hirschbergs 315

Bibliographie Max Hirschberg 317

Benutzte Archive 321

Bibliographie 323

6   Inhalt

Abkürzungsverzeichnis 327

Personenregister 329

Geleitwort

von
Bundesjustizminister a.D.
Dr. Hans-Jochen Vogel

Dafür, daß er die Lebenserinnerungen des 1964 in seiner zweiten Heimat, den USA, verstorbenen Münchner Rechtsanwalts Dr. Max Hirschberg veröffentlicht und ihnen eine ebenso informative wie einfühlsame Einleitung vorausgestellt hat, gebührt Reinhard Weber, und für die Aufnahme in die Reihe „Biographische Quellen zur Zeitgeschichte" dem Institut für Zeitgeschichte und dem Oldenbourg Verlag Dank und Anerkennung. Vor unserem geistigen Auge wird so die Persönlichkeit eines Mannes lebendig, der in seiner Vaterstadt München zu unrecht in Vergessenheit geraten ist.

Dabei ist sein Lebensweg nicht nur exemplarisch dafür, wie das NS-Gewaltregime in seinem Rassenwahn mit Männern umging, die nichts anderes sein wollten als normale Deutsche und die im Weltkrieg als hochdekorierte Frontsoldaten genau die Eigenschaften unter Beweis stellten, die das Regime lautstark propagierte. Und auch die Tatsache, daß er sich nach seiner Vertreibung aus Deutschland in den USA eine neue Existenz aufbaute, hebt ihn allein nicht aus der Reihe seiner Schicksalsgefährten heraus, denen oft Schlimmeres widerfuhr.

Was Max Hirschberg auszeichnete war etwas anderes. Das war die Hellsicht, mit der er schon Anfang der 20er Jahre die Kräfte in Bayern und in München erkannte, die Hitler den Weg bereiteten. Die auch vor dem Mißbrauch der Justiz und vor schlimmen Fehlurteilen nicht zurückschreckten, um die Feinde der Weimarer Republik zu schonen und zu ermutigen und die Repräsentanten und Verteidiger dieser Republik bloßzustellen und zu demütigen.

Insbesondere im Falle des später ermordeten Journalisten Felix Fechenbach und in dem Prozeß, in dem es um die sogenannte Dolchstoßlegende ging, hat Hirschberg, der selbst unter dem Eindruck des Kriegsgeschehens Sozialdemokrat geworden war, diese Kräfte entlarvt und ihnen als Anwalt mit all seinen Fähigkeiten und seiner ganzen Person Widerstand geleistet. Ihm insbesondere ist es zu verdanken, daß die Behauptung der Konservativen, Deutschland habe den Ersten Weltkrieg verloren, weil die Heimat der Front unter dem Einfluß der Sozialdemokratie in den Rücken gefallen sei, sogar vor einem bayerischen Gericht als agitatorische Unwahrheit widerlegt wurde.

Nicht auszudenken, was unserem Land erspart geblieben wäre, wenn sich die Mehrheit der deutschen Eliten nach 1918 so verhalten hätten wie Max

Hirschberg. Wenn Bayern in den frühen 20er Jahren nicht zur sogenannten Ordnungszelle im Sinne autoritär-konservativer Vorstellungen geworden wäre, sondern die Hitler'schen Umtriebe und die seiner Steigbügelhalter, die Lion Feuchtwanger in seinem „Erfolg" so eindrucksvoll beschrieben hat, mit der Entschiedenheit bekämpft hätte, die Hirschberg eigen war.

So verstanden sind Hirschbergs Erinnerungen ein anschaulicher Geschichtsunterricht, und zwar auch dann, wenn man ihm nicht in jeder einzelnen Aussage und Bewertung zustimmt. Die sorgfältigen Erläuterungen, die Reinhard Weber dem Text in Hunderten von Fußnoten beigefügt hat, erleichtern denjenigen das Verständnis, denen die darin genannten Personen und Ereignisse nicht mehr genügend präsent sind. Daß Hirschberg zugleich als eine Persönlichkeit universeller Bildung mit reich gefächerten wissenschaftlichen und literarischen Interessen in Erscheinung tritt, die von kriminologischen Spezialfragen bis zur Interpretation der großen russischen Dichter des 19. Jahrhunderts reicht, erhöht den Reiz und Gewinn der Lektüre seiner Lebenserinnerungen.

Als ehemaliger Münchner Oberbürgermeister, als früherer Vorsitzender der deutschen Sozialdemokratie, aber auch als Vorsitzender des Projekts „Gegen Vergessen – Für Demokratie" wünsche ich der Publikation eine weite Verbreitung.

München, im Mai 1997

Dr. Vogel

Einleitung

Im Herbst 1922 erregte ein Strafprozeß in München die ohnedies aufgewühlte Öffentlichkeit. Der ehemalige Sekretär Kurt Eisners, Felix Fechenbach, wurde für eine längst verjährte Tat wegen Landesverrats zu 11 Jahren Zuchthaus verurteilt.[1] Der bayerischen Justiz war es nüchtern betrachtet um die nachträgliche Diffamierung der Revolution und ihrer Folgen gegangen, am jungen „Überzeugungstäter" sollte als „Stellvertreter" ein Exempel statuiert werden.

Zutreffend wurde diese Art der Rechtsfindung als „eine glatte Rechtsbeugung durch eine deutschnationale Justiz"[2] apostrophiert. An der Spitze des Kampfes gegen das „Terrorurteil"[3] stand der engagierte Verteidiger Fechenbachs, der Münchner Rechtsanwalt Dr. Max Hirschberg, dem es nach über zweijährigen Bemühungen und unterstützt von zahlreichen ähnlich Gesinnten gelang, die bayerische Justiz gegen ihre erklärte Absicht zum Einlenken zu veranlassen. Fechenbach wurde begnadigt und sofort freigelassen, übrigens gleichzeitig mit Adolf Hitler, dessen bekanntermaßen rechtswidrige wohlwollende Behandlung[4] im krassen Gegensatz dazu gesehen werden muß.

Hirschberg, hervorragender, literarisch tätiger Jurist, politisch links orientiert, überzeugter Anhänger der Weimarer Republik und Jude, gehörte im München der Nachkriegszeit zu einer rückhaltlos für den neuen Staat eintretenden Minderheit. In den Akten des seit 1920 deutschnational dominierten bayerischen Staatsministeriums der Justiz, das im Umfeld des Fechenbachprozesses eine mehr als merkwürdige Rolle gespielt hatte[5], wurde er folgerichtig als „auch ein Jude und Demokrat" bezeichnet, sein Mandant Fechenbach als Sohn eines „Mazzenbäckers".[6]

Der bis 1925 in seiner Heimatstadt München wirkende Schriftsteller Lion Feuchtwanger hat in seinem Schlüsselroman „Erfolg" (1930) neben anderen politisch-gesellschaftlichen Phänomenen der frühen zwanziger Jahre in Bay-

---

[1] Für Einzelheiten siehe das 6. Kapitel der Erinnerungen, wo in den Anmerkungen Quellen und Literatur nachgewiesen werden. Eine Analyse des Prozesses liefert Otto Gritschneder, Elf Jahre Zuchthaus für Felix Fechenbach. In: ders., Weitere Randbemerkungen. München 1986, S. 252–265.
[2] Albert Schwarz, Die Zeit von 1918 bis 1933. In: Max Spindler (Hrsg.), Handbuch der bayerischen Geschichte. Bd. IV/1, München 1974/75, S. 454 ff., hier S. 469.
[3] Gritschneder (wie Anm. 1), S. 259.
[4] Otto Gritschneder, Bewährungsfrist für den Terroristen Adolf H. Der Hitler-Putsch und die bayerische Justiz. München 1990, bes. S. 97 ff.
[5] BayHStA, MJu 13246–13250.
[6] Gritschneder (wie Anm. 1), S. 255 bzw. 256.

ern auch die Justiz jener Zeit zwischen Revolution und Hitlerputsch behandelt.

Eine Hauptfigur des literarischen Zeitdokuments, der jüdische Anwalt und Abgeordnete Dr. Siegbert Geyer, beschäftigt sich literarisch mit der „Geschichte des Unrechts im Lande Bayern" und will ein großes Werk über „Recht, Politik, Geschichte" schreiben. Er ist Verteidiger eines in die Mühlen der bayerischen Justiz geratenen Kunsthistorikers und Museumsmanns, der sich durch sein Eintreten für eine progressive Kunstpolitik unbeliebt gemacht hat und deshalb mittels eines konstruierten Straftatbestands abgeschossen werden soll.

Obwohl ihm der Angeklagte nicht übermäßig sympathisch war, übernahm er seine aussichtslose Verteidigung „gegen einen Staat, der Recht nicht wollte, dennoch tat es wohl, Zeugnis abzulegen, etwas zu tun, einen Einzelfall weithin sichtbar ins scharfe Licht zu stellen."[7]

Sein Auftreten im Gerichtssaal wird so geschildert: „Er saß da, voll Spannung und Geladenheit wie ein angekurbeltes Auto, zitternd vor der Abfahrt" und „er packte schärfer zu. Seine schmalen, dünnhäutigen Hände hielt er jetzt nicht ohne Anstrengung ruhig, seine helle, hohe Stimme bohrte an dem Zeugen, klar, unerbittlich."[8]

Der reaktionäre Justizminister gelangte zu einer durchaus zutreffenden Einschätzung seiner Gedankenwelt: „Logik, Menschenrechte, Reichseinheit, Demokratie, zwanzigstes Jahrhundert, europäische Gesichtspunkte; einen Schmarrn [...]. Was versteht so ein Wichtigmacher wie der Geyer, so ein Gschaftlhuber und Streber, so ein Saujud, von dem, was in Bayern und für Bayern recht ist? Es hat ihn niemand gerufen. Hier will niemand besser gemacht werden."[9]

Alle Rückschläge mißachtend arbeitet Geyer für seine Ziele: „Warum die schmutzige Maschine des Rechts saubermachen wollen, wenn sich die Betroffenen doch wohlfühlen in ihrem Mist? Er hat ein weit über Verstand und Logik hinausgehendes, anormales, fanatisches Bedürfnis nach Sauberkeit im Recht, nach Klarheit. Die Unzulänglichkeit des ganzen Apparates gut erkennend, wünscht er, daß er zumindest mit mathematischer Sicherheit funktioniere. Wozu? Niemand dankt es ihm. Er ist wie eine Hausfrau, die partout reinemachen will in einem Haus, in dem man sich nur im Dunst und dumpfig Ungelüftetem behaglich fühlt."[10]

Außerdem hat er noch seine historischen Studien: „Und er schrieb, stellte dar, reihte Daten und Ziffern aneinander, belegte aktenmäßig jene vielfältige Geschichte des Unrechts im Lande Bayern, [...] sachlich, nüchtern, eifrig, hoffnungslos. [Denn] er hatte Freude an der Sauberkeit logischer Entwick-

---

[7] Lion Feuchtwanger, Erfolg. Drei Jahre Geschichte einer Provinz. Ausgabe Hamburg 1956, S. 56 f.

[8] Ebd., S. 22 bzw. 24.

[9] Ebd., S. 75.

[10] Ebd., S. 122.

lung, an dem reinen Bau von Gedankenreihen. Glaubte an jenen Denker, der Ethik auf geometrische Art demonstrierte. [Er war] getragen von seiner Kunst, einen Fall, zehn Fälle, tausend Fälle so darzulegen, daß das System auch dem Stumpfäugigen sichtbar wurde, dieses verhaßte, verlogene System, Gewalt, Willkür, Vorteil, Politik umzufälschen in Ethik, Gesinnung, Christentum, Recht, Gesetz."[11]

Feuchtwanger (Jahrgang 1884) und Hirschberg (Jahrgang 1883) waren gebürtige Münchner und, nur ein Jahr voneinander getrennt, Absolventen des renommierten Wilhelmsgymnasiums. Eine persönliche Bekanntschaft ist anzunehmen. Zudem waren Fechenbach und sein Anwalt auf Grund der reichsweiten Publizität des Prozesses, zahlreicher Protestveranstaltungen und Veröffentlichungen in aller Munde, ihre – selbstverständlich nicht deckungsgleiche – Verwendung in einem Schlüsselroman bot sich geradezu an.[12]

Kindheit und Jugend Max Hirschbergs verliefen weitgehend unspektakulär. Vater Ferdinand Hirschberg (1850–1925) war 1875 aus Berlin nach München gekommen und hatte 1879 das Bürger- und Heimatrecht erhalten. Aus kleinen Anfängen gelang, begünstigt durch den Aufschwung der Gründerjahre, die Einrichtung eines großen Damen- und Sportmodengeschäfts, zuletzt in Münchens renommierter Theatinerstraße, das er zeitweise zusammen mit einem Bruder betrieb. Einer der Höhepunkte seiner Karriere dürfte die Ernennung zum „königlichen Kommerzienrat" 1909 gewesen sein.[13] 1881 hatte er die Münchner Bankierstochter Charlotte Berliner (1861–1940) geheiratet. Der Ehe entstammten drei Söhne und eine Tochter, Max war das zweite Kind.

Wie die erhalten gebliebenen Schülerakten des Münchner humanistischen Wilhelmsgymnasiums belegen, hatte der begabte Junge keine schulischen Probleme, sondern gehörte durchwegs zu den Besten der Klasse.[14] Hirschberg kam in der Rückschau zu einer überwiegend negativen Beurteilung seiner Schulzeit. Ähnliche Äußerungen liegen von Mitschülern vor, eine soeben erschienene kritische Schulgeschichte bestätigt sie in wesentlichen Punkten.[15]

---

[11] Ebd., S. 70 bzw. 322.
[12] In der für „Erfolg" typischen Montagetechnik hat Feuchtwanger für die Figur Geyer mit Emil Julius Gumbel (Pazifist und Chronist des Unrechts) und Alwin Sänger (Jurist, SPD-MdL und MdR) auf weitere Bekannte zurückgegriffen. Verfasser hat dazu eine noch unpublizierte Studie unter dem Titel „Dr. Siegbert Geyer und seine historischen Vorbilder" erstellt, in der weitere Nachweise vorgelegt werden.
[13] Stadtarchiv München, Einwohnermeldebogen Ferdinand Hirschberg und MABl. 1909, S. 91.
[14] Archiv des Wilhelmsgymnasiums München, Schülerakt Max Hirschberg: Eintritt 1893, Abitur 1902.
[15] Lion Feuchtwanger, Selbstdarstellung (1933) und Der Autor über sich selbst (1935). In: ders., Ein Buch nur für meine Freunde. Frankfurt 1984, S. 356 f. bzw. 365; Philipp Löwenfeld, Memoiren. Manuskript im Leo-Baeck-Institut New York, S. 46, 61 f. und Rolf Selbmann, Vom Jesuitenkolleg zum humanistischen Gymnasium. Zur Geschichte des Deutschunterrichts in Bayern zwischen Gegenreformation und Gegenwart am

Die Zugehörigkeit des Elternhauses zum deutsch-jüdischen gehobenen
Bürgertum hat die Wahl des Studienfaches Jura sicher beeinflußt. „Das Vordringen in Anwaltschaft, Ärzteschaft und andere Doktorsberufe war ein
Stück des seiner Natur nach jungen und bescheidenen gesellschaftlichen
Ehrgeizes, den die Juden der damaligen Zeit pflegen konnten."[16] Das reduzierte Berufsangebot für Juden dürfte ein weiterer Faktor gewesen sein, daß
sich etwa 70% aller jüdischen Studierenden während des Kaiserreichs in der
juristischen oder medizinischen Fakultät einschrieben.[17]

Hirschberg beurteilt sein Studium distanziert, weil er die Juristerei mehr
für eine Technik als für eine exakte Wissenschaft hält. Trotzdem bemühte er
sich, besonders in seinen Berliner und Leipziger Semestern, Koryphäen des
Fachs zu hören. In München zählte dazu nur der Rechtshistoriker Karl von
Amira, während er mit den Kollegien bei Kohler, Martin Wolff und von Liszt
in Berlin, sowie Wach und Binding in Leipzig die der zeitgenössischen Avant-
garde besuchte.

Auffallend ist sein über das engere Fach hinausgehendes Interesse für Gerichtsmedizin (Straßmann/Berlin), Psychiatrie (Kraepelin/München) und
Psychologie (Lipps/München), ein Hinweis auf seine ihn das ganze Leben
begleitende kreative Neugierde. Sein zeitweises Engagement an führender
Stelle des Münchner akademisch-juristischen Vereins weist in die selbe Richtung.

Das Studium ließ ihm genügend Freiraum für seine künstlerischen Nei-
gungen. Hirschberg beschäftigte sich sein ganzes Leben lang intensiv und
kenntnisreich mit Musik und Literatur, wobei angemerkt werden sollte, daß
diese Beschäftigung auch die aktive Ausübung mit einschloß. Er war ein guter Pianist und seine literarischen Versuche, zunächst als Lyriker, später als
Übersetzer, können sich durchaus sehen lassen.

Dem ersten Examen 1907 folgten die üblichen Praktika der Referendar-
zeit bei Gerichten, Verwaltungsbehörden sowie bei Rechtsanwälten. Sie ver-
halfen ihm zum gewünschten Überblick und brachten erste forensische Erfolge, die auf den künftigen Strafverteidiger aufmerksam machten. 1910 belegte Hirschberg beim bayerischen Staatskonkurs, wie damals das zweite
Staatsexamen hieß, einen glänzenden 7. Platz unter 354 Kandidaten.[18]

Seine Nichtberücksichtigung für den Staatsdienst entsprechend der seit
der Jahrhundertwende in Bayern üblichen Verwaltungspraxis gegenüber Juden konfrontierte ihn erstmals mit dem neueren, rassisch begründeten Anti-

---

Wilhelmsgymnasium München. Frankfurt u.a. 1996, bes. Kap. 4/1 u. 3, 5 und 6/1 und
die dort genannten Vorstudien des Verfassers.

[16] Philipp Löwenfeld, Memoiren (wie Anm.15), S. 20.

[17] Norbert Kampe, Studenten und „Judenfrage" im Deutschen Kaiserreich. Göttingen
1988, S. 91; vgl. Peter Landau, Juristen jüdischer Herkunft im Kaiserreich und in der
Weimarer Republik. In: Helmut Heinrichs u.a. (Hrsg.), Deutsche Juristen jüdischer
Herkunft. München 1993, S. 133–213.

[18] BayHStA, MJu 21015 (= Personalakt Hirschbergs).

semitismus, der auch als Antwort auf die Gleichberechtigung der jüdischen Staatsbürger, die in der Rechtsordnung seit 1869/71 garantiert schien, gesehen werden kann.[19] Seine Behandlung ist ein gutes Beispiel für die vielen faktischen Benachteiligungen, denen damals deutsche Juden bei der Wahrnehmung ihrer verfassungsmäßigen Rechte ausgesetzt waren. Hirschberg traf diese Zurücksetzung stärker, als er sich eingestehen wollte. Er wies zwar bei mehreren Gelegenheiten auf den „latenten" Antisemitismus dieser Maßnahme hin, glaubte aber mit dem Hinweis, sein Traumberuf sei der des Rechtsanwalts gewesen, seine Enttäuschung verbergen zu können. Allein die Tatsache, daß er noch als alter Mann sein hervorragendes Prüfungsergebnis in Lebensläufen hervorheben zu müssen glaubte, spricht eine andere Sprache und deutet auf eine bleibende Verletzung hin.

Ebenfalls 1910 wurde Max Hirschberg von der juristischen Fakultät der Münchner Universität zum Dr. iur. promoviert. Seine Dissertation, für die er die Note „magna cum laude" erhielt, trug den Titel „Die Schutzobjekte der Verbrechen, speziell untersucht an den Verbrechen gegen den Einzelnen. Eine konstruktiv-dogmatische Studie, zugleich ein Beitrag zur Strafrechtsreform." Sie ist als Heft 113 der „Strafrechtlichen Abhandlungen" in Breslau 1910 veröffentlicht worden.

1911 ließ er sich nach einem kurzen Zwischenspiel im oberbayerischen Traunstein als Rechtsanwalt in München nieder. Nach eigener Aussage „Durchschnittsanwalt", politisch naiv und privat von unentschlossener Unrast empfand er den Beginn des Ersten Weltkriegs als Wende in seinem bisher relativ orientierungslos verlaufenden Leben. Wie viele andere zog er ahnungslos und patriotisch ins Feld.

Hirschberg war den ganzen Krieg über Soldat, von Januar 1915 bis Kriegsende an der Front. Auf der Basis eines seit 1915 geführten Tagebuchs hat er mit großer Authentizität Erlebnisse und Empfindungen festgehalten und im 4. Kapitel seiner Erinnerungen ausführlich darüber berichtet. Die eingehende Reflexion seiner auch moderne und modernste Literatur umfassenden Lektüre legt den Schluß nahe, daß er sich – vielleicht unbewußt – durch Beschäftigung mit eher geistigen Materien gegen den erschütternden Kriegsalltag zu immunisieren versuchte.

Nachzutragen bleibt seine militärische „Laufbahn". Am 28. August 1914 rückte er zum 7. bayerischen Feldartillerieregiment ein. Noch in der Heimat wurde er am 1. Oktober 1914 zum Unteroffizier der Landwehr I befördert.

---

[19] Sievert Lorenzen, Die Juden und die Justiz. Bearbeitet im Auftrag des Reichsministers der Justiz. Berlin-Hamburg ²1943, zur bayerischen Anstellungspraxis bes. S. 131–135 und 161–165; vgl. Tillmann Krach, Jüdische Rechtsanwälte in Preußen. Über die Bedeutung der freien Advokatur und ihre Zerstörung durch den Nationalsozialismus. München 1991, bes. S. 14–32, sowie allgemein Peter Landau (wie Anm. 17).

Mit seinem Regiment wurde er am 26. Januar 1915 an die Westfront verlegt, wo er bei der Flak eingesetzt war. Nach der am 1. Juli 1915 ausgesprochenen Beförderung zum Vizewachtmeister und Offiziersaspiranten folgte am 3. Dezember 1915 schließlich die Ernennung zum Leutnant der Reserve der Feldartillerie.

Seit Januar 1917 war er Führer des Flakzuges 26, später der Flakbatterie 535. Er war Träger folgender Auszeichnungen: Militär-Verdienst-Kreuz II. Klasse (15. Januar 1916), Militär-Verdienst-Orden 4. Klasse mit Schwertern (3. Januar 1917), EK II (19. Mai 1916), EK I (30. Juni 1917).

Die zahlreichen Beurteilungen bescheinigen ihm „gute militärische Vorbildung und Begabung", „besonders viel Verständnis für Schießtechnik der Flak", „sicheres Auftreten als Vorgesetzter", „Pflichttreue und Zuverlässigkeit". Hervorgehoben werden seine Sorge für die Untergebenen, seine Beliebtheit und Bescheidenheit, gute Umgangsformen und seine Musikalität.[20]

Die deutsche Niederlage und ihre Folgen trafen Hirschberg weitgehend unvorbereitet. Aber die anfängliche Schockwirkung hielt bei ihm nicht lange an. Seine nach eigener Einschätzung progressive Veranlagung führte zusammen mit einer schonungslosen Analyse der Vergangenheit zu seiner Politisierung, die ihn schließlich Anschluß an die unabhängige Sozialdemokratie finden ließ. Die Revolution sah er positiv, ohne sich persönlich zu beteiligen. Dem kritischen Sympathisanten entging nicht, daß ihr Scheitern wegen der ausbleibenden Veränderungen der ökonomischen, sozialen und grundlegenden politischen Gegebenheiten gleichsam vorprogrammiert war.

Die bayerischen Verhältnisse des Frühjahrs 1919 erfuhr Hirschberg hautnah, oft als Zuhörer. Kurt Eisner sah er als tragische Figur, auch weil diesem seiner Ansicht nach die Psychologie des bayerischen Volkes letztlich fremd blieb. Die frühe Formierung der Gegenrevolution, in Bayern wesentlich von den Mehrheitssozialdemokraten um Auer unterstützt, registrierte er mit steigender Sorge. Folgenreiche Fehler wie die Einrichtung der sog. Volksgerichte[21] ließen ihn für die Zukunft nichts Gutes ahnen.

Die mit äußerster Erbitterung erfolgende Niederschlagung der Münchner Räterepublik, die in eine „Orgie von Brutalität, Mordgier und Ungerechtigkeit" ausartete, und deren ohne jedes Augenmaß durchgeführte und vom Rachegedanken beherrschte „justizielle" Bewältigung festigten Hirschbergs politische Überzeugungen und förderten sein entsprechendes Engagement.

Erste Folge war, daß er als Anwalt einschlägige Verteidigungen übernahm, wozu auch die Vertretung von Ansprüchen Hinterbliebener gehörte.[22] Offen-

---

[20] Zum Ganzen BayHStA, Abt. IV Kriegsarchiv, OP 16962 (= Offizierspersonalakt Hirschbergs).

[21] Dazu ausführlich Franz J. Bauer – Eduard Schmidt, Die bayerischen Volksgerichte 1918–1924. Das Problem ihrer Vereinbarkeit mit der Weimarer Verfassung. In: ZbLG 48 (1985), S. 449–478.

[22] Ohne Anspruch auf Vollständigkeit kommen folgende Strafprozesse (jeweils im Bestand Staatsanwaltschaften des StAM) in Frage: 1952, 2283, 2330, 2386, 2991, 3069,

sichtliche Rechtsbrüche in diesem Zusammenhang sprach er auch öffentlich an.[23] Als daraufhin das bayerische Justizministerium ein Ehrengerichtsverfahren gegen ihn anstrengte, erwies sich, daß seine Kritik berechtigt war, denn Hirschberg wurde völlig rehabilitiert.[24]

Daß die Zeiten für seine politischen Anschauungen im nachrevolutionären Bayern nicht besonders günstig waren, erfuhr er auch als Vertreter seiner Partei bei Widersprüchen gegen polizeiliche Versammlungsverbote[25] und bei politisch bedingten Ausweisungen, die sich seit der Regierungsübernahme durch von Kahr häuften.[26] Die zunehmende politische Radikalisierung Bayerns[27], die nicht nur nach Hirschbergs Ansicht zum schrittweisen Abbau des demokratischen Rechtsstaats führte, veranlaßte ihn zum Rückzug aus der politischen Arena.

Obwohl die Urabstimmung der USPD Platz 3 ihrer Liste für ihn ergeben hatte, lehnte er eine Kandidatur für den bayerischen Landtag 1920 ab, auch weil „die zur Zeit herrschende Judenhetze nicht mit seinem Empfinden in Einklang stehe".[28] Der an seiner Stelle gewählte Karl Gareis wurde 1921 auf offener Straße ermordet. Die dem rechten politischen Spektrum zugehörigen Täter wurden nie zur Rechenschaft gezogen.[29]

Hirschberg widmete sich verstärkt seiner Anwaltstätigkeit, die nach wie vor überwiegend aus Strafverteidigungen und hier vorzugsweise solchen mit politischem Einschlag bestand. Der Rückzug aus dem direkten politischen Kampf dürfte allerdings auch private Gründe gehabt haben. Hirschberg heiratete nämlich 1920 und wurde im Jahr danach Vater eines (des einzigen)

7304, 15518, 15519, 15536. Beteiligte Gerichte: Standgericht München, Volksgerichte München I und Traunstein.
Schadensersatz- bzw. Rentenforderungen Hinterbliebener vertrat Hirschberg vor dem Landgericht München I. Folgende Fälle sind dokumentiert: StAM, Landgerichte 765–770.

[23] Rede auf einer USPD-Versammlung in München am 20. Februar 1920 zum Thema: „Rechtspflege, Justizminister Müller und politische Gefangene"; dazu liegen 2 Polizeiberichte vor: BayHStA, Abt. IV Kriegsarchiv, Reichswehrgruppenkommando IV, 417.

[24] BayHStA, MJu 21015: Neben dem aussagekräftigen Schriftwechsel besonders die Urteile des Ehrengerichts der Anwaltskammer für den OLG-Bezirk München vom 11. Dezember 1920 bzw. des Ehrengerichtshofs beim Reichsgericht vom 5. November 1921.

[25] StAM, RA 57840.

[26] Ein besonders krasses Beispiel stellt der Fall von Hollander-Deutsch dar: StAM, LRA 128429. Vgl. Reiner Pommerin, Die Ausweisung von „Ostjuden" aus Bayern 1923. Ein Beitrag zum Krisenjahr der Weimarer Republik. In: VfZ 34 (1986), S. 311–340.

[27] Hans Fenske, Konservativismus und Rechtsradikalismus in Bayern nach 1918. Bad Homburg 1969.

[28] Polizeiberichte über USPD-Versammlungen am 6. bzw. 11. Mai 1920, StAM, Polizeidirektion München 15591, Bl. 610 und 611.

[29] StAM, Polizeidirektion München 8079 und Staatsanwaltschaften 3088.

Sohnes. Die zeitlebens enge und liebevolle Beziehung zu Frau und Sohn ließ ihm wenig Zeit für ein ausgeprägtes politisches Engagement.

Der Fechenbachprozeß des Jahres 1922 machte Hirschberg in ganz Deutschland bekannt.[30] Sein Erfolg in diesem Prozeß veranlaßte zahlreiche Personen, die durch bayerische Volksgerichte verurteilt worden waren, sich mit der Bitte um Hilfe an ihn zu wenden. Bei allen Fällen mit politischem Einschlag waren seine Versuche, eine Wiederaufnahme zu erreichen, angesichts der bekannten Haltung der Justiz zum Scheitern verurteilt.[31] Erfolgreicher war er bei einigen Fällen ohne politischen Hintergrund.[32]

Spektakuläre Aufträge ließen unter diesen Umständen natürlich nicht lange auf sich warten. Im Herbst 1925 vertrat er im sog. Dolchstoßprozeß[33] den Redakteur der sozialdemokratischen Tageszeitung „Münchner Post", Martin Gruber, gegen eine der schillerndsten Figuren der zeitgenössischen Szene, den nationalistischen Paul Nikolaus Coßmann. In diesem Prozeß, der vorgeblich wegen beleidigender Äußerungen der Zeitung, in Wahrheit aber um die Propagierung der Dolchstoßlegende angestrengt wurde, ging es eigentlich um die von den für den Ersten Weltkrieg und seine Folgen verantwortlichen alten Eliten in die Welt gesetzte These von der Schuld der Linken an Kriegsniederlage und Revolution. Bezweckt wurde damit letztlich eine Diffamierung der ersten Demokratie in Deutschland.

Mit ungeheurem Arbeitsaufwand gelang Hirschberg im Prozeß zwar die Widerlegung der Vorwürfe, er mußte aber bei der Verkündung des Urteils die deprimierende Erfahrung machen, daß das Gericht seinen Mandanten schuldig sprach, weil der Wahrheitsbeweis für eine vorsätzliche Geschichtsfälschung seitens Coßmanns nicht erbracht sei. Die Hoffnung Hirschbergs, daß die Dolchstoßlegende trotzdem erledigt sei, hat sich als zu optimistisch herausgestellt.

Die spätestens 1920 von Hirschberg für Bayern konstatierte Rückkehr reaktionärer Kräfte hatte zum Abschied der Linken von der Macht geführt. Gleichzeitig machten sich antidemokratische Elemente, unter ihnen die junge Hitlerbewegung, breit und sorgten dafür, daß Bayern bald als „Hort der Rechten" und „Ordnungszelle" verschrien war.

Einwohnerwehren, Wehrverbände und andere paramilitärische Verbände hatten geheime Verbindungen zu Militär und Polizei. Alle waren bewaffnet, hielten militärische Übungen ab und versuchten, politisch mitzuspielen. Der

---

[30] Siehe dazu unten Kapitel 6.
[31] Vgl. die entsprechenden Akten StAM, Staatsanwaltschaften 2894m (Luitpold Debus und Rudolf Greiner), 2894q (Karl Gsell), 2894r (Georg Huber), 2894s (Johannes Hannes und Johannes Kick) und 2894o (Gnadengesuche).
[32] Vgl. dazu unten das 8. Kapitel.
[33] Ausführliche Darstellung im 10. Kapitel, dort in den Anmerkungen alle Einzelheiten. Die Akten sind seit kurzem im StAM, AG 69108. Einen guten Überblick bietet Irmtraud Permooser, Der Dolchstoßprozeß in München 1925. In: ZbLG 59 (1996), S. 903–926.

unheilvolle Einfluß Gustav von Kahrs, den Hirschberg als engstirnigen Büro-
kraten ohne politische Begabung einschätzte, der Monarchie mehr als der
Demokratie verpflichtet, begann ebenfalls 1920.

Viele maßgeblichen Stellen waren mit Republikfeinden besetzt, was besonders bei Polizei und Justiz zu verheerenden Folgen führte. Politisch motivierte Morde, gewaltsame Versammlungsstörungen und Überfälle waren
nunmehr an der Tagesordnung, ohne daß die Verantwortlichen zur Rechenschaft gezogen wurden.

Hirschberg war als Strafverteidiger häufig in vorderster Linie mit den ver-
änderten Gegebenheiten konfrontiert. Im Bereich der Justiz registrierte er
die weitverbreitete Skepsis, ja die feindliche Einstellung vieler gegenüber der
neuen Staatsform. Nach Hirschbergs Meinung hat die Justiz die Republik
ihren Feinden wehrlos überlassen und damit zusammen mit der Reichswehr
und der Ministerialbürokratie zu ihrem Untergang beigetragen.

Für den Juristen Hirschberg war es mehr als ein Symbol, daß der Rechtsstaat ins Wanken geriet. Fememorde, verbotene militärische Organisationen
und Waffenlager, die schwarze Reichswehr usw. zählte er zu den Verfallser-
scheinungen des untergehenden Rechtsstaats in Deutschland. Erschüttert
war er über die Passivität, das Zurückweichen der Demokraten.

Hitler und seiner Bewegung stand er von Anfang an negativ gegenüber.
Dessen nachhaltige Unterstützung durch zahlreiche republikfeindliche Krei-
se, auch hohe und höchste staatliche Stellen, war für ihn ein bedenkliches
Zeichen für den Zustand der Gesellschaft. Umstände und Folgen von Hitler-
putsch und Hitlerprozeß belegen insoweit die Richtigkeit seiner Einschätzung. Sein Eindruck, daß die lächerlich milde Bestrafung Hitlers eine scham-
lose Rechtsbeugung darstellte, stimmt mit dem vernichtenden Urteil der
Fachleute überein.[34]

Hirschberg wurde an seinem Wohnort im Münchner Villenvorort Solln in
unmittelbarer Nachbarschaft zu Ludendorff und Walter Buch durch tägliche
Erfahrung mit der beispiellosen Propaganda der NSDAP konfrontiert. Öffentliche Beschimpfung von politischen Gegnern und Juden, Mißhandlungen
jüdischer Kinder ließen Freundschaften in die Brüche gehen und vergifteten
Geschäftsbeziehungen und gesellschaftlichen Verkehr. Viele schwenkten aus
Opportunismus zum Antisemitismus über. 1931 war die Stimmung so be-
drohlich geworden, daß er ihr durch einen Umzug nach München zu entge-
hen versuchte.

Auch beruflich mehrten sich alarmierende Vorzeichen. Öffentliche Beschimpfungen jüdischer Anwälte im Gerichtssaal häuften sich, auch wenn sie
meistens vom Gericht gerügt wurden. Der von Hans Frank ins Leben gerufe-
ne NS-Juristenbund[35] blieb in Anwaltskreisen eine hoffnungslose Minorität,
weil ihm die angesehenen Anwälte fast ausnahmslos fernblieben. Aber auch

---

[34] Gritschneder (wie Anm. 4), S. 48ff., bes. S. 94ff.
[35] Krach (wie Anm. 19), S. 146ff.

hier sorgten Druck und Terror dafür, daß viele schließlich beitraten, um einen möglichen Anschluß nicht zu verpassen.

Hitler, den Hirschberg aus eigener Anschauung kannte, auch bei Gericht erlebt hatte, versuchte er sich als im Trend der zeitgenössischen mystisch-nationalistisch-militaristischen Strömungen zu erklären. Den verbreitete Hang zu Ekstatikern, Mystikern und vermeintlichen Erlösern hielt er trotz des beeindruckenden Propagandaaufwands für ungefährlich, solange die Wirtschaftslage günstig verlief.

Als sich ab 1928 hier eine Veränderung abzeichnete, die 1929 in der Weltwirtschaftskrise mit ihren bekannten Folgen (Pleiten, Bankenzusammenbrüchen, Zunahme der Arbeitslosigkeit) kulminierte, mußte er erkennen, daß viele das Heil nur noch bei den Extremen von Rechts und Links suchten. Die Reichstagswahl des Herbstes 1930, die erdrutschartige Gewinne für die NSDAP, aber auch für die KPD gebracht hatte, und der Tod von Schwiegervater und Schwester erzeugten bei Hirschberg eine tiefe Depression, die ihren Ausdruck in der Vision des baldigen Existenzverlusts und der Emigration fand.[36]

Aber seine Kämpfernatur gewann rasch wieder die Oberhand. Rastlose Arbeit, etwa in Prozessen gegen Anhänger des Reichsbanners wegen Zusammenstößen mit nationalsozialistischen Schlägertrupps, zeigte ihm zweierlei. Auf der einen Seite die Tatsache, daß es zahlreiche idealistisch gesinnte Verteidiger der Republik gab, auf der anderen Seite eine bereits in Schieflage geratene Justiz, die zwischen Sympathisanten und Gegnern der Demokratie nicht mehr zu unterscheiden vermochte.[37] Und in ihrem Gefolge machte er eine opportunistische Presse aus, die vieles verschwieg, weil sie bei den künftigen Regierenden keinen Anstoß erregen wollte.[38]

Obwohl religiös ungebunden entschloß sich Hirschberg im Juni 1931, dem „Centralverein der deutschen Staatsbürger jüdischen Glaubens" beizutreten[39], dessen Aktivitäten er bisher als viel zu moderat abgelehnt hatte. Im Kampf um den Bestand der Republik, der langsam in seine Endphase trat,

---

[36] Der Schriftsteller Lion Feuchtwanger schrieb am 21. Januar 1931: „Was also die Intellektuellen und die Künstler zu erwarten haben, wenn erst das Dritte Reich [...] errichtet wird, ist klar: Ausrottung. Das erwarten denn auch die meisten, und wer irgend unter den Geistigen es ermöglichen kann, bereitet heute seine Auswanderung vor. Man hat, wenn man unter den Intellektuellen Berlins herumgeht, den Eindruck, Berlin sei eine Stadt von lauter zukünftigen Emigranten." Zitiert nach Volker Skierka, Lion Feuchtwanger. Eine Biographie. Hrsg. von Stefan Jaeger. Berlin 1984, S. 110.

[37] Ausgezeichnetes Anschauungsmaterial bietet dazu der Strafprozeß um die sog. Murnauer Saalschlacht von 1931, in dem Hirschberg als Verteidiger der SPD auftrat: StAM, AG 69110 und Landgerichte 3341 (Zeitungsausschnitte).

[38] Paul Hoser, Die politischen, wirtschaftlichen und sozialen Hintergründe der Münchner Tagespresse zwischen 1914 und 1934. Methoden der Pressebeeinflussung. 2 Bde. Frankfurt u.a. 1990.

[39] BayHStA, Reichsstatthalter 432.

schien ihm die Zusammenfassung aller staatsbejahenden Kräfte jedoch unabdingbar.

Erste Frucht der neuen Zusammenarbeit war eine Analyse der „Hitlerbewegung in Deutschland", deren Veröffentlichung in der amerikanischen Presse Stimmung gegen das drohende Unheil machen sollte. Die Umstände ihrer Überlieferung[40] legen jedoch den Schluß nahe, daß die geplante Publikation nicht zustande kam.

Hirschberg ging in ihr vom sensationellen Reichstagswahlerfolg der NSDAP 1930 aus, der für ihn „vernunftgemäß" nicht zu erklären war. Im Sinne einer dem Ausland plausiblen Diagnose und Prognose der weiteren Entwicklung Deutschlands hielt er aber „ein richtiges Bild" der Hitlerbewegung und der Quellen ihres scheinbar unaufhaltsamen Anstiegs für unerläßlich.

Die Wirkung der Persönlichkeit Hitlers könne, was Physiognomie, Aufmachung und Auftreten betrifft, den Anhänger des gesunden Menschenverstands nur verwundern. Seine berühmte Rhetorik bestehe aus inhaltslosem und hysterischem Pathos. Problemen begegne er mit kindlicher Vereinfachung, Agitation und Demagogie ersetze staatsmännisches Handeln. Endlose Wiederholung immer gleicher nationalistischer Phrasen suggeriere die Alleinberechtigung der nackten Gewalt und die Sinnlosigkeit internationaler Zusammenarbeit für Verständigung und Abrüstung.

„Der Faustschlag auf den Verhandlungstisch [...] ist sein außenpolitisches Ideal." Die hysterische Anbetung brutaler Gewalt lege den Verdacht nahe, daß Hitler über die innere Schwäche seiner Persönlichkeit und seiner Bewegung hinwegzutäuschen versuche. Diese Beobachtung decke sich mit dem Eindruck ehemaliger Gesinnungsgenossen, die Hitler als einen Mann schildern, der jeder klaren Entscheidung auszuweichen und seine innere Entschlußlosigkeit hinter einer napoleonischen Scheinfassade zu verdecken versuche.

Auch Programm und Politik der Hitlerbewegung seien innerlich haltlos und „trotz der scheinbar starken Geste in Wirklichkeit im Kerne angefault." Mit skrupelloser Agitation wolle man heterogenste Elemente zu Anhängern gewinnen, indem man jeder Gruppe bedingungslos verspreche, was sie zu hören wünscht. Der krude Radau-Antisemitismus der Partei und ihrer Organe werde durch gelegentliche taktisch motivierte Äußerungen Hitlers gebremst, die vor allem im Ausland besänftigend wirken sollen.

Um die Arbeiterschaft zu gewinnen, predige man „einen ganz merkwürdigen Sozialismus". Die dabei vertretene revolutionäre Tendenz gleiche der kommunistischen „zuweilen aufs Haar, wie denn überhaupt ganz merkwürdige Ähnlichkeiten und Zusammenhänge zwischen Nationalsozialisten und Kommunisten trotz aller gegenseitigen Schlägereien bestehen."

---

[40] Wie vorige Anmerkung, bes. Schreiben des CV Berlin an Hirschberg vom 9. November 1931.

Gleichzeitig nehme Hitler Geld in beträchtlichem Ausmaß von der Groß-industrie und bestreite diese Tatsache nicht einmal ernstlich. Der ungeheure Aufwand für Propaganda und Organisation seiner Partei sei auch nicht anders erklärbar. Der freundschaftliche Umgang Hitlers mit Hochfinanz und Großindustrie und die großzügige Unterstützung durch diese habe bisher den Massenzustrom der Arbeiterschaft zu seiner Bewegung verhindert.

Aus der inneren Unwahrhaftigkeit der NSDAP ergäben sich die sonderbarsten Konsequenzen. Den Metallarbeiterstreik 1930 unterstütze die Berliner Untergliederung der Partei nachhaltig, während Hitler gleichzeitig seinen industriellen Gönnern gegenüber beruhigende Versicherungen abgebe. Mit vergleichbarer Skrupellosigkeit würden den Kleinbauern weitestgehende Versprechungen in Richtung einer Besserung ihrer Notlage gemacht, obwohl der Großgrundbesitz dieselbe Partei intensiv unterstütze. Bei Bedarf gebe sich die NSDAP sogar monarchiefreundlich, gleichzeitig versichere Hitler seine strenge Legalität gegenüber der bestehenden Staatsform.

Den Gipfelpunkt der Verworrenheit und Skrupellosigkeit sieht Hirschberg in den wirtschaftlichen Zusicherungen, die Hitler zur Anlockung neuer Anhänger Kleinrentnern, Invaliden, Arbeitslosen, Bürgern, Kaufleuten, Bauern, also heterogensten Schichten mache. „Kapitalistische und antikapitalistische, revolutionäre und reaktionäre Forderungen werden einem urteilslosen Publikum in verworrenster Mischung vorgetragen."

Der Finanztheoretiker der Partei, Gottfried Feder, vertrete amateurhaft die Abschaffung der Zinsknechtschaft, womit er eine Limitierung auf maximal 5% Zins meint. Angesichts des Finanzbedarfs Deutschlands und der internationalen Verflechtung des Geldmarktes werde stürmische Heiterkeit der Fachleute die Folge sein.

Solche oder ähnliche Blamagen, z.B. bei der Aufdeckung der Tatsache, daß viele Unterführer vorbestraft seien, hätten bei anderen Parteien rasche Konsequenzen nach sich gezogen. Mit der Erklärung, seine Mitarbeiter seien raue Kämpfer, bei denen bürgerliche Kategorien fehl am Platze wären, ziehe sich Hitler ohne Prestigeverlust aus der Affäre.

Weil er gehofft habe, nach den Wahlen 1930 an der Regierung beteiligt zu werden, habe er außenpolitisches Wohlverhalten und gleichzeitig seine Abkehr von einem gewaltsamen Umsturz im Innern versprochen. Seinem bekannten Legalitätseid zuwider treibe er unaufhörlich Propaganda gegen Republik und Reichsregierung. Die Folge, ständige Ausschreitungen mit Worten und Gewalttaten, habe Deutschland an den Rand des latenten Bürgerkriegs gebracht.

Hirschberg sah im wesentlichen wirtschaftliche Verzweiflung als Grund für den Übergang vieler Wähler zu Hitler. „Der Zulauf zur Hitlerfahne ist bei 90% der Mitläufer nichts weiter als ein Ausdruck der wirtschaftlichen Hoffnungslosigkeit, die durch den nunmehr 12 Jahre ununterbrochen andauernden wirtschaftlichen Druck und seine Steigerung zu der gegenwärtigen schweren Depression in Deutschland geführt hat."

Den beiden staatstragenden Parteien Zentrum und SPD sei es nach den
Wahlen gelungen, den Hebel dort anzusetzen, wo die braune Gefahr am ent-
schiedensten bekämpft werden muß, bei der Milderung der Wirtschaftsde-
pression und bei der rücksichtslosen Ordnung der Staatsfinanzen. Die hier-
für erforderlichen Opfer seitens der Bevölkerung bewegten sich an der
Grenze des überhaupt Erträglichen, weil Deutschland von der Wirtschaftsde-
pression im Gegensatz zu anderen Ländern in einem durch die Inflation bereits ausgebluteten Zustand getroffen werde.

Die Unterstützung der Regierung Brüning verlange auch von der Anhän-
gerschaft der oppositionellen SPD außerordentliches politisches Verständnis.
Ihre Mehrzahl sei dazu bereit, die wirtschaftliche Verzweiflung treibt aber
Teile der Arbeiterschaft zu den Kommunisten, „sodaß die Basis der Ver-
nunftpolitik nicht nur nach rechts, sondern auch nach links schmäler geworden ist."

Deutschland könne aus eigener Kraft nicht wieder auf die Beine kommen,
sondern bedürfe der wohlwollenden Unterstützung der Gläubigerstaaten
und des Auslandskapitals. Somit sei die Bekämpfung des Radikalismus von
Rechts und Links ein internationales Problem geworden, das der Aufmerksamkeit des Auslands in hohem Maße bedürfe.

„Das Aufschwellen oder Abschwellen der Radikalen geht mit dem Auf-
oder Abschwellen der Wirtschaftskrise haarscharf parallel. Jede Erleichterung, die Deutschland gewährt wird, bedeutet ein Erstarken vernünftiger Politik gegenüber der radikalen agitatorischen Verhetzung. Hitler scheut kein
Opfer, auch kein Opfer des Intellekts und des Charakters, um an die Regierung zu kommen." Eine Stärkung des Dammes, den alle antifaschistischen
Parteien, besonders Zentrum und SPD, errichtet haben, „ist keineswegs nur
ein deutsches Problem".

Außer Zweifel stehe, daß ein Sieg Hitlers das politische und wirtschaftliche Chaos nach sich ziehen und damit letztlich den Bolschewismus fördern
dürfte. Die faschistische und die bolschewistische Gefahr in Deutschland sei-
en, weder über-, noch unterschätzt, „völlig und restlos identisch". Jede Milderung, jedes Entgegenkommen, die eine Besserung der Verhältnisse bewirk-
ten, brächten Vertrauen und müßten möglich sein. „Sicherlich ist nicht
Deutschland allein daran interessiert, daß in dieser chaotischen Epoche das
Chaos in Deutschland verhindert wird."

Die konkrete Gefährlichkeit der Hitlerpartei nachzuweisen, war Hirschberg ein dringendes Bedürfnis. So beteiligte er sich zusammen mit seinem
Sozius Philipp Löwenfeld an der Sammlung von belastendem Material über
die NSDAP durch das preußische Innenministerium, die im wesentlichen mit
dem Namen des Justiars der dortigen Polizeiabteilung, Dr. Robert M. W.
Kempner[41], verbunden ist.

---

[41] Robert Kempner (1899–1993) hat unter Pseudonym folgende Arbeiten dazu veröffentlicht: Procurator, Aus der Justizverwaltung des „Dritten Reiches". In: Die Justiz

Noch Ende 1932 kritisierte er die verderblichen Folgen für Staatsautorität und Rechtsgefühl durch den Mißbrauch des Artikels 48 Absatz 2 der Reichsverfassung, durch Erlaß von solchen Notverordnungen, die weder eine erhebliche Störung oder Gefährdung der öffentlichen Sicherheit und Ordnung zum Anlaß haben, noch nötige Maßnahmen zu ihrer Wiederherstellung beinhalten.[42] Als Anwalt scheint es ihm besonders wichtig gewesen zu sein, „Verwahrung gegen diese untragbaren Verschlechterungen der Strafrechtspflege einzulegen, weil wir verpflichtet sind, die Grundlage der Rechtspflege zu bewahren und in eine bessere Zeit hinüberzuretten. Im übrigen ist der Protest gegen die Beseitigung der wichtigsten Rechtsgrundlagen des Angeschuldigten im Strafprozeß für denjenigen, dem das Recht Gewissenssache ist, eine Angelegenheit des Gewissens und daher notwendig und unvermeidlich."[43]

Die Endphase der Weimarer Republik war auch von einer Radikalisierung des politischen Kampfes gekennzeichnet. Die eine Seite dieses Kampfes war der unmittelbare persönliche Terror, der Angriff auf Leib, Leben und Eigentum des einzelnen Gegners oder der gegnerischen Gruppe. Daneben trat, in seiner Bedeutung vielfach nicht genügend gewürdigt, der Kampf gegen die persönliche Ehre des Kontrahenten.

Die Nationalsozialisten entwickelten in dieser Variante der Auseinandersetzung, die sie systematisch ausbauten, hohe Virtuosität.[44] Auch Max Hirschberg war mehrfach Ziel öffentlicher Angriffe, die ihn als Verteidiger und als Juden herabzuwürdigen bezweckten.

In seinem Bericht über einen Beleidigungsprozeß, in dem Hirschberg zwei Journalisten erfolglos verteidigt hatte, führte der „Völkische Beobachter"[45]

VI (1931), S. 396 ff.; Justinian, Die Justiz des Dritten Reiches. Ebd. VII (1932), S. 455 ff.; Eike von Repgow, Justizdämmerung und Auftakt zum Dritten Reich. Berlin 1932 (Nachdruck 1963); [Hrsg.], Der verpaßte Nazi-Stopp. Die NSDAP als staats- und republikfeindliche, hochverräterische Verbindung. Preußische Denkschrift von 1930. Berlin 1983.

Vgl. seine Erinnerungen: Ankläger einer Epoche. Lebenserinnerungen. Berlin 1983, sowie Hermann Weber, Robert M. W. Kempner (1899–1993). Vom Justitiar in der Polizeiabteilung des Preußischen Innenministeriums zum stellvertretenden US-Hauptankläger in Nürnberg. In: Helmut Heinrichs u.a. (Hrsg.), Deutsche Juristen jüdischer Herkunft. München 1993, S. 793–811.

[42] Max Hirschberg, Die Verschlechterung der Strafrechtspflege durch Notverordnungen. In: Die Justiz VIII (1932/33), S. 122–133.

[43] Ebd., S. 132. Vgl. dazu auch seinen Sozius Philipp Löwenfeld, Das Strafrecht als politische Waffe. Berlin 1933.

[44] Vgl. allgemein und mit Beispielen Heinrich Hannover und Elisabeth Hannover-Drück, Politische Justiz 1918–1933. Frankfurt 1966, S. 263–273, bes. S. 271 ff.; Krach (wie Anm.19), S. 116 ff., 121 ff. und 145 ff. und zeitgenössisch: Anonymus, Calumniare audacter! Neuer Gebrauch eines alten Rezeptes. In: Die Justiz VIII (1932/33), S. 106–122.

[45] „Völkischer Beobachter" Nr. 22 vom 22. Januar 1932, Artikel „Georg Müller-Verlag gegen Münchner Post – Judenhetze vor dem Münchner Amtsgericht", dort auch das folgende Zitat.

Folgendes aus: „Das Plädoyer des R. A. Hirschberg zeigte die charakteristische semitische Technik. Ein menschlich an sich bedauernswerter Vorgang wird zu einer Sensationshetze mißbraucht, aus Wut, weil ein jahrelang unter jüdischem Einfluß stehender Verlag die Kraft gefunden hat, sich davon unabhängig zu machen und sich auf die nationale Aufgabe einer deutschen Geisteskultur wiederzubesinnen."

Die vorhandenen Gerichtsakten[46] lassen jedoch keinerlei Schlüsse auf ein sensationsheischendes Auftreten Hirschbergs zu, der konsequenterweise gegen den verantwortlichen Redakteur des Naziblattes Beleidigungsklage erhob.[47]

Das angerufene Amtsgericht München räumte ein, daß die Anwürfe geeignet seien, „den Privatkläger verächtlich zu machen und in der öffentlichen Meinung herabzuwürdigen. Sie enthalten den Vorwurf, der Privatkläger habe die Verteidigung unanständig, mit Beschimpfungen, sensationshetzerisch, pflichtwidrig, eines Rechtsanwalts unwürdig geführt." Da sie im Verfahren nicht bewiesen werden konnten, wurde der Angeklagte wegen übler Nachrede zu 600,– Reichsmark Geldstrafe verurteilt.

Eine härtere Bestrafung etwa im Sinne der „Verordnung des Reichspräsidenten zur Sicherung von Wirtschaft und Finanzen und zum Schutze des inneren Friedens" vom 8. Dezember 1931[48], die eine Verstärkung des Ehrenschutzes gegen Beleidigungen im politischen Kampf ermöglicht hätte, lehnte das Gericht ausdrücklich ab, indem es Hirschberg kurzerhand als nicht im öffentlichen Leben stehend bezeichnete.[49]

Die einflußreichen völkischen Publizisten Dr.Wilhelm Stapel und Albrecht Erich Günther, Herausgeber der Zeitschrift „Deutsches Volkstum", die einen sog. „literarischen Antisemitismus"[50] vertraten, hatten vor Gericht gegen Hirschberg und seinen Sozius Philipp Löwenfeld mehrfach den kürzeren gezogen.[51]

Aus Verärgerung darüber verfaßte Stapel eine Abhandlung unter dem Titel „Anwaltschaft und Judentum. Ein Beitrag zur Psychologie der Prozeßverhandlung".[52] In einem auf den ersten Blick sich wissenschaftlich gebenden

---

[46] StAM, AG 37007: Gustav Pezold gegen Martin Gruber und Dr. Wolfgang Bretholz wegen Beleidigung 1932.

[47] StAM, AG 43319: Max Hirschberg gegen Gerhard Binz wegen Beleidigung 1932, dort auch das folgende Zitat.

[48] Druck: RGBl. I (1931), S. 742.

[49] Vgl. den zeitgenössischen Anonymus (wie Anm.44), S. 121: „Neben einer gewissen kühlen Haltung vieler Richter gegenüber dem neuen Staat muß auch dort, wo eine solche Haltung beim Gericht nicht anzunehmen ist, eine weitgehende Weltfremdheit und Unkenntnis der heutigen politischen Propagandamethoden festgestellt werden."

[50] Carl von Ossietzky, Antisemiten. In: „Die Weltbühne" 1932/2, S. 88 ff.

[51] StAM, AG 43322: Philipp Löwenfeld gegen Wilhelm Stapel und Albrecht Erich Günther wegen übler Nachrede und Beleidigung 1932, dort auch die Vorgeschichte.

[52] In: „Deutsches Volkstum" 2. Septemberheft 1932, S. 752–757, dort auch die folgenden Zitate.

Ton offenbarte sie Antisemitismus krudester Art. Die große Zahl von „penetranten" jüdischen Anwälten habe nicht nur wirtschaftliche und gesellschaftliche, sondern auch psychologische Gründe, weil sich Juden ihrer geistigen Beschaffenheit wegen besonders für diesen Beruf eigneten.

Gerade im unsicheren Fall gehe ein Deutscher oft zum jüdischen Anwalt, weil „er nicht wohl von einem abwägenden, objektiven Anwalt deutschen Geblütes durchgekämpft werden kann." Dem Juden nämlich komme es nicht auf die Sache, sondern auf den Triumph an, „weil ihm das Durchfechten einer schwierigen Sache zugleich ein Durchsetzen seiner selbst bedeutet. [...] Recht ist eine ‚unpersönliche' und ‚logische' Sache. In diese kühle Atmosphäre des römischen und germanischen Erwägens und Urteilens dringt nun das orientalische Temperament des jüdischen Anwalts ein [und] erzeugt in der Regel nicht logische Klarheit, sondern Stimmungen, Abblendungen, Übertonungen, grelle Effekte usw. Durch solche Mittel wird zwar dem Sieg einer Partei, aber nicht dem Siege des Rechtes gedient."

Stapel konstruierte einen prinzipiellen Widerspruch zwischen anwaltlicher Interessenvertretung und Rechts- bzw. Wahrheitsfindung und machte dafür das angeblich nur jüdischen Anwälten eigene exzessive Engagement für ihre Partei verantwortlich. Wie er sich praktisch die künftige Rolle der Juden in der Justiz vorstellte, verriet er an anderer Stelle:[53]

„Die beiden hierarchischen Funktionen des Richtens und Erziehens sind dem Juden für den Bereich des Deutschtums verschlossen."

Stapel hatte es jedoch nicht bei allgemein gehaltenen Ausführungen belassen, sondern war in seiner erstgenannten Abhandlung so weit gegangen, relativ unverhüllt seiner Verärgerung über Hirschberg und Löwenfeld durch die namentliche Einführung zweier typischer Vertreter des jüdischen Anwaltsstandes, „Montanus" (Hirschberg) und „Campanus" (Löwenfeld), Ausdruck zu verleihen.

Hirschberg und Löwenfeld reichten deshalb am 18. November 1932 beim zuständigen Amtsgericht München Klage wegen übler Nachrede und Beleidigung ein.[54] Die von Hirschberg gefertigte Klagebegründung läßt auf 17 Seiten, was die Beurteilung der „Niedrigkeit des Niveaus" der Stapelschen Abhandlung betrifft, nichts zu wünschen übrig. Darüber konnte auch das Vorbringen der Gegenseite nicht hinwegtäuschen, die allen Ernstes das Pamphlet als „rein wissenschaftlich" bezeichnete, „indem eine Reihe ethnographischer und psychologischer Thesen aufgestellt wird, die den Charakter allgemeiner Werturteile haben. Der inkriminierte Aufsatz ist, wie schon sein Titel beweist, eine wissenschaftliche Kritik über gewerbliche Leistungen[!] im Sinne des § 193 Reichsstrafgesetzbuch."

---

[53] Wilhelm Stapel, Versuch einer praktischen Lösung der Judenfrage. In: Albrecht Erich Günther (Hrsg.), Was wir vom Nationalsozialismus erwarten. Zwanzig Antworten. Heilbronn 1932, S. 186 ff., dort S. 189 das folgende Zitat.
[54] StAM, AG 43354, dort auch das Folgende.

Die Pseudowissenschaftlichkeit des „Edelantisemiten" Stapel war denn doch zu offensichtlich. Für Hirschberg und Löwenfeld war ihre Klage nach eigenem Eingeständnis „lediglich eine unerwünschte Verpflichtung gegenüber sich selbst, gegenüber ihren jüdischen Mitbürgern und gegenüber dem Anwaltsstand, sich gegen die üblen Nachreden solcher Leute zu wehren."

Das Amtsgericht München stellte das Verfahren am 28. Januar 1933 ein, weil es die Behauptung Stapels für glaubhaft hielt, „er habe die Tat aus politischen Beweggründen begangen." Von einem wissenschaftlichen Aufsatz war plötzlich nicht mehr die Rede. Zu Hilfe kam ihm dabei das „Gesetz über Straffreiheit" vom 20. Dezember 1932[55], das eine Verfahrenseinstellung in solchen Fällen ermöglichte, in denen keine schwerere Strafe als Geldstrafe oder Freiheitsstrafe bis zu 2 Jahren zu erwarten war.

Für Hirschberg war das Jahr 1932 wie in einer klassischen Tragödie „der ‚Moment der letzten Spannung', in dem die deutsche Republik vielleicht hätte gerettet werden können."[56] Daß diese Rettung unterblieb, lastete er in der Rückschau der mangelnden Risikobereitschaft der staatstragenden Kräfte in Deutschland mit den Worten an: „Die Führer der demokratischen Parteien und der Gewerkschaften taten nichts Entscheidendes, um das drohende Verhängnis aufzuhalten. Sie waren wie gelähmt."[57]

Diese Kritik bezog sich insbesondere auf die Haltung der SPD beim sog. Preußenschlag vom 20. Juli 1932, als eines der letzten Bollwerke der Republik zerstört wurde. Hirschberg ahnte bereits, was kommen würde: „Am tiefsten entmutigte uns die kampflose Kapitulation der preußischen Regierung Braun-Severing."[58]

Nach der Machtergreifung am 30. Januar 1933 blieb Bayern auf Grund der politischen Gegebenheiten – die Regierung Held war, wenn auch nur geschäftsführend, noch immer im Besitz der Macht – eine Schonfrist bis zu den auf den 5. März 1933 terminierten Reichstagswahlen. Hirschberg war sich der direkten persönlichen Gefahr durchaus bewußt. Sein Verstand gebot ihm die sofortige Emigration, auch um seine Familie zu schützen.

Die trügerische Ruhe in Bayern, die ihm relativ ungestörte Arbeit ermöglichte, die Hoffnung auf ein schnelles Ende von Hitlers „Regierung der nationalen Konzentration" und der ehrenwerte, aber nicht unproblematische Standpunkt, „daß ich die Sache, für die ich 14 Jahre gekämpft hatte, nicht im Augenblick der Gefahr im Stich lassen könne"[59], bewogen ihn zu bleiben.

Die dramatischen Folgen hat Hirschberg am Ende des 13. und im 14. Kapitel seiner Erinnerungen geschildert. Bevor er als einer der ersten politi-

---

[55] RGBl. I (1932), S. 559.
[56] Max Hirschberg, Harvard-Manuskript, S. 81. Zu den näheren Umständen dieser Quelle vgl. unten Anm. 113.
[57] Ebd., S. 81.
[58] Ebd., S. 83.
[59] Ebd., S. 84.

schen Gegner noch in der Nacht vom 9. auf 10. März 1933 im Zuge der staatsstreichartigen NS-Machtergreifung[60] in Bayern verhaftet wurde, konnte er seinen Sozius Philipp Löwenfeld warnen, der sofort in die Schweiz floh.

Die sich nun anschließende Schutzhaft[61] dauerte mehr als 5 Monate und war für Hirschberg in vielerlei Hinsicht eine schwere Prüfung. „Rechtsgrundlage" der Verhaftung war die sog. Reichstagsbrand-Verordnung[62], die ab sofort den politischen Sektor aus dem Geltungsbereich der allgemeinen Rechtsordnung ausklammerte, die bürgerlichen Grund- und Freiheitsrechte aufhob sowie den dauernden zivilen Ausnahmezustand und die von der Justiz nicht mehr kontrollierte Gegnerbekämpfung zur Norm machte.

Als langjähriger Gegner der Hitlerbewegung, der dem Parteiführer und nunmehr in Amt und Würden gelangten Funktionären gerichtlich begegnet war, mußte Hirschberg mit dem Schlimmsten rechnen. Seine Haftzeit verlief dann in Anbetracht der Palette des damals Möglichen verhältnismäßig glimpflich.

Hirschberg kam nach nur eintägigem Aufenthalt in der berüchtigten Polizeihaftanstalt an der Ettstraße[63] in das Gefängnis an der Corneliusstraße, eine Außenstelle des Gefängnisses München-Stadelheim, also in Justizgewahrsam. Er hat die humane Behandlung durch Justizbeamte später ausdrücklich hervorgehoben. Zugute kam ihm sicherlich auch der Einsatz zahlreicher Personen, die sich auf Veranlassung seiner Ehefrau Bessie für seine Freilassung verwendeten, unter ihnen Anwaltskollegen, Kriegskameraden oder sonstige Bekannte.[64]

Für Hirschberg selbst muß die Unsicherheit am bedrückendsten gewesen sein. „Der plötzliche Übergang von fieberhafter Arbeit zu vollständiger Beschäftigungslosigkeit ist das Schlimmste."[65] Er durfte zwar Bücher und Zeitungen lesen, lernte auch in einer Art von Beschäftigungstherapie Italienisch, aber die völlige Isolation von der Außenwelt, ohne Besuch, Vernehmung oder Anklagemitteilung, führte zu einer Haftpsychose, die sich vor allem durch quälende Schlaflosigkeit äußerte.

Erst nach zwei Monaten wurde Besuch erlaubt, was ihn aber nur halbwegs beruhigen konnte. Er erlitt einen schweren Rückschlag, als er von der Ermordung seines früheren Klienten Fechenbach erfuhr und mitansehen muß-

---

[60] Vgl. dazu ausführlich Falk Wiesemann, Die Vorgeschichte der nationalsozialistischen Machtergreifung in Bayern 1932/33. Berlin 1975.
[61] Dazu ausführlich Martin Broszat, Der Staat Hitlers. München 1969, S. 105.
[62] Verordnung zum Schutz von Volk und Staat vom 28. Februar 1933, Druck: RGBl. I (1933), S. 83.
[63] Die entsprechenden Gefangenenverzeichnisse (StAM, Polizeidirektion München 8563–8568) lesen sich für die Zeit ab dem 10.3.1933 wie ein „Who is who" bayerischer NS-Gegner. Vgl. Stefan Lorant, I was Hitlers Prisoner. London 1935 (deutsch München 1985, Taschenbuchausgabe München 1987).
[64] Vgl. die einschlägigen Unterlagen BayHStA, MJu 21015.
[65] Max Hirschberg, Harvard-Manuskript, S. 86.

te, wie alle Mitgefangenen bis auf ihn entlassen wurden. Erst im Sommer teilte ihm ein Kollege, der mit der politischen Polizei kollaborierte, mit, daß er nicht für das KZ Dachau vorgesehen sei und seine Entlassung unmittelbar bevorstehe.

Diese erfolgte schließlich, weil es der politischen Polizei Himmlers und Heydrichs auch nach über fünf Monaten nicht gelungen war, belastendes Material beizubringen, das in irgendeiner Weise justiziabel gewesen wäre. Hirschberg war bekanntermaßen ein politischer Gegner, hatte sich aber natürlich immer im Rahmen der geltenden Gesetze bewegt. Das junge „Dritte Reich" fühlte sich, wohl auch mit dem Blick auf das Ausland, noch rudimentär an Recht und Gesetz gebunden, die Justiz stand erst am Anfang ihres Weges zu „Anpassung und Unterwerfung", und vielleicht hatte man den Eindruck, Hirschberg durch die Schutzhaft genügend eingeschüchtert zu haben.

Inwieweit echte „Schutzhaft" vor möglichen Nachstellungen Ernst Röhms vorlag, wie Hirschberg im Rückblick vermutete, ist quellenmäßig nicht nachweisbar, aber nicht völlig von der Hand zu weisen. Ein belegbarer Versuch, von SA-Seite gegen ihn vorzugehen, datiert erst vom November 1933.[66]

Während der Haftzeit drohte noch von anderer Seite Gefahr für die berufliche und wirtschaftliche Existenz Hirschbergs. Gemäß ihrer antisemitischen Programmatik versuchte die NSDAP mit verschiedenen Maßnahmen, Juden aus dem Staats- und Wirtschaftsleben auszuschalten.[67]

Hierzu zählte das am 7. April 1933 von der Reichsregierung erlassene „Gesetz über die Zulassung zur Rechtsanwaltschaft".[68] In enger Anlehnung an das „Berufsbeamtengesetz"[69] vom selben Tag war in ihm die Entlassung aller jüdischen Rechtsanwälte vorgesehen. Ausnahmen bestanden nur bei sog. Altanwälten (Zulassung vor dem 1. August 1914) und bei Frontkämpfern des Weltkriegs. In den vier bayerischen Oberlandesgerichtsbezirken wa-

---

[66] BayHStA, MJu 21015: Schreiben des Sonderbevollmächtigten der Obersten SA-Führung an das bayerische Justizministerium vom 17. November 1933, in welchem die Entfernung Hirschbergs aus der Anwaltschaft wegen seiner Rolle 1931 im Röhm-Prozeß (§ 175) gefordert wird. Vgl. ebd. Aktenvormerkung vom 21. Dezember 1933 und Vermerk vom 13. November 1934.

[67] Für das Schicksal jüdischer Juristen siehe Krach (wie Anm. 19), Horst Göppinger, Juristen jüdischer Abstammung im „Dritten Reich". Entrechtung und Verfolgung. München ²1990 und Wolfgang Benz, Von der Entrechtung zur Verfolgung und Vernichtung. Jüdische Juristen unter dem nationalsozialistischen Regime. In: Helmut Heinrichs u.a. (Hrsg.), Deutsche Juristen jüdischer Herkunft. München 1993, S. 813–852.

[68] Druck: RGBl. I (1933), S. 188; vgl. Göppinger (wie Anm.67), S. 87 ff., Benz (wie Anm.67), S. 823 ff., Krach (wie Anm. 19), S. 202 ff. (Entstehungsgeschichte) bzw. S. 240 ff. (Auslegung und Durchführung) sowie Lothar Gruchmann, Justiz im Dritten Reich 1933–1940. Anpassung und Unterwerfung in der Ära Gürtner. München 1988, S. 124 ff.

[69] „Gesetz zur Wiederherstellung des Berufsbeamtentums", Druck: RGBl. I (1933), S. 175; vgl. Göppinger, S. 69 ff. und Gruchmann, S. 131 ff.

ren davon 121 Personen betroffen.[70] Für den Oberlandesgerichtsbezirk München waren dies bei etwa 200 zugelassenen und 55 entfernten jüdischen Rechtsanwälten rund 38% der Gesamtzahl.

Obwohl bei Max Hirschberg beide Zulassungskriterien des Rechtsanwaltsgesetzes (Zulassung 1911 und dekorierter Frontkämpfer 1915–1918) zutrafen, glaubte man ernsthaft, § 3 dieses Gesetzes ins Spiel bringen zu können. Dieser schloß „Personen, die sich in kommunistischem Sinne betätigt haben," von der Rechtsanwaltschaft aus.

Die „Bekanntmachung zur Ausführung des Reichsgesetzes über die Zulassung zur Rechtsanwaltschaft" des bayerischen Justizministeriums vom 18. April 1933[71] sah für einen solchen Fall vor, daß die Rücknahme der Zulassung vom Anwaltskammervorstand beim zuständigen Oberlandesgerichtspräsidenten zu beantragen sei. Dieser sollte unverzüglich über den betroffenen Rechtsanwalt das Vertretungsverbot verhängen, ihn und die Vorstände der beteiligten Gerichte hören, ihm gebotene Ermittlungen anstellen und die angefallenen Akten nebst seiner gutachtlichen Stellungnahme beschleunigt dem Staatsministerium der Justiz vorlegen.

Die seit Ende März/Anfang April 1933 gleichgeschaltete Münchner Rechtsanwaltskammer[72] stellte durch den Vorsitzenden ihres Vorstands am 2. Mai 1933 beim Münchner Oberlandesgerichtspräsidenten bezüglich Hirschberg einen Antrag auf Rücknahme der Anwaltszulassung, „da kein Zweifel besteht, daß er sich [...] kommunistisch betätigt hat. [Er] soll nach den mir zugegangenen Informationen Mitglied der USP gewesen sein und regelmäßig Angehörige dieser Partei, wie auch der kommunistischen Partei verteidigt haben. Die ganze Einstellung des Rechtsanwalts Dr. Hirschberg läßt keinen Zweifel darüber, daß er mit den weltanschaulichen Grundsätzen und Zielen des Kommunismus einverstanden ist."[73]

Der Oberlandesgerichtspräsident verfuhr im Sinne der oben genannten Bekanntmachung des bayerischen Justizministeriums vom 18. April 1933. Aus den vorliegenden Akten ist nicht ersichtlich, von wem der absurde Kommunismusverdacht gegen Hirschberg erhoben wurde. Parteikreise sind anzunehmen, nicht auszuschließen ist eine Urheberschaft aus dem Kollegenkreis.

Vielen der um Stellungnahme gebetenen Richter und Staatsanwälte der Münchner Gerichte war erwartungsgemäß eine Affinität Hirschbergs zum Kommunismus nicht bekannt, auch solchen, denen er längere Zeit und häufig begegnet war. Man kannte ihn als „Anhänger und wohl auch Mitglied" der SPD. Das Urteil eines Senatspräsidenten am Oberlandesgericht Mün-

---

[70] Lorenzen (wie Anm.19), S.184 und Gruchmann, S. 150.
[71] Druck: Bayerisches Justizministerialblatt NF V (1933), S. 17.
[72] Zu den rechts- und gesetzwidrigen Vorgängen im einzelnen Robert Heinrich, 100 Jahre Rechtsanwaltskammer München. Festschrift. München 1979, S. 107 ff; die Parallelvorgänge in Preußen bringt Krach (wie Anm.19), S. 215 ff.
[73] BayHStA, MJu 21015.

chen steht für viele: „Nach meinen Beobachtungen hat sich Dr. Hirschberg –
seiner linksgerichteten politischen Einstellung ungeachtet – in seinem Auftreten vor Gericht stets einer durchaus sachlichen und maßvollen Pro-
zeßführung befleißigt."[74]

Der Leiter der Staatsanwaltschaft beim Landgericht München I äußerte
sich ähnlich und fügte hinzu, belastende Akten seien nicht ermittelt worden,
vielmehr erlaube das vorliegende Material den Schluß, „daß Rechtsanwalt
Dr. Hirschberg wie sein Kanzleigenosse Rechtsanwalt Dr. Löwenfeld in eine
Gegnerschaft zu kommunistischen Organisationen getreten ist."[75]

Aus dem im Ergebnis ähnlichen Schreiben des Präsidenten des Landgerichts München I verdient folgender Passus hervorgehoben zu werden:
„Richtig ist, daß Dr. Hirschberg nach der Niederwerfung der Räterepublik
auch Kommunisten verteidigt hat. Schlußfolgerungen auf seine weltanschauliche Einstellung können hieraus aber wohl kaum gezogen werden, denn die
Verteidigung in Volksgerichtssachen war eine notwendige und in den aller-
meisten Fällen mußten Offizialverteidiger aufgestellt werden."[76]

Negative Urteile, die gelegentlich geäußert wurden, etwa dahingehend,
daß Hirschberg sehr weit links stehe und im Vergleich zu seinem Sozius
Löwenfeld „politisch als der gefährlichere anzusehen" sei[77], konnten aktenmäßig nicht belegt werden, gaben allgemeine Eindrücke der befragten Richter wieder und erlauben eher Rückschlüsse auf deren politische Einstellung.
Die Stellungnahme der Bayerischen Politischen Polizei enthielt ebenfalls
kein verwertbares Material.[78]

Inzwischen hatte die besorgte Ehefrau Hirschbergs zahlreiche Freunde
und Bekannte ihres Mannes alarmiert, die mit z.T. bewegenden und mutigen
Schriftsätzen für ihn eintraten. Besonders erwähnenswert ist hierbei sein An-
waltskollege Dr. Anton Graf von Pestalozza, dessen ausführliches Schreiben
große menschliche Wärme erkennen läßt, gleichzeitig aber auch auf beinahe
klassische Art demonstriert, zu welchen sprachlichen und gedanklichen Ver-
renkungen eine Diktatur (ver)führen kann.[79]

Max Hirschberg selbst bezog aus der Schutzhaft in einem Schreiben vom
12. Mai 1933 an den Oberlandesgerichtspräsidenten ausführlich Stellung.
Nach zweimonatiger quälender Schutzhaft, ohne konkrete Aussicht auf Entlassung, mit ungebrochenem Mut zu seiner Rechtfertigung verfaßt, kann man

[74] BayHStA, MJu 21015: Schreiben des Senatspräsidenten Zeiß vom 4. Mai 1933.
[75] Ebd., Schreiben des Oberstaatsanwalts Jaenicke vom 9. Mai 1933.
[76] Ebd., Schreiben des Landgerichtspräsidenten Kühlewein vom 29. Mai 1933.
[77] Ebd., Schreiben des Landgerichtsdirektors Bertram vom 23. Mai 1933, des Landgerichtsdirektors Bruner vom 24. Mai 1933 und des Landgerichtsrats Renner II vom
1. Juni 1933.
[78] Ebd., Schreiben vom 22. Mai 1933.
[79] Ebd., Schreiben von Rechtsanwalt Dr. Anton Graf von Pestalozza vom 17. Mai 1933.

dieses Schreiben als sein politisches „Credo" bezeichnen. Es ist deshalb in seinen wesentlichen Passagen im Anhang abgedruckt.[80]

Der Oberlandesgerichtspräsident beschränkte sich seinerseits auf die (vergebliche) Durchsicht von nicht weniger als 29 (!) Prozeßakten politischen Inhalts, an denen Hirschberg seit 1920 als Verteidiger beteiligt war, sowie einiger literarischer Arbeiten aus seiner Feder. Am 9. Juni 1933 hielt er „weitere Ergänzungen und Ermittlungen [...] nicht für veranlaßt und nicht für aussichtsvoll"[81] und bekundete damit gegenüber der Anwaltskammer eine nicht zu überhörende Ratlosigkeit, was den Nachweis der inkriminierten kommunistischen Betätigung betraf.

Mit Vorstandsbeschluß vom 15. Juli 1933 mußte die Anwaltskammer ihren eigenen Antrag auf Rücknahme der Anwaltszulassung Hirschbergs zurücknehmen, „da nach den dem Kammervorstand zur Verfügung stehenden Unterlagen ein Beweis für eine kommunistische Betätigung [...] nicht vorliegt."[82]

Daran konnte auch der nachträgliche Versuch eines nationalsozialistischen Mitglieds des Kammervorstands, mit der Vorlage einer Veröffentlichung aus dem Jahr 1919 „neue Tatsachen für die kommunistische Einstellung Hirschbergs" beweisen zu können, nichts ändern.[83] Gemeint war das Buch Hirschbergs „Bolschewismus. Eine kritische Untersuchung über die amtlichen Veröffentlichungen der russischen Sowjet-Republik." München-Leipzig 1919, dessen Untertitel und Vorbemerkung das genaue Gegenteil einer kommunistischen Einstellung belegen. Der Vorsitzende des Kammervorstands konnte der Veröffentlichung auch „nichts Nachteiliges gegen Dr. Hirschberg entnehmen".[84]

Da auch der Oberlandesgerichtspräsident „im Einverständnis mit den Vorständen der beteiligten Gerichte" in seiner Stellungnahme zu keinem anderen Ergebnis kam[85], eine nochmalige Rücksprache der Anwaltskammer bei der Politischen Polizei ergab, daß dort keine neuen Erkenntnisse vorlägen, und eine inzwischen erschienene Durchführungsverordnung der Reichsregierung zum Rechtsanwaltsgesetz[86] in ihrem § 3 die Verteidigung von Kommunisten nur dann als Betätigung ansah, „wenn dies nach den besonde-

---

[80] Siehe Anhang unten S. 309–314.

[81] BayHStA, MJu 21015: Schreiben des Oberlandesgerichtspräsidenten vom 9. Juni 1933.

[82] Ebd., Schreiben der Anwaltskammer vom 17. August 1933 und Robert Heinrich (wie Anm. 72), S. 118.

[83] Anwaltskammer München, Personalakt Max Hirschberg: Schreiben des Rechtsanwalts Dr. Oskar Greiner vom 28. Juli 1933. Zu Greiner vgl. Robert Heinrich (wie Anm. 72), S. 111.

[84] Ebd., Schreiben vom 5. August 1933.

[85] StAM, OLG München 704: Entwurf ohne Datum.

[86] Verordnung zur Durchführung des Gesetzes über die Zulassung zur Rechtsanwaltschaft und zur Patentanwaltschaft vom 20. Juli 1933, Druck: RGBl. I (1933), S. 528.

ren Verhältnissen, insbesondere der Häufigkeit derartiger Verteidigungen oder Vertretungen, der Art ihrer Führung oder den Umständen, unter denen die Verteidigung oder Vertretung übernommen wurde, gerechtfertigt ist", mußte das Justizministerium notgedrungen nachgeben.

Es entbehrt nicht der Ironie, daß die ministerielle Verfügung der Aufhebung des über Hirschberg verfügten Vertretungsverbots und der Erteilung eines Passierscheins zum Betreten der Gerichtsgebäude ausgerechnet die Unterschrift des alten Prozeßgegners aus Weimarer Tagen und nunmehrigen Justizministers Hans Frank trug.[87]

Die „Wiederzulassung" erreichte Hirschberg bereits in Freiheit, in der er sich seit Ende August 1933 befand. „München, das gute alte München, war nicht wiederzuerkennen"[88], war sein erster Eindruck. Als er von den diversen Schicksalen vieler Republikaner erfuhr, war er sich sofort darüber im Klaren, daß er „unter dem Hitlerregime unter keinen Umständen in Deutschland bleiben konnte und wollte. Ich traf in aller Stille meine Vorbereitungen."[89] Auf Geheiß der Politischen Polizei betrieb er seine Kanzlei in einer Art von „Scheintätigkeit"[90] weiter. Eine Zusammenarbeit mit Staatsstellen lehnte er ab.

Das Klima von Einschüchterung, Mißtrauen, Denunziation und gedrückter Stimmung wurde immer unerträglicher. Er erfuhr Beispiele von Opportunismus, aber auch Beweise von Charakterstärke im Kollegenkreis, in dem allerdings die Anpassung überwog. Bei der Berufsausübung und in der Standesgemeinschaft geriet er wie andere jüdische Anwälte in zunehmende Isolierung und Diskriminierung.[91] Nach dem Wegfall der Visumpflicht am 1. Januar 1934 verstärkte er nicht zuletzt nach dringenden Vorhaltungen einiger Freunde seine Bemühungen um Ausreise.

Hirschberg war im Herbst 1933 genau 50 Jahre alt. Der Entschluß, zu gehen, fiel ihm nicht leicht, auch wenn der tägliche Anschauungsunterricht eindeutig war. „Daß ein Mann von Ehre den Beruf eines Rechtsanwalts nicht mehr ausüben konnte, wenn es kein Recht mehr gab, war mir klar."[92]

„Aber mein Ekel über alles, was ich sah und hörte, war aufs Äußerste gestiegen und ich zählte die Tage bis zu meiner Befreiung." Begründet war diese Haltung nicht nur durch die beständige Angst vor neuerlicher Verhaftung oder anderen Bedrückungen, sondern durch „das Gefühl und die Überzeugung, daß ein Leben in diesem Deutschland für mich unwürdig, widerwärtig und unerträglich sein würde, zumal wenn ich meinen Beruf als Anwalt aus-

---

[87] BayHStA, MJu 21015: Schreiben Franks vom 12. September 1933, dort unter dem 9. Oktober 1933 die Bestätigung des Oberlandesgerichtspräsidenten.

[88] Max Hirschberg, Harvard-Manuskript, S. 93.

[89] Ebd., S. 90.

[90] Ebd., S. 92; vgl. für Preußen Krach (wie Anm. 19), S.271 ff.

[91] Vgl. Krach (wie Anm. 19), S. 286 ff.

[92] Max Hirschberg, Harvard-Manuskript, S. 97.

üben würde."[93] Vor die Wahl gestellt, zu bleiben oder „seine bürgerliche Existenz aufzugeben und mit einem Bruchteil der in vielen Jahren mit vieler Arbeit gemachten Ersparnisse in ein fremdes Land zu gehen"[94], entschloß er sich zu letzterem, da er an „die unersättliche Rachsucht der Hitlerbande" glaubte.

Die Situation der Juden stellte sich ihm wie folgt dar: „Die Assimilationsperiode der Juden in Deutschland war abgeschlossen. [...] Ich wußte, daß die neuen Herrscher Deutschlands nichts weniger planten als die vollständige Vernichtung der deutschen Juden und ich sehnte mich nach freier Luft und würdiger Lebenshaltung, mochte das neue Leben so schwer sein wie es wollte."[95]

Auf einer heimlichen Reise nach Italien bereitete er alles Erforderliche für einen neuen Anfang dort vor. In Sorge um seine Familie – der Sohn war „Erniedrigungen in der Schule" ausgesetzt – beschleunigte er seine Anstrengungen. Vergebliche Versuche der SA, seine erneute Entfernung aus der Anwaltschaft zu erreichen[96], und die Verhängung der Postüberwachung durch die Bayerische Politische Polizei im Januar 1934[97] berührten ihn kaum mehr.

Im April 1934 war es soweit. Über den Bodensee und die Schweiz ging es reibungslos nach Italien. „Mein Leben in Deutschland zog noch einmal an mir vorüber. Ein Gefühl unendlicher Befreiung erfüllte mich. [...] Ich wußte, daß ich Deutschland nie wieder sehen würde, solange die Hitlerherrschaft dauern würde und vielleicht nie wieder im Leben. Aber es war kein Gefühl der Trauer, sondern nur ein Gefühl des Entronnenseins aus einem großen Zuchthaus. Ich wußte, daß ich nicht in einem Volke leben könne, das keinen Sinn für Freiheit und Recht hat. [...] Wir waren der Knechtschaft entronnen. Wir waren in Freiheit."[98]

Die erste Exil-Etappe Italien hat Hirschberg im letzten (15.) Kapitel seiner Erinnerungen ausführlich beschrieben. Die Jahre von 1934 bis 1939 waren auch für seine Familie eine relativ glückliche Zeit. Hirschberg war durch Vermittlung italienischer Freunde bei dem auch als Schriftsteller hervorgetretenen Mailänder Rechtsanwalt Eucardio Momigliano untergekommen und er konnte, wenn auch in sicherlich beschränktem Rahmen, weiter in seinem Beruf tätig sein. Schwerpunkt seiner beruflichen Arbeit scheint die Auswandererberatung gewesen zu sein, noch viele Jahre später wird er als „Stütze" des Mailänder „jüdischen Flüchtlingskomitees" bezeichnet.[99]

---

[93] Ebd., S. 98.
[94] Ebd., S. 99.
[95] Ebd., S. 100.
[96] BayHStA, MJu 21015: Schreiben vom 17. November 1933, Aktenvormerkung vom 21. Dezember 1933 und Vermerk vom 13. November 1934.
[97] StAM, Polizeidirektion München 14004.
[98] Max Hirschberg, Harvard-Manuskript, S. 102.
[99] Robert O. Held, Ein Kämpfer ums Recht. Max Hirschberg – 75 Jahre. In: „Aufbau" (New York) vom 14. November 1958, S. 3.

Daneben schrieb er an einer größeren Studie zum Thema „Fehlurteile", die allerdings erst 1960 gedruckt wurde. Erste Frucht einer intensiven Beschäftigung mit diesem Aspekt der „Pathologie der Rechtsprechung" war eine Detailstudie über seinen letzten einschlägigen Fall in Deutschland, dem Ende 1934 zum glücklichen Abschluß gekommenen Wiederaufnahmeverfahren Rettenbeck, die er 1935 in der Schweiz publizieren konnte.[100] Ansonsten war er sich durchaus des merkwürdigen Schwebezustands seiner „Zuflucht auf Widerruf" in einem faschistischen Land bewußt, dessen „Duce" mit Hitler sympathisierte und dessen Staatsform verwandte Züge zum nationalsozialistischen System aufwies. Entscheidend für die Wahl Italiens als Exilland war sicher, daß die Einreise nur mit einem deutschen Paß und ohne Visum möglich war, eine Erleichterung, die andere Länder nicht gewährten, und daß er arbeiten durfte.[101]

Die Instabilität seines Gemütszustands in diesen Jahren läßt sich daran erkennen, daß er, von Naturell eher Optimist, mehrfach von „Ermüdung", „Ermattung" und „Entmutigung" heimgesucht wurde. Diese bei ihm selten zu beobachtende Stimmungslage ist nicht zuletzt auch von Nachrichten aus Deutschland mitveranlaßt.

Eine Verlängerung seines 1934 abgelaufenen Passes wurde nach Intervention der Bayerischen Politischen Polizei, die ihn in diesem Zusammenhang als einen „der gefährlichsten marxistischen Funktionäre und geistigen Führer" bezeichnete, im Herbst 1935 abgelehnt.[102] Fast gleichzeitig nahm das Reichsjustizministerium auf Antrag der Münchner Anwaltskammer und des Oberlandesgerichtspräsidenten seine seit 1911 bestehende Anwaltszulassung zurück, „weil er seinen Wohnsitz in München aufgegeben" und damit die in der Rechtsanwaltsordnung vorgesehene Residenzpflicht verletzt habe. Sein Name wurde am 19. Dezember 1935 aus den Rechtsanwaltslisten der Münchner Gerichte gelöscht.

Hirschbergs resignierende Stellungnahme dazu war kurz: „Die Abgabe von Erklärungen erscheint mir bei der gegebenen Sachlage zwecklos. Gegen eine Rücknahme meiner Zulassung lege ich unter Vorbehalt aller Rechte Verwahrung ein."[103]

Mit Wirkung vom 22. Dezember 1938 wurde Max Hirschberg mit Ehefrau Bessie und Sohn Erich „der deutschen Staatsbürgerschaft für verlustig er-

---

[100] Max Hirschberg, Fehlurteile und Wiederaufnahmeverfahren. Die Mordsache Rettenbeck. In: Schweizer Zeitschrift für Strafrecht 49 (1935), Heft 3, S. 331–349; vgl. zu diesem Fall Max Hirschberg, Das Fehlurteil im Strafprozeß. Stuttgart 1960, S. 75 ff. und die Gnadenakten BayHStA, MJu 18213.

[101] Klaus Voigt, Zuflucht auf Widerruf. Exil in Italien 1933–1945. 2 Bände. Stuttgart 1989 bzw. 1993; dort Bd. 1, bes. S. 26 ff. (Aufnahme der Flüchtlinge), S. 49 ff. (Staatliche Regelungen zu Aufenthalt und Arbeit), S. 59 ff. (Überwachung und Zensur) und S. 141 ff. (Zur jüdischen Emigration aus Deutschland).

[102] StAM, Polizeidirektion München 14004.

[103] BayHStA, MJu 21015 und Anwaltskammer München, Personalakt Max Hirschberg.

klärt".[104] Diese Maßnahme erfolgte auf der Grundlage des „Gesetzes über den Widerruf von Einbürgerungen und die Aberkennung der deutschen Staatsangehörigkeit" vom 14. Juli 1933[105], in dessen § 2 es hieß: „Reichsangehörige, die sich im Ausland aufhalten, können der deutschen Staatsangehörigkeit für verlustig erklärt werden, sofern sie durch ein Verhalten, das gegen die Pflicht zur Treue gegen Reich und Volk verstößt, die deutschen Belange geschädigt haben".

Eine Präzisierung erfuhr dieser Passus in einer Durchführungsverordnung[106], die zu § 2 ausführte: „Ein der Treuepflicht gegen Reich und Volk widersprechendes Verhalten ist insbesondere gegeben, wenn ein Deutscher der feindlichen Propaganda gegen Deutschland Vorschub geleistet oder das deutsche Ansehen oder die Maßnahmen der nationalen Regierung herabzuwürdigen gesucht hat." Nachweise über konkrete „unfreundliche" Akte Hirschbergs gegen Deutschland liegen nicht vor. Vielleicht wertete man die Beratung Auswanderungswilliger bereits als solche.

Die „Rachsucht" Hitlerdeutschlands begnügte sich aber nicht mit der Vertreibung und Ausbürgerung. Vielmehr suchte und fand es weitere Maßnahmen, um die bereits Vertriebenen zu schädigen. Hierzu zählte der Versuch, ausgebürgerten Akademikern mittels der Aberkennung ihrer akademischen Titel auch noch symbolisch die Ehre abzuschneiden.

Rechtsgrundlage war eine „Ergänzung" der Promotionsordnungen, die dann die Entziehung der Doktorwürde erlaubte, „wenn der Promovierte [...] der deutschen Staatsangehörigkeit für verlustig erklärt worden ist."[107]

Der „Ausschuß für die Entziehung des Doktortitels"(!) der Münchner Universität, der immerhin aus dem Rektor, dem Prorektor und den Dekanen der Fakultäten bestand, kam auch im Falle Max Hirschbergs seinen Vorgaben nach. Laut Bekanntmachung des Rektors der Universität München vom 24. Februar 1939 wurde Hirschberg die annähernd 30 Jahre zuvor ordnungs-

---

[104] Laut einer Bekanntmachung des Reichsministeriums des Innern vom 19. Dezember 1938, Druck: „Deutscher Reichsanzeiger" Nr. 298 vom 22. Dezember 1938; vgl. Michael Hepp (Hrsg.), Die Ausbürgerung deutscher Staatsangehöriger 1933–1945 nach den im Reichsanzeiger veröffentlichten Listen. 3 Bände, München u.a. 1985, hier: Bd.1, S. 108 f. (Liste 85) und StAM, Polizeidirektion München 14004.

[105] Druck: RGBl. I (1933), S. 480.

[106] Verordnung zur Durchführung des Gesetzes über den Widerruf von Einbürgerungen und die Aberkennung der deutschen Staatsangehörigkeit vom 26. Juli 1933, Druck: RGBl. I (1933), S. 538.

[107] Vgl. die aussagekräftigen Unterlagen BayHStA, MK 40629, dort auch der Nachtrag zur Promotionsordnung der Juristischen Fakultät der Universität München vom 18. Februar 1934.
Prominentestes Opfer dieser deutschen Variante von Gesinnungsterror wurde der Nobelpreisträger Thomas Mann, dem die Universität Bonn sogar den „Ehrendoktor" aberkennen zu müssen glaubte. Vgl. dazu Paul Egon Hübinger, Thomas Mann, die Universität Bonn und die Zeitgeschichte: Drei Kapitel deutscher Vergangenheit aus dem Leben des Dichters 1905–1955. München-Wien 1974.

gemäß erworbene Doktorwürde entzogen. Diese Maßnahme wurde mit ihrer Veröffentlichung im „Deutschen Reichsanzeiger" Nr. 59 am 10. März 1939 wirksam. Zaghafte Schritte zur Revision dieser Unrechtspraxis – an der Universität München waren 135(!) Entziehungen anhängig – sind erst in neuester Zeit zu verzeichnen.[108]

Max Hirschberg hatte zu dieser Zeit ganz andere – existenzielle – Sorgen, die für ihn wichtiger gewesen sein dürften als die kleinlichen Nachhutgefechte aus Deutschland. Nicht zuletzt nach deutschem Vorbild hatte Mussolini am 7. September 1938 mit dem Erlaß von Rassengesetzen begonnen[109], die jüdischen Emigranten einen Verbleib in Italien unmöglich machten.

Hirschberg bemühte sich unverzüglich um amerikanische Einreisepapiere, was dank der Unterstützung von dortigen Verwandten seiner Gattin auch relativ reibungslos glückte. Zugute kam ihm dabei auch die unbürokratische Haltung italienischer Stellen.

Im Rückblick auf die italienischen Jahre seiner „Flucht vor Hitler" trennte er denn auch streng zwischen Mussolini und seinen Anhängern und der italienischen Bevölkerung, deren durchgehend menschliche Haltung gerade im kontrastreichen Vergleich zu der „ehemaliger" Landsleute seine allergrößte Hochachtung fand.

Am 9. März 1939, einen Tag bevor der „Deutsche Reichsanzeiger" seinen Ausstoß aus der akademischen Gemeinschaft öffentlich verkündete, erreichten Max Hirschberg und seine Familie New York, wo sie vor Hitler endgültig in Sicherheit waren. Jetzt konnte das „neue Leben" beginnen.

Mit einem für einen immerhin über 55 Jährigen beispiellosen Optimismus begann er sich unverzüglich nach einer neuen Existenz umzusehen. „Ich bin unaufhörlich mit Briefen, Besuchen und anderen Dingen beschäftigt, um hier wieder eine Praxis aufzubauen. Das ist tausendfach schwerer als in Italien, weil es unzählige Anwälte gibt, die etwas ähnliches versuchen; ich bin aber überzeugt, daß mit viel Geduld und mühevoller Arbeit etwas entstehen wird, wenn auch die Anlaufzeit erheblich länger zu sein scheint als in Italien", schreibt er nach wenigen Wochen an Schwägerin und Schwager in Zürich.[110]

„Das Leben hier ist sehr anstrengend, aber die Eindrücke sind über alle Beschreibungen großartig." Die Hirschbergs fanden am Rande des Forest Hills Parks umgehend eine Wohnung. Ein Büro im 16. Stock des Lincoln-Building wurde rasch Mittelpunkt beruflicher Gehversuche. „Man kann [...]

---

[108] Universitätsarchiv München, Akte 301/11b; vgl. Marco Finetti, Ein Titel für Tote. In: „Die Zeit" Nr. 33 vom 12. August 1994, S. 23 (Universität Frankfurt) und (allerdings nicht durchgehend dem Quellenbefund entsprechend) Christine Burtscheidt, Uni rehabilitiert degradierte Doktoren. In: „Süddeutsche Zeitung" Nr. 130 vom 8./9. Juni 1996, S. 42 (Universität München).

[109] Klaus Voigt (wie Anm. 101), Bd. 1, S. 275 ff.

[110] Brief vom 20. April 1939 im Nachlaß Max Hirschbergs; dort auch die folgenden Zitate.

bescheiden, aber gut leben. Wenigstens haben wir unseren Etat vorläufig so aufgestellt, bis ich etwas verdienen kann, was einige Monate mindestens dauern wird. Es ist eine mühevolle Mosaikarbeit, das ist für mich zum zweiten Mal kein Vergnügen, aber es muß ja sein."

Erste wissenschaftliche Pläne entstanden: „Neben meinem Office ist eine der größten Bibliotheken, alles frei mit Zeitschriften in allen Sprachen. Ich habe bereits kriminalistische Zeitschriften durchgesehen und werde nach einiger Zeit an ihnen mitarbeiten."

Die Bedrückungen der letzten Jahre begannen langsam zu verblassen: „Immer wieder sind wir glücklich, daß wir hier gelandet sind. [...] Man meldet sich nirgends an, man hat keinen Paß nötig und ist endlich ein freier Mensch in einem freien Lande, der seine Meinung sagen und schreiben kann, wie er will."

Die berufliche Situation blieb anhaltend schwierig, weil Hirschberg auf Grund seines vorgerückten Alters nicht noch einmal die Last eines amerikanischen Jurastudiums und der entsprechenden Prüfungen auf sich nehmen wollte und konnte. Im Law Office von Max J. Fink, 60 East 42 Street, in Manhattan, mußte er sich mit der auch finanziell eher bescheidenen Rolle eines Beraters für deutsches Recht begnügen.

Erst mit dem Einsetzen der Wiedergutmachung für rassisch, religiös und politisch Verfolgte des NS-Regimes nach 1945 gelang ihm die Etablierung einer dank seines Engagements bald florierenden Fachpraxis, „die sich" – wie er in einem Lebenslauf niederschrieb – „seit 1947 fast ausschließlich auf deutsche Rückerstattungs- und Entschädigungssachen konzentrierte. Ich habe viele, darunter sehr große Rückerstattungs- und Entschädigungssachen in Deutschland geführt. Ich habe vielen alten Leuten lebenslängliche Renten und andere Entschädigungen herausgeholt und damit für ihr Alter versorgt [!]. Ich habe die Rückerstattung von vielen, von den Nazis geraubten Vermögenswerten durchgeführt."[111] Daß er in diesem Zusammenhang durch zahllose Memoranden, Denkschriften und Eingaben zur Verbesserung des Wiedergutmachungsrechts beizutragen versuchte, versteht sich bei Max Hirschberg fast von selbst.[112]

---

[111] Max Hirschberg, Lebenslauf von ca. 1960, im Nachlaß. Zur Wiedergutmachung allgemein: Ludolf Herbst und Constantin Goschler (Hrsg.), Wiedergutmachung in der Bundesrepublik Deutschland. München 1989 und Constantin Goschler, Wiedergutmachung. Westdeutschland und die Verfolgten des Nationalsozialismus 1945–1954. München 1992. Vgl. Ernst C. Stiefel und Frank Mecklenburg, Deutsche Juristen im amerikanischen Exil (1933–1950). Tübingen 1991, zu Hirschberg: S. 115 f.

[112] Vgl. z.B. sein Schreiben an Bundesjustizminister Dr. Thomas Dehler vom 30. Januar 1950, Archiv des Deutschen Liberalismus der Friedrich-Naumann-Stiftung, Gummersbach, Nachlaß Dehler N 1–1007. Herrn Raymond Pradier, Gummersbach, gebührt herzlicher Dank für seine unbürokratische Unterstützung. Siehe auch Robert O. Held, Rede zum 80. Geburtstag Max Hirschbergs im November 1963, Archiv des Leo-Baeck-Instituts, New York, AR 3418, S. 5.

Die Jahre bis dahin verbrachte er, dem Untätigkeit zeitlebens ein Fremd-
wort blieb, mit literarischen und wissenschaftlichen Studien in der nahe seinem Büro gelegenen New York Public Library. Noch 1939 beteiligte er sich
an einem Preisausschreiben dreier Professoren der Harvard-Universität zum
Thema: „Mein Leben in Deutschland vor und nach dem 30. Januar 1933".
Die Professoren Gordon W. Allport (Psychologe), Sidney B. Fay (Historiker) und Edward Y. Hartshorne (Soziologe) erhofften sich für eine wissenschaftliche Untersuchung „der gesellschaftlichen und seelischen Wirkungen
des Nationalsozialismus auf die deutsche Gesellschaft und das deutsche
Volk" aus unveröffentlichten Lebensbeschreibungen wesentliche Erkenntnisse. Die Texte sollten „möglichst einfach, unmittelbar, vollständig und an-
schaulich gehalten sein", „wirkliche Vorkommnisse", „Zitate aus Briefen, Tagebüchern, Notizbüchern und sonstigen persönlichen Schriftstücken geben"
und „als Quelle für das Studium des neuen Deutschlands und des Nationalsozialismus" dienen. Einsendeschluß war der 1. April 1940.[113]
Der Beitrag Hirschbergs stellt eine „Vorstudie" zu seinen 1951 begonne-
nen Erinnerungen dar und bringt im Vergleich zu ihnen nicht wesentlich anderes. Bemerkenswert sind sein Bekenntnis zur prägenden deutschen Kultur
und seine Deutungsversuche des Antisemitismus: „Es ist sicherlich nicht
wahr, daß ein Jude die deutsche Kultur und die deutsche Wissenschaft nicht
mit derselben Intensität und demselben Verständnis in sich aufnehmen kann,
wie ein sog. Arier. Nicht nur meine Sprache, meine ganze künstlerische und
wissenschaftliche Bildung waren ausgesprochen deutsch und die große deutsche Kunst und Wissenschaft bildeten die Grundlage meiner geistigen und
seelischen Existenz. [...] Im Geistigen und Seelischen ist die Behauptung von
der Unvereinbarkeit des jüdischen und deutschen Wesens in meinem Leben
jedenfalls eine Lüge."
Jüdische Anwälte waren „Männer von hervorragender Bildung, Intelli-
genz, Pflichttreue und Ehrenhaftigkeit, die allgemeines Vertrauen genossen."
Gleiches gilt für jüdische Ärzte, „die Hervorragendes leisteten und sich oft
für geringe Entlohnung aufopferten." Gerade in diesen beiden Berufen gab
es viele Juden, „denen es mehr um Leistung als um Geldgewinn zu tun war."

---

[113] Die Zitate entstammen der in Emigrantenzeitungen veröffentlichten Ausschrei-
bung. Druck: Karl Löwith, Mein Leben in Deutschland vor und nach 1933. Ein Be-
richt. Taschenbuchausgabe Frankfurt 1989, vor S. 129.
Die eingesandten Unterlagen sind erhalten geblieben und liegen heute in der
Houghton Library der Harvard University in Cambridge/Mass., USA. Das Manus-
kript Hirschbergs umfaßt 102 Seiten und trägt die Signatur bMS Ger. 91 (97). Herr
Dr. Werner Röder vom Institut für Zeitgeschichte in München war so freundlich,
auf ein in Arbeit befindliches Inventar hinzuweisen:
Dorothee Schneider und Harry Liebersohn, My Life in Germany before and after
January 30, 1933. An Introduction and Annotated Catalogue to the Memoir Collec-
tion at the Houghton Library, Harvard University (1995). Frau Dr. Schneider und
Herr Dr. Liebersohn waren so freundlich, eine Einsichtnahme in ihr Manuskript zu
gestatten.

Weiter heißt es dann: „Sicher ist aber, daß im Großen gesehen die deutschen Juden mehr durch ihre Tüchtigkeit im Konkurrenzkampf gefährlich waren, als durch schlechte Eigenschaften wirklich für antisemitische Propaganda Angriffsflächen boten. Die antisemitische Hetze in Deutschland ist nicht durch schlechte Eigenschaften der Juden von selbst entstanden, sondern mit Aussicht auf Beseitigung tüchtiger Konkurrenten von Hitler und seinen Genossen künstlich erzeugt worden."[114]

Im wissenschaftlichen Bereich führte Hirschberg auch in Amerika seine Beschäftigung mit dem „Fehlurteil" weiter. Als Vorarbeiten zu einem geplanten größeren Werk verstehen sich zwei Aufsätze 1940 und 1941 zu diesem Problem in amerikanischen Zeitschriften.[115] Auch nach 1945 setzte er seine Studien zunächst mit einem weiteren einschlägigen Aufsatz, publiziert 1955 in Deutschland, fort.[116]

Als Krönung seiner lebenslangen wissenschaftlichen Beschäftigung mit den Fehlerquellen der Justiz konnte 1960 in der alten Heimat der „Klassiker"[117] „Das Fehlurteil im Strafprozeß: Zur Pathologie der Rechtsprechung" erscheinen.[118] Bereits 1961 wurde das Buch ins Japanische übersetzt, 1969 ins Spanische.[119]

In diesem Standartwerk analysiert Hirschberg auf der Basis vieler eigener Fälle Justizirrtümer und deren Zustandekommen. Er hat damit „Rechtsgeschichte nicht nur beschrieben, sondern mitgestaltet."[120] Die anschauliche Darstellung und Erläuterung praktischer Fälle und ihrer menschlichen Hintergründe empfand auch die Kritik als „nicht zu unterschätzendes Verdienst"[121] des Autors. „Spannend geschrieben"[122] sei „der ausgezeichnete und wertvolle Beitrag Hirschbergs [...] geeignet, die Gewissen zu schärfen, eine gewisse Trägheit zu bekämpfen und damit der Rechtsentwicklung, d.h. der Gerechtigkeit, weiterzuhelfen."[123]

---

[114] Max Hirschberg, Harvard-Manuskript, S. 47 f.
[115] Max Hirschberg, Wrongful Convictions. In: Rocky Mountain Law Review (December 1940), S. 20–46, und Pathology of Criminal Justice. Innocent Convicted in three Murder Cases. In: Journal of Criminal Law and Criminology Vol. XXXI (1941), Heft 5, S. 536–550.
[116] Max Hirschberg, Das Fehlurteil in der Strafjustiz. Zur Pathologie der Rechtsprechung. In: Monatsschrift für Kriminologie und Strafrechtsreform 38 (1955), Heft 5/6, S. 129–150.
[117] Heinrich Hannover, Max Hirschberg (1883-1964). Der Kritiker des Fehlurteils. In: Kritische Justiz (Hrsg.), Streitbare Juristen. Baden-Baden 1988, S. 165–179, hier: S. 168.
[118] Stuttgart (Kohlhammer-Verlag) 1960, Taschenbuchausgabe Frankfurt (Fischer-Verlag) 1962.
[119] Tokio 1961 bzw. Buenos Aires 1969.
[120] Hannover (wie Anm.117), S. 169.
[121] Karl Peters in: „Juristenzeitung" 1960, S. 230 f.
[122] Theodor Kleinknecht in: Goltdamers Archiv für Strafrecht Jg. 1961, S. 45–54.
[123] Kriminalistik 14 (1960), S. 287.

Hirschberg selbst betrachtete sein Buch als „eine Art Testament meiner Lebensarbeit"[124] und war glücklich und stolz, ja sah seine eigenen Erwartungen, was die Resonanz in Deutschland betraf, „weit übertroffen", als von der 1962 erschienenen Taschenbuchausgabe des Fischer-Verlags binnen kurzem 26 000 Exemplare verkauft waren.[125]

Noch im hohen Alter von 80 Jahren publizierte Hirschberg eine vergleichende Analyse des amerikanischen und deutschen Strafverfahrens.[126] Anlaß war die im Deutschen Bundestag anstehende Diskussion um einen „Entwurf eines Gesetzes zur Änderung der Strafprozeßordnung und des Gerichtsverfassungsgesetzes", eine sog. kleine Strafprozeßnovelle.[127] Mit seinem Beitrag wollte Hirschberg die Anpassung des veralteten deutschen Strafverfahrens an die Anforderungen eines freien demokratischen Rechtsstaats fördern.[128] Kriterium für die Abwägung der Vor- und Nachteile der beiden zu vergleichenden Systeme sollte ausschließlich die Frage sein, „welche Maßnahme besser der Feststellung der Wahrheit dient und daher besser die Verurteilung eines Unschuldigen verhütet."[129]

Keine Probleme hatte Hirschberg offenbar mit der Integration in Amerika. Dank der Mitgliedschaft in zahlreichen Vereinigungen deutsch-jüdischer Provenienz und seiner eigenen Kontaktfreudigkeit gelang dies auch in gesellschaftlicher Hinsicht. So liegen noch Programme des „American Continental Club in the City of New York" vor, die ihn als Klavierbegleiter namhafter Gesangs- und Instrumentalsolisten anläßlich von Kammermusiken zeigen.[130] Seine lebenslange, enthusiastische aktive Beschäftigung mit Musik setzte er auch in seinem dritten Lebensabschnitt fort.

1944 wurde er Bürger der Vereinigten Staaten von Amerika. Eine Rückkehr nach Deutschland hat er verständlicherweise nicht mehr erwogen, auch wenn er die Geschicke der alten Heimat nicht ohne kritische Sympathie und aufmerksam verfolgt hat.

In einem noch ganz unter dem Eindruck des eben beendeten Weltkriegs stehenden Aufsatz über die Zukunft des besiegten Deutschland kommen seine Erfahrungen als wacher Demokrat der Weimarer Republik und Opfer Hitlers voll zum Ausdruck.[131] Er ist der Ansicht, daß dem Aufbau einer funk-

---

124 Max Hirschberg in einem Brief an den befreundeten Journalisten und Schriftsteller Werner Richter vom 18. März 1957, Deutsches Literaturarchiv Marbach, Nachlaß Werner Richter.

125 Ebd., Briefe Hirschbergs an Richter vom 8. Januar 1963 bzw. 12. Dezember 1963.

126 Max Hirschberg, Das amerikanische und deutsche Strafverfahren in vergleichender Sicht. Neuwied-Berlin 1963 (Strafrecht – Strafverfahren – Kriminologie Bd. 6).

127 Bundestagsdrucksache IV/63.

128 Max Hirschberg (wie Anm.126), S. 6.

129 Ebd., S. 7.

130 Nachlaß Max Hirschberg, „Evening of Chamber Music" am 5. März 1944 bzw. „Gala Concert" am 5. November 1944.

131 Max Hirschberg, Good Nazis, Bad Germans. In: The Nation vom 9. Juni 1945, S. 648–649.

tionstüchtigen Demokratie die völlige Zerstörung des Nazismus vorausgehen muß. Die Siegermacht Amerika sieht er unsicher und konzeptlos. Er befürchtet einen Vertrauensverlust der demokratischen Welt.

Deshalb plädiert er für unnachsichtige Härte gegenüber Kriegsverbrechern, zu denen er auch Industrielle zählt. Um eine Wiederaufrüstung wie nach dem Ersten Weltkrieg zu verhindern, empfiehlt er eine Beschränkung der finanziellen Spielräume der Industrie. Einen völligen Neuanfang erfordere auch die Justiz, die sich schon in der Weimarer Republik kompromittiert habe. Er schlägt in diesem Zusammenhang die Entlassung aller „Nazi-Richter" vor, die nach ihrer Läuterung später bestenfalls im Zivilbereich und in der Verwaltung verwendet werden sollten.

Den Bereich des Strafrechts will er bis auf weiteres in Händen der amerikanischen Militärgerichte wissen. Die Justiz dürfe keine Chance wie nach dem Ersten Weltkrieg erhalten, denn Weimar sei nicht zuletzt an den Schwächen seiner Eliten gescheitert.

Solange die Totengräber der ersten deutschen Republik ihr Fehlverhalten nicht erkennen würden, sei deren Restaurierung im Sinne der Überlebenschance der streitbaren Demokratie kontraproduktiv. Für den demokratischen Neuaufbau kommen für Hirschberg nur überprüfte Antifaschisten, Untergrundkämpfer und Emigranten in Frage, deren Erfahrung zumindest für entsprechende Vorschlagslisten genutzt werden sollten.

Ebenfalls auf eigenen Erfahrungen basiert das Vorwort Hirschbergs zu Friedrich S. Grosshuts Buch „Staatsnot, Recht und Gewalt".[132] In ihm unternahm der Autor, Schicksalsgenosse als Emigrant, den Versuch einer systematischen Analyse der verhängnisvollen Rechtskonstruktionen der sog. Staatsnotwehr und des Staatsnotstands durch Justiz und Verwaltung in der Weimarer Republik, mit deren Hilfe Fememorde und andere Straftaten von rechts, da sie vorgeblich der Rettung Deutschlands dienten, straflos blieben.

Durch den Nachweis, daß alle angeführten Beispiele gesetzwidrige Gewaltakte gewesen seien, die letztlich den verfassungsmäßigen Rechtsstaat unterminierten, sei es Grosshut eindrucksvoll gelungen, den Sieg der Gewalt über das Recht zu demonstrieren. Die Hitlerdiktatur sei dann zwangsläufige Folge und Steigerung zur nackten Gewalt gewesen.

„Der alte römische Satz ,Justitia fundamentum regnorum' (Die Gerechtigkeit ist das Fundament der Reiche) hat sich in der tragischen schrittweisen Unterminierung der Verfassung und des Rechtes in der Weimarer Republik in einem unvergeßlichen Anschauungsunterricht bewahrheitet." Nach Hitler „ist das Recht in seiner unsterblichen Macht [...] neu auferstanden. Zur Ver-

---

[132] Friedrich S. Grosshut, Staatsnot, Recht und Gewalt. Nürnberg 1962, S. 7–13. Grosshut (1906–1969), deutsch-jüdischer Jurist, Journalist und Schriftsteller, 1933 Emigration nach Palästina, 1948 Schweden, 1949 USA, seit 1960 mit Hirschberg befreundet. In seinem Nachlaß im Deutschen Literaturarchiv Marbach findet sich ein Briefwechsel der beiden aus den Jahren 1960–1963.

teidigung des neuen demokratischen Rechtsstaates in Deutschland ist es von größter Bedeutung, daß der Sieg der Gewalt über das Recht in der Weimarer Republik wissenschaftlich dargestellt und analysiert [...und] besonders von der deutschen Jugend gelesen und in ihren Folgerungen verstanden wird."[133]

Auch die literarischen Studien Max Hirschbergs brachten beachtliche Ergebnisse. Die langjährige Beschäftigung mit der russischen Sprache und Literatur, zwischen 1919 und 1934 unter Anleitung eines in München lebenden russischen Emigranten, führte 1947 zur Publikation eines umfangreichen Werks „Die Weisheit Rußlands. Meisterwerke der russischen Literatur. Die Bedeutung des russischen Geistes in der Kulturkrise der Gegenwart."[134]

In einer ausführlichen Vorbemerkung erläutert er seine Absicht, gegen die durch Mystik, Chauvinismus und Autokratie hervorgerufene gegenwärtige Kulturkrise die Rückkehr zu Vernunft und Arbeit, zu nüchterner, realistischer Auffassung und Gestaltung des Lebens erreichen zu wollen. Mit Hilfe selbstübersetzter und analysierter Beispiele aus der russischen Literatur vom Mittelalter bis ins 20. Jahrhundert versucht er ein „Gemälde des russischen Wesens" zu zeichnen.

Die russische Realistik hatte für seine Zukunftsvision einer europäischen Völkergemeinschaft Vorbildcharakter, was die Gestaltung und Umgestaltung der sozialen Umwelt betraf. „Dieses Werk ist ein Dankgeschenk an die russischen Schriftsteller für die fürstliche Bewirtung, die sie mir 40 Jahre gewährt haben. Es ist ein Dankgeschenk an das Schicksal, das mir vergönnt hat, viele Gefahren zu überstehen und den Tag der Freiheit noch zu erleben. Es ist ein Dankgeschenk an die Freiheitskämpfer des Geistes und des Schwertes, die mutig eine neue Welt aufbauen werden."[135]

Kein geringerer als Thomas Mann bezeichnete das Buch als „bemerkenswert".[136] In einem persönlichen Handschreiben an den Autor dankte er „für Ihr grossartiges Buch [...]. Es nimmt sich sonderbar genug aus hier und heute. Aber für mich ist es eine gewaltige Erinnerung an alles, was ich der russischen Literatur verdanke, die ich früh ‚die heilige' genannt habe."[137]

Albert Einstein nannte Hirschbergs Buch verdienstvoll, „indem Sie dem neuesten Wahnsinn entgegenarbeiten. Freilich darf man sich nicht verhehlen, daß nur eine politisch so gut wie einflußlose Elite durch eine auf solch hohem Niveau stehende Publikation beeinflußt werden kann. Jedenfalls bin ich

---

[133] Ebd., S. 13.
[134] Stockholm-Zürich-New York-London (Neuer Verlag) 1947.
[135] Ebd., S. 23.
[136] Thomas Mann, Tagebücher 28.5.1946–31.12.1947, hrsg. von Inge Jens. Frankfurt 1989, S. 193, Eintrag zum 9. Dezember 1947.
[137] Schreiben an Max Hirschberg vom 14. Dezember 1947 im Nachlaß Hirschbergs. Dieser Brief ist der Mann-Forschung bisher nicht bekannt, vgl. Hans Bürgin u.a. (Hrsg.), Die Briefe Thomas Manns. Regesten und Register. Frankfurt 1976 ff. Das Buch Hirschbergs ist in der Züricher Bibliothek Thomas Manns noch vorhanden; vgl. Inge Jens (wie vorige Anm.), S. 667 mit Anm. 4.

Ihnen dankbar dafür, daß Sie aufs Neue eine so gewaltige Anstrengung für eine wichtige humanitäre Angelegenheit auf sich genommen haben."[138]

Für Oskar Maria Graf war Hirschbergs Buch „glänzend übersetzt", seine Einleitungen verrieten „großen Kunstverstand" und seine Einstufung der russischen Literatur als „volksverbundene und seit jeher auf eine gesellschaftliche Änderung abzielende Literatur" fanden volle Zustimmung. Graf bewunderte „die Fülle des sorgfältig zusammengetragenen Materials. [...] Sie stammt von einem Menschen, der in sein Metier verliebt ist, der darin ganz aufgeht und uns durch die Hingerissenheit gewinnt."[139]

Nachhaltige Bemühungen um eine englische Übersetzung des Buches waren zum Leidwesen seines Autors nicht von Erfolg gekrönt.[140] Die internationale politische Großwetterlage des beginnenden Ost-West-Konflikts war einem auf Verständigung ausgerichteten Werk alles andere als förderlich.

1963 brachte der Münchner Droemer-Knaur-Verlag eine Neuausgabe unter dem Titel „Meisterwerke der russischen Literatur, übertragen und erläutert von Max Hirschberg" heraus. Fast 80 Jahre alt, mußte Hirschberg auch auf die politischen Veränderungen seit 1947 reagieren und tat das mit der ihm eigenen Ehrlichkeit: „Ich mußte zu diesem Zweck den Prolog und die acht Einleitungen zu den einzelnen Kapiteln neu schreiben, weil mich die verhängnisvolle Machtpolitik alten Stils der jetzigen russischen Regierung, die ich verdamme, zu zahlreichen Änderungen zwang."[141]

Weitere Werke blieben ungedruckt, so ein umfangreiches Manuskript „Die Kulturkrise der Gegenwart"[142], in welchem Hirschberg eine Analyse der Fehlentwicklungen der Vergangenheit und ihrer Folgen benutzte, um für eine sinnvolle Zukunftsgestaltung einzutreten:

„Die Menschheit ist trotz allem in einem langsamen, qualvollen Aufstieg zur geistigen und politischen Freiheit begriffen. Man mag diesen keineswegs billigen, sondern teuer erkauften und vielen Verzweiflungen abgerungenen Optimismus verhöhnen oder teilen. Die bisherige bewußte Geschichte der Menschheit ist zu kurz, um ihn zu beweisen oder zu widerlegen. Aber wenn diese Überzeugung Leben erzeugt und Verzweiflung überwinden hilft, so ist

---

[138] Albert Einstein an Max Hirschberg, Brief vom 3. Dezember 1947, Nachlaß Max Hirschberg.

[139] Oskar Maria Graf, Rezension in: „Aufbau" (New York) 14. Jahrgang, Nr. 5 vom 30. Januar 1948, S. 8.

[140] Vgl. den Briefwechsel mit dem in Winchester/England lebenden alten Bekannten aus Münchner Tagen Dr. Ludwig Feuchtwanger (1885–1947), Bruder des Schriftstellers Lion Feuchtwanger, 1915–1933 Rechtsanwalt in München, 1914–1936 Lektor, seit 1915 Direktor des Verlags Duncker und Humblot, 1939 Emigration nach England, in dessen Nachlaß im Leo-Baeck-Institut, New York. Herr Rolf Rieß, Regensburg, war so freundlich, mich auf diese Tatsache hinzuweisen.

[141] Schreiben Hirschbergs an Friedrich S. Grosshut vom 14. September 1963, Deutsches Literaturarchiv Marbach, Nachlaß Grosshut.

[142] Nachlaß Max Hirschberg, maschinenschriftliches Manuskript, 340 Seiten.

sie im Goetheschen Sinne wahr, weil sie fruchtbar ist. Viele Freiheitskämpfer
sind tot, viele Fackeln sind erloschen. Die Flamme der Erkenntnis leuchtet
noch und erhellt die dunkle Nacht unseres Daseins."[143]

Die Aufgabe der gegenwärtigen Generation sei laut Hirschberg die radikale Umgestaltung der politischen und ökonomischen Methoden im Sinne
ihrer Rationalisierung. „Nur der Handelnde kann das Chaos gestalten."
Hirschberg beabsichtigt daher,"die Möglichkeit der Rationalisierung aufzu-
zeigen und dadurch die Massen und ihre geistigen Führer zu sinnvoller Aktivität zu entflammen. Wir können den Gewaltanbetern nicht länger die
Führung überlassen."[144]

Diese um 1950 formulierten Gedanken, vor dem zeitgeschichtlichen Hintergrund unzeitgemäß, weisen auf einen Wesenszug Hirschbergs hin, der viel
über ihn aussagt, seinen durch nichts zu beeindruckenden, ungebrochenen
Optimismus und seinen Glauben an die Vernunft.

Ungedruckt blieb auch eine Darstellung der Dreyfus-Affäre und ihrer politischen Hintergründe, zu der ihn der einige Parallelen aufweisende Fall Fechenbach des Jahres 1922 geführt haben dürfte.[145]

Ebenfalls ungedruckt ist eine deutsche Nachdichtung in Versen von Alexander Puschkins „Eugen Onegin", die Hirschberg nach Abschluß seiner Arbeit an der „Weisheit Rußlands" geschrieben hatte und auf die er eingestan-
denermaßen sehr stolz war:

„Seitdem habe ich eine Puschkin-Auswahl in neuen Nachdichtungen geschrieben; die Arbeit an der deutschen Nachdichtung seiner zauberhaften
Versdichtungen, vor allem einer Nachdichtung des Eugen Onegin, war eines
der großartigsten Erlebnisse für mich. Ich glaube, daß diese größtenteils dem
deutschen Leser ganz unbekannte Herrlichkeiten dadurch zum ersten Mal in
den Besitz der gebildeten deutschen Leser kommen.

Meine letzte Arbeit war eine neue Übersetzung des Raskolnikow, die die
gräßliche papierne Übersetzung in der Piper Ausgabe verdrängen und die
ungeheure Größe des Werkes zum ersten Mal sichtbar machen soll. Die
Übersetzung ist bis auf die Vorrede fertig. Ich bringe darin die neue Analyse,
daß Raskolnikow der russische Hamlet ist, der daran zu Grunde geht, daß er
sich aus dem endlosen Grübeln und Denken zu einer Tat aufraffen will, der
er nicht gewachsen ist."[146]

---

[143] Ebd., S. 22.
[144] Ebd., S. 339.
[145] Im Nachlaß Hirschbergs existiert unter dem Titel „Die Dreyfus-Affaire und ihre
politischen Hintergründe. Das unsterbliche Frankreich" eine deutsche Fassung mit
438 Manuskriptseiten. Eine ebenfalls vorhandene englische Version „Immortal
France. The Background of the Dreyfus-Affair" umfaßt im Manuskript 401 Seiten.
[146] Max Hirschberg an Karl Wolfskehl am 16. Juni 1946, Deutsches Literaturarchiv
Marbach, Nachlaß Wolfskehl. Das Manuskript von Puschkins „Eugen Onegin" im
Nachlaß Hirschbergs umfaßt 132 Seiten.

Versuche, anläßlich eines kurzen München-Besuchs 1956 eine Publikation dieses Textes zu erreichen, schlugen fehl, auch weil Hirschberg unumstößliche Vorstellungen besaß, was die Art und Weise einer Veröffentlichung betraf. Den Hinweis eines Verlegers, sein Dreyfus-Manuskript sei „zu lang und in der schwarz-weiß Methode geschrieben, während der deutsche Leser ‚Mitteltöne' wünsche", wies er mit der Bemerkung zurück, „daß ich kein Mann der Mitteltöne [bin], sondern einen lebenslangen leidenschaftlichen Kampf für Gerechtigkeit und Freiheit gefochten habe. Ich richte mich nicht nach den Wünschen deutscher Leser, sondern nach den inneren geistigen Notwendigkeiten meiner Persönlichkeit."

Seine Puschkin-Nachdichtungen hielt er für zu wertvoll, um in einer avisierten gekürzten Volksausgabe zu erscheinen. Mit der Zeit scheint sein Interesse an Verhandlungen dieser Art erlahmt zu sein: „Ich habe weder Zeit noch Lust, mich mit Verlegern herumzuärgern, [...] da ich auf Einkommen aus literarischer Tätigkeit nicht angewiesen bin."[147]

Intensive berufliche Arbeit und literarische Beschäftigung hielten Hirschberg nicht davon ab, alte und neue Freundschaften zu pflegen. Erhalten gebliebene Briefe vermitteln einen nachhaltigen Eindruck seiner Fähigkeit zu intensivem Gedankenaustausch auch über Kontinente hinweg.

Schönstes Beispiel dafür ist der Briefwechsel mit dem Schriftsteller Karl Wolfskehl (1869–1948), der von 1933 bis 1938 in Italien gelebt und den das Exil anschließend nach Neuseeland geführt hatte. Als er 1946 vom Schicksal Wolfskehls erfuhr, bemühte sich Hirschberg umgehend, den aus Italien herrührenden Kontakt zu erneuern, weil „ich unser damaliges Gespräch und unsere damalige geistige Berührung keineswegs vergessen habe."

Nach einer kurzen Schilderung seines Geschicks seit 1939 erwähnte er seine literarischen Versuche, die er aufgenommen habe, weil ihn seine berufliche Tätigkeit nicht mehr wie früher ausfülle. Dann fuhr er fort:

„Ich bemühe mich, wie Sie sehen, darum, daß das letzte Kapitel meines Lebens gegen die früheren nicht zu sehr abfällt. Ich muß das tun, um meinen Dank an das Schicksal für die wunderbare Errettung aus vielen Gefahren und für das wundervolle tiefe Zusammenleben mit meiner Frau und meinem Sohn abzustatten. Ich würde mich sehr freuen, von Ihnen zu hören. Sie fühlen wohl, das ist in der Dunkelheit unserer verkommenen und verworrenen Epoche der alte Postenanruf: ‚Kamerad, lebst Du noch?' Kommt Antwort aus der Ferne?"[148]

Nach der Rückmeldung Wolfskehls entspann sich ein intensiver Dialog. Hirschberg nahm sich auf dessen Bitten hin gleichsam als juristischer Bera-

---

[147] Max Hirschberg an Werner Richter am 18. März 1958, Deutsches Literaturarchiv Marbach, Nachlaß Werner Richter. In dem Brief werden Tschechow-Übersetzungen erwähnt.

[148] Max Hirschberg an Karl Wolfskehl am 16. Juni 1946, Deutsches Literaturarchiv Marbach, Nachlaß Karl Wolfkehl.

ter der Veröffentlichungen Wolfskehls in Amerika und anderswo an, vor allem, was Verhandlungen und Verträge mit Verlagen betraf. Sein kategorischer Verzicht auf jegliche Honorierung war ein wahrer Freundschaftsdienst für den fast blinden und finanziell nicht üppig ausgestatteten Wolfskehl.[149]

Hirschbergs Optimismus wollte auch auf den Briefpartner eine animierende Wirkung ausüben. „Es ist in der Tat nicht nur ein großes Glück, sondern auch eine ungeheure Kraftleistung, daß wir noch leben. [...] Dies alles beweist, daß die jüdische Vitalität in einer Anzahl von Exemplaren unbeschädigt überlebt hat. Viel schwerer war es in einer Zeit zu überdauern, die eine solche Mischung von reaktionärer Verblödung, kapitalistischer Verlumpung und moralischer Verworfenheit darstellt, wie sie in den früheren nach- und gegenrevolutionären Perioden in einer solchen Scheußlichkeit und Bestialität noch nie aufgetaucht ist. In einer [solchen] Zeit zu leben [...] und dennoch kämpferisch und schöpferisch zu bleiben, das, lieber Dr. Wolfskehl, ist unsere große Kraftleistung. Das ist Gnade, vor allem aber Verpflichtung."[150]

Hirschberg versuchte bisweilen, Wolfskehl regelrecht anzufeuern: „Im ganzen bin ich also weder pessimistisch noch entmutigt. [...] Gut zu wissen, daß Sie da sind und sich nicht beirren lassen. [...] Wo Sie leben, ist weniger wichtig, als daß Sie die Wahrheit sagen."[151]

Als sich der Gesundheitszustand Wolfskehls verschlechterte, sprach Hirschberg ihm Mut zu: „Aber ich hoffe, daß Sie sich erholen und uns auf dieser zweifelhaften Erdkugel noch einige Zeit Gesellschaft leisten. [...] Ich setze Vertrauen in Ihre wunderbare Lebenskraft, daß Sie die gegenwärtige Krise überwinden. Ich möchte Sie nicht bald hergeben. Ich bin nicht reich genug an Freunden Ihrer Art, um nicht inbrünstig zu hoffen, daß wir noch viele Briefe wechseln können. [...] Was gäbe ich darum, mit Ihnen sprechen zu können! Ich schließe, um Sie nicht über Gebühr anzustrengen, aber ich besuche Sie im Geiste, um Ihnen zu danken für alles, was Sie mir sind. Mir und anderen."[152]

Der Tod des Gesprächspartners am 30. Juni 1948 traf Hirschberg tief.

Geistige Regheit und gute körperliche Verfassung ermöglichten es Max Hirschberg, bis ins hohe Alter tätig bleiben zu können. „Beruflich habe ich übermäßig zu arbeiten. Sonst bin ich mit meiner Familie und unveränderter

---

[149] Vgl. dazu den Briefwechsel des Jahres 1947 im Nachlaß Wolfskehls im Deutschen Literaturarchiv Marbach.

[150] Max Hirschberg an Karl Wolfskehl am 3. Dezember 1946, Deutsches Literaturarchiv Marbach, Nachlaß Karl Wolfskehl; Druck: Cornelia Blasberg (Hrsg.), Karl Wolfskehls Briefwechsel aus Neuseeland 1938–1948. 2 Bände. Darmstadt 1988, hier: Bd. 2, S. 865–868.

[151] Max Hirschberg an Karl Wolfskehl am 17. Juli 1947, Deutsches Literaturarchiv Marbach, Nachlaß Karl Wolfskehl.

[152] Max Hirschberg an Karl Wolfskehl am 14. Dezember 1947, Deutsches Literaturarchiv Marbach, Nachlaß Karl Wolfskehl.

Arbeitskraft sehr glücklich", schreibt er 1957.[153] Der Artikel zu seinem
75. Geburtstag aus der Feder eines Kollegen und Schicksalsgenossen konsta-
tiert Ähnliches: „Die Vitalität, die von ihm ausströmt, ist unverändert geblieben durch Alter und schwere Jahre."[154]

In seiner Antwort auf ein Glückwunschtelegramm der Münchner Anwaltskammer führte Hirschberg u.a. Folgendes aus: „Es sind mir beim Empfang
Ihres freundlichen Gedenkens viele Erinnerungen wieder lebendig geworden
an die Kämpfe ums Recht, die ich in Deutschland bis zur Machtübernahme
Hitlers geführt habe. Sie lagen alle in der Linie des Kampfes um die Aufrechterhaltung des demokratischen Rechtsstaats und des Kampfes gegen
Fehlurteile in der Strafjustiz. Es beglückt mich, daß ich alle Gefahren überlebt und die Wiederaufrichtung des Rechtsstaats und der Demokratie in
Deutschland noch miterlebt habe. [...]

Glücklicherweise habe ich noch dieselbe Arbeitskraft wie mit 25 Jahren,
so daß ich meine Arbeit noch fortsetzen kann."[155]

Im Frühjahr 1961 konnte Hirschberg auf 50 Jahre aktive Anwaltschaft
zurückblicken. Thomas Dehler, ehemaliger Bundesjustizminister und Vizepräsident des Bundestags, seit seinen Anfängen in der Kanzlei Hirschbergs
mit diesem freundschaftlich verbunden, würdigte in einem herzlich gehaltenen Gratulationsschreiben die Lebensleistung des Jubilars:

„[...] Ein halbes Jahrhundert waren Sie über die gewaltigen Erschütterun-
gen dieser Zeit hinweg Anwalt des Rechtes. Ich bin Ihnen zum erstenmal begegnet in dem düsteren Schwurgerichtssaal des Münchner Landgerichts, in
dem das ‚Strafgericht' unter Vorsitz des Oberlandesgerichtsrats Hass gegen
Fechenbach tagte. Stark habe ich empfunden, wie schön und schmerzhaft zugleich es ist, zu verteidigen, den Menschen und sein Recht gegen Voreingenommenheit, gegen Haß, gegen die ‚Staatsräson' zu schützen. Schon damals
ist mir bewußt geworden, daß es um mehr ging als um das Recht eines Einzelnen, daß Sie in der vordersten Front derer standen, die mit ihrer ganzen
Kraft das deutsche Volk vor dem Abirren in das Unrecht zurückzuhalten
versuchten.

Wenige Jahre später habe ich dann Ihre Arbeit aus der Nähe erlebt und
erfahren, wie Sie mit Leib und Seele und Geist Ihrem Berufe dienten. Ihr
Bild ist mir Vorbild geworden und über die Zeiten geblieben.

---

[153] Max Hirschberg an Werner Richter am 18. März 1957, Deutsches Literaturarchiv
Marbach, Nachlaß Werner Richter.
Richter (1888–1969), Journalist und Schriftsteller, 1926–1933 Leiter des Münchner
Büros des „Berliner Tageblatts", 1936 Exil in Italien, 1938 Schweiz, 1941 USA, nach
1950 Schweiz.
[154] Robert O. Held, Ein Kämpfer ums Recht. Max Hirschberg – 75 Jahre. In: „Aufbau"
(New York) vom 14. November 1958.
[155] Max Hirschberg an den Vorsitzenden der Anwaltskammer München am 27. November 1958, Anwaltskammer München, Personalakt Max Hirschberg.

Das Schicksal hat es gewollt, daß mir nach dem Zusammenbruch des Unrechtsstaates beim Aufbau der Justiz eine Aufgabe zufiel. Ich darf mich daher für befugt halten, Ihnen im Namen der deutschen Juristen, die gleich Ihnen sich dem unverbrüchlichen Recht verpflichtet fühlen, zu danken für die tapfere Haltung Ihres Lebens."[156]

Der so Geehrte bedankte sich gerührt: „[...] Besonders hat es mich beglückt, daß Sie geschrieben haben, ich sei Ihr Vorbild als Anwalt geworden und über die Zeiten geblieben. Ein solches Wort von Ihnen bedeutet mir viel. Ich habe meinen Beruf nie für Anerkennung oder für Geld ausgeübt. Ich habe den Kampf ums Recht geführt, auch wo beides nicht zu erwarten war, weil ich meinem Rechtsgefühl folgen mußte. Wenn man aber auf ein reiches und kämpferisches Leben zurückblickt, ist es eine Beruhigung und Freude, ein solches Wort von einem Mann, wie Sie es sind, zu hören. Denn ich weiß, daß Sie auf jede Gefahr hin sich geweigert haben, an dem Unrechtsstaate der Bestialität teilzunehmen. Auch das verbindet uns für alle Zeit. [...]"[157]

Den Münchner Kollegen gab Hirschberg auf ihre Glückwünsche hin Folgendes zu bedenken: „Die Ereignisse seit 1933 haben gezeigt, wie notwendig und berechtigt der Kampf um die Aufrechterhaltung des demokratischen Rechtsstaates gewesen ist, an dem ich als Münchner Anwalt von 1919 bis 1932 teilgenommen habe. Er hätte erfolgreich sein können, wenn die demokratische Führung der Weimarer Republik mehr Mut und Entschlossenheit gezeigt hätte. Daß er nicht erfolgreich gewesen ist, hat wie jede Aufhebung des Rechts furchtbare Folgen gehabt. Sie hat Millionen Menschen das Leben gekostet.

Daß ich mit 77 Jahren noch voll arbeitsfähig bin, ist ein Segen, aber auch eine Verpflichtung. Sie haben recht, Aktivität ist für mich die einzige sinnvolle Form des Daseins."[158]

Ein Herzinfarkt im November 1961 leitete den langsamen Rückzug aus der vollen Berufstätigkeit ein, der ihm nicht leicht fiel, der aber unabwendbar war. „Da ich meine große Praxis mit diesen Beschränkungen nicht weiterführen kann, bin ich dabei, einen großen Teil [...] abzugeben. Schließlich muß man mit 79 Jahren einsehen, daß es nicht mehr erlaubt ist, dauernd mit Volldampf zu arbeiten. [...] Machen Sie sich um mich keine Sorgen. The old guard never dies."[159]

---

[156] Thomas Dehler an Max Hirschberg am 18. Mai 1961, Archiv des Deutschen Liberalismus der Friedrich-Naumann-Stiftung, Gummersbach, Nachlaß Thomas Dehler, N 1–1771.

[157] Max Hirschberg an Thomas Dehler am 31. Mai 1961, ebd., N 1–1771.

[158] Max Hirschberg an den Vorstand der Anwaltskammer München am 31. Mai 1961, Anwaltskammer München, Personalakt Max Hirschberg.

[159] Max Hirschberg an Werner Richter am 8. Januar 1963, Deutsches Literaturarchiv Marbach, Nachlaß Werner Richter.

Seinem Optimismus konnte der erzwungene Rückzug nichts anhaben. In einem Brief aus dem Januar 1963 hieß es: „Überhaupt ist das Leben, wenn es einem nicht gerade hundeschlecht geht, ein äußerst interessantes und aufregendes Erlebnis, und ich habe mich entschlossen, wenn es mir vergönnt ist, diesen ‚spannenden Roman' [...] noch nicht abzubrechen."[160]

Ein weiteres Jahr später schrieb Hirschberg: „Ich werde im November 80 Jahre alt. Ich hoffe aber, noch einiges fertig zu machen. Ich habe einiges gemacht, aber was sind wir, wenn wir unsere Arbeiten mit dem vergleichen, was der alte Bach oder der ewig junge Schubert gemacht haben? [...]

Ich habe in der Gedenkrede von Thomas Mann auf Bruno Frank einen Vers des letzteren gefunden, der auch für mich gilt:

‚Ein Durchgang bin ich nur und schmucklos ist mein Bogen.
Indes es ist in strahlend hellem Zug
Die ganze Welt durch mich hindurch gezogen
Und ich war hoch genug.' "[161]

Am 13. November 1963 feiert Hirschberg seinen 80. Geburtstag. Unter den vielen Ehrungen, die ihn dazu erreichten[162], freute er sich über zwei Aufmerksamkeiten aus der alten Heimat am meisten. Einen Geburtstagsartikel an hervorragender Stelle der „Frankfurter Allgemeinen Zeitung"[163] und ein Telegramm des Weggefährten Thomas Dehler. „Er hat als junger Mann in meiner Münchner Kanzlei als Hilfsarbeiter gearbeitet und mir seitdem eine anhängliche Freundschaft bewahrt. [...] Als er hier in New York war, zu der Zeit, wo[!] er noch Bundesminister der Justiz war, wurde ihm zu Ehren eine Cocktailparty gegeben. Als ich eintrat, sagte er zu den Umstehenden: ‚Da kommt der Mann, von dem ich gelernt habe, was ein Anwalt ist.'"[164]

Hirschberg zeigte in dieser Zeit eine heitere Gelassenheit und er genoß die kleinen Freuden des Alltags. „Es war besonders freundlich von Ihnen, mir einige Platten zu schicken. Ich habe ein Grammophon, das aber nicht sehr gut ist, von meinem Sohn übernommen und kaufe mir, sobald ich dazu komme, einen guten Plattenapparat. Da meine geistige Entwicklung immer sehr spät einsetzt, habe ich erst nach Erreichung des 80. Lebensjahrs ent-

---

[160] Max Hirschberg an Friedrich S. Grosshut am 14. Januar 1963, Deutsches Literaturarchiv Marbach, Nachlaß Grosshut.

[161] Max Hirschberg an Friedrich S. Grosshut am 19. April 1963, ebd., Nachlaß Grosshut.

[162] Siehe die Zeitungsausschnitte im Nachlaß Max Hirschbergs.

[163] Max Hirschberg. In: „Frankfurter Allgemeine Zeitung" vom 13. November 1963, S. 2; vgl. Max Hirschberg an Friedrich S. Grosshut am 26. November 1963, Deutsches Literaturarchiv Marbach, Nachlaß Grosshut.

[164] Max Hirschberg an Werner Richter am 12. Dezember 1963, Deutsches Literaturarchiv Marbach, Nachlaß Werner Richter.

deckt, was für ein unbeschreiblicher Genuß es ist, sich seine Lieblingswerke vorspielen zu können, sobald man Lust dazu hat."[165] Seinen Herzinfarkt hielt er für „vollkommen ausgeheilt". Sein Herzspezialist hatte ihn „aber von 48 Stunden auf sechs Stunden wöchentlich Officearbeit beschränkt. Dafür hat er mir aber", wie Hirschberg einem Bekannten mitteilte, „zwei Zigarren am Tag erlaubt, was mein Alter sehr verschönt."[166] Ein erneuter Herzinfarkt beendete diesen Lebensabend in Muße. Max Hirschberg starb am 21. Juni 1964 in einem New Yorker Krankenhaus „nach kurzer Krankheit schmerzlos".[167]

Ein langjähriger Bekannter erinnerte sich wenige Tage später in charakteristischer Weise an den Verstorbenen: „Dr. Max Hirschberg war in München, in Bayern, in ganz Deutschland bekannt als der unermüdliche, scharfsinnige, beredte, idealistische Verteidiger. Zu ihm kamen diejenigen, denen Unrecht getan worden war. Wenn er vermutete, daß die Gerechtigkeit im Gerichtssaal gebeugt worden war, so übernahm er den Fall, und dann war ihm keine Mühe zu groß und kein Honorar zu klein."[168]

Was über seinen berühmten Kollegen Max Alsberg geschrieben wurde, kann ohne weiteres auf ihn übertragen werden: „Gerade [Hirschberg] ist ein Beweis dafür, daß nur der Rechtsanwalt seinem Amt und dessen hoher Aufgabe gerecht wird, der auch ein Stück seines Selbst opfert. Nicht, indem er sich mit dem Klienten identifiziert. Das hat [Hirschberg] nie getan. Aber er darf auch nicht als unbeteiligter Zuschauer das ihm anvertraute Schicksal sich vor seinen Augen abrollen lassen. Er muß es miterleben."[169]

„[Seine] Gedankenwelt war eine juristische, geschult an der Idee des demokratischen Rechtsstaates, welche eine an Gesetz und Recht orientierte Entscheidungsbegründung verlangt. Bis zuletzt glaubte er an das Funktionieren der Justiz, deren Fähigkeit und deren Willen, einen zur Verhandlung stehenden Sachverhalt nach rechtlichen Kriterien zu analysieren und zu entscheiden. [...] Er war aber ein Jurist, der konsequent und ohne Kompromisse für die starke und unabhängige Strafverteidigung als notwendige Voraussetzung eines wirklichen Rechtsstaats gekämpft hat."[170]

Der „Rechtsidealist" Hirschberg verkörperte in der „Universalität seiner Bildung, der Humanität seines Denkens und der gegen sich selbst rücksichts-

[165] Max Hirschberg an Friedrich S. Grosshut am 26. November 1963, ebd., Nachlaß Grosshut.
[166] Max Hirschberg an Werner Richter am 12. Dezember 1963, ebd., Nachlaß Werner Richter.
[167] Todesanzeige in: „Aufbau" (New York) vom 26. Juni 1964.
[168] Wladimir G. Eliasberg in: „Aufbau" (New York) 1964 (o.D.), Zeitungsausschnitt im Nachlaß Max Hirschberg.
[169] Max Hachenburg, Nachruf Max Alsberg. In: „Deutsche Justizzeitung" 1933, S. 1266.
[170] Tillmann Krach, Max Alsberg (1877–1933). In: Helmut Heinrichs u.a. (Hrsg.), Deutsche Juristen jüdischer Herkunft. München 1993, S. 655–665, hier: S. 661.

losen Gesinnungstreue seines Handelns ein Stück jener bürgerlichen Hoch-
kultur, die mit der Vertreibung und Vernichtung des europäischen Judentums
auf dem alten Kontinent untergegangen ist."[171]

Daß dieser von den konservativen Totengräbern der Weimarer Republik
bekämpfte und von den Nationalsozialisten verfolgte und vertriebene Jurist
noch heute mit seinen Beiträgen gegen Mißstände in der Justiz zitiert werden kann und vielleicht auch muß, kommt nicht von ungefähr.

„Er hat nie zu den Bequemen in diesem Land gezählt. Überall dort, wo es
um das Recht ging, blieb er unerbittlich und konsequent und war keinem
faulen Kompromiß zugeneigt. Unerschrocken trat er [...] für das Recht ein,
dem er sich leidenschaftlich verpflichtet fühlte. [...] Sein mutiges Eintreten
für das Recht ist es, das ihn der kommenden Juristengeneration zum Vorbild
macht."[172]

Das schlimme Wort „auch ein Jude und Demokrat"[173], das 1922/23 im Zusammenhang des Fechenbachprozesses in Kreisen der bayerischen Justiz
über ihn gefallen ist, sagte schon damals mehr über den Geist seiner Urheber aus, als daß es ihn zu diffamieren vermochte. Heute ist es unbestreit-
bar eine Ehrenerklärung.

Deutschland wäre vieles erspart geblieben, wenn es mehr Leute vom For-
mat eines Max Hirschberg gehabt hätte.

---

[171] Heinrich Hannover, Max Hirschberg (1883–1964). Der Kritiker des Fehlurteils. In:
Kritische Justiz (Hrsg.), Streitbare Juristen: eine andere Tradition. Baden-Baden
1988, S. 165–179, hier: S. 168.
[172] DC, Max Hirschberg. In: „Frankfurter Allgemeine Zeitung" Nr. 264 vom 13. November 1963, S. 2.
[173] Näheres siehe oben Anm. 6.

Zur Edition

Die Erinnerungen Max Hirschbergs liegen in einem 311 Seiten umfassenden Schreibmaschinen-Typoskript in seinem Nachlaß in Greenwich, Connecticut/USA, vor. Die Edition gibt sie im wesentlichen unverändert wieder.* Verschreibungen, Ungenauigkeiten in Rechtschreibung, Grammatik und Zeichensatz sowie durch die amerikanische Schreibmaschine bedingte Eigentümlichkeiten (Umlaute, ss) wurden stillschweigend berichtigt. Korrekturen im Text der Vorlage werden nur dann angemerkt, wenn sie den Sinn in sachlich relevanter Weise verändern. Irrtümliche Schreibweisen von Eigennamen, Orten und Personen wurden stillschweigend korrigiert. Zusätze bzw. Auslassungen des Bearbeiters sind durch eckige Klammern, unverständliche oder eigenwillige Textstellen sind mit [!] gekennzeichnet.

Die Sachanmerkungen wollen in der Regel keine wertende Interpretation der entsprechenden Textstelle, sondern dem Benutzer in knapper Form gezielte Verständnis- und Arbeitshilfen, ggf. auch Literaturhinweise bieten. Gleiches gilt für die zahlreichen Kurzbiographien.

Der Bearbeiter hat an erster Stelle dem Sohn Max Hirschbergs, Herrn Prof. Dr. Erich Hirschberg, Greenwich, CT/USA, zu danken, der nicht nur die Erlaubnis zur Veröffentlichung der Erinnerungen seines Vaters gegeben hat, sondern von Anfang an alle Fragen zu dessen Leben und Werk geduldig und kenntnisreich beantwortet hat.

Sehr zu danken hat er auch allen beanspruchten Archiven und Bibliotheken für ihre unbürokratische und kollegiale Hilfsbereitschaft. Daß sich zahlreiche Einzelpersonen um Fortgang und Abschluß des Vorliegenden verdient gemacht haben, sollte nicht unerwähnt bleiben. Stellvertretend sei hier Herr Rechtsanwalt Dr. Otto Gritschneder genannt, der dem Nichtjuristen in vielerlei Hinsicht die Welt seines „streitbaren" Kollegen Max Hirschberg erschließen half.

Herrn Bundesminister a.D. Dr. Hans-Jochen Vogel gebührt herzlicher Dank für seine spontane Bereitschaft, dem Buch ein Geleitwort vorauszuschicken. Er trägt damit hoffentlich dazu bei, einen zu Unrecht in Vergessenheit geratenen verdienten Demokraten der Öffentlichkeit in Erinnerung zu bringen.

Das Institut für Zeitgeschichte hat die vorliegende Edition in seine Reihe „Biographische Quellen zur Zeitgeschichte" aufgenommen. Deren Herausgebern, den Herren Dr. Werner Röder und Prof. Dr. Udo Wengst, fühlt sich der Bearbeiter für ihre Bemühungen zu großem Dank verpflichtet.

---

* Nicht abgedruckt werden die Kapitel 11 und 12 sowie ein Teil des Kapitels 13, da es sich hierbei nicht um Erinnerungen, sondern um allgemeine historische Darstellungen bzw. um Urlaubsbeschreibungen ohne zeitgeschichtliche Bedeutung handelt.

Seiner schärfsten Kritikerin, ohne deren aufmunternden Zuspruch die Unternehmung nicht zum glücklichen Abschluß gelangt wäre, verspricht der dankbare Unterzeichnete schließlich, die künftigen Beeinträchtigungen des Privatlebens ein vernünftiges Maß tunlichst nicht übersteigen zu lassen.

München, im Herbst 1997

Reinhard Weber

Max Hirschberg:

Erinnerungen

Vorwort

Dies ist das Selbstporträt eines Mannes im Rahmen unserer Epoche: unserer Epoche gewaltiger politischer, sozialer und ökonomischer Umwälzungen, die von den Machthabern der Vergangenheit entfesselt worden sind und von ihnen mit den Methoden der Vergangenheit nicht mehr gebändigt werden können; unserer Epoche, in der Nationalismus, Imperialismus und Machtpolitik ihre blutige Abschiedsvorstellung geben und in der die Uhr der Weltgeschichte zu einem neuen Schlage ausholt.

Es ist zugleich eine Epoche so tiefer und gewaltiger geistiger Umwälzungen, wie sie die Menschheit seit der Renaissance nicht mehr erlebt hat; eine Epoche, in der sich unser Weltbild durch die Erschütterung der für absolut gültig gehaltenen klassischen Naturgesetze, durch die Niederlegung der Scheidewand zwischen Mathematik, Physik und Chemie, durch die Verfeinerung der Methoden und Apparate der astronomischen, physikalischen und chemischen Forschung, durch die Aufstellung der nicht-euklidischen Geometrie, durch die Relativitätstheorie Albert Einsteins[1] und schließlich durch die Atomforschung, revolutionär umgestaltet hat.

Der Mann selbst ist nicht bedeutsam; was an ihm der Aufzeichnung wert sein mag, ist nur der Mann im Rahmen der Epoche, soweit er im Umkreis seiner beschränkten Möglichkeiten versucht hat, die politischen Umwälzungen nicht bloß passiv, sondern aktiv mitzuerleben und die wissenschaftlichen Umwälzungen geistig zu bewältigen.

„Jetzt, da die Welt mein Werk durchquert mit Lust", wie schon Shakespeare[2] in seinen Sonetten geseufzt hat, halte ich in meinem 68. Lebensjahr den Zeitpunkt für gekommen, eine Art Selbstporträt im Rahmen der Epoche zu zeichnen und ein vorläufiges Fazit zu ziehen. Die dabei aufgezeigten Parallelen können sich erst im Unendlichen schneiden.

Für eine solche Zwischenbilanz liegt Material in ungeheurer Menge vor; die Aufgabe besteht darin, das Wesentliche herauszuheben. Aber wie soll man das Wesentliche herausarbeiten aus dem Katarakt von Bildern, Geräuschen, Gerüchen, Gesprächen, Arbeiten, Kämpfen, Leiden und Beseligungen, in dem ein so erfülltes und tätiges Leben am Beschauer vorbeizieht? Eine unendliche Fülle von Bildern entrollt sich, wenn man den Vorhang als Beschauer des eigenen Lebens hochzieht: der Platz vor der Theatinerkirche in München, wo ich geboren bin, mit der Feldherrnhalle und dem Hofgartentor und dem Blick auf die Ludwigstraße bis zum Siegestor; der schimmernd

---

[1] Albert Einstein (1879–1955), deutsch-jüdischer Physiker, Nobelpreisträger, Relativitätstheorie (1905).
[2] William Shakespeare (1564–1616), englischer Dichter, Sonette (1609).

blaue Starnbergersee mit seinen lieblichen Ufern; der düstere Walchensee und der Königssee mit der Steilwand des Watzmann; Untergrainau mit dem Blick auf das Zugspitzmassiv und den Waxenstein; die Autofahrten nach Innsbruck und Lermoos in Tirol; die Fußwanderungen durch die Dolomiten mit der Marmolata und den drohend aufragenden Tre Croci; die herzerschütternde Fahrt über den Gotthard mit dem himmlischen Hineinschweben in das Tal von Locarno und Ascona am Lago Maggiore; der Domplatz in Pisa und das mittelalterliche San Giminiano mit seinen Türmen und Gassen; der Hafen von Genua und der Posillipo in Neapel; Verona mit den Scaliger-Gräbern im Mondschein; die Kanäle von Venedig und der Dom von Florenz; und zuletzt die Wolkenkratzer und Brückenspannungen in New York.

Und die vielen Gerüche, die man immer wieder einzuatmen glaubt: der Gasgeruch in der Schulstube an trüben Wintermorgen; der Duft der Gärten auf der Isola Bella; der Tannengeruch in den Wäldern Deutschlands und Österreichs; der Salzgeruch des Mittelmeers in Viareggio und Loano; der Duft der heißen Geburtstagsschokolade der Kinderzeit und der Fischgeruch in den Gassen Genuas; der Duft von Frauenhaaren und Frauenbrüsten; der Duft der Opernhäuser vor dem Aufrollen des Vorhangs; der Gestank in den Gängen des Cornelius-Gefängnisses in München; die reine Luft auf den Berggipfeln mit der herzerschütternden Fernsicht; der Staubgeruch der Aktendeckel und Bibliotheken; und der Honigduft meines frischgebadeten Söhnchens an der Brust seiner schönen Mutter.

Und die vielen Geräusche, die sich eingeprägt haben: die heisere Stimme des Mathematikprofessors, der den Lehrsatz des Pythagoras[3] erklärt; die Stimme des Staatsanwalts, der ein Todesurteil beantragt; die sanfte Stimme meiner ermordeten Freundin Cora[4] und die lebhafte Rede meiner ermordeten Freundin Liesel[5]; das Rasseln unzähliger Eisenbahnzüge und Straßenbahnen und das Hupensignal unzähliger Autos; das unerbittliche, alle Viertelstunden niederfallende Glockenerz vom Dach des Cornelius-Gefängnisses in schlaflosen Nächten; das Rauschen der Wälder und der Brandung des Meeres; das Jauchzen der Kinderstimme meines Enkels.

Und immer wieder klingt auf die vom Himmel stürzende Musik: die Brandenburgischen Konzerte und die Matthäus-Passion des Johann Sebastian Bach[6]; die letzten Beethoven-Quartette[7], gespielt vom Klingler-Quar-

---

[3] Pythagoras (um 570–497/496 v.Chr.), griechischer Philosoph und Mathematiker.

[4] Cora Berliner (1890–1942/43 verschollen).

[5] Elisabeth Kohn (1902–1941), Dr. phil., seit 1928 Rechtsanwältin in München, 1933 aus rassischen Gründen entlassen, danach Fürsorgerin bei der Israelitischen Kultusgemeinde München, 1941 Deportation. Vgl. Ernst G. Lowenthal (Hrsg.), Bewährung im Untergang. Ein Gedenkbuch. Stuttgart 1965, S. 103–105.

[6] Johann Sebastian Bach (1685–1750), 6 Brandenburgische Konzerte (1721), Matthäus-Passion (1729).

[7] Ludwig van Beethoven (1770–1827); gemeint sind die letzten Streichquartette op. 127 Es-Dur, op. 130 B-Dur, op. 131 cis-Moll, op. 132 a-Moll, op. 135 F-Dur und op. 133 Große Fuge B-Dur aus den Jahren 1824–1826.

tett[8] oder den Böhmen; der Don Giovanni[9] im Münchner Residenztheater; der dunkelglühende Othello[10] in der Mailänder Scala; das Verdi-Requiem mit Maria Caniglia, Ebe Stignani, Beniamino Gigli und Ezio Pinza[11]; die „Winterreise"[12], gesungen von Felix von Kraus[13]; der „Carneval"[14], gespielt von Alfred Reisenauer[15]; Schuberts „Fantaisie" in G-Dur, geträumt von Arthur Schnabel[16]; die Meistersinger[17] im Münchner Hoftheater; Verdis „Falstaff" und „Othello" unter Arturo Toscanini[18]; der Paukenschlag im Scherzo der Neunten Symphonie[19], unter dem das Herz des zehnjährigen Knaben zum ersten Mal erbebte; die Engelsstimme der Wiener Sängerin Schwarzkopf[20] im „Deutschen Requiem" von Brahms[21]; die Lieder von Schubert, Brahms und Hugo Wolf[22]; das Schubert-Trio op. 99, gespielt von Rubinstein, Heifetz und Feuermann.[23]

Was ist nun wesentlich in dieser unendlichen Flut von Erinnerungen? Welches Ordnungsprinzip kann man anwenden, um diese Fülle der Erlebnisse zu gestalten? Mein Freund Erich[24] hat mir vor vielen Jahren einen Vers Hölderlins geschenkt:

„Alles prüfe der Mensch, sagen die Himmlischen.
    Daß er, kräftig genährt, danken für alles lern',
        Und erkenne die Freiheit, aufzubrechen wohin er will."[25]

Die entscheidende Wende meines Lebens fällt mit dem Ende des Ersten Weltkriegs zusammen. Im Unterstand vor St. Mihiel an der Westfront las ich

---

[8] Streichquartett, gegründet 1905, benannt nach dem Geiger und Komponisten Karl Klingler (1879–1971).
[9] Wolfgang Amadeus Mozart (1756–1791), Oper „Don Giovanni" (1787).
[10] Giuseppe Verdi (1813–1901), italienischer Komponist, Opern „Othello" (1887) und „Falstaff" (1893), „Requiem" (1874).
[11] Bekannte italienische Sänger: Maria Caniglia, Sopran (1905–1979), Ebe Stignani, Alt (1903–1974), Beniamino Gigli, Tenor (1890–1957), Ezio Pinza, Baß (1892–1957).
[12] Franz Schubert (1797–1828), Liederzyklus „Winterreise".
[13] Felix von Kraus (1870–1937), Sänger (Baß).
[14] Robert Schumann (1810–1856), Carneval (1834/35) für Klavier.
[15] Alfred Reisenauer (1863–1907), Pianist, Liszt-Schüler.
[16] Arthur Schnabel (1882–1951), Pianist.
[17] Richard Wagner (1813–1883), Oper „Die Meistersinger von Nürnberg" (1867).
[18] Arturo Toscanini (1867–1957), italienischer Dirigent.
[19] 9. Symphonie op. 125 (1823) von Ludwig van Beethoven.
[20] Elisabeth Schwarzkopf, Sopran (geb. 1915).
[21] Johannes Brahms (1833–1897), „Deutsches Requiem" op. 45 (1868).
[22] Hugo Wolf (1860–1903), österreichischer Komponist, besonders von Klavierliedern.
[23] Artur Rubinstein, Pianist (1886–1982), Jascha Heifetz, Geiger (1901–1987), Emanuel Feuermann, Cellist (1902–1942).
[24] Freund und späterer Schwager Dr.med. Erich Katzenstein (1883–1961), Neurologe, verheiratet mit Nanette, genannt Nettie, Gerstle (1889–1967), der Schwester von Hirschbergs Frau Bessie.
[25] Friedrich Hölderlin (1770–1843), Gedicht „Lebenslauf".

zum ersten Male „Entweder-Oder" des dänischen Religionsphilosophen Sören Kierkegaard.[26] Ohne daß ich es damals ahnte, bereitete seine Abhandlung „Vom Gleichgewicht des Ästhetischen und des Ethischen in der Persönlichkeit" die Wendung meines Lebens vom Ästhetischen, in dem es nur Möglichkeiten gibt, zum Ethischen vor, in dem man Aufgaben erkennt. Bis dahin war ich passiv und empfangend gewesen; als junger Mann hatte ich noch geschrieben: „Aktivität ist die leichteste Form der Oberflächlichkeit, aber auch die fruchtbarste." Jetzt, als ich die Leichen erschossener Knaben sah und das verwundete Pferd vor Verdun, das mich traurig fragend anstarrte, und den Verwesungs- und Kotgeruch der Ornes-Schlucht und den Karbolgeruch der Feldlazarette eingeatmet hatte, begriff ich endlich, daß eine ganz andere Aktivität gefordert wurde als die spielerische, von der ich geträumt hatte. Jetzt endlich erkannte ich meine Aufgabe: für das Recht zu kämpfen und für den Fortschritt der Menschheit zu arbeiten.

Bis dahin hatte ich alles mit „Ich" unterzeichnet. Jetzt wurde mir die beglückende, aber verantwortungsschwere Unterschrift „Wir" aufgenötigt. Die Schändung der Erde durch Gewalt machte mich endgültig zum geistigen Revolutionär. Ich begriff, daß es nicht erlaubt war, aus der bluttriefenden verworfenen Zeit zu flüchten, sondern daß das Elend der hilflosen Menschheit Mannesarbeit erforderte. Jetzt wurde ich in einem ganz neuen Sinne aktiv. Im Sommer 1921, als meine schöne Geliebte meinen Sohn in ihrem Schoße trug, dichtete ich die"Männlichen Stanzen". Darin schrieb ich:

> „Vielleicht vergessen wir auf eine Zeit,
> Daß es Musik gibt. Daß die Gotteserde
> Nicht Arbeit nur beherbergt. Süßigkeit
> Der Frauen duftet. Himmlische Gebärde
> Von Engeln anhebt, lieblich tönend. Weit
> Ist unsrer Wege Mühsal. Nun so werde
> Zu teil uns, was uns ziemt. Und alles Schöne,
> Das uns versagt bleibt, blüht für unsre Söhne.

> Was liegt an uns? Wer sind wir? Nur ein Griff,
> Den Gott an seiner Pflugschar tut. Nur eine
> Von vielen Furchen. Doch dem Bruderschiff,
> Das nur noch Nacht und Nacht sieht, scheine
> Die kleine Lampe unsres Leuchtturms. Griff
> Uns Gott heraus? Er fügte uns in seine
> Demütige Schar von Dienern. Laßt uns Arbeit tun,
> Daß unsre Söhne leben, wenn wir ruh'n."

---

[26] Sören Kierkegaard (1813–1855), dänischer Theologe und Philosoph; Entweder-Oder. Vom Gleichgewicht des Ästhetischen und des Ethischen in der Persönlichkeit (1843).

Diese Wendung von der ästhetischen zur ethischen Lebensführung – die natürlich von moralischer Selbstgerechtigkeit weit entfernt ist – vom Anschauen zum Bewältigen, von der Einzelfigur zur Gestalt in riesenhafter Umgebung, vom Augenblick zum Zwischenpunkt in der historischen Entwicklung, vom Alleinsein zur Familie und über sie zur Menschheit, ist die entscheidende Wende meines Daseins gewesen. Sie wäre, wie schon das zeitliche Zusammentreffen beweist, nicht möglich gewesen ohne die Vereinigung mit der unsterblichen Geliebten, die mich in die Gemeinschaft der Lebendigen eingeführt hat und mir meinen geliebten Sohn geschenkt hat, der mich mit allen kommenden Geschlechtern verbindet.

Es war nicht jene Aktivität, von der Goethe[27] gesagt hat, „der Handelnde ist immer gewissenlos." Vielmehr war diese Aktivität die männliche Entschlossenheit, die über die skeptische Verneinung der Welt, den metaphysischen Pessimismus und die inhärente Hoffnungslosigkeit des menschlichen Daseins triumphiert. Ich habe längst erkannt, daß der metaphysische Pessimismus logisch unwiderleglich ist. Ich habe immer gewußt, daß alle Aktivität letzten Endes im ewig Leeren endigt, das den Kern der Welt bildet. Aber ich habe mich entschlossen, das Vergebliche zu wollen.

Ein verstorbener Freund hat einmal über mich gesagt: „Das ist der vitalste Mensch, den ich kenne." Das Wort hat mich stolz gemacht. Diese Vitalität, die über alle Qualen und über die tiefe Vergeblichkeit des menschlichen Daseins triumphiert, ist der Schlüssel zu der Aktivität und Fülle meines Lebens. Diese Vitalität hat mir die großen russischen Meister zu einem entscheidenden geistigen Erlebnis gemacht. Für mich hat Franz Kafka[28] in seinem „Prozeß" geschrieben:

„Die Logik ist zwar unerschütterlich, aber einem Menschen, der leben will, widersteht sie nicht."

---

27 Johann Wolfgang von Goethe (1749–1832).
28 Franz Kafka (1883–1924), Schriftsteller, Roman „Der Prozeß" (1914/15, veröffentlicht 1925).

Erstes Kapitel

Elternhaus, Schule, Bildung (1883–1902)

Ich bin am 13. November 1883 in München als Sohn bürgerlicher Eltern geboren. Mein Vater war als Sohn armer jüdischer Eltern in Berlin aufgewachsen. Er war ein schöner Mann von eiserner Tatkraft, der von der Welle der Prosperität nach dem Deutsch-Französischen Kriege 1870/71 hochgetragen wurde. Er ließ sich etwa 1873 in München nieder und gründete mit seinem Bruder ein Damenmodengeschäft, das ihn rasch zum wohlhabenden Manne machte. Er erzählte oft, daß er in dieser Hochkonjunktur, die durch die Gründung des Deutschen Reichs und die französische Kriegsentschädigung von drei Milliarden Francs ausgelöst wurde, mit zwei Gehilfen am Tag in einem kleinen Laden in der Dienerstraße ebenso viel Umsatz machte, als später in seinem großen Geschäftshaus, Theatinerstraße 42/43, mit zweihundert Angestellten und Arbeitern.

War mein Vater ein Mann von großer Energie und Arbeitskraft, so war meine Mutter, die Tochter eines kleinen ängstlichen Münchner Bankiers, in allem gerade das Gegenteil: passiv, schwächlich, angstvoll und lebensuntauglich. Es war ein gewagtes Experiment, daß zwei so verschiedene Persönlichkeiten Kinder zeugten, wobei sie natürlich ganz naiv vorgingen, ohne die biologische Tragweite auch nur zu ahnen. Das deutsche Bürgertum war in wissenschaftlichen Dingen meist erstaunlich unwissend; die Erwähnung sexueller Fragen galt als unsittlich, was uns Söhne später in der Pubertät in große Gefahren bringen sollte. Mein jüngerer Bruder[1], ein begabter, etwas schwermütiger Mensch, erschoß sich 1909 in jugendlichem Alter, als er sich bei einer Dirne die Syphilis geholt hatte, die er für unheilbar hielt.

Bei mir hatte die Vermischung so konträrer Keimzellen ein beglückendes Ergebnis: ich erbte die körperliche und geistige Gesundheit und Tatkraft meines Vaters, wurde aber durch den mütterlichen Einfluß geistig und seelisch aufgespalten und kompliziert. In der Jugend neigte ich mehr zu der mütterlichen Schwermut und Passivität, im Mannesalter überwand ich die mütterliche Komponente völlig und strömte über von Vitalität und Arbeitskraft.

Ich erhielt eine sorgfältige Erziehung, wie es in wohlhabenden jüdischen Familien damals in Deutschland üblich war. Mit sieben Jahren bekam ich den ersten Klavierunterricht. Als ich zehn Jahre alt war, nahm mich mein Klavierlehrer zum ersten Mal in eine Hauptprobe der Neunten Symphonie im Odeon mit. Er ließ mich vor einigen erstaunten Zuhörern die Tonart bestimmen – ich hatte die Symphonie noch nie gehört und kannte keine Note – und bewies ihnen dadurch, daß ich absolutes Gehör hätte. Ich erinnere mich, daß ich bei der Stelle des Scherzos, an der die Pauke das Triolenthema

---

[1] Stephan Hirschberg (1888–1909).

bringt, heftig erschrak. Vielleicht ahnte ich zum ersten Mal die Erschütterung der Musik, die mir meine kindlichen Fingerübungen noch nicht erschlossen hatten. Ein Jahr lang hatte ich Unterricht bei dem später berühmten Pianisten Josef Pembaur[2], der sich bei meinen kindlichen Versuchen nicht schlecht gelangweilt haben dürfte.

Vom zehnten Lebensjahr an besuchte ich das Wilhelmsgymnasium. Es war ein düsterer Bau an der Maximilianstraße. Wir wurden zu gehorsamen gesinnungstreuen Staatsbürgern erzogen. Ich war sehr pflichttreu, autoritätsgläubig und schüchtern. Die offizielle Anhänglichkeit galt aber nicht dem Hohenzollernhaus, das in Bayern wenig populär war; man hat dort die zwangsweise Einschränkung der bayerischen Souveränität bei der Reichsgründung 1871 nie verziehen. Das Haus Wittelsbach war sehr populär. Alljährlich am Fronleichnamstag ging der alte gute Prinzregent[3] mit einer Kerze hinter dem Thronhimmel her, unter dem der Erzbischof mit seinem Kortege[4] feierlich dahinwandelte. Die Straßen waren mit Birken und Decken geschmückt und das Militär bildete Spalier. Die gottgewollte monarchisch-klerikale Ordnung schien für die Ewigkeit begründet zu sein.

Ich erinnere mich an das erste revolutionäre Erlebnis, das ich aber nur als unbeteiligter erstaunter Zuschauer in der siebten Klasse mitmachte. Ein dumm aussehender Prinz des Königshauses kam zu Besuch in unsere Klasse. Wir mußten im Chor ein Gedicht aufsagen, das den schönen Refrain hatte: „Hurra, hurra, hurra! Hurra Germania!". Als der Prinz fortgegangen war, sagte der Professor: „Der Prinz war von der Besichtigung der Klasse sehr befriedigt. Am besten gefiel ihm das Gedicht „Hurra Germania!". In diesem Augenblick brach die ganze Klasse in schallendes Gelächter aus. Als der Professor strafend sagte, da gebe es nichts zu lachen, der Prinz habe eben ein Examen gemacht, da könnten wir uns alle verstecken, erscholl nochmals höhnisches Gelächter. Dieses erste aufrührerische Erlebnis ist mir im Gedächtnis geblieben. Irgend etwas unheimlich Lockendes war in dieser Rebellion. Heinrich Mann hat in seinem „Untertan"[5] dieses Gefühl des braven Staatsbürgers geschildert.

Es bedarf kaum der Erwähnung, daß die Lehrer in diesem servilen Gymnasium den Geschichtsunterricht in der Weise erteilten, die von oben befohlen war. Dabei war Bayern damals im Vergleich zu dem Preußen Wilhelms II. betont demokratisch und sogar gemäßigt liberal, soweit die Herrschaft der beherrschenden klerikalen Partei das gestattete. Der „Simplicissimus"[6],

---

[2] Josef Pembaur (1875–1950), bekannter Pianist und Interpret besonders romantischer Werke.

[3] Prinzregent Luitpold von Wittelsbach (1821–1912), übernahm 1886 nach dem Tod von König Ludwig II. die Regentschaft in Bayern.

[4] Gefolge, Ehrengeleit.

[5] Heinrich Mann (1871–1950), Roman „Der Untertan" (1914/18).

[6] Carla Schulz-Hoffmann (Hrsg.), Simplicissimus. Eine satirische Zeitschrift München 1896–1944. München 1977 (= Ausstellungskatalog München-Haus der Kunst 1977/78)

der mich als Knabe allerdings nur wegen seiner erotischen Bilder von Heilemann und Reznicek[7] faszinierte – ich beschaute sie heimlich, da es mein Vater verboten hatte – machte sich über das schneidige Preußentum, das Wilhelm II. gezüchtet hatte, mit frechen Persiflagen lustig. Ich erinnere mich an das Bild eines Gardeleutnants, der seine Fingernägel betrachtet und sagt: „ Ne Stunde gejeut – und schon Hände wie 'n Arbeiter." Oft zitiert habe ich später ein Bild Bülows[8], der die Dame Germania im umkippenden Wagen am Rand des Abgrunds entlang fährt und zu ihr sagt: „Bleiben Sie ruhig sitzen, Frau Germania, ich übernehme jede Verantwortung." Scharfe Satiren veröffentlichte dort der begabte Ludwig Thoma, der später an nationalistischer Herzverfettung einging[9].

Dieser Geschichtsunterricht bestand im wesentlichen im Auswendiglernen von Herrschernamen und Schlachtendaten. Das Volk spielte dabei nur eine Rolle, soweit es sich für seine Kaiser und Könige tapfer schlug, ohne nach den Gründen zu fragen. Selbst die zahlreichen Erbfolgekriege und die Teilungen Polens wurden kritiklos hingenommen. Daß es eine Arbeiterbewegung und einen sozialistischen Marxismus gab, wurde ängstlich verschwiegen. So bekamen die jungen Menschen ein völlig falsches Bild der modernen Geschichte und der Machtpolitik der Herrscher und ihrer Hintermänner. Man erreichte dadurch, daß sie 1914 mit fliegenden Fahnen in den Kampf zogen und jede neue Kriegserklärung mit Jubel begrüßten. Wenn sie dann mit heraushängenden Gedärmen im Stacheldraht verendeten, kam die Erkenntnis zu spät.

Auch die Geschichte des Altertums vermittelte keine Ahnung von der Größe der griechischen Kunst und Wissenschaft oder von den selbstzerstörerischen Machtschauspielen des römischen Weltreichs. Ich erinnere mich an ein Bild der Rheinbrücke Julius Caesars[10], das wir schließlich geradezu haßten. Wir mußten jeden Balken und jeden Brückenbogen auf lateinisch hersagen. Die bedeutenden Gestalten Julius Caesars und seiner Gegenspieler wurden nicht sichtbar. Der Aufstand der Gracchen[11] und andere proletarische Rebellionen wurden kommentarlos erwähnt.

---

und Ruprecht Konrad, Nationale und internationale Tendenzen im „Simplicissimus" (1896–1933). Der Wandel künstlerisch-politischer Bewußtseinsstrukturen im Spiegel von Satire und Karikatur in Bayern. Phil. Diss. München 1975.

[7] Ernst Heilemann (geb. 1870), freier Mitarbeiter; vgl. zu ihm Ausstellungskatalog (wie vorige Anm.), passim, und Ferdinand von Reznicek (1868–1909), ebd., S. 419–425.

[8] Bernhard Fürst von Bülow (1849–1929), von 1900–1909 Reichskanzler.

[9] Ludwig Thoma (1867–1921), zu seinen „Verirrungen" erschöpfend Wilhelm Volkert (Hrsg.), Ludwig Thoma. Sämtliche Beiträge aus dem „Miesbacher Anzeiger" 1920/21. Kritisch ediert und kommentiert. München 1989.

[10] Gaius Julius Caesar (100–44 v.Chr.), römischer Feldherr und Staatsmann.

[11] Tiberius Sempronius Gracchus (162–133 v.Chr.), aus dem plebejischen Adelsgeschlecht der Sempronier, 133 Volkstribun, Agrarreformer zu Gunsten der Besitzlosen; sein Bruder Gaius Sempronius Gracchus (153–121 v.Chr.), knüpfte an diese Reformen an, 123 Volkstribun, gegen die Vormachtstellung des Adels.

Der größte Jammer aber war, daß die Schönheit der Bilder Homers[12], in denen wie in der Bibel die Schöpferkraft der jungen Menschheit zum ersten gewaltigen Ausbruch kam, unter ödem Grammatikwust völlig begraben wurde. Heinrich Mann hat das in seinem „Professor Unrat"[13] zornig geschildert. (Generelle Anmerkung: Die vielen Zitate aus der Weltliteratur bedeuten nicht Prahlerei mit meinem für solche Sätze tatsächlich phänomenalen Gedächtnis; ich habe mir tausende solcher Worte nicht gemerkt, sondern angeeignet und einverleibt; ich habe mit ihnen gelebt. Da die großen Meister einen Gedanken besser ausdrücken als meine Worte, gebrauche ich sie zur Formulierung meiner Gedanken.)

Albrecht Schäffer[14] hat in seiner „Meerfahrt" uns vieles wieder lebendig gemacht, was unter diesem Wust begraben lag. Jetzt habe ich meiner Frau die Odyssee in der klassischen Übertragung des alten Voß[15] vorgelesen, nach 50 Jahren. Und da stürzte sich Athene mit rauschenden Schwingen vom Himmel herab, um ihren Liebling Odysseus zu retten, und da saßen die Götter unter dem Vorsitz des weiberumfangenden Vaters Kronion in riesiger Gestalt in ihrer Versammlung auf dem Olympus. Von den eisern klirrenden Dramen des Sophokles[16] und Euripides[17] wehte allerdings schon damals eine Ahnung der antiken Größe durch mein sehnsüchtiges Knabenherz. Und für immer klang in mir das Wort der Antigone nach: „Nicht mitzuhassen, mitzulieben bin ich da."

Leider blieb auch die Geographie öder Memorialstoff. Wir lernten Flächenzahlen und Einwohnerzahlen auswendig. Aber wir erhielten keine Vorstellung von den politischen, wirtschaftlichen und sozialen Zuständen in den fremden Ländern, auf die es doch ankam. Wir wußten ja nicht einmal, daß es in Deutschland ein Proletariat gab, was die Armee der Arbeitslosen bedeutete und daß mehr als 90% der Bevölkerung ein Einkommen unter 2 000 Mark im Jahr hatten. Daß die Namen Karl Marx, Friedrich Engels und Ferdinand Lasalle[18] nicht erwähnt wurden, versteht sich von selbst.

Ich hatte eine glühende Vorliebe für die Mathematik und war immer unter den Besten in diesen Fächern[sic!]. Irgendwie beglückte es mich, daß das al-

---

[12] Homer (8. Jahrhundert v.Chr.), griechischer Dichter, Schöpfer der Epen „Ilias" und „Odyssee", für die griechische Antike der Dichter schlechthin.

[13] Heinrich Mann, Roman „Professor Unrat" (1905).

[14] Albrecht Schäffer (1885–1950), mit Hirschberg befreundeter Schriftsteller; lebte 1919–1939 in Oberbayern, 1939 Emigration über Kuba nach USA, 1950 Rückkehr nach Deutschland; „Die Meerfahrt", Leipzig 1912.

[15] Johann Heinrich Voß (1751–1826), Dichter und Übersetzer, „Odyssee" (1781).

[16] Sophokles (496–406 v.Chr.), griechischer Dramatiker, u.a. „Antigone", „Ödipus", „Elektra".

[17] Euripides (ca. 480–406 v.Chr.), griechischer Dramatiker, u.a. „Medea", „Iphigenie".

[18] Karl Marx (1818–1883), Philosoph und Nationalökonom, Theoretiker (Marxismus, Sozialismus); Friedrich Engels (1820–1895), engster Mitarbeiter von Marx, Theoretiker des wissenschaftlichen Sozialismus; Ferdinand Lasalle (1825–1864), Gründer der sozialdemokratischen Bewegung in Deutschland.

les so exakt und klar beweisbar war; ich erinnere mich noch, mit welcher Freude ich die Beweise für den Lehrsatz des Pythagoras aufzeichnete und Gleichungen mit zwei oder drei Unbekannten löste.

Gerne schrieb ich auch deutsche Aufsätze. Es kränkte mich sehr, als in der fünften Klasse der Ordinarius meine vielen „Superlativismen" rot anstrich, die doch zu meiner begeisterten Seele gehörten. Natürlich waren auch hier die Themen so langweilig wie möglich: „Hermann und Dorothea"[19] gab nur Anlaß zu Vergleichungen des Pfarrers und Apothekers. Es beglückte mich sehr, wenn wir die deutschen Dramen mit verteilten Rollen lesen durften, wobei ich leider meist weibliche Rollen zugeteilt bekam, weil ich erst später als die meisten den Stimmwechsel hatte. Wir lernten die „Glocke", den „Taucher" und die „Bürgschaft" von Schiller[20] auswendig und ich sagte sie mit großer Begeisterung her. Den Ritter Beaudricourt aus der „Jungfrau von Orleans" kann ich zum Schrecken meiner Geliebten heute noch, nach mehr als 50 Jahren, auswendig deklamieren.

Dies alles war eine streng konservative Erziehung zum künftigen Untertan, bei der die gottgewollte Ordnung für ewig unantastbar erschien. Ich mußte erst einen weiten Weg zurücklegen, ehe ich geistig revolutionär wurde und erkannte, daß alles Bestehende im Politischen nur ein Übergang zu etwas Neuem ist und daß unsere Zeit das Ende des Nationalismus, Imperialismus und der Machtpolitik bedeutet. Erst später erkannte ich, daß der Staat, wie Anatole France[21] sagt, nur auf der Resignation der Armen beruht.

Mit 13 Jahren hatte ich eine heftige, aber äußerst kurze religiöse Periode. Der jüdische Religionsunterricht, in dem man mühsam ein wenig Hebräisch lernte, gab mir nichts. Das Rituell [!], das ich nicht verstand, ließ mich seelisch leer. Die Wendung zum Atheismus bereitete sich schon frühzeitig vor. Schon als junger Mensch pflegte ich bei der Suche nach der Wahrheit vor keiner Konsequenz zurückzuschrecken. Als Student sträubte ich mich später heftig gegen den Determinismus. Als ich aber in Schopenhauers[22] „Preisschrift über die Freiheit des Willens" die Beweise für die Determiniertheit des psychischen Geschehens fand, lange vor meiner Beschäftigung mit der Psychoanalyse Sigmund Freuds[23], zog ich unerschrocken die Konsequenzen für meine Weltanschauung.

Welche Bücher ich als Knabe las, habe ich vergessen. Ich erinnere mich nur, daß eine Kinderausgabe von Jonathan Swifts „Gullivers Reisen"[24] mei-

---

[19] Versepos „Hermann und Dorothea" (1797) von Johann Wolfgang von Goethe.
[20] Friedrich Schiller (1759–1805), Gedichte „Das Lied von der Glocke", „Der Taucher", „Die Bürgschaft"; Drama „Die Jungfrau von Orleans" (1801).
[21] Anatole France (1844–1924), französischer Schriftsteller.
[22] Arthur Schopenhauer (1788–1860), Philosoph; „Preisschrift über die Freiheit des Willens" (1836).
[23] Sigmund Freud (1856–1939), Nervenarzt, Begründer der Psychoanalyse.
[24] Jonathan Swift (1667–1745), anglo-irischer Schriftsteller, Roman „Gullivers Reisen" (1726).

ne Phantasie mächtig erregte. Auch den „Robinson Crusoe"[25] las ich mit Begeisterung. Dagegen haben mich die Talmi-Abenteuer von Karl May[26] nie so gefesselt, wie meine Kameraden. Ich glaube, ich las überhaupt wenig neben meinen Schulbüchern.

Tief erregte mich mein erster Theaterbesuch. Der große Vorhang im Nationaltheater mit der Aurora und den Neun Musen war Gegenstand glühender Träume der Erwartung. Ich glaube, es war der „Lohengrin"[27], den ich sah und hörte, natürlich ganz kritiklos. Hätte ich damals die köstliche Persiflage im „Untertan" von Heinrich Mann gelesen, wäre ich sehr empört gewesen. Auch an eine Vorstellung des „Freischütz"[28] erinnere ich mich; es befriedigte mich sehr, daß der brave Max am Schluß für seine einmalige Verbindung mit den bösen Mächten doch noch einmal Bewährungsfrist bekam.

Da mein Vater damals wohlhabend war, durften wir mit ihm wunderbare Reisen unternehmen. Ich erinnere mich an eine Wagenfahrt nach Linderhof und Neuschwanstein, deren kitschige Einrichtung, die Ausgeburt eines geisteskranken Königshirns, ich damals gläubig bestaunte. Im Sommer fuhren wir mehrmals an die Nordsee nach Blankenberge[29] oder Westerland-Sylt. Noch heute erbebt mein Herz in Erinnerung an den ersten Anblick des Meeres. Noch heute atme ich den Salzgeruch, noch heute sehe ich die Spur meiner nassen Füße im Sand, noch heute träume ich von den Muscheln und Crevetten meiner Knabenzeit.

Es war eine glückliche Jugend, die ich meinem Vater verdanke. Aber es war eine unendliche Einsamkeit, in der ich sie verlebte. Mein Vater war meist an der Arbeit. Zu ihm mit meinen Knabennöten zu kommen, hätte ich nie gewagt. Meine Mutter konnte mir nichts geben. Unsre alte treue Marie pflegte uns, wenn wir krank waren, aber sie ahnte wenig von meinen Träumen und Gedanken. Wirkliche Freunde hatte ich nicht.

Verträumt, scheu und ein wenig ängstlich, schweigsam und in mich verschlossen, wuchs ich meiner vielen Zukunft entgegen.

Den Abschluß meiner Knabenjahre bildete die qualvolle Dienstzeit als Einjähriger im 3. Artillerieregiment in der düsteren stinkenden Max II.-Kaserne[30]. Alles was ich war, galt dort als wertlos. Alles was ich nicht konnte, – Turnen, Reiten, Schießen – galt dort als wichtig. Ich litt, da ich ehrgeizig war und die militärische Ordnung gläubig für gültig hielt, unter meiner Unfähig-

---

[25] Daniel Defoe (1660–1731), englischer Schriftsteller, Roman „Robinson Crusoe" (1719).

[26] Karl May (1842–1912), Schriftsteller.

[27] Oper „Lohengrin" (1848) von Richard Wagner.

[28] Oper „Der Freischütz" (1821) von Carl Maria von Weber (1786–1826).

[29] Blankenberge = Seebad in Westflandern/Belgien.

[30] BayHStA, Abt. IV Kriegsarchiv, OP 16962: Eintritt als Einjährig-Freiwilliger in das 3. Bataillon des 3. Feldartillerieregiments am 1. Oktober 1902, Beförderung zum Gefreiten am 1. April 1903, zur Reserve am 29. September 1903

keit. Ich war froh, als das Jahr vorüber war, und ließ mich von den Übungen der folgenden Jahre befreien. So war ich bei Ausbruch des Ersten Weltkriegs am untersten Ende der militärischen Rangordnung als simpler Gefreiter. Mit einem Krieg hatte ich nicht gerechnet. Einzelheiten hier aufzuzeichnen ist nicht nötig, da ich das Jahr ohne ernste Beschädigungen oder geistige Eindrücke überstand. Ich weiß noch, daß der damalige geheime Mobilmachungsplan für 1902 vorsah, daß ich nach Memmingen im Allgäu fahren und dort zwanzig nicht zugerittene Pferde übernehmen und mit ihnen nach München reiten sollte. Nur gut, daß der Weltkrieg erst später ausbrach. Die deutsche Mobilmachung wäre an mir damals sicher gescheitert.

Ich muß unbewußt unter meiner Einsamkeit, unter meiner Zartheit, unter meinem Anderssein als Knabe viel gelitten haben. In den „Männlichen Stanzen" habe ich als Mann diese blassen Knaben als meine Brüder ans Herz gezogen und geschrieben:

„Ich weiß es, daß ihr weint. Ich hör euch weinen.
Seid still. Schlaft ruhig. Ich weiß alles. Leidet!
Ja, leidet eure Zeit! – Doch wüßt'ich einen,
Nur einen Engel, der – wenn Gott entscheidet,
Wer lebt, wer stirbt – im mächtigen Widerscheinen
Der Flammenflügel tapfer nicht vermeidet
Nur einmal aufzuschreien in Empörung,
Gott weigerte nicht endlos die Erhörung.

Denn kann der Engel einmal nur erfassen
Den Sternensaum des Mantels, der sich nie
Bewegt hat mitleidsvoll, und ihn nicht lassen,
Bis daß Gott zuhört. Daß die Melodie
Des Weinens hörbar wird: Gott wird erblassen,
Zwischen den Brauen schrecklich zitternd, wie
Er dies gescheh'n ließ – während mit den Schwingen
Demütig rauschend Engel Lob ihm singen.

Erstarket! Seid Empörer! Seid gesegnet.
Ihr seid im Recht. Bejaht euch! Nach der Frone
Der sieben Jahre seid ihr frei. Es regnet
Ein Tränenmeer, daß Mitleid wächst. Die Krone
Im Haar des Leids ist Güte. (Meinem Sohne
Seid gütig einst, wenn er dann euch begegnet.)
Empört euch zu den eigenen Gesetzen!
Ihr müßt verbluten oder müßt verletzen."

Zweites Kapitel

Studium, Berufsausbildung, Literatur (1903–1910)

Nach meinem mißglückten Gastspiel in militärischen Tugenden bezog ich die Universität München. Ich hatte mich auf Rat meines Vaters, der mir stets dankenswerterweise volle Freiheit der Entscheidung ließ, zu dem Studium der Rechtswissenschaft entschlossen. Ich sollte Anwalt werden. Es ist tragisch, daß man lebenswichtige Entscheidungen in unreifem Alter treffen muß. Vielleicht hätte ich aber als Mathematiker oder Physiker nur Durchschnittsleistungen vollbracht, während ich als Anwalt von 1919 an in große Aufgaben hineinwuchs. Theoretisch hat mich die Rechtswissenschaft nie sonderlich interessiert. Sie ist ja keine selbständige Wissenschaft, sondern mehr eine Technik, soweit sie nicht geschichtliche, ökonomische, logische Probleme der anderen Wissenschaften heranzieht. Vor allem fehlt ihr die exakte Erkenntnis, die für mich mit dem Begriff der Wissenschaften verknüpft ist. Die Auslegung der Gesetze ist meist mehrdeutig, die Entscheidungen der Gerichte sind daher häufig widersprechend.

Was mich später in Flammen setzte, war der Kampf ums Recht, die Verteidigung des Beschuldigten, der Schutz wehrlos Geschädigter, die Vertretung anvertrauter Interessen. Als ich später als Anwalt Schlachten nach allen Seiten kämpfte, sagte mir mein früherer Strafrechtslehrer Professor Kitzinger[1], er beneide mich um meinen Kampf; ich sagte, ich beneide Sie um Ihre stille Studierstube. Aber das wäre, in diesem Feld, sicher nichts für mich gewesen. Er sagte, als ich ihm eine Seminararbeit gefertigt hatte, ich sei zu wissenschaftlicher Forschung sehr begabt, weil meine Denkweise eine Mischung von Phantasie und Exaktheit sei.

Römisches Recht belegten wir bei Professor Hellmann[2], der sein Kolleg aus einem Heft vorlas; man mußte alles mitschreiben, das brauchte man alles im Examen. Germanische Rechtsgeschichte hörte ich bei dem baumlangen Professor von Amira[3], einem großen Gelehrten seines Fachs, der als Examinator gefürchtet war. Aus Rache verbreiteten die Studenten, da er stets in einem blauen Anzug erschien, er habe einmal hundert Meter von diesem Stoff gekauft und lasse sich jetzt jedes Jahr einen Anzug davon zurechthauen. Ich bestand aber auch bei ihm 1903 das Zwischenexamen und bezog für das

---

[1] Friedrich Kitzinger (1872–1943), seit 1902 Privatdozent, seit 1921 a.o. Professor für Strafrecht an der Universität München, von 1926–1933 o. Professor für Strafrecht an der Universität Halle, als Jude 1933 entlassen, lebte bis 1939 in München, von dort Emigration nach Palästina.

[2] Friedrich Hellmann (1850–1916), seit 1886 Professor für römisches Recht an der Universität München.

[3] Karl von Amira (1848–1930), seit 1892 Professor für Rechtsgeschichte an der Universität München.

Wintersemester 1903/04 die Universität Berlin. Mein Vater, der merkwürdigerweise in solchen Dingen fast ebenso unpraktisch war wie ich, mietete mich bei einer alten Jüdin in einem scheußlichen Zimmer in der Artilleriestraße ein, das nicht einmal elektrisches Licht hatte. Nun genoß ich die akademische Freiheit, so gut ich es verstand.

Ich besuchte pflichtgetreu die Vorlesungen. Bei dem berühmten Professor Kohler[4] hörte ich Zivilprozeß, bei Professor Wolff[5] Zivilrecht und Konkursrecht, bei dem Vorkämpfer der modernen Strafrechtstheorie Professor von Liszt[6] hörte ich Strafrecht.

Man hatte damals die Internationale Kriminalistische Vereinigung[7] gegründet, der fortschrittliche Kriminalisten aller Kulturländer angehörten. Sie verwarfen die Vergeltungsstrafe, die „gerechte Sühne" für das Vergehen forderte und auf der Illusion der Willensfreiheit aufgebaut war. Die moderne Richtung erkannte die Sinnlosigkeit des Versuchs, ein Verbrechen in eine bestimmte Anzahl Gefängnisjahre umzurechnen, eine mittelalterliche Vorstellung, die besonders der stupide Münchner Professor Birkmeyer[8] hartnäckig vertrat. Sie wurde von den Klerikalen als gottgewollte Erbschaft der Inquisition festgehalten. Die deterministisch denkende neue Richtung erkannte das Verbrechen als soziale Erscheinung und brachte die Vorstellung der verminderten Zurechnungsfähigkeit zur Anerkennung. Damit wurden die zahllosen Zwischenstufen zwischen Geisteskrankheit und Normalität wissenschaftlich erfaßt. An Stelle der Vergeltungstheorie trat nun der Strafzweck der Sicherung der Gesellschaft. Das hatte für Art und Dauer der Strafe wichtige Konsequenzen. Selbstverständlich war ich ein Anhänger der neuen Theorien, während die Strafjustiz noch weitgehend die veraltete Vergeltungstheorie anwendete.

Neben den juristischen Vorlesungen belegte ich Gerichtliche Medizin bei Professor Straßmann[9], dessen kalter Zynismus mich beeindruckte. Ich nahm bei ihm an einer Leichensektion teil; als er das Gehirn bloßlegte, zeigte er uns die graue Färbung, die es durch den chronischen Alkoholismus des Toten angenommen hatte. Dies und die Vorlesungen des berühmten Münchner

---

4 Josef Kohler (1849–1919), seit 1888 Professor für Zivilprozeßrecht an der Universität Berlin.

5 Martin Wolff (1872–1953), seit 1903 Professor für Zivilrecht an der Universität Berlin.

6 Franz von Liszt (1851–1919), seit 1899 Professor für Strafrecht an der Universität Berlin.

7 Internationale Kriminalistische Vereinigung, 1889 gegründet; vgl. Elisabeth Bellmann, Die Internationale Kriminalistische Vereinigung (1889–1933). Frankfurt u.a. 1994.

8 Karl von Birkmeyer (1847–1920), seit 1886 Professor für Strafrecht an der Universität München.

9 Fritz Straßmann (1858–1935), seit 1894 Professor für Gerichtsmedizin an der Universität Berlin.

Psychiaters Professor Kraepelin[10] machten mich auf Lebenszeit zum Antial-koholiker, was meine Gesundheit und Arbeitskraft sicherlich maßgebend ge-fördert hat.

Die Vorlesungen nahmen nur wenige Stunden am Tag in Anspruch. Ich hatte daher viel Zeit, meine neue Freiheit zu genießen. Ich besuchte Vergnü-gungen und knüpfte schüchterne und meist ungeschickte Liebesbeziehungen zu Frauen an. Vor allem aber war ich ein begeisterter Theaterbesucher. Die deutsche Schauspielkunst war damals auf wunderbarer Höhe, besonders durch die Aufführungen des genialen Max Reinhardt[11]. Er hatte schon vor-her ein Gastspiel im Münchner Künstlertheater gegeben, bei dem der „Som-mernachtstraum"[12] und das „Nachtasyl"[13] uns unvergeßliche Entzückungen gebracht hatten.

Das Münchner Hoftheater unter Possart[14] brachte nur mittelmäßige Auf-führungen, besonders der Klassiker. Es war eine wahre Offenbarung, wie im „Sommernachtstraum" alles lebendig war, wie farbig, leuchtend, atmend das von begabten Schauspielern unter seiner phantasievollen geistsprühenden Regie dargestellt wurde. Wenn am Schluß die Gertrud Eysoldt[15] als Puck im Vorhang heruntersauste, um den Epilog zu sprechen, der die versöhnten Paa-re zur Liebesfeier geleitete, erwachte man aus einem köstlichen Traum. Es ist nicht richtig, daß die Nachwelt dem Mimen keine Kränze flicht. Noch heute, nach fast 50 Jahren, sehe ich die Gebärde des Hans Wassmann[16] im „Nacht-asyl" vor mir, mit der er der Hure sein „Prost Lady!" zutrinkt; oder die Handbewegung der entzückenden Lucie Hoeflich[17] in der neubelebten „Minna von Barnhelm"[18], mit der sie schalkhaft ausrief: „Ich glaube, der Mann gefällt mir." Als mein Freund Fritz[19] mir zuflüsterte, daß er mit einer der wunderschönen Schauspielerinnen die gestrige Nacht verbracht habe, ha-be ich ihn glühend beneidet.

[10] Emil Kraepelin (1856–1926), seit 1904 Professor für Psychiatrie an der Universität München. Vgl. zu ihm die aufschlußreiche Arbeit von Eric J. Engstrom, Emil Krae-pelin: Psychiatry and Public Affairs in Wilhelmine Germany. In: History of Psychia-try 2 (1991), S. 111–132.

[11] Max Reinhardt (1873–1943), Schauspieler und Regisseur.

[12] Komödie „Ein Sommernachtstraum" (1595) von William Shakespeare.

[13] „Nachtasyl", Drama von Maxim Gorki (1868–1936), russischer Schriftsteller.

[14] Ernst von Possart (1841–1921), Schauspieler und Regisseur, bis 1905 Leiter des Hoftheaters und Generalintendant in München.

[15] Gertrud Eysoldt (1870–1950), Schauspielerin, seit 1897 in Berlin, dort ab 1905 am Deutschen Theater.

[16] Hans Wassmann (1873–1932), Schauspieler.

[17] Lucie Hoeflich (1883–1956), Schauspielerin, seit 1903 in Berlin bei Max Reinhardt.

[18] Drama „Minna von Barnhelm" (1767) von Gotthold Ephraim Lessing (1729–1781).

[19] Fritz Neuburger (1884–1945), Dr. iur., Rechtsanwalt in München.

Nun sah ich andere Aufführungen Reinhardts in Berlin, so den dunkelfarbigen „Graf von Charolais" von Beer-Hofmann[20], den „Hamlet"[21] mit Moissi[22], den „Grünen Kakadu" von Schnitzler[23] und vieles andere. Daneben führte Brahm[24] in seinem Lessingtheater Meisterdarstellungen der Dramen Gerhart Hauptmanns[25] auf, in denen mir die Schauspielkunst wahre Offenbarungen brachte. Unvergeßlich blieb mir der „Biberpelz" mit Else Lehmann[26] als Frau Wolfen und Oskar Sauer[27] als Wehrhahn, „Die Weber", die „Einsamen Menschen".

Ich hatte das Glück gehabt, in Toni B. eine echte Frau kennen zu lernen, in deren Haus in Berlin ich viel verkehrte. Sie ruinierte später ihr Leben, indem sie einen banalen Spießbürger heiratete. Viel war ich auch mit meiner Freundin Alma[28] zusammen, die mich schüchternen Jungen auf einem Kurort angesprochen hatte, als ich auf einem alten Klavier spielte. Sie hatte ihren Jugendfreund, einen feinen stillen Arzt, geheiratet. Es wurde eine Freundschaft mit beiden fürs Leben. Ich hatte auch das Glück, eine ganz dumme, selige Jugendliebe mit einer jungen Probiermamsell zu erleben, mit der ich von Leipzig aus mich zu einem unvergeßlichen Frühlingstag später in Wittenberg traf. Das alles hob mein Selbstgefühl und linderte meine Einsamkeit, brachte aber keine wirkliche Erlösung.

Das Sommersemester[29] verbrachte ich in Leipzig. Dort hörte ich Strafrechtsvorlesungen bei Wach[30] und Binding[31]. Im Frühling machte ich ganz allein eine Radtour durch Thüringen über Weimar, Eisenach, Rudolstadt, die mir als sonniges Erlebnis im Gedächtnis geblieben ist.

Nach München zurückgekehrt, bereitete ich mich auf das Schlußexamen vor, das ich 1907 bestand. Inzwischen waren die geschäftlichen Verhältnisse meines Vaters ungünstig geworden; er hatte einen großen Neubau herstellen

---

[20] Richard Beer-Hofmann (1866–1945), deutsch-österreichischer Schriftsteller, Tragödie „Der Graf von Charolais" (1904),

[21] „Hamlet" (1601/02), Drama von William Shakespeare.

[22] Alexander Moissi (1880–1945), Schauspieler.

[23] Arthur Schnitzler (1862–1931), Arzt und Schriftsteller, Drama „Der grüne Kakadu" (1899).

[24] Otto Brahm (1856–1912), Regisseur, Schöpfer des sog. Bühnenrealismus, besonders am Deutschen Theater und am Lessingtheater in Berlin.

[25] Gerhart Hauptmann (1862–1946), Schriftsteller, Dramen „Einsame Menschen" (1891), „Die Weber" (1892), „Der Biberpelz" (1893).

[26] Else Lehmann (1866–1940), Schauspielerin, seit 1891 am Deutschen Theater und am Lessingtheater in Berlin, besonders in Stücken Hauptmanns und Ibsens.

[27] Oskar Sauer (1856–1918), Schauspieler, seit 1897 am Deutschen Theater Berlin.

[28] Alma Riegner, geb. Reimann (1886–1943), verheiratet mit dem Berliner Arzt Dr. Rudolf Riegner.

[29] Sommersemester 1904.

[30] Adolf Wach (1843–1926), Professor für Strafrecht an der Universität Leipzig.

[31] Karl Binding (1841–1920), seit 1873 Professor für Strafrecht an der Universität Leipzig.

lassen und die Spesen erdrückten ihn. Ich war leider zu unreif, um ihm in seinen vielen Sorgen beistehen zu können. Zärtlich hing er an meiner schönen blonden Schwester[32], die 1930 so jung gestorben ist. Von dem Selbstmord meines jüngeren Bruders hat sich der starke lebenstüchtige Mann nie mehr erholt. Er war wie ein vom Blitz zerspaltener Baum.

Als Referendar – in Bayern hieß man Rechtspraktikant – hatte ich ein bequemes Leben, sodaß ich mich viel mit Musik und Literatur beschäftigen konnte. Vor allem waren es die Gedichte und der „Malte Laurids Brigge" von Rainer Maria Rilke[33], mit denen wir viele Stunden verbrachten. Die junge Generation bekam mehr Freiheit. Schöne Mädchen, mit denen wir auf Bällen tanzten, bekamen die Erlaubnis, mit uns Ausflüge zu machen. Es beglückte mich unendlich, mit diesen anmutigen gebildeten Mädchen an den lieblichen Ufern des Starnbergersees oder Ammersees Wanderungen machen zu dürfen. Meine Huldigungen galten bald der einen, bald der anderen, besonders der mondänen Bertha. Nur an die wunderschöne scheue Bessie[34] wagte ich mich nie heran und sie sprach kaum mit mir. Wir ahnten beide nicht unsere unendliche Zukunft.

Bei dem Psychologen Professor Lipps[35] hörte ich Vorlesungen über experimentelle Psychologie, die mich langweilten. Erst viel später lernte ich die epochemachende Psychoanalyse Sigmund Freuds kennen, die mir eine Offenbarung wurde. Die kopernikanische Entdeckung Freuds, daß sich der größte Teil des seelischen Geschehens im Unterbewußtsein vollzieht, dem Kesselhaus atavistischer, asozialer und sexueller Triebe, aus dem die geistige und seelische Leistung durch Bewußtmachung und Sublimierung aufsteigt und immer wieder bedroht wird, gab mir eine Vorstellung des psychischen Geschehens, die meine Weltanschauung entscheidend veränderte. Seine Traumanalyse und Analyse der Fehlleistung hat einen Zugang zu diesem Gestrüpp ererbter Triebe im Unterbewußtsein gegraben, der große Hoffnungen für die Erziehung freier, ausgeglichener, glücklicher Menschen eröffnet.

Viel später entdeckte ich, daß die großen Russen diese Traumanalyse schon vorweggenommen haben. In Puschkins[36] „Boris Godunow" erzählt der junge Klosternovize Grigory, der spätere falsche Zar, dem greisen Pater Pimen seinen „Teufelstraum": Er rennt atemlos eine Wendeltreppe eines Turmes empor (eines der typischen Sexualsymbole der Freudschen Traumanalyse); auf der obersten Plattform angelangt, sieht er Leute zu ihm emporstar-

---

[32] Dorothea Hirschberg (1892–1930). Zu ihr siehe 3. Kapitel, Anm. 16.

[33] Rainer Maria Rilke (1875–1926), „Aufzeichnungen des Malte Laurids Brigge" (1910).

[34] Bessie Gerstle (1888–1970), seit 15. Januar 1920 Ehefrau Max Hirschbergs.

[35] Theodor Lipps (1851–1914), seit 1894 Professor für Psychologie an der Universität München.

[36] Alexander Puschkin (1799–1837), „Boris Godunow" (1825), „Eugen Onegin" (1825/33).

ren; „ich schämte mich entsetzlich", sagt er und will sich vom Turm hinabstürzen, um diese Qual zu beenden.

Die geniale Psychologie Dostojewskis[37] ist eine Fundgrube der späteren Psychoanalyse; sogar die Traumtheorie kommt im „Jüngling" vor. Der „Jüngling" liebt eine hochstehende Dame, er wagt nicht, sich ihr zu nähern; er träumt, daß sie ihm „mit schamlosen Lippen" entgegenkommt; erwacht fragt er sich, wie er so etwas Unsittliches träumen konnte und sagt sich, daß das eben in seinem Wunsch lag und daß dieser Wunsch sich im Traum manifestierte.

Ich las damals zum ersten Mal den „Raskolnikow" in einer guten deutschen Übersetzung. Es war meine erste Berührung mit den großen Russen. Ich ahnte damals nicht, daß dies eine geistige Epoche für mich werden sollte. Das Werk machte mir einen tiefen Eindruck. Später wurde mir klar, daß die deterministische Psychologie Dostojewskis meiner sich anbahnenden Bekehrung zur deterministischen Auffassung des psychischen Geschehens den Weg ebnete. Ich hatte mich lange dagegen gewehrt, die gesetzmäßige Bedingtheit der seelischen Vorgänge anzuerkennen. Schopenhauers „Preisschrift über die Freiheit des Willens" überzeugte mich völlig. Ich zögerte nicht, die geistigen Konsequenzen zu ziehen. Jetzt erkannte ich die Großartigkeit der Analyse im „Raskolnikow". Er mordet die alte Witwe aus Motiven, die ihm bei der Tat großenteils noch unbewußt sind. Langsam gräbt er diese unbewußten Motive in seinen Nachtgesprächen mit Sonja und seinen Selbstgesprächen aus sich heraus. Einen tiefen Eindruck machte mir die späte Novelle Dostojewskis „Die Sanfte", in der alles vielfach determiniert und unausweichlich ist. Die „Brüder Karamasow" und den „Idiot" habe ich wohl hundertmal gelesen, erst in deutschen Übersetzungen, dann im russischen Original. Ich erinnere mich an die Erschütterung, mit der ich das Gespräch zwischen Raskolnikow und Marmeladow in der Schnapskneipe auf russisch las.

Bald geriet ich in die großen Romane und die Volkserzählungen Leo Tolstois[38], die mich dann durch das ganze Leben begleiten sollten. Viel später habe ich in meinem Buch „Die Weisheit Rußlands. Meisterwerke der russischen Literatur."[39] den Gegensatz zwischen Dostojewski und Tolstoi analysiert. Damals ahnte ich nur, daß Tolstoi das größte visuelle Genie der Weltliteratur ist. Unzählige Male las ich „Krieg und Frieden" als ein grandioses plastisches Gemälde, in dem die zahlreichen Einzelschicksale vor dem Hintergrund des historischen Geschehens stehen und mit bewundernswerter Kunst ineinander verwoben sind. Die naive Geschichtsphilosophie Tolstois,

---

[37] Fjodor Dostojewski (1821–1881), „Raskolnikow" (1866), „Der Idiot" (1868), „Der Jüngling" (1875), „Die Brüder Karamasow" (1879/80).

[38] Leo Tolstoi (1828–1910), „Krieg und Frieden" (1864/69), „Anna Karenina" (1873/76), „Der Tod des Iwan Iljitsch" (1886).

[39] Stockholm 1947, 2. veränderte Auflage unter dem Titel „Meisterwerke der russischen Literatur". München 1963.

die die Bedeutung der großen Persönlichkeit leugnet, habe ich nie akzeptiert. Natascha Rostowa ist neben der Tatjana in Puschkins „Eugen Onegin" wohl die bezauberndste Frauengestalt der russischen Literatur. Instinktiv verstand ich, mit welcher titanischen Sinnlichkeit Tolstoi Frauengesichter und Frauenkörper gemalt hat. Unzählige Male las ich „Anna Karenina", deren lebensprühende Schönheit mich maßlos entzückte. Daß Tolstoi sich für seine sinnliche Liebe zu den Frauen dadurch geißelt, daß er die reizende Frau zu Tode hetzt, hat mich tief geschmerzt. Seine Religionsphilosophie habe ich immer abgelehnt. Als ich später den großartigen „Iwan Iljitsch" neu übersetzte, war ich glücklich. Mein größtes Erlebnis, Alexander Puschkin, stand mir erst später bevor.

Als Referendar machte ich erst Dienst beim Amtsgericht München. Ich war einem Strafrichter zugeteilt, der mich beim Urteil öfter zu Rate zog. So hatte ich, obwohl ich den Problemen noch ganz naiv gegenübertrat, die Möglichkeit, in Menschenschicksale zum ersten Male einzugreifen. Ich erinnere mich an eine Verhandlung gegen einen Exhibitionisten, der verheiratet war, aber heimlich seiner infantilen Perversität frönte. Man hatte damals noch keine Ahnung davon, daß man solche „Verbrecher" mit Psychoanalyse oft heilen könne. Man behandelte sie als Kriminelle, was natürlich völlig sinnlos und zwecklos war. Der schon vorbestrafte Angeklagte war in Gefahr, eingesperrt zu werden. Ich beredete den Richter, ihm nur eine Geldstrafe aufzuerlegen. Diese könne er zahlen, ohne daß seine Frau von seinem Exzess etwas erfahren würde. Seine Ehe sei sein Halt und dürfe nicht zerstört werden.

In diesen langen Verhandlungen zog nun die endlose Reihe der leichteren Vergehen zum ersten Mal an mir vorüber, Diebstahl, Unterschlagung, Urkundenfälschung, Sittlichkeitsvergehen, Körperverletzung, Erpressung, Betrug. Ich sah zum ersten Mal den verzweifelten Kampf des Unschuldigen, der sich in das Netz des Scheinbeweises verstrickt hat, die Schlauheit oder Dummheit des Schuldigen, der mit Lüge oder geheuchelter Demut sich dem Verhängnis zu entziehen sucht, die Galerie der Zeugen, die Selbstgefälligkeit der beamteten Sachverständigen, die Kunst oder Unfähigkeit der Verteidiger.

Unheimlich wie eine Großstadtnovelle Dostojewskis berührte mich die allwöchentliche Schnellverhandlung gegen Prostituierte und andere Gestalten aus dem Untergrund der Gesellschaft. Die gewerbsmäßigen Dienerinnen einer jammervollen Venus erinnerten mich meist an ein Bild im Simplizissimus, auf dem eine ausgemergelte Hure seufzt: „Und uns nennt man Freudenmädchen!". Die meist vielfach vorbestraften Prostituierten bekamen in der sinnlosen Maschinerie der Vergeltungsstrafe sechs Tage oder sechs Wochen Haft. Das ließ sie kalt. Sie heulten nur, wenn sie ins Arbeitshaus kamen.

Als ich dann am Landgericht praktizierte, wurde ich zu den geheimen Beratungen der Strafrichter zugelassen. Ich sollte dabei etwas lernen. Ich lernte allerhand, aber nicht was man erwartete. Mit Grausen hörte ich zu, wenn solche Richter, mit der Schinkensemmel in der Hand, kaltblütig viele Jahre

Zuchthaus oder Gefängnis verhängten. Es waren nicht alle solche Typen. Aber viele waren eiskalte, völlig herzlose Angestellte der Justiz, die ganz mechanisch Verfehlungen in Monate oder Jahre Freiheitsstrafe umrechneten. Der demütig winselnde Angeklagte kam besser weg, als der freche Beschuldigte. Geständnis galt naiverweise als Zeichen der Reue und wurde strafmildernd bewertet.

Als Referendar wurde ich zuweilen als Offizialverteidiger mittellosen Angeklagten zugeteilt. Ich ging mit der naiven Unbekümmertheit des Anfängers, aber mit Feuereifer ans Werk. Einmal hatte ich einen vorbestraften Einbrecher zu verteidigen. Ich las die Akten und war sofort überzeugt, daß er überführt sei. Ich suchte ihn im Gefängnis auf und sagte ihm, sein Leugnen sei sinnlos, er solle ein Geständnis ablegen, dann bekomme er vielleicht noch einmal mildernde Umstände. Sonst komme er ins Zuchthaus. Der Angeklagte beteuerte, er sei völlig unschuldig, er sei bei dem Einbruch gar nicht dabeigewesen. Ich sagte, sein Leugnen sei zwecklos, er solle ein Geständnis ablegen. Daraufhin erklärte er schließlich, er wolle meinem Rate folgen und ein Geständnis ablegen, er sei aber völlig unschuldig. Ich erwiderte, darauf könne ich nicht eingehen. In der Hauptverhandlung schwächten einige belastende Zeugen ihre Aussagen ab. Der Angeklagte wurde freigesprochen. Als ich ihn die Treppe hinabbegleitete, bat ich ihn, mir unter Verschwiegenheit zu sagen, ob er die Tat begangen habe. Er schwor beim Leben seiner Kinder, er sei unschuldig gewesen. Dieses Erlebnis hat mich später vor voreiligen Schlüssen oft bewahrt.

Einmal machte ich einen Versuch, einen vorbestraften Angeklagten, den ich verteidigt hatte, wieder in die menschliche Gesellschaft zurückzuführen. Ich erklärte mich bereit, eine Art Fürsorge für ihn zu übernehmen, beschaffte ihm eine Stellung in einem Warenhaus und sammelte einen Fonds für ihn, um Kleider etc. zu kaufen. Er hob das Geld rasch ab und roch heftig nach Alkohol, wenn er mich besuchte. Bald stahl er in dem Warenhaus und wurde wieder eingesperrt. Das kränkte mich sehr.

Am Schwurgericht hatte ich einige Erfolge. Den Geschworenen machte meine Redegabe und Begeisterung Eindruck. Der Staatsanwalt Barthelmess[40], den ich ein paar Mal besiegte, hatte förmlich Angst vor mir. Er machte sich über mich lustig, als ich die Geschworenen anflehte, mir „als meine väterlichen Freunde" zu glauben. Aber es half ihm nichts. Wutschnaubend sah er sich von dem naiven Anfänger besiegt. Niemals habe ich es mir abgewöhnen können, die Urteilsverkündung mit Herzklopfen anzuhören.

Als ich dem Bezirksamt zu meiner Ausbildung im Verwaltungsrecht zugeteilt wurde, bat ich um Zuteilung ans Bezirksamt Freising. Das war eine kleine Landstadt in der Nähe Münchens, die durch die Brauereihochschule Wei-

---

[40] Richard Barthelmess (1871–1932), bayerischer Justizbeamter, u.a. bei der Staatsanwaltschaft München I, Landgerichtsdirektor beim Landgericht Augsburg, 1930 Oberstaatsanwalt beim Bayerischen Obersten Landesgericht.

henstephan bekannt ist. Ich mietete ein kleines Zimmer in einer kleinen stillen Seitenstraße, durch die ein Bächlein floß. Ich lebte dort in völliger Einsamkeit, verträumt und poetisch. Ich wurde menschenscheu und sprach mit niemand. Wenn mich meine schönen Freundinnen Bertha, Clairisse[41] und Bessie dort besuchten, war ich selig. Aber Bekanntschaften mit den biertrinkenden „Studenten" der Hochschule konnte ich nicht schließen.

Ich machte wenig Dienst. Das Gesuch eines Volksschullehrers um einen neuen Klosettdeckel oder der Antrag eines Pfarrers um ein neues Dach auf sein Gotteshaus interessierten mich gar nicht. Ich wanderte durch die schweigenden Tannenwälder allein und schwermütig und träumte. Abends in meinem kleinen Zimmer schrieb ich dann lyrische Gedichte. Einige waren schon ganz hübsch, wie das folgende Schlußgedicht eines Zyklus:

> „Und wenn dann aus dem Fluß der Abend steigt,
> Um alle goldnen Farben fortzuholen,
> Die Mädchenschar am Brunnen sinnend schweigt,
> Schleicht eine Blonde sich nach Haus verstohlen.
>
> Der Mond kriecht weiß am Fensterkreuz herauf,
> Sie aber liest und beugt sich schluchzend nieder.
> Dann tun verträumt die großen Augen auf
> Zu ihrem süßen Herzen diese Lieder."

Ein kleines schwermütiges Gedicht lautete:

> „Der Sonne leiser Schritt ist fortgegangen.
> Ich hab' vom Waldrand mit erhitzten Wangen
> Ein leichtbeschwingtes Liedchen heimgebracht.
> Wie soll ich, nun zerronnen mir dies Heute,
> So fern von dir, mit solcher armen Beute,
> Besteh'n die Einsamkeit der bangen Nacht?"

Doch schlug ich auch schon andere, männliche Tonarten an:

> „Trat ich ein in meine Schenke,
> Schrie die Dirne: Liebster, denke,
> War ein Bettler grad zu Gaste,
> Zechte lustig, lärmte, praßte.
> Zahlte dann, berauscht vom Weine.
> Hier mit diesem Edelsteine!
> Sprach die Wirtin unverhohlen:
> Diesen Ring hast du gestohlen!

---

[41] Clairisse (Klara) Niedermeier (geb. 1891), später verheiratet mit Hirschbergs Anwaltskollegen Dr. Heinrich Rheinstrom (1884–1960).

Sprach ich leis mit Lippenbeben:
Laß zur Weisheit dich erheben!
Kostbarkeiten, unvergleichbar,
Sind uns Bettlern oft erreichbar.
Wenn mich Arme wild umranken,
Blitzen auf mir oft Gedanken,
Funkelnd wie des Kaisers Ring,
Mir – der längst doch unterging."

Ich versuchte mich auch schon in größeren Kunstformen, lyrischen Dialogen im Stil Hugo von Hofmannsthals[42] und in Terzinen. Ich will eine davon wiedergeben, um zu zeigen, welchen weiten Weg ich dann zu meinem kämpferisch-tätigen Leben zurückgelegt habe:

„Den Königinnen, deren goldnes Schreiten
Des Lebens müdes Gastmahl hebt zum Feste,
Sind wir willkommene, verhaßte Gäste,
Wir Ungekrönten, ewig Todgeweihten.

Sehr viele Diener stehen an den Türen
Und harren nur des Winks, uns zu vernichten,
Wenn wir empor die frevlen Blicke richten,
So viele Schönheit zitternd zu berühren.

Zu siegen nicht, nicht herrisch zu befehlen,
Zu leben nicht, sind wir zum Mahl erschienen -
Wir sind bestellt, vom Leben zu erzählen.

Und diesem schmerzensreichen Sinn ergeben
Sind unsre Lider schwer vom Abschiednehmen.
Wir müssen ewig sterben, um zu leben."

In dieser sentimentalen Periode tiefster Einsamkeit traf mich die Nachricht vom Selbstmord meines jüngeren Bruders. Diese Gedichte zeigen eine latente Verwandtschaft auf. Sie zeigen auch, warum ich damals zu schwach und zu unreif war, um ihm zu helfen. Armer Bruder! Auf seinem Schreibtisch fanden wir aufgeschlagen Isoldens Liebestod, die Stelle im „Faust"[43] über den Selbstmord und ein Gedicht, das mit den Worten schloß:

„Ab fällt Hassen, Hoffen, Lieben.
Es fällt ab, was gleißt und prunkt,
Und ist nichts in Sicht geblieben
Als der letzte dunkle Punkt."

---

[42] Hugo von Hofmannsthal (1874–1929), deutsch-österreichischer Schriftsteller.
[43] Drama „Faust I" (1808) von Johann Wolfgang von Goethe (1749–1832).

Er hat sich einen Revolver gekauft, hat ihn in einem Walde ausprobiert und sich dann ganz einsam erschossen. Wir spiegelten meinem Vater vor, er sei an einer Fleischvergiftung gestorben. Er erfuhr aber die schreckliche Wahrheit am Nachlaßgericht[44], als der Sekretär ihm sagte: „Sie wissen wohl, daß sich Ihr Sohn durch einen Schuß in den Mund getötet hat."

Die Angabe der falschen Todesursache in der Todesanzeige führte zu einer Beschwerde der Fleischerinnung, die nur mit Mühe davon abzuhalten war, einen öffentlichen Widerruf zu verlangen. Der Antiquar Martin Breslauer[45] in Berlin, bei dem mein Bruder angestellt war, schrieb, er habe jetzt erfahren, daß er durch Selbstmord geendigt habe, nicht durch einen natürlichen Tod. Er verlange daher die Differenz zwischen dem Gehalt der für ihn eingestellten Hilfskraft und seinem Gehalt. Diese Niedrigkeit ist mir unvergeßlich geblieben.

Es war gut, daß ich nach einem halben Jahr nach München zurückkehrte, um bei einem Anwalt zu arbeiten und dann das letzte Examen, den Staatskonkurs, zu machen. Ich praktizierte bei den Rechtsanwälten Dr. Jacoby[46] und Dr. Friedlaender[47]. Der letztere war der Kommentator der Rechtsanwaltsordnung. Später arbeitete ich bei Rechtsanwalt Koblenzer[48], der mich jeden Morgen mit einem Stoß Akten aufs Gericht schickte, wobei ich den Kleinkampf ums Recht kennenlernte.

Ich möchte aus meiner Studentenzeit ein interessantes Erlebnis nachtragen. Ich hatte glücklicherweise allen Werbeversuchen der schlagenden und saufenden Verbindungen widerstanden. Für meine vitalen Bedürfnisse hatte ich immer Instinkt. Dagegen trat ich dem Akademisch-Juristischen Verein[49] bei, der mich zum Vorstand wählte. In dieser Eigenschaft präsidierte ich vier öffentlichen Vorträgen über Vergeltungsstrafe – Schutzstrafe, die stark besucht waren. Wir hatten Professor von Liszt, Berlin, den Führer der moder-

---

[44] Vgl. den Nachlaßakt StAM, AG München A, NR 1909/1240.

[45] Martin Breslauer (1871–1940), Antiquar in Berlin, 1937 Emigration nach England.

[46] Hugo Jacoby (1869–1936), Dr. iur., seit 1896 als Rechtsanwalt in München zugelassen, und Siegfried Jacoby (1865–1935), Dr. iur., seit 1893 als Rechtsanwalt in München zugelassen.

[47] Max Friedlaender (1873–1956), Dr. iur., seit 1899 als Rechtsanwalt in München zugelassen; vgl. zu seiner Bedeutung Eberhard Haas und Eugen Ewig, Max O. Friedlaender (1873–1956). Wegbereiter und Vordenker des Anwaltsrechts. In: Helmut Heinrichs u.a. (Hrsg.), Deutsche Juristen jüdischer Herkunft. München 1993, S. 555–569.

[48] Sally Koblenzer (1876–1953), seit 1903 als Rechtsanwalt in München zugelassen, 1938 Verlust der Zulassung aus rassischen Gründen, danach Emigration nach England. Vgl. StAM, Polizeidirektion München 14604 und OLG München 704.

[49] StAM, Polizeidirektion München 4445: Akademisch-Juristischer Verein München, Gründung 1884, Vereinszweck laut Satzung (Druck 1894) war die Förderung der Rechtswissenschaft und Volkswirtschaft in studentischen Kreisen und geselliger Verkehr mit wöchentlichen Zusammenkünften, Vorträgen und Debatten. Max Hirschberg ist zwischen 1904 und 1907 als Mitglied nachweisbar, 1905/06 als Vorstand des Vereins.

nen Strafrechtsschule, als ersten Redner eingeladen. An einem zweiten Abend erwiderte ihm Professor Birkmeyer, der stupide Vertreter der Vergeltungsstrafe. Dann sprachen der Psychologe Professor Lipps und der Psychiater Professor Kraepelin.

Bei den ersten zwei Vorträgen erschien der Kronprinz Ludwig[50], der spätere König von Bayern. Als ich sah, wie devot man ihn im Frack umwedelte, hielt ich mich so steif, daß es allgemein auffiel. Die Vorträge erschienen dann im Druck.[51]

Der Staatskonkurs war ein schriftliches Examen, das vierzehn Tage dauerte. Man brachte einen Schrank voll Bücher und Kommentare mit, die man bei der Lösung der gestellten Aufgaben benützen durfte. Ich wußte ziemlich viel in Zivilrecht und Strafrecht, aber nichts im Kirchenrecht und Verwaltungsrecht. So war ich sehr in Verlegenheit, als ich eine katholische und eine protestantische Pfarrei gründen sollte. Ich schrieb aber geschickt aus den Büchern ab. Im Versicherungsrecht hatte ich ein Buch dabei, das kein anderer mitgebracht hatte. Der Fall handelte von einer Näherin. Ich schlug im Register meines Buches nach und entdeckte, daß der Fall aus diesem Buch entnommen war, also die ganze Lösung darin stand. Ich war trotz meiner Weltfremdheit schlau genug, ein paar kleine Fehler einzufügen. So bestand ich das Examen sehr gut und erhielt den 7. Platz unter 354 Kandidaten.[52]

Die Empfänger der besten Noten wurden in Bayern eingeladen, ins Justizministerium einzutreten. Als Jude wurde ich übergangen. Das berührte mich wenig, da ich Anwalt werden wollte. Es zeigt aber, daß selbst im demokratischen Bayern ein latenter Antisemitismus schon vorhanden war.[53]

Vor dem Examen machte ich noch einen Studienkurs in Berlin über Staatsrecht und Nationalökonomie mit und am Schluß eine Studienreise nach England. Wir fuhren über den Kanal und dann im Extrazug nach Edinburgh durch die friedlichen Wiesen und Städtchen Englands. Dort wurden wir vom Lord Mayor bewirtet. Dann waren wir in Manchester und zuletzt fünf Tage in London. Da mir das Zusammensein mit Hunderten von Reise-

---

[50] Ludwig von Wittelsbach (1845–1921), seit 1913 König Ludwig III. von Bayern.

[51] Nachweisbar sind nur die letztgenannten Vorträge: Emil Kraepelin, Das Verbrechen als soziale Krankheit. In: Monatsschrift für Kriminalpsychologie und Strafrechtsreform 3 (1906/07), S. 257–279 (= erweiterte Fassung eines Vortrags vom 17. Mai 1906 auf Veranlassung des Akademisch-Juristischen Vereins München im Anschluß an von Liszt und Birkmeyer).
Theodor Lipps, Der Begriff der Strafe. ebd. S. 279–309.

[52] BayHStA, MJu 21015 (= Personalakt).

[53] Zur bayerischen Anstellungspraxis vgl. die Ausführungen bei Sievert Lorenzen, Die Juden und die Justiz. Bearbeitet im Auftrag des Reichsministers der Justiz. Berlin – Hamburg (2. Auflage) 1943 (= Schriften des Reichsinstituts für Geschichte des neuen Deutschlands), S. 131–135 und 161–165. Die gleichzeitigen Verhältnisse in Preußen werden ausführlich erörtert bei Tillmann Krach, Jüdische Rechtsanwälte in Preußen. Über die Bedeutung der freien Advokatur und ihre Zerstörung durch den Nationalsozialismus. München 1991, S. 3–32.

genossen unerträglich wurde, streifte ich allein durch die Straßen Londons. Leider konnte ich damals kein Wort Englisch. Es war die Zeit der Verbrüderungsaktionen zwischen Deutschland und England. Wir wurden zum Tee auf die Terrasse des Parlaments geladen. Den Weltkrieg hat diese Verbrüderung ein paar Jahre später nicht verhindert, so wenig wie alle Friedensgesellschaften und Friedensreden.

Bild 1: 1918

Bild 2: Hirschberg mit Sozius Philipp Löwenfeld auf dem Weg zum Dolchstoßprozeß 1925

Bild 3: Dolchstoßprozeß 1925 (Gerichtszeichnung)

Bild 4: Hirschberg mit Ehefrau 1932

Drittes Kapitel

Berufliche Anfänge, „Durchschnittsanwalt" (1911–1. August 1914)

Ich übernahm zunächst die Vertretung eines Anwalts in Traunstein[1] in den bayerischen Vorbergen. Er war ein Querkopf, der Schwierigkeiten mit den dortigen Behörden hatte, die sich während meiner Anwesenheit mit provinzieller Gehässigkeit entladen sollten. So geriet ich als noch ganz unerfahrener Anwalt in heikle Situationen, für die mir die Erfahrung fehlte. Er vertrat einen Gerichtsvollzieher, der ein Verhältnis mit einem Mädchen gehabt hatte, das nicht ohne Folgen blieb. Da er verheiratet war, galt dies in der klerikalen Kleinstadt als schwerer Frevel. Man suchte ihn wegen Meineids zu verfolgen. Als ich Mittags ins Büro zurückkam, hatte der Untersuchungsrichter den Schreibtisch des Anwalts durch einen Schlosser aufbrechen lassen, um nach belastenden Briefen zu suchen. Mich zog man in diese Sache aber nicht hinein.

Doch blieb ich der Bevölkerung aus anderen Gründen verdächtig. Ich trank kein Bier, spielte nicht Tarock mit den anderen Anwälten, ich rauchte nicht und hatte keinen geselligen Verkehr. Man sah mich abends allein auf einer Bank mit einem Buch sitzen oder in einem nahegelegenen Dorf nach einem Abendspaziergang Eier und Milch verzehren. Erst als mich meine Schwester Dorle mit der schönen Clairisse besuchte, hielt man mich für halbwegs normal und als dann die Berliner Probiermamsell auf ein paar Tage kam, war man völlig beruhigt. Ich wohnte bei einer häßlichen alten Dame[2]. Eines Tages kündigte sie mir ganz plötzlich. Ich sagte zu einem Bekannten, ich könnte nicht verstehen, warum sie mir kündige, ich hätte ihr nie etwas getan. Er antwortete: „Gerade deswegen ist sie enttäuscht."

Ich lernte die kernige bayerische Volksseele durch die berufliche Arbeit in der Kleinstadt rasch kennen. Messerstechereien, Unzucht, Betrügereien waren an der Tagesordnung. Im Gedächtnis blieb mir folgender Fall aus dem Gemütsleben der Eingeborenen: Ein Bauernbursche hatte seiner eben verstorbenen Mutter einen schönen Grabstein setzen lassen. Als das Testament dann eröffnet wurde, fühlte er sich benachteiligt, da seine Geschwister mehr bekamen, als er erwartet hatte. Er erklärte daraufhin, wenn die Mutter ein so gemeines Testament gemacht habe, brauche sie auch keinen Grabstein von ihm, er hole ihn zurück. Als die anderen Erben gegen diesen Akt frommer

---

[1] Stadtarchiv Traunstein, Personalbogen: Zuzug Hirschbergs am 5. Januar 1911 als Anwaltskonzipient bei Rechtsanwalt von Heeg; Abmeldung am 1. Oktober 1911 nach München.

[2] Für Hirschberg sind drei Wohnsitze in Traunstein vermerkt: Lina Hayd, Herzog-Friedrich-Str. 10a (ab 5. Januar 1911); Elfriede Brand, Haslacher Str. 14 (ab 28. Januar 1911); Emilie Linde, Herzog-Wilhelm-Str. 3 (ab 14. Juni 1911). Stadtarchiv Traunstein, Personalbogen.

Pietät protestierten, fuhr er bei Nacht mit einem zweispännigen Wagen auf den Friedhof, riß den Grabstein aus dem Grab seiner Mutter heraus und fuhr ihn weg. Die anderen Erben klagten durch mich auf Zurückbringung des Grabsteins.

Die Rechtslage war gar nicht einfach, da nicht klar war, wer Eigentümer des Grabsteins war. Die tote Mutter konnte kein Eigentum mehr haben und ob die Erben Eigentümer waren, war eine schwierige Frage. Ich glaube, ich bin in meinen lichtvollen Rechtsausführungen bis auf das römische Recht zurückgegangen. Ich gewann schließlich den Prozeß. Als ich dem Bauernsohn schrieb, ich müsse den Grabstein durch den Gerichtsvollzieher auf das Grab der Mutter zurückbringen lassen, wenn er es jetzt nicht selber tue, zog er es vor, sich zu fügen. Als ich in dieser Sache plädierte, begann der bäurische Gegenanwalt seine Erwiderung mit den Worten: „ Rechtsbelehrungen von jüngeren Leuten muten immer etwas sonderbar an." Ich glaube, ich fühlte damals zum ersten Mal, wie wenig ich zu den Eingeborenen Bayerns gehörte.

Es war der herrliche heiße Sommer 1911, in dem es monatelang nicht regnete. Da mich die berufliche Arbeit in der kleinen Kanzlei wenig in Anspruch nahm, machte ich viele einsame Spaziergänge in der lieblichen Umgegend. Abends ging ich oft auf den Hochberg, von dem man eine entzückende Aussicht auf den Chiemsee und die Berge Südbayerns und Salzburgs hat. Oft war ich auch in dem benachbarten Siegsdorf, wo ich später so glückliche Sommertage mit meiner schönen Geliebten und unserm dreijährigen Söhnchen verleben sollte. Mit dem Traunsteiner Rechtsanwalt machte ich auch einige Gebirgstouren. Obwohl ich ihm gesagt hatte, ich sei ganz ungeübt, nahm er mich auf den Watzmann mit. Wir stiegen am Tag zu der Watzmannhütte empor, wo wir übernachteten. Als ich morgens vier Uhr ziemlich übernächtig vor die Tür der Hütte trat, hing vor mir in der klaren Luft ein so riesiger blendender Mond, daß ich furchtbar erschrak. Dann stiegen wir im Morgengrauen zum vordersten Gipfel auf. Von dort sollte ich mit ihm und einem Begleiter die Gratwanderung zum Mittelgipfel und von dort über den Südgipfel den Abstieg antreten.

Als ich auf den Gipfel trat, sah ich tausend Meter unter mir den Königssee. Der Berg fällt fast senkrecht dorthin ab. Ich wurde von der gewaltigen Größe des Anblickes so schwindlig, daß ich mich auf den Boden legen mußte. Ich erklärte, die Herren könnten mich auslachen, ich könne die Gratwanderung nicht mitmachen. Nie zuvor hatte ich eine solch panische Angst empfunden. Ich ging dann allein zum Königssee hinunter, wo ich zu meinem Entzücken meine Freundin Bertha traf, mit der ich dann im See schwamm. Später gestand mir der Rechtsanwalt, sie hätten sich auf dem Südgipfel verstiegen, es sei gut gewesen, daß ich nicht mitgegangen sei. Solche Leichtfertigkeiten haben manche Abstürze verschuldet.

Am 1. Januar war ich [in mein Amt in Traunstein] eingetreten und pünktlich am 1. Oktober bekam die hübsche Frau meines Rechtsanwalts, die bisher nur Töchter hatte, einen kräftigen Jungen. Die Zungen der Traunsteiner Klatschmäuler kamen lange nicht zur Ruhe. Ich war aber ganz unschuldig an dem glücklichen Ereignis und stand sogar Pate bei der Taufe des Sprößlings. Meine Bergbesteigungen in Bayern eröffneten mir beseligende Fernblicke. Einmal stieg ich mit einem Garmischer Mädchen, das sich in mich heftig verliebt hatte, und seiner Mutter bei Nacht auf den Krottenkopf. Wir kamen in der Morgendämmerung auf dem Gipfel an. Der Horizont wurde blaßrot und glühte auf. Und dann stieg feierlich der Sonnenball herauf. „Ungeheures Getöse verkündet das Herannahen der Sonne" (Faust II[3]). Und dann lagen der Starnbergersee, der Ammersee, der Chiemsee, der Walchensee, der Kochelsee und der Königssee schimmernd zu meinen Füßen. Auf dem Herzogstand und dem Hirschberg wartete ich immer mit begeisterter Spannung auf das Auftauchen der unzähligen Bergspitzen, wenn man sich dem Gipfel näherte.

Später hatte ich auf der Italienfahrt mit meinem früh verstorbenen Freunde Ernst Wilmersdoerffer[4] ein unvergeßliches Erlebnis. Wir fuhren mit einer Bergbahn auf den Gornergrat beim Matterhorn. Auf der Fahrt hatte man eine herrliche, ständig wechselnde Fernsicht auf das steil aufragende Matterhorn. Es war ein strahlend blauer Septembertag. Oben angekommen, sahen wir die ganze riesige Bergkette mit dem Mont Blanc und dem Monte Rosa und unzähligen anderen Gipfeln im Sonnenschein vor uns. Auch am Lago Maggiore machte ich kleine Bergtouren. Immer wieder war es beglückend, wenn diese schimmernden Seen unten zwischen den Abhängen eingebettet aufglänzten.

Einmal wanderte ich allein fast die ganze Brennerstraße von Innsbruck hinauf nach Brennerhöhe. Ich übernachtete in dem alten Gasthaus, in dem Goethe auf seiner Italienreise war. Wie das duftete, wenn man durch die dunklen Tannenwälder ging! Das Rauschen der Bächlein und der Wasserfälle! Und die köstliche Frische des Sommermorgens, wenn man aus der Herberge trat und im Freien frühstückte! Die reizenden Gebirgsdörfer mit den Blumen vor den Fenstern! Und die köstliche Müdigkeit nach einer langen Fußwanderung!

Meine geistigen Interessen in dieser Epoche, in der ich in inniger Nähe der Natur lebte, waren rein künstlerisch. Von politischen Dingen hatte ich so wenig auch nur die geringste Ahnung wie von den sozialen Kämpfen und ökonomischen Fragen. Ich erinnere mich an die erste politische Versammlung, an der ich teilnahm. Es war eine der bürgerlichen Protestversammlungen gegen die selbstherrliche und verfassungswidrige Staatsführung Wilhelms II. Er war mehr eine hysterische als eine historische Figur. Den Anlaß zu diesen natürlich höchst genehmigten Protesten gab das Daily-Telegraph-

---

[3] Drama „Faust II" (1831) von Johann Wolfgang von Goethe (1749–1832).
[4] Ernst Wilmersdoerffer (1890–1933), Dr. iur., Rechtsanwalt in München.

Interview Wilhelms II. im Jahre 1907[5]. Die persönliche Politik „unseres herrlichen jungen Kaisers" hatte mit dieser Glanzleistung grotesker Unfähigkeit einen solchen Gipfelpunkt erreicht, daß der devote deutsche Spießer ganz gehorsamst Protest gegen das persönliche Regiment dieses ungewöhnlich dummen Psychopathen einlegen zu sollen glaubte. Er überkompensierte seine persönliche Unsicherheit, die mit seinem angeborenen Gebrechen zusammenhing, durch einen größenwahnsinnigen Autokratismus und eine forsche Militärpolitik, die die Einkreisung Deutschlands automatisch herbeiführen mußte, nachdem Wilhelm II. auf Betreiben des auch psychopathischen unsichtbaren Holstein[6] und des oberflächlichen Schmeichlers, Reichskanzler von Bülow, die zwei ernstgemeinten Bündnisangebote Großbritanniens abgelehnt hatte.[7]

Mit welcher grotesken Unfähigkeit die deutsche Außenpolitik von 1888 bis 1914 unter Wilhelm II. geführt wurde, ist erst nach der Niederlage im Ersten Weltkrieg 1918 durch die Aktenveröffentlichungen des Auswärtigen Amts, „Die große Politik der Europäischen Kabinette 1871 bis 1914", die Protokolle und Gutachten der parlamentarischen Untersuchungsausschüsse und zahlreiche Memoiren seiner Mitarbeiter und Gegner offenbar geworden.[8] Damals, als ich in der Protestversammlung 1907 Friedrich Naumann[9] und andere Politiker gegen das persönliche Regiment Wilhelms II. protestieren hörte, hatte ich von alledem noch keine Ahnung. Den ersten Anfangsunterricht in Politik erhielt ich erst 1919. Bis dahin lebte ich in einer politischen Ignoranz und Naivität, die mir heute ganz unbegreiflich ist.

Im Herbst 1911 ging ich nach München zurück und eröffnete zusammen mit Heinrich Rheinstrom[10] meine eigene Anwaltspraxis. Wir haben uns ganz gut vertragen, paßten aber nicht zueinander. Er wandte sich bald dem Steuerrecht zu, das mich nie interessiert hat, während ich in Strafsachen verteidigte und die Zivilprozesse führte. Diese vielseitige Beschäftigung war für den Anfänger lehrreich, gab aber keine Gelegenheit zu besonderen Leistun-

---

[5] 1908 veröffentlichte die Londoner Tageszeitung „Daily Telegraph" Äußerungen des Kaisers aus dem Jahre 1907 zum deutsch-englischen Verhältnis, die allgemein Kritik auslösten und eine Niederlage Wilhelms gegenüber dem Reichstag zur Folge hatten. Entscheidende Folgerungen für die Reichsverfassung wurden allerdings nicht gezogen. Vgl. Wilhelm Schüßler, Die Daily-Telegraph-Affäre 1908. Göttingen 1952.

[6] Friedrich von Holstein (1837–1909), Diplomat, nach Bismarcks Sturz Zentralfigur der deutschen Außenpolitik und einflußreicher Ratgeber Wilhelms II.

[7] Dazu ausführlich Gregor Schöllgen, Das Zeitalter des Imperialismus. München ³1994 und ders. (Hrsg.), Flucht in den Krieg? Die Außenpolitik des kaiserlichen Deutschland. Darmstadt 1991.

[8] Nähere Angaben unten im 10. Kapitel (Der Dolchstoßprozeß).

[9] Friedrich Naumann (1860–1919), evangelischer Theologe und liberaler Politiker.

[10] Heinrich Rheinstrom (1884–1960), Dr. iur., Rechtsanwalt und Notar in München, daneben bis 1933 Honorarprofessor für Finanzwissenschaft und Steuerrecht an der TH München, 1933–1936 Büros in Paris und London, 1936–1939 Lehrtätigkeit in Paris, 1937 Ausbürgerung aus rassischen Gründen, 1939 Emigration in die USA.

gen. Die Einzelheiten sind meist nicht der Aufzeichnung wert; ich war ein guter Durchschnittsanwalt, nichts weiter. Ein paar Episoden sind mir in Erinnerung geblieben.

Ein bekannter Berliner Verteidiger[11], dessen Buch ich lobend besprochen hatte, sandte mir meinen ersten großen Scheidungsprozeß, der einige lustige Einzelheiten brachte. Der Klient war ein junger Lebemann, adelig, elegant, leichtfertig. Er hatte eine ältliche reiche Jüdin geheiratet, um seinen Finanzen aufzuhelfen. Die Dame hatte ein großes Dollarvermögen und erhoffte sich außer dem adeligen Namen vermutlich erotische Wunderdinge von ihrem jungen Casanova. Es war die kürzeste Ehe, die ich je gesehen habe. Nach der Trauung fand in einem teuren Schweizer Hotel ein Festessen statt. Die Braut zog sich in ihr Hotelzimmer zurück und wartete erregt der sexuellen Beglückungen, die da kommen sollten.

Der Bräutigam begab sich mit saurer Miene von seinem Gemach im Pyjama an das Bett seiner angetrauten Jungfrau. Er streichelte sie ein wenig, worauf die hysterische Dame in Tränen ausbrach und den ganz treffenden Vorwurf erhob: „Ach, Du liebst mich ja gar nicht richtig!" Das benützte der glückliche Bräutigam, um sich mit einer höflichen Verbeugung zurückzuziehen.

Am nächsten Morgen ging die Gattin zu einem Anwalt und reichte die Scheidungsklage ein. Das Landgericht München I, das aus irgend einem Grunde zuständig war, erließ nach Anhörung der Parteien sofort Urteil auf Scheidung aus Verschulden des Ehemanns. Es ging von der banalen Regel aus, wenn eine Hochzeitsnacht so verlaufe, sei der Mann schuld.

In diesem Zeitpunkt übertrug mir der junge Lebemann die Sache. Ich legte Berufung ein. Das Vorleben der Dame wurde durchforscht und festgestellt, daß sie schon mehrmals verlobt gewesen war, aber die Verlobung immer aufgelöst hatte, ferner, daß sie in Nervenheilanstalten oder Sanatorien gewesen war. Das Oberlandesgericht erließ auf meinen Antrag einen umfangreichen Beweisbeschluß. Die Verhandlungen waren sehr komisch, weil die beiden Anwälte der Dame, Justizrat M. von München und Justizrat Dr. H. von Jena, beide bucklig waren. Ich verglich sie mit Mime und Alberich und mich mit dem strahlend schönen Siegfried. Nachdem die Vernehmungen einige Zeit gedauert hatten, verlor die Dame offenbar die Nerven. Denn plötzlich trat der Gegenanwalt an mich heran und bot eine Abfindung von 200 000,– Mark, wenn wir die Berufung zurücknähmen.

---

[11] Es könnte sich um Dr. Max Alsberg (1877–1933) handeln, dessen Buch „Der Fall des Marquis de Bayros und Dr. Semerau. Ein Beitrag zur Lehre von der unzüchtigen Schrift und unzüchtigen Darstellung." 1911 erschienen war. Eine Rezension Hirschbergs konnte allerdings nicht ermittelt werden. Zu Alsberg vgl. Tillmann Krach, Max Alsberg (1877–1933). Der Kritizismus des Verteidigers als schöpferisches Prinzip der Wahrheitsfindung. In: Helmut Heinrichs u.a. (Hrsg.), Deutsche Juristen jüdischer Herkunft. München 1993, S. 655–665.

Vereinbarungen über Ehescheidungen galten zwar als „contra bonos mores" geschlossen, aber die Höhe der Abfindung war so verlockend, daß ich eine Ausnahme für geboten hielt. Ich schloß ab. Ich vereinbarte mit dem Klienten ein Honorar von 5 000,– Mark, das nach Sachlage bescheiden, aber für einen jungen Anfänger recht angenehm war. Am nächsten Morgen nach der Einzahlung von 195 000,– Mark auf sein Konto, kam der Klient, der das viele Geld wirklich ohne Mühe verdient hatte, und sagte, er habe sich mit dem Honorar übereilt, ob ich ihm nicht einen Teil herauszahlen würde. Ich lehnte ab. Diese Erfahrung mit der Schäbigkeit von Klienten machte mir einen unvergeßlichen Eindruck. Es war die erste, aber nicht die letzte Erfahrung dieser Art.

Ein anderes Erlebnis der letzteren Art hatte ich mit einer Dame der Münchner Gesellschaft. Sie brachte mir eine Anklageschrift wegen Urkundenfälschung. Die Sache sah böse aus, aber es gelang mir durch einen Schriftsatz, die Strafverfolgung ohne Hauptverhandlung zum Stillstand zu bringen. Ich sandte ihr in dieser für sie lebenswichtigen Sache eine Rechnung über 200,– Mark. Sie schrieb, ob das die gesetzlichen Gebühren seien. Ich antwortete, die gesetzlichen Gebühren seien 23,– Mark, sie wolle mir wohl nicht zumuten, ein solches Honorar anzunehmen.

Sie schrieb mir, ich solle ihr eine Rechnung über die gesetzlichen Gebühren schicken. Ich antwortete, daß ich nunmehr auf Honorierung verzichte. Das Erlebnis hat mir später viel Geld gebracht, denn ich habe seither immer das Honorar vorher schriftlich vereinbart. Nach dieser Erfahrung war ich überzeugt, daß sie in der Strafsache wohl schuldig gewesen war. Napoleon[12] hat einmal gesagt, das niedrigste menschliche Laster sei die Undankbarkeit. Ich habe aber viele noch gemeinere Laster kennengelernt, als ich tausende von Schicksalen zu analysieren hatte. Es gibt wohl kein Laster und keine menschliche Niedrigkeit, mit der ich nicht zu tun gehabt hätte und zwar keineswegs nur in Strafsachen. Als besonders verbrecherisch erschien mir immer die Erpressung. Das Gefühl, von einem Schurken an der Kehle gewürgt zu werden, ohne ihn niederschlagen zu können, muß furchtbar sein.

Ich darf sagen, daß ich diese unendlichen Abarten der menschlichen Verworfenheit ohne Selbstgerechtigkeit und ohne moralische Heuchelei studiert habe. Deshalb habe ich alle Verbrechen wirklich verteidigen können. Instinktiv fühlte ich immer, daß wir alle potentielle Verbrecher sind und daß es von Vererbung und Milieu abhängt, ob ein Mensch nur Verbrecher im Geiste bleibt oder Verbrecher durch die Tat wird. Vor allem habe ich alle Varianten der Wollust ohne sittliche Entrüstung studiert wie ein Naturwissenschaftler.

Als ich dann Sigmund Freuds Analyse des atavistischen, von verbrecherischen Trieben dampfenden Unterbewußtseins als die große Offenbarung wirklicher Psychologie kennenlernte, wurde mir klar, warum ich so fühlte. Der zivilisierte Mensch begeht seine sexuellen Exzesse, seine Haßeruptio-

---

[12] Napoloen I. (1769–1821), 1804–1814/15 Kaiser der Franzosen.

nen, seine Mordtaten im Traum. Der Mensch, dessen Oberbau nicht gefestigt ist, wird zum aktuellen Verbrecher. Dieser völlige Mangel an moralischer Aburteilung prädestinierte mich zum Verteidiger.

Ich hatte einmal ein Erlebnis mit einem Freund, das mich endgültig von jeder Selbstgerechtigkeit kurierte. Er war verheiratet, hatte aber eine irrsinnige Leidenschaft für die Frau eines Freundes, die sich ihm verweigerte. Als ich auf seine eheliche Bindung hinwies, erwiderte er, ich sei ein Pharisäer. Weil ich selbst in einer glücklichen Ehe lebe, urteile ich einen Mann ab, der dieses Glück nicht genieße. Er war im Recht. Ich habe dieses Gespräch nie vergessen.

Ich bin durch meine endlosen Kämpfe und besonders durch meinen Kampf gegen die Pest des Faschismus und des Nationalsozialismus ein glühender Hasser geworden. Mir schwebte dabei immer der Satz aus den „Politischen Schriften" des großen Liberalen Max Weber[13] vor: „Wer das Niederträchtige nicht hassen kann, kann das Vortreffliche nicht lieben." Ohne diesen mächtigen Motor hätte ich meine teilweise nicht ungefährlichen politischen Kämpfe nicht führen können. Menschen, die nicht hassen können, sind zu politischen Kämpfen ungeeignet. Haß ist ethisch gleichwertig mit Liebe, wenn er sich gegen das Verwerfliche richtet. Objektivität im Kampfe erschien mir als Impotenz.

Ich erinnere mich an zwei Gespräche über den Haß. Als wir bereits in Mailand im Exil waren, kam zu uns ein junger Schweizer Jude. Wir sprachen über Hitler. Er sagte, man müsse doch objektiv sein, Hitler habe auch Großes geschaffen. Ich erwiderte: „Wenn man in meinem Hause über Hitler spricht, ist man nicht objektiv. Da wird gehaßt." Ein anderes Gespräch hatte ich mit zwei Rabbinern in New York, als Hitler noch an der Macht war. Ich sagte, heute sei der Haß ethisch zulässig und notwendig. Keiner der beiden widersprach.

Neun Monate vor Ausbruch des Ersten Weltkriegs nahm ich Klavierstunden bei Professor Schwartz[14] der Münchner Akademie der Tonkunst. Ich machte unter seiner Anleitung große Fortschritte. Besonders lernte ich Bach spielen: Das Wohltemperierte Klavier, die Inventionen, das Präludium mit Fuge in A-moll, die Chromatische Phantasie und Fuge und das reizende „Capriccio über die Abreise des geliebten Bruders". Er sagte, ich sei begabter als „alle seine Frauenzimmer in der Akademie", ich müßte nur mehr üben. Leider hatte ich dazu keine Zeit.

In Mailand nahm ich Stunden bei einem Schüler Arthur Schnabels, namens Schröder.[15] Durch ihn lernte ich vor allem Schubert spielen. Schnabel

---

[13] Max Weber (1864–1920), Soziologe, seit 1919 Professor an der Universität München; Gesammelte Politische Schriften, hrsg. von Marianne Weber, Tübingen 1921.
[14] Heinrich Schwartz (1861–1924), Professor für Klavier an der Akademie für Tonkunst in München.
[15] Keine weiteren Angaben ermittelt.

war ja der größte Schubert-Spieler unserer Zeit. Genau wie im ersten Fall nahm dieser Unterricht nach neun Monaten durch die Ausweisung der Juden ein Ende. Seitdem sagte Bessie, ich dürfe keine Klavierstunden mehr nehmen, das führe immer zu Katastrophen.

Ich hatte damals durch die Freundlichkeit meines Vaters meine eigene Wohnung im gleichen Hause in der Possartstraße beim Prinzregententheater, wo er selbst mit der Mutter wohnte. Meine Schwester hatte nach Würzburg geheiratet.[16] Mein Bruder[17] hatte ein Wiener Mädchen aus reichem Hause geheiratet. Die erhebliche Mitgift legte er in das Geschäft des Vaters ein, in das er eingetreten war. Mit der Firma ging es damals schon bergab. Mein Vater hatte viele Sorgen und schlaflose Stunden. Damals habe ich gelernt, daß das kapitalistische System nicht bloß den Arbeitern, sondern auch den Unternehmern schwere Qualen bereiten kann.

Bei der Vernunftheirat meines Bruders, die aber zu einer glücklichen Ehe mit vier wohlgeratenen Kindern führte, hatte eine Tante in Wien die Hand im Spiele gehabt. Nach dem erfolgreichen Abschluß dieser Vermittlertätigkeit kam sie auf den netten Einfall, auch mich zu verheiraten. Mein Vater, der mich einigermaßen kannte und für ein schwieriges Problem hielt, sagte etwas verlegen zu mir, er habe einen Brief von der Wiener Tante bekommen. Ein junges Mädchen in Mähren, das damals zu Österreich gehörte, möchte mich kennenlernen. Der Vater sei mehrfacher Millionär und schwer leberleidend. Er war etwas enttäuscht, als ich erklärte, ich würde der Offerte nur nähertreten, wenn ein amtsärztliches Zeugnis vorgelegt würde, daß nicht nur der Vater, sondern auch die Tochter schwer leberleidend sei. Seither bekam ich keine solchen Anträge mehr.

Ich hatte damals kein Zentrum meines Lebens. Werfel[18] sagt in einem Gedicht: „Mein Mittelpunkt hat keine Kraft." Ich war so unrastig, daß ich es abends zu Hause nicht aushielt. Ich gehörte einem Klub an, der ausschließlich aus bürgerlichen jungen Juden bestand und im vornehmen Regina-Palast-Hotel Räume gemietet hatte. Aber die Gespräche mit den Altersgenossen gaben mir wenig.

Obwohl ich nach außen sehr selbstsicher auftrat und eine spöttische Zunge hatte, war ich innerlich unsicher und zerrissen. Abends saß ich oft in Kaffeehäusern und besah illustrierte Zeitungen. Von Politik hatte ich immer noch keine Ahnung. Ich erinnere mich nur an eine Sitzung im Bayerischen Landtag, die ich als noch ganz unkritischer Zuschauer mitmachte. Mein So-

---

[16] Dorothea Hirschberg (1892–1930), 1919 Heirat mit Jacques Mayer (1888–1969), Zigarrenfabrikant in Würzburg, eine Tochter. Vgl. Rainer Strätz, Biographisches Handbuch Würzburger Juden 1900–1945. 2 Bände, Würzburg 1989, S. 380 bzw. 677.

[17] Arthur Hirschberg (geb. 1881), Kaufmann, seit 1908 Teilhaber der väterlichen Firma, 1912 Heirat mit Stefanie Schmeichler (1891–1982), lebt seit 1919 in Wien, 1933 Einbürgerung in Österreich, 4 Kinder, 1940 Emigration nach San Francisco.

[18] Franz Werfel (1890–1945), deutsch-tschechischer Schriftsteller der Moderne.

zius Dr. Rheinstrom vertrat einen Mann, der eine außerbayerische Staatslotterie in Bayern einführen wollte. Regierung und Landtag hatten abgelehnt. Man hielt die Lotterie für unmoralisch. Offenbar gingen dann hinter den Kulissen einige Geschäfte vor sich, denn plötzlich hielt der Landtag die Lotterie für moralisch und es wurde eine Staatslotterie in Bayern eingeführt.[19]

In den Zeitungen las ich nur die Kunstberichte, die Novellen und die Stadtneuigkeiten. Ich muß zu meiner Schande gestehen, daß ich sogar Lokalpatriot war. Als Possart das Prinzregententheater[20] errichtete, das amphitheatralische Sitzreihen und verdecktes Orchester hatte, war ich begeistert. Dort hörte ich gute Aufführungen der „Meistersinger" und des „Tristan".[21] In dem entzückenden alten Rokokotheater, dem Residenztheater[22], das nur 600 Plätze hatte und schon die Erstaufführung des „Idomeneo"[23] erlebt hatte, hörte ich „Figaro", „Don Giovanni", der auf einer Drehbühne mit raschem Szenenwechsel gespielt wurde, und die „Entführung".

Als Berliner Student hatte ich eine Aufführung der „Entführung" auf der Bühne der Berliner Hofoper mitgemacht. Ich stellte mich dabei vor einen Scheinwerfer, ohne zu merken, daß mir die Bühnenarbeiter verzweifelt zuwinkten. Sie fürchteten, ich hätte auf der Bühne eine Sonnenfinsternis veranstaltet. Als keine Störung eintrat, meinten sie, „der muß durchsichtig sein." Das war aber nun die unzutreffendste Bezeichnung, die man für mich finden konnte.

Von den Spannungen der Machtpolitik, der Ablehnung der zwei englischen Bündnisangebote, der Kündigung des Rückversicherungsvertrags[24] mit Rußland durch Wilhelm II. und der Bildung der Triple Alliance[25] zwischen England, Rußland und Frankreich wußte ich nichts. Von der Tragikomödie der deutschen Außenpolitik, den Kämpfen um das Sozialistengesetz[26] und

---

[19] 1911 schloß sich Bayern ebenso wie Württemberg und Baden der Preußisch-Süddeutschen Klassenlotterie an, die unter der Leitung der Preußischen General-Lotteriedirektion in Berlin stand; vgl. Wilhelm Volkert (Hrsg.), Handbuch der bayerischen Ämter, Gemeinden und Gerichte 1799–1980. München 1983, S. 167.

[20] Das Münchner Prinzregententheater wurde 1901 unter der Intendanz Ernst von Possarts eröffnet.

[21] Richard Wagner (1813–1883), Opern „Die Meistersinger von Nürnberg" (1867) und „Tristan und Isolde" (1859).

[22] Altes Residenztheater, 1750–1753 von Francois Cuvillies d.Ä. (1695–1768) erbaut.

[23] Wolfgang Amadeus Mozart (1756–1791), Opern „Idomeneo, re di Creta", 1781 in München uraufgeführt, „Le nozze di Figaro" (1786), „Don Giovanni" (1787), „Die Entführung aus dem Serail" (1782).

[24] Von Bismarck 1887 abgeschlossener Vertrag zwischen Deutschland und Rußland, der die gegenseitige Neutralität im Kriegsfall garantierte.

[25] Aus 1892 zwischen Frankreich und Rußland, 1904 zwischen England und Frankreich („Entente cordial") und 1907 zwischen England und Rußland abgeschlossenen Verträgen entwickelte sich 1911/12 ein wechselseitiges Militärbündnis.

[26] Sozialistengesetz, 1878 von Bismarck gegen die „gemeingefährlichen Bestrebungen der Sozialdemokratie" initiiert, bis 1890 in Kraft.

die Militärvorlagen und der romantischen Operettenpolitik der Berliner Regierung hatte ich keine Ahnung.

So traf mich der Ausbruch des Ersten Weltkriegs völlig unvorbereitet. Dem deutschen Bürgertum, das gut verdiente und daher die bestehende Ordnung bejahte, ging es nicht viel anders. Nach der Ermordung des österreichischen Thronfolgers[27] in Sarajewo war plötzlich akute Kriegsgefahr entstanden. Noch am 31. Juli 1914 prophezeite ich in meiner grotesken Unwissenheit, es könne keinen Krieg geben. Seitdem habe ich solche Prophezeiungen nicht mehr gewagt. Ganz plötzlich folgte eine Kriegserklärung und eine Mobilmachung der anderen. Am 4. August 1914 kam mein Vater an mein Bett und sagte mit gepreßter Stimme: „England hat uns den Krieg erklärt."

Irgendwie war ich erleichtert, daß ich aus meiner einsamen sentimentalen Lebensführung herausgerissen werden sollte. Ich war in einer besonders unhaltbaren Lage, weil ich eine verheiratete Frau liebte und ihr in meiner grotesken Unerfahrenheit einen Liebesbrief in ihre Wohnung geschrieben hatte, den der ahnungslose Gatte aufmachte. Ich war deutscher Patriot, ganz naiv glaubte ich an die Einkreisung und den heiligen Verteidigungskrieg, den Karl Kraus[28] in seinem großen Haßgesang „Die letzten Tage der Menschheit" den „heiligen Verteilungskrieg" genannt hat.

Am 24. August 1914 brachte mir die weinende Marie den Mobilmachungsbefehl.[29] Zu meinem Erstaunen war ich Verteidiger des „schuldlos eingekreisten und angegriffenen" deutschen Vaterlandes geworden. Ich warf mein bisheriges Leben hinter mich. Das war alles zu Ende. Etwas Neues begann. Wohin es mich führen sollte, ahnte ich nicht. Ich rückte ein. Zunächst besuchte ich noch meine Kanzlei, aber ich brannte darauf, an die Front zu kommen und alles hinter mich zu werfen.

---

[27] Erzherzog Franz Ferdinand (1863–1914), seit 1896 österreichischer Thronfolger, trat für die Erhaltung der Großmachtstellung des Habsburgerreiches ein, seine Ermordung am 28.6.1914 durch einen serbischen Nationalisten war die Initialzündung zum Ersten Weltkrieg.

[28] Karl Kraus (1874–1936), österreichischer Schriftsteller, Drama „Die letzten Tage der Menschheit" (1918/19 bzw. 1922).

[29] Hirschberg rückte am 28. August 1914 zum 1. Ersatzbattaillon des 7. Artillerieregiments ein; vgl. BayHStA, Abt. IV Kriegsarchiv, OP 16962.

Viertes Kapitel

Im Weltkrieg (1.8.1914–31.12.1918)

Der Erste Weltkrieg brach über mich herein, ohne daß ich darauf geistig oder seelisch im geringsten vorbereitet war. Daß die militärische Machtpolitik fast automatisch zu einem Weltkrieg führen mußte, sobald sich das Ringen um Rohstoffe, Absatzmärkte und Einflußsphären von den weiträumigen Annexionsmöglichkeiten des kolonialen Imperialismus auf die engräumigen Machtkämpfe im Balkan verlagerte, hatte ich nicht begriffen. Die totale Sinnlosigkeit des Krieges war mir noch nicht bewußt geworden. Ich erkannte damals noch nicht die unmittelbaren oder die mittelbaren Ursachen der ungeheuren Explosion: die zweimalige Ablehnung der britischen Bündnisangebote durch Wilhelm II., die Revanchepolitik in Frankreich, die mystische Korruption am Zarenhofe, die Annexion von Bosnien und Herzegowina durch Österreich-Ungarn, die innere Brüchigkeit der Donaumonarchie und ihres Völkergemischs, die vorsätzliche Entfesselung des Krieges durch diese auf dem Wege der Übersendung eines unannehmbaren Ultimatums an Serbien, die Blankovollmacht, die Wilhelm II. bei einem Frühstück, ohne Befragung des Reichskanzlers oder des Reichstages, dem österreichischen Botschafter ausgestellt hatte und das allgemeine Wettrüsten, insbesondere die deutsche Aufrüstung zur See, die die britische Herrschaft über die Meere zu gefährden schien.[1] Ich las gläubig die deutschen Zeitungen; ihre Verlogenheit ahnte ich dunkel, ohne sie aufdecken zu können. Mich erfüllte keine patriotische Begeisterung, sondern nur der Drang, meine bisherige Existenz hinter mich zu werfen.

Stets war für mich von vitaler Bedeutung, genug Schlaf zu finden. Davon war, nachdem ich zum 7. Bayerischen Feldartillerie-Regiment Ende August 1914 eingerückt war, keine Rede mehr. Abends war ich fast nie zu Hause. Wenn ich um 1 oder 2 Uhr morgens heimkam, mußte ich um 5 Uhr aufstehen und mit dem Fahrrad schlaftrunken durch die noch unbelebten Straßen in die Max II.-Kaserne nach Nymphenburg fahren, wo ich um 6 Uhr morgens anzutreten hatte. Beim Reitunterricht hatten wir öfter unberittene Remonten[2] zuzureiten, was meine körperlichen Fähigkeiten auch in wachem Zustand überschritten hätte. Wir hatten Schießübungen, Exerzieren, Appelle, meist aber lungerten wir in den stinkenden Mannschaftszimmern oder in der Kantine faul herum. Ich lernte Pferde striegeln und ähnliches ohne große Begeisterung. Meine Anpassungsfähigkeit war aber so groß, daß unser blö-

---

[1] Dazu ausführlich Gregor Schöllgen, Das Zeitalter des Imperialismus. München ³1994 und ders. (Hrsg.), Flucht in den Krieg? Die Außenpolitik des kaiserlichen Deutschland. Darmstadt 1991.

[2] Remonten = die zur Ergänzung des Pferdebestands eines Heers eingestellten jungen Pferde.

der Oberleutnant mich für einen ausgezeichneten Soldaten hielt und als Geschützführer für seine Flak-Batterie vorschlug, die er ins Feld führen sollte. Ich hatte ihn gebeten, mich mit an die Front zu nehmen. Alles war mir so unerträglich, daß ich allem lieber ein Ende machen wollte, als in diesem Zustand länger zu verharren.

So nahm ich im Januar 1915 von meinen Eltern, der weinenden Marie und meinen Freunden und Freundinnen Abschied und fuhr als Unteroffizier des Flakzuges 26 (Luftabwehrgeschütze) an die Westfront. Das Abenteuer war erregend. Erst kamen wir zum Scharfschießen in ein norddeutsches Städtchen. Ich war bei einem Metzgermeister einquartiert, der mich mit Würsten und Schinken gastfreundlich bewirtete. Ich machte alles eifrig mit, marschierte mit den Leuten in Reih und Glied und sang „Siegreich woll'n wir Frankreich schlagen" und „In der Heimat, da gibts ein Wiedersehn." Und dann wurden die Mannschaften und Geschütze verladen und wir rollten durch die scheinbar blühende und friedliche deutsche Landschaft an die Westfront bei Arras.

Wir kamen bei eisiger Kälte an, nachdem wir mehrere Tage und Nächte im Schneckentempo gefahren waren. Ich hatte mich ganz auf das primitive Leben umgestellt und sogar auf dem Boden des Korridors des Eisenbahnwagens schlafen gelernt.

Die anfangs so verheißungsvoll aussehende Offensive der deutschen Armeen in Frankreich hatte Belgien überrannt und sich schon Paris genähert. Nach der erfolglosen Marne-Schlacht[3], von der wir nichts erfuhren, hatte sie sich aber festgelaufen. Die Fronten waren von der holländischen bis zur schweizerischen Grenze zum Stellungskrieg erstarrt. Es wurde nun bis Ende 1918 um einzelne Schützengräben und zerschossene Hügel gekämpft. Dafür wurden Hunderttausende junger Menschen geopfert.

Wir hatten einen Oberleutnant, der geistig nicht ganz normal gewesen sein muß. Er ließ die Geschütze offen auf einem Wiesenabhang auffahren und auf feindliche Flugzeuge schießen. Die heute hochentwickelte Flugabwehr stand damals in den Anfängen. Wir schossen meist Löcher in die Luft. Die Franzosen hielten diese offen aufgestellten Geschütze natürlich zunächst für eine Scheinbatterie. Als sie aber sahen, daß wir tatsächlich schossen, belegten sie uns mit einem gehörigen Feuerüberfall.

So lernte ich gleich in den ersten Tagen die Todesangst kennen. Wir lagen mit dem Gesicht am Boden in einem Hohlweg, während die Granaten mit einem unvergeßlichen tödlichen Krach über uns explodierten. Wir blieben unverletzt.

Der Oberleutnant, der im Frieden als Offizier entlassen worden war, sich aber bei Kriegsausbruch von Südamerika wieder gemeldet hatte, bekam einen Schock, von dem er sich nicht mehr erholte. Er war von da an so feuerscheu und feige, daß er der Mannschaft viel Anlaß zu Hohngelächter gab.

---

[3] Marneschlacht 5.–12. September 1914.

Umso mehr bewunderten sie meine Todesverachtung, deren dunklen Hintergrund sie nicht ahnten. Ich habe damals viel über die Psychologie des Heldentums nachgedacht. Ich suchte zu ergründen, ob es auf Übermaß an Phantasie oder Mangel an Phantasie beruht. Die Untergründe sind beim komplizierten Menschen wohl komplex, beim primitiven Menschen einfach. Da ich aber heute das militärische Heldentum und seine Vertreter mit dem ganzen Kriegsgewerbe tief verachte, ist eine Analyse nicht mehr am Platze.

Ich begann am 24. Oktober 1915 in dem französischen Dörfchen Acheville ein vorsichtshalber in stenographischer Chiffre geschriebenes Kriegstagebuch. Als Motto wählte ich:

„Allen Gewalten
Zum Trutz sich erhalten,
Nimmer sich beugen,
Kräftig sich zeigen,
Rufet die Arme
Der Götter herbei."[4]

Ich setze einige Zitate hierher, die unter dem noch frischen Erlebnis geschrieben lebendiger sind, als ein viele Jahre später geschriebenes Resumee es sein könnte:

25.10.1915 Fahrt Peronne, Roisel, Cambrai, Douai nach Rouvroy. Pferde in offener Halle untergebracht. Mannschaften in Kirche. Ich selbst schönes Zimmer für mich allein.

27.10.1915 Man hört die schweren Geschütze nur schwach. Regenwetter. Auf der Höhe von Vimy sah man vom Ortsrand aus großartige Aufschläge und Sprengwolken.

28.10.1915 Im allgemeinen konstatiere ich bei mir Festigkeit und zunehmende Härte und Kraft. Ungeheure Bewegung, besonders Nachts. Durch das Dunkel heranziehende Infantrie, Munitionswagen, Wagen mit Baumaterialien, Batterien.

30.10.1915 Ich sah vier Tote in der Halle bei Revier III/12. Wie ein wertloser Ballast lagen sie da, halb zugedeckt, über und über beschmutzt, seltsam unwirklich und hölzern. Sie waren mit einem Auto, das Handgranaten trug und explodierte, bei Vimy in die Luft geflogen.

31.10.1915 Morgens müde. Ich sah wieder Tote. Selbst dieser Eindruck ist beim zweiten Mal nicht so entsetzlich. Der Mensch gewöhnt sich an alles. Wie schamlos!

Ich dachte, daß niemand das Recht hat, mir ungenügende Klarheit und Vollkommenheit meiner Gedanken und ihrer Ausführung vorzuwerfen. Die an sich doch unendlich genialen Gedanken Gottes erscheinen in diesem dun-

---

[4] Aus dem Gedicht „Ein Gleiches" (1776) von Johann Wolfgang von Goethe (1749–1832).

klen, rastlos bewegten Dasein auf dem Hintergrund der stetigen Gefahr doppelt ungenau, halb verwirklicht und in der Ausführung stecken geblieben. Diese Toten, die man in ein Loch hineinwirft, sehen nicht so aus, als ob es süß und ehrenvoll sei, für das Vaterland zu sterben.

Ich werde im übrigen noch phrasenloser, seit alles von Phrasen überquillt.

5.11.1915 Ich sah Tote. Sie waren mit einem Automobil voll Handgranaten zerrissen worden, als die Ladung explodierte.

16.11.1915 Wie ist es möglich zu überleben? Das ist die einzige Frage, mit der man sich wirklich beschäftigt.

1.12.1915 Innerlich fühle ich mich an diesen äußeren Vorgängen nicht beteiligt. Ich warte, bis diese geräuschvolle Vorbereitung der Entwicklung vorüber ist. Dann erst kann meine Arbeit beginnen.

Im Dezember 1915 bekam ich meinen ersten Urlaub. Er gab mir Gelegenheit zu einem Wiedersehen mit Frauen, das mich unendlich entzückte. Als ich Justizrat Dünkelsbühler[5] auf der Straße in München traf, sagte er: „Herr Kollege, Ihnen bekommt der Weltkrieg ausgezeichnet. Sonst waren Sie immer blaß und überarbeitet, jetzt sind Sie blühend und rotbackig." Ich erwiderte: „Jawohl, aber ich hätte nicht verlangt, daß meinetwegen solche Umstände gemacht werden."

31.1.1916 Beerdigung Oldenbourgs[6] und Kloepfers.

Ersterer, ein hübscher großer Junge, hatte im Schützengraben den Kopf hinausgereckt und bekam einen Kopfschuß. Dafür stirbt man!

25. bis 27.2.1916 Fahrt nach Douai und Lille. Entzückt von dem kleinen Hotelzimmer im Hotel de la Paix und dem feinen Bett. Wiedersehen mit Wilmersdoerffer; Mozart und Brahms.

29.2.1916 Douaumont, das erste Fort, im Nordosten von Verdun erstürmt.

14.3.1916 Abschuß eines Morane-Saulnier[7] auf 3300 m Höhe durch Volltreffer. Aufstieg in einem Roland Albatros[8] vom Flugplatz 9 aus. Unbeschreibliches Gefühl. Bis 2000 m Höhe. Maskierung mit Fliegerhelm und Anzug. Kein Schwindel, unendliche Sicherheit, brausende aufschreiende jauchzende Freude über die Nähe der Unendlichkeit. Unerwartetes Senken beim Abstieg, Schrägstellung, Erde oben über mir. Sanfte Landung. Berauschte Heimfahrt.

18.3.1916 Bei Anwesenheit und Nähe eines bildhübschen Vize von den Ulanen 15. regte sich die unterdrückte Sehnsucht nach einem Sohn. Wird dieses unruhige Herz endlich Fleisch von seinem Fleische fühlen?

---

[5] Alexander Dünkelsbühler (1875–1935), seit 1903 als Rechtsanwalt in München zugelassen.

[6] Paul Oldenbourg (1896–1916), Leutnant, gefallen am 29. Januar 1916 im Gefecht bei Souchez. StAM, AG München NR 1916/399.

[7] Morane-Saulnier, französisches Jagdflugzeug des Ersten Weltkriegs, das erstmals mit einem festaufmontierten Maschinengewehr versehen war.

[8] Roland- Albatros, deutsches Flugzeug der Roland-Pfalzwerke.

24.3.1916 Ich schreibe viele Briefe. Ich lese viel. „Michael" von Hermann Bang.[9] Daneben plane ich für die Zukunft mancherlei, besonders Russisch zu lernen.

20.4.1916 Fahrt nach Brüssel. Justizpalast. Platz mit Zunfthäusern. Menschen, Trambahn, Bewegung, Geschäfte, Leben. Breughel[10] im Museum des Beaux-Arts. Mehrere Darstellungen des Kindermords in Bethlehem; erschütternd der Reiter, der seine Notdurft verrichtet, während die Luft von Geschrei und Verzweiflung erzittert. Abends „Pagliacci"[11] im Palais de Glace. Rührend ein kleines Mädchen, das mich auf dem Weg ins Theater ansprach mit der Bitte, einige Karten zu kaufen. Auf meinen Hinweis, ich hätte eben von einer andern schon solche gekauft, flüsterte sie: „Ich kann nichts verkaufen." Sie meinte wohl: „Du, Mensch!" Rückfahrt im Speisewagen.

24.4.1916 Rohrzerspringer in der Feuerstellung. Am nächsten Tag zweiter Rohrzerspringer. Diese Tage des geistigen und seelischen Todes zu ertragen – wie vermag ich's nur? Ich bin völlig erschöpft.

9.5.1916 Landmarsch nach Douai. Ganz gute Unterkunft.

14.5.1916 Nachmittag 4 Uhr 35 Abfahrt von der Südrampe. Wir fahren nach Valenciennes, Mons, Namur. Ankunft in Esch (Luxemburg), Longwy.

22.5.1916 Morgens 4 Uhr Abmarsch über Longyon, Rillon, Azannes nach Ville de Chaumont. Übernachten im Biwak. Waldschneise vor Longyon. Buchenwälder. Ungeheures Dröhnen der fernen Geschütze vor Verdun.

25.5.1916 Viele Todesgedanken. Das Leben entschwindet immer ferner und scheint unerreichbar. Man wagt kaum noch an das Leben und die Möglichkeiten des Lebens zu denken. Brief von Rh. über die Zukunft berührte mich ganz sinnlos, fast taktlos.

Ich sah zwei Tote der Batterie 321. Ein junger Freiwilliger schien ganz ruhig zu schlafen, selbst seine Hände waren nicht verkrampft.

Ich erhielt die Nachricht, daß Karl Loeffler[12] vor Verdun gefallen ist.

6.6.1916 Morgens bei trübem Wetter in Stellung, um die Geschütze hinzubringen. Der Hinaufweg recht unbehaglich, scheußlich. Es ist recht gut und zur Psychologie des Heldentums wichtig, daß man sich in müdem Zustand „keine Gedanken weiter macht."

8.6.1916 Morgens 4 Uhr auf. Ziemlich unbehaglich wieder den Weg in die Stellung. Rest zu Fuß mit mehrfachen Gefahren. Großartiger Artilleriekampf. Fast ohne Pause toben die schweren Geschütze. Der Stollen gibt ein

---

9 Hermann Bang (1857–1912), dänischer Schriftsteller, Vertreter des literarischen Impressionismus, Roman „Michael" (1904, deutsch 1906).

10 Breughel, auch Brueghel, Bruegel, niederländische Malerfamilie, hier dürfte Pieter der Ältere (um 1525–1569) gemeint sein.

11 „I Pagliacci"(1892), Oper, deutsch „Der Bajazzo", von Ruggiero Leoncavallo (1858–1919).

12 Karl David Loeffler (1883–1916), Kaufmann in München, gefallen am 25. Mai 1916 bei Bezonvaux/Frankreich. StAM, AG München, NR 1916/1818 und A.Eckstein, Haben die Juden in Bayern ein Heimatrecht? Berlin 1928, S. 101.

großes Gefühl der Sicherheit, ist freilich unbequem und zu eng. Gefährlich sind besonders die vom Chaume-Wald in den Kolonnenweg hineinspritzenden Splitter, die noch ganz heiß sind. Man sieht auf Douaumont hinüber, wenn man zum Vaux-Kreuz vorgeht. Verwundete, Gefangene, Tote.

Herrlicher Genuß sind Zigarren und Kaffee. Abends mit den Leuten gemütlich im Freien. Zehn Minuten nachdem wir weg waren, 12 cm Einschlag im Geschützeinschnitt. B. verwundet. Wie durch ein Wunder sonst alle unverletzt, obwohl zwei Kanoniere die Treppe hinuntergeschleudert wurden. Dasein und Tod sind nunmehr auf dem Punkt angelangt, wo man mit Kierkegaard sagt: „Darüber kann man nicht meditieren." Wunderschöne Beobachtungen von Zärtlichkeit der Leute gegen mich, von Selbstverleugnung bei Verwundung fremder Kameraden. Der doppelte furchtbare Schlag auf den Stollen erschreckte mich, doch blieb ich ziemlich ruhig. Alles zieht fast traumhaft vorüber.

11.6.1916 Abends mehrere Einschläge in nächster Nähe. Man fängt schon wieder an, leichtsinnig zu werden. Abends wurden zwei Telefonpatrouillen dicht bei uns schwer verwundet hereingebracht und verbunden. Telefonierte an die Ornesquelle, schrieb auch an den Vater des einen, sprach ihm Trost zu. Die Pferde! Die rührenden toten Pferde! Die unermüdlich geduldigen Pferde, die die Lasten über Berge schleppen, auf grundlosen Wegen, oft achtspännig, fast zusammenbrechend! Um 1/2 2 Uhr stand ich am Vaux-Kreuz und sah die riesigen Aufschläge bei Douaumont.

13.6.1916 In Ruhestellung, wunderschön ausgeruht. Am nächsten Tag nach Montmedy. Essen beim „Schwabentoni" (das erste Beefsteak!), Kino, Bad. Der unanständige Film „nur für Offiziere" wurde leider nicht gegeben. Als ich von der Front kam, stieß mein Hund schluchzende jubelnde Laute aus, wie ein kleines Kind. Wir wohnen jetzt in einem Häuschen, leider regnet es noch oben hinein.

30.6.1916 11 Uhr 40 auf 6 400 m Volltreffer auf einen Farman[13], der bei Bras in Flammen abstürzte. Aufregung, Freude, glaube zu träumen.

14.7.1916 Ich las mit Erschütterung an einem Abend tiefer Depression den „Verlorenen Sohn" von Andre Gide[14] in der Übertragung von Rainer Maria Rilke. Erschüttert von dem Gedanken, daß der Heimkehrende dem jüngeren Bruder die Sendung überträgt.

26.7.1916 Endlich Befehl, am 27. morgens verladebereit in Nouillon-Pont zu stehen. Ich führe. Weg durch den Abend über Romagne, Deutsch-Eck, wo die Geschütze stehen, nach Pillon, Nouillon-Pont, wo wir nachts ankamen.

---

[13] Henri Farman (1874–1958), französischer Flieger, baute zusammen mit seinem Bruder Maurice die ersten Doppeldecker (1907/08), Gründer der Farman-Flugzeugwerke in Boulogne-Billancourt.

[14] Andre Gide (1869–1951), französischer Schriftsteller, „La retour de l'enfant prodigue" (1909), deutsch „Die Rückkehr des verlorenen Sohnes" (1914), übersetzt von Rainer Maria Rilke (1875–1926).

Ich schlief auf einem Heubündel eine kleine Stunde. Morgens Einquartieren. Fahrt über Conflans nach Chambley, wo wir Vormittags 11 Uhr ausgeladen wurden. Entzückendes Offizierskasino, wirkt nach langer Entbehrung wohltuend. Dann bei großer Hitze noch 40 km Landmarsch zur Stellung auf den Champ des Manauvres, dem Höhenzug dicht hinter St. Mihiel.

28.7.1916 Die neue Stellung ist herrlich. Die Baracken im Wald. Ich wohne in einem Zigeunerwagen mit Klavier. Ich lerne wieder eifrig Russisch, schwere Anfangsgründe des Lesens.

8.8.1916 Endlich aufgefordert, Urlaub einzureichen. Glanzvolle Träume brechen hervor aus dem Dunkel der Seele, wo sie schliefen. Abends beim Regiment, wo ein herrlicher Erard-Flügel[15] stand, in einem Schlößchen. Ich spielte Chopin[16], Beethoven[17], „Parsifal".[18]

12.8.1916 Wiedersehen mit Bessie. Wiedersehen mit Emmy L. Bücher, Kanzleibesuche. Erich und Nettie. Mit ihnen und Bessie in elender Aufführung der „Wildente".[19] Wiedersehen mit der „blonden Philosophin", die in Wirklichkeit schwarzhaarig war. Gespräch über Selbstmord mit Emmy L. Sonntag Abend im Schlafwagen nach Berlin. Hotel Fürstenhof. Telefongespräch mit Toni B. und Alma R. Abends bei Schäffer. „Mosis Tod".[20] Mit T. B. Gespräch über Selbstmord und Herrlichkeit des Lebens.

Letzter Abend mit Bessie im Isartal. Nächtliches Gespräch mit F. N. Rückfahrt über Metz.

12.9.1916 „Die kleine Stadt"[21], Kierkegaard.

9.12.1916 Tolstois „Herr und Knecht".[22]

13.12.1916 Das „Italienische Konzert"[23] kann ich jetzt auswendig.

31.12.1916 Ein melancholischer und tief deprimierender Sylvesterabend. Sehr alkoholisch, ohne Anlaß. Auch die Stimmung bei den Leuten war trüb. Trostspruch zum neuen Jahr. Galerie auf der Kuppel eines Turmes. Tief unten winzig erleuchtete Fenster. Eherner Himmel ausgespannt. Der Türmer nach drei hellen Posaunenstößen singt in die riesig aufgetane Sternennacht.

8.1.1917 Es bleibt mir nur $x \cdot MH = MH^2$. Der Tod hat allerdings eine noch präzisere Lösung in Bereitschaft: $x + MH = 0$. Oder kann man beides gleichsetzen? Die Lösung des Mephistopheles:

---

[15] Erard-Flügel aus der auf Sebastien Erard (1752–1831) zurückgehenden, noch bestehenden französischen Klavierfabrik.
[16] Frederic Chopin (1809–1849), polnischer Pianist und Komponist.
[17] Ludwig van Beethoven(1770–1827), Komponist der deutschen Klassik.
[18] „Parsifal" (1882), Oper von Richard Wagner (1813–1883).
[19] Drama „Die Wildente"(1884, deutsch 1888) des norwegischen Schriftstellers Henrik Ibsen (1828–1906).
[20] „ Mosis Tod" (1915), Dichtung von Albrecht Schäffer (1885–1950).
[21] Roman „Die kleine Stadt" (1909) von Heinrich Mann.
[22] Leo Tolstoi (1828–1910), Roman „Herr und Knecht" (1895).
[23] Johann Sebastian Bach (1685–1750), „Italienisches Konzert" aus „Klavierübung II" (Druck 1735).

x = MH – MH – MH ... ist für mich unmöglich, ich kann sonst nicht leben. Die Lösung x = MH für die Liebende. Leider ist die schöne Lösung x – MH +? so fern, daß ich anfangs gar nicht daran dachte. Meine Einsamkeit wurzelt anscheinend doch sehr tief.

9.1.1917 Ich lese das „Schlaraffenland"[24] von Heinrich Mann, ein hochamüsantes Buch. Ich lese wieder den „Idiot". Unendlich.

10.1.1917 Als Basis der ganzen Psychologie Dostojewskis erscheint der tiefe Gedanke, daß der sinnlich leidenschaftliche Mensch (Swidrigailow, Rogoshin) der Bruder des Schwärmers (Raskolnikow, Fürst Myschkin) ist. Swidrigailow sagt zu Raskolnikow die seltsamen Worte: „Ihr glaubt gar nicht, mein Lieber, wie verwandt wir beide sind." Schlußszene des „Idiot". Rogoshin und Fürst Myschkin, Seite an Seite die Nacht durchwachend.

11.1.1917 Tiefer Schnee. Ein herrlicher Anblick ist der märchenhaft verwandelte Wald. Mein Hund Burschel hat eine Riesenfreude am Schnee, sein graziöses schwarzes Bildchen hebt sich entzückend davon ab. Er macht mir unendliches Vergnügen. Unvergeßlich bleibt mir unser gemeinsamer Gang durch die Ornesschlucht vor Verdun, seine Todesangst, sein Verkriechen im Unterstand, sein hartnäckiges Bestreben, im Laufgraben zu gehen. Vor St. Mihiel hat er sich jetzt im Zigeunerwagen einen Wohnunterstand unter dem Tisch und einen bombensicheren Unterstand unter dem eisernen Bett eingerichtet. Seine Naivität, seine Treue, seine winzigen Denkvorgänge sind meine stets erneute Freude.

Die Trägheit und Oberflächlichkeit, mit der jetzt die Seele auf Todesnachrichten reagiert, ist gemein. An den armen Karl Reiß[25] habe ich schon wieder selten gedacht. Es fehlt aber an der Möglichkeit, sich das Unfaßliche vorzustellen.

18.1.1917 Mittags die folgenschwere Anfrage, ob ich bereit sei, die Flakbatterie 535 zu übernehmen. Abends sagte ich kurz entschlossen zu.

3.2.1917 Ich zog in den kleinen Schlafraum im Zigeunerwagen, der durch den Feldofen sehr warm ist. Morgens ist Waschwasser, Kanne, Seife festgefroren. Ich leide sehr stark. Zum ersten Mal rheumatische Schmerzen. Die Leute heizen ganze Bäume bei Tag und bei Nacht.

5.2.1917 Nachricht, daß Nettie außer Gefahr ist. Rührender Brief Erichs.

11.2.1917 Nachmittags mit Hauttmann nach Metz.

20.2.1917 Wendepunkt. Zu Bessie. Neue Basis des Daseins. Nur das Große zu vollenden, lohnt sich.

---

[24] Roman „Im Schlaraffenland" (1900) von Heinrich Mann.
[25] Karl Reiß (1883–1916), Dr. iur., Rechtsanwalt in München, Klassenkamerad Hirschbergs am Münchner Wilhelmsgymnasium, gefallen an der Somme am 4. September 1916. Vgl. StAM, AG München, NR 1916/3981 und Adolf Eckstein, Haben die Juden in Bayern ein Heimatrecht? Berlin 1928, S. 107.

21.2.1917 „Der Wiener Kongreß", geschildert von Zeitgenossen[26], fesselt mich ungemein.

22.2.1917 Eifrige Arbeit am Klavier. Etüden und Brahms Händelvariationen.[27]

11.3.1917 Entzückende Briefe von Bessie.

16.3.1917 Notizen zu Dostojewski: Die drei Söhne des alten Karamasow, der zügellose großartige Mensch (Dimitri), der Mensch mit der Leidenschaft der Ideen (Iwan), der Heilige (Aljoscha).

„Weißt du auch, du kleiner Knabe, daß die Dummheiten auf Erden nur allzu nötig sind? Auf Unsinn beruht die Welt, und ohne ihn würde auf ihr vielleicht überhaupt nichts geschehen." Gedanken zur Fruchtbarkeit des Irrtums. „Unser Verstand ist euklidisch (dreidimensional)". Gott, Unsterblichkeit, die ewige Harmonie (die sich im Unendlichen schneidenden Parallelen) können für ihn daher nicht existieren.

Gesammelte und gegliederte Darstellung der großen Irrtümer der Menschheit. Gesetze der Entwicklung (?) des menschlichen Geistes im Großen (Pendelbewegung?). Die drei großen Bedürfnisse der Menschheit nach der Weltanschauung des Großinquisitors: Brot, Befreiung von der Freiheit, universale Vereinigung.

16.3.1917 Urlaub. Bessie ergreifend schön und rührend in ihrer scheuen Liebe. In Berlin mit Alma im „John Gabriel Borkmann".[28]

Pallenberg[29] als Foldal, die Lehmann[30], aber das Stück! Wie aus ferner Zeit. „Peer Gynt"[31] und „Macbeth"[32] mit Hermine Körner[33], mit T.B.

20.4.1917 Herrliche Abende allein in der Ruhestellung. Gedanken mit Wäldern und einsamen Tälern voll Mondlicht um mich aufgestellt. Brüder Karamasow.

25.4.1917 Zola „Flaubert"[34] berichtet, daß der Junggeselle Flaubert einmal beim Anblick eines Kindes in Tränen ausgebrochen sei.

26.4.1917 Zola berichtet, daß Flaubert eine große platonische Vorliebe für Dirnen hatte. Einst bot er einer sehr häßlichen ein Geldstück an, das sie aber

[26] Gemeint sein dürfte Friedrich Freksa, Der Wiener Kongreß. Nach Aufzeichnungen von Teilnehmern und Mitarbeitern. Leipzig 1914, ²1917.
[27] Johannes Brahms (1833–1897), Variationen über Themen von Georg Friedrich Händel für Klavier, opus 24.
[28] Drama „John Gabriel Borkmann" (1896, deutsch 1897) von Henrik Ibsen (1828–1906).
[29] Max Pallenberg (1877–1934), Schauspieler, Charakterkomiker, seit 1914 in Berlin.
[30] Else Lehmann (1866–1940), Schauspielerin.
[31] Drama „Peer Gynt" (1867, deutsch 1881) von Henrik Ibsen.
[32] Drama „Macbeth"(1605/06) des englischen Dichters William Shakespeare (1564–1616).
[33] Hermine Körner (1882–1960), Schauspielerin, 1915–1919 am Deutschen Theater Berlin.
[34] Emile Zola (1840–1902), französischer Schriftsteller, Werk: „Gustave Flaubert" (1883, deutsch 1916).

entrüstet zurückwies, sie verdiene sich ihr Geld. (Zur menschlichen Komödie!)

„Welt als Wille und Vorstellung".[35] Mathematisches mit gerührten Jugenderinnerungen studiert. Sehr interessant die Ausführungen Schopenhauers über die Grundlagen der mathematischen Erkenntnis. Er wendet sich gegen die synthetische Methode (Eucleides[36]), die glaubt, die Beweisführung durch logische Schlüsse sei evidenter als die durch anschauliche Erkenntnis. (Wahrheit ist richtige begriffliche Folgerung aus begrifflicher Vorstellung.)

30.4.1917 Dostojewski betont, daß Iwan Karamasow, der leidenschaftlich denkende Mensch, dem alten Wüstling am meisten von den drei Söhnen ähnlich sei.

16.5.1917 Ich lese „Die Erniedrigten und Beleidigten"[37] von Dostojewski. Nachtgespräch des Fürsten mit Wanja im Chambre séparée. Mit großem Vergnügen lese ich wieder „Pitt und Fox" von Friedrich Huch.[38] Mit tiefer Bewegung „Die Vaterlandslosen" von Hermann Bang[39] gelesen. Rudolf Riegner ist wohlbehalten aus sibirischer Gefangenschaft nach Berlin zurückgekehrt.

17.5.1917 Phantastischer Liebesbrief an Bessie.

24.5.1917   „Noch ist vieles zu erfüllen,
Noch ist manches nicht vorbei.
Doch, wir alle, durch den Willen
Sind wir schon von Banden frei."

26.5.1917 Morgens mit drei Leuten zur Abholung von fünf zugewiesenen neuen Pferden geritten. Über Varvinay, Chaillon, Creue nach Vigneulles, St.Benoit, Voel, Doncourt. Im Grünen schöne Mittagsrast mit weidenden Pferden. Herrlicher Maitag. Weiter nach Jonville, Latour, Marslatour, 48 km nach Doncourt. Reitschmerzen. Vom Zahlmeister zum Essen eingeladen, Wonne des Ausruhens und Trinkens. Morgens 1/2 6 Uhr durch Schwalben im Zimmer geweckt. Abends bei Arthur zum Schweinebraten.

Bekenntnisse (mein vorläufig letzter Wille):

Bekenntnis zur Perspektivität des menschlichen Gehirns. Jede Erscheinung ist vieldeutig. Bekenntnis zur Liebe und Güte. Erich. Bekenntnis zur Aktivität als Illusion der menschlichen Leistung. Bekenntnis zum Radikalen im Fortschrittlichen. Trägheit der Masse und Trägheit des Herzens als konstante Gegenkraft. Also muß die fortschrittliche Anstrengung nicht objektiv,

---

[35] „Die Welt als Wille und Vorstellung" (1819), Hauptwerk des Philosophen Arthur Schopenhauer (1788–1860).
[36] Eukleides, Euklid, (4./3. Jahrhundert v.Chr.), griechischer Mathematiker und Philosoph.
[37] Roman „Erniedrigte und Beleidigte"(1861) von Dostojewski.
[38] Roman „Pitt und Fox" (1909) des deutschen Schriftstellers Friedrich Huch (1873–1913).
[39] Roman „Die Vaterlandslosen" (1906, deutsch 1912) des dänischen Schriftstellers Hermann Bang (1857–1912).

nicht gerecht, sondern radikal sein. Sonst kann die Resultante im Kräfte-Parallelogramm nicht die richtige Lage bekommen.

30.6.1917 „Gänsemännchen" von Jakob Wassermann[40] zu Ende gelesen. Ein großes Buch und doch kein großes Werk. Die Lust am Fabulieren, die mitreißt, aber dann doch leer läßt, zerstört immer wieder den hochgeschwungenen Bogen. Er ist voll von Figuren, aber nur manchmal voll von Figur. Manchmal freilich blitzen unvergeßliche Worte, unvergeßliche Gebärden auf. Der Ausklang ist herrlich.

5.6.1917 Eben kriecht ein seltsamer Käfer, braun in harter Schale, mit acht lächerlich kleinen Füßen und einem winzigen Kopf über mein Buch. Nie habe ich so viel kleines Lebendiges beobachtet. Unbegreiflichkeit des Lebens, Unsinnigkeit des Unsterblichkeits-Gedankens.

6.6.1917 Schöner Brief von Schäffer über mein „Imaginärsein". Ich hatte beim letzten Abschied am Berliner Bahnhof das Wort Rilkes zitiert „und schreiten einzeln ins Imaginäre."

8.6.1917 Abends zur Typhus-Schutzimpfung nach St.Mihiel geritten. Große Unruhe an der Front. Sechs Brücken über die Maas entdeckt.

9.6.1917 Abends Nachricht von einem leichten Schlaganfall des Vaters.

11.6.1917 Im Offizierskasino in Vigneulles auf Dienstritt zu Abend gegessen. Da kam eine schöne Schwester mit zwei häßlichen. Sie kokettierte, das störte nicht. Schön bleibt schön in Ewigkeit.

1.7.1917 Nach Conflans zum Kommandeur der Flakwaffe bestellt. Von seinem Stabsauto am Bahnhof abgeholt. Wie kommt mir dieser Glanz in meine Hütte? Er übergibt mir das EK I. Entzückende Feier mit meinen Leuten. Ansprache mit Erinnerungen. Nachher bei Vollmond berauschter Heimweg.

8.7.1917 Kierkegaards „Entweder-Oder".[41]

9.7.1917 Abends in Jarny. Offiziersabendessen mit Rotwein. Stieg mir stark zu Kopf, sodaß ich mich zusammennehmen mußte. Phantastische Heimfahrt durch nächtliche Alleen und Landstraßen.

18.7.1917 Endlose langweilige Bierabende auf der Flakhöhe. Übles Saufen bis 3 Uhr morgens.

20.7.1917 Testament. Las „Rose Bernd" von Gerhart Hauptmann[42] und den herrlichen „Michael Kramer". („Der Ruf zum Tische ist mehr als das

---

[40] Roman „Gänsemännchen" (1915) des deutsch-jüdischen Schriftstellers Jakob Wassermann (1873–1934).

[41] „Entweder-Oder"(1843) des dänischen Theologen und Philosophen Sören Kierkegaard (1813–1855).

[42] Dramen „Rose Bernd"(1903) und „Michael Kramer" (1900) des deutschen Schriftstellers Gerhart Hauptmann (1862–1946).

Brot.") Flauberts „November".[43] Gogols „Der Abend vor dem Weihnachtsfest"[44]. Umwälzungen im Innern. Dr. Michaelis Reichskanzler.[45]

21.7.1917 Unzählige Erdbeeren, jetzt unzählige Himbeeren, später
Schwarzbeeren in unserm Wald. Entzückend gierig erraffter Genuß.
Stephans Todesstunde erlebt. Aufgeschlagenes Buch. „Ein Armer antwor-
tet mit Jammern, ein Reicher antwortet stolz."(Sprüche Salomonis)

29.7.1917 Kanonier Eller in der vorderen Stellung durch Granatschuß
schwer verwundet. Tragisch die unendliche Einsamkeit, die über den bisherigen Kameraden mit diesem Schicksal hereinbricht; Vorahnung der Einsamkeit im Sterben.

12.8.1917 Lebhaftes Schießen auf einen CP 24[46]. Gleich danach zwei
Brennzünder, und als wir gerade untergetreten waren, Aufschläge rings um
die Stellung. Das heransausende Geschoß löst einen eigentümlichen Nerven-
reiz aus. Abends wieder in Stellung III, da Stellung II keinen Schutz bietet.
Die Leute waren recht erschöpft. Die Jungen halten sich durch unser Beispiel sehr gut.

13.8.1917 Im Unterstand, wieder Regen. Bin auf 3 1/2 Wochen in Stellung,
da Br. in Urlaub. Seltsam war gestern die Freude über Bessies Sendung von
zwei Heften der „Neuen Rundschau".[47] Es war ein Gruß des Geistes in der
endlosen Vernichtung, wie ein Gruß des Lichts und der Hoffnung in der
Dunkelheit.

14.8.1917 Tiefer Abend. Briefe geschrieben.

Schachspiel. Schachspiel mit dem Tode vor dem Hintergrund des dunklen
Schweigens. Er spielt weiß, ich spiele rot. Er lächelt, aber meist gütig. Ich
schaue ihm ruhig ins Gesicht. Tiefe wunderbare Augen. Langsam überlegen
wir Zug um Zug. Er wird gewinnen.

Aber darauf kommt es nicht an. Wir spielen nicht um Gewinst. Es kommt
darauf an, gut zu spielen. Züge mit den Bauern: tägliche Arbeit, Sorgen,
Freuden, Zerstreuungen. Im Endspiel möglichst viele Bauern in Figuren zu
verwandeln. Züge mit Läufern: geradlinige Betätigung von Festigkeit. Züge
mit Springern: geistvolle Kombinationen des sich selbst durchkreuzenden
Denkens. Züge mit den Türmen: langsam ruhevolle Festigkeit des Nicht-

---

[43] Roman „November" (erschienen 1901) des französischen Schriftstellers Gustave
Flaubert (1821–1880).

[44] „Der Abend vor dem Weihnachtsfest" oder „Die Nacht vor Weihnachten" (1831/32),
Erzählung des russischen Schriftstellers Nikolai Gogol (1809–1852).

[45] Dr. Georg Michaelis (1857–1936), Reichskanzler vom 14.7. bis 31.10.1917, scheiterte
am Konflikt zwischen Oberster Heeresleitung und Reichstags-Mehrheit.

[46] Nicht identifizierter englischer oder französischer Flugzeugtyp des Ersten Weltkriegs.

[47] „Die Neue Rundschau", literarisch-politische Zeitschrift (1904 ff.) des S. Fischer-Verlags. Vgl. Harry Pross, Literatur und Politik. Geschichte und Programme der poli-
tisch-literarischen Zeitschriften im deutschen Sprachgebiet seit 1870. Olten-Frei-
burg/Br. 1963, bes. S. 47 ff., 204 und 362.

mehranderskönnens. Die Dame. Regeln: erst alle Figuren entwickeln, Bauern im Vordergrund; dann angreifen. Möglichst sinnvolle Kombination der unzähligen Möglichkeiten.

Dame stark, aber gefährdet. Zwei Türme wiegen eine verlorene Dame auf. Dazwischen Furchen von Äckern, Wälder, Straßen, wimmelnde Menschen. Unzählige Erinnerungen an frühere, oft so verfehlte Züge.

Es kommt darauf an, mit dem Tod als Gegenspieler sich ehrenvoll zu behaupten. Er mag gewinnen, ich ziehe. – Wirf nicht vorher die Figuren durcheinander, spiel ehrlich zu Ende!

16.8.1917 Döblin „Es ist Zeit!" in der Neuen Rundschau.[48]

Der Geist steht auf, die Wiedergeburt des Geistes kündigt sich an. Die großartige Selbstzerstörung der nichtgeistigen Kräfte ist an ihre Grenze gediehen. Was kommt jetzt, was kann jetzt kommen, wenn nicht das Nichts kommt? Der Geist, das eigentlich Proletarische, ist die einzige Möglichkeit der Erlösung. Im Unmöglichen kann die Welt nicht stehen bleiben, die Pendelbewegung des Gesetzes des Widerspruchs drängt weiter. Was kann auf die absolute Entseelung kommen als die Durchgeistigung, die Beseelung des jetzt geschaffenen Chaos?

20.8.1917 Mit großer innerer Bewegung Kierkegaard „Über das Gleichgewicht des Ästhetischen und des Ethischen in der Persönlichkeit" gelesen. Seit Dostojewski habe ich nichts erlebt, was so tief in mein Unbewußtes eingreift und das Wesentliche ins Bewußtsein erhebt. Daß die ästhetische Lebensauffassung nur Momente der Hingabe (Stimmung) zeitigt, die ethische aber Entwicklungsmomente, die in Kontinuität stehen, ist mir epochemachend. Glänzend der Exkurs über den Mystiker und die Erziehung; über den außerordentlichen Menschen; über die persönlichen, bürgerlichen (politischen) und religiösen (kontemplativen) Tugenden.

12.9.1917 Abends ist das Aufblitzen und Krachen immer wieder herrlich. Heute höre ich zwischen dem Donnern das rührend ungestörte Zirpen der Grillen auf der Wiese vor der Stellung. Das Echo wiederholt den Donner mit der Stumpfsinnigkeit und Unbewegtheit eines Kriegsberichterstatters.

13.9.1917 Äußerst abgespannt durch die entsetzliche Öde des Lebens im Unterstand. Nur von Urlaubshoffnungen lebend. Auch mein Hund langweilt sich schrecklich. Auch das Russisch-Lernen geht nicht mehr vorwärts. Es ist eben unbedingt nötig, wieder die Mutter Erde zu berühren; im luftleeren Raum kann man auf Dauer nicht leben.

14.9.1917 Regenwetter. Im Unterstand eng. Ich lese „Logos".[49] Reine Luft höchster Geistigkeit. Wieder lesen: Simmel „Der Fragmentcharakter des Le-

---

[48] Alfred Döblin (1878–1957), deutsch-jüdischer Schriftsteller, Aufsatz „Es ist Zeit!" In: Die Neue Rundschau Jg. 28 (Berlin 1917), Bd. 2, Heft 8, S. 1009–1014.

[49] Gemeint ist möglicherweise „Logos, Internationale Zeitschrift für Philosophie der Kultur" (Tübingen 1910ff.).

bens".[50] Von dem banalen Pessimismus ausgehend, der die Unvollkommenheit des individuellen Lebens betont, stellt Simmel zunächst die platonische Idee und verwandte Ideen dar, wonach das empirische Subjekt nur die unvollkommene Verwirklichung des transzendentalen Subjekts sei, das vollkommen im Seeligen schwebe. Dies hält auch Simmel für reine Spekulation. Es ist Poesie, geboren aus der Geradlinigkeit des menschlichen Denkens. S. nimmt dann den eigentlichen Fragmentbegriff als Grundlage für eine neue Auffassung des Lebens als Fragment. Es gibt nicht bloß eine „reale" Wirklichkeit, sondern auch eine wissenschaftliche, künstlerische, religiöse Wirklichkeit. Diese Wirklichkeiten sind gleichberechtigt und gleich wirklich. Das Leben schneidet alle diese Wirklichkeiten und ruht bald in der einen, bald in der andern. So entsteht ein Fragment in jedem Teil des Lebens, ein Fragment des Lebens sowohl wie der Wirklichkeiten.

Varisco „Das Subjekt und die Wirklichkeit"[51] ist ein Versuch des „reinen" Denkens. Wie seltsam, fast erheiternd, wirkt die abstrakte Logik! Das ist alles so unfruchtbar, so blutleer. Der anthropozentrische Größenwahn blickt deutlich durch in der Erhabenheit des Denkenden über das „vulgäre" Denken (statt das naive Denken) und den „gewöhnlichen" Menschen (statt den naiv denkenden Menschen).

Prächtig ist Joels kurzer Aufsatz über „Die Gefahren des modernen Denkens".[52] Etwas von meinem eingewurzelten Widerstand gegen alle Systematik ist in mir zurückgeblieben.

14.9.1917 Gestern stellte ich bei meinem Hunde und heute bei mir eine Fülle neuer weißer Haare fest.

30.9.1917 Bei Hauptmann Hoffmann zum Kaffee. Skat gelernt.

1.10.1917 Drei Wochen Urlaub. Fahrschein nach Berlin und München. Übernachtete in Frankfurt im Hotel, da Anschlußzug nicht zu erreichen. Dann über Würzburg nach München. In Arthurs Wohnung Schutzmann, ein entsprungener Sträfling war eingebrochen, hatte Anzug gestohlen.

Wiedersehen mit Bessie. Ergreifend ihre Liebe zu mir.

Sechs Tage Berlin. Ich sah den „Lebenden Leichnam" von Leo Tolstoi.[53] Großartige Leistung der Bertens.[54] Die einst so geliebte Lucie Höflich[55] spielt die Frau. Das Stück ist das mißlungene Werk eines Genies. – Stunden der Ewigkeit mit Cora.

---

[50] Georg Simmel (1858–1918), deutscher Philosoph und Soziologe, Aufsatz „Der Fragmentcharakter des Lebens. Aus den Vorstudien zu einer Metaphysik." In: Logos 6 (1916/17), S. 29–40.

[51] Das Werk „Das Subjekt und die Wirklichkeit" des italienischen Philosophen Bernardino Varisco (1850–1933) konnte nicht ermittelt werden.

[52] Karl Joel (1864–1934), deutscher Philosoph, Aufsatz „Die Gefahren des modernen Denkens" nicht ermittelt.

[53] Theaterstück „Der lebende Leichnam" (1900) von Leo Tolstoi (1828–1910).

[54] Bertens, Schauspielerin, keine Angaben ermittelt.

[55] Lucie Höflich (1883–1956), Schauspielerin.

22.10.1917 Sehr erfrischt und lebendig wieder in Criot-Ferme und bald in Feuerstellung. Erwartung der Bücherkiste. Russisch wieder aufgenommen. Wir sollen verschoben werden. Erfreuliche Aussicht.

13.11.1917 An meinem Geburtstag Morgens Geschütze aus Stellung. Furchtbar kalt. Bei eisiger Kälte Abmarsch nach Vigneulles. Verladen der Geschütze. Lagen endlos in Conflans. Am 14.11. Jeandelize. Schönes Quartier in Bauernhaus, warmer Ofen. Bald in neuer Feuerstellung.

9.1.1918 Abends Abfahrt nach Brüssel, Gent. Sondertagebuch in Händen Bessies.

19.1.1918 Ungemein erfrischt zurück. Intensiv Russisch gelernt. Theodor Lessings „Europa und Asien"[56], schlecht geschrieben, aber macht nachdenklich. Brods „Tycho Brahes Weg zu Gott"[57] ist nicht so bedeutend wie sein Vorwurf. Ricarda Huchs „Großer Krieg" (Gestalt Wallensteins).[58]

1.2.1918 Umzug zu Flakbatterie 563 nach Avillers.

2.2.1918 In Feuerstellung bei Longeau Ferme bei eisigem Nordwind. In Ruhestellung. Schlaraffenleben. Viel Schlaf, aber sehr kaltes und hartes Lager, glänzende Verpflegung, Pfannkuchen, gebratenes Fleisch, Zucker und Brot im Überfluß.

Mein unterernährter Körper ging begierig darauf ein. Die Abende waren freilich oft alkoholisch und leer. Ich war eben fast nie allein. Die Gegenwart der Menschen ist das Schwerste. Ich bin als Führer zu Flakbatterie 535 versetzt. Abschied von Flakzug 26 in Bozonville.

8.3.1918 Ritt nach St.Mihiel zur Sturmflak bei Apremont. Auf dem Ritt von Apremont nach Hendicourt Schuß in gefährlicher Nähe. Galopp auf Landstraße. Seltsam wieder das unwirkliche Gefühl.

16.3.1918 Man ist nie allein. Schrecklich die Abende im Ortskasino. Bier und Schnaps sind Hölle für mich.

20.3.1918 Am 5.3. Abschuß eines Sopwith[59], der am 20.3. anerkannt wurde. Ich vernahm die beiden abgeschossenen Flieger und strich ihnen die Aussagen in den Mund. Sergeant Debrais machte einen sehr guten Eindruck. Seine Papiere dufteten fein, wohl infolge eingelegten Briefes von zuhause. Die Vernehmung in der Ortskommandantur Vigneulles Nachts 10 Uhr war merkwürdig stimmungsvoll. Las Tolstois plastisch mich umschließenden „Schneesturm".[60] Klabunds „Moreau"[61] ließ mich ziemlich kalt.

---

[56] „Europa und Asien oder der Mensch und das Wandellose", auch unter dem Titel „Untergang der Erde am Geist" (1918), Abhandlung des deutsch-jüdischen Kulturphilosophen und Sozialkritikers Theodor Lessing (1872–1933).

[57] Roman „Tycho Brahes Weg zu Gott" (1916) des deutsch-jüdischen Schriftstellers Max Brod (1884–1968).

[58] Historische Darstellung „Der große Krieg in Deutschland" (1912–1914) der Schriftstellerin Ricarda Huch (1864–1947).

[59] Sopwith, englischer Flugzeugtyp des Ersten Weltkriegs.

[60] Roman „Der Schneesturm" (1855) von Leo Tolstoi.

[61] „Moreau, Roman eines Soldaten" (1916) des deutschen Schriftstellers Klabund, eigentlich Alfred Henschke (1890–1928).

21.3.1918 Meier-Graefes[62] Aufzeichnungen aus seiner russischen Gefangenschaft sind interessant, oft erschütternd, aber der feuilletonistische Stil für solche Berichte abstoßend. Zwischen schlechten Büchern leuchtet Bruno Franks „Fürstin"[63] wie ein Edelstein, obwohl der Schluß ärmlich ist. Wie gut, daß Geist und Schönheit sich nicht töten lassen.

22.3.1918 Mein Hund riß heute aus, als ich an feuernden Batterien vorbeikam und suchte mich dann stundenlang, so daß ich in Sorge um ihn war. Ich fühlte, wie sehr er mir ans Herz gewachsen war.

16.4.1918   „Und aus seinen Finsternissen
                 Tritt der Herr, soweit er kann,
                 Und die Fäden, die zerrissen,
                 Knüpft er alle wieder an."

Mit großer Ergriffenheit den herrlichen „Tod des Iwan Iljitsch"[64] von Tolstoi wieder gelesen. – Scheußlich das Absuchen der Wäsche und des eigenen Körpers nach Flöhen, entsetzlich die Peinigung bei Nacht, wenn man aus tiefem Schlaf gequält wird. – Der bescheidene dienstwillige Galli an der Hand schwer verwundet.

3.5.1918 Nachmittag im Bad. Als ich beim Haarschneiden saß, kam Leutnant Stutzenbacher mit der Meldung, daß in der Feuerstellung ein Treffer am 1. Geschütz, vier Mann schwer, drei leicht verwundet. Ich fuhr zum Hauptverbandsplatz in St.Mihiel, dann zum Rotkreuzlager bei Hendicourt. Unterwegs überholten wir das Sanitätsauto. Stürme widerstreitender Empfindungen. Aber im Unglück werde ich immer still und stark. Der kleine Schnabel, ein entzückender stiller lieber Bub von 19 Jahren, lag ruhig da und sagte mit einem unvergeßlichen freudigen Aufleuchten der Augen: „Herr Leutnant". Gleich danach wurde er in den Operationssaal gebracht. Ich sah ihn nicht wieder. Er starb 11 Uhr 30 nachts nach der Operation, ohne das Bewußtsein wieder erlangt zu haben. Wir begruben ihn am 5. Morgens 10 Uhr. Über 30 Mann der Batterie, Kränze. Ein entsetzlicher Geistlicher störte die Feierlichkeit des Todes. Ich sprach zu dem Toten. Dann ein paar militärische Kommandos und alles war vorüber. Nicht denken, daß die Lücke im Splitterschutz bei noch größerer Sorgfalt vermieden worden wäre. Briefe an die Angehörigen. Sehr erschöpft.

8.5.1918 Abends Nachricht, daß wir auf den Bocksberg zurückgezogen werden. Mir nicht erfreulich. Ist das Todessehnsucht?

Blühende Obstbäume und Wiesen tröstend. Wenig Sonne. Von Schäffer Schluß der Novellen und zweites Buch des Romans.

---

[62] Julius Meier-Graefe (1867–1935), Kunsthistoriker und Schriftsteller; gemeint ist möglicherweise seine Erzählung „Der Tscheinik" (Berlin 1918).

[63] Roman „Die Fürstin" (1915) des deutsch-jüdischen Schriftstellers Bruno Frank (1887–1945).

[64] Roman „Der Tod des Iwan Iljitsch" (1886) von Leo Tolstoi.

9.5.1918 Letzte (?) Nacht im Unterstand der Stellung VI am Westrand des Bois de Versel. Er ist 2,50 m × 2 m groß. Erstickend.

Das Unerträglichste bleibt neben dem durch Ungeziefer zerrissenen Schlaf die Nähe der dummen und gemeinen Menschen. Der kleine Gordon erklärte mir, er sei so sehr mein Freund, daß er gerne für mich sterben würde.

6.6.1918 Schweres Vernichtungsfeuer, über 200 Schuß gegen unsere Hauptstellung. Im Stollen, Leute neben mir ermunternd. Kerze erlischt immer wieder. Holte noch einiges herein, Schuß neben EM. Stand, Laufgraben, rettete mich. Ein Geschütz total zertrümmert. Mit dem letzten Geschütz nachts Stellungswechsel am Westrand. Einige Tage später auch aus dieser Stellung herausgeschossen. Neue Stellung am oberen Rand der Lagerschlucht, Südrand des Champ de Man.

Nach 10 Tagen schoß sich Feind auch auf diese Stellung ein. Einige dahersausende Schüsse nervenpeinigend und doch schön erregend. Nachts zurück in zerschossene Hauptstellung. Flieger kam frech herein, Feuer eingestellt. Er sah im Wald wartende Pferde, die ich zu früh bestellt hatte. Feuer in den Wald. Brachte Pferde zurück. Geschütze abgebaut. Trieb zur Eile an. Plötzlich schwerer Brennzünder vor und über unserer Stellung. Ritt mit Fahrern zur Russenschlucht hinunter. Nähe des Todes, doch voll Zuversicht.

Ritt wie selbstverständlich wieder hinauf, da noch Leute und Fahrzeuge oben waren. In diesem Augenblick Aufschläge vor und hinter Geschütz. Aufschlag 3–4 m hinter mir. Die Leute sagten, ich sei aus Rauchwolke herausgeritten. Morgens meldete man mir, daß Wild fehle. Sofort furchtbare Ahnung. Mit Th. hinauf. Mit Grauen Stätte der furchtbaren Nachtstunden betreten. Fanden ihn im Graben, war im Sprung gestorben. Fast friedlich, ein wenig erstaunt, wie der liebe Bub im Leben geschaut hatte. Samstag Abend Beerdigung in St. Mihiel. D. hatte schweren Nervenschock erlitten. Phantasierte von meinem Hund, den er wohl im Unterstand gesehen hatte, fürchtete sich vor dem „schwarzen Hund". Lief am Hauptverbandsplatz davon, da er etwas von „Geisteskrankheit" hörte oder zu hören glaubte. Nahm ihn mit in Protzenstellung[65], dort erholte er sich.

Juli 1918 Vorgeschobenes Geschütz an Straße nach Apremont und vielfach wechselnde Stellungen bei St. Mihiel. Leute sehr erschöpft und ängstlich. Anstrengende Vorarbeiten für Abwehr und Angriff. Wir wohnen in St. Mihiel bei Mademoiselle Helene, gutes Bett. Die Alte kocht für uns mit, wir geben Brot etc. Spreche ganz gut französisch. Urlaub. Abfahrt nach Metz. Wiedersehen mit Erich und Nettie in ihrem neuen Heim.[66] Wiedersehen mit Bes-

---

[65] Protzenstellung = Artilleriestellung.
[66] Erich und Nettie Katzenstein wohnen 1918 in München in der Herzog-Heinrich-Str. 11/III. Über ihr gesellschaftliches Umfeld aufschlußreich StAM, Polizeidirektion München 14332.

sie. Ich wohne in der Wohnung ihres Vaters.[67] Geborgenheit in Liebe, als ich am ersten Abend hungrig heimkam und Brot, Obst, Honig und Gebäck vorfand. Cora kam von Tölz herein. Mokka im Cafe Imperial am Bahnhof. Wiedersehen mit Fritz N.

Rückkehr quälend. Criot-Ferme. Mein Hund verschwunden. Fehlt mir unendlich. Übermüdet. Plötzlich wurde es ernst. Dadurch wurde ich gezwungen, meine Kraft zu sammeln.

Die Räumung des St. Mihiel-Bogens

11.9.1918 Mittags Geheimbefehl auf Flakhöhe. Räumung soll in fünf Tagen systematisch durchgeführt werden, alles Material, Geschütze etc. müssen geborgen werden. Einteilung von Leuten und Pferden. 2 Uhr nachts zu Bett. Genau in dem Augenblick, als ich einschlafen wollte, setzte das Trommelfeuer ein.

Schreckliches Gefühl des Versagens infolge Übermüdung, zitternd vor Kälte. Verbindung mit Hauptstellung unterbrochen. Morgens 1/2 5 Uhr Befehl, daß „Führer eventuell auch selbständig zu handeln haben." Gespräch mit Sturmflak, ein Mann verwundet. Sandte Befehlsempfänger dorthin. EK versprochen, wenn er glatt durchkommen werde. Letzte Anordnungen in Protzenstellung. In Feuerstellung gefahren. Leute verängstigt, riß sie gleich hoch. Riesiger Fliegerbetrieb trotz Sturm und Regen. Man glaubte zu träumen, als ein Geschwader nach dem andern daherkam. Schoß nach allen Seiten. Sehr hungrig, rauchte gierig.

Abgeschossene Telefonverbindung zu Kommandeur hergestellt. Der gute Gedon außer sich, ob ich nicht gemerkt hätte, daß alle Batterien links und rechts von mir zurückgegangen seien. Franzosen seien durchgebrochen. Eilig Pferde bestellt. Rest der Munition und Stollen gesprengt. Abendessen in Ruhestellung abgekocht. Ein Oberleutnant von den Pionieren kommt, ob ich denn nicht wüßte, daß Franzosen schon in nächster Ortschaft (Lavigneville) seien. Abmarsch befohlen. Nachtmarsch nach Vigneulles Wald und Benoit. Straße völlig verstopft, nicht unter Feuer. Unbegreiflich, nicht ein Schuß. Sonst wäre Katastrophe unvermeidlich gewesen. Wir mußten wohl fünfzigmal halten. Nachts in dem brennenden Benoit vergeblich nach Hauptmann gesucht. Schlief trotz Kälte zwei Stunden am Straßenrand. Morgens fehlten einige Leute. Hatten sich ans Feuer gesetzt und waren eingeschlafen. Wir mußten fast zwei Stunden auf sie warten. Dann Rückmarsch auf fast leeren Straßen fortgesetzt, bei Haumont unsere Vorposten erreicht.

Erfuhr nun allmählich, in welcher Gefahr wir geschwebt hatten. Bei Jonville vorübergehend in Stellung. Starke Wurfgranatenangriffe feindlicher Bombengeschwader, viele Verluste. Neue Stellung, Pappelallee mit Blick auf

---

[67] Emil Gerstle (1849–1930), Kaufmann in München, Schwanthalerstr. 68/II.

Hattonville. Sollten nötigenfalls auf Yankees schießen, kam aber nicht mehr dazu. Gedon und Hauptmann schrieben uns „den schon Aufgegebenen" sehr herzlich. Neue Stellung, schöne Baracke, einsame Abende, viel gelesen und geschlafen.

Tod des treuen Schubach durch Zufallsschuß in Hannonville, wohin ich ihn kommandiert hatte. Sah ihn nur noch in Leichenkammer. Leiche begann zu bluten, als ich eintrat. Dachte an alte Sage, daß Leiche zu bluten beginnt, wenn Mörder vor sie tritt.[68] Brief an seine Schwester, die gerade an seinem Todestag geheiratet hatte.

Erst langsam drangen die großen Nachrichten zu uns. Erfuhren erst jetzt vom deutschen Waffenstillstandsangebot. Zusammenbruch. Gierig auf Zeitungen. Abgeschnitten. Abends rief mich ein Offizier an, gratulierte mir, Bayern sei Republik, in München Revolution, König abgesetzt. Ich sagte, er solle mich mit so schlechten Witzen nicht aus dem Schlaf klingeln. Er beharrte, das Unglaubliche sei wahr. Post und Zeitungen blieben völlig aus. Unendliche Einsamkeit wie auf einer Insel. Am 11. November noch bis eine Minute vor Unterzeichnung des Waffenstillstands Trommelfeuer. Meine Leute halten zu mir. Anderwärts viel blasse Gesichter und verschwindende Offiziere.

Am 13. November mit 45. Reservedivision Rückmarsch angetreten. Batterie am Kriegerdenkmal von Mars La Tour vereinigt. Marsch über Jarny, Conflans, Labry nach Valleroy. Gutes Quartier in Hauptstraße.

14.11.1918 Anstrengender Landmarsch über Laboue nach Homecourt, Joeuf. Bei Mondschein in Großmoevern lothringische Grenze erreicht. Wirtshausgespräch mit Einwohnern über Elsaß. Niemand denkt daran, deutsch zu bleiben. In Reichenberg Nachtquartier bei Pfarrer. Bei Glas Wein mit Pfarrer, ist begeistert für Frankreich. Erste Zeitungen.

15.11.1918 Marsch nach Eltringen und Büdingen. Quartier bei alter Frau. Sie erzählte deutsch und französisch von ihrem Leben. Ist am liebsten allein. Liest beim Melken französische Geschichte. Will französisch werden, weil Großvater französisch war.

16.11.1918 Mittags weiter. Moselübergang.

17.11.1918 Mittags nach Oberlimberg. Durch herrlichen Wald steilen Berg hinauf. Gutes Zimmer mit Bett in Nische, gemütlich. Apfelwein. Mann Fabrikarbeiter.

18.11.1918 Rasttag. Mittags mit Russengespann nach Saarlouis.

19.11.1918 Landmarsch nach Bubach in Rheinprovinz. Schöne Bergstraßen. Quartier bei Bergarbeiterfrau. Liest Nietzsche[69] und Lagerlöf[70], heißt aber Frau Meyer. Erzählt von Aufklärung und dem „Dichter" der Ortschaft, der Christus für den größten Verbrecher hält.

---

[68] Vgl. Handwörterbuch des deutschen Aberglaubens, hrsg. von E. Hoffmann-Krayer und H. Bächtold-Stäubli, Bd. I Berlin-Leipzig 1927, Sp. 1439f. (Blutwunder).
[69] Friedrich Nietzsche (1844–1900), Philosoph.
[70] Selma Lagerlöf (1858–1940), schwedische Schriftstellerin.

20.11.1918 Weitermarsch nach Remmersweiler. Begeisterter Empfang durch Dorfjugend.

21.11.1918 In die Rheinpfalz nach Bubach. Bei reicher Bäuerin mit strammen Töchtern. Riesige Esserei.

22.11.1918 Glänzende Unterkunft in Gimbsbach-Goddelhausen. Prächtiger Bauer mit schönem Sohn. Mittagessen nicht zu bewältigen, mit heimtückischem Johannisbeerwein. Einer der wenigen Räusche meines Lebens. Versuchte, noch halb beschwipst, Kuh zu melken, die sich nur immer verächtlich nach mir umdrehte. Gaudium der Leute.

23.11.1918 In Rutsweiler beim alten Lehrer im Schulzimmer untergebracht, Musik.

24.11.1918 In Wingertsweilerhof bei altem Bauern, der 20 000 Mark im Kopfkissen hatte.

25.11.1918 Anstrengender Marsch nach Göllheim. Bei Gutsbesitzer Braun glänzend untergebracht. Feines Essen, Wein, Zigarren. Wirtschafterin erzählt rührend von gefallenem Bruder, um den sich alles gedreht hatte.

26.11.1918 Nach Mühlheim. Alle Betten zu kurz. Bei Hauptmann einquartiert. Öder Schwätzer, aber seine Frau jung und hübsch.

27.11.1918 Unruhe wegen Rheinübergang. Nachrichten über Vordringen der Franzosen in der Pfalz. Kurzer Marsch nach Oberkalbach. Quartier bei reichem Bauern und seltsam schöner Tochter. Ist verlobt, tanzt daher nicht. Abends Tanzerei, ich spielte dazu auf („Und wenn ich an der Linde..." ging mir melancholisch durch den Sinn). Spät Nachts Befehl zum Rheinübergang.

28.11.1918 Wenig geschlafen. Bei Worms Übergang über die Rheinbrücke. Dann anstrengender Marsch auf überfüllter Straße nach Gernsheim. Sehr müde in Villa Jungblut. Exzentrische Tochter, die Franzosen heiraten will.

29.11.1918 Übernächtig weiter nach Niedermodan. In Wirtschaft bei Geizkragen ungemütlich, aber elektrisches Licht und gutes Bett.

30.11.1918 Steile Wege nach Niederklintzig. Bei Müller gemütlich auf Ofenbank.

1.12.1918 Endloser Marsch durch herrlich schönen Odenwald, über Alsbach-Ingenheim-Leeheim nach Bierfelden. Großartige Waldserpentinen nach Waldmichelbach, ca. 50 km.

2.12.1918 Nach Hirschhorn am Neckar als Quartiermacher voraus. Viel Spaß beim Quartierbelegen. Entzückendes Städtchen, glänzendes Quartier in Sägewerk bei Familien Gernand und André.

Liebe rührende Liselotte André. Unterbringung von 23 hungrigen Pferden, Kampf mit dem seine Ochsen verteidigenden Jakob. Wunderschöne Räume, Delfter Porzellan, Musik, Gespräch über geistige Fragen. Am entzückendsten aber die liebe Gestalt des kleinen Mädchens und daß wir Freunde waren. Eine Anwaltsgattin sang schön Schubert und Wolf. Liselotte las rührend vor. Bett mit seidener Steppdecke. Nachts noch Tschechow[71] gelesen. Bücher.

---

[71] Anton Tschechow (1860–1904), russischer Schriftsteller.

3.12.1918 Ruhetag.

4.12.1918 Abschied von den lieben Menschen. Schöner Weg am Neckar entlang. Dann Steigung 7 km bei Eberbach. Anstrengender Gewaltmarsch ca. 50 km. Erschöpft in Buch. Bei Chirurgen und seiner Frau, Mädchenbett, fromme Bücher. Gutes Abendessen in meinem Zimmer.

5.12.1918 Kurzer Marsch nach Hergenstadt. Sehr ermüdet. Unterkunft in ärmlichem Bauerndorf. Bucklige Näherin und große schöne Tochter bewirteten mich freundlich. Gestört durch unermüdliche Hähne und Flohplage. Wir kommen nach Nürnberg.

6.12.1918 Ruhetag in Hergenstadt. Die armen Pferde endlich richtig sattgefressen.

7.12.1918 Kurzer Marsch über Merchingen, Battenberg nach Sindeldorf, dort alles belegt. Daher weiter nach Ebersthal. Dort bezaubernd aufgenommen. Einwohner mit Bürgermeister am Parkplatz nahmen „ihre" Soldaten gleich mit. In vielen Häusern frisch geschlachtet. Ich wohnte bei einem Pfarrer mit weißen Haaren, der aufgeregt und liebenswürdig war. Seine hübsche Nichte war törichte Jungfrau. Sie ist in München im Roten Kreuz. Morgens Milchkaffee mit Butter und Blütenhonig.

8.12.1918 Eintöniger ermüdender Marsch über Niederstetten und Vorbachzimmern nach Wermuthshausen. Dort im Dorfwirtshaus, halbdunkler Wirtsstube, Zimmer ohne elektrisches Licht, ekelhaft dumme Fratzen und Gespräche.

9.12.1918 Die halbe Batterie hat sich am Most betrunken. Schlaftrunken 14 km nach Schwarzenbronn vor Rothenburg ob der Tauber. Beim Schultheiß in der Wirtschaft glänzend verpflegt. Zimmer wie ein Tanzsaal. Erbauliche Sprüche gestickt in Rahmen an den Wänden.

10.12.1918 Rasttag. Fuhr nach Rothenburg. Entzückende alte Stadtmauer mit Umgang und Schießscharten, alte Stiegen zu den Stadttürmen. Haus mit den drei Rosen. Alte Meisterhäuser mit Inschriften. Blick durch Stadtbögen. Winklige Gäßchen. Spitalhof mit winzigen Fenstern und Erkern. Geriet langsam ins Träumen.

11.12.1918 Rückmarsch nach Fürth fortgesetzt. Allmählich flaches Land, ernste Wälder. Abends bei Schullehrer mit zwei Töchtern Musik.

13.12.1918 Ankunft bei Fürth. Bei Hauptlehrer Meder im Schulhaus einquartiert. Gaben mir ihr eigenes Schlafzimmer. Verwöhnten mit Essen und Süßigkeiten. Die Tochter Friedl ist hübsch und rührend einfältig. Die Schwestern singen Volkslieder. Ablieferung der Geschütze in Fürth. Versteigerung der Pferde. Ablieferung von Geld und Papieren. Abschied von den Leuten. Hielten mir bis zum Schluß die Treue.

Heimfahrt nach München. Nachts 1/2 12 Uhr nach langem Warten in Kälte überfüllter Zug. Kurz vorher Eisenbahnunglück auf der Strecke. Daher umgeleitet. Kamen um 7 Uhr morgens an. In Kälte und Dunkelheit, ganz allein.

Fünftes Kapitel

Revolution, Politisierung, Kampf für die Republik
(Januar 1919–Oktober 1922)

Auf dem Heimmarsch hatte ich von den politischen Ereignissen wenig erfahren. So kam ich geistig, seelisch und politisch völlig unvorbereitet in München an. Ein großer Trost war das Zusammensein mit Erich und Nettie und das Wiedersehen mit Bessie. Meinen Vater fand ich gealtert. Er hatte einen leichten Schlaganfall erlitten. Die Tatenlosigkeit war für den früher von Energie erfüllten Mann schwer zu ertragen. Die Umwälzungen verstand er nicht mehr.

Die Rückkehr zur Berufsarbeit war wenig erfreulich, da ich von meinem Partner durch eine Welt getrennt war. Er hatte den ganzen Krieg in der Heimat mitgemacht. Sein junger Bruder[1] war tot. Er und Bessies reizender junger Bruder[2] hatten es abgelehnt, irgendwelche Vorteile vor den Anderen anzunehmen. Bessies Bruder war im Osten unter Mackensen[3] gefallen. Wir hatten versucht, ihn von der Infanterie zu einer Kraftfahrkolonne zu bringen, er hatte auch das zurückgewiesen. Die Familie hatte ein gedrucktes Papier bekommen, das besagte: „Der ewige Dank des Vaterlandes ist euch gewiß!" Als wir im April 1934 unsere Heimat vor dem Hitlerterror verlassen mußten, haben wir es zur Erinnerung mitgenommen. Auch eine Denkmünze, die den alten Hindenburg darstellte, wie er mit erhobenen Schwurfingern den Eid auf die Verfassung leistete.

Ich informierte mich politisch, so rasch es ging, und las gierig Zeitungen. Sicher war für mich nur eines, daß es nie wieder Krieg geben dürfe. Meine ganze Veranlagung war progressiv. So schloß ich mich den Sozialdemokraten an, die mir am ehesten zusagten. Ich lernte die Grundbegriffe des Sozialismus kennen, die mir innerlich verwandt erschienen. Meinen Drang nach Gerechtigkeit glaubte ich im Sozialismus verwirklicht zu sehen. Die sogenannte Revolution bejahte ich begeistert.

Ich erkannte noch nicht, daß sie im wesentlichen im Sturz der Hohenzollern und der deutschen Fürstenhäuser bestand, aber die Machtverhältnisse zwischen Großkapital und den arbeitenden Massen unangetastet gelassen hatte. Ich besuchte viele Versammlungen. Ich nahm auch an Sitzungen des

---

[1] Edgar Rheinstrom (1892–1918), Kaufmann, gefallen als Kanonier am 15. April 1918 bei Merville/Frankreich. Vgl. StAM, AG München NR 1918/2271 und Adolf Eckstein, Haben die Juden in Bayern ein Heimatrecht? Berlin 1928, S. 107.

[2] Julius Gerstle (1893–1915), Kaufmann, gefallen als Infantrist am 20. Juni 1915 bei Przemysl/Böhmen. Vgl. StAM, AG München NR 1915/2055 und Eckstein (wie vorige Anm.), S. 89.

[3] August von Mackensen (1849–1945), preußischer Generalfeldmarschall, Heeresführer im Ersten Weltkrieg, gehörte zu den erfolgreichsten und populärsten Militärs dieser Zeit.

„Rates geistiger Arbeiter"[4] teil, in denen linksgerichtete Intellektuelle die Rolle diskutierten, die sie in der Revolution zu spielen hatten.

Allmählich erfuhr ich die Einzelheiten über die Vorgänge vom November 1918. Daß der totale militärische Zusammenbruch durch das Festhalten der Obersten Heeresleitung unter Hindenburg[5] und Ludendorff[6] an irrsinnigen Annexionsforderungen, insbesondere an der Annexion Belgiens, verschuldet worden war, erwähnten die Zeitungen kaum. Daß die Gegenrevolution bereits im Gange war, erkannte ich nicht.

Allerdings war der Frontdienst in der deutschen Armee alles andere als ein Aufklärungsdienst für politische Ignoranten gewesen. Der Nachrichtendienst der Obersten Heeresleitung und der Armeekorps unterdrückte natürlich alle ungünstigen Nachrichten. Nur regierungsfromme Zeitungen waren von der Militärzensur an der Front zugelassen. Ich erinnere mich, daß einmal sogar das fromme „Berliner Tageblatt" ausblieb, weil es irgend etwas gebracht hatte, das der Obersten Heeresleitung mißfiel. Wer sozialistische Zeitungen las, war verdächtig.

Ich glaube, daß ich neben dem „Berliner Tageblatt" nur die „Münchner Neuesten Nachrichten" las, die die Heldentaten unserer glorreichen Armee verherrlichten und keinen Zweifel am totalen Endsieg hatten. Bestimmt weiß ich, daß uns die entscheidende Niederlage an der Marne im September 1914 in den Zeitungen völlig verschwiegen und verdeckt worden war. Weder Heer noch Heimat ahnten damals, daß der Krieg für Deutschland in dem Augenblick verloren war, als der rasche Vernichtungsschlag gegen Frankreich – der Hitler 1940 gelang – mißlungen war.

Wir erfuhren damals nur wenig von den Kämpfen der Reichsregierung unter Bethmann Hollweg[7] mit den Alldeutschen[8] unter der Führung von Lu-

---

[4] Vorsitzender war Lujo Brentano (1844–1931), Professor für Nationalökonomie an der Münchner Universität; vgl. Joachim Reimann, Der politische Liberalismus in der Krise der Revolution. In: Karl Bosl (Hrsg.), Bayern im Umbruch. Die Revolution von 1918, ihre Voraussetzungen, ihr Verlauf und ihre Folgen. München 1969, S. 165–199, hier: S. 191 f. und Peter-Paul Schneider, „Es waren schwere Tage, die hinter uns liegen..." – Zu Heinrich Manns politischer Rolle von November 1918 bis Mai 1919. In: Arbeitskreis Heinrich Mann, Mitteilungsblatt – Sonderheft, Lübeck 1981, S. 265–288.

[5] Paul von Hindenburg (1847–1934), Generalfeldmarschall, seit 1916 Generalstabschef, von 1925–1934 Reichspräsident.

[6] Erich Ludendorff (1865–1937), seit 1916 Generalquartiermeister unter Hindenburg, zusammen mit diesem verantwortlich für die militärische Niederlage Deutschlands 1918, danach Kampf gegen die Weimarer Republik, zeitweise Unterstützung Hitlers.

[7] Theobald von Bethmann Hollweg (1856–1921), von 1909–1917 Reichskanzler.

[8] Alldeutscher Verband, rechtsradikale politische Vereinigung, die durch extreme Förderung des Deutschtums und des Nationalbewußtseins, Aggressivität nach Außen, völkische und antisemitische Gedanken geprägt war. Im Ersten Weltkrieg maximalannexionistische Forderungen, Vorläufer des Nationalsozialismus. Vgl. Alfred Kruck, Geschichte des Alldeutschen Verbandes 1890–1939. Wiesbaden 1954 und Uwe Lohalm, Völkischer Radikalismus. Die Geschichte des Deutschvölkischen Schutz- und Trutz-Bundes 1919–1923. Hamburg 1970.

dendorff und Tirpitz[9], für deren Propaganda der deutschnationale Professor Coßmann[10] in München seine vielgelesenen „Süddeutschen Monatshefte" zur Verfügung gestellt hatte. Wir werden ihm 1925 bei meinem Kampf mit ihm im „Dolchstoßprozeß" eine eingehende Analyse widmen.

Armee und Presse informierten uns nur notdürftig und natürlich meist kritisch über die Friedensresolution des deutschen Reichstags von 1917[11], die der Zentrumsabgeordnete Erzberger[12] eingebracht hatte. Er hatte endlich erkannt, daß Deutschland die Entente militärisch nicht niederringen konnte, daß aber ohne einen totalen Sieg die Annexionsziele der Obersten Heeresleitung und der Alldeutschen nicht zu erreichen waren.

Damals tauchte zuerst der Plan eines Friedens ohne Annexionen und Entschädigungen auf. Damals wäre ein solcher vielleicht für Deutschland zu erreichen gewesen, da der amerikanische Präsident Wilson[13] für einen solchen Frieden eintrat. Die Oberste Heeresleitung, die auch die politische Leitung verfassungswidrig an sich gerissen hatte, lehnte aber diesen Frieden, insbesondere die Freigabe des besetzten Belgien, ab. Damit war die totale Niederlage Deutschlands besiegelt, die nach dem Kriegseintritt der Vereinigten Staaten durch das Schwergewicht der militärischen und industriellen Übermacht der Entente unabwendbar wurde.

Die Vermittlungsaktion des Papstes scheiterte aus dem gleichen Grunde. Der Kaiser hatte seinen unzähligen Fehlgriffen die Ernennung des jämmerlich hilflosen Dr. Michaelis[14] hinzugefügt, der die Friedensresolution des Reichstags mit dem durch seine Kläglichkeit berühmt gewordenen Zusatz

---

[9] Alfred von Tirpitz (1869–1930), Großadmiral, Schöpfer einer starken deutschen Seemacht gegen England, 1916 verabschiedet, 1917 Mitbegründer der nationalistischen Deutschen Vaterlandspartei, 1924 bis 1928 MdR (DNVP).

[10] Paul Nikolaus Coßmann (1869–1942), zum Katholizismus konvertierter Jude, 1903 Mitbegründer der kultur-konservativen „Süddeutschen Monatshefte", seit 1914 extremer Nationalist, nach 1918 aggressiver Verfechter der Dolchstoßlegende, politischer Berater der „Münchner Neuesten Nachrichten" und Verlagsleiter bei Knorr und Hirth, ab 1933 verfolgt, 1942 in Theresienstadt umgekommen. Vgl. Wolfram Selig, Paul Nikolaus Coßmann und die Süddeutschen Monatshefte von 1914–1918. Ein Beitrag zur Geschichte der nationalen Publizistik im Ersten Weltkrieg. Osnabrück 1967.

[11] Friedensresolution des Reichstags vom 19.7.1917 unter Führung Eberts und Erzbergers im Namen einer Mehrheit aus SPD, Zentrum und Fortschrittlicher Volkspartei, die einen Verständigungsfrieden ohne Gebietsansprüche etc. forderte. Trotz Abschwächung durch Kanzler Michaelis, gründete die Rechte daraufhin die Deutsche Vaterlandspartei.

[12] Matthias Erzberger (1875–1921), Volksschulleher, seit 1903 MdR (Zentrum), im Verlauf des Weltkriegs Befürworter eines Verständigungsfriedens, 1918 Unterzeichner des Waffenstillstands, seit 1919 Reichsfinanzminister, 1921 ermordet.

[13] Thomas Woodrow Wilson (1856–1924), von 1913 bis 1921 amerikanischer Präsident.

[14] Georg Michaelis (1857–1936), preußischer Beamter und Politiker, 14. Juli 1917 bis 31. Oktober 1917 Reichskanzler, konnte sich zwischen Reichstagsmehrheit und Oberster Heeresleitung nicht behaupten.

„wie ich sie auffasse" akzeptiert hatte. Die Oberste Heeresleitung hatte diese Jammergestalt als Reichskanzler empfohlen. Eine Parallelaktion der Sozialistischen Internationale in Stockholm, die ihre welthistorische geistige Niederlage vom August 1914 zu spät zu korrigieren suchte, blieb ebenfalls erfolglos.[15] Weitere Hunderttausende von Leichen wurden auf dem Altar der großkapitalistischen Annexionsgier geopfert, bis die totale Niederlage Deutschlands besiegelt war.

Daß unter der kurzen Amtsführung des Reichskanzlers Dr. Michaelis die erste Matrosenrevolution in Kiel stattgefunden hatte und mit den ersten Todesurteilen wegen Meuterei geendigt hatte, blieb natürlich für die Front vollkommenes Geheimnis.[16] Die Militärgerichte fällten gegen die rebellischen Matrosen zehn Todesurteile und verhängten 181 Jahre Zuchthaus und 180 Jahre Gefängnis. Zwei Todesurteile wurden vollstreckt; am 5. September 1917 wurden die Matrosen Reichpietsch und Koebis erschossen. Die Abdrosselung der Nachrichten über Feldpost und Presse war so wirksam, daß wir von alledem kein Wort erfuhren.[17]

Wenn ich in Urlaub nachhause kam, sah ich freilich, welche Lebensmittelnot dort herrschte. Die Ernährung an der Front war ärmlich genug, die Fleischrationen waren immer kleiner geworden und Abends hatten wir oft nur etwas Marmelade als Brotaufstrich. In den ersten zwei Jahren hatte ich aus der Heimat noch reichlich Kondensmilch, Schokolade und Obst in Liebesgabenpaketen erhalten. Auch diese Zulagen, gierig erwartet, da der Hunger ja auch heftiger Reizhunger war, wurden spärlicher. 1917 hatten wir offenbar Unterschleife in der Küche, die nie bewiesen werden konnten, obwohl die Leute Tag und Nacht auf der Lauer lagen.

Damals habe ich, das einzige Mal in meinem Leben, wirklich gehungert. Ein äußerst lehrreiches Erlebnis, das ein besseres Verständnis für viele politische Probleme eröffnete. Ich konnte oft vor Hunger kaum einschlafen. Als ich zum ersten Mal auf Urlaub heimkam, lebten meine Eltern auf dem Lande in Oberstdorf im Allgäu. Ich sah eine Bäuerin ihrer Katze eine Untertasse voll Milch hinstellen. Das Tier war so überfüttert, daß es sich abwandte. Viele Bauern verfütterten Milch und Getreide, statt es abzuliefern. Auch Wäsche, Kleidung und Seife waren bald knapp geworden. Die Blockade war

---

[15] Vgl. Julius Braunthal, Geschichte der Internationale. Band 2, Hannover 1963, bes. S. 78 ff. und S. 113 ff.

[16] Dazu ausführlich Albrecht Philipp u.a. (Hrsg.), Das Werk des Untersuchungsausschusses der Verfassunggebenden Nationalversammlung und des Deutschen Reichstags 1919–1928. Verhandlungen, Gutachten, Urkunden. 4. Reihe: Die Ursachen des Deutschen Zusammenbruches im Jahre 1918. 2. Abteilung: Der innere Zustand. Bände 9/1 u. 2 und 10/1 u. 2 (Marinevorgänge). Berlin 1928.

[17] Zur bayerischen Kriegszensur ausführlich Doris Fischer, Die Münchner Zensurstelle während des Ersten Weltkrieges. Alfons Falkner von Sonnenburg als Pressereferent im Bayerischen Kriegsministerium in den Jahren 1914 bis 1918/19. Phil. Diss. München 1973.

vernichtend wirksam und die Masse der Bevölkerung litt furchtbare Not. Das hinderte aber die Alldeutschen und Ludendorff nicht, den totalen Endsieg weiter zu predigen.

Daß es zu Ende ging, ahnte ich zum ersten Mal bei der Räumung des St. Mihielbogens im September 1918, die im Kriegstagebuch geschildert ist. Nach den Geheimbefehlen sollte die Räumung, die die Westfront verkürzen sollte, in fünf Tagen vor sich gehen. Aber am Vormittag des ersten Tages brachen die Franzosen bei einer bayerischen Division durch. Es ging das Gerücht, daß sie sich geweigert hätte, zu kämpfen. Daß wir auf der vollgestopften Rückzugsstraße keinen einzigen Schuß bekamen, ist ein Rätsel, das nie aufgeklärt wurde. Feuer auf diese Straße wäre für uns eine Katastrophe geworden. Vielleicht lagen an dieser Stelle neue amerikanische Truppen, die das Mordhandwerk noch nicht beherrschten.

Jetzt, in die Heimat zurückgekehrt, sah ich die totale Niederlage mit eigenen Augen. Die meisten Fabriken standen still oder machten Kurzarbeit, weil es keine Rohstoffe mehr gab. Das Essen war knapp und reizlos. Die Massen zogen durch die Straßen. Die meisten Leute wußten nicht, was sie mit der sogenannten Revolution anfangen sollten. Man las von blutigen Kämpfen um den Marstall und das Gebäude des „Vorwärts" in Berlin, von der Ermordung von Karl Liebknecht[18] und Rosa Luxemburg[19], von der Regierung der Volksbeauftragten und den schweren Bedingungen des Waffenstillstands. Aber man ahnte nicht, daß die Revolution bereits zur Erfolglosigkeit verurteilt war und daß die Gegenrevolution bereits in vollem Gange war.

Man ahnte aber auch nicht, daß die bestialische Ermordung Karl Liebknechts und Rosa Luxemburgs der Auftakt zu einer langen Serie politischer Morde werden sollte, fast alle von der nationalistisch-militärischen Reaktion begangen, deren Niederwerfung man 1918 und 1919 versäumt hatte. Und am wenigsten ahnte man die Querverbindung zwischen Ebert[20] und der Obersten Heeresleitung zwecks Niederwerfung der Revolution. Es war mein unfreiwilliges Verdienst, diese folgenschwere historische Tatsache später im

---

[18] Karl Liebknecht (1871–1919), Rechtsanwalt und linkssozialistischer Politiker, seit 1912 MdR (SPD), gegen Krieg, u.a. deshalb Ausschluß aus der SPD-Reichstagsfraktion, 1916 wegen Hochverrats 4 Jahre Zuchthaus, 1917 zusammen mit Rosa Luxemburg u.a. Gründung des linksradikalen Spartakus-Bunds, 9.11.1918 gegen SPD Ausrufung einer „freien sozialistischen Republik", Ende 1918 Mitbegründer der KPD, 15.1.1919 ermordet.

[19] Rosa Luxemburg (1870–1919), sozialistische Politikerin und Schriftstellerin, gegen Krieg, Agitation gegen SPD-Mehrheit, 1917 zusammen mit Karl Liebknecht u.a. Gründung des linkssozialistischen Spartakus-Bunds, Ende 1918 Mitgründerin der KPD, 15.1.1919 ermordet.

[20] Friedrich Ebert (1871–1925), SPD-Politiker, seit 1913 Parteivorsitzender, wesentlich mäßigende Rolle bei der Revolution 1918/19, 1919 bis 1925 Reichspräsident.

„Dolchstoßprozeß" 1925, in der Zeugenaussage des Generals Groener[21], aufzudecken. Zum ersten Mal hatte ein deutsches Gericht der Republik politische Mörder abzuurteilen. Es war ein Kriegsgericht, dem die Parteilichkeit zugunsten seiner Leute selbstverständlich war. Aber die ordentlichen Gerichte zeigten bei der Aburteilung politischer Freunde und politischer Feinde später dieselbe tiefe Verworfenheit der Rechtsbeugung. Der Kampf gegen diese Rechtsbeugungen machte alsbald einen wesentlichen Teil meines Lebens aus. In diesem Kampf um die Durchsetzung des Rechts reifte ich zum Kämpfer heran.

Das Kriegsgericht in Berlin verurteilte den Husaren Runge, der an der Ermordung Liebknechts und Luxemburgs tätigen Anteil genommen hatte, wegen versuchten Totschlags zu zwei Jahren Gefängnis, den Oberleutnant Vogel, der den tödlichen Schuß auf Karl Liebknecht abgegeben hatte, wegen Begünstigung zu zwei Jahren vier Monaten Gefängnis. Seine Haft war so milde, daß ihn Gesinnungsgenossen alsbald befreien konnten. Er flüchtete ins Ausland. Alle anderen Angeklagten wurden freigesprochen.[22]

Wie später waren diese Rechtsbeugungen nur möglich, weil die demokratischen Massen nur wenig Widerstand leisteten und sich alle Rechtsbrüche resigniert gefallen ließen.

Die Kämpfe in Berlin zwischen Sozialdemokraten und Kommunisten, die sich zunächst „Spartakusbund" genannt hatten, berührten das vorwiegend agrarische Bayern wenig, das fast ausschließlich von der klerikal-reaktionären Bayerischen Volkspartei[23], einer Abspaltung der Zentrumspartei, und von der Sozialdemokratischen Partei unter der Führung Erhard Auers[24] beherrscht war.

---

[21] Wilhelm Groener (1867–1939), General, Nachfolger Ludendorffs als Generalquartiermeister 1918, Zusammenarbeit mit Ebert bei Beendigung des Krieges, Waffenstillstandsverhandlungen und Revolution im Sinne der kommenden Weimarer Demokratie, 1920–1923 parteiloser Reichsverkehrsminister, 1928–1932 Reichswehrminister, 1931/32 zusätzlich Reichsinnenminister.

[22] Vgl. zum Gesamtkomplex folgende Arbeiten: Heinrich Hannover und Elisabeth Hannover-Drück, Politische Justiz 1918–1933. Frankfurt 1966; Gotthard Jasper, Justiz und Politik in der Weimarer Republik. In: VfZ 30 (1982) S. 167–205; Dirk Blasius, Geschichte der politischen Kriminalität in Deutschland 1800–1980. Eine Studie zu Justiz und Staatsverbrechen. Frankfurt 1983, bes. S. 82–114; Theo Rasehorn, Rechtspolitik und Rechtsprechung. Ein Beitrag zur Ideologie der „Dritten Gewalt". In: Karl Dietrich Bracher u.a.(Hrsg.), Die Weimarer Republik 1918–1933. Politik-Wirtschaft-Gesellschaft. 2. Auflage Bonn 1988, S. 407–428, mit weiterer einschlägiger Literatur.

[23] Klaus Schönhoven, Die Bayerische Volkspartei 1924–1932. Düsseldorf 1972, bes. S. 17 ff.

[24] Erhard Auer (1874–1945), seit 1907 MdL (SPD), Innenminister 1918/19, mäßigende Rolle bei der bayerischen Revolution. Vgl. Peter Kritzer, Die bayerische Sozialdemokratie und die bayerische Politik in den Jahren 1918–1923. München 1969 und dens., Die SPD in der bayerischen Revolution von 1918. In: Karl Bosl (Hrsg.), Bayern im Umbruch ... München-Wien 1969, S. 427–452.

Kurt Eisner[25], den die bayerische Revolution an die Spitze geschwemmt hatte, war ein glühender Idealist und glänzender Schriftsteller, aber kein Staatsmann großen Formats. Vielleicht sind in Revolutionen Männer dieser Art notwendig, da die bürokratischen Führer der bestehenden Parteien nicht den Absprung in die sich aufreißende neue Situation finden können.

So ruft Danton in dem flammenden Drama „Dantons Tod" des genialen jungen Georg Büchner[26]: „Männer meiner Art sind in Revolutionen unschätzbar. Von ihrer Stirne flammt das Ideal der Freiheit!" Aber leider war Kurt Eisner kein Danton und leider gab es in Deutschland und besonders in Bayern keine wirkliche Revolution. Eine Revolution, die nur die Fürsten davonjagt, aber die sozialen, ökonomischen und fundamentalen politischen Grundlagen unangetastet läßt, ist keine wirkliche Revolution.

So war Kurt Eisner eine tragische Figur mit einem leichten Anflug von Donquixoterie. Ein Berliner Jude, der noch dazu „nur" ein Journalist war, war für die eingesessene bayerische Bauern- und Spießbürgergesellschaft ein „Schlawiner", während der wohlgenährte breitspurige Erhard Auer als einer der ihrigen galt. Kurt Eisner war ein Gegner jeder Gewalt. Er suchte die Massen, die in München und Augsburg unter Zuzug norddeutscher Revolutionäre in eine gemäßigte Gärung geraten waren, von allen Exzessen zurückzuhalten.

Die Gegenrevolution, die sich bei Ausbruch der Revolution angstvoll verkrochen hatte, faßte alsbald Mut und begann Kurt Eisner in der Presse und besonders in der Mundpropaganda zu verleumden und lächerlich zu machen. So reichte seine Gefolgschaft bald über einen linksgerichteten Teil der Arbeiterschaft kaum hinaus. Wie wenig Kurt Eisner die Psychologie der bayerischen Bevölkerung verstand, zeigte er durch die Ankündigung, daß er auf Gehalt verzichte. Er schlief als Ministerpräsident Bayerns auf einem Feldbett. Man kann sich vorstellen, welche Witze die alten Ministerialräte darüber machten, die er im Amt belassen hatte.

Leider ließ sich Kurt Eisner zu einem Schritt verleiten, der diese Tragikomik seiner politischen Figur verstärkte. Er erklärte, daß er mit der Berliner Regierung der Volksbeauftragten nicht mehr verhandle, brach also gewissermaßen die diplomatischen Beziehungen Bayerns zur Reichsregierung ab. Die nach der Niederlage verstärkte separatistische Strömung in Bayern, die davon Vorteil zog, stand aber unter der Führung des bauernschlauen Dr. Georg Heim[27], der nie ein Amt annahm, aber als der „geheime König" Bayerns galt. Damit spielte Eisner seinen Todfeinden in die Hände.

---

[25] Kurt Eisner (1867–1919), sozialdemokratischer Redakteur und Schriftsteller, Führer der bayerischen Revolution, seit 8.11.1918 bayerischer Ministerpräsident, am 21.2.1919 ermordet.
[26] Georg Büchner (1813–1837), Arzt und Schriftsteller, Drama „Dantons Tod" (1835).
[27] Georg Heim (1865–1938), Lehrer und Politiker, MdL und MdR (Zentrum bzw. BVP) seit 1897, Mitbegründer des Bayerischen Christlichen Bauernvereins und der BVP,

Noch verhängnisvoller war eine andere Fehlentscheidung Eisners, die Einsetzung der bayerischen Volksgerichte[28], die allerdings nicht sein Werk war, sondern das der reaktionären Ministerialbürokratie im Justizministerium[29], die er aus der vorrevolutionären Epoche übernommen hatte. Man überzeugte Eisner, der von solchen Fragen natürlich nichts verstand, daß man in der chaotischen Zeit nach der Absetzung der Monarchen ein Schnellgericht benötige, um die schwersten Verbrechen wie Mord, Totschlag, Notzucht, Raub, schweren Diebstahl und Brandstiftung drakonisch abzuurteilen.

Durch die bayerische Verordnung über die Einführung der Volksgerichte[30], die wenige Tage nach dem Umsturz erlassen wurde, wurden diese Verbrechen den Schwurgerichten und Strafkammern entzogen und Volksgerichten übertragen, die mit zwei Berufsrichtern und drei Laienrichtern besetzt waren. Letztere wurden aber nicht ausgelost, sondern vom Justizminister im Einvernehmen mit dem Militärminister ernannt. Gegen die Urteile der Volksgerichte gab es keinerlei Rechtsmittel, nicht einmal die Wiederaufnahme des Verfahrens bei offensichtlichen Fehlurteilen. Dieser Einbruch in die Rechtsgarantien, die in jedem Kulturstaat selbstverständlich sind, vor allem die Abschaffung der demokratischen Institutionen der Schwurgerichte, hatte verhängnisvolle gegenrevolutionäre Folgen, die in diesen Erinnerungen bald eine große Rolle spielen werden.

Der Abbau der Garantien für eine objektive Rechtsfindung bahnte der Gegenrevolution zunächst in Bayern und später im Reich den Weg, der zur Unterminierung des demokratischen Rechtsstaates entscheidend beitrug. Da die Proteste der fortschrittlich gesinnten Juristen fast unhörbar blieben, wurden diese Volksgerichte durch Verordnungen vom 9. Januar und 24. Januar 1919[31] weiter ausgebaut und aus einer temporären Notmaßnahme zu einer dauernden Einrichtung gemacht.

1919 Mitglied der Weimarer Nationalversammlung, „graue Eminenz" der bayerischen Politik nach 1918.

[28] Franz J. Bauer und Eduard Schmidt, Die Bayerischen Volksgerichte 1918–1924. Das Problem ihrer Vereinbarkeit mit der Weimarer Reichsverfassung. In: ZbLG 48 (1985) S. 449–478.

[29] Zu Einzelheiten vgl. Franz J. Bauer (Bearb.), Die Regierung Eisner 1918/19. Ministerratsprotokolle und Dokumente. Düsseldorf 1987, passim. Neben der in der vorigen Anmerkung genannten Arbeit von Bauer-Schmidt sind besonders aufschlußreich die „Erinnerungen" von Dr. Karl Meyer, von 1919–1923 Staatsrat im bayerischen Justizministerium, BayHStA, MJu 16934.

[30] „Verordnung über die Errichtung von Volksgerichten" vom 16. November 1918, „Bayerische Staatszeitung" Nr. 269 vom 19. November 1918, sowie Ergänzungen vom 19. November 1918, ebd. Nr. 276 vom 27. November 1918.

[31] „Verordnung zur Änderung der Verordnung über die Errichtung von Volksgerichten vom 19. November 1918" vom 9. Januar 1919, „Bayerische Staatszeitung" Nr. 10 vom 11. Januar 1919 bzw. „Verordnung über die Volksgerichte" vom 24. Januar 1919, GVBl. 1919, S. 23.

Nichts kann für die Rechtsprechung verhängnisvoller sein, als die Unanfechtbarkeit der Strafurteile. Solange die Berufsrichter wissen, daß ihre Urteile von einer Berufungs- oder Revisionsinstanz nachgeprüft werden, halten sie sich von den gröbsten Exzessen fern. Sind ihre Urteile irreversibel, so ist der Willkür und Grausamkeit keine Grenze mehr gesetzt. Die Laienrichter, die ernannt, nicht ausgelost wurden, waren natürlich „zuverlässig" im Sinn der Reaktion und machten alles mit, was die Berufsrichter vorschlugen. So wurde die Strafjustiz in Bayern unmittelbar nach dem revolutionären Umsturz ein Werkzeug der Gegenrevolution. Die von der Revolution eingesetzten Volksgerichte wurden eines der wichtigsten Werkzeuge zur Abwürgung der Revolution.

Daß die Strafjustiz eine Klassenjustiz[32] war, die die Übermacht der herrschenden Klasse über das Proletariat aufrecht erhielt und damit eine ausgesprochen gegenrevolutionäre Rolle spielte, trat sofort deutlich in Erscheinung. Vor der entscheidenden Probe, ob sie in politischen Prozessen unparteiisch gleiches Recht für die Angehörigen aller Richtungen und Parteien sprechen würde, hat die deutsche und besonders die bayerische Strafjustiz schmachvoll versagt.

Es ist leicht, objektiv Recht zu sprechen, wenn der Richter mit keiner der beiden Parteien innerlich sympathisiert. Ob Müller oder Schulze im Zivilprozeß wegen eines Darlehens von 3000 Mark oder wegen der Grenze zwischen zwei Grundstücken obsiegt, ist dem Richter gleichgültig. Hier kann er leicht unparteiisch sein. Aber wenn er im politischen Prozeß seinen nationalistischen Gesinnungsgenossen und ein andermal einen kommunistischen Gegner als Angeklagten vor sich hat, dann zeigt sich, ob er unparteiisch sein kann und will.

Die überwältigende Mehrzahl der Richter hatte einen engen kleinbürgerlichen Horizont in politischen Fragen, wie ich später in der „Justiz", der Monatsschrift der progressiv-republikanischen Juristen, dargelegt habe.[33] Ihr politischer Gesichtskreis richtete sich nach der Meinung am Stammtisch und dem Leitartikel der deutschnationalen Zeitung, auf die sie abonniert waren. Da sie in der Mehrzahl aus dem Kleinbürgertum stammten, waren sie gegen das Proletariat und für die Machthaber. Ob sie ihre antirevolutionäre Rolle

---

[32] Dazu grundsätzlich Ernst Fraenkel, Zur Soziologie der Klassenjustiz. Berlin 1927, Nachdruck Darmstadt 1968 und Otto Kirchheimer, Politische Justiz. Verwendung juristischer Verfahrensmöglichkeiten zu politischen Zwecken. Neuwied-Berlin 1966. Für Bayern vgl. Thomas Lange, Bayern im Ausnahmezustand 1919–1923. Zur politischen Funktion des bayerischen Ausnahmerechts in den ersten Jahren der Weimarer Republik. (Phil.Diss. München 1985) München 1989, dort im Anhang (S. 68 f.) Angaben zur problematischen personellen Besetzung der Volksgerichte.

[33] Max Hirschberg, Der Fall Fechenbach. In: Die Justiz I (1925), Heft 1, Oktober 1925, S. 46–59. Vgl. generell Theo Rasehorn, Justizkritik in der Weimarer Republik. Das Beispiel der Zeitschrift „Die Justiz". Frankfurt 1985.

gutgläubig spielten, wie der Vorsitzende Oberlandesgerichtsrat Hass[34] im Fechenbachprozeß[35], der die Verhandlung mit seinen platten nationalistischen Banalitäten anfüllte, oder die Richtermacht bewußt zur Niederringung der Revolution mißbrauchten, wie die Richter im Beleidigungsprozeß des Reichspräsidenten Ebert[36], unter der Devise „die Hauptsache ist, daß der Sattlergeselle da droben verschwindet", machte im Ergebnis wenig Unterschied.

Allmählich wurden die deutschen Gerichte zu einem der mächtigsten Hebel der Gegenrevolution. Die faschistischen Mordbanden hatten von ihnen keine Anwendung des Gesetzes zu erwarten, die demokratischen Staatsmänner keinen tatkräftigen Schutz. So blieben die Mörder meist straffrei und damit wurden die Führer der Republik vogelfrei. Der Kampf um die Aufrechterhaltung des demokratischen Rechtsstaates füllte die nächsten vierzehn Jahre meines Lebens aus.

Die Straffreiheit der Mörder Liebknechts und Luxemburgs mußte zu ähnlichen Mordtaten geradezu ermutigen. So trat im Februar 1919 ein folgenschweres Ereignis ein, das nach einer kurzen linksradikalen Eklipse in Bayern den Weg zum völkisch-antisemitisch-militaristischen Faschismus bahnte, der das Reich schließlich überfluten sollte.

Kurt Eisner befand sich am 21. Februar 1919 auf dem Wege zum Bayerischen Landtag; er hatte beschlossen, diesem seine Demission zu unterbreiten. Er ging ohne jeden Schutz, nur begleitet von seinem Sekretär Felix Fechenbach[37], über die Straße zum Landtagsgebäude. In diesem Augenblick schlich sich der ehemalige Leutnant Graf Arco-Valley[38], der väterlicherseits aus altem bayerischen Adel, mütterlicherseits von einer Jüdin abstammte, von hinten an Eisner heran und tötete ihn durch zwei Schüsse in den Kopf.

Fechenbach warf sich auf den Mörder und schlug ihn zu Boden. Einige Passanten gaben Revolverschüsse auf den Mörder ab, der schwerverletzt lie-

---

[34] Karl Hass (1871–1930), Dr. iur., Amtsrichter in München seit 1901, dort II. Staatsanwalt 1910, 1919 Landgerichtsrat, 1920 Oberlandesgerichtsrat, 1924 Staatsanwalt beim Oberlandesgericht München, dort 1928 Rat, zuletzt Oberstaatsanwalt beim Bayerischen Obersten Landesgericht. Vgl. StAM, AG München NR 1930/2486, Löwenfeld-Memoiren, S. 613 ff. und 644 ff. und Werner Biebl, Die Staatsanwaltschaft bei dem Bayerischen Obersten Landesgericht. München ²1993, S. 250.

[35] Siehe dazu das nächste Kapitel.

[36] Otto Landsberg, Der Prozeß Rothardt. In: Die Justiz I (1925/26) S. 124 ff. und ders., In eigener Sache. In: Die Justiz III (1927/28) S. 211 ff.; Karl Brammer, Der Prozeß des Reichspräsidenten. Berlin 1925; Max Hirschberg, Das Fehlurteil im Strafprozeß ... Stuttgart 1960, S. 141 f. und Michael Miltenberger, Der Vorwurf des Landesverrats gegen Reichspräsident Friedrich Ebert. Ein Stück deutscher Justizgeschichte. Heidelberg 1989.

[37] Felix Fechenbach (1894–1933), vgl. Hermann Schueler, Auf der Flucht erschossen. Felix Fechenbach 1894–1933. Eine Biographie. Köln 1981 sowie das nächste Kapitel.

[38] Anton Graf Arco-Valley (1897–1945), Vater: Maximilian Graf Arco-Valley (1849–1911), Mutter: Emmy Freiin von Oppenheim (1869–1957), vgl. StAM, Polizeidirektion München 10004.

gen blieb. Fechenbach rannte in höchster Aufregung in den Landtag und verkündete, was geschehen war. Gleich darauf drang der dem radikalen Flügel
der Unabhängigen Sozialdemokratischen Partei angehörige Metzger Alois
Lindner[39] in kopfloser Erregung in den Landtag ein. Er war überzeugt, daß
Erhard Auer die Mordtat veranlaßt habe. Er verwundete Auer durch mehrere Schüsse lebensgefährlich. Als ihn der Major Jahreiß[40] ergreifen wollte,
schoß er auf diesen und verwundete ihn tödlich. Gleichzeitig schoß ein unbekannter Täter von der Tribüne und tötete den klerikalen Abgeordneten
Osel.[41]

Die unmittelbare Folge war eine schlagartige Radikalisierung der bis dahin sehr sanften und unblutigen Revolution in Bayern. Diese Wendung endigte nach wenigen Wochen in der endgültigen Machtergreifung der völkischen faschistischen Diktatur.[42]

Die bayerische Justiz bahnte ihr im Prozeß[43] gegen den Mörder den Weg.
Zwar konnte das Volksgericht nicht bestreiten, daß politischer Mord vorlag,
da der Mörder seinem Opfer mit dem Revolver aufgelauert hatte. Der
Staatsanwalt verband aber mit dem Antrag auf Todesstrafe eine öffentliche
Verherrlichung des Mörders. Er rühmte seine hohe Vaterlandsliebe, die
Reinheit seiner Motive und seine heldische Selbstaufopferung.

Das Urteil wiederholte diesen Hymnus auf den Mörder. So hatte das Justizministerium[44] leichtes Spiel. Es begnadigte Arco-Valley zu lebenslänglicher Festungshaft und unterstrich dadurch seine edlen Motive. Bis dahin hatte man in Mordfällen nur die Begnadigung zu lebenslänglicher Zuchthausstrafe gekannt.

---

[39] Alois Lindner (geb. 1887), vgl. unten Anm. 49.
[40] Paul Ritter von Jahreiß (1878–1919), Major, Referent im bayerischen Kriegsministerium.
[41] Heinrich Osel (1863–1919), 1903–1907 MdR (Zentrum), seit 1905 MdL, 1918 Mitbegründer der BVP.
[42] Gemeint ist (in bewußt überspitzter Diktion) die Rückeroberung Bayerns Anfang
Mai 1919; die rechtmäßige Regierung Hoffmann (SPD), die nach Bamberg geflüchtet war, kehrte erst später nach München zurück. Vgl. dazu umfassend Heinrich Hillmayr, Roter und Weißer Terror in Bayern nach 1918. Ursachen, Erscheinungsformen
und Folgen der Gewalttätigkeiten im Verlauf der revolutionären Ereignisse am Ende
des Ersten Weltkrieges. München 1974.
[43] Die umfangreichen Prozeßakten liegen StAM, Staatsanwaltschaften 2295, die „Chronik der Bayerischen Justizverwaltung. Niedergeschrieben von den Referenten des
Staatsministeriums der Justiz." bringt in ihren Einträgen zum 15., 16. und 17. Januar
1920 aufschlußreiche Einzelheiten. Vgl. Hans Frhr. von Pranckh, Der Prozeß gegen
Graf Arco-Valley. München 1920 und Otto Gritschneder, Der Eisner-Mörder Anton
Graf Arco-Valley und die bayerische Justiz. In: ders., Weitere Randbemerkungen.
München 1986, S. 236–251.
[44] Nicht das Justizministerium, sondern der Ministerrat, allerdings unter Vorsitz des Justizministers Dr. Ernst Müller-Meiningen, der den abwesenden Ministerpräsidenten
Johannes Hoffmann vertrat, hatte über die Begnadigung zu befinden. Vgl. Chronik
der Bayerischen Justizverwaltung, Eintrag zum 17. Januar 1920 und die Ausführungen Karl Meyers in seinen Erinnerungen, BayHStA, MJu 16934, S. 54f.

Der Mörder, umgeben von der Bewunderung und Vergötterung des Adels und des Bürgertums, „verbüßte" etwa vier Jahre Festungshaft in Landsberg, in höchst bequemer, ja humoristischer Ehrenhaft. Sie ähnelte der späteren Festungshaft Adolf Hitlers wegen Hochverrats nach dem mißglückten Putsch vom 9. November 1923.[45] Der Mörder durfte nach Belieben ausgehen und Besuche empfangen. Tagsüber „arbeitete" er als Praktikant auf einem benachbarten Gut. Nach ungefähr vier Jahren wurde er völlig begnadigt.[46] Ausgerechnet dieser Mann wurde mit der Abhaltung staatsbürgerlicher Kurse beauftragt.[47] Später erhielt er zur Belohnung einen gutbezahlten Posten bei der „Süddeutschen Lufthansa", die an der geheimen Aufrüstung Deutschlands arbeitete.[48]

Der Metzger Alois Lindner fand als Klassenfeind weniger milde Richter, obwohl seine Tat sicher ohne Überlegung begangen und von der Mordtat des Grafen Arco-Valley gewissermaßen durch Fernzündung ausgelöst worden war. Er war nach Österreich geflüchtet. Obwohl bei politischen Verbrechen die Auslieferung in der Regel nach dem völkerrechtlich anerkannten Asylrecht abgelehnt wurde, lieferte ihn die österreichische Regierung an Bayern aus unter der Bedingung, daß er nicht zum Tode verurteilt werde und vor das ordentliche Gericht gestellt werde.

Die bayerische Regierung erklärte, das Volksgericht München sei das ordentliche Gericht. Das Volksgericht verurteilte ihn zu vierzehn Jahren Zuchthaus.[49] Hier war, im Gegensatz zum Mörder Eisners, von „ehrenhaften" Mo-

---

[45] Otto Gritschneder, Bewährungsfrist für den Terroristen Adolf H. Der Hitler-Putsch und die bayerische Justiz. München 1990.

[46] Durch Entschließung des bayerischen Justizministeriums vom 4. Juli 1923 wurde die lebenslängliche Festungshaft in eine 15 jährige Festungshaft umgewandelt. Auf Grund Ministerratsbeschlusses vom 13. April 1924 wurde die Strafvollstreckung mit Aussicht auf spätere Bewilligung einer Bewährungsfrist unterbrochen. Chronik der Bayerischen Justizverwaltung, Eintrag zum 13. April 1924. Straferlaß erfolgte am 2. Oktober 1927 anläßlich des 80. Geburtstags von Reichspräsident Hindenburg. Ebd. Eintrag zum 2. Oktober 1927.

[47] Zu den staatsbürgerlichen Vorträgen Arcos siehe die Zeitungsausschnitte BayHStA, Abt. V Sammlung Personen 3860. Die Diskussion der milden Haftbedingungen ist dokumentiert StAM, Polizeidirektion München 10004. Vgl. auch seine Veröffentlichung „Aus 5 Jahren Festungshaft." Regensburg 1925, die dem bereits erwähnten Dr. Georg Heim (!) gewidmet ist.

[48] StAM, Polizeidirektion München 10004, wo auch seine sonstigen „Aktivitäten" berührt werden.

[49] Die umfangreichen Prozeßakten liegen StAM, Staatsanwaltschaften 2709. Vgl. „Die Attentate im bayerischen Landtag. Der Prozeß gegen Alois Lindner und Genossen vor dem Volksgericht München." München 1919 und Alois Lindner, Abenteurerfahrten eines revolutionären Arbeiters. Berlin 1924. Dazu Chronik der Bayerischen Justizverwaltung, Einträge zum 9.–15.12.1919.
Bezeichnenderweise gelang es der bayerischen Justiz, aus propagandistischen Gründen den Lindner-Prozeß vor dem Arco-Prozeß stattfinden zu lassen. Ein Vergleich der beiden Gerichtsakten ist deshalb nicht ohne Reiz.

tiven keine Rede. Er wurde erst nach fast achtjähriger Strafverbüßung begnadigt, als Erhard Auer für seine Begnadigung eintrat.

Die schwer beweglichen Arbeitermassen in Bayern gerieten erst durch die Ermordung Kurt Eisners in wirklich revolutionäre Stimmung. Sie fühlten unklar, daß die Gegenrevolution in Bayern und im Reich nicht nur stärker und energischer, sondern auch entschlossener und brutaler war als die deutsche Revolution. Die linksradikalen Führer bekamen plötzlich, teilweise wohl zu ihrer eigenen Überraschung, Einfluß auf die proletarischen Massen. Der Landtag floh nach allen Richtungen auseinander. Lastautos mit bewaffneten Arbeitern rasten durch die Straßen Münchens.

In dem verwaisten Landtagsgebäude trat ein „Revolutionärer Rätekongreß" zusammen, der die bisher im Kern erfolglose und entschlußlose Revolution weiterzutreiben suchte. An ihm nahmen alle drei sozialistischen Parteien, aber auch der bayerische Bauernbund[50] teil. Auch Anarchisten, wie Erich Mühsam[51], waren in kleiner Zahl vertreten. So reichte die Vertretung des Proletariats im Rätekongreß von der konservativen und bedächtigen Mehrheits-Sozialdemokratischen Partei über die gemäßigt radikale Unabhängige Sozialdemokratische Partei und den revolutionären Soldatenrat bis zu den Kommunisten und Anarchisten.

Auch der bedeutende Schriftsteller Gustav Landauer[52], der besonders durch seine Arbeiten über Shakespeare höchstes Ansehen bei den Gebildeten genoß, stellte sich der Revolution zur Verfügung; er sollte bald darauf mit dem Leben dafür bezahlen. Die Kommunisten standen unter der Führung eines Max Levien[53], einer wenig sympathischen Figur. Er hielt seine Propagandareden in Reitstiefeln und fuchtelte häufig mit einer Reitpeitsche herum.

---

[50] Alois Hundhammer, Geschichte des Bayerischen Bauernbundes. München 1924 und Hannsjörg Bergmann, Der bayerische Bauernbund und der Bayerische Christliche Bauernverein 1919–1928. München 1986.

[51] Erich Mühsam (1878–1934), anarchistischer Schriftsteller, seit 1909 in München, Aktivist der bayerischen Revolution, 1919 wegen Hochverrats zu 15 Jahren Festungshaft verurteilt, 1924 begnadigt, 1934 ermordet. Die umfangreichen Prozeßakten aus dem Jahr 1919 liegen StAM, Staatsanwaltschaften 2131 I–IV, dazu ein Polizeiakt Polizeidirektion München 15590. Vgl. Erich Mühsam, Von Eisner bis Levinè. Berlin 1929 (Rechenschaftsbericht) und Heinz Hug, Erich Mühsam. Untersuchungen zu Leben und Werk. Glashütten 1974.

[52] Gustav Landauer (1870–1919), Schriftsteller und aktiver Teilnehmer an der bayerischen Revolution, im Mai 1919 ermordet. Vgl. Ulrich Linse, Gustav Landauer und die Revolutionszeit 1918/19. Die politischen Reden, Schriften, Erlasse und Briefe Landauers aus der Novemberrevolution 1918/19. Berlin 1974; ein aussagekräftiger Polizeiakt liegt StAM, Polizeidirektion München 15587.

[53] Max Levien (1885–1930), Mitbegründer des Spartakusbundes und der KPD in München, Mitglied des Zentralrats und des Vollzugsrats der kommunistischen Räterepublik, floh nach Wien, wurde nicht ausgeliefert, verschollen, wahrscheinlich 1930 ermordet.

In München wurden in der ersten Erregung eine Anzahl Bürger als Geiseln festgenommen. Gegen den Protest Leviens beschloß der Rätekongreß ihre Freilassung. In einer großen Bierhalle konstituierte sich ein „Permanentes Proletarier-Parlament", das Tag und Nacht tagen sollte. Bewaffnete drangen in den Rätekongreß ein, um ihn zu „säubern". Alles ging wild durcheinander. Die neue Revolution hatte keinen Führer. Einen Danton konnte das bier- und christselige Bayern kaum hervorbringen.

Ein Mann, den Sowjet-Rußland nach Bayern entsandt hatte, war ein geschulter kommunistischer Revolutionär, Leviné.[54] Er hielt sich aber zunächst im Hintergrund. Vermutlich erkannte er schon damals die Aussichtslosigkeit des Versuchs, kommunistische Experimente in dem klerikal-konservativen agrarischen Bayern durchzuführen, in dem die reaktionäre Bayerische Volkspartei und die antirevolutionäre Sozialdemokratische Partei die absolute Herrschaft hatten.

Der revolutionäre Elan der proletarischen Massen war aber durch die Ermordung Eisners so eruptiv geworden, daß der Plan einer Bayerischen Räterepublik unaufhaltsam zur Verwirklichung drängte. Ein Teil der Mehrheitssozialdemokraten paktierte mit den Unabhängigen und den Kommunisten, um den Anschluß nicht zu versäumen. Die Leitung der Kommunistischen Partei hielt sich aber von der Räterepublik zunächst fern. Sie lehnte ein Zusammengehen mit den Mehrheitssozialdemokraten ab.

So übernahmen die Unabhängigen Sozialisten mit einigen Mehrheitssozialisten die Leitung des abortiven Experiments einer Räterepublik in Bayern. Die Regierung Hoffmann[55] beschloß, im Falle der Ausrufung der Räterepublik in Nordbayern eine konterrevolutionäre Nebenregierung einzurichten. Sie hoffte, zunächst die Räterepublik gewaltlos und unblutig zu liquidieren, sobald diese sich als aktionsfähig erwiesen hätte. Am 7. April rief der Zentralrat die Räterepublik in Bayern aus.[56]

Vorsitzender des revolutionären Zentralrats war der unabhängige Sozialist Niekisch[57], zweiter Vorsitzender der mehrheitssozialistische Arbeitersekretär

---

[54] Eugen Leviné (1883–1919), kommunistischer Agitator, Vorsitzender des Vollzugsrats, am 3.6.1919 vom Standgericht München zum Tod verurteilt und hingerichtet. Vgl. die Strafakten StAM, Staatsanwaltschaften 2106 sowie dort ein Polizeiakt Polizeidirektion München 10110. Aus der Feder seiner Witwe stammt Rosa Meyer-Leviné, Leviné. Leben und Tod eines Revolutionärs. München 1972.

[55] Johannes Hoffmann (1867–1930), Lehrer und SPD-Politiker, seit 1908 MdL, seit 1912 MdR, 1918 bayerischer Kultusminister, nach Eisner 1919/20 Ministerpräsident, gemäßigter Sozialist, radikaler Kulturpolitiker. Vgl. Diethard Hennig, Johannes Hoffmann. Sozialdemokrat und Bayerischer Ministerpräsident. Biographie. München 1990.

[56] Michael Seligmann, Aufstand der Räte. Die 1. bayerische Räterepublik vom 7. April 1919. 2 Bde. Grafenau 1989.

[57] Ernst Niekisch (1889–1967), Lehrer, Sozialist, Vorsitzender des Augsburger Arbeiter- und Soldatenrats 1918, 1919 wegen Beihilfe zum Hochverrat verurteilt, Strafakt StAM, Staatsanwaltschaften 2140, nach Strafverbüßung MdL (USPD/ SPD) bis 1923, später „Nationalbolschewist" und Hitlergegner, nach 1945 DDR, 1954 Westberlin.

Soldmann.[58] Führend waren der begabte Dichter Ernst Toller[59], ein idealistisch gesinnter nervöser Gewaltgegner, und der theoretisch geschulte Marxist Gustav Klingelhöfer.[60] Sie übernahmen die Führung einer „Roten Armee". Der Bauernbund, geführt von dem blinden Gandorfer[61], der Arm in Arm mit Kurt Eisner die Monarchie gestürzt hatte, beteiligte sich. Er besetzte das Justizministerium mit einem seiner Leute, dem Redakteur Kübler.[62]

Zum Außenminister der Räterepublik wurde ein Geisteskranker, Dr. Franz Lipp[63], ernannt. Seine erste Amtshandlung war eine amtliche Note an den Ministerpräsidenten Hoffmann, in der er ihn zur Ablieferung des zurückbehaltenen Abortschlüssels des Ministeriums aufforderte.

Finanzminister wurde ein Wirrkopf namens Silvio Gesell[64], ein Schweizer, der die „Freigeldlehre" erdacht hatte. Diese dilettantische Lehre ist in der Festgabe für Lujo Brentano „Die Wirtschaftswissenschaft nach dem Kriege" (1925) von Paul Honigsheim[65] unter den romantischen Ideologien aufgeführt. Sie beruhte auf dem in der damaligen Inflationszeit bereits als absurd widerlegten Glauben, daß das Geld als Monopolwert beim Liegenlassen, im

---

[58] Fritz Soldmann (1878–1945), SPD-Arbeitersekretär, Beteiligung an Räterepublik, deswegen im Strafverfahren (StAM, Staatsanwaltschaften 2131) freigesprochen, MdR (USPD/SPD) 1920–1924, 1932/33, 1933–1945 u.a. KZ Buchenwald.

[59] Ernst Toller (1893–1939), Schriftsteller, Pazifist, Vorsitzender der Münchner USPD, 1919 führende Rolle bei der Münchner Räterepublik, deswegen vom Standgericht München 1919 zu 5 Jahren Festungshaft verurteilt (Strafakt StAM, Staatsanwaltschaften 2242), 1933 Emigration über Schweiz und Frankreich nach USA, dort 1939 Selbstmord.

[60] Gustav Klingelhöfer (1888–1961), Schriftsteller und Nationalökonom, in führender Stellung der Räterepublik, deshalb 1919 vom Standgericht München wegen Hochverrats zu 5 1/2 Jahren Festungshaft verurteilt (Strafakt StAM, Staatsanwaltschaften 2077), 1953–1957 MdB (SPD).

[61] Karl Gandorfer (1875–1932), seit 1913 MdL, 1918 führende Beteiligung an der Revolution, Vorsitzender des Landesbauernrats und Mitglied des Zentralrats. Hirschberg verwechselt ihn mit seinem blinden Bruder Ludwig Gandorfer, der am 10.11.1918 zu Beginn der Revolution verstorben war.

[62] Konrad Kübler (1884–1974), Redakteur in Landau/Isar, Volksbeauftragter für Justiz, vom Standgericht München wegen seiner Beteiligung an der Räterepublik freigesprochen (Strafakt StAM, Staatsanwaltschaften 2091), 1933 KZ Dachau, 1944 KZ Flossenbürg, 1945 Mitbegründer der CSU, Vizepräsident des 1. bayerischen Landtags.

[63] Franz Lipp (geb. 1855),Volksbeauftragter des Äußern, Strafverfahren (StAM, Staatsanwaltschaften 2131 IV) wegen offensichtlicher Geisteskrankheit eingestellt.

[64] Silvio Gesell (1862–1930), umstrittener Finanztheoretiker, 1919 Volksbeauftragter der Finanzen, vom Standgericht München freigesprochen (Strafakt StAM, Staatsanwaltschaften 2017); vgl. seinen Polizeiakt StAM, Polizeidirektion München 10057.

[65] Paul Honigsheim (1885–1963), Sozialwissenschaftler, Mitglied des Kreises um Max Weber, 1933 Emigration nach Paris, 1936–1938 Professor in Panama, 1938 USA. Aufsatz: Romantische und religiös-mystisch verankerte Wirtschaftsgesinnungen. In: Die Wirtschaftswissenschaft nach dem Kriege. Festschrift für Lujo Brentano zum 80. Geburtstag. Hrsg. von M. J. Bonn und M. Palyi. 2 Bände. München 1925, Bd. 1, S. 259–318, hier: S. 273 f.

Gegensatz zu allen Waren, seinen Wert behalte. Dieses Monopol nütze es aus, um Zinszahlungen zu erzwingen. Wenn man das Geld dieses Monopolcharakters beraube, schaffe man die Zinsknechtschaft ab. Er wollte daher ein „Schwundgeld" einführen, das durch Liegenlassen seinen Wert einbüße. Das Großkapital hatte durch die Inflation bereits diese Erfindung vorweggenommen. Auch der Monopolcharakter des Grund und Bodens sei abzuschaffen, um die Grundrente zu beseitigen. Die gebärenden Frauen seien die einzigen, die unbezahlte Arbeit leisten. Sie sollten daher die Bodenrente ausbezahlt erhalten und zwar nach der Kopfzahl ihrer Kinder, ohne Rücksicht auf die Zahl der beteiligten Väter.

Daß in der geistigen Verworrenheit der Zeit solche abstrusen Ideen erheblichen Anhang fanden, ist bezeichnend. Noch bezeichnender ist, daß Adolf Hitler von ähnlichen Ideen des Gottfried Feder[66] über die „Abschaffung der Zinsknechtschaft" solange begeistert war, bis ihm die Millionenspenden der Großindustrie und der Großbanken die Beschäftigung mit antikapitalistischen Spielereien als inopportun erscheinen ließen.

Die bayerische Räterepublik war ein abortives Unternehmen, da die Masse der Bevölkerung, besonders die Bauern und die Bürger, nicht mittaten und alle politischen, ökonomischen und psychologischen Voraussetzungen für eine Nachahmung des sowjetrussischen Beispiels fehlten. Ich habe viel später in der „Weisheit Rußlands" (1947) den russischen Radikalismus aus der Natur der Russen analysiert. Dostojewski, der Apostel der konservativ-autoritären christlichen Weltanschauung, notiert über Nikolai Stawrogin, die Hauptfigur seiner „Dämonen", am 7. März 1870 in sein Tagebuch: „Während seiner Abwesenheit aus unserer Stadt hat er seine Überzeugungen geändert. Überzeugungen ändern, heißt für ihn, sofort auch sein ganzes Leben ändern."

Im „Idiot" sagt Fürst Myschkin: „Sobald wir Russen das Ufer erreicht haben und uns zu der Überzeugung durchgerungen haben, daß das wirklich das Ufer ist, sind wir so selig, daß wir sofort bis an die äußerste Grenze gehen. Woher kommt das? ...Woher kommt diese plötzliche Verzückung? Wissen Sie es denn nicht? Das kommt daher, daß er dann ein Vaterland gefunden hat, das er bis dahin nicht gesehen hatte, deshalb ist er so selig; er hat ein Ufer, er hat Land gefunden, und da wirft er sich denn hin und küßt die Erde ..."

Es ist klar, daß in Bayern für diese Art von Radikalismus alle Voraussetzungen fehlten und daß das Experiment schon deswegen erfolglos bleiben mußte. Außerdem hätte eine Räterepublik nach russischem Muster nur

---

[66] Gottfried Feder (1883–1941), Ingenieur und Wirtschaftstheoretiker (Verstaatlichung der Banken, Abschaffung des Zinses, „Das Manifest zur Brechung der Zinsknechtschaft" 1919), Programmatiker und Wirtschaftsexperte der frühen NSDAP, MdR 1924–1936, verlor nach 1933 stark an Bedeutung, 1936 auf einen Lehrstuhl der TU Berlin abgeschoben; vgl. StAM, Polizeidirektion München 10045.

durch brutalen Terror erreicht werden können. Es zeigte sich aber schon damals, daß in Deutschland das Proletariat unter der Führung meist rein bürgerlich-liberal eingestellter Sozialdemokraten weder brutal noch terroristisch veranlagt war.

Die politischen Morde von Ende 1918 an wurden in Deutschland fast ausschließlich von faschistischen Söldnern begangen; die Weißgardisten waren der äußersten Grausamkeit, ja Bestialität fähig, die Proletarier nicht. Unter Hitler kam dann die triumphierende Bestialität des faschistischen Führers und seiner Landsknechte in einer Weise zum Ausbruch, daß sie den deutschen Namen für alle Zeiten geschändet hat.

Daß die bayerische Räterepublik die Diktatur des Proletariats im Sinne Lenins und Trotzkis nicht auszuführen wagte, hing auch damit zusammen, daß die wenigen sowjetrussischen Emissäre wie Levien, Leviné und Axelrod[67], die sich in München befanden, sich nicht beteiligten. Sie erklärten, zusammen mit den Sozialdemokraten würden sie die Führung nicht übernehmen.

So wurden zwar einige Maßnahmen radikaler Art angeordnet, blieben aber alsbald in der Ausführung stecken. Man verfügte, daß alle Safes der besitzenden Klasse geöffnet werden müßten, die bleichen Inhaber ängstigten sich aber ohne Grund, es wurde fast nichts beschlagnahmt.

So wurde ein Revolutionstribunal[68] im Münchner Justizpalast eingerichtet, das vom Revolutionären Rätekongreß mit höchst gutmütigen Arbeitern besetzt wurde. Seine Urteile sollten nur auf Todesstrafe oder Freisprechung lauten und unanfechtbar sein. Es wurde aber kein einziges Todesurteil wegen gegenrevolutionärer Betätigung gefällt. Ich sah eine Sitzung dieses Tribunals, an dem nichts radikal war, außer daß jedermann rauchte.

So wurde eine Rote Armee aufgestellt, die die neue Räterepublik verteidigen sollte. Sie benahm sich aber höchst gesittet und hielt sich von allen Ausschreitungen fern.

So tagte im Wittelsbacher Palais, wo später Hitlers Gestapo ihren Sitz haben sollte, ein Ausschuß in Permanenz. Er wußte aber nicht recht, was er tun sollte und beschränkte sich im wesentlichen darauf, die endlos hereinströmenden Besucher abzufertigen und die Freilassung von verhafteten Bürgern anzuordnen. Man hatte Geiseln aus den besitzenden Kreisen festgenommen, ließ sie aber bald wieder frei, weil jeder Terror sozialistischen Grundsätzen widersprach. Es ist ein Glück, daß alles so friedlich und fast unblutig ablief.

---

[67] Towia Axelrod (geb. 1887), Schriftsteller, nach 1917 Pressechef der Sowjet-Regierung, Propagandist in Europa, besonders in Deutschland, während der Räterepublik Mitglied des Vollzugsrats und stellvertretender Volksbeauftragter der Finanzen, wegen Hochverrats vom Standgericht München zu 15 Jahren Zuchthaus verurteilt (Strafakten StAM, Staatsanwaltschaften 1939), als Diplomat ausgetauscht, seither verschollen.

[68] Bauer-Schmidt (s. oben Anm. 28), S. 457 mit Anm. 44.

Die Rache der Gegenrevolutionäre im Mai 1919 wäre sonst noch bestialischer ausgefallen.

Die verfassungsmäßige Regierung unter dem Sozialdemokraten Johannes Hoffmann hatte sich in Bamberg eingerichtet. Über München und einige Enklaven in Südbayern wie Augsburg, Kempten und Memmingen reichte die bayerische Räterepublik nicht hinaus. Die Regierung versuchte durch Verhandlungen die freiwillige Beseitigung der Räterepublik zu erreichen, deren Führer ihre Erfolglosigkeit doch inzwischen selbst erkannt haben mußten.

Die Münchner Zeitungen waren zwar besetzt worden und erschienen als kommunistische Organe. So war es den „Münchner Neuesten Nachrichten"[69] bestimmt, auf der Bahn ihres Gesinnungswechsels, dessen Farbenskala vom Liberalen zum Konservativen, Deutschnationalen und Nationalistischen reichte, auch einmal kurze Zeit kommunistisch gefärbt zu erscheinen.

Aber man konnte nicht verhindern, daß die Nachrichten von der Nichtbeteiligung der meisten bayerischen Bezirke und den Vorbereitungen der bayerischen Regierung für eine gewaltsame Liquidierung des Unternehmens sich durch Mundpropaganda verbreiteten. Vielleicht wäre eine friedliche Liquidierung des totgeborenen Unternehmens gelungen, wenn nicht zwei Ereignisse den relativ harmlosen Verlauf unterbrochen hätten.

Der Militärminister Schneppenhorst[70] der bayerischen Regierung, der sich zuerst der Räterepublik angeschlossen und einen Teil der Sozialdemokraten damit zur Teilnahme ermutigt hatte, hatte sich inzwischen wieder der Regierung Hoffmann zur Verfügung gestellt. Er ließ einige Abteilungen der Republikanischen Schutzgarde in München einrücken, ohne die Regierung zu befragen. Dabei gab es am Hauptbahnhof einige Tote und Verwundete. Die einrückenden Gardisten waren aber viel zu schwach, um gegen die Rote Armee oder die Arbeitermassen etwas zu unternehmen.

Dieser Versuch erzeugte jedoch eine heftige Gegenbewegung unter den kommunistischen Soldatenräten und den Arbeitern und führte zu einer rapiden Radikalisierung. Die sowjetrussischen Emissäre hielten es nun für ihre Pflicht, obwohl sie als Realisten an einen Erfolg nicht glaubten, die Führung zu übernehmen, um die „dritte Revolution" in Gang zu bringen. Es wurde die allgemeine Bewaffnung des Proletariats beschlossen.

Die „Scheinräterepublik" sollte in eine „echte Räterepublik" umgewandelt werden. Tatsächlich wurden etwa zwanzigtausend Arbeiter bewaffnet und die Rote Armee bei Dachau, die auch einige Geschütze hatte, verstärkt.

---

[69] Paul Hoser, Die politischen, wirtschaftlichen und sozialen Hintergründe der Münchner Tagespresse zwischen 1914 und 1934. Methoden der Pressebeeinflussung. 2 Bde. Frankfurt u.a. 1990.

[70] Ernst Schneppenhorst (1881–1945), SPD-Politiker, 1912–1920 MdL, ab März 1919 letzter bayerischer Minister für militärische Angelegenheiten in der Regierung Hoffmann, 1932–1933 MdR, im Zusammenhang mit dem 20. Juli 1944 verhaftet, 1945 ermordet.

Ein Umzug von Anhängern der Räterepublik, den ich zufällig sah, machte einen kläglichen Eindruck. Die Leute riefen abwechselnd „Hoch" und „Nieder", aber offensichtlich ohne rechte Überzeugung. Kempten und andere schwäbische Städte hatten sich von der Räterepublik bereits losgesagt. Die Bauern gaben die Parole aus, keine Lebensmittel und vor allem keine Milch nach München zu liefern.

So wäre eine friedliche Liquidierung der Räterepublik fast automatisch erfolgt, wenn sich nicht am 30. April 1919 die Erschießung von Geiseln[71] aus der konterrevolutionären Thulegesellschaft[72] ereignet hätte, unter denen sich auch eine Frau, die Gräfin Westarp[73] befand. Inzwischen war München von Freikorps unter Führung des preußischen Generals von Oven[74] und des bayerischen Obersten von Epp[75] umstellt worden.[76]

Reichswehrminister Gustav Noske[77], ein Sozialdemokrat, der Kommuneschlächter der deutschen Revolution, gab nun das Signal zum Einmarsch in München. Noske hatte schon im Januar 1919 den Kommunistenaufstand in Berlin blutig niedergeschlagen. Er hatte schon in Norddeutschland für die Kämpfer seiner weißgardistischen Landsknechte seinen berüchtigten Schießerlaß herausgegeben. Dieser besagte, daß jeder, der mit der Waffe in der Hand den Regierungstruppen entgegentrete, ohne jedes Verfahren zu erschießen sei.

Noske hat seinen Schießerlaß als Zeuge in einem Münchner Verfahren bald darauf selbst zugegeben und verteidigt. Er hat Tausende von anständigen Arbeitern auf dem Gewissen. Ich bin während des Dolchstoßprozesses

---

[71] Für Einzelheiten vgl. Heinrich Hillmayr, Roter und Weißer Terror in Bayern nach 1918 ... München 1974, S. 87 ff. und 100 ff. sowie Rudolf Herz und Dirk Halfbrodt, Revolution und Fotografie. München 1918/19. Berlin-München 1988, bes. S. 183 ff.; die Strafakten des sog. Geiselmordprozesses liegen StAM, Staatsanwaltschaften 2894 a–t.

[72] Hermann Gilbhard, Die Thule-Gesellschaft – eine Wegbereiterin des Faschismus in München 1918/19. In: Staatliche Kunsthalle Berlin. Bericht 1983, S. 17–28 und ders., Die Thule-Gesellschaft. Vom okkulten Mummenschanz zum Hakenkreuz. München 1994.

[73] Hella Gräfin Westarp (1886–1919), Sekretärin der Thule-Gesellschaft.

[74] Ernst von Oven (1861–1945), Generalleutnant der Infanterie, Ordensträger „Pour le mérite".

[75] Franz Ritter von Epp (1868–1946), 1914–1918 Bataillonskommandeur im bayerischen Infanterie-Leibregiment, April/Mai 1919 Führer des bayerischen Schützenkorps, 1921 Generalmajor und Kommandeur der 7. bayerischen Reichswehrdivision, SA-Gruppenführer, 1928 MdR (NSDAP), 1932 NSDAP-Reichsleiter, 1933–1945 Reichsstatthalter in Bayern.

[76] Auch zur folgenden Darstellung Karl Deuringer, Die Niederwerfung der Räteherrschaft in Bayern 1919. Berlin 1939 (Hrsg. von der kriegsgeschichtlichen Forschungsanstalt des Heeres).

[77] Gustav Noske (1868–1946), SPD-Politiker und Publizist, seit 1906 MdR, 1919/20 umstrittener Reichswehrminister, 1920–1933 Oberpräsident von Hannover, im Zusammenhang mit dem 20. Juli 1944 verhaftet.

1925 genötigt gewesen, mit ihm vor seiner Vernehmung in seinem Hotelzimmer eine Besprechung vorzunehmen. Ich erinnere mich des Abscheus, den mir dieser brutale Gallifet[78] der deutschen Revolution einflößte. Er ließ nun seine Banden auf München los. Die Folgen waren furchtbar. Sie hausten mit einer Bestialität, die bisher in Bayern unerhört gewesen war. Die Regierung Hoffmann verhängte das Standrecht und setzte Standgerichte[79] ein und brach damit mit ihren sozialdemokratischen Grundsätzen.

Die Standgerichte waren mit drei „geeigneten" Berufsrichtern und zwei Offizieren besetzt. Rechtsmittel gab es nicht. Die Urteile waren sofort vollstreckbar. Begnadigungsgesuche hatten keine aufschiebende Wirkung. Während nach dem Strafgesetzbuch das Unternehmen des Hochverrats mit Festungshaft, bei ehrloser Gesinnung mit Zuchthaus zu bestrafen war, hatten die Standgerichte das Recht, auf Todesstrafe zu erkennen. Die faschistische Gegenrevolution, die dann zum Hitlerregime führte, hatte keinerlei moralische Skrupel. Schon damals brach eine Rohheit und Bestialität durch, die man im deutschen Volkscharakter nicht vermutet hätte.

Bevor es aber noch zu Gerichtsverhandlungen kam, feierte die Mordgier der losgelassenen Freikorps Noskes wahre Orgien. Sie bestanden größtenteils aus vertierten Landsknechten, die im Baltikum, in Berlin und Braunschweig das Mordhandwerk bereits betrieben hatten. Sie waren gewohnt, ungestraft zu morden, zu stehlen und zu plündern; da sie ja im Auftrag der Reichsregierung eingesetzt wurden, fühlten sie sich vor jeder Bestrafung sicher. Besonders berüchtigt war das Freikorps Lützow.[80] Mein Sozius Dr. Löwenfeld[81] hat die Papiere eines solchen Befreiers, des Vizewachtmeisters Prüfert[82], gesehen. Er war zweimal wegen schweren Diebstahls, einmal wegen Urkundenfälschung vorbestraft und wurde von fünf deutschen Staatsanwaltschaften wegen weiterer Verbrechen gesucht.

Dieses Freikorps Lützow verhaftete in dem Münchner Vorort Perlach zwölf Arbeiter, die großenteils nicht an der Räterepublik teilgenommen hat-

---

[78] Gaston Marquis von Gallifet (1830–1909), französischer General, durch besondere Rücksichtslosigkeit im deutsch-französischen Krieg 1870/71 hervorgetreten, Militärreformer, später Kriegsminister.

[79] „Verordnung die Verhängung des Standrechts betr." vom 25. April 1919 (GVBl. 1919, S. 211), dazu kritisch und zutreffend Bauer-Schmidt (wie oben Anm. 28), S. 457 ff. mit ergänzender Literatur.

[80] Hans von Lützow (1876–1940), preußischer Major und Führer des Freikorps Lützow; vgl. Hillmayr (wie Anm. 71), S. 95, 140 f.

[81] Philipp Löwenfeld (1887–1963), Rechtsanwalt in München, engagierter Sozialdemokrat, befreundet mit Wilhelm Hoegner, 1933 Emigration in die Schweiz, von dort 1938 in die USA. Seine unveröffentlichten Erinnerungen liegen im Leo-Baeck-Institut , New York.

[82] Erich Prüfert (geb. 1893), Kaufmann, Feldwebel im Freikorps Lützow, leitete 1919 die Erschießung der 12 Perlacher Sozialisten, im Strafprozeß 1926(!) freigesprochen. Vgl. die Strafakten StAM, Staatsanwaltschaften 3082, dort die erwähnten „Papiere", sowie Hillmayr (wie Anm. 71), S. 139 ff.

ten. Sie waren von dem evangelischen Geistlichen[83] des Ortes denunziert worden. Ohne auf ihre Unschuldsbeteuerungen zu achten, ließ der erwähnte Prüfert alle zwölf ohne Verhör erschießen. In dem Verfahren gegen ihn sagte Noske zu Gunsten dieses Landsknechts über seinen Schießerlaß aus. Er wurde freigesprochen.

Leider passierte den Weißgardisten bei ihren wahllosen Massenmorden das Mißgeschick, die Angehörigen eines katholischen Gesellenvereins, die sich harmlos zur Besprechung über eine geplante Theateraufführung zusammengefunden hatten, auf Grund einer unwahren Denunziation an Ort und Stelle bestialisch zu ermorden. Einer der Landsknechte stieß mit seinem Bajonett so lange auf die Opfer ein, bis es abbrach.[84]

Der Redakteur Leib[85] eines kleinen, völlig unbekannten Blättchens „Der Republikaner, Volksblatt für süddeutsche Freiheit" hatte einen antimilitaristischen Artikel gebracht und gewisse Offiziere darin als „Berufsmörder" bezeichnet. Der Rittmeister von Lindenfels[86], der ihn zu Gesicht bekommen hatte, begab sich mit zweien seiner Leute in die Wohnung des Leib. Er läutete. Leib öffnete die Türe. Lindenfels fragte ihn: „Bist Du der Leib?" Leib bejahte. Sodann fragte Lindenfels: „Hast Du diesen Artikel geschrieben?" Leib bejahte abermals. Lindenfels fällte darauf folgendes Todesurteil: „Du bist hiermit zum Tode verurteilt. Das Urteil wird sofort vollstreckt." Er zog seinen Revolver und schoß Leib nieder. Sodann befahl er dem begleitenden Unteroffizier, über die „standrechtliche Erschießung" ein Protokoll aufzunehmen und entfernte sich befriedigt.

Mein Sozius hat die Witwe später im Entschädigungsverfahren vertreten.[87] Wir haben auch für die zwölf Witwen und 35 Kinder der ermordeten Perlacher Arbeiter um eine „Entschädigung" gekämpft, jedoch schließlich ohne Erfolg.[88]

---

[83] Robert Hell (1881–1936), seit 1912 als Pfarrer in Perlach; vgl. die Strafakten StAM, Staatsanwaltschaften 3082.

[84] M. J. Schlag, Das Blutbad am Karolinenplatz. München 1919; die zugehörigen Strafakten StAM, Staatsanwaltschaften 2715 und 2766 sowie Hillmayr (wie Anm. 71), S. 143–149.

[85] Joseph Anton Leib (1867–1919), StAM, AG München NR 1919/1150; vgl. Emil Julius Gumbel, Vier Jahre politischer Mord. Berlin 1922, Nachdruck Heidelberg 1980, S. 36 f. und 115 f.

[86] Otto Freiherr von Lindenfels (1868–1951), das Strafverfahren gegen ihn wurde 1920 vom Landgericht Stuttgart eingestellt; vgl. Gumbel (wie vorige Anm.), Anhang S. 104.

[87] Die zugehörigen Akten sind nicht mehr vorhanden.

[88] Aus diesem Umkreis sind im StAM folgende Fälle in Umrissen dokumentierbar: Theodor Kirchner (Landgerichte 765), Christian Frohner (Landgerichte 766), Hans Bulach (Landgerichte 767), Raffner (Landgerichte 768), Josef Sedlmaier (Landgerichte 769) und Schlagenhaufer (Landgerichte 770). Die juristische Argumentation des Landgerichts München I verdiente eine eingehende Spezialuntersuchung. Vgl. Gumbel (wie Anm. 85), S. 40 f. und 115 f.

Ein amtliches Communiqué gab bekannt, die Kämpfe zur Befreiung Münchens hätten 557 Todesopfer gekostet. Im Kampfe gefallen seien 38 Regierungssoldaten und 93 Rotgardisten. „Standrechtlich erschossen" seien 42 Rotgardisten und 144 Zivilpersonen. „Tödlich verunglückt" seien bei der Befreiung weitere 184 Zivilpersonen.[89] Wenn man die Trägheit des Herzens einen Augenblick überwindet, mag man sich die Tragödien, die sich hinter diesen Zahlen verbergen, ausmalen.

Diese „standrechtlichen" Erschießungen fanden ohne jedes gerichtliche Verfahren statt und hatten mit der Tätigkeit der Standgerichte noch nichts zu tun.[90] Diese setzte alsbald nach der Niederwerfung der Räterepublik ein und machte ihrem Namen alle Ehre.[91] Selbstverständlich dachten sie nicht daran, etwa gegen die Landsknechte der Freikorps wegen ihrer Mordtaten vorzugehen. Diese hätten sich sehr amüsiert, wenn ihnen ein gesetzmäßig verfahrender Staatsanwalt einen solchen Antrag eingereicht hätte, weil er glaubte, das Gesetz gelte für alle Deutschen ohne Rücksicht auf ihre politische Einstellung.

Ebenso wenig wurden die Leichenfleddereien und Diebstähle der Freikorps verfolgt. Den Perlacher Opfern waren z.B. die Ringe von den Fingern gezogen, die Uhren und Geldbörsen gestohlen worden. Das galt eben als Landsknechtsbrauch.

Der Professor der Mathematik und Physik Dr. Karl Horn[92], der Mitglied der USPD gewesen war, ohne sich politisch zu betätigen, wurde von Soldaten des Freikorps Epp auf dem Transport ermordet; die Leiche wurde total ausgeraubt.

Der bedeutende Schriftsteller Gustav Landauer wurde von Major Freiherrn von Gagern[93] mit einem Dreschflegel so lange auf den Kopf geschlagen, bis er halbtot zusammenbrach; ein anderer Soldat schoß ihm in Kopf und Rücken, sodaß das Herz herausbrach. Als er trotzdem noch zuckte, wurde er mit Militärstiefeln vollends totgetreten.[94]

---

[89] Gumbel (wie Anm. 85), S. 113 kommt auf 457 Opfer, fügt aber hinzu, daß damit die untere Grenze des Möglichen bezeichnet sein dürfte; Ludwig Morenz (Bearb.), Revolution und Räteherrschaft in München. Aus der Stadtchronik 1918/19. München-Wien 1968, S. 135 kommt sogar auf 625 Opfer; vgl. zusammenfassend Hillmayr (wie Anm. 71), S. 155 ff.

[90] Vgl. zu ihrer mangelnden Rechtmäßigkeit besonders Gumbel (wie Anm. 85), S. 108 ff. und Hillmayr (wie Anm. 71), S. 118 ff.

[91] Vgl. Bauer-Schmidt (wie Anm. 28), S. 457 ff., besonders S. 460, in scharfem Kontrast zur zeitgenössischen bayerischen Justizverwaltung.

[92] Karl Horn (1876–1919), Studienprofessor an der Maria-Theresia-Kreisrealschule in München, am 3. Mai 1919 denunziert, verhaftet und im Gefängnis Stadelheim auf ungeklärte Weise ums Leben gekommen; vgl. Gumbel (wie Anm. 85), S. 38, sowie dort Anhang S. 70 bzw. 86, wo die Einstellung eines Ermittlungsverfahrens gegen einen Tatverdächtigen erwähnt wird.

[93] Heinrich Freiherr von Gagern (1878–1964).

[94] Vgl. dazu Gumbel (wie Anm. 85), S. 33 ff.

Dies waren die „tödlichen Unfälle" der amtlichen Statistik. Eine Sühne erfolgte nicht. Nur gegen drei Soldaten, die die katholischen Gesellen zu Tode gestochen und getrampelt hatten, wurde ein Strafverfahren eingeleitet.[95] Einer war ein syphilitischer Paralytiker, den seine Vorgesetzten absichtlich in einen „Mordsrausch" versetzt hatten. Er erhielt 14 Jahre Zuchthaus, obwohl er vermutlich unzurechnungsfähig war. Die Vorgesetzten blieben natürlich unbehelligt.

Dagegen wandten die Standgerichte gegen Führer und Mitläufer der Räterepublik äußerste Strenge an. Leviné wurde zum Tode verurteilt und erschossen.[96] Das Strafgesetzbuch sah zwar für Hochverrat die Todesstrafe nicht vor. Bei Überzeugungstätern war auf Festungshaft, bei ehrloser Gesinnung auf Zuchthaus zu erkennen. Aber den Standgerichten und Volksgerichten der Gegenrevolution galt in der Regel die revolutionäre Gesinnung als solche als ehrlos.

Leviné ließ mich ersuchen, seine Verteidigung zu übernehmen. Ich war damals noch zu unsicher und zu feige, mich dem höhnischen Grinsen der Reaktionäre entgegenzustellen. Ich durfte ihn zwar aufsuchen, aber nur durch das Fenster der Zellentüre mit ihm sprechen. Nie werde ich sein bleiches todgezeichnetes Gesicht vergessen, als ich meine Ablehnung ärmlich herausstotterte.[97]

Mein späterer Freund Graf Pestalozza[98] hat dann die aussichtslose Verteidigung übernommen und würdig geführt. Die Todesstrafe und ehrlose Gesinnung wurden vor allem damit begründet, daß er den Kampf noch fortgesetzt habe, als er seine Aussichtslosigkeit erkannt hatte.

Hindenburg und Ludendorff hat man für die zwecklos geopferten Hekatomben von Leichen zu Nationalhelden erhoben. Seine [= Levinés] Frau[99] war in einer Zelle desselben Gefängnisses eingesperrt, in dessen Hof Leviné erschossen wurde. Die grölende Soldateska Noskes zwang sie, vom Zellen-

---

[95] Vgl. die Quellenangaben oben Anm. 84.

[96] Vgl. zusätzlich zu den oben Anm. 54 genannten Quellen den Gnadenakt des bayerischen Justizministeriums BayHStA, MJu 18089.

[97] Sein Ablehnungsschreiben („aus prinzipiellen Gründen") an die Staatsanwaltschaft liegt im Strafakt Levinés StAM, Staatsanwaltschaften 2106, Bl. 62.
      Auch sein späterer Sozius Philipp Löwenfeld lehnte die Verteidigung ab, da er als Jude dem Juden Leviné wenig hilfreich sein könne. Vgl. dessen Erinnerungen (Archiv des Leo-Baeck-Instituts New York), S. 449 ff.

[98] Anton Graf von Pestalozza (1877–1938), Dr. iur., Rechtsanwalt in München seit 1905. Als weiterer Verteidiger fungierte Kurt Rosenfeld (1877–1943), Dr. iur., Rechtsanwalt in Berlin, 1918/19 preußischer Justizminister, 1920–1932 MdR (USPD/SPD), 1933 Emigration.

[99] Rosa, geb.Broido (1890–1983), seit 1915 mit Leviné verheiratet, seit 1920 mit Ernst Meyer. Vgl. Rosa Leviné, Aus der Münchner Rätezeit. Berlin 1925 und Rosa Meyer-Leviné, Leviné. Leben und Tod eines Revolutionärs. Erinnerungen. München 1972.

fenster aus der Hinrichtung zuzusehen. Eine gnädige Ohnmacht der Frau vereitelte die Ausführung des bestialischen Planes.[100]

Ich war nach der Besetzung Münchens in die Stadt gegangen – die Vorortzüge verkehrten nicht mehr – um mich nach einem Freunde umzusehen. Als ich an der Haustür unten läutete, ging sie auffallend rasch auf. Das machte mich mißtrauisch. Ich ging nicht hinauf. Zu meinem Glück, denn oben wartete die Soldateska, die den Geflüchteten nicht gefunden hatte. Er wurde von liebevollen Frauen einige Tage versteckt gehalten und entkam dann zu Fuß in die Schweiz.

Diese Orgie von Brutalität, Mordgier und Ungerechtigkeit rief in mir eine entscheidende Wendung hervor. Ich fühlte, wohin ich gehörte, ohne noch eine klare Position erreicht zu haben. Ich beschloß, mich den verhafteten und angeklagten Arbeitern und Revolutionären als Verteidiger zur Verfügung zu stellen. Ich suchte eine verhaftete Genossin auf und teilte ihr meinen Entschluß mit, der einen endgültigen Bruch mit meiner bürgerlichen Vergangenheit bedeutete. Bald darauf kamen in wachsender Zahl die Bitten um Verteidigung und ich trat meine Aufgabe an.[101]

Im Gegensatz zu der sympathisierenden Milde der Justiz gegen Hochverräter von Rechts ging die bayerische Justiz mit unbarmherziger Strenge nicht bloß gegen die Führer der Räterepublik, sondern gegen die kleinsten Mitläufer vor. Standgerichte und Volksgerichte wetteiferten in ihrer Verfolgung. Jedoch blieben die Volksgerichte hinter den Standgerichten an Strenge gegen die Mitläufer zurück.

Das Schicksal des Angeklagten hing oft davon ab, ob ihn der Anfangsbuchstabe seines Namens vor das Standgericht oder das Volksgericht brachte. Die Standgerichte verurteilten die kleinen Mitläufer meist zu langer Festungshaft oder Zuchthausstrafe, die Volksgerichte aber nur wegen „Bandenbildung" zu kleinen Gefängnisstrafen.[102]

Ich lernte zum ersten Mal alle möglichen Typen von Arbeitern kennen: den klassenbewußten, politisch geschulten Gewerkschaftler, den jungen eifrigen Kommunisten, die für ihre Überzeugung zu leiden auch bereit waren,

---

[100] Die bereits erwähnten Erinnerungen des damaligen Staatsrats im bayerischen Justizministerium Dr. Karl Meyer (BayHStA, MJu 16934) nehmen S. 48–52 ausführlich vor allem zur Gnadenfrage im Fall Leviné Stellung und beweisen in seltener Deutlichkeit die fatale Rolle dieses ultrakonservativen Spitzenvertreters der bayerischen Justiz.

[101] Ohne Anspruch auf Vollständigkeit kommen folgende dokumentierten Fälle Hirschbergs in Frage (Fundort: StAM, Staatsanwaltschaften): Nikolaus Berger, Rosenheim (1952), Franz Wagner, Kolbermoor (15536), Franz Tannert u.a., Endorf (15519), Josef Fustig, Kolbermoor (15518).

[102] Vgl. neben Bauer-Schmidt (wie Anm. 28) und Gumbel (wie Anm. 85) die aufschlußreiche Studie von Stefan Sutor, Aburteilung eines Aufstands. Die Prozesse gegen die Beteiligten an der bayerischen Räterepublik 1919. Magisterarbeit (Geschichte) Universität München 1989.

und den guten braven Familienvater, der die Räterepublik nur auf Befehl seiner Parteiführer mitgemacht hatte, und um Milde beim Gericht bettelte. Ich habe vor den ersteren mehr Respekt gehabt als vor den letzteren, habe aber auch meinerseits um mildernde Umstände plädiert, wo ich konnte, wie es meine Pflicht war.

Man stellte jeden unter Anklage, der Posten gestanden oder einen Aufmarsch mitgemacht hatte, selbst den Drucker einer Setzerei, der eine Zeitung hatte drucken helfen. Der Zweck war eine konterrevolutionäre Machtergreifung und die hiezu erforderliche Einschüchterung des Proletariats. Das Revolutionstribunal hatte menschliche Hemmungen; die Gegenrevolution kannte keine „Sentimentalitäten". Während die Gerichte bis dahin die Revolution anerkannt hatten, stellten sie sich jetzt in ihrer Mehrzahl auf die Gegenrevolution um und judizierten jetzt gegen die Revolutionäre. Die entscheidende Erkenntnis der folgenden Kampfjahre war für mich die Feststellung, daß die Justiz in politischen Sachen jeweils genau die bestehenden Machtverhältnisse zur Richtschnur nahm. Welche Wirkungen das für die Erstarkung und spätere Machtergreifung des Nationalsozialismus hatte, wird später gezeigt werden.

Die Übernahme dieser Verteidigungen hatte für mich persönlich eine Reihe weittragender Veränderungen zur Folge. Während ich bis dahin an die „Gerechtigkeit" ganz naiv geglaubt hatte, sah ich jetzt die Gerichte ganz offen zweierlei Maß anwenden; sie waren, wie auf den alten Symbolen die Göttin der Gerechtigkeit dargestellt ist, blind gegen Verbrechen der Nationalisten und Faschisten, aber unerbittlich gegen die kleinsten Vergehen der Revolutionäre und Proletarier. Mein Vertrauen in die Unparteilichkeit der Rechtspflege wurde zerstört. Ich wurde in einen Kampf ums Recht und um die Aufrechterhaltung des demokratischen Rechtsstaates gedrängt.

Eine weitere Folge war, daß meine Kanzleigemeinschaft mit Dr. Rheinstrom unhaltbar wurde. Er hatte Steuersachen und großkapitalistische Interessen zu vertreten, ich überwiegend Strafsachen und politische Interessen. Im Wartezimmer saßen seine Kommerzienräte neben meinen Arbeitern und gewöhnlichen Kriminellen. Manche von ihnen mögen moralisch höher gestanden haben als seine eleganten Klienten, aber diese waren naserümpfend anderer Ansicht. So trennten wir uns ohne Streit.

Ich assoziierte mich mit Dr. Philipp Löwenfeld und Adolf Kaufmann[103], die Sozialdemokraten und politische Verteidiger waren gleich mir. Mein Freund Philipp Löwenfeld, ein Kämpfer großen Formats, war mir eine Stütze in den folgenden Kämpfen. Seine oft überscharfe Tonart färbte auf meine Schriftsätze und Plädoyers ab und festigte meine Gesamteinstellung.

---

[103] Adolf Kaufmann (1883–1933), seit 1911 als Rechtsanwalt in München zugelassen, SPD-Mitglied, in den zwanziger Jahren geschäftsführender Direktor der Münchner Kammerspiele, 1933 Emigration nach Wien, dort im gleichen Jahr verstorben.

Wir hatten später einen sanften bürgerlichen Sozius, Dr. Regensteiner[104]. Ich sagte oft im Scherz, wenn wir eine Behauptung des Gegners bestreiten, sagt Regensteiner: „Die Behauptung ist unrichtig", Hirschberg: „Die Behauptung ist unwahr" und Löwenfeld: „Die Behauptung ist eine gemeine Lüge". Wir zogen später in große Kanzleiräume in der Briennerstraße 9. Wir hatten meist neun Angestellte und einen oder zwei Hilfsarbeiter. Ich hatte ein großes helles Zimmer mit Ausblick auf das Wittelsbacher Palais, in dem nach der Machtergreifung Hitlers die Gestapo ihr Hauptquartier hatte, sodaß wir uns in die Fenster schauten.

Im Frühjahr 1920 oder 1921 erhielt ich einen Brief von meinem Bruder aus Wien. Er schrieb, er habe einen Geschäftsfreund, der den „Erwachenden Ungarn", der faschistischen Organisation Ungarns, angehörte, die viele Mordtaten beging. Dieser Geschäftsfreund habe ihn gefragt, ob er einen Verwandten in München habe, der Anwalt sei. Auf seine Erwiderung, das sei sein Bruder, sagte der betreffende Herr: „Ich will Ihnen einen Gefallen erweisen. Warnen Sie Ihren Bruder! Er steht auf der Mordliste der Organisation Consul[105] an zweiter Stelle." Diese Mordorganisation hat später Erzberger, Rathenau[106] und andere Politiker umgebracht.

Ich sperrte diesen Brief in unseren Geldschrank in der Kanzlei, damit meine Geliebte ihn nicht finden könne. Erst im April 1934, als wir in Zürich auf der Flucht aus Hitlerdeutschland ankamen, habe ich ihr davon erzählt. Anfangs drehte ich mich auf dem schlecht beleuchteten Weg vom Bahnhof zu unserer Wohnung in Solln öfters um. Später habe ich diesen Brief völlig vergessen. Erst als ich 1929 Hitler im Gerichtssaal[107] gegenübersaß und seine mordgierigen stechenden Augen sah, fiel mir dieser Brief wieder ein. Es lief mir kalt über den Rücken. An meiner Kampfbereitschaft hat er nichts geän-

---

[104] Ludwig Regensteiner (1893–1976), Dr. iur., seit 1919 als Rechtsanwalt in München zugelassen, 1940 in die Dominikanische Republik abgemeldet, nach 1945 USA.

[105] Organisation Consul: Aus Resten der Marinebrigade Ehrhardt nach Beendigung des Kapp-Putsches (März 1920) rekrutierte rechtsgerichtete, paramilitärische Terrorgruppe, die durch zahlreiche Aktionen gegen republikanische Politiker (Erzberger, Rathenau, Gareis, Scheidemann u.a.) bekannt wurde.
Vgl. Emil Julius Gumbel, Verschwörer. Beiträge zur Geschichte und Soziologie der deutschen nationalistischen Geheimbünde seit 1918. Wien 1924, Nachdruck Heidelberg 1979, S. 76–88 und Hans Fenske, Konservativismus und Rechtsradikalismus in Bayern nach 1918. Bad Homburg u.a.1969, S. 148 ff.

[106] Walther Rathenau (1867–1922), Industrieller, Schriftsteller, Politiker, 1921 Wiederaufbauminister, 1922 Reichsaußenminister, 1922 ermordet.

[107] Die Akten des Strafverfahrens vor dem Amtsgericht München über die Beleidigungsklage Hitlers gegen von Graefe, Osterhuber, Wimmer, Dichtl und Zerfaß aus dem Jahr 1929 sind nicht mehr vorhanden. Hirschberg vertrat in diesem Prozeß um die heimlichen Geldquellen der NSDAP die Angeklagten Wimmer und Zerfaß. Vgl. jedoch ausführlich Klaus A.Lankheit (Hrsg.), Hitler. Reden, Schriften, Anordnungen Februar 1925 bis Januar 1933. Bd. III/2: März bis Dezember 1929, München 1994, Dok. 34 und 35, S. 240–259 und BayHStA, Abt. V Presseausschnittsammlung 1190.

dert. Mein Haß und meine Verbissenheit in den Kampf waren so groß, daß
sie alles andere überwogen.

Ich erinnere mich nicht im einzelnen an diese Verteidigungen der Mitläufer der Räterepublik; sie bestanden wesentlich im Nachweis, daß der Angeklagte ein friedlicher Arbeiter war, dem man ein Gewehr in die Hand ge-
drückt hatte. Den Satz Walther Rodes[108], eines rebellischen Wiener Verteidigers in seiner „Justiz", daß man die politische Verteidigung nur als „Frontalangriff gegen das thronende Gericht" führen dürfe, hatte ich damals noch
nicht praktisch erprobt. Er trifft auch nur für die Verteidigung überzeugter
Revolutionäre zu.

Danton in Georg Büchners „Dantons Tod", dessen Flamme mich immer
erglühen läßt, mag dem Tribunal zudonnern: „Meine Stimme war der Orkan,
welcher die Satelliten des Despotismus unter Wogen von Bajonetten be-
grub" und „Die Republik ist in Gefahr, und er hat keine Instruktion! Wir appellieren an das Volk, meine Stimme ist noch stark genug, um den Dezem-
virn die Leichenrede zu halten."

Aber die Führer und Mitläufer der Räterepublik waren keine Dantons.
Nur Leviné war ein tief überzeugter Kommunist, der in der Verhandlung in
großartiger Haltung seine Idee mit dem Tode bezahlte, ohne um Gnade zu
feilschen. Es wäre daher sinnlos gewesen, die Klassenjustiz als solche in diesen Prozessen anzugreifen. Die Angeklagten hätten dafür gebüßt, ohne daß
es auf das Gericht oder die Öffentlichkeit den geringsten Eindruck gemacht
hätte.

Ich will hier, da ich den genialischen Georg Büchner genannt habe, gleich
einfügen, wie tief mich sein grandioses Fragment „Wozzeck"[109] geistig und
seelisch beeinflußt hat. Nichts hat mich mehr zum Proletariat hingedrängt als
der Satz im „Wozzeck": „Unsereins ist doch einmal unselig in dieser und der
anderen Welt! Ich glaub, wenn wir in den Himmel kämen, müßten wir donnern helfen." Und unzählige Male habe ich über das tiefsinnige Wort von
der „Tugend" nachgedacht: „Ja, Herr Hauptmann, die Tugend – ich hab's
noch nicht so aus. Sehen Sie, wir gemeine Leut' – das hat keine Tugend, es
kommt einem nur so die Natur ... Es muß was Schönes sein um die Tugend,
Herr Hauptmann, aber ich bin ein armer Kerl." Und der köstliche Tadel des
Hauptmanns über den verhetzten Wozzeck: „Mir wird ganz schwindlig von
dem Menschen! Wie der lange Schlingel läuft und sein Schatten hinterdrein!
Und so verzweifelt! Das hab ich nicht gerne! Ein guter Mensch ist dankbar
gegen Gott. Ein guter Mensch hat auch keine Courage. Nur ein Hundsfott

---

[108] Walther Rode (1876–1934), Advokat und Publizist in Wien, seit 1928 in der Schweiz,
schonungsloser Justizkritiker, früher Gegner des Nationalsozialismus; von seinen
zahlreichen Veröffentlichungen kommen in Frage: „Justiz. Justizleute und anderes."
Wien-Leipzig 1921 und „Justiz. Fragmente." Berlin 1929.

[109] Georg Büchner (1813–1837), handschriftlich hinterlassenes Dramenfragment „Woy-
zeck".

hat Courage!" Die fahlen gespenstischen Bilder des Fragments haben mich immer an Breughel[110] erinnert.

Büchner ist 1837, erst 24 Jahre alt, an einer Gehirnhautentzündung gestorben. Er ist der erste große Sozialist der Weltliteratur. In einem Briefe schreibt er: „...Ich werde zwar immer meinen Grundsätzen gemäß handeln, habe aber in neuerer Zeit gelernt, daß nur das notwendige Bedürfnis der Masse Umänderungen herbeiführen kann, daß alles Bewegen und Schreien der Einzelnen vergebliches Tonwerk ist. Sie schreiben – man liest sie nicht; sie schreien – man hört sie nicht; sie handeln – man hilft ihnen nicht." Ich habe aber auch hier das Vergebliche gewollt: ich habe geschrieben, ich habe geschrieen, ich habe gehandelt. Man hat mich nicht gehört. Man hat mir nicht geholfen. (Die Fechenbachsache war eine rühmliche Ausnahme.) Dennoch war es richtig und notwendig, was ich getan habe.

Fast im gleichen Jahre wie der „Wozzeck" ist der unsterbliche „Mantel" von Nikolai Gogol[111] erschienen. Wie der Prolet Wozzeck nichts auf der Welt hat als seine hübsche Hure, hat der bettelarme Akakiy Akakijewitsch nichts als seinen Mantel, den er mit eingesparten Hungerkopeken bezahlt hat. Als er ihm geraubt wird, stirbt er. Auch hier tritt der ausgehungerte Proletarier zum ersten Mal auf die Bühne der Weltliteratur. Noch sind beide passiv, sie werden von der erbarmungslosen Umwelt zermalmt. Aber schon hat in der französischen Revolution der dritte Stand mit eiserner Faust an die Tore der Weltgeschichte gepocht. In unserer Zeit ertönt sein Pochen lauter. Es muß gehört werden.

Außer den landläufigen Verteidigungen der kleinen Mitläufer der Räterepublik hatte ich zunächst keine politischen Verteidigungen zu führen, die hier aufzuzeichnen wären. Ich erinnere mich nur an einen Fall, in dem ein wildgewordener Staatsanwalt die Todesstrafe gegen einen harmlosen jungen Menschen beantragte; er wurde zu fünf Jahren Gefängnis verurteilt und nach der Hälfte der Strafe bedingt begnadigt. Die Mutter dieses Jungen sandte mir jahrelang am Jahrestag des Urteils ein Huhn von ihrem kleinen Bauernhof als Ausdruck ihrer bleibenden Dankbarkeit.

Später verteidigte ich eine Anzahl Kommunisten in einem großen Sprengstoffprozeß.[112] Unter ihnen befand sich ein glühender überzeugter Kommunist, der nicht um Gnade winselte, wie einige andere, sondern sich zu seinem

---

[110] Niederländische Malerfamilie des 16./17. Jahrhunderts, in Frage kommen Pieter der Ältere (um 1525–1569) und Pieter der Jüngere (um 1564 – um 1638), wegen seiner Motivwahl „Höllenbreughel" genannt.

[111] Nikolai Gogol (1809–1852), russischer Schriftsteller, „Der Mantel" (1840).

[112] Sogenannter Dynamitprozeß gegen Walter Bauschke u.a. KPD-Anhänger 1921 vor dem Volksgericht München I; weitere Verteidiger waren u.a. Philipp Löwenfeld und Anton Graf von Pestalozza. Die Prozeßakten liegen StAM, Staatsanwaltschaften 2330.

Glauben bekannte. Er hieß Hans Beimler.[113] Er war später ein Führer im Freiheitskampf der Spanier gegen die faschistischen Mordbanden des Generals Franco[114] und starb dort für seine Überzeugung. Die Lieder der spanischen Freiheitskämpfer nennen seinen Namen. Wir haben eine Platte des Kampflieds, das seinen Namen verherrlicht.

Der kommunistische Reichstagsabgeordnete Wendelin Thomas[115], ein äußerst dummer Mensch, war von Erhard Auer wegen eines Zeitungsartikels wegen Pressebeleidigung verklagt worden. Ich übernahm seine Verteidigung. Er wollte Auer irgendwelche Dinge nachweisen, die dieser im Kriege in Belgien begangen haben sollte. Der Richter Frank[116] sympathisierte unverhüllt mit Auer, den das Bürgertum als den Überwinder des Bolschewismus in Bayern verehrte. Er lehnte die Vernehmung der belgischen Zeugen ab. Darauf legte ich in der öffentlichen Verhandlung ostentativ die Vertretung des Angeklagten nieder, da diese Abschneidung aller Beweise ein Rechtsbruch sei. Ich verließ unter Protest den Sitzungssaal.

Das war damals in Deutschland etwas Neues und Unerhörtes. Bis dahin hatte man die Unparteilichkeit der Gerichte nicht öffentlich anzuzweifeln gewagt. Nach dieser Verhandlung sandte mir Erhard Auer einen Vertrauensmann. Er ließ mir sagen, er habe mein Auftreten gegen ihn bewundert. Er bitte mich, die Vertretung der Sozialdemokratischen Partei in Bayern in ihren politischen Prozessen zu übernehmen. Ich sagte gerne zu, da diese Sachen seriöser waren und mir innerlich näher standen als die Kommunisten, deren Methoden ich immer mißbilligt hatte. Sie hetzten nur anständige Proletarier ins Verderben, ohne für die Arbeiterschaft etwas damit zu erreichen.

Die Leitung der Unabhängigen Sozialdemokratischen Partei, der ich damals noch angehörte, ersuchte mich, über die Justiz der Standgerichte und Volksgerichte in einer öffentlichen Versammlung zu sprechen.[117] Es war

---

[113] Hans Beimler (1895–1936), 1921 zu zwei Jahren Festungshaft verurteilt, 1932 MdL und 1932/33 MdR (KPD), politischer Leiter des KPD-Bezirks Südbayern, 1933 KZ Dachau, von dort Flucht ins Ausland; Verfasser von „Im Mörderlager Dachau", Moskau 1933, Nachdruck 1976; 1936 im Spanischen Bürgerkrieg gefallen.

[114] Francisco Franco (1892–1975), General, Sieger des spanischen Bürgerkriegs (1936–1939), seither Staatschef und Generalissimus mit diktatorischen Befugnissen im rechtsautoritär geführten Spanien.

[115] Wendelin Thomas (geb. 1884), 1920–1924 MdR (USPD/KPD), 1933 Emigration USA, seither verschollen. Die Akten des Beleidigungsprozesses aus dem Jahr 1920 sind nicht mehr vorhanden.

[116] Albert Frank (1874–1947), 1919 Oberamtsrichter, 1925 Amtsgerichtsdirektor, 1928 Amtsgerichtspräsident beim Amtsgericht München, 1933 Präsident des Landgerichts München II, Vorsitzender des Bayerischen Richtervereins.

[117] Die Versammlung der Ortsgruppe München der USPD fand am 20. Februar 1920 im Saal des Münchner-Kindl-Kellers statt. Thema der Rede: „Die Rechtspflege in Bayern und Justizminister Müller-Meiningen und die politischen Gefangenen". Vgl. BayHStA, MJu 21015 (Personalakt Hirschbergs, darin: Umstände des Ehrengerichtsverfahrens) und BayHStA, Abt. IV Kriegsarchiv, Reichswehrgruppenkommando IV, Nr. 417 (2 Spitzelberichte über die Versammlung).

mein erstes öffentliches Auftreten in einer politischen Versammlung. Ich wußte nicht, daß unten Polizeispitzel mitschrieben. Ich legte los. Ich sagte, was damals ein weitverbreitetes Schlagwort war, „die Standgerichte, fast hätte ich gesagt die Schandgerichte", und „die Schamröte steigt einem ins Gesicht, wenn man an alle diese Urteile denkt". Es war ein berauschendes Gefühl, zu den 1 500 Gesinnungsgenossen zu sprechen, von denen eine Welle von Sympathie zu mir emporflutete.

Einige Zeit danach rief mich ein Sekretär des Amtsgerichts an, ich solle zu einer Vernehmung kommen. Ich fragte: „In welcher Sache?" Er antwortete: „Diesmal geht es gegen Sie persönlich, Herr Rechtsanwalt." Ich wurde von einem ungewöhnlich dummen Ermittlungsrichter vernommen. Er sagte: „Solange ich noch Rechtsanwalt sei, dürfe ich das Ansehen der Rechtspflege als Organ derselben nicht antasten."

Ich hatte nicht bedacht, daß der Ehrengerichtshof für die deutschen Rechtsanwälte dem Anwalt in der Kritik der Rechtspflege Schranken auferlegt. Man konnte meine Kritik als solche nicht anfechten, weil sie auf dokumentierten Tatsachen beruhte. So hängte man sich an die erwähnten zwei scharfen Ausdrücke. Aber dieser Versuch, mich disziplinär zu ahnden, führte für den reaktionären Justizminister Müller-Meiningen[118], der sich bei der Gegenrevolution mit einer schmierigen Schrift „Aus Bayerns schwersten Tagen"[119] angebiedert hatte, zu einer schweren Blamage.[120] Ich leugnete die scharfen Ausdrücke nicht. Ich legte der Anwaltskammer in der ehrengerichtlichen Verhandlung einige besonders krasse Urteile der Standgerichte und Volksgerichte vor. Ich erklärte, eine scharfe Kritik sei hier für den Verfechter des Rechtsstaates am Platze.

Der Vorsitzende war der konservativ gesinnte Geheime Justizrat Dr. Karl Eisenberger[121], einer der Beisitzer der Kommentator der Rechtsanwaltsordnung Dr. Max Friedlaender. Das Ehrengericht sprach mich frei. Es erklärte, gegen solche Urteile, wie sie auch dem Ehrengericht bekannt seien, sei dem Anwalt im Kampfe um das Recht eine scharfe Sprache erlaubt.

---

[118] Ernst Müller-Meiningen (1866–1944), Dr. iur., Justizbeamter, 1898–1918 MdR (Freisinnige Volkspartei), 1905–1924 MdL (nach 1918 DDP), 1919/20 bayerischer Justizminister. Vgl. Joachim Reimann, Ernst Müller-Meiningen sen. und der Linksliberalismus in seiner Zeit. Zur Biographie eines bayerischen und deutschen Politikers (1866–1944). München 1968.

[119] Ernst Müller-Meiningen, Aus Bayerns schwersten Tagen. Erinnerungen und Betrachtungen aus der Revolutionszeit. Berlin-Leipzig 1923.

[120] Hirschberg wurde vom Ehrengericht der Anwaltskammer für den Oberlandesgerichtsbezirk München durch Urteil vom 11. Dezember 1920 freigesprochen. Das Hauptverfahren war erst nach einer Beschwerde des Justizministeriums eröffnet worden. Vgl. BayHStA, MJu 21015; dort weitere aufschlußreiche Einzelheiten.

[121] Karl Eisenberger (1864–1951) war Beisitzer neben seinen Rechtsanwaltskollegen Justizrat Dr. Siegfried Dispeker (1865–1937), Dr. Max Friedlaender und Dr. August Paret (1869–1932). Vorsitzender des Ehrengerichts war Rechtsanwalt Justizrat Dr. Karl Buhmann (1862–1922).

Für mich war es ein Triumph meiner Persönlichkeit, einen konservativen, aber ehrenhaften und unparteiischen Mann wie Dr. Eisenberger von den Motiven meines Auftretens überzeugt zu haben. Müller-Meiningen ließ auch noch Berufung zum Ehrengerichtshof in Leipzig einlegen.[122] Dieser war mit meist reaktionär gesinnten Richtern des Reichsgerichts und Anwälten am Reichsgericht besetzt. Wenige Tage nach der Geburt meines Sohnes am 24.10.1921 mußte ich zur Verhandlung nach Leipzig fahren. Nach langer Verhandlung und Beratung sprach mich auch der Ehrengerichtshof frei.[123] Wenige Jahre später wäre das Urteil wohl anders ausgefallen. Mit Dr. Eisenberger verband mich seitdem eine tiefe gegenseitige Achtung und später eine Freundschaft, die bis zu seinem Tode im September 1951 andauerte.

Neben den politischen Verteidigungen führte ich in rasch wachsender Zahl auch gewöhnliche Strafverteidigungen wegen Diebstahls, Urkundenfälschung, Kuppelei und Sittlichkeitsverbrechen und anderer Delikte. Ich hatte auch einige Homosexuelle zu verteidigen. Der berüchtigte § 175 StGB belegte die homosexuelle Betätigung mit Gefängnisstrafe, aber nur wenn die Ausführung des Geschlechtsaktes „beischlafähnlich" war. Dies konnte natürlich nur der andere Partner bezeugen. Die sinnlose Praxis führte natürlich nicht zur Eindämmung der sexuellen Betätigung, sondern nur zu Erpressungen durch Strichjungen.

Manche feingearteten Männer wurden durch solche Erpresser zum Selbstmord getrieben. Oscar Wilde[124] ist an seiner Gefängnisstrafe und öffentlichen Entehrung verblutet. Als junger Mensch habe ich mich an seinen geistvollen Bonmots entzückt. Oft zitierte ich den Satz: „Wenn Kinder klein sind, lieben sie ihre Eltern; wenn sie größer werden, beurteilen sie sie; bisweilen verzeihen sie ihnen." „Lady Windermere's Fächer"[125] und andere Lustspiele des charmanten Plauderers sind heute noch entzückend.

Doch sind sie nur noch Delikatessen ohne Nährwert. Er ist der typische Repräsentant der „ästhetischen Lebensführung" im Sinne Kierkegaards, die ich längst überwunden habe. Das Vorübergleiten von Stimmungen und Möglichkeiten unterscheidet sie von der „ethischen Lebensführung", die die Entscheidung des Entweder-Oder vollzieht und Aufgaben und Ziele erkennt.

Mehr als die juristische Technik interessierten mich die Kriminalistik und die Kriminalpsychologie. Ich führte mehrere Verteidigungen von Klienten, die wegen Unzucht mit Kindern angeklagt waren. Die Unzuverlässigkeit der

---

[122] Nicht Müller-Meiningen, sondern sein rechtskonservativer Nachfolger Christian Roth (1873–1934), 1920/21 Justizminister, 1920–1924 MdL (Mittelpartei), 1924 MdR (Völkischer Block), veranlaßte die Berufung. Vgl. seine Anweisung vom 10.2.1921 BayHStA, MJu 21015.

[123] Urteil des Ehrengerichtshofs für Anwälte, II. Senat, vom 5. November 1921 BayHStA, MJu 21015.

[124] Oscar Wilde (1854–1900), englischer Schriftsteller.

[125] Oscar Wilde, Komödie „Lady Windermere's Fächer" (1892/93, deutsch 1902).

Kinderaussage ist längst erwiesen, die Richter glauben aber Kindern nur zu gerne, wenn sie sie väterlich vermahnt haben, die Wahrheit zu sagen. Ein geistig beschränkter junger Mensch war auf die Aussage eines Schulmädchens verurteilt worden. Das Kind trieb sich gegen das Verbot des Vaters mit ihm herum. Als es heimkam, drohte der Vater mit Schlägen. Sie heulte: „Vater, schlag mich nicht, der Willy hat mir was getan!" Sie erfand nun die offenbar erlogene Geschichte, er habe sie im Walde mißbraucht. Es gelang mir, im Wiederaufnahmeverfahren seine Freisprechung zu erreichen, nachdem er die Gefängnisstrafe verbüßt hatte. Ein anderes Schulmädchen bekundete, das Kind habe ihm gestanden: „Dir kann ich es ja sagen, der Willy hat mir gar nichts getan. Aber sag es niemand, sonst wird mein Vater eingesperrt und dann haben wir nichts mehr zu essen."

Ich veröffentlichte solche Fälle manchmal in der „Monatsschrift für Kriminalpsychologie und Strafrechtsreform"[126], die von den Professoren Aschaffenburg[127] und von Hentig[128] herausgegeben wurde. Die Erkenntnisse der modernen Kriminalpsychologie setzten sich aber in der Strafjustiz, die am Vergeltungsgedanken festhielt, nur langsam und unvollkommen durch. Der Strafrechtslehrer der Münchner Universität, Professor von Birkmeyer, sagte in einem Vortrag über die homosexuelle Päderastie: „Meine Herren, ich bin Anhänger der Willensfreiheit und so bin ich es auch in diesem Falle." Der Satz ist mir in seiner klassischen Dummheit wörtlich im Gedächtnis geblieben. Er meinte, die Willensfreiheit befähige den Homosexuellen, seine Erotik ins Heterosexuelle umzustellen, wenn er nur wolle, so könne er auch „andersherum".

In einer sehr merkwürdigen Diebstahlsache[129] hatte ich jedoch mit der modernen Psychoanalyse einen Erfolg. Es handelte sich um eine alte vorbestrafte Taschendiebin. Sie hatte einer Frau in dem Gedränge auf dem Oktoberfest die Handtasche geöffnet und den Inhalt entwendet. Ein Kriminalbeamter, der ihr nachgegangen war, hatte sie auf frischer Tat ertappt. Der

---

[126] Max Hirschberg, Ein Fehlurteil auf Grund unwahrer Kinderaussagen. In: Monatsschrift für Kriminalpsychologie und Strafrechtsreform 19 (1928), S. 670–676; ders., Ein Fall von sexuellem Infantilismus. In: ebd. 22 (1931), S. 412–418, 745 f. (Ergänzungen).

[127] Gustav Aschaffenburg (1866–1944), deutsch-jüdischer Psychiater, 1904–1934 Professor u.a. an der Universität Köln, 1919–1934 Direktor der Psychiatrischen Klinik der Universität Köln, Gründer und Herausgeber der Monatsschrift für Kriminalpsychologie und Strafrechtsreform 1904–1935, 1939 Emigration Schweiz/USA.

[128] Hans von Hentig (1887–1974), Kriminologe, in den frühen zwanziger Jahren führender Nationalbolschewist, lebte zeitweise in Rußland, 1931 Professor für Strafrecht in Kiel, 1934 an der Universität Bonn, 1936 aus politischen Gründen entlassen, Emigration nach USA, dort Hochschultätigkeit als progressiver Kriminologe, 1951 Professor an der Universität Bonn.

[129] Max Hirschberg, Das Fehlurteil im Strafprozeß. Zur Pathologie der Rechtsprechung. Stuttgart 1960, S. 62 f. (Fall 23).

scheinbar klare Fall zeigte aber bei näherer Untersuchung einige Merkwürdigkeiten.

Es stellte sich heraus, daß die Angeklagte den Diebstahlsakt immer in der gleichen Weise ausführte: sie schlich sich an Frauen von hinten heran, öffnete ihre Handtasche und griff hinein. Noch seltsamer war, daß sie die erbeuteten Geldscheine trotz ihrer Armut nicht ausgab, obwohl sie sich in der Inflation rasch völlig entwerteten. Man fand sie, zierlich mit blauen Seidenbändern umwickelt, in ihrer Wohnung. Sie beging die Diebstähle nach ihrer Information immer in ihrer Menstruationsperiode.

Ich zog den Nervenarzt Dr. von Hattingberg[130] zu. Er ließ die Frau in Hypnose einen solchen Diebstahlsakt ausführen. Hiebei zeigte sie alle Zeichen höchster sexueller Erregung. Damit war erwiesen, daß für sie der Griff in die Handtasche ein Surrogat für den Geschlechtsakt war. Ich plädierte auf unwiderstehlichen Zwang. Das Schöffengericht war so beeindruckt, daß es als Kompromißlösung eine milde Strafe aussprach. Sonst hätte sie als langjährige rückfällige Diebin eine lange Gefängnisstrafe erhalten.

Merkwürdig war auch der Raubüberfall eines anständigen Arbeiters.[131] Er war arbeitslos und grübelte über seine Lage vor sich hin. Als er eine elegante Dame auf einer belebten Straße erblickte, versuchte er ihr am hellen Tage vor allen Passanten die Handtasche zu entreißen. Ich fragte ihn, ob er jemals eine Gehirnverletzung oder Geistesstörung erlitten habe. Er verneinte. Kurz darauf schrieb er mir einen Zettel. Er teilte mir mit, es sei ihm jetzt eingefallen, daß er bei einem Eisenbahnunglück eine Wunde im Gehirn erlitten habe.

Ich ließ ihn von meinem Freund Dr. Eliasberg[132] untersuchen. Die Röntgenaufnahme zeigte eine verkalkte Stelle im Gehirn. Er bekam mildernde Umstände und eine geringe Strafe, während sonst ein Raubüberfall auf offener Straße natürlich schwer geahndet worden wäre.

Ein kleiner Fall von Funddiebstahl[133] blieb mir in Erinnerung, weil ich ihn mit simpler Logik lösen konnte. Ein alter Mann saß mit seiner Enkelin auf einer Bank auf einem Platz in München. Er zog seine Brieftasche heraus und zählte seine Barschaft nach. Dann ging er mit dem Kind eine dreiviertel Stunde weit quer durch die Stadt zu seiner Schwester. Er wollte ihr eine klei-

---

[130] Hans von Hattingberg (geb. 1879), Dr. med. et iur., Facharzt für Nervenkrankheiten in München, 1932 nach Berlin abgemeldet.

[131] Wladimir Eliasberg und Max Hirschberg, Ein „Fall" von Notdiebstahl. In: Monatsschrift für Kriminalpsychologie und Strafrechtsreform 18 (1927), S. 661–670; Ergänzungen ebd. 19 (1928), S. 415–417.

[132] Wladimir Gottlieb Eliasberg (1887–1969), Dr. med. et phil., Neurologe und Psychiater, bis 1933 in München, 1933 Emigration nach Österreich, 1937 in die CSR, dort Lehrtätigkeit, 1938 USA, dort praktische und Lehrtätigkeit, auch in New York mit Hirschberg befreundet.

[133] Max Hirschberg, Wrongful Convictions. In: Rocky Mountain Law Review (University of Colorado), December 1940, S. 20–46, hier S. 44 (Case 22).

ne Schuld bezahlen. Als er seine Brieftasche herausziehen wollte, stellte sich heraus, daß er sie verloren hatte.

Er ging zu der Bank zurück, auf der er gesessen war und suchte alles ab. Am Fenster eines ziemlich weit entfernt stehenden Hauses saß ein Arbeiter. Er rief dem alten Mann zu: „Was suchen Sie denn?" Er antwortete: „Meine Geldtasche, die hab' ich hier verloren." Darauf berichtete ihm der Arbeiter, es sei eine Gruppe von Straßenkehrern durchgekommen. Der Führer der Kolonne habe sich gebückt und die Brieftasche aufgehoben. Der Straßenkehrer konnte leicht ermittelt werden. Die Polizei nahm eine Haussuchung vor, die ergebnislos verlief. Der Straßenkehrer war vom Schöffengericht auf Grund der bestimmtenm Aussage des alten Mannes und des Arbeiters verurteilt worden.

Die Reichsregierung hatte inzwischen die Freiheitsstrafe für Lappalienvergehen beseitigt und dem Richter gestattet, statt dessen kleine Geldstrafen zu verhängen. Sie hatte ferner die bedingte Verurteilung, die sogenannte Bewährungsfrist, für kleinere Freiheitsstrafen eingeführt. Der Angeklagte wurde zu einigen Wochen oder Monaten Gefängnis verurteilt. Er brauchte aber die Strafe nicht zu verbüßen, unter der Bedingung, daß er nicht mehr straffällig werde, manchmal auch unter der Bedingung, daß er an den Geschädigten eine Buße zahle.

Beide Neuerungen, Forderungen der modernen Kriminalistenschule, die die Vergeltungsstrafe verwarf und Sicherung der Gesellschaft als Strafzweck aufstellte, erwiesen sich als sehr nützlich und trugen mehr zur Eindämmung der Kriminalität bei als die sinnlose Verbüßung kurzer Freiheitsstrafen mit der Folge sozialer Diffamierung.

Mein Straßenkehrer hatte wegen Fundunterschlagung eine kleine Geldstrafe erhalten. Die Bestrafung bedeutete aber die entehrende Entlassung aus städtischen Diensten, die seine gesamte Zukunft gefährdete. Ich legte für ihn Berufung ein. In der Verhandlung vor der Strafkammer beschwor der alte Mann, er habe die Brieftasche an dieser Bank verloren. Der Arbeiter beschwor, der Straßenkehrer habe sich gebückt und sie aufgehoben. Ich hatte durch meine Mitarbeiterin Dr. Elisabeth Kohn eine Sehprobe machen lassen. Sie bekundete, daß die Entfernung des Fensters des Arbeiters von der Bank so groß sei, daß dieser zwar sehen konnte, daß der Straßenkehrer sich bückte und etwas aufhob, aber nicht erkennen konnte, daß der aufgehobene Gegenstand eine Brieftasche gewesen sei.

Ich erreichte die Freisprechung mit folgender logischen Deduktion: beide Zeugen sagen gutgläubig etwas aus, was sie nicht wissen können. Der Arbeiter kann nicht gesehen haben, daß es eine Brieftasche war, was der Straßenkehrer aufhob. Daß aber ein Straßenkehrer sich bückt und etwas aufhebt, ist ganz unverdächtig.

Der alte Mann kann nicht sagen, daß er die Brieftasche an dieser Bank verloren hat. Sonst hätte er sie ja aufgehoben. Er kann nur bekunden, daß er sie an dieser Bank noch gehabt hat und daß er sie beim Besuch bei seiner

Schwester nicht mehr gehabt hat. Wo er sie verloren hat, kann er nicht wissen. Er kann sie auf dem Wege zu seiner Schwester verloren haben. Das Gericht erkannte den Denkfehler an und sprach frei.

Die Unsicherheit des Wiedererkennens durch Zeugen hat viele Unschuldige ins Unglück gebracht. Ich hatte immer ein würgendes Gefühl im Halse, wenn ich mir ausmalte, wie ein völlig Unbeteiligter durch den leichtfertigen Zeugen, der ihn „sicher" wiedererkannte, ins Gefängnis oder sogar aufs Schaffott gebracht werden kann. Die moderne Kriminalpsychologie, die von Groß[134] und von Liszt angeführt wurde, hat ein überwältigendes Material über die Unsicherheit des Wiedererkennens gesammelt. Besonders den Fall Lesurques, der durch die irrige Aussage von zwei Bauernmägden und die von dieser Aussage suggestiv beeinflußten Angaben aller anderen Augenzeugen als Teilnehmer eines Raubüberfalls „erkannt" worden war und unschuldig 1797 hingerichtet wurde, habe ich oft aus dem Werk Sellos über die Fehlurteile warnend zitiert.[135]

Die Frau eines wohlhabenden Bäckermeisters ersuchte mich, sie gegen eine Anklage wegen Urkundenfälschung zu verteidigen. Es war damals die Rationierung von Schwarzbrot angeordnet. Jeder bekam eine Brotkarte, deren Empfang er durch Unterschrift bestätigen mußte. Weißbrot aber konnte man kartenfrei kaufen. Sie war in das Amtszimmer gekommen, um ihre Brotkarte abzuholen. Als sie nähertrat, rief eine Angestellte: „Das ist sie!" Eine andere kam hinzu und bestätigte es. Meine Klientin fragte erstaunt, was das bedeute. Es stellte sich heraus, daß eine Frau unbefugt die Brotkarte einer anderen Frau unter deren Namen abgeholt und mit deren Namen quittiert hatte.

Das entrüstete Leugnen meiner Klientin war vergeblich. Sie wurde wegen Urkundenfälschung angeklagt.[136] In der Hauptverhandlung beschwor die erste Angestellte, jeder Zweifel sei ausgeschlossen, sie erkenne in der Angeklagten mit absoluter Sicherheit die Täterin. Die andere war nicht so sicher, sie glaubte sie wieder zu erkennen, schloß aber einen Irrtum nicht aus. Ich trug natürlich das wissenschaftliche Material eindringlich vor. Ich wäre aber damit vielleicht nicht durchgekommen, wenn ich nicht die Sinnlosigkeit der Anklage hätte nachweisen können: die Frau eines wohlhabenden Bäckermeisters hatte doch keinen Anlaß, eine Brotkarte herauszuschwindeln, zumal sie sich Weißbrot nach Herzenslust kaufen konnte. Sie wurde freigesprochen.

---

[134] Hans Groß (1847–1915), bahnbrechender Kriminologe, Professor an der Universität Graz, Schöpfer des Standartwerks „Handbuch für Untersuchungsrichter als System der Kriminalistik", 6. Auflage Berlin-München 1912.

[135] Erich Sello, Die Irrtümer in der Strafjustiz und ihre Folgen. Berlin 1911, S. 327 ff., zitiert z.B. bei Max Hirschberg, Das Fehlurteil im Strafprozeß ... Stuttgart 1960, S. 37 f. (Fall 9) und in früheren Veröffentlichungen.

[136] Max Hirschberg, Das Fehlurteil im Strafprozeß ... Stuttgart 1960, S. 44 f. (Fall 15), vorher schon in ders., Wrongful Convictions (wie oben Anm. 133), S. 31 f.

Einige Zeilen heiteren Gedenkens will ich hier meinem riesenhaften Freunde Jackel Sch. aus Untergrainau bei Garmisch widmen. Bessie und ich hatten ihn dort bei einem Holzhauertanz gesehen und ich hatte im Spaß beim Anblick seiner Riesenfäuste gesagt: „Dem möchte ich nicht in die Hände fallen." Bald darauf erschien er in meiner Kanzlei mit einer Anklage wegen Körperverletzung.[137] Da ich ihn gut durchbrachte, kam er dann immer wieder, wenn er etwas angestellt hatte. Einmal brachte er eine Anklage wegen Landfriedensbruchs, Körperverletzung an Beamten und anderer Vergehen. Er erzählte, er sei mit seinen Freunden nach Österreich hineingefahren. Dort herrschte schon hohe Inflation, während die Mark noch eine große Kaufkraft hatte. Er konnte sich also am Tirolerwein billig einen Rausch antrinken. Auf der Heimfahrt schlief er ein. An der Grenzstation Griesen kamen seine Freunde mit den Zollbeamten in eine Rauferei. Ohne zu fragen, was los sei, brach er wie ein Löwe unter die Kämpfenden und beschädigte einen Zollbeamten nicht unerheblich.

Ich brachte ihn nochmals glimpflich durch, ermahnte ihn aber väterlich, jetzt sei es genug. Das nächste Mal gehe es ihm schlecht. Er schwor mir zu, keinen Tropfen mehr zu trinken und nie mehr zu raufen. Ob er seinen Schwur gehalten hat, weiß ich nicht. Zu mir kam er nie wieder. Ich besuchte ihn in Untergrainau in seiner ärmlichen Bauernhütte und er war mir anhänglich wie ein großer Neufundländer. Wenn er kam, schilderte ich Bessie immer scherzend, wie ich vor Angst halb unter den Schreibtisch gekrochen sei und jeden Disput ängstlich vermieden hätte.

Weniger sympathisch war mir ein anderer Klient aus Untergrainau.[138] Er war Kanonier in meiner Batterie gewesen und hatte mir einen ordentlichen Eindruck gemacht. Das Hauptgebiet seiner Tätigkeit war ihm allerdings damals verschlossen, nämlich die Beziehungen zu Frauen. Wie er es die ganze Zeit ohne solche ausgehalten hat, ist ein Rätsel. Denn später ergab sich, daß er sich an jedes Frauenzimmer heranmachte, das ihm erreichbar war. In Untergrainau scheint er wie ein Hengst gewütet zu haben. Eine ältere Frau hatte eine geisteskranke Tochter. Er hatte mit Mutter und Tochter Geschlechtsverkehr.

Einmal hatte ich ihn wegen Heiratsschwindels in Kempten zu verteidigen. Obwohl er schon mit einem netten Mädchen verheiratet war, hatte er dort einer Frau die Ehe versprochen, um sie zu bekommen. Es kam später zum Scheidungsprozeß. Ich vertrat die Frau.[139] Ich konnte ihm Ehebrüche in Fülle nachweisen. Um eine Widerklage begründen zu können, behauptete der Kerl ins Blaue hinein, ich hätte mit seiner Frau ein Verhältnis gehabt. Ich ließ ihn durch den Richter verwarnen und er verzichtete auf meine Verneh-

---

[137] Entsprechende Gerichtsakten nicht ermittelt.
[138] Entsprechende Gerichtsakten nicht ermittelt.
[139] Entsprechende Gerichtsakten nicht ermittelt.

mung. Eine ähnliche Klage wollte damals der Rechtsanwalt in Traunstein gegen mich erheben, dessen Frau gerade neun Monate nach meinem Eintreffen einen Buben bekommen hatte. Die geschiedene Frau heiratete dann einen Münchner Hausbesitzer, mit dem ihr Leben friedlicher verlaufen sein mag.

Die Feindschaft solcher brutalen Hemmungslosen ist für den Anwalt oft nicht ungefährlich. Wir hatten öfters die Frau eines Gymnasialprofessors zu vertreten[140], der halb verrückt wurde über die Vergeblichkeit all seiner Versuche, von ihr loszukommen. Er hatte einen infernalischen Haß auf sie. Er schrieb eine Broschüre über die Unsittlichkeit des Scheidungsrechts. Er mag teilweise Recht gehabt haben. Die Aufrechterhaltung gebrochener Ehen hat oft verhängnisvolle Wirkungen.

Ein Münchner Rechtsanwalt, Justizrat D.[141], lebte in einer unglücklichen Ehe. Er trennte sich von seiner Frau und lebte mit einer Frau zusammen, die er über alles liebte. Die Frau ließ sich nicht scheiden. Der Rechtsanwalt Dr. Werner[142] rühmte sich, wie sehr das Gericht seinen Schriftsatz bewundert hatte, der die Scheidung zu Fall brachte. Er hatte offenbar keine Ahnung davon, daß er in unsittlicher Weise das formale Recht zur Zertrümmerung von zwei Menschenschicksalen mißbraucht hatte. Der Rechtsanwalt wurde nach Ausbruch der Hitlerherrschaft gezwungen, sich von seiner arischen Geliebten zu trennen. Er beging Selbstmord.

Der erwähnte Professor schrieb seiner Frau, sie leide an Krebs und werde bald sterben, er werde ihr seine Broschüre dann mit einem Fluch ins Grab nachwerfen. Als wieder einmal die Abweisung seiner Scheidungsklage vor dem Oberlandesgericht München bevorstand, schrieb er uns, er komme zu der Schlußverhandlung mit einem Revolver. Werde gegen ihn entschieden, werde er seinen Peiniger töten. Wir berieten, ob wir Polizeischutz verlangen sollten. Leichtsinnigerweise verzichteten wir darauf. Er unternahm nichts. Aber solche Leichtfertigkeit hätte mir leicht das Leben kosten können.

Querulanten sind immer geistig abnorm und daher gefährlich. Wer jahrelang um sein Recht kämpft, wird meist zum Querulanten, der nichts mehr sieht, als diese eine ihm zugefügte Ungerechtigkeit. Mancher Richter hat durch solche Geisteskranken sein Leben verloren.

Unterdessen hatten sich bedeutende politische Veränderungen vollzogen, die die reaktionäre Justiz zu weiterem Abbau des demokratischen Rechtsstaates in Deutschland, besonders in Bayern, ermutigten. Die Niederlage und die Waffenstillstandsbedingungen hatten einen rabiaten Nationalismus her-

---

[140] Entsprechende Gerichtsakten nicht ermittelt.
[141] Alexander Dünkelsbühler (1875–1935), beging am 24.9.1935 Selbstmord, nachdem er sich infolge der am 15.9.1935 erlassenen Nürnberger Gesetze von seiner nichtjüdischen Geliebten trennen mußte. Vgl. StAM, AG München NR 1935/2948.
[142] Alfred Werner (1891–1965), seit 1919 als Rechtsanwalt in München niedergelassen, 1933 Emigration nach Frankreich, von dort nach England und Palästina, seit 1953 Rechtsanwalt in Düsseldorf.

vorgerufen, den die harten Friedensbedingungen des Versailler Vertrages zur Weißglut angefacht hatten. Die Großkapitalisten hatten die Zerstörung der deutschen Währung durch Inflation[143] beschlossen, teils um die Reparationen[144] zu sabotieren, teils um die Lasten des verlorenen Krieges auf die Massen abzuwälzen und sich selbst in grandiosem Maßstab zu bereichern.

Die Annahme der demokratischen Verfassung in Weimar am 11. August 1919 hatte nur eine formelle Ordnung angebahnt. Die nationalistische Schwerindustrie und die Großfinanz waren entschlossen, diese Ordnung zu stürzen. Um den Massen die nationalistischen Lügen glaubhaft zu machen, hatten sie mit ihrer riesigen Propagandamaschine, die die Presse und das Radio fast restlos beherrschte, die Legende vom Dolchstoß in den Rücken der siegreichen deutschen Heere erfunden, die später bei der Darstellung des Dolchstoßprozesses 1925 zu besprechen sein wird.[145]

Während aber im Reich die teils von Sozialdemokraten, teils von Zentrumsleuten geführten Regierungen noch die Reichsverfassung respektierten, kam in Bayern schon frühzeitig der völkisch-antisemitische Faschismus zur Herrschaft.[146] Die demokratischen Parteien, besonders die Sozialdemokratie, ließen sich kampflos entmachten. Anders im Reich. Hier zeigten die demokratischen Massen beim Kapp-Putsch noch einmal einen geschlossenen Widerstand, der diesen kläglichen und dilettantischen Putschversuch der völkischen Faschisten in wenigen Tagen zu Fall brachte.

Am 12. März 1920 meuterte die von dem berüchtigten Kapitän Ehrhardt[147], dem geheimen Chef der Mordorganisation Consul, geführte Marinebrigade, als sie nach den Bestimmungen des Versailler Vertrags aufgelöst werden sollte. Die „Eiserne Brigade" unterstand dem General von Lüttwitz.[148] Dieser bildete mit Ludendorff, Oberst Bauer[149] und Hauptmann

---

[143] Vgl. Carl-Ludwig Holtfrerich, Die deutsche Inflation 1914–1923. Ursachen und Folgen in internationaler Perspektive. Berlin u.a. 1980; Fritz Blaich, Der schwarze Freitag. Inflation und Wirtschaftskrise. München 1985; Gerald D. Feldman, Vom Weltkrieg zur Weltwirtschaftskrise. Studien zur deutschen Wirtschafts- und Sozialgeschichte 1914–1932. Göttingen 1984; ders., The Great Disorder. Politics, economics and society in the German Inflation 1914–1924. New York u.a. 1993.

[144] Vgl. Peter Krüger, Deutschland und die Reparationen 1918/19. Stuttgart 1973.

[145] Siehe unten Kapitel 10.

[146] Gemeint sind die reaktionären Kabinette unter Gustav von Kahr, die seit März 1920 amtierten; vgl. dazu Albert Schwarz in: Max Spindler (Hrsg.), Handbuch der bayerischen Geschichte. Bd. IV/1, München 1974/75, S. 454–465.

[147] Hermann Ehrhardt (1881–1971), Korvettenkapitän, Führer der Brigade (Freikorps) Ehrhardt, einer konterrevolutionären Organisation, Gründer der „Organisation Consul", einer „Hauptquelle politischer Kapitalverbrechen" der Weimarer Republik, lebte zeitweise unbehelligt in München; vgl. Gabriele Krüger, Die Brigade Ehrhardt. Hamburg 1971.

[148] Walther Freiherr von Lüttwitz (1859–1942), General, im Sommer 1919 Befehlshaber der Reichstruppen im Reich, wegen seiner Beteiligung am Kapp-Putsch aus dem Heer ausgeschieden.

[149] Max Hermann Bauer (1869–1929), Oberst, seit 1917 Vertrauensmann Ludendorffs bei der Obersten Heeresleitung, nach 1918 republikfeindlicher Berater Ludendorffs,

Pabst[150] eine faschistische Gruppe, die die Abrüstung verhindern und die verfassungsmäßige Regierung unter dem Reichspräsidenten Ebert stürzen wollte.

Weder die innenpolitischen noch die außenpolitischen Folgen ihrer Unternehmung waren ihnen klar. Für sie galt nur der Leitsatz, daß „scharf rechts" regiert werden müsse. In der Auswahl ihres Reichskanzlers hatten sie eine besonders glückliche Hand. Sie bestellten den ostpreußischen Generallandschaftsdirektor Wolfgang Kapp[151], der bald darauf an einem Gehirntumor einging. Er hatte während des Krieges, natürlich anonym, Schriftchen veröffentlicht, in denen er den Reichskanzler von Bethmann Hollweg beschuldigte, im Dienste Englands zu stehen. Als der Reichskanzler des Kapp-Putsches hat er sich in den wenigen Tagen seiner „Regierung" mit unsterblicher Lächerlichkeit bedeckt.

Er konnte nicht einmal Geld von der Reichsbank abheben, weil der Unterstaatssekretär Schroeder[152] die zweite Unterschrift verweigerte. Ohne eine solche kann man in einer deutschen Revolution keine Schecks kassieren. Der sozialdemokratische Ministerialdirektor Rauscher[153] hatte noch vor der Flucht der Reichsregierung aus Berlin einen Aufruf drucken lassen, in dem die Arbeitermassen zum Generalstreik aufgerufen wurden.

Der Parole wurde geschlossen Folge geleistet. In ganz Deutschland stand jedes Rad still. Die Unzuverlässigkeit der Reichswehr trat aber sofort in Erscheinung. Noske forderte seine geliebte Reichswehr auf, den Putschisten Widerstand zu leisten. Die Generäle weigerten sich. Auf Arbeiter zu schießen, hatten sie keine Bedenken, aber auf ihre eigenen Kameraden – das lehnten sie ab. Dabei war die meuternde Brigade Ehrhardt nicht mehr als 5 000 Mann stark.

Der Reichsregierung blieb nichts übrig, als nach Dresden überzusiedeln. Immerhin blieb die Reichswehr neutral und schloß sich nicht den Hochver-

---

1920 Teilnehmer am Kapp-Putsch, seit 1927 Militärberater der nationalchinesischen Regierung; zu seiner Rolle nach 1920 vgl. BayHStA, Abt.V, Sammlung Personen 3884.

[150] Waldemar Pabst (1881–1970), Hauptmann, später Major; zu seinen staatsfeindlichen Bestrebungen nach 1920 vor allem in Österreich vgl. BayHStA, Abt. V, Sammlung Personen 2580.

[151] Wolfgang Kapp (1858–1922), Beamter und Politiker, konservativer Agrarier, 1917 mit Tirpitz Gründer der Vaterlandspartei, später DNVP, 13.–17. März 1920 selbsternannter Reichskanzler des Kapp-Putsches, Antirepublikaner; vgl. Johannes Erger, Der Kapp-Lüttwitz-Putsch. Düsseldorf 1967.

[152] Franz Clemens Schroeder (1874–1947), Beamter im preußischen Finanzministerium, 1916 Direktor im Reichsschatzamt, dort 1918 Unterstaatssekretär, 1920 Staatssekretär im Reichsfinanzministerium, 1924 Direktor der preußischen Staatsbank.

[153] Ulrich Rauscher (1884–1930), Pressechef der Reichskanzlei, später im diplomatischen Dienst; vgl. BayHStA, Abt. V, Sammlung Personen 2981.

rätern an. Nur der Haudegen von Lettow-Vorbeck[154] stellte sich mit der
9. Reichswehrbrigade den Putschisten zur Verfügung. In Königsberg huldig-
ten der neuen Regierung der General von Estorff[155] und der sozialdemokratische Oberpräsident Winnig[156], ein früherer Bauarbeiter. Unter der drosseln-
den Wirkung des Generalstreiks trat Kapp am fünften Tage zurück, ebenso
Lüttwitz. Sie verbrannten ihre Akten und verschwanden aus Berlin.

Die gerichtliche Sühne dieses vollendeten Hochverrats war für die deutsche Justiz ungemein charakteristisch.[157] Gegen die Teilnehmer der bayerischen Räterepublik hatten die Standgerichte und Volksgerichte neun Todesurteile verhängt, gegen Leviné und gegen acht Teilnehmer des Geiselmor-
des. Insgesamt wurden 2 209 Angeklagte verurteilt, 65 zu Zuchthaus, 1737 zu
Gefängnis und 407 zu Festung, im Ganzen etwa 5 000 Jahre Freiheitsstrafe.

Wegen des Kapp-Putsches wurden 705 Strafverfahren eingeleitet. Nach
amtlicher Mitteilung des Reichsjustizministers im Reichstag am 21. Mai 1921
waren nach über einem Jahre hiervon 412 Fälle amnestiert, 108 Fälle durch
Tod oder „andere Gründe" erledigt, 174 Fälle durch Einstellung ohne Verhandlung beendigt und null Fälle durch Bestrafung erledigt. Übrig blieben
11 Strafverfahren.

Von diesen Angeklagten wurde nur ein einziger, der Berliner Polizeipräsident von Jagow[158], zu 5 Jahren Festungshaft verurteilt. Zwei Mitglieder der
Kapp-Regierung wurden vom Reichsgericht freigesprochen. Es glaubte ihnen, daß sie nur „Ruhe und Ordnung", aber keinen Hochverrat im Sinne gehabt hätten.

Kapp floh ins Ausland, stellte sich dann aber der Justiz und starb in der
Untersuchungshaft. Oberst Bauer flüchtete nach China und wurde dort Mi-
litärinstruktor der chinesischen Armee. Major Pabst fuhr nach Österreich
und leitete dort die gegenrevolutionären Bestrebungen. Dem Kapitän Ehrhardt stellte der völkische Polizeipräsident Pöhner[159] in München zwei

---

[154] Paul von Lettow-Vorbeck (1870–1964), Kommandeur der Schutztruppe in Deutsch-
      Ostafrika, wegen seiner Teilnahme am Kapp-Putsch aus der Reichswehr entlassen.
[155] Ludwig von Estorff (1859–1943), preußischer General, vorher Offizier in Deutsch-
      Südwestafrika, 1919/20 Führer der 3. Reichswehrgruppe in Kolberg und des
      1. Reichswehrkreises, Militärschriftsteller.
[156] August Winnig (1878–1956), 1919 Oberpräsident von Ostpreußen, 1920 wegen sei-
      ner Beteiligung am Kapp-Putsch entlassen und aus der SPD ausgeschlossen, Wand-
      lung zu den Volkskonservativen und zur Schriftstellerei.
[157] Vgl. zum Folgenden Gumbel, Vier Jahre politischer Mord (wie Anm. 85), passim;
      Gumbel, Verschwörer (wie Anm. 105), S. 13 ff. sowie Hannover, Politische Justiz
      (wie Anm. 22), S. 76 ff. und Jasper (wie Anm. 22), S. 172.
[158] Traugott von Jagow (1865–1941), Dr. iur., Regierungspräsident a.D., Major d.R., zur
      Zeit des Putsches Berliner Polizeipräsident.
[159] Ernst Pöhner (1870–1925), Jurist, 1919–1921 Polizeipräsident in München, nach sei-
      nem politisch bedingten Rücktritt Rat am Bayerischen Obersten Landesgericht; als
      Polizeipräsident einer der Hauptverantwortlichen bei der Vertuschung von politi-
      schen Morden der Rechten nach 1919, wegen aktiver Beteiligung am Hitler-Putsch

falsche Pässe aus. Obwohl er steckbrieflich verfolgt war, fuhr er unter falschem Namen heiter zwischen München, Wien und Ungarn hin und her. Einmal wurde er in München verhaftet, man ließ ihn aber aus dem Gefängnis entkommen.

Das Reich zahlte den Hochverrätern Ehrhardt, Jagow und Lüttwitz auf Richterspruch des Reichsgerichts sogar ihre Pensionen aus, selbst für die Zeit ihrer hochverräterischen Betätigung. Der Gipfelpunkt aber war, daß die Regierung des sozialdemokratischen Ministerpräsidenten Otto Braun[160] den 3000 Mannen der meuternden Marinebrigade die „Treuezulage" auszahlte, die Kapp ihnen versprochen hatte.

Trotz dieser Schwächezeichen in der demokratischen Führung machte der Sieg der Massen durch die überwältigende Wirkung des Generalstreiks, der ganz Deutschland mit einem Schlage zum Stillstand brachte, einen gewaltigen Eindruck. Hätten die sozialistischen Führer den Mut gefunden, dieses Kampfmittel zur Niederwerfung der Gegenrevolution und zum Ausbau und zur Festigung der Demokratie zu verwenden, statt nur zur Abwehr eines einzelnen Putsches, alles wäre anders gekommen. Aber die sozialdemokratische Führung war ja selbst gegenrevolutionär fast bis zum letzten Mann. Ebert hatte ja erklärt, er hasse die Revolution wie die Sünde. Wir werden im Laufe dieser Erinnerungen, besonders in meinen persönlichen Erlebnissen auf diesem Gebiet, sehen, wie verhängnisvoll diese Haltung zur Unterminierung der Republik beigetragen hat.

Während der Kapp-Putsch im Reich innerhalb von fünf Tagen niedergeschlagen war, war er in Bayern erfolgreich und führte schon 1920 zur Machtergreifung des völkisch-antisemitischen Faschismus. Diese Tatsache ist viel zu wenig bekannt, muß aber wegen ihrer Wirkungen festgehalten werden. Bayern, das seine klerikalen Führer gerne als die „Ordnungszelle" bezeichneten, war in Wirklichkeit die Unordnungszelle, von der aus die Gegenrevolution schließlich das ganze Reich den Faschisten in die Hände spielte.

Man hatte in Bayern zur Aufrechterhaltung der beliebten „Ruhe und Ordnung" die Einwohnerwehr[161] nach der Niederwerfung der Räterepublik gegründet. Das erschreckte Bürgertum erhielt Gewehre und bewachte die bestehende Ordnung. Zahlreiche Juden, die in Deutschland instinktlos und po-

1923 zu 5 Jahren Festung und zur Dienstentlassung verurteilt, 1924/25 MdL (Völkischer Block/DNVP), 1925 bei Autounfall ums Leben gekommen; vgl. StAM, Polizeidirektion München 10128 und Hans Fenske, Konservativismus und Rechtsradikalismus in Bayern nach 1918. Bad Homburg u.a.1969, S. 140 ff.

[160] Otto Braun (1872–1955), von 1920–1932 mit einer Unterbrechung preußischer Ministerpräsident.

[161] Vgl. ausführlich Fenske (wie Anm. 159), S. 76 ff. und Albert Schwarz in: Max Spindler (Hrsg.), Handbuch der bayerischen Geschichte. Bd. IV/1, München 1974/75, S. 454 ff.

litisch ahnungslos ihre Sicherheit von der Reaktion erwarteten, standen stolz mit Gewehr und Armbinde Posten für ihre Todfeinde.

Die Einwohnerwehr wurde alsbald ein Organ der geheimen Wiederaufrüstung und des Waffenschmuggels. Es galt als Pflicht jedes patriotischen Mannes, an der Sabotierung der Entwaffnungsklauseln des Versailler Vertrages mitzuwirken. Pensionierte Generäle teilten sich in die Führung mit dem völkisch gesinnten Forstrat Escherich[162] und anderen Hauptleuten völkischer Organisationen. So wurde die Einwohnerwehr zu einer bewaffneten Militärorganisation, die der hilflosen verfassungsmäßigen Regierung Diktate erteilen konnte. Sie wurde von der Reichswehr mit Waffen aller Art beliefert. Sie spielte bei dem faschistischen Umsturz in Bayern eine entscheidende Rolle.

Der bayerische Reichswehrkommandant von Moehl[163] hatte der bayerischen Regierung am 13. März 1920 versichert, die bayerische Reichswehr stehe fest auf Seiten der Regierung und mache den Putsch nicht mit. Am 14. März 1920 aber wurden die Minister morgens 5 Uhr aus ihren Betten geholt, um eine Sitzung abzuhalten. Vor dieser erschien der General von Moehl in Begleitung des Polizeipräsidenten Pöhner. Er erklärte, Pöhner und Kahr[164], ein ungewöhnlich engstirniger Reaktionär, verlangten die Übertragung der vollziehenden Gewalt auf das Militär. Werde dieser Forderung nicht Folge geleistet, so könnten sie die Zeitfreiwilligenverbände nicht mehr ruhig halten. Diese würden gegen die Regierung marschieren. Sie könnten dann deren Sicherheit nicht mehr garantieren.

Pöhner gab eine ähnliche Erklärung ab und drohte mit „antisemitischen Unruhen". Auch der Landeshauptmann Escherich war als Häuptling seiner Einwohnerwehr und seiner Zeitfreiwilligenorganisation (Orgesch) erschienen. Er trat auch hier für Ruhe und Ordnung ein, indem er erklärte, es gebe ein Unglück, wenn die Regierung nicht die vollziehende Gewalt dem General von Moehl übertrage. Um diesen Drohungen Nachdruck zu verleihen, war im Vorzimmer der Leutnant Hemmeter[165], ein Münchner Rechtsanwalt völkisch-antisemitischen Glaubens, mit einigen Mannschaften aufmarschiert, die Handgranaten im Gürtel trugen.

---

[162] Georg Escherich (1870–1941), Forstbeamter, Landeshauptmann der bayerischen Einwohnerwehren; vgl. Fenske (wie Anm. 159), S. 108 ff. und Horst G. W. Nusser, Konservative Wehrverbände in Bayern, Preußen und Österreich 1918–1933. Mit einer Biographie von Forstrat Georg Escherich (1870–1941). 2 Bände. München 1973.

[163] Arnold von Moehl (1867–1944), General der Infantrie, 1919–1922 Befehlshaber der 7. (bayerischen) Reichswehrdivision.

[164] Gustav von Kahr (1862–1934), Verwaltungsbeamter, 1917–1920 Regierungspräsident von Oberbayern, von März 1920 bis Herbst 1921 bayerischer Ministerpräsident, 1923 Generalstaatskommissar, 1924 Rücktritt auf Grund seiner Verwicklung in den Hitler-Putsch, 1924–1930 Präsident des Bayerischen Verwaltungsgerichtshofs, 1934 ermordet.

[165] Walther Hemmeter (1887–1958), Rechtsanwalt in München, Führer im Bund Wiking, Freikorpsführer, Verteidiger von Pöhner und Robert Wagner im Hitler-Prozeß, auch nach 1945 in München als Rechtsanwalt tätig.

Wie später der preußische Innenminister Severing[166] beim Staatsstreich von Papens[167] gegen die preußische Regierung, fügten sich die sozialdemokratischen Minister feig und kläglich der Gewalt; der „demokratische" Justizminister Müller-Meiningen tat es sogar gerne, um den Anschluß an die neue Koalitionsregierung nicht zu verpassen. Nur der Ministerpräsident Hoffmann stimmte dagegen, dachte aber nicht daran, die Arbeitermassen gegen die faschistische Gewalttat aufzurufen.

So wurde, als sich die Türe hinter der abtretenden verfassungsmäßigen Regierung geschlossen hatte, das Ministerium Dr. von Kahr gebildet. Wie die Regierung von Papen später im Reich, war sie der Steigbügelhalter des völkischen Faschismus. Von hier führte eine gerade Linie zum Hitler-Putsch vom November 1923 und zur Ermordung des alten Dr. von Kahr durch die Mörderbanden Hitlers am 30. Juni 1934. Kronos frißt gerne seine eigenen Kinder. Und von den Juden, die unter Escherich mit Gewehr und Armbinde Posten standen, führt eine gerade Linie zu den Vernichtungslagern von Auschwitz.

Die Folgen für die politische Justiz, die wie eine feile Hure jeweils mit den reaktionärsten Machthabern ging, waren eine weitere Radikalisierung gegen Links und eine weitere Straffreiheit für Rechts. Arbeiter, die dem Aufruf der Reichsregierung gefolgt waren, wurden in Bayern massenweise wegen Aufruhr oder Bandenbildung auf die Anklagebank gebracht.[168]

Die Gerichte fällten zwar meist milde Urteile. Ich fuhr zweimal die Nacht hindurch nach Bamberg, um dort Arbeiter wegen dieser „Vergehen" zu verteidigen. Da aber die sozialdemokratische Führung selbst diese Rechtsbrüche ohne Entrüstung oder Gegenwehr hinnahm, wurde die erstrebte Einschüchterung der Arbeiter erreicht.

Der neue sozialdemokratische Reichskanzler Gustav Bauer hatte andere Sorgen. Er kündigte zwar am 18. März 1920 ein Gesetz gegen Hochverräter an und der Reichswehrminister Dr. Geßler[169] verhieß eine Säuberung der Reichswehr von unzuverlässigen Elementen. Es geschah aber nichts. Erlas-

---

[166] Carl Severing (1875–1952), 1920–1926 preußischer MdL und MdR (SPD), 1930–1932 preußischer Innenminister, 1928–1930 Reichsinnenminister.

[167] Franz von Papen (1879–1969), Diplomat und Politiker, 1920–1928, 1930–1932 preußischer MdL (Zentrum), ultrakonservativ, „Herrenreiter", Juni–November 1932 Reichskanzler im „Kabinett der Barone", ebnet Hitler den Weg zur Macht, 1933/34 Vizekanzler unter Hitler, anschließend im diplomatischen Dienst, im Nürnberger Prozeß 1946 Freispruch.
Mit dem Staatsstreich ist die Machtübernahme des Reichs in Preußen, der sog. Preußenschlag, am 20.7.1932 gemeint.

[168] Einschlägig sind z.B. die Prozeßakten des Volksgerichts München im StAM, Staatsanwaltschaften, bes. Jg. 1920.

[169] Otto Geßler (1875–1955), Jurist, 1914–1919 Oberbürgermeister von Nürnberg, 1919 Reichsminister für Wiederaufbau, 1920–1928 Reichswehrminister, Mitglied der DDP.

sen wurde nur das Amnestiegesetz vom 4. August 1920[170], das fast alle Hochverräter von Rechts straffrei machte.

Hier wie an vielen anderen Stellen dieser Erinnerungen habe ich viele
Einzelheiten den unveröffentlichten Aufzeichnungen meines Mitkämpfers
und Freundes Philipp Löwenfeld[171] entnommen, dessen fabelhaftes Gedächtnis viele Einzelheiten aufbewahrt hat, die sonst längst vergessen zu sein
scheinen.

Die Justiz schritt aber von der Einschüchterung kleiner Leute bald zu
größeren reaktionären Zielen fort, die mich vor neue schwierige Aufgaben
stellen sollten. Der erste große politische Prozeß, den ich zu führen hatte,
war die Anklage gegen Felix Fechenbach wegen Landesverrats.[172] Auch in
den gewöhnlichen Kriminalsachen sollten mir weit größere Aufgaben als bisher bevorstehen.[173] Ich hatte bisher kaum die Fähigkeiten und Erfahrungen
erworben, die zur Bewältigung dieser großen Aufgaben erforderlich waren.
Ich wuchs erst in ihnen langsam dazu heran. Aber ich war siegreich, weil ich
die Kraft hatte, sie zu bestehen. Ich stelle den Fechenbach-Prozeß wegen seiner besonderen Bedeutung im folgenden Kapitel dar.

An die unsterbliche Geliebte

Am 15. Januar 1920 hatte mir meine wunderschöne, kluge, gütige Geliebte
die unendliche Gnade erwiesen, sich mit mir zu verheiraten. Erst dadurch
habe ich die Kraft für meine Lebensaufgaben gefunden. Sie hat mir meinen
geliebten Sohn geschenkt, der mich mit den kommenden Geschlechtern verbindet. Sie hat zwei Männern das Leben geschenkt, mir und ihm. Als sie un-
sern Sohn in ihrem Schoße trug, schrieb ich in den „Männlichen Stanzen":

> „Du lebst, Du atmest. Himmelsangesicht.
> Du bist bei mir, Du bist mir nicht entschwunden.
> Noch glänzt Dein Lächeln. Und Dein Augenlicht
> Streift lieblich heilend über Traumeswunden.
> Ach, daß Du lebst, Geliebte. Daß Du nicht
> Von mir gingst. Hab' ich Dich gefunden
> Doch einmal schon mit scheidender Gebärde
> Und Dich zurückgerissen auf die Erde.

---

[170] Gesetz über die Gewährung von Straffreiheit vom 4. August 1920, RGBl. I (1920),
S. 1487, für Strafen, die zur Abwehr eines hochverräterischen Unternehmens begangen wurden.
[171] Im Nachlaß Philipp Löwenfelds im Leo-Baeck-Institut, New York.
[172] Siehe das folgende 6. Kapitel.
[173] Siehe unten das 8. Kapitel.

Ich habe Tod geträumt. Jetzt träum' ich Leben.
O lieber Traum, durch den Dein Lächeln bricht.
Ich liebe wohl die Haltung, wenn Du neben
Mir hergehst, liebe wohl Dein Angesicht.
Ich liebe wohl Dein zärtlich scheues Geben,
Wenn Du Dich auftust. Doch das ist es nicht.
Ich liebe Deine Haltung und Gebärde,
Weil Du mich einfügst in die schöne Erde.

Den Glücklichen hält endlich zauberhaft
Der Liebsten mütterlicher Schoß umschlungen
Und selig schmilzt erweckte Manneskraft
Ins Ziel der sehnsuchtsvollen Wanderungen,
Kreislauf des Bluts, Kreislauf der Mutterschaft.
Ganz schlicht hat Dich, Du Törichter, bezwungen
Ein allgemeines Menschenschicksal. Bangt
Dir jetzt noch vor dem Eingang? Du bist angelangt."

Eines der vielen Liebesgedichte, die ihr gehören, begann:
„Und wenn ich den geliebten Namen schreibe, so sind umschrieben die bewohnten Zonen." Ich schreibe den geliebten Namen nieder: Bessie. Ihr Name sei gesegnet.
Ich schreibe den zweiten geliebten Namen nieder, den meines Sohnes (unseren ersten Sohn hat uns die Aufregung des Kapp-Putsches, in dem sie um mein Leben zitterte, geraubt[174]): Erich Stefan.[175] Er hat mir alles an Glück und Erfüllung gegeben, was ein Sohn dem Vater nur geben kann. Ihr beide wart mein Leben. Seid gesegnet!

---

[174] Ein Sohn (Erich Stefan) war am 15. März 1920 am Tage der Geburt in München bereits verstorben. Stadtarchiv München, Einwohnermeldebogen Max Hirschberg.
[175] Erich Stefan Hirschberg, geb. 24. Oktober 1921 in München, Biochemiker, Krebsforscher, Lehrtätigkeit (Professor) an der Columbia University, New York und an der New Jersey Medical School, Newark/USA, lebt in Greenwich, Connecticut/ USA. Bei ihm befindet sich der gesamte Nachlaß Max Hirschbergs.

Sechstes Kapitel

Die Fechenbach-Sache[1] (Oktober 1922 bis Dezember 1924)

Felix Fechenbach, nach Aussage des Sachverständigen Dr. Thimme[2] ein für Politik ungewöhnlich begabter Mann, war als Sohn armer jüdischer Eltern am 28. Januar 1894 in Mergentheim in Württemberg geboren. Die Familie siedelte im nächsten Jahre nach Würzburg über, wo der Vater eine Bäckerei betrieb. Seine Mutter wurde später Leichenwäscherin. Als Fechenbach im August 1933 auf dem Transport nach dem Konzentrationslager Dachau wegen „Fluchtversuchs" durch einen Schuß in die Stirne – er müßte also rückwärts gelaufen sein – ermordet wurde, soll sie die Leiche ihres eigenen Sohnes gewaschen haben.

Fechenbach wurde 1911 Kommis in Frankfurt. Er war schon damals sozialistisch und gewerkschaftlich eingestellt. Er leitete einen Protest der Angestellten gegen eine Verlängerung der Arbeitszeit ohne entsprechende Lohnerhöhung. Der Chef verständigte sich hinter seinem Rücken mit den Angestellten und warf ihn auf die Straße. 1912 ging er nach München. Dort wurde man auf den glühenden begabten jungen Sozialisten aufmerksam. Er wurde beim Gewerkschaftsverein angestellt. Tagsüber arbeitete er im Büro, abends hielt er in den Gewerkschaftsversammlungen Referate oder rannte zur Hauspropaganda von Treppe zu Treppe.

1914 wurde er eingezogen und kam 1915 an die Front. Er glaubte damals die Legende, daß das unschuldige friedliche Deutschland von dem zaristischen Rußland überfallen worden sei. Er kam verwundet zurück. Er nahm an der Gründung der Jugendsektion der Sozialdemokratischen Partei in München teil. Diese wurde der Parteileitung durch ihren Radikalismus bald unbequem. Sie wurde verboten. Damals geriet Fechenbach unter den Einfluß Kurt Eisners. Um diesen scharten sich junge Idealisten, die seinen Reden gegen die Kriegspolitik andächtig lauschten. Eine neue Welt tat sich für den jungen Sozialisten auf. Er wurde glühender Kriegsgegner. Der imperialistische Frieden der OHL[3] von Brest-Litowsk überzeugte ihn völlig von der

---

[1] Vgl. Hermann Kurt Schueler, Felix Fechenbach 1894–1933. Die Entwicklung eines republikanischen Journalisten. Phil. Diss. Bonn 1980, Druck unter dem Titel: Auf der Flucht erschossen. Felix Fechenbach 1894–1933. Eine Biographie. Köln 1981.

[2] Friedrich Thimme (1868–1938), Historiker, Direktor der Bibliothek des preußischen Landtags; vgl. Annelise Thimme (Hrsg.), Friedrich Thimme 1868–1938. Ein politischer Historiker, Publizist und Schriftsteller in seinen Briefen. Boppard/ Rhein 1994 (= Schriften des Bundesarchivs 46).

[3] Oberste Heeresleitung. Gemeint ist der Friede von Brest-Litowsk vom 3. März 1918. Rußland verzichtete unter deutschem Druck auf Kurland, Livland, Estland, Litauen und Polen, räumte Finnland und die Ukraine und erlaubte deutschen Truppen die Besetzung Weißrußlands. Die Aufhebung dieser Bestimmungen erfolgte durch den Versailler Friedensschluß von 1919. Vgl. Werner Hahlweg (Hrsg.), Der Friede von Brest-Litowsk. Düsseldorf 1971.

Tatsache, daß Deutschland keinen Verteidigungskrieg, sondern einen Eroberungskrieg trieb.

Er nahm im Februar 1918 am Munitionsarbeiterstreik begeistert teil. Eisner wurde verhaftet. Die Anklage wegen Landesverrats gegen ihn wurde nie durchgeführt.[4] Er wurde im September 1918 als Kandidat der Unabhängigen Sozialdemokratischen Partei[5] für die Reichstagswahl nach dem Rücktritt von Vollmars[6] aufgestellt. Daraufhin wurde er aus der Haft entlassen. Die USPD trat nun insgeheim für die Revolution ein.

Im November 1918 war der Krieg für Deutschland endgültig verloren, was er trotz aller Scheinerfolge von Anfang an gewesen war. Die bayerische Zentrumspartei liebäugelte mit einem Sonderfrieden. Sie spielte, unter der Führung Georg Heims, mit dem Gedanken, sich vom Reich zu trennen und eine Donaumonarchie klerikaler Richtung mit Österreich, das von den übrigen Staaten des zusammengebrochenen Österreich-Ungarn isoliert war, zu gründen. Es war ein Lieblingsgedanke der Kurie, die auf diese Weise die katholischen Länder der beiden früheren Großmächte zu einem von ihr beherrschten Staatenbund zusammenfügen wollte.

Fechenbach erblickte die Aufgabe in einer Erhaltung der Reichseinheit, die allein sozialistischen Fortschritt zu gewährleisten schien. Die Abspaltung Bayerns war von Frankreich begünstigt. Heim hatte mit dem französischen General Destiker[7] eine geheime Besprechung in Luxemburg. Er schlug eine Loslösung der süddeutschen katholischen Staaten vom Reich und den Zusammenschluß mit Österreich unter dem Protektorat der Entente vor. Auch im Rheinland war eine separatistische Bewegung entstanden.

Heim veröffentlichte seine Pläne im Bayerischen Kurier am 1. Dezember 1918.[8] Ein Verfahren wegen Landesverrats wurde gegen Heim niemals eingeleitet, wohl aber 1922 gegen Fechenbach. Die bayerischen Patrioten, die ihn dann ins Zuchthaus brachten, waren dieselben, die Ende 1918 die Wiedererrichtung des Rheinbundes und die Zertrümmerung des Deutschen Reiches planten. Fechenbach trat für die Revolution, die Gründung einer deutschen Republik und die Reichseinheit ein.

Eisner hatte den glühenden jungen Sozialisten immer enger an sich gezogen. In der Nacht vom 7./8. November 1918 führten Eisner und Fechenbach

---

[4] Die Akten des Ermittlungsverfahrens gegen Eisner u.a. liegen im Bundesarchiv Berlin, Bestand 30.03 Oberreichsanwalt beim Reichsgericht (Gerichtsaktenzeichen: C 24/18).

[5] USPD, 1916 aus der SPD wegen Verweigerung der Kriegskredite (1915) ausgeschieden, seit 1917 eigene Partei. 1922 Wiedervereinigung mit der SPD, dort auf dem linken Flügel.

[6] Georg von Vollmar (1850–1922), Gründervater der bayerischen SPD, MdR und MdL (bis 1918), gemäßigter, „königlich-bayerischer" Sozialdemokrat.

[7] Pierre-Henri Destiker (1866–1928), französischer General.

[8] Georg Heim, Eisners Irrgänge und Bayerns Zukunft. In: Bayerischer Kurier vom 1. Dezember 1918. Vgl. Hermann Renner, Georg Heim. Der Bauerndoktor. Lebensbild eines „ungekrönten Königs". München 1960, S. 171 f.

die revoltierenden Arbeiter- und Soldatenmassen durch die Straßen Münchens. Die Soldaten in den Kasernen verbrüderten sich mit ihnen. Am Morgen des 8. November lasen die erstaunten Münchner den Aufruf des Arbeiter- und Soldatenrates, der Bayern zu einer Republik erklärte und den Frieden verlangte. Keine Hand erhob sich zur Verteidigung der Monarchie. Der König Ludwig III. flüchtete aus München. Eisner war Ministerpräsident.

Fechenbach wurde der Sekretär und Vertraute Eisners. Er war gleich diesem ein Anhänger der gewaltlosen Fortführung der Revolution. Er trat für die Einheit der Arbeiterbewegung ein. Er bewies seinen politischen Scharfblick bald darauf, als er gegen die Räterepublik als Delegierter des Rätekongresses in einer Rede vom 5. März 1919 auftrat.[9] Er hielt sich von jeder Beteiligung an dem abortiven Unternehmen fern. Mit Begeisterung folgte er der Idee Eisners, daß Deutschland nur durch eine entschlossene Abkehr von der imperialistischen Politik des alten Regimes bessere Friedensbedingungen erreichen könne.

Ebert hatte namens der Volksbeauftragten die heimkehrenden Truppen am Brandenburger Tor in Berlin als die „von niemand Überwundenen" begrüßt und damit die Dolchstoßlegende begründen helfen, die uns später (1925) beschäftigen wird.

Man kann den Grundgedanken Eisners nicht als utopisch belächeln, da er in Präsident Wilson einen mächtigen Verteidiger hatte. Daß dieser bei den Friedensverhandlungen schließlich ein Gefangener der Machtpolitik von Clemenceau[10] und Lloyd George[11] werden würde, konnte man damals noch nicht voraussehen. Zur Politik Eisners gehörte konsequenterweise die Bekanntgabe der Dokumente, die die imperialistische Annexionspolitik der gestürzten Machthaber entlarvte. Die Bloßstellung der Politiker des alten Regimes sollte deren Wiederkehr zur Macht in der deutschen Republik verhindern und eine militaristisch-antidemokratische Gegenrevolution vereiteln.

An dieser Grundeinstellung hielt Fechenbach auch nach der Ermordung Eisners fest; sie führte dann im Herbst 1922 zu der Anklage wegen Landesverrats. Die Gegenrevolution versuchte, diese Bekanntgabe der belastenden Dokumente um jeden Preis zu verhindern; die reaktionäre Justiz stellte sich ihr auch hier als williges Werkzeug zur Verfügung. Wie weit die beteiligten Richter dabei vorsätzlich das Recht beugten oder gutgläubig Fehlurteile fällten, ist von sekundärer Bedeutung.

---

[9] Fechenbachs Rede vom 5. März 1919 ist gedruckt in: Stenographischer Bericht über die Verhandlungen des Kongresses der Arbeiter-, Bauern- und Soldatenräte vom 25. Februar bis 8. März 1919. München 1919, S. 116–118.

[10] Georges Clemenceau (1841–1929), französischer Ministerpräsident u.a. seit 1917, mitverantwortlich für den Sieg der Alliierten im 1. Weltkrieg, deutschfeindlich, trat bei den Friedensverhandlungen in Versailles für den Rhein als französische Ostgrenze ein.

[11] David Lloyd George (1863–1945), seit 1916 englischer Premierminister, Anhänger der völligen Niederwerfung Deutschlands, in Versailles Mittelposition zwischen USA und Frankreich.

Die Fahrlässigkeit kann eine schwerere Schuldform sein als der Vorsatz. Ein leichtfertiger Autofahrer, der ein Kind überfährt, ist schuldiger als ein kleiner Angestellter, der 100,– Mark aus Not unterschlägt. Ich habe einen jungen Menschen verteidigt, der ein Kind überfahren und getötet hatte, er berichtete lächelnd die Einzelheiten ganz ohne Reue. Er hat mich angeekelt. Ich habe einen Rechtsanwalt verteidigt, der Mündelgelder unterschlagen hatte, als ihm Arztkosten und Nahrungssorgen über den Kopf wuchsen. Ich hatte Mitleid mit ihm. Ich konnte ihn nicht retten, aber der Vorsitzende hatte bei der Urteilsverkündung Tränen in den Augen.

Fechenbach begleitete Eisner auf dem Gang zum Landtag am 21. Februar 1919, als dieser ermordet wurde. Er warf den Mörder zu Boden. Ein herbeieilender Soldat schoß auf ihn. Als er ihn durch einen Schuß in die Schläfe töten wollte, fiel ihm Fechenbach in den Arm. Er rettete dem konterrevolutionären Mörder das Leben. Die weniger menschliche Gegenrevolution hat Fechenbach ermordet. Niemand fiel den Mördern in den Arm.

Es wurde Fechenbach zum Verhängnis, daß er sich als politischer Erbe Eisners betrachtete und dessen Enthüllungspolitik fortzuführen suchte. Außerdem schloß er eine für ihn verhängnisvolle Ehe mit einer Frau, die alles andere als eine Gesinnungsgenossin war. Ohne jedes Verständnis für Fechenbachs revolutionären Idealismus und seine selbstlose Hingabe an seine Ideen, drängte Dr. Martha Czernichowski[12] auf Anstellung und Einnahmen. In ihrem Haß nach der unvermeidlichen Scheidung erniedrigte sie sich zur Denunziantin gegen Fechenbach und verriet ihn an den deutschnationalen Professor Coßmann.

Professor Paul Nikolaus Coßmann war Herausgeber der „Süddeutschen Monatshefte" und später der leitende Mann in den „Münchner Neuesten Nachrichten".[13] Im Dolchstoßprozeß 1925[14] versetzte ich ihm vernichtende Schläge, von denen er sich niemals mehr ganz erholen sollte. Sein tragisches Schicksal unter dem Hitlerterror ist eine Illustration für den Juden, der sich mit der Reaktion verbündet, ihr mit allen Mitteln dient und schließlich von ihr angespien und getötet wird.

Coßmann war ein höchst gebildeter, aber charakterlich minderwertiger Mann, dem zum Kampfe gegen den Fortschritt kein Mittel, weder Wortbruch noch Vertrauensbruch noch Denunziation zu niedrig war. Er war ein getaufter Jude mit einem stark jüdischen durchgeistigten Gesicht. Sein Vater war

---

[12] Martha Czernichowski (1894–1941), Dr. med., Approbation 1920, bis 1933 Ärztin in München, Scheidung von Fechenbach 1922, am 31. März 1933 Abmeldung nach Palästina. Vgl. Renate Jäckle, Schicksale jüdischer und „staatsfeindlicher" Ärztinnen und Ärzte nach 1933 in München. München 1988, S. 60, sowie StAM, Staatsanwaltschaften 1682–1684 (Akten des Fechenbach-Prozesses).

[13] Vgl. ausführlich Paul Hoser, Die politischen, wirtschaftlichen und sozialen Hintergründe der Münchner Tagespresse zwischen 1914 und 1934. Methoden der Pressebeeinflussung. 2 Bände. Frankfurt u.a. 1990.

[14] Vgl. dazu unten Kapitel 10.

Rabbiner gewesen.[15] Die talmudische Dialektik stellte mit der nationalistischen Phrase in dem Sohn eine wirre seltsame Kreuzung her. Letzten Endes war sein Wesen mystisch fundiert; es kann nur aus seinem tragischen Ende verstanden werden; er war vor seinem Tode ein inbrünstig gläubiger katholischer Christ geworden, der urchristliche Selbsthingabe predigte und betätigte.[16]

Das tragische Ende dieses seltsamen Schriftstellers und Politikers darf nicht an der Feststellung hindern, daß er eine der verhängnisvollsten Figuren in der Gegenrevolution und in der deutschen Republik gewesen ist. Bis zum Ersten Weltkrieg war er ein Vorkämpfer des liberalen demokratischen Fortschritts gewesen. Fortschrittliche Schriftsteller schrieben in den „Süddeutschen Monatsheften". Der progressive Münchner Professor der Nationalökonomie Lujo Brentano konnte die Monatshefte als Sprachrohr in seinen Kämpfen gegen die Interessenpolitik der Großindustrie und gegen die gelben Gewerkschaften benützen.[17]

Nach Ausbruch des Ersten Weltkriegs vollzog Coßmann eine Wendung zum Chauvinismus und zur militärischen Machtpolitik. Er warf sich dem neuen Evangelium mit der leidenschaftlichen Skrupellosigkeit des neubekehrten Gläubigen in die Arme. Die „Süddeutschen Monatshefte" wurden jetzt das Sprachrohr der Alldeutschen unter Führung des Großadmirals von Tirpitz, der den Spitznamen „der Vater der Lüge" trug.[18] Coßmann wurde nun mit dem Radikalismus des Neubekehrten extremer Nationalist und Annexionist, der jeden Anhänger eines Verständigungsfriedens mit Haß und Bosheit verdächtigte und sich der Fronde der Alldeutschen gegen Bethmann Hollweg anschloß.

Die „Süddeutschen Monatshefte" wurden nun eine Brutstätte des Nationalismus und Chauvinismus. Rabiat gewordene Professoren und andere Stammtischstrategen forderten dort uferlose Eroberungsziele für das vermeintlich siegreiche Deutschland. Der in seinem Fach bedeutende Münchner Hygieniker Geheimrat von Gruber[19] veröffentlichte dort noch 1917, als die

---

[15] Hirschberg irrt hier, der Vater, Bernhard Coßmann (1822–1910), war Cellovirtuose und Professor in Moskau und Frankfurt gewesen.

[16] Karl Alexander von Müller, Paul Nikolaus Coßmanns Ende. In: Hochland 42 (April 1950), S. 368–379.

[17] In Frage kommen folgende Aufsätze Brentanos in den „Süddeutschen Monatsheften": Die beabsichtigte Neuorganisation der deutschen Volkswirtschaft. In: SM 1,1 (1904), S. 254–282.
Über den Syndikalismus. In: SM 10,1 (1912/13), S. 320–342.
Auf dem Wege zum gesetzlichen Lohnminimum. In: SM 10,1 (1912/13), S. 537–559.

[18] Vgl. dazu Annelise Thimme, Der „Fall Tirpitz" als Fall der Weimarer Republik. In: Imanuel Geiss und Berndt-Jürgen Wendt (Hrsg.), Deutschland in der Weltpolitik des 19. und 20. Jahrhunderts. Festschrift Fritz Fischer zum 65. Geburtstag, Düsseldorf 1974, S. 463–482.

[19] Max von Gruber (1853–1927), Österreicher, seit 1902 Professor für Hygiene an der Universität München, 1908 geadelt, 1923 emeritiert, seit 1924 Präsident der Bayeri-

Friedensaktion Wilsons und die Parallelaktion der Kurie Deutschland zu einem Verständigungsfrieden unter Rückgabe Belgiens zu bereden suchte, einen Artikel unter der Überschrift „Scheidemannscher Frieden oder deutscher Frieden".[20] Ich habe ihn am ersten Tag des Dolchstoßprozesses am 19. Oktober 1925 auszugsweise verlesen.

Der österreichische Außenminister Graf Czernin[21] hat über diese alldeutschen Annexionisten seufzend gesagt: „Da kann nur noch der Irrenarzt helfen!" Professor von Gruber forderte darin, daß Kurland, Litauen, Livland und Estland unter deutscher Oberhoheit verbleiben; Belgien müsse politisch, militärisch und wirtschaftlich in deutscher Hand bleiben; die flandrische Küste sei notwendig, um die deutsche Seegeltung gegen England durchzusetzen; Frankreich müsse das Erzbecken von Briey und Longwy abtreten. In Afrika müsse ein großes deutsches Kolonialreich geschaffen werden. Zu diesem müsse Belgien den belgischen Kongo, Portugal seine sämtlichen afrikanischen Besitzungen, Frankreich seine Kolonien in Mittelafrika, Äquatorialafrika, Saharagebiet, Somaliland, England seine Besitzungen in Ostafrika, Uganda, Nyassaland und Sansibar beisteuern. Ägypten und der Sudan müßten der alten Dynastie zurückgegeben werden. Die Aktien des Suezkanals seien an Deutschland abzutreten. Malta, Zypern, Aden, Pering, Sokotra und Kuweit müßten der englischen Faust entwunden werden. Gibraltar müsse neutralisiert werden. Tunis und Marokko müßten unter deutsche Oberhoheit kommen.

Ich habe im Plädoyer im Dolchstoßprozeß nach der Erörterung der alldeutschen Annexionsforderungen der Coßmanngruppe und des Berliner Justizrats Heinrich Claß[22] gefragt: „Was hat der deutsche Frontsoldat beim Erscheinen solcher Hefte gefragt? Er hat gefragt: mit welchem Blut wollen Sie das erobern? Mit Ihrem Blut oder mit unserm Blut? ... Ja, meine Herren, Sie stehen auf dem Boden der Vaterlandspartei, wir stehen auf dem Boden von Ypern und Verdun und Armentieres, und da sind die Lasten doch zu ungleich verteilt!"

Fechenbach hatte nun das Unglück, mit diesem skrupellosen Chauvinisten Professor Coßmann in einen Kampf auf Leben und Tod zu geraten. Er hatte die Tollkühnheit, ihn wegen Pressebeleidigung zu verklagen. Das war für ei-

---

schen Akademie der Wissenschaften, Alldeutscher, Anhänger der Rassenhygiene; vgl. Fridolf Kudlien, Max von Gruber und die frühe Hitlerbewegung. In: Medizinhistorisches Journal 17 (1982), S. 373–389.

[20] Der Aufsatz Grubers ist nicht in den „Süddeutschen Monatsheften", sondern in einer vergleichbaren Umgebung erschienen: Julius Friedrich Lehmann (Hrsg.), Deutschlands Zukunft bei einem guten und bei einem schlechten Frieden. 4. Auflage München 1917, S. 7–16.

[21] Ottokar Graf Czernin (1872–1932), österreichischer Außenminister seit 1916, 1918 Rücktritt, weil er den Krieg mit allen Mitteln beenden wollte.

[22] Heinrich Claß (1868–1953), Rechtsanwalt, seit 1908 Vorsitzender des Alldeutschen Verbands, Annexionist, 1917 Mitbegründer der Vaterlandspartei, nach 1918 antidemokratisches und republikfeindliches Wirken, nach 1933 ohne Einfluß.

nen mittellosen sozialistischen Journalisten eine Tollkühnheit, denn Coßmann war der Exponent der annexionistischen Schwerindustrie und ihrer
Millionen, die jetzt durch ihre Presse und besonders durch die „Süddeutschen Monatshefte" die Dolchstoßlüge verbreiten ließen, um die Verantwortung der damaligen Machthaber für die Niederlage Deutschlands zu ver-
schleiern.

Sie hatten inzwischen die „Münchner Neuesten Nachrichten" gekauft und
Coßmann die Leitung übertragen. Coßmann blieb selbst im Hintergrund. Als
Chefredakteur bestellte er einen ihm durch seine geistige Kritiklosigkeit verwandten Journalisten, Dr. Fritz Gerlich[23], der gleich ihm dann von Hitler umgebracht wurde, dessen Wegbereiter er viele Jahre lang ungewollt gewesen
war. Auch er war ein ehemaliger Liberaler, der sich dann der Bekämpfung
des Marxismus und Bolschewismus widmete und gläubiger Katholik wurde,
der über Therese von Konnersreuth[24] und ihre mystischen Reproduktionen
der Kreuzeswunden Christi an ihrem Leibe ein dickes Buch veröffentlichte.[25]
Kurz vor der Machtübernahme Hitlers erkannte er den Abgrund, an den ihn
seine Irrlehren geführt hatten. Er gab eine Zeitung heraus, in der er die Hitlerbewegung rücksichtslos angriff.[26] Das kostete ihn dann das Leben.

Es wäre billig, solche Vorkämpfer des deutschen Nationalismus und der
Gegenrevolution als gesinnungslose Lumpen abzutun. Sicherlich ist eine so
einträgliche politische Anschauung bei früheren Liberalen immer verdächtig
und die Mehrzahl der chauvinistischen Publizisten waren gewiß Konjunkturpolitiker ohne echte Überzeugung. Aber bei Coßmann und Gerlich legt die
religiöse Inbrunst die Annahme nahe, daß auch ihr Glaube an die deutsche
Weltsendung Ausdruck einer kritiklos-dilettantischen Überzeugung gewesen
ist.

Wir haben über das tragische Ende Coßmanns einen Bericht seines Mitar-
beiters und Gesinnungsgenossen, des alldeutschen Münchner Historikers
Karl Alexander von Müller.[27] Er veröffentlicht darin Briefe von Mitgefangenen in Theresienstadt, die keine Zweifel daran gestatten, daß Coßmann als

---

[23] Fritz Gerlich (1883–1934), Historiker, Archivar, Journalist. Vgl. zu ihm das Buch eines „Mitstreiters", Erwein Freiherr von Aretin, Fritz Michael Gerlich. München
1949, 2. Auflage 1983.
[24] Therese Neumann (1898–1962), Stigmatisierte (seit 1926) in Konnersreuth/ Ober-
pfalz.
[25] Fritz Gerlich, Die stigmatisierte Therese Neumann von Konnersreuth. 2 Bände.
München 1929.
[26] Gemeint ist die Wochenschrift „Der gerade Weg", die Gerlich zusammen mit dem
Kapuzinerpater Ingbert Naab herausgab. Vgl. Johannes Steiner (Hrsg.), Prophetien
wider das Dritte Reich. Aus den Schriften des Fritz Gerlich und des P. Ingbert Naab.
München 1946 und Oskar Bender, Der gerade Weg und der Nationalsozialismus. Ein
Beitrag zur katholischen Widerstandspresse vor 1933. Phil. Diss. München 1954.
[27] Karl Alexander von Müller (1882–1964), seit 1914 Mitherausgeber der „Süddeutschen Monatshefte", seit 1917 Dozent, seit 1928 Professor für Geschichte an der
Universität München, 1936–1944 Präsident der Bayerischen Akademie der Wissen-

tiefgläubiger Christ gestorben ist, der sein furchtbares Schicksal in Demut ertrug. Zu einem Vertrauten äußerte er vor seinem Tode, er sei damals irre gegangen.

Eisner, der für die Öffnung der Archive eingetreten war und solche Dokumente veröffentlicht hatte, die das alte Regime politisch belasteten und seine Eroberungsgier aufdeckten, hatte einen diplomatischen Bericht gekürzt veröffentlicht.[28] Coßmann beschuldigte ihn in den „Süddeutschen Monatsheften" der Fälschung und bemerkte in einer Anmerkung, nach Angabe der Frau Eisner habe Fechenbach die Fälschung gemacht. Eisner habe nur seinen Namen daruntergesetzt.[29]

Fechenbach klagte wegen Preßbeleidigung. Diesen Preßbeleidigungsprozeß[30] nützte nun Coßmann zu einer großen Propagandaaktion mit wirklichen und angeblichen Sachverständigen, um die Frage der deutschen Kriegsschuld aufzurollen. Mein Sozius Dr. Löwenfeld vertrat Fechenbach, Rechtsanwalt Dr. Pestalozza den Beklagten, Professor Coßmann. Meinem Freunde Graf Pestalozza widme ich ein Gedenkblatt bei der Besprechung des Dolchstoßprozesses 1925.

Eisner hatte unter anderen Urkunden einen internen diplomatischen Bericht des geheimen Legationsrats von Schoen[31] vom 18. Juli 1914 veröffentlicht; von Schoen war bayerischer Geschäftsträger in Berlin vor Ausbruch des Krieges; er berichtete seinem Chef, dem bayerischen Ministerpräsidenten Graf von Hertling[32], über das bevorstehende Ultimatum Österreich-Ungarns

---

schaften; vgl. Christoph Weisz, Geschichtsauffassung und politisches Denken Münchner Historiker in der Weimarer Zeit ... Berlin 1970; dort sind seine Schriften, bes. seine drei Bände umfassenden Memoiren genannt. Müllers Bericht über Coßmanns Tod ist oben Anm. 16 zitiert.

[28] Zur Veröffentlichung Eisners vom 23. November 1918 vgl. ausführlich Pius Dirr (Hrsg.), Bayerische Dokumente zum Kriegsausbruch und zum Versailler Schuldspruch. München 1922, Vorwort und S. 3 ff.

[29] Vgl. ausführlich und mit allen Nachweisen Schueler, Diss. (wie oben Anm. 1), S. 70 ff., bes. S. 172 ff.

[30] Zum Prozeß ausführlich Schueler, Diss. (wie Anm. 1), S. 181 ff. bzw. 189 ff.; der Prozeß fand vor dem Amtsgericht München statt, Verhandlungstage waren vom 27.–29. April 1922 und vom 2.–4. Mai 1922, das Urteil erging am 11. Mai 1922. Die Prozeßakten liegen StAM, AG 69111, ein Prozeßprotokoll dort AR 3020/1, die Akten des bayerischen Justizministeriums BayHStA, MJu 13251–13253; vgl. Die Kriegsschuldlüge vor Gericht. München (Verlag der Süddeutschen Monatshefte) 1922; Der Münchner Prozeß um die sog. Eisnersche Fälschung. München (Verlag Knorr und Hirth) 1922; Verhandlungen des Bayerischen Landtags 1921/22, Stenographische Berichte Bd. V, S. 589–595; Ulrich Heinemann, Die verdrängte Niederlage. Politische Öffentlichkeit und Kriegsschuldfrage in der Weimarer Republik. Göttingen 1983; Otmar Jung, Felix Fechenbach als „politischer Testamentsvollstrecker" Kurt Eisners? Um die Bekanntmachung der bayerischen Kriegsschuld-Dokumente im Jahre 1919. In: IWK 22 (1986), S. 451–470.

[31] Hans von Schoen (1876–1969), geheimer Legationsrat bei der bayerischen Vertretung in Berlin.

[32] Georg Graf von Hertling (1843–1919), Philosoph und Politiker, MdR (Zentrum), 1912–1917 bayerischer Ministerpräsident, 1917/18 Reichskanzler.

an Serbien. Er schreibt, Serbien könne diese mit seiner Souveränität unvereinbaren Bedingungen nicht annehmen. Die Folge sei der Krieg. „Hier ist man ganz damit einverstanden, daß Österreich die günstige Stunde nutzt, selbst auf die Gefahr weiterer Verwicklungen hin". Der Bericht fährt fort, Berlin habe Österreich erklärt, man sei mit jedem Vorgehen Österreichs einverstanden, auch wenn es zu einem Kriege mit Rußland führen sollte. Wien sei eher nicht scharf genug. Deutschland werde sofort nach Überreichung der österreichischen Note in Belgrad eine diplomatische Aktion bei den Großmächten einleiten. Deutschland werde aber behaupten, das österreichische Ultimatum vorher nicht gekannt zu haben, und vorgeben, es sei ebenso überrascht worden wie die anderen Großmächte.

Eisner hatte diesen Bericht gekürzt veröffentlicht. Er erblickte darin mit Recht eine schwere Belastung der kaiserlichen Regierung. Coßmann hatte im Juli-Heft 1921 der „Süddeutschen Monatshefte" einen Artikel veröffentlicht: „Der große Betrug" mit dem Untertitel „Neue Urkunden zur Schuldfrage".[33] Darin war behauptet, Eisner habe den Bericht durch die Kürzung verfälscht. Er ließ als historische Sachverständige im Prozeß Professor Delbrück[34], den bedeutenden Historiker der Berliner Universität und Herausgeber der „Preußischen Jahrbücher", ferner Dr. Friedrich Thimme und Dr. Johannes Lepsius[35], die Herausgeber der vierzig Bände umfassenden diplomatischen Aktensammlung des Auswärtigen Amtes „Die große Politik der europäischen Kabinette 1871–1914", beide bedeutende und angesehene Kenner der Vorgeschichte, auftreten. Ferner lud Coßmann Dr. Eugen Fischer[36], den Sekretär des Untersuchungsausschusses des deutschen Reichstags und einige weniger bedeutende Sachverständige vor.

Dieser Bericht des Herrn von Schoen sollte nun in der „gefälschten", d.h. gekürzten Fassung, nach Behauptung Coßmanns wesentlich zu der Feststellung in Artikel 231 des Versailler Vertrages beigetragen haben, daß Deutschland und seine Verbündeten im Weltkrieg die Angreifer gewesen sind und daher verantwortlich sind für alle Verluste und Schäden, die die Alliierten und assoziierten Regierungen und ihre Staatsangehörigen infolge des Krieges erlitten haben.

---

[33] Karl Alexander von Müller, Der große Betrug. Neue Urkunden zur Schuldfrage. In: „Süddeutsche Monatshefte" 18 (1921), Heft 2, S. 293–296.

[34] Hans Delbrück (1848–1929), Historiker, seit 1895 an der Universität Berlin, und Politiker, preußischer MdL (1882–1885), MdR (1884–1890), Gegner der Kriegsschuldlüge und der Dolchstoßlegende.

[35] Johannes Lepsius (1858–1926), ehemaliger Pfarrer, seit 1922 Mitherausgeber des Aktenwerks des Auswärtigen Amts „Die große Politik der europäischen Kabinette 1871–1914".

[36] Eugen Fischer (1881–1964), 1909–1913 Privatdozent für Kirchengeschichte an der Universität Berlin, seit 1919 Sekretär des Reichstags-Untersuchungsausschusses zur Kriegsschuldfrage, ab 1928 Direktor der Reichstags-Bibliothek, Hauptherausgeber der amtlichen Publikation „Ursachen des deutschen Zusammenbruchs", nach 1945 Hochschulprofessor.

Nun war selbst damals schon historisch festgestellt, daß Deutschland zwar nicht die Alleinschuld, aber eine schwere Mitschuld am Ausbruch des Weltkrieges getragen hatte. Der tragikomische Kaiser Wilhelm II., von dem ich an anderer Stelle gesagt habe, daß er mehr eine hysterische als eine historische Persönlichkeit gewesen ist, hatte seinen durch einen Geburtsdefekt und geistige Mängel entstandenen Inferioritätskomplex so lange in kriegerischen Reden und Dokumenten öffentlich manifestiert, daß an den Angriffstendenzen der preußisch-deutschen Militärmacht kein Zweifel bestehen konnte.

Schon im Januar 1920 hatte Professor Walter Goetz[37] die Briefe Wilhelms II. an den Zaren veröffentlicht, die die Mentalität des kaiserlichen Briefschreibers und sein romantisch-reaktionäres Weltbild als den Ausdruck einer schwer pathologischen, aggressiven Persönlichkeit dokumentierten. Die höchst aufschlußreichen Erinnerungen des Pressechefs Otto Hammann[38] „Der Neue Kurs" (1918) und „Um den Kaiser" (1919) hatten selbst in Deutschland vielen die Augen über diesen verhängnisvollen Führer der deutschen Politique à l'operette, wie sie der Geheimrat von Holstein[39] genannt hat, geöffnet.

Die Staatsmänner der Entente wußten längst, daß er nach der Mordtat von Sarajewo, in seinen monarchischen Gefühlen tief verwundet, die österreichische Regierung zu einem schroffen Vorgehen ermuntert hatte. Zwei Tage nach dem Attentat hatte er in einer seiner berüchtigten Randbemerkungen zu den diplomatischen Aktenstücken geschrieben: „Jetzt oder nie!"

Er hatte am 5. Juli nach einem Frühstück, ohne Befragung des Reichskanzlers oder gar des Reichstages, dem österreichischen Botschafter Graf Hoyos[40] in Potsdam Blankovollmacht gegeben, obwohl dieser die Aufteilung Serbiens angekündigt hatte, die ohne Krieg nicht zu erreichen war. Hinterher war freilich die manische der depressiven Stimmung gewichen und er hatte versucht, an einer friedlichen Lösung mitzuwirken.

Es war daher ein aussichtsloses Beginnen, Deutschland von der Mitschuld am Ausbruch des Krieges freizusprechen. Die Sachverständigen Coßmanns haben das auch nicht gewagt. Aber die nationalistische Kundgebung in dem Schuldlügenprozeß war nicht in erster Linie dazu bestimmt, die ausländischen Regierungen zu überzeugen, die Bescheid wußten, sondern das deutsche Volk, um dieses dem deutschen Nationalismus willfährig zu machen, unter dem die deutsche Schwerindustrie und das Großkapital ihre konterrevolutionäre Politik zu maskieren beabsichtigten.

---

[37] Walter Goetz (1867–1958), Historiker an den Universitäten Tübingen, Straßburg und Leipzig, 1933 emeritiert, 1920–1928 MdR (DDP), nach 1945 Honorarprofessor an der Universität München. „Briefe Wilhelms II. an den Zaren." 1920.

[38] Otto Hammann (1852–1928), Dr. iur., Ministerialdirektor, persönlicher und Pressereferent des Reichskanzlers, seit 1893 (bis 1916) Leiter der Presseabteilung des Auswärtigen Amts, Schriftsteller und Publizist, nach 1918 auch zur Kriegsschuldfrage.

[39] Friedrich von Holstein (1837–1909), Mitarbeiter, später Kritiker Bismarcks, Mitarbeiter im Auswärtigen Amt auch unter Wilhelm II., Diplomat, 1906 Entlassung.

[40] Alexander Graf Hoyos (1876–1937), österreichischer Botschafter in Berlin

Der Vorsitzende, Amtsgerichtsdirektor Frank, ein bauernschlauer Konjunkturpolitiker, ging wie immer mit den Machthabern. Er wies Fechenbachs Klage ab, da Coßmann allgemeine Interessen Deutschlands verfolgt habe, obwohl die Rechtsprechung den § 193 StGB nur für persönliche Interessen anerkannte.

Coßmann hatte schon in diesem Prozeß denunziatorische Fragen an Fechenbach gerichtet. Dieser ahnte aber immer noch nicht, daß er sich mit chauvinistischen Machthabern eingelassen hatte, die es auf seine Vernichtung abgesehen hatten. In ihm sollte die Revolution nachträglich als Verrat am deutschen Volke gebrandmarkt werden, um die Gegenrevolution voll durchführen zu können. Die weitere Absicht, die geheime deutsche Aufrüstung und die bewaffneten faschistischen Organisationen vor Bekanntgabe ihrer Geheimnisse durch linksstehende Journalisten mit der Waffe des Landesverratsparagraphen und seinen schweren entehrenden Strafen zu beschützen, trat in diesem Prozeß zum ersten Mal in Erscheinung.

Im Februar 1922 war die Ehe Fechenbachs geschieden worden.[41] Er hatte formell die Schuld übernommen. Er hatte sich verpflichtet, seiner geschiedenen Frau Unterhalt in Höhe von 2/3 seines Einkommens zu zahlen, was die gesetzliche Unterhaltspflicht weit überstieg. Sie verfolgte ihn mit einem Haß, der vor den niedrigsten Mitteln nicht halt machte. Sie hatte gedroht, ihn ins Zuchthaus zu bringen. Sie denunzierte ihn bei der Münchner Polizei des Antisemiten Pöhner wegen Landesverrats durch ihren ebenfalls jüdischen Anwalt.[42]

Sie setzte sich mit seinem Todfeind, Professor Coßmann, in Verbindung. Dieser war getaufter Jude. Die patriotischen Juden, die sich mit dem völkischen Chauvinismus verbünden, um einen Juden zu vernichten, die unter Hitler dann verdientermaßen angespieen und doch als Juden behandelt wurden, sind ein trauriges Schauspiel, das mich immer mit Ekel und Verachtung erfüllte. Nur die Minderheit der deutschen Juden hatte erkannt, daß ihre Rettung nur von demokratischen Linksparteien kommen konnte, die die rassischen Verfolgungen verurteilten.

Diese Denunziationen Coßmanns und der geschiedenen Frau Fechenbach führten am 10. August 1922 zur Verhaftung Fechenbachs unter der Anklage des Landesverrats. Er ersuchte mich, seine Verteidigung zu übernehmen. Er kam vor das Volksgericht München[43], dem alle Rechtsgarantien zu Gunsten des Angeklagten fehlten, die die Verfassung und die Strafprozeßordnung

---

[41] Vgl. Schueler, Diss. (wie Anm. 1), S. 84 ff. und 169 ff.

[42] David Weiler (1884–1962), Dr. iur., seit 1913 als Rechtsanwalt in München zugelassen, 1936 nach Haifa abgemeldet; vgl. BayHStA, MJu 22203, StAM, OLG München 704 und Staatsanwaltschaften 1682 und 1689 sowie Schueler, Diss. (wie Anm. 1), S. 194 ff.

[43] Die Prozeßakten sind erhalten geblieben und liegen StAM, Staatsanwaltschaften 1679–1696 (bzw. –1730 = Beilagen), als Ergänzung dazu sind wichtig die Akten des bayerischen Justizministeriums BayHStA, MJu 13246–13250.

vorschrieben; seine Urteile konnten weder mit Berufung noch mit Revision angefochten werden; auch die Wiederaufnahme des Verfahrens gegen offensichtliche Fehlurteile war unzulässig. Sie waren als Ausnahmegerichte mit Ausnahmeverfahren vorzüglich geeignet zur Vernichtung politischer Gegner, also linksstehender Politiker und Journalisten.

Im Gegensatz zur sonstigen Übung wurden mir die Akten als „geheim" nicht in mein Büro verabfolgt. Ich mußte sie im Büro des Ermittlungsrichters unter dessen Aufsicht studieren. Ermittlungsrichter und zugleich Vorsitzender in der Hauptverhandlung, ein Bruch mit den gesetzlichen Regeln einer geordneten Rechtspflege, war der Oberlandesgerichtsrat Dr. Hass. Er sollte seinem Namen Ehre machen.

Er war im Kriege als Offizier in der Spionageabwehr tätig gewesen und hatte sich dabei eine Landesverratspsychose geholt. Er war der Typus des schlechtesten Vorsitzenden, der für einen solchen Prozeß denkbar war: redselig, beschränkt, jedem Einwand unzugänglich, verkündete er unaufhörlich seine politischen Stammtischweisheiten plattester Art, die immer wieder in dem Satze gipfelten: „Was geht denn das das Ausland an?" Coßmann verehrte er als deutschen Patrioten und „den Vorkämpfer gegen die Kriegsschuldlüge". Alle meine Fragen und Anträge, die die dunkle Herkunft der Anklage bloßstellen sollten, lehnte er ab.

Er betrachtete es als seine heilige Aufgabe, in diesem Prozeß alles zu brandmarken, was die öffentliche Bekanntgabe der Geheimnisse der Aufrüstung und der faschistischen Organisationen zum Zwecke ihrer Bekämpfung durch Aufdeckung betraf. Nie werde ich vergessen, wie er hochaufgerichtet mit der Miene eines Torquemada[44] zur Verkündung des Zuchthausurteils am 20. Oktober 1922 den Schwurgerichtssaal betrat, in dem die Verhandlung stattfand. Er war äußerst eitel und hoffte wohl, durch diesen Sensationsprozeß Karriere zu machen und es zum Landgerichtspräsidenten zu bringen. Statt dessen scheiterte seine Karriere an der blamablen Führung dieses Prozesses für immer.[45] Ich habe später mit einer Umkehrung eines Zitats aus „Kabale und Liebe"[46] das Wort über ihn geprägt: „Ich habe der Residenz eine Geschichte erzählt, wie man nicht Präsident wird."

Die Anklage gegen Fechenbach wegen Landesverrats umfaßte zwei Tatbestände: den Payot- und den Gargas-Komplex. Während der Münchner Räterepublik, an der er sich nicht beteiligte, begegnete Fechenbach in München auf der Straße zufällig dem Schweizer Journalisten Payot[47], dem Vertreter

---

[44] Thomas de Torquemada (1420–1498), Dominikaner, Generalinquisitor, Beichtvater des spanischen Königs.

[45] Hass war 1930, als er überraschend starb, Oberstaatsanwalt bei der Generalstaatsanwaltschaft des Bayerischen Obersten Landesgerichts; vgl. Werner Biebl, Die Staatsanwaltschaft bei dem Bayerischen Obersten Landesgericht. 2. Auflage München 1993, S. 145 bzw. 250.

[46] Drama (1784) von Friedrich Schiller.

[47] Rene Payot, Schweizer Journalist.

des „Journal de Genève". Dieser ersuchte seinen Münchner Kollegen, ihm einige politische Urkunden zu geben, die er in ausländischen Zeitungen in seinen Artikeln verwenden könne. Payot erinnerte sich insbesondere, daß Eisner von einem annexionistischen Memorandum des Zentrumsabgeordneten Erzberger berichtet hatte, das dieser im September 1914 verfaßt und an leitende Persönlichkeiten versandt hatte.

Es lag in der Richtung der Politik Eisners und damit seines Schülers Fechenbach, die Politiker des alten Regimes durch Veröffentlichung ihrer Sündenregister bloßzustellen, um ihre Rückkehr zur Macht zu verhindern. Erzberger hatte allerdings die Sinnlosigkeit der uferlosen Eroberungsziele Deutschlands selbst später erkannt und war 1917, wohl nicht ohne Einflußnahme der Kurie, für die Friedensresolution des deutschen Reichstages führend eingetreten. In dem Memorandum war Erzberger gleich nach Kriegsausbruch für die Annexionsforderungen der Schwerindustrie bezüglich der französischen Erzgebiete eingetreten.

Ob es politisch richtig war, gerade Erzberger bloßzustellen, der 1917 aus einem Saulus ein Paulus geworden war und die undankbare Aufgabe übernommen hatte, den Waffenstillstand zustandezubringen, ist mindestens zweifelhaft. Hindenburg hatte es verstanden, die Liquidation des von ihm und Ludendorff verlorenen Krieges von sich auf die Reichsregierung abzuwälzen; diese war töricht genug, ihm diese undankbare Aufgabe abzunehmen. Erzberger unterzeichnete für sie den Waffenstillstand. Er wurde ermordet. Hindenburg blieb der Held und Abgott des deutschen Volkes, das für seine Niederlagen die Folgen zu tragen hatte.

Gleichzeitig übergab Fechenbach seinem Schweizer Kollegen das „Rittertelegramm", das erst durch diesen Prozeß der Vergessenheit entrissen wurde. Es handelte sich um die Abschrift eines Telegramms des bayerischen Gesandten am Vatikan, von Ritter[48] – der bayerische Kleinstaat unterhielt beim Vatikan seinen eigenen Gesandten[49] – vom 24. Juli 1914, das in deutscher Übersetzung lautete:

„Telegramm Nr. 216. Rom, den 24. Juli 1914, 6,35 Abends, Papst billigt scharfes Vorgehen Österreichs gegen Serbien und schätzt im Kriegsfalle mit Rußland russische und französische Armee nicht hoch ein. Karsek (Kardinalstaatssekretär) hofft ebenfalls, daß Österreich diesmal durchhält und wüßte nicht, warum es sonst noch Krieg führen wollte, wenn es nicht einmal entschlossen ist, eine ausländische Agitation, die zum Morde des Thronfolgers geführt hat, und außerdem bei jetziger Konstellation Österreichs Existenz gefährdet, mit den Waffen zurückzuweisen. Daraus spricht auch die große Angst der Kurie vor dem Panslawismus. Ritter."

---

[48] Otto Freiherr von Ritter zu Groenesteyn/Grünstein (1864–1940), 1909–1934 Gesandter beim päpstlichen Stuhl. Zu seiner Laufbahn vgl. Walter Schärl, Die Zusammensetzung der bayerischen Beamtenschaft von 1806–1918. Kallmünz 1955, S. 335 f.

[49] Georg Franz-Willing, Die Bayerische Vatikangesandtschaft 1803–1934. München 1965.

Payot veröffentlichte beide Dokumente im Pariser „Journal" vom 29. April 1919. Die Zeitung versah den Artikel mit der Überschrift: „Was Deutschland von uns gefordert hätte, wenn seine Heere siegreich gewesen wären. Unveröffentlichte Dokumente zum Gebrauch der Diplomaten. Ein erbauliches Memorandum des Herrn Erzberger." Das Rittertelegramm wurde mit der Überschrift versehen: „Le pape approuve une action energique contre La Serbie."

Der Kommentar Payots wurde nicht abgedruckt. Die Redaktion gab zu dem Erzberger-Memorandum einen kurzen Kommentar, wie zeitgemäß die Veröffentlichung gerade in diesem Zeitpunkt sei, da die Deutschen die Friedensbedingungen der Alliierten entgegenzunehmen hätten. Er schloß: „Erinnern wir uns des Rechts der Vergeltung!" Das Rittertelegramm wurde ohne Kommentar abgedruckt, jedoch die für den französischen Stolz kränkende abfällige Bemerkung über den Wert der russischen und französischen Armee weggelassen.

Nun war von vornherein klar, daß die Friedensbedingungen, die schon festgelegt waren, durch diese Veröffentlichung in keiner Weise beeinflußt worden waren. Annexionistische Äußerungen deutscher Staatsmänner waren massenweise bekannt. Das Erzberger-Memorandum konnte aber die damalige Reichsregierung umso weniger belasten, als in der von Fechenbach zur Veröffentlichung ausgehändigten Abschrift auch die kühlen Ablehnungen enthalten waren, mit denen der Reichskanzler von Bethmann Hollweg, der Generalstabschef Graf Moltke[50], der Großadmiral von Tirpitz und der Kriegsminister von Falkenhayn[51] die Wunschträume des Abgeordneten Erzberger aufgenommen hatten.

Das Rittertelegramm war dagegen wirklich kompromittierend, aber nicht für Deutschland, sondern nur für die Kurie. Das der Veröffentlichung folgende Dementi des Vatikans fand bei den Kennern der internationalen Politik keinen Glauben. Ich hatte damals noch nicht erkannt, daß der weltliche Arm des Papstes alles zerstört, was den geistigen und ethischen Gehalt der Lehre Christi ausmacht. Seit mir die Politik der Kurie als zynische Verleugnung des Christentums, als Hemmung der notwendigen Entwicklung zur geistigen und politischen Befreiung der Massen klar geworden ist, habe ich den glühenden Haß des Liberalen gegen die Knechtung der Menschheit durch den Vatikan in mir genährt.

Das Rittertelegramm beweist, daß die Kurie Österreich zu kriegerischem Vorgehen ermutigt hat. Der Zynismus, den der Statthalter Christi, des großen Lehrers der Gewaltlosigkeit, durch diese Kriegshetze beweist, bedeu-

---

[50] Helmuth von Moltke (1848–1916), preußischer Generaloberst, seit 1906 Generalstabschef, 14.9.1914 Rücktritt, 1915 Leitung des stellvertretenden Generalstabs in Berlin.
[51] Erich von Falkenhayn (1861–1922), bis 1915 preußischer General und Kriegsminister, 1914–1916 Generalstabschef.

tete natürlich eine Bloßstellung der Kurie. Inwiefern die Geheimhaltung im deutschen Staatsinteresse notwendig gewesen sein soll, bleibt unerfindlich.

Letzten Endes sollte durch den Fechenbach-Prozeß die Revolution den Massen gegenüber gebrandmarkt werden, indem man einen ihrer Vorkämpfer als Landesverräter zu Zuchthaus verurteilte. Aber daneben trat zum ersten Mal klar in Erscheinung, daß die deutsche Justiz als Organ der Reaktion die Geheimhaltung der Wiederaufrüstung und der bewaffneten gegenrevolutionären und faschistischen Organisationen mit dem Landesverrats-Paragraphen erzwingen wollte. Sie hat später diese gesetzwidrige Methode in weitem Umfange zur Knebelung der progressiven Politiker und Journalisten angewendet.[52] Deshalb ist der Gargas-Komplex von großer politischer Bedeutung.

Die Anklage gegen Fechenbach und die Mitangeklagten Dr. Gargas und Lembke[53] gründete sich auf folgende Feststellungen:

Der damals 46 Jahre alte Dr. Sigismund Gargas[54], Jude österreichischer Herkunft, war Advokat in Wien gewesen. Durch den Friedensvertrag von Saint-Germain war er polnischer Staatsangehöriger geworden, weshalb ihn der Vorsitzende Dr. Hass verächtlich als „dieser Pole" bezeichnete. Er war ein Mann von großem Wissen, der über Völkerrecht und Nationalökonomie zahlreiche Arbeiten in deutscher, französischer, holländischer und polnischer Sprache veröffentlicht hatte. Er war in Wien Gutachter des österreichischen Handelsministeriums gewesen. Nach seiner Übersiedlung nach Berlin war er Gutachter des „Instituts für ausländisches Recht" beim Reichsverband der Deutschen Industrie gewesen. Während des Krieges war er in der deutschen Gesandtschaft im Haag und später bei dem Staatssekretär des Auswärtigen Dr. Kühlmann[55] Referent für die polnische Presse. Er war Pazifist und Antifaschist. Dr. Hass schrie ihn an: „Sie sind Pazifist – das sagen alle Landesverräter."

Er gründete nach dem Zusammenbruch Deutschlands 1918 ein „Internationales Korrespondenzbüro" in Berlin. Das Hauptbüro in Rotterdam leitete seine Berichte weiter an die „Transatlantic News Transmission Agency", die die Berichte teilweise in der englischen und amerikanischen Presse veröffentlichte. Fechenbach erblickte in diesem Nachrichtendienst eine Möglichkeit, Nachrichten über die bewaffneten gegenrevolutionären Organisationen ins Ausland gelangen zu lassen und sie dadurch zu bekämpfen.

---

[52] Vgl. Heinrich Hannover und Elisabeth Hannover-Drück, Politische Justiz 1918–1933. Frankfurt 1966, S. 152 ff.(Fememord) bzw. S. 176 ff.(Landesverrat).

[53] Karl Heinz Lembke (1890–1964), Journalist und Redakteur. Im Fechenbach-Prozeß zu 10 Jahren Zuchthaus verurteilt.

[54] Sigismund Gargas (geb. 1876), Dr. iur., Advokat, Diplomat, Betreiber eines Pressebüros.

[55] Richard von Kühlmann (1873–1948), Dr. iur., Diplomat, 1917/18 Staatssekretär im Auswärtigen Amt, für rasche Beendigung des Krieges, deshalb von Ludendorff erzwungener Rücktritt im Juli 1918.

Das Volksgericht hat schließlich elf Berichte Fechenbachs an das Büro Gargas als Landesverrat betrachtet. Diese betrafen die bayerische „Orgesch", die Organisation des Forstrats Dr. Escherich; die bayerische Einwohnerwehr und ihre Waffenbestände, andere reaktionäre Organisationen wie dic „Orka", die bewaffnete Organisation eines bayerischen völkischen Republikfeindes, Kanzler[56]; andere faschistische Organisationen wie den „Hochschulring deutscher Art", den „Heimatbund der Königstreuen" und ähnliches. Nach der Verlesung fast jeden Berichtes rief Dr. Hass entrüstet: „Was geht denn das das Ausland an?"

Da das Volksgerichtsgesetz die Zustellung einer Anklageschrift nicht kennt, war die Verteidigung im Unklaren, welche der 1800 Berichte des Büros Gargas, die man bei einer Haussuchung gefunden hatte, unter Anklage standen. Als am vierten Verhandlungstag in die Behandlung des Gargas-Komplexes eingetreten wurde, suchte ich als Verteidiger Fechenbachs eine Präzisierung der Anklage zu erzwingen. Hierbei unterstützte mich der alte Justizrat Bernstein[57], der Lembke verteidigte. Er war vor allem berühmt geworden durch seine Verteidigung Maximilian Hardens[58] in dem Münchner Prozeß, in dem Fürst Philipp zu Eulenburg[59] durch das Geständnis des Riedel und des Ernst der homosexuellen Betätigung und damit des Meineids überführt wurde.

Harden hat im 3. Band seiner gesammelten Schriften „Köpfe" den Prozeß dramatisch geschildert.[60] Er war, trotz seiner Eitelkeit und seines oft gekünstelten Stils ein Journalist ersten Ranges. Sein Kampf gegen die Kamarilla, die Wilhelm II. umschmeichelte, war ein politisches Verdienst.

Justizrat Bernstein war kein bedeutender Jurist, aber ein volkstümlicher Verteidiger, der vor den Geschworenen durch seine Rednergabe Triumphe erntete. Als er im Fechenbach-Prozeß neben mir saß, war er schon ein wenig senil und schlief mehrmals im Sitzen ein. Als ich aber meinen Vorstoß machte, ging er los wie ein altes Streitroß, das die Kampftrompete hört. Ich habe

---

[56] Rudolf Kanzler (1873–1956), bayerischer MdL (Zentrum), Vermessungsbeamter, Mitbegründer und Organisator der bayerischen Einwohnerwehren.

[57] Max Bernstein (1854–1925), Dr. iur.,Rechtsanwalt in München, auch als Literat und Kritiker bekannt; vgl. Heinrich, Anwaltskammer, S. 291 f. und Jürgen Joachimsthaler, Max Bernstein, Kritiker, Schriftsteller, Rechtsanwalt (1854–1925). Frankfurt u.a. 1995.

[58] Maximilian Harden (1861–1927), Jude, politischer Publizist, scharfer Kritiker des Wilhelminismus, deckte 1906 Skandale in der Umgebung Wilhelms II. auf, insbesondere den geschilderten Fall Eulenburg, nach 1919 radikaler Sozialist, deshalb 1922 Attentat von Rechts auf ihn.

[59] Philipp Fürst zu Eulenburg und Hertefeld (1847–1921), Diplomat, persönlicher Freund, Berater und Vertrauter Wilhelms II., von diesem 1900 in den Fürstenstand erhoben, 1906 wegen der Anschuldigung Hardens fallengelassen. Das angestrengte Meineidsverfahren wurde wegen des Gesundheitszustandes von Eulenburg ohne Urteil abgebrochen.

[60] Maximilian Harden, Köpfe (Essays), Band 3, Berlin 1913.

in meiner nach dem Prozeß veröffentlichten Schrift „Der Fall Fechenbach vor dem Münchner Volksgericht. Eine Darstellung nach den Akten."[61] den Vorgang folgendermaßen geschildert:

Vierter Verhandlungstag

Das Gericht wendet sich nunmehr der Verlesung der von Fechenbach an Gargas erstatteten Berichte zu. Sämtliche Berichte wurden in Mappen von Gargas, in seiner Wohnung geordnet, in Abschrift aufbewahrt und dort beschlagnahmt.

Rechtsanwalt Dr. Hirschberg: „Da nunmehr auf die einzelnen Berichte Fechenbachs eingegangen werden soll, erscheint es mir dringend erforderlich, daß die Staatsanwaltschaft endlich erklärt, welche Berichte sie eigentlich unter Anklage stellt. In der Anklageschrift heißt es nur, ‚unter anderem' habe Fechenbach Nachrichten gewissen Inhalts an Gargas weitergegeben. Nicht ein einziger der etwa hundert Berichte, die Fechenbach für Gargas geschrieben hat, ist in der Anklage auch nur erwähnt. Die Verteidigung ist durch diese nicht präzisierte Anklage in einer unerhörten Weise beschränkt. Jeder Bericht kann doch unmöglich als Landesverrat unter Anklage stehen, z.B. die Berichte über die Bayerische Königspartei oder über den Kongreß russischer Monarchisten in Reichenhall! Aber die Bezeichnung der einzelnen Berichte würde nicht einmal genügen. Die Anklage hat anzugeben, welche einzelne Nachricht noch geheim oder geheimzuhalten war. Wenn das angegeben wird, werde ich bei jeder einzelnen Nachricht beweisen, daß sie nicht mehr geheim war. So ist aber jeder Gegenbeweis einfach abgeschnitten. Die Anklage legt hundert Berichte mit vielen Hunderten von einzelnen Nachrichten hin und überläßt es dem Angeklagten, sich herauszusuchen, welche Nachricht nun eigentlich geheim und landesverräterisch sein soll. Was ist hier denn eigentlich Landesverrat und was nicht?"

Vorsitzender: „Sie wollen den Staatsanwalt aus Gründen, die mir noch nicht ganz klar sind, festlegen!"

Justizrat Bernstein: „Ich greife diesen Ausdruck auf und erkläre: Die Staatsanwaltschaft hat sich festzulegen und zwar vor Beginn der Verhandlung. Das gehört doch zu den elementaren Forderungen eines geordneten Strafprozesses, daß der Angeklagte vorher weiß, welche einzelne Nachricht Gegenstand der Anklage sein soll. Wenn mich mein Mandant heute, am vierten Tag der Verhandlung, fragt, welcher Bericht und welche Nachrichten eigentlich inkriminiert sind und welche nicht, so kann ich keine Antwort geben. Der Staatsanwalt sagt nur, alle Nachrichten klage ich an, in denen Verstöße gegen den Versailler Vertrag behauptet sind. Ich kann nicht verteidigen, weil die Anklage ihre Pflicht bis jetzt nicht erfüllt hat. Wir sind heute,

---

[61] Berlin 1922, hier S. 23 ff.

am vierten Verhandlungstage, noch auf das Erraten der Anklage angewiesen. Das ist kein Verfahren mehr!"

Rechtsanwalt Dr. Ballin[62] schließt sich diesen Ausführungen an und erklärt, Gargas sei in noch schlechterer Lage, weil ihm 1800 Berichte zur Last liegen. (NB. Dr. Ballin, der dieser Aufgabe nicht gewachsen war und vor dem Ansturm des wild gewordenen Chauvinisten Dr. Hass kläglich in die Knie brach, war zugleich englischer Konsul. Das gab Dr. Hass Gelegenheit, ihn anzudonnern: „Das Land, das Sie, Herr Dr. Ballin, vertreten ...").

Vorsitzender: „Ich habe die Anklage so verstanden, daß auch Gargas nur wegen der Berichte Fechenbachs und Lembkes angeklagt ist, die er weitergeleitet hat. Ich ersuche den Herrn Staatsanwalt um Erklärung, ob er sämtliche Berichte Fechenbachs und Lembkes unter Anklage stellt und ihre Verlesung beantragt."

Der Staatsanwalt bejaht.

Nach geheimer Beratung verkündet der Vorsitzende Gerichtsbeschluß: „Die Hauptverhandlung hat sich auf alle von den Beschuldigten Fechenbach und Lembke an Gargas gelieferten Berichte zu erstrecken, weil die Staatsanwaltschaft alle diese Berichte als unter Anklage stehend bezeichnet hat."

Die Verteidigung hat sich diesem Beschluß nicht gefügt. Wir protestierten gegen diese Verletzung der strafprozessualen Grundregeln. Justizrat Bernstein rief aus: „Ein solches Verfahren ist der Todesstoß für die Volksgerichte!"

Schließlich schlug der Vorsitzende vor, der Staatsanwalt solle diejenigen Berichte bezeichnen, die er unter Anklage stelle. Der Staatsanwalt stellte darauf 35 Berichte Fechenbachs unter Anklage und ließ bei 65 die Anklage fallen. Der Vorstoß der Verteidigung hatte also soweit Erfolg, als dies in einem so gesetzlosen Verfahren möglich war. Verärgert erklärte der Vorsitzende, ein anderer Staatsanwalt hätte vielleicht manchen Bericht noch unter Anklage gestellt, den dieser Staatsanwalt fallengelassen habe.

Man sieht die totale Rechtlosigkeit des Angeklagten in einem solchen Verfahren. Der Vorsitzende war zugleich Ermittlungsrichter gewesen und übernahm jetzt auch noch das Amt des Staatsanwalts. Alle Garantien unparteiischer Urteilsfindung, die in dem demokratischen Rechtsstaat selbstverständlich sind, waren in diesem verfassungs- und rechtswidrigen Verfahren aufgehoben. Dies erzeugte umso größere Gefahren für die Rechtsfindung, als es keinerlei Rechtsmittel gegen die Urteile der bayerischen Volksgerichte gab.

Der Vorsitzende redete und schwätzte unaufhörlich. Er sah sich in historischer Rolle und wollte das deutsche Volk über seine Schweigepflichten belehren. Als politischer Kannegießer war er überzeugt, alles selbst zu verstehen: Außenpolitik, Innenpolitik, Kommunismus, Faschismus, Probleme des

---

[62] Fritz Ballin (1879–1939), Dr. iur., seit 1906 in München als Rechtsanwalt zugelassen, 1936 nach London abgemeldet.

Friedensvertrages und der Entwaffnung, Pressefragen, vatikanische Politik, Revolution, Sozialismus, kurz alles, was ohne profunde Kenntnisse selbst ein Politiker nicht beurteilen kann, geschweige denn ein deutschnationaler Provinzjurist.

Paul Dreyfus und Paul Mayer haben in ihrem Buch „Recht und Politik im Fall Fechenbach"[63] den Vorsitzenden treffend mit dem Direktor eines Schmierentheaters verglichen, der sich zu allen Rollen gleichzeitig befähigt glaubt. Das Gericht, d.h. der Vorsitzende mit seinen stummen Statisten, verkündete, daß sich das Gericht „in jeder Hinsicht eigene Sachkunde zutraue" und lehnte die Zuziehung von Sachverständigen als überflüssig ab.

Auf meinen Antrag lud er lediglich Dr. Friedrich Thimme, der schon im „Kriegsschuldprozeß" aufgetreten war, und ihm als „zuverlässig" erschien. Das wurde ihm später zum Verhängnis. Denn Dr. Thimme hat mit mir zusammen das Urteil heftig bekämpft und wesentlich zu seiner Aufhebung beigetragen.[64]

Dr. Friedrich Thimme, Mitherausgeber der Aktenpublikation des Auswärtigen Amts „Die große Politik der europäischen Kabinette 1871 bis 1914", war eine der merkwürdigsten Persönlichkeiten, die mir begegnet sind. Ein Mann von unbestechlicher Wahrheitsliebe, glühender deutscher Patriot, Konservativer mit liberalem Einschlag, Gegner der Revolution und des Sozialismus, träumte er von einer Versöhnung der Arbeiterschaft mit dem deutschen Staat. Er verwarf Coßmanns denunziatorische Methoden und seinen rücksichtslosen Vernichtungskampf gegen linksstehende Gegner. Er war fast ganz taub. Wenn man mit ihm sprach, mußte er die Worte von den Lippen des Gesprächspartners ablesen, was für mich qualvoll war. Er hat mir später Achtung und Freundschaft gezeigt[65]; von Coßmann ist er verächtlich abgerückt.

Am 8. Verhandlungstage erstattete Dr. Thimme sein Gutachten. Er war damals noch schwankend. Er ahnte nicht, daß Dr. Hass sein Gutachten für seine Zwecke entstellen und mißbrauchen würde. Er sagte aus, daß die Veröffentlichung des Rittertelegramms die deutschen Interessen schädigen könnte; denn etwa in Gang befindliche Versuche der Kurie, Deutschlands Schicksal zu mildern, könnten dadurch lahmgelegt werden.

Erhard Auer konnte es sich nicht versagen, den Versuch des Dr. Hass zu unterstützen, den toten Eisner zu diffamieren und seinen politischen Testa-

---

[63] Berlin (Rowohlt-Verlag) 1925.

[64] Max Hirschberg, Der Fall Fechenbach vor dem Münchner Volksgericht [...]. Mit einem Anhang vom Sachverständigen Dr. Thimme. Berlin 1922, hier: S. 59 ff.; Max Hirschberg und Friedrich Thimme (Hrsg.), Der Fall Fechenbach. Juristische Gutachten. Tübingen 1924, bes. Vorwort (S. III–V) und S. 16 ff. (Friedrich Thimme, Die politische, ethische und persönliche Seite des Falles Fechenbach); Arnold Freymuth, Das Fechenbach-Urteil [...]. Mit einem Vorwort von Friedrich Thimme. Berlin 1923; Gerhart Pohl, Deutscher Justizmord. Das juristische und politische Material zum Fall Fechenbach. [...] mit Feststellungen [u.a.] von Friedrich Thimme. Leipzig 1924.

[65] Gemeint sein dürfte der – anderweitig nicht belegbare – Einsatz Thimmes für die Freilassung Hirschbergs aus der Schutzhaft im Sommer 1933. Thimme schreibt

mentsvollstrecker Fechenbach zu vernichten. Er sagte treu und bieder aus, ein rechter Mann müsse wissen, was er ins Ausland berichten dürfe und was nicht. Darauf brach der Vorsitzende beglückt in die Plattheit aus: „Zwei gesunde Augen im Kopf und das deutsche Herz am rechten Fleck, und man weiß, was man dem Ausland mitteilen kann."

Daß die geschiedene Frau Fechenbachs mit Coßmann zusammengewirkt hatte, um als Denunziantin gegen ihren früheren Mann Material zu liefern, stand fest. Mein Versuch, das nachzuweisen, wurde abgelehnt. Als Fechenbach am Schluß seiner Vernehmung behauptete, Coßmann habe die Anzeige veranlaßt, donnerte ihn Dr. Hass an: „Und diesen Mann, den Vorkämpfer gegen die Kriegsschuldlüge, bezeichnen Sie, Herr Fechenbach, als Denunzianten! Damit schließe ich Ihr Verhör."

Am 10. Verhandlungstag erging das Urteil. Hass verlas, was eine sadistische Niedrigkeit gegen die Angeklagten und ein Verstoß gegen die Regeln war, vier Stunden lang die Gründe und dann erst den Urteilsspruch: Fechenbach wurde zu elf Jahren Zuchthaus verurteilt. Für die Übergabe des Erzberger-Memorandums konnte er nicht gut verurteilt werden, weil es unter der Räteherrschaft in München im April 1919 in den „Münchner Neuesten Nachrichten" vorher abgedruckt, also nicht mehr geheim war. Dafür wurde er für die Übergabe des Rittertelegramms an Payot zu zehn Jahren Zuchthaus verurteilt. Für die Berichte an Dr. Gargas erhielt er fünf Jahre Festungshaft, umgerechnet in ein Jahr Zuchthaus. Lembke dagegen wurde wegen seiner Tätigkeit für das Büro Gargas zu zehn Jahren Zuchthaus verurteilt. Dr. Gargas wurde zu zwölf Jahren Zuchthaus verurteilt.

Das Urteil wurde von den Angeklagten, aber auch von den Journalisten und Zuhörern mit Schweigen in lähmendem Entsetzen aufgenommen. Ein solches Bluturteil hatte man nicht erwartet.

Das Urteil erschien am gleichen Tage auszugsweise in den „Münchner Neuesten Nachrichten". Als ich als Verteidiger eine Ausfertigung verlangte, lehnte Dr. Hass eine solche ab. Er hatte die Geheimhaltung des Urteils und der verlesenen Urkunden nach irgend einem alten Paragraphen für alle Prozeßbeteiligten angeordnet; auf Verletzung dieses Schweigegebots stand Gefängnisstrafe. Ich rief den Vorstand des Gerichts, Oberlandesgerichtsrat Neithardt[66], an. Er hat später den Hochverratsprozeß gegen Hitler und Genossen

---

in einem Brief vom 22. September 1933 an den bekannten Völkerrechtler Professor Albrecht Mendelssohn-Bartholdy: „[...] Ich habe mich mit aller Energie für den als ersten Münchner Rechtsanwalt in Schutzhaft genommenen Dr. Max Hirschberg eingesetzt und die Genugtuung gehabt, daß er aus der Haft entlassen und wieder zur Anwaltschaft zugelassen worden ist." Druck: Annelise Thimme, Friedrich Thimme und der Nationalsozialismus. In: Dieter Metzler u.a. (Hrsg.), Antidoron Jürgen Thimme zum 65. Geburtstag. Karlsruhe 1983, S. 193–201 (Anhang 2).

[66] Georg Neithardt (1871–1941), 1919–1924 Vorsitzender des Volksgerichts München, danach Direktor am Landgericht München I, seit 1919 durch große „Milde" gegen Rechts aufgefallen, besonders 1924 im Hitlerprozeß, im September 1933 zum Oberlandesgerichtspräsidenten in München befördert.

im Frühjahr 1924 geleitet. Er war ein süßlicher feiger Handlanger der reaktionären Machthaber und zu jeder Rechtsbeugung in deren Interesse bereit. Ich erklärte scharf, daß mir als Verteidiger eine Ausfertigung des Urteils verweigert werde, während der Vorsitzende einen Auszug der Presse übergeben habe. Er erklärte höflich, ich würde eine Ausfertigung erhalten. Sie wurde mir unverzüglich zugestellt, jedoch mit dem Gebot strengster Geheimhaltung. Es wurde mir verboten, sie dem verurteilten Fechenbach auszuhändigen.

Der Kampf gegen dieses Fehlurteil wurde dadurch erschwert; daß ein solcher Kampf geführt werden müsse, stand für mich felsenfest. Ich fand an Dr. Thimme einen ersten Kampfgenossen. Zunächst veröffentlichte ich im Berliner Verlag für Sozialwissenschaft eine Broschüre[67], die die unerhörten Vorgänge bekannt gab, soweit das Schweigegebot das möglich machte. Die Presse ergriff dieses erste Material mit Eifer.[68] Sodann trat Dr. Thimme öffentlich gegen das Urteil auf.[69] Jetzt erkannte er, wozu er mißbraucht worden war.

Der Senatspräsident am Kammergericht, Dr. Freymuth[70], Vorstand des Republikanischen Deutschen Richterbundes, veröffentlichte eine Schrift „Das Fechenbach-Urteil"[71], in der er das Urteil als Fehlurteil schlimmster Art brandmarkte, das nur vor einem gesetz- und verfassungswidrigen bayerischen Volksgericht habe ergehen können.

Der konservative Senatspräsident des Reichsgerichts, Niedner[72], veröffentlichte in der „Frankfurter Zeitung" einen Artikel, der das Urteil als offensichtliches Fehlurteil geißelte.

Es gelang meinem Sozius Dr. Löwenfeld und mir, sieben der bedeutendsten deutschen Strafrechtslehrer zu Gutachten gegen das Urteil zu gewinnen. Ihre Namen seien hier auf einer Ehrentafel aufgezeichnet: Graf zu Dohna[73], Universität Heidelberg; Dr. Kitzinger[74], Universität München; Dr. Liep-

---

[67] Max Hirschberg, Der Fall Fechenbach vor dem Münchner Volksgericht. Eine Darstellung nach den Akten. Mit einem Anhang vom Sachverständigen Dr. Thimme. Berlin 1922.

[68] Dazu ausführlich Schueler, Diss. (wie Anm. 1), S. 217 ff.

[69] Vgl. die oben in Anm. 64 genannten Titel.

[70] Arnold Freymuth (1872–1933), Senatspräsident am Kammergericht Berlin; vgl. zu ihm Otmar Jung, Senatspräsident Freymuth. Richter, Sozialdemokrat und Pazifist in der Weimarer Republik. Eine politische Biographie. Frankfurt u.a. 1989.

[71] Arnold Freymuth, Das Fechenbach-Urteil. ... Mit einem Vorwort von Friedrich Thimme. Berlin 1923.

[72] Alexander Niedner (geb. 1862), Senatspräsident am Reichsgericht; sein Artikel erschien unter dem Titel: Weihnachtsbotschaft und Fechenbach-Prozeß. In: „Frankfurter Zeitung" Nr. 15 vom 7.1.1923.

[73] Alexander Graf zu Dohna-Schlodien (1876–1944), Strafrechtler u.a. an den Universitäten Heidelberg (1920–1926) und Bonn (1926–1944), Anhänger der Weimarer Republik (DVP), Mitglied der verfassunggebenden Nationalversammlung in Weimar, 1933 Rückzug aus der Politik.

[74] Friedrich Kitzinger (1872–1943); vgl. zu ihm oben im 2. Kapitel Anm. 1.

mann[75], Universität Hamburg; Dr. Mendelssohn-Bartholdy[76], ebendort; Dr. Mittermeier[77], Universität Gießen; Dr. Radbruch[78], Universität Kiel; Dr. Wach[79], Universität Leipzig, Ehrenvorsitzender der Deutschnationalen Volkspartei.

Dr. Thimme und ich veröffentlichten die Gutachten in einer Schrift, zu der Dr. Thimme das Vorwort schrieb.[80] Er erklärte darin, sein Gutachten sei im Urteil entstellt wiedergegeben. Er schrieb: „Mich hat es während der zehntägigen Gerichtsverhandlung förmlich erschüttert, wieder und wieder feststellen zu müssen, wie Oberlandesgerichtsrat Hass von einer politischen Voreingenommenheit und einer Animosität gegen den Angeklagten Fechenbach erfüllt war, die ihn gleichsam blind und taub gegen alle Stimmen der Vernunft, der Logik und sogar der elementarsten Menschlichkeit machten." Er habe jetzt durch weiteres Aktenstudium festgestellt, daß die Veröffentlichung des Rittertelegramms keinerlei Einfluß bei den Friedensverhandlungen ausgeübt habe.

Die „Frankfurter Zeitung", die „Weltbühne" und andere Zeitungen führten den Pressekampf gegen das Fehlurteil.[81] Die Liga für Menschenrechte berief öffentliche Versammlungen ein.[82] Ich sprach in einer derselben in Berlin.

Zwei heitere Episoden seien erwähnt: Der völkisch-antisemitische „Miesbacher Anzeiger[83]", eine klobige bayerische Volkszeitung, die mehr als Witzblatt gelesen wurde, schrieb: „Also der Felix soll frei werden. Der Jude Hirschberg verlangts und die mit der Streitaxt ausgerüstete Rothaut Freymuth stimmt damit überein."[84]

---

[75] Moriz Liepmann (1869–1928), seit 1919 Strafrechtler an der Universität Hamburg, liberaler Reformer.

[76] Albrecht Mendelssohn-Bartholdy (1874–1936), Enkel des Komponisten Felix M.-B., seit 1920 Straf- und Völkerrechtler an der Universität Hamburg, 1933 nach England emigriert.

[77] Wolfgang Mittermeier (1867–1956), Strafrechtler an der Universität Gießen.

[78] Gustav Radbruch (1878–1949), seit 1918 Strafrechtler an der Universität Kiel, seit 1926 an der Universität Heidelberg, 1933 entlassen, nach 1945 wieder eingesetzt, 1920–1924 MdR (SPD), 1921/23 Reichsjustizminister, bedeutender Rechtstheoretiker.

[79] Adolf Wach (1843–1926), siehe zu ihm oben im 2. Kapitel, Anm. 27.

[80] Max Hirschberg und Friedrich Thimme (Hrsg.), Der Fall Fechenbach. Juristische Gutachten. Tübingen 1924.

[81] Dazu ausführlich Schueler, Diss. (wie oben Anm. 1), S. 217 ff.

[82] Dazu ausführlich Otmar Jung (wie oben Anm. 70), S. 111 ff.

[83] Wilhelm Volkert (Hrsg.), Ludwig Thoma. Sämtliche Beiträge aus dem „Miesbacher Anzeiger" 1920–21. Kritisch ediert und kommentiert. München 1989.

[84] Hirschberg irrt sich hier. Gemeint sein dürfte der von Arnold Freymuth, Fechenbach-Feststellungen für die Geschichte. In: Die Justiz II (1926/27), Heft 4, S. 366–378, auf S. 375 zitierte Artikel aus der partikularistisch-monarchistischen Zeitung „Das Bayerische Vaterland" Nr. 121 vom 28. Mai 1923.

Unter den Gutachtern fehlte der Berliner Professor des Strafrechts Kohlrausch.[85] Ich suchte ihn in Berlin auf, um ihn zu einem Rechtsgutachten zu bewegen. Er suchte sich zu drücken und sagte, er müsse eine Neuauflage von Liszts Lehrbuch des Strafrechts[86] fertigstellen. Ich erwiderte, die Verurteilung eines Unschuldigen sei wichtiger als ein Lehrbuch des Strafrechts. Schließlich sagte er zu und erklärte: „Meine Rechnung kann ich wohl an Sie schicken?" Ich war einen Augenblick sprachlos; keiner der anderen Gutachter hatte ein Honorar verlangt; dann bejahte ich.

Nach langem Warten traf ein Paket bei mir ein. Wir glaubten, darin sei das versprochene Gutachten. Statt dessen fand sich darin ein Gutachten für den Hitlerprozeß, in dem der Gelehrte dem Volksgericht einen später befolgten Trick empfahl, nämlich Ludendorff mit der Begründung freizusprechen, er habe den hochverräterischen Charakter des Hitlerputsches vom 9. November 1923 nicht erkannt. Gleich darauf kam ein entsetztes Schreiben seiner Sekretärin. Die Pakete seien verwechselt worden. Anbei das übersandte Material zur Sache Fechenbach zurück. Der Herr Professor habe keine Zeit, ein Gutachten zu fertigen. Das irrtümlich übersandte Gutachten zur Sache Ludendorff werde zurückerbeten mit der Bitte, darüber Stillschweigen zu bewahren. Die Rücksendung habe ich vorgenommen, aber das Mißgeschick des Herrn Professors bei jeder Gelegenheit erzählt. Herr Professor Kohlrausch ist konsequenterweise eine Leuchte des Dritten Reiches unter Adolf Hitler geworden.

Die Bewegung gegen das Fehlurteil hatte einen solchen Umfang angenommen, daß sich der Bayerische Landtag am 16. und 17. November 1922 genötigt sah, eine Debatte über den Fechenbachprozeß abzuhalten.[87] Der frühere Justizminister Dr. Roth[88], ein völkischer Todfeind der Weimarer Republik, und der klerikale Abgeordnete Graf Pestalozza[89], natürlich nur namensgleich, aber sonst grundverschieden von meinem späteren Freunde, Rechtsanwalt Graf Pestalozza, stellten sich dabei auf den Standpunkt, daß weder die Öffentlichkeit noch das Parlament überhaupt das Recht hätten, ein Gerichtsurteil zu kritisieren, da die Richter nach Artikel 102 der Reichsverfassung unabhängig und nur dem Gesetz unterworfen seien.

Das war eine Dummheit, die selbst für den Bayerischen Landtag unter dessen geistigem Durchschnittsniveau lag. Der frühere Justizminister Müller-Meiningen, ein besonders gesinnungsloser Konjunkturpolitiker, verpfändete

---

[85] Eduard Kohlrausch (1874–1948), seit 1919 Strafrechtler an der Universität Berlin.

[86] Franz von Liszt, Lehrbuch des deutschen Strafrechts. 1881, 32. Auflage 1932.

[87] Verhandlungen des Bayerischen Landtags 1922/23, Stenographische Berichte VII. Band, Nr. 148 vom 16. November 1922 (S. 106–117) bzw. Nr. 149 vom 17. November 1922 (S. 119–159).

[88] Christian Roth (1873–1934), Dr. iur., 1920/21 bayerischer Justizminister, 1920–1924 MdL (Mittelpartei), 1924 MdR (NS-Freiheitspartei), 1928 Generalstaatsanwalt am Bayerischen Verwaltungsgerichtshof.

[89] Joseph Graf von Pestalozza-Tagmersheim (1868–1935), Rechtsanwalt in Nürnberg, seit 1908 MdL (Zentrum/BVP).

sein juristisches Ansehen dafür, daß das Urteil hieb- und stichfest sei. Er war Richter am Bayerischen Obersten Landesgericht, das später das Urteil nach-zuprüfen hatte. Er meinte, die Kritik an dem Urteil sei nur eine „Hetze". Er sollte sich schwer täuschen. Denn abgesehen von seiner tatsächlichen und politischen Unhaltbarkeit war die angebliche Straftat Fechenbachs im Payot-Komplex nach dem Pressegesetz verjährt. Pressevergehen verjährten nach diesem Gesetz in sechs Monaten. Das Gericht hatte das übersehen. Ich auch. Paradoxerweise habe ich durch diesen Kunstfehler Fechenbachs spätere Freilassung herbeigeführt.

Mein früherer Lehrer, Professor Kitzinger, der Kommentator des Presse-gesetzes[90], hatte mir in einer Verhandlungspause etwas zugeflüstert, was ich nicht verstehen konnte. Hätte ich den Einwand der Verjährung in der Ver-handlung gebracht, so hätte das Gericht das Verfahren in der Payot-Sache einstellen müssen. Dann hätte es Fechenbach, wie die beiden anderen Ange-klagten, wegen der Berichte an Gargas zu langer Zuchthausstrafe verurteilt. Dann wäre er verloren gewesen. Denn hier griff der Verjährungseinwand nicht durch. Der Einwand der Verjährung hob später das Urteil aus den An-geln, da das Reichsgericht ihn in der Payot-Sache für begründet erklärte.[91]

Die Sozialdemokratische Partei brachte im Reichstag eine Interpellation ein. Ich fuhr zu dieser Sitzung nach Berlin. Wir hatten den Fraktionsredner Wilhelm Dittmann[92], der uns in München aufgesucht hatte, mit dem nötigen Material versehen. Ich wurde eingeladen, an einer Fraktionssitzung teilzu-nehmen, die der Debatte vom 2. und 3. Juli 1923 vorausging.

In Berlin hatte inzwischen eine große Versammlung von 6 000 Personen stattgefunden, in der mein Freund Dr. Löwenfeld, Dr. Thimme und der Pazi-fist Hellmut von Gerlach[93] gesprochen hatten. Die Partei sah ein, daß sie sich an dem Kampf beteiligen mußte, weil die Arbeiterschaft es verlangte. Als die Fraktionssitzung kaum begonnen hatte, erschien der Genosse Hermann Mül-ler.[94] Er sagte, er habe eben mit dem Staatssekretär des Auswärtigen, Graf Brockdorf-Rantzau[95], gesprochen. Dieser habe ihn gebeten, für eine Verta-

---

[90] Friedrich Kitzinger, Das Reichsgesetz über die Presse vom 7. Mai 1874. Tübingen 1920.

[91] Die Frage der Verjährung wird schlüssig dargelegt von Friedrich Kitzinger, Der Fall Fechenbach. In: Zeitschrift für die gesamte Strafrechtswissenschaft 44 (1924), S. 136–144.

[92] Wilhelm Dittmann (1874–1954), 1912–1933 MdR (SPD), 1917 USPD, 1918 Mitglied des Rats der Volksbeauftragten, 1933 Emigration.

[93] Hellmut von Gerlach (1866–1935), vom preußischen Konservativen zum demokrati-schen Pazifisten gewandelter Publizist, führend in der Deutschen Friedensgesell-schaft und in der Deutschen Liga für Menschenrechte.

[94] Hermann Müller-Franken (1876–1931), seit 1910 MdR (SPD), 1920 und 1928–1930 Reichskanzler.

[95] Ulrich Graf von Brockdorf-Rantzau (1869–1928), Diplomat, 1918 Staatssekretär im Auswärtigen Amt, 1919 Reichsaußenminister und Leiter der deutschen Delegation in Versailles.

gung der Fechenbach-Debatte einzutreten. Das Auswärtige Amt führe gerade Verhandlungen mit der Kurie. Dieser sei es unbequem, wenn das Rittertelegramm in der Debatte verlesen werde. Er meinte, man könne dem Herrn
Außenminister diesen kleinen Gefallen erweisen.

Das war nun eine bezeichnende Äußerung für einen führenden Abgeordneten der Sozialdemokratischen Partei. Um dem Außenminister gefällig zu
sein, war er bereit, ohne jede Gegenleistung seinen Parteigenossen Fechenbach und die ganze Sache preiszugeben. Kein Wunder, daß die deutsche Demokratie unter solchen Führern verloren war. Die anderen hatten, mit Ausnahme Dittmanns, nicht übel Lust, zuzustimmen. Schließlich wurde ich aufgefordert, mich zu äußern. Ich sagte: „Wir in Bayern haben im Kampf mit
der Reaktion ohnehin das Gefühl, von der Partei im Reich keine genügende
Hilfe zu finden. Wenn Sie Fechenbach jetzt preisgeben, werden wir der Arbeiterschaft und der Öffentlichkeit mitteilen, daß Sie uns in diesem wichtigen Kampf im Stich gelassen haben." Sofort wurde einstimmig beschlossen,
das Ansinnen abzulehnen und die Debatte zu eröffnen.[96]

Ich saß auf der Tribüne, auf der mir der Reichstagspräsident, Genosse
Loebe[97], persönlich einen Platz angewiesen hatte. Dittmann sprach wirkungsvoll; er verlas das ominöse Rittertelegramm, das ich wegen des Schweigege-
bots nicht hatte veröffentlichen können. Dann übten der Berliner Professor
Dr. Kahl[98] (Deutsche Volkspartei) und der bedeutende Rechtsanwalt Bell[99]
(Zentrumspartei) und der Demokrat Dr. Brodauf[100] eine vernichtende Kritik
am Verfahren und am Urteil; für die USPD sprach der alte Feuerkopf Lede-
bour[101], für die KPD der Abgeordnete Thomas[102], den ich seinerzeit gegen
Erhard Auer verteidigt hatte. Der Reichsjustizminister Dr. Heinze[103] gab das
Urteil preis.

---

[96] Die Debatte ist außer in den Protokollen des Reichstags auch in einer – wohl von
      Max Hirschberg eingeleiteten und herausgegebenen – Broschüre dokumentiert:
      Das Fechenbach-Urteil vor dem Deutschen Reichstage. Nach dem amtlichen Steno-
      gramm der Reichstags-Sitzungen vom 2. und 3. Juli 1923. München (Verlag Birk
      und Co.) 1923. Das Nachwort stammt von Dr. Friedrich Thimme.
[97] Paul Loebe (1875–1967), SPD-Politiker, MdR 1919–1933, MdB 1949–1953,
      1920–1932 Reichstagspräsident.
[98] Wilhelm Kahl (1849–1932), seit 1895 Professor für Kirchen-, Staats- und Strafrecht
      an der Universität Berlin, seit 1919 MdR (DVP).
[99] Johannes Bell (1868–1949), Rechtsanwalt und Publizist, seit 1908 preußischer MdL
      (Zentrum), seit 1912 MdR, 1919 Reichskolonialminister und Reichsverkehrsmini-
      ster, 1926 Reichsjustizminister und Minister für die besetzten Gebiete.
[100] Alfred Brodauf (geb. 1871), Richter in Chemnitz, bis 1918 sächsischer MdL, bis 1928
      MdR (DDP).
[101] Georg Ledebour (1850–1947), MdR 1900–1918 (SPD), 1920–1924 (USPD, KPD,
      Splittergruppen),1933 Emigration.
[102] Wendelin Thomas (geb. 1884), 1920–1924 MdR (KPD), 1933 Emigration nach USA,
      seither verschollen.
[103] Karl Rudolf Heinze (1865–1928), seit 1907 MdR (Nationalliberale), sächsischer
      MdL, 1918 sächsischer Justizminister, seit 1920 MdR (DVP), 1922/23 Reichsjustiz-
      minister.

Nur der Abgeordnete Emminger[104] der Bayerischen Volkspartei suchte das Urteil zu verteidigen. Er bewies eine solche Ignoranz in juristischen Fragen, daß er bald darauf Reichsjustizminister wurde. Er gebrauchte dasselbe Cicero-Zitat, das Dr. Roth im Bayerischen Landtag verlesen hatte – daß Staaten dem Untergang verfallen, wenn Gefangene freigelassen werden. Das gab mir dann Gelegenheit, in meiner Schrift mit Thimme von der „haushälterischen Sparsamkeit" zu sprechen, die die Reaktion in geistigen Dingen auszuzeichnen pflegt.

Zu meiner Überraschung machte aber die bayerische Regierung eine Konzession, die sich allerdings dann als böswillige Scheinkonzession entpuppte. Der Bundesratsgesandte von Preger[105] gab für die bayerische Regierung die Erklärung ab: Wenn Fechenbach ein Gnadengesuch einreiche, werde die bayerische Regierung ein Rechtsgutachten des Bayerischen Obersten Landesgerichts einholen und dessen Gutachten ihrer Entscheidung in der Rechtsfrage zugrundelegen.

Das Schlußwort hatte Dr. Radbruch, Professor der Rechtsphilosophie und des Strafrechts. Er sprach glänzend. Er sagte: „Ich habe niemals ein Urteil gelesen – mit einer Ausnahme, nämlich mit Ausnahme des Leoprechting-Urteils[106] desselben Herrn Verfassers – das so voll von eitler Geschwätzigkeit, so voll von falschem Pathos, so voll von geschraubter Rabulistik war, wie dieses Urteil." Er nannte den Prozeß einen Prüfstein, „an dem sich scheidet das alte und das neue Deutschland und an dem sich zugleich scheidet Unsauberkeit und Sauberkeit des Rechtsgefühls und des Gewissens."

Der Reichstag ließ sich von der heimtückischen Zusage der bayerischen Regierung beruhigen. Er begnügte sich mit der Annahme eines Zentrumsantrags, die Reichsregierung zu ersuchen, die Reform des Strafprozeßrechts möglichst zu beschleunigen, um dadurch die vollständige Rechtseinheit auf strafprozessualem Gebiet für Deutschland herbeizuführen. Es war ein lahmer Seitenhieb auf die bayerischen Volksgerichte. Das war alles.

Die Erklärung der bayerischen Regierung stellte mich, ähnlich wie seinerzeit die Verteidiger von Dreyfus[107], vor eine schwere Entscheidung. Durfte ein unschuldig Verurteilter um Gnade bitten? Mußte er nicht sein Recht ver-

---

[104] Erich Emminger (1880–1951), seit 1913 MdR (Zentrum/BVP), 1923/24 Reichsjustizminister, danach bayerischer Richter.

[105] Konrad von Preger (1867–1933), 1919–1932 bayerischer Gesandter und bevollmächtigter Minister bei der Reichsregierung.

[106] Strafprozeß gegen Hubert Freiherr von Leoprechting (1897–1940), Schriftsteller, wegen Hochverrats (süddeutscher Separatismus, Zusammenarbeit mit Frankreich) vor dem Volksgericht München (Vorsitzender: Dr. Karl Hass) 1922. Die Akten liegen StAM, Staatsanwaltschaften 3065; vgl. Chronik der bayerischen Justizverwaltung, Einträge zum 3. und 4. Juli 1922.

[107] Alfred Dreyfus (1859–1935), französischer Hauptmann, Jude, 1894 militärgerichtlich wegen angeblichen Landesverrats zugunsten Deutschlands zu Unrecht zu lebenslänglicher Deportation verurteilt, 1906 rehabilitiert. Der Fall D. ist bis heute in Frankreich umstritten.

langen? Ich entschied mich dahin, daß in dem gesetzwidrigen Volksgerichts-
verfahren, das keinerlei Rechtsmittel zuließ, das Gnadengesuch das einzige
Rechtsmittel sei, um die Nachprüfung des Verfahrens und des Urteils durch
das Oberste Landesgericht in Gang zu bringen. Ich reichte eine Revisions-
schrift in Form eines Gnadengesuchs ein.

Das Gutachten des Bayerischen Obersten Landesgerichts wurde am
30. Oktober 1923 ausgefertigt.[108] Sein Verfasser war der Hitleranhänger von
der Pfordten[109], der gleich darauf am 9. November 1923 mit Hitler und Ludendorff beim Hitlerputsch vor die Feldherrnhalle marschierte und dort erschossen wurde. Mitglieder des Gerichts waren der Hitleranhänger Pöhner,
der wegen Teilnahme am Hitlerputsch dann verurteilt wurde und der klägliche Ignorant Müller-Meiningen, der das Urteil im Bayerischen Landtag für
„hieb- und stichfest" erklärt hatte.

Das Gutachten vom 30. Oktober 1923 wurde mir auf mehrmalige Mah-
nung am 1. März 1924 zugestellt.[110] Man wollte mich daran hindern, es der
Kritik von Fachleuten zu unterbreiten. Dieser konnte es allerdings nicht
standhalten. Das Gutachten erklärte die tatsächlichen Feststellungen des Urteils als bindend. Es prüfte also die Schuldfrage überhaupt nicht. Dr. Hass
hatte in seinem hysterischen Eifer verschiedene Zeugen nicht beeidigt. Das
hätte am Reichsgericht allein zur Aufhebung geführt. Das Gutachten half
sich mit jämmerlichen Ausflüchten darüber hinweg. Der Einwand der preß-
gesetzlichen Verjährung wurde für unbegründet erklärt, weil die Veröffentlichung im Ausland begangen worden sei.[111]

Einige ganz grobe Rechtsverstösse erkannte es an. Ich leitete es den Professoren zu, die es in ihren Gutachten dann kritisierten. Dr. Thimme und ich
veröffentlichten die sieben Gutachten mit Dr. Thimmes Einleitung im Juni
1924.[112] Unter dieser Kritik brach das Gebäude des Unrechts zusammen. Im
Dezember 1924 wurde Fechenbach bedingt begnadigt und aus der Haft entlassen. Um die Niederlage zu verdecken, verband die bayerische Regierung
den Gnadenakt mit der Begnadigung und Freilassung Adolf Hitlers[113] und

---

[108] BayHStA, MJu 13248, Druck: Max Hirschberg und Friedrich Thimme (Hrsg.), Der
        Fall Fechenbach. Juristische Gutachten. Tübingen 1924, S. 29–55.
[109] Theodor Freiherr von der Pfordten (1873–1923), bayerischer Spitzenjurist, zunächst
        im Justizministerium, seit 1919 Rat am Bayerischen Obersten Landesgericht; vgl. zu
        ihm Reinhard Weber, „Ein tüchtiger Beamter von makelloser Vergangenheit". Das
        Disziplinarverfahren gegen den Hochverräter Wilhelm Frick 1924. In: VfZ 42
        (1994), S. 129–150, hier: S. 135 f. und die dort angegebenen Nachweise.
[110] Vgl. dazu die aufschlußreichen Umstände BayHStA, MJu 13248.
[111] Vgl. dagegen: „Im Ausland erfolgte Verbreitung von Druckschriften strafbaren In-
        halts. Verjährung. Erkenntnis des 1.Strafsenats des Reichsgerichts vom 23.2.1880
        [!]." In: Rechtsprechung des Deutschen Reichsgerichts in Strafsachen. Hrsg. von
        den Mitgliedern der Reichsanwaltschaft. 1. Band (Jg. 1879/80). München-Leipzig
        1879, S. 373–376.
[112] Vgl. die Angaben oben Anm. 64.
[113] Otto Gritschneder, Bewährungsfrist für den Terroristen Adolf H. Der Hitler-Putsch
        und die bayerische Justiz. München 1990, bes. S. 97 ff.

seiner alten Kämpfer Pöhner[114] und Oberstleutnant Kriebel.[115] Gleichzeitig wurden Lembke und Dr. Gargas begnadigt und entlassen.

Fechenbach hat seine Zuchthauserlebnisse in einem schlichten und gerade dadurch erschütternden Buch „Im Haus der Freudlosen"[116] geschildert. Ich habe ihn dort im Zuchthaus Ebrach besucht, um ihm über den Fortschritt unserer Kämpfe zu berichten und ihm Mut zuzusprechen.[117]

Als mir seine bevorstehende Entlassung aus dem Zuchthaus angekündigt wurde, rief ich den Ministerialrat Kühlewein[118] vom Justizministerium an. Ich sagte ihm, daß die Bekanntgabe des Datums der Haftentlassung für Fechenbach lebensgefährlich sei. Es sei mir zu Ohren gekommen, daß völkische Burschen ihm auflauern wollten. Der Ministerialrat erwiderte höhnisch, das sei wohl nicht so schlimm. Die Entlassung wurde aber doch am Tag vorher verfügt. Fechenbach wurde dann Redakteur an einer sozialdemokratischen Zeitung in Halle.[119] Nach der Machtergreifung Hitlers vollzog sich seine damals vergeblich versuchte Vernichtung.

Ich erhielt, als ich im Corneliusgefängnis in München in „Schutzhaft" war, im August 1933 die Nachricht, er sei auf dem Transport ins Konzentrationslager Dachau „auf der Flucht" erschossen worden.[120] Seine Mutter, die Leichenfrau in Würzburg war, soll die Leiche ihres eigenen Sohnes gewaschen haben. Er soll einen Schuß in die Stirne gezeigt haben.

Sein Todfeind, Professor Coßmann, ist im Ghetto von Theresienstadt gestorben, wohin ihn Hitler gebracht hatte, dessen Wegbereiter er gewesen war. Dr. Hass starb einige Jahre nach dem Prozeß am Herzschlag. Ein ironisches Gerücht besagte, er habe beim Aktenstudium entdeckt, daß ein Staatsanwalt eine Anklage habe verjähren lassen, das habe ihm das Herz gebrochen.[121]

Nach Fechenbachs Begnadigung und Freilassung wurde der Kampf ums Recht fortgesetzt. Daß die bayerische Regierung das auf 11 Jahre Zuchthaus

---

[114] Hirschberg irrt hier, Ernst Pöhner saß 3 Monate (!) seiner fünfjährigen Festungshaft erst ab Januar 1925 in Landsberg ab.

[115] Hermann Kriebel (1876–1941), Mitangeklagter im Hitlerprozeß, 1923 militärischer Führer des Kampfbunds, später SA-Gruppenführer, 1934 Generalkonsul in Shanghai.

[116] Felix Fechenbach, Im Haus der Freudlosen. Berlin 1925, Nachdruck hrsg. von Roland Flade. Würzburg 1993.

[117] Zwei Besuche Hirschbergs sind nachweisbar, am 13. August 1923 und am 9. Dezember 1924, StA Bamberg, JVA Ebrach Rep.K 192, Nr. 2576.

[118] Heinrich Kühlewein (1871–1953), Dr. iur., bayerischer Justizbeamter, 1919–1930 Ministerialrat im bayerischen Justizministerium, 1931–1938 Präsident des Landgerichts München I.

[119] Fechenbach war seit 1925 Redakteur in Berlin, seit 1929 im lippischen Detmold. Vgl. Flade(wie Anm. 116), S. 132 f.

[120] Fechenbach war seit 11. März 1933 in Schutzhaft und wurde am 7. August 1933 von Nationalsozialisten ermordet. Vgl. Flade (wie Anm. 116), S. 133.

[121] Zu Hass vgl. die interessanten Ausführungen in den Löwenfeld-Memoiren, S. 613 ff. und S. 644 f.

lautende Urteil nicht nach 2 Jahren 2 Monaten außer Kraft gesetzt hätte, wenn die Unhaltbarkeit des Urteils nicht nachgewiesen gewesen wäre, war der Öffentlichkeit klar. Immer stärker erhob sich der Ruf nach Beseitigung der gesetzwidrigen bayerischen Volksgerichte oder zum mindesten der Einführung der Wiederaufnahme des Verfahrens gegen ihre offensichtlichen Fehlurteile. Die Sozialdemokratische Partei brachte im Reichstag einen Gesetzentwurf ein, der die Wiederaufnahme des Verfahrens gegen die Urteile der bayerischen Volksgerichte anordnen sollte.[122] Man nannte sie die „Lex Fechenbach", weil der Fechenbachfall den Anlaß zu diesem Gesetzentwurf gegeben hatte.

Der Antrag wurde mit Mehrheit angenommen. Dafür stimmten Sozialdemokraten, Demokraten und der größere Teil der Zentrumspartei und der Deutschen Volkspartei sowie die Kommunisten. Daraufhin versuchte die bayerische Regierung das Gesetz, das sie als Eingriff in ihre „Hoheitsrechte der Unrechtsverübung" ansah, durch Einspruch im Reichsrat zu verhindern.

Von den 66 Reichsratsstimmen standen Preußen 26, Bayern 11 zu. Zu einem Mehrheitsbeschluß waren also 34 Stimmen erforderlich. Die bayerische Regierung klagte über einen Eingriff in ihre „Justizhoheit", obwohl eine solche gar nicht bestand, da die Justiz nach der Verfassung Reichssache war. Sie spekulierte dabei schlau auf die partikularistischen Tendenzen in den kleineren Ländern, die eifersüchtig darüber wachten, daß das Reich oder Preußen ihre Krähwinkel-Grenzpfähle respektierten. Tatsächlich gelang es ihr, eine Mehrheit für ihren Einspruch aufzubringen. Sie hatte das in aller Stille vorbereitet, um eine Gegenaktion zu verhindern.

Als wir davon erfuhren, appellierten mein Sozius Dr. Löwenfeld und ich ans Reichsjustizministerium, an die Justizbehörden einiger Landesregierungen und Juristen in den Reichstagsfraktionen, für Zurückziehung des Einspruchs Bayerns einzutreten, um Rechtseinheit und Rechtssicherheit wiederherzustellen. Dr. Löwenfeld fuhr mit unserem Material über zahlreiche weitere Fehlurteile der Volksgerichte nach Berlin. Er referierte vor einer nichtoffiziellen Konferenz von Ländervertretern im Reichsrat. Er stellte fest, daß die meisten von den Problemen und Rechtsbrüchen nichts wußten, aber Belehrung zugänglich waren. Löwenfelds Beredsamkeit und unser Material machten offensichtlich Eindruck. In der Tat instruierte Preußen nunmehr seine Vertreter im Reichsrat, für die Zurückziehung des bayerischen Einspruchs zu stimmen.

Mit Preußen stimmten diesmal Sachsen, Baden, Hessen, Hamburg und 5 Kleinstaaten. Mit Bayern stimmten einige reaktionäre preußischen Provinzialverwaltungen, Württemberg, Thüringen und 5 andere Kleinstaaten. Bremen und Provinz Hannover enthielten sich der Stimme. Die Zurückziehung

---

[122] Vgl. Schueler, Diss. (wie Anm. 1), S. 248 ff.; einschlägige Aktenstücke liegen bei den Akten des Fechenbach-Prozesses StAM, Staatsanwaltschaften 1683 und 1690.

des Einspruchs wurde mit 38 gegen 26 Stimmen beschlossen. Die „Lex Fechenbach" war somit Gesetz.[123]

Im Sommer 1925 arbeitete ich an dem Wiederaufnahme-Antrag ans Reichsgericht. Es war der traurigste Sommer meines Lebens. Mein Vater starb an Herzschlag.[124] Die Firma, in der das Vermögen meiner Frau von über 100 000 Mark angelegt war, stellte ihre Zahlungen ein. Die Banken machten eine Sanierung davon abhängig, daß wir die Forderung restlos streichen müßten. Wir taten es, um ihrem Vater[125] und ihrer Tochter Lotte[126] ihr Guthaben zu erhalten. Außerdem drohten die Banken, die Aufsichtsräte der Firma persönlich haftbar zu machen, was meine wirtschaftliche Vernichtung hätte bedeuten können.

Da ich meinen sterbenden Vater nicht verlassen konnte, gingen wir schließlich zur „Erholung" nach seinem Tode nach Oberstdorf im Allgäu in eine Pension. Es regnete und war eiskalt. Ich saß im Mantel auf dem Balkon, auf dessen Blechdach Tag und Nacht der Regen prasselte und arbeitete an dem Antrag auf Wiederaufnahme für Fechenbach und dem Material zum Dolchstoßprozeß. Ich schwor, daß dies der letzte Sommer in Deutschland gewesen sei. Seitdem fuhren wir jeden Sommer in den Tessin in der Südschweiz oder nach Italien. Im Herbst 1925 wurde das Wiederaufnahmegesuch beim Reichsgericht eingereicht.

Das Gutachten des Bayerischen Obersten Landesgerichts hatte bereits die tatsächlichen und politischen Feststellungen des Urteils für bindend erachtet und nur Rechtsfragen erörtert. Damit hatte es sich um den Kern der Sache herumgeschlichen. Aber selbst bei Prüfung der Rechtsfragen hatte es in frivoler Weise die gröblichen Verstöße des Urteils des Volksgerichts gegen die fundamentalen Regeln der Strafprozeßordnung ignoriert.

In dem Verfahren waren von dem unfähigen, ganz von Haß und Vernichtungswillen beherrschten Volksgericht sieben Zeugen gesetzwidrig nicht beeidigt worden, ohne den Grund anzugeben. Dieser Verstoß allein hätte beim Reichsgericht zur Aufhebung eines Strafurteils ohne weiteres geführt. Die Auslegung der Bestimmungen über Landesverrat, die auf den Fechenbachfall nicht paßten, war nicht erörtert. Die preßgesetzliche Verjährung wurde verneint, weil die Veröffentlichung im Ausland erfolgt sei.

---

[123] „Gesetz über die Wiederaufnahme des Verfahrens gegenüber Urteilen der Bayerischen Volksgerichte" vom 4. Juli 1925 , RGBl. I (1925), S. 95; vgl. Rudolf Wassermann in: „Deutsche Juristenzeitung" 1925, S. 1025 bzw. Zeitschrift für Rechtspflege in Bayern 21 (1925), S. 240 f. sowie Schueler, Diss. (wie Anm. 1), S. 248.

[124] Ferdinand Hirschberg starb am 14. Juli 1925, vgl. StAM, AG München NR 1925/1351, wo der inflationsbedingte Verlust des Vermögens ausführlich erörtert wird. Dem Einwohner- und Steuerbogen des Stadtarchivs München für Ferdinand Hirschberg ist die Firmenauflösung 1928 zu entnehmen.

[125] Emil Gerstle (1849–1930), Kaufmann in München.

[126] Lotte Weil (1913–1953), Tochter von Bessie Hirschberg aus ihrer 1. Ehe mit dem Kaufmann Ludwig Weil (1878–1920), 1936 nach Italien, von dort 1938 in die USA emigriert.

Das Reichsgericht machte sich seine Aufgabe noch bequemer. Es vermied jedes Eingehen auf die fundamentalen Probleme in ebenso einfacher wie niederträchtiger Weise. Das Reichsgericht erklärte die Payot-Sache für verjährt und stellte unter Aufhebung dieses Teils des Urteils, das auf zehn Jahre Zuchthaus gelautet hatte, das Verfahren ein.[127] In der Gargas-Sache verneinte es die preßgesetzliche Verjährung und erklärte die Strafe von einem Jahr Zuchthaus einfach für verbüßt. So kam es um jedes Eingehen auf die fundamentalen rechtlichen und politischen Probleme herum und hielt den Weg zur Knebelung der Presse mit den Landesverrats-Paragraphen für die Zukunft offen. Zahlreiche Verfahren wegen Landesverrats gegen Journalisten, die die geheime Aufrüstung und die faschistischen bewaffneten Organisationen zu kritisieren wagten, waren die Folge.[128]

Die Justiz war in der Fechenbach-Sache bis zum Schluß konsequent in der Verweigerung jeder sachlichen gerechten Prüfung und dem Mißbrauch des Gesetzes zur Niederhaltung und Vernichtung freiheitlich gesinnter Verteidiger der Demokratie und der Verfassung.[129]

Fechenbach war frei. Aber der Rechtsbruch blieb in Kraft.

---

[127] Vgl. die Beschlüsse des 5. Strafsenats des Reichsgerichts vom 1. November bzw. vom 15. Dezember 1926 in den Akten des Fechenbach-Prozesses StAM, Staatsanwaltschaften 1690.

[128] Vgl. Heinrich Hannover und Elisabeth Hannover-Drück, Politische Justiz 1918–1933. Frankfurt 1966, S. 176 ff. und Gotthard Jasper, Justiz und Politik in der Weimarer Republik. In: VfZ 30 (1982), S. 167–205, bes. S. 183 ff.

[129] Zusammenfassend und zutreffend Arnold Freymuth, Fechenbach-Feststellungen für die Geschichte. In: Die Justiz II (1926/27), Heft 4, S. 366–378.

Siebtes Kapitel

Anstieg des Faschismus, Fememorde, Inflation

Die deutschen nationalistisch-militaristischen Machthaber sahen den verlorenen Krieg nur als einen Rückschlag in der Verfolgung ihrer imperialistisch-chauvinistischen Bestrebungen an, deren Ziel die deutsche Weltherrschaft bildete. Sie hatten die Abtrennung deutscher und österreichischer Gebiete durch die Friedensverträge von Versailles und St. Germain nicht verhindern können. Aber sie erkannten diese Gebietsverluste nicht als endgültig an. Sie begannen unverzüglich mit den Vorbereitungen zu einem neuen Kriege, der die Niederlage vom Herbst 1918 ungeschehen machen sollte. Sie waren entschlossen, die Reparationen nicht zu bezahlen, zu denen sich die deutsche Regierung verpflichtet hatte. Und sie gedachten, die unvermeidlichen Lasten, die sich aus dem verlorenen Krieg ergaben, auf die breiten Massen abzuwälzen. Zu diesem Zwecke wendeten sie zwei teuflisch geschickte Methoden an, die sie durch ihre Beherrschung der meisten Zeitungen, Radiostationen und Filmgesellschaften den politisch mangelhaft geführten Massen mundgerecht zu machen hofften: die Dolchstoßlüge und die Inflation.

Die Dolchstoßlüge, die im zehnten Kapitel bei der Darstellung des Dolchstoßprozesses in München im Oktober 1925 analysiert werden wird, besagte: Die deutschen Heere seien in Wirklichkeit siegreich gewesen; unmittelbar vor Erringung des Endsieges seien sie durch die pazifistische Unterwühlung und die Revolution von hinten erdolcht worden. Die Linksparteien seien daher schuld an dem Zusammenbruch Deutschlands mit allen seinen furchtbaren Folgen.

Diese Propaganda verfolgte geschickt einen doppelten Zweck: Die Wut der Massen über die Niederlage und ihre schweren Folgen von den Schuldigen, nämlich den Generälen, besonders Hindenburg und Ludendorff, und ihren Drahtziehern, den Alldeutschen und Schwerindustriellen, auf die Sozialisten und ihre Koalitionspartner in der Reichsregierung abzulenken und die Stimmung für die geheime Wiederaufrüstung und die Unterminierung der demokratischen Republik vorzubereiten.

Die Inflation[1] war keineswegs ein unabwendbares Verhängnis, als das sie die konservative Presse und die schwerindustrielle Propaganda ausgab. Sie war vielmehr ein Massenbetrug, wie er in so gigantischen Ausmaßen in dieser Form noch nicht verübt worden war. Daß die Milliardenvergeudung durch den Krieg die Währung zerrütten mußte, war klar. Die Franzosen hatten aber, als bei ihnen die Inflation nach Kriegsschluß die Kaufkraft des Franc auf 1/5 reduziert hatte, nicht wie eine Schafherde stillgehalten. Man hatte in Paris ein wenig rebelliert und einige Autos angezündet. Daraufhin

---

[1] Eberhard Kolb, Die Weimarer Republik. München 1984, S. 177 ff. bzw. S. 241 ff. faßt Grundprobleme und Tendenzen der modernen Forschung zusammen.

war unverzüglich Raymond Poincaré[2] mit außerordentlichen Vollmachten als Finanzdiktator eingesetzt worden. Er hatte die Inflation in Kürze gestoppt. In Deutschland geschah nichts dergleichen. Die Währung wurde der Selbstzerstörung durch die Notenpresse überlassen. Damit machte man die Zahlung der Reparationen unmöglich; da die deutsche Inflation die Selbstkosten der deutschen Produktion in beispielloser Weise reduzierte, konnte Deutschland auf den Weltmärkten die meisten anderen Staaten unterbieten. Zugleich führte dieses betrügerische Finanzmanöver zu beispiellosen Gewinnen der Großindustrie und einer bequemen Entschuldung der Landwirtschaft.

Solange das Reichsgericht an der sinnlosen Rechtsprechung „Mark ist gleich Mark" festhielt, und das geschah bis ins Jahr 1922 hinein, konnte Stinnes[3] Millionenkredite bei seinen eigenen und fremden Banken aufnehmen, damit Bergwerke, Fabriken, Zeitungen und Wälder kaufen und dann das Bankdarlehen mit dem 100. oder 1 000. Teil seines ursprünglichen Wertes zurückzahlen.

Die Inflation führte aber natürlich zu einer fast totalen Verarmung der kleinen Kapitalisten und Rentner. Ihre Sparguthaben und Renten schmolzen zu nichts zusammen. Mein Vater, der 1919 noch ein Vermögen von über 1 1/2 Millionen Reichsmark gehabt hatte, verarmte völlig. Ich mußte ihn unterstützen; ich tat es gerne, da ich ihm dankbar war, aber für den alten Mann war es eine schmerzliche Demütigung. Wir fanden nach seinem Tode Kassenbücher, über deren endlosen Millionenreihen der gute alte Mann wohl qualvoll gegrübelt hat, wo sein Vermögen hingeschwunden sei.[4]

Wir verstanden natürlich die Inflation nicht,solange sie im Gange war. Wir sahen nur, daß alle Preise dauernd, erst langsam, dann in wahnsinnigem Tempo, in die Höhe gingen. Dieser Ausraubungsprozeß, der nur in der französischen Assignatenwirtschaft[5] ein damals aber nicht vorsätzlich herbeigeführtes Vorbild gehabt hatte, war etwas so unerhört Neues, daß nur die Finanzspezialisten und die Veranstalter des Riesenbetrugs wohl ganz verstanden, was vorging.

Der Dollar galt als Wertmaßstab, an dem man die rapid sinkende Kaufkraft der Mark zu messen pflegte. Bis zum Ruhrkampf der Regierung Cuno[6]

---

[2] Raymond Poincaré (1860–1934), Rechtsanwalt und Politiker, 1913/20 französischer Präsident, mehrfach Minister und Ministerpräsident, gemäßigter Rechter, nach 1918 hart gegen Deutschland bei den Reparationen.

[3] Hugo Stinnes (1870–1924), Industrieller (Bergwerke, Elektrizität), galt als der „Kriegs- und Inflationsgewinnler par excellence".

[4] Andeutungen im Nachlaßakt Ferdinand Hirschbergs StAM, AG München NR 1925/1351.

[5] Assignaten = Anweisungen, eine Art Papiergeld der französischen Revolution auf enteignete Güter (ursprünglich Staatsobligationen). Folge der ungebremsten Ausgabe war eine Inflation. 1797 mußten sie deshalb für ungültig erklärt werden.

[6] Wilhelm Cuno (1876–1933), Reeder und Politiker, Wirtschaftsexperte, 1922/23 Reichskanzler der „Regierung der Wirtschaft", kämpfte gegen die Reparationen wor-

mit der französischen Besatzung sank die Mark stetig und langsam, während des passiven Widerstands im Ruhrgebiet sank sie rapid und nach dem Abbruch im Oktober 1923 in atemlosen Tempo.

Im Durchschnitt des Januar 1923 war der Kurs der Mark gegenüber 1 Dollar 18 000,- Mark, im Februar 1923 27 900,- Mark, im Mai 1923 47 700,- Mark, im Juni 110 000,- Mark, im Juli 349 000,- Mark. Im Herbst 1923 war 1 Dollar 200 Millionen Mark, dann sank die Mark in atemlosen Tempo auf Milliarden, um schließlich im November 1923 den Wahnsinnskurs von 4,2 Billionen für 1 Dollar zu erreichen.

In den letzten Monaten ging der Sturz in den Abgrund so rapid vor sich, daß eine Summe, die man einnahm, schon nach ein oder zwei Stunden in ihrer Kaufkraft halbiert war. Die Hausfrauen stürzten mit ihrem Geld in die Läden oder auf den Viktualienmarkt. Unser Hausherr in der Kaufinger-straße, Kommerzienrat Rosenthal[7], in dessen Haus wir unsere Kanzleiräume anfangs hatten, sagte im Spaß, demnächst sperre er seine Ware in den Geldschrank und lege die Geldscheine in die Ladenschränke.

Einige Erlebnisse aus dieser Zeit des Zahlenwahnsinns sind mir in Erinnerung: Als unser Söhnchen anfangs 1922 zum ersten Mal etwas Gemüse bekam, ging ich selbst als stolzer Vater auf den Markt und kaufte ein paar ärmliche Karotten für 400,- Mark. Als die Dampfheizung in unserer Wohnung in Solln versagte, ließ ich dafür einen Ofen setzen, der 300 000,- Mark kostete. Wir führten einen langen Prozeß und kassierten beglückt 3 1/2 Milliarden Kosten vom Gegner ein. Nach Schluß der Inflation stellten wir fest, daß wir für die jahrelange Arbeit 3 1/2 Goldmark bekommen hatten.

Im Sommer 1923 fuhr ich mit Bessie und den Kindern zu Nettie und Erich an den Lago Maggiore. Wir vereinbarten, daß wir drei Wochen lang keine Markkurse lesen würden. Auf der Heimfahrt trank ich wie üblich in Göschenen im Stehen auf der Station meinen letzten Schweizer Kaffee. Bessie sah eine Münchner Zeitung und rief mir zu, ich solle sie mitbringen. Als sich der Zug in Bewegung setzte, sahen wir uns sprachlos an: Auf der ersten Seite stand „Einzelnummer 300 000,- Mark".

Am Bahnhof in Lindau lag für mich eine Geldsendung des Büros. Sie reichte gerade noch, die Billetten nach München zu kaufen, obwohl sie viele Millionen Papiermark betrug. Im deutschen Speisewagen tranken wir Tee für 2 Millionen Mark. Dann setzte ich mein „Millionärsgesicht" auf und gab dem Kellner das nobelste Trinkgeld meines Lebens: eine Million Papiermark.

Die Unterhaltsrenten für Frauen und Kinder, die das Gericht festsetzte, waren am nächsten Tage schon unzureichend. Ein Richter am Oberlandesgericht sagte mir mit Tränen in den Augen, er müsse zu einer Operation ins

---

auf Frankreich das Ruhrgebiet besetzte. Der deutsche passive Widerstand gegen diese Maßnahme führte zum Ruin der Staatsfinanzen und zum Rücktritt Cunos.

[7] Martin Rosenthal (1877–1931), Kaufmann (Firma Albert Rosenthal/München), Besitzer des Hauses Kaufingerstraße 30.

Hospital, sein Gehalt reiche aber nicht dazu aus. Mündel, deren Vermögen der Vormund nach dem Gesetz nur in „mündelsicheren" Staatspapieren und ähnlichen Festverzinslichen anlegen durfte, verloren meist dadurch alles, was sie besaßen. Es war ein Tollhaus.

Aber dieser Wahnsinn hatte ernste Folgen, die seine Urheber wohl nicht bedacht hatten: das Vertrauen der Bevölkerung in das Sparkapital und die Währung wurde vernichtet und damit der Spartrieb, ohne den eine gesunde kapitalistische Wirtschaft nicht bestehen kann. Ich hatte in verhältnismäßig hochwertigem Geld 10000,– Mark auf einer Großbank auf mein Konto einbezahlt. Nach der Inflation fragte ich den Schalterbeamten, was ich jetzt bekäme. Er grinste und sagte: „Nichts", ich solle froh sein, daß die Bank mir keine Bankspesen berechne. Dieses Erlebnis habe ich nie vergessen. Ungezählte kleine Sparer erlebten dasselbe. Auch sie haben es nicht vergessen. Die Inflation war ein revolutionäres und revolutionierendes Element von unabsehbarer Wirkung.

Die Randbemerkungen meiner Geliebten zur Weltgeschichte waren auch an der Inflation das einzig Erfreuliche. Als der Zahlenwahnsinn alle Gehirne anfüllte, waren Bessie und ich bei meinem Freund Ernst Willmersdoerfer und seiner Frau eingeladen. Als wir weggingen, sagte er: „Es ist wirklich eine Wohltat, einen Abend mit Freunden zu verbringen, die einmal von etwas anderem reden als von den Kursen". Darauf die Kleine mit großen Träumeraugen: „Kurse? Ja, was lernen denn da die Leute?"

Die Inflation hat die deutsche Republik nicht bloß wirtschaftlich, sondern auch politisch unterminiert. Sie gab der fast bedeutungslosen kommunistischen, aber vor allem der faschistischen, besonders der nazistischen Opposition einen wirkungsvollen Stoff zur Agitation gegen die demokratische Regierung. Die schwache Passivität der Sozialdemokratie und die Feigheit der demokratischen Führung ermunterte die Faschisten und ihre bewaffneten Organisationen zu immer frecherer Auflehnung.

Im Gegensatz zu den Sozialisten, die Anhänger der Gewaltlosigkeit waren, scheuten die völkischen Organisationen vor dem Mord der demokratischen Führer nicht zurück. Nach der bestialischen Ermordung von Karl Liebknecht und Rosa Luxemburg, die von der feilen Justiz ungesühnt hingenommen, ja begrüßt wurde, war das erste Opfer Matthias Erzberger.[8] Er hatte mit dem Waffenstillstand sein eigenes Todesurteil unterzeichnet. Er war der große Finanzsachverständige der Zentrumspartei. Schon 1903 spielte er im Reichstag als solcher eine führende Rolle. 1906 hatte er die Kolonialskan-

---

[8] Zum Erzberger-Mord 1921 vgl. Hannover, S. 107–112; Gotthard Jasper, Der Schutz der Republik. Studien zur staatlichen Sicherung der Demokratie in der Weimarer Republik 1922–1930. Tübingen 1963; ders., Aus den Akten der Prozesse gegen die Erzberger-Mörder. In: VfZ 10 (1962), S. 280 ff.; Gabriele Krüger, Die Brigade Ehrhardt. Hamburg 1971 und Cord Gebhardt, Der Fall des Erzberger-Mörders Heinrich Tillessen. Ein Beitrag zur Justizgeschichte nach 1945. Tübingen 1995.

dale aufgedeckt.[9] Während des Krieges hatte er sich vom Annexionisten zum Vertreter der Forderung nach einem Verständigungsfrieden entwickelt. Er hatte die Kühnheit, die Schwerindustrie nach dem Kriege öffentlich anzugreifen und Vögler[10] und Stinnes zuzurufen: „Die Zeit Ihrer Herrschaft ist vorbei!" Mit brutaler Rücksichtslosigkeit suchte die Schwerindustrie sich des Mannes zu entledigen, der sich ihren Ausraubungs- und Revanchekriegsplänen entgegenstellte.

Der Deutschnationale Karl Helfferich[11] leitete den Vernichtungsfeldzug gegen Erzberger. Als dieser als Finanzminister am 8. Juli 1919 seine Finanzreform dem Reichstag vorlegte, die durch hohe Steuern die Inflation zum Stillstand bringen und das Kapitaleinkommen höher belasten wollte als das Arbeitseinkommen, beschloß Helfferich, diesen Verräter an der geheiligten Übermacht des Kapitals moralisch zu vernichten.

Er veröffentlichte in der reaktionärsten Zeitung Deutschlands, der feudalen „Kreuzzeitung", eine Artikelserie „Fort mit Erzberger!" Er warf ihm darin vor, daß er früher Annexionist gewesen sei, solange er im Aufsichtsrat des Thyssen-Konzerns[12] gesessen habe; er habe in dieser Zeit die Ausfuhr von Schutzschilden begünstigt, die den Feinden während des Krieges zugute kamen. Auch habe er seinen Einfluß als Abgeordneter für schwerindustrielle Firmen benützt, an denen er finanziell beteiligt war.

Erzberger mußte klagen. Die Vertretung Helfferichs übernahm der jüdische Berliner Anwalt Alsberg[13] mit der reichen deutschen Juden oft eigenen politischen Instinktlosigkeit. Sie traten für ihre späteren Mörder ein. Nach der Machtübernahme Hitlers beging Alsberg in der Schweiz Selbstmord. Während des Prozesses schoß der völkische Fähnrich Oltrig von Hirschfeld[14] auf Erzberger, der leicht verwundet wurde. Hirschfeld wurde für diesen Mordversuch zu 1 1/2 Jahren Gefängnis verurteilt. Seine „ideale Gesinnung"

---

[9] Die Kosten für die Kolonien (Erschließung, Schutztruppen gegen Aufstände etc.) führten 1906 im Reichstag zu heftiger Kritik, besonders aus den Reihen der SPD und des Zentrums. Folge war die Auflösung des Reichstags und die Erhebung der Kolonialabteilung des Auswärtigen Amts zu einem selbständigen Reichskolonialamt. Vgl. Horst Gründer, Geschichte der deutschen Kolonien. Paderborn 1985.

[10] Albert Vögler (1877–1945), Dr. ing., Industrieller, 1918 Mitgründer der DVP, bis 1924 MdR, 1925 Gründer der Vereinigten Stahlwerke, deutsch-national, gegen Ende der Weimarer Republik Förderer der NSDAP, gegen Kriegsende Generalbevollmächtigter Speers für das Ruhrgebiet, 1945 Selbstmord.

[11] Karl Helfferich (1872–1924), Bankier und Politiker, ursprünglich nationalliberal, nach 1918 DNVP, ab 1920 MdR, Gegner der „Erfüllungspolitik" und der Weimarer Republik, großer Hetzer gegen Erzberger („Fort mit Erzberger!" Berlin 1919).

[12] Thyssen-Konzern = größte europäische Unternehmensgruppe der Eisen- und Stahlindustrie, gegründet von August Thyssen (1842–1926), ging 1926 in die Vereinigten Stahlwerke über, sein Sohn Fritz Thyssen (1873–1951) liebäugelte zeitweise mit der NSDAP.

[13] Max Alsberg (1877–1933), Jurist und Schriftsteller, bedeutender Anwalt der Weimarer Republik.

[14] Oltrig von Hirschfeld (geb. 1899).

wurde als strafmildernd erklärt. Das Urteil im Beleidigungsprozeß fiel vernichtend für Erzberger aus. Auch hier wurde betont, daß Helfferich aus „vaterländischen Beweggründen" gehandelt habe. Erzberger trat von seinem Amt zurück. Helfferich kam am 22. April 1924 bei einem Eisenbahnunglück bei Bellinzona ums Leben, bei dem die Passagiere bei lebendigem Leib verbrannten.

Am 26. August 1921 wurde Erzberger, wenige Wochen nach dem bayerischen Landtagsabgeordneten Gareis[15], auf einem Spaziergang ermordet. Die Mörder waren der 28 jährige Kaufmann Heinrich Schulz[16] und der 27 jährige Student Heinrich Tillessen.[17]

Beide hatten als Offiziere der Brigade des Kapitäns Ehrhardt[18], des Leiters der Mordorganisation „Consul", den Kapp-Putsch mitgemacht. Sie hatten in dem bereits faschistischen Bayern kameradschaftliche Aufnahme gefunden, obwohl sie steckbrieflich verfolgt waren. Sie arbeiteten zusammen in einem Geheimbund mit dem Kapp-Offizier Manfred von Killinger.[19] Der Geheimbund hatte sich als altgermanische Feme proklamiert. Erst fiel der Verdacht auf den Fähnrich von Hirschfeld. Er sollte eigentlich in Haft sein, war aber aus der Haft „beurlaubt" und verbrachte seinen Urlaub nahe der Mordstelle.

Die Münchner Polizei unter dem staatsfeindlichen völkischen Pöhner versah die beiden nach der „Ordnungszelle" Bayern geflüchteten Erzbergermörder mit falschen Pässen. Mit diesen flüchteten sie ins Ausland. Wenige Tage nach dem Mord erschienen der badische Generalstaatsanwalt Dr. Schlimm[20] und der Untersuchungsrichter Burger[21], die mit der Verfolgung der Mörder betraut waren, auf unserer Kanzlei. Sie verhandelten mit mei-

---

[15] Karl Gareis (1889–1921), Lehrer, seit 1920 MdL (USPD), scharfer Kritiker der rechtsradikalen Bestrebungen und der bayerischen Politik, deshalb vom gleichen Täterkreis wie bei Erzberger ermordet. Vgl. StAM, Staatsanwaltschaften 3088 und Polizeidirektion München 8079.

[16] Heinrich Schulz (geb. 1893), nach 1933 zeitweise Adjutant Heydrichs (!). Vgl. StAM, Polizeidirektion München 8091a.

[17] Heinrich Tillessen (1894–1984), Marineoberleutnant, Mörder Erzbergers. Vgl. oben Anm. 8 und StAM, Staatsanwaltschaften 3088 sowie Polizeidirektion München 8079 und 10164.

[18] Hermann Ehrhardt (1881–1971), Korvettenkapitän, Freikorpsführer (Brigade Ehrhardt), ultranationalistischer Gegner der Weimarer Republik, Teilnehmer am Kapp-Putsch, obwohl seither steckbrieflich gesucht unbehelligter Aufenthalt in München, Kopf der „Organisation Consul", der Hauptquelle politischer Kapitalverbrechen in der Anfangsphase der Weimarer Republik.

[19] Manfred von Killinger (1886–1944), Freikorpsführer, zeitweise außer Landes, 1927 Anschluß an die NSDAP, 1932 Inspekteur der SA, 1933 Führer der SA-Obergruppe I, 1933 Reichskommissar in Sachsen, anschließend bis 1935 sächsischer Ministerpräsident, danach im diplomatischen Dienst und MdR, 1944 Selbstmord.

[20] Franz Schlimm (1864–1957), badischer Justizbeamter.

[21] Alfred Burger (geb. 1879), badischer Justizbeamter, seit 1918 Staatsanwalt in Offenburg, 1928 Oberstaatsanwalt in Mosbach, 1931 Oberstaatsanwalt in Offenburg.

nem Sozius Dr. Löwenfeld. Sie versuchten von ihm Informationen über den Verbleib der Mörder zu erhalten. Sie meldeten sich unter falschem Namen bei ihm an. Es war schon so weit gekommen, daß Beamte der deutschen Republik in Bayern unter falschem Namen auftreten mußten, um Erhebungen gegen politische Mörder durchzuführen.

Burger teilte Dr. Löwenfeld mit, die Spitzel des Leiters der politischen Abteilung der Münchner Polizeidirektion, Dr. Frick[22], hätten ihn bis vor unsere Kanzlei verfolgt. Burger rief auf Rat Dr. Löwenfelds die Mordabteilung der Polizeidirektion an, die normal funktionierte. Die Mordabteilung sandte Beamte, die die Spitzel Dr. Fricks entfernten. Dr. Löwenfeld konnte den badischen Beamten eine Photographie des „Rollkommandos" der Völkischen, wie diese ihre Mörderbande bezeichneten, beschaffen. Auf dieser Photographie waren die beiden Erzbergermörder mit ihren Kameraden abgebildet.

Die Mörder waren aber bereits mit ihren falschen Pässen nach Ungarn entkommen. Dort fanden sie bei den „Erwachten Ungarn", ihren faschistischen Mordgenossen, liebevolle Aufnahme. Ich habe sie immer die „halberwachten Ungarn" genannt. Wo sind sie jetzt? Der Gastgeber der Erzbergermörder war der spätere ungarische Ministerpräsident Gömbös.[23]

Manfred von Killinger wurde wegen Begünstigung angeklagt, aber prompt freigesprochen. Er wurde später sächsischer Ministerpräsident von Hitlers Gnaden. Nach der Machtübernahme Hitlers kehrten die beiden Erzbergermörder im Triumph nach Deutschland zurück. Die Behörden der Stadt Offenburg in Baden hießen sie öffentlich willkommen, der Präsident des Landgerichts, das sie seinerzeit wegen Mordes verfolgt hatte, hielt eine ehrende Ansprache an die Mörder. Als Vertreter Hitlers war der Führer der SA, Ernst Röhm[24], erschienen.

1921, nach der Ermordung Erzbergers, erklärten sich der Reichstag und die deutsche Presse gegen den politischen Mord. Es geschah aber nichts zu seiner Eindämmung. Das nächste Opfer war schon bezeichnet. Die hakenkreuzgeschmückten Landsknechtsbanden sangen bereits auf allen Straßen:

---

[22] Wilhelm Frick (1877–1946), Jurist und Polizeibeamter, seit 1917 bei der Polizeidirektion München, früher Förderer Hitlers, Teilnehmer am Hitlerputsch, seit 1924 MdR, Fraktionsvorsitzender der NSDAP-Reichstagsfraktion, 1930/31 Innen- und Volksbildungsminister in Thüringen, ab 1933 Reichsinnenminister, 1943 Reichsprotektor in Böhmen und Mähren, 1946 im Nürnberger Prozeß zum Tod verurteilt und hingerichtet.

[23] Gyula Gömbös von Jákfa (1886–1936), General und Politiker, 1932–1936 Ministerpräsident, Exponent der antisemitisch-nationalistischen Gruppe des „Erwachenden Ungarn", für eine enge Anlehnung Ungarns an das nationalsozialistische Deutschland und das faschistische Italien.

[24] Ernst Röhm (1887–1934), Offizier, früher Förderer Hitlers, Organisator der geheimen Waffenlager der Wehrverbände, Teilnehmer am Hitlerputsch, bis 1925 und ab 1931 Oberster SA-Führer, trat für ein „politisches Soldatentum" ein, wegen zu großer Eigenständigkeit 1934 auf Geheiß Hitlers ermordet („Röhmputsch").

„Knallt ab den Walter Rathenau[25],
die gottverdammte Judensau!"

Friedrich Stampfer[26] schreibt in seinem aufschlußreichen Buch „Die vierzehn Jahre der ersten Deutschen Republik" (Karlsbad 1936) die schönen
Worte: „Gegen solche Verwilderung mit allen Mitteln einzuschreiten, war eine Notwendigkeit für jedes geordnete Staatswesen. Daß es zu einer durch-
greifenden Aktion trotzdem nicht kam, hat verschiedene Gründe. Zunächst
war die Sozialdemokratie eine grundsätzliche Gegnerin des Ausnahmezu-
standes, stets geneigt, ihn zu mildern und bald wieder aufzuheben. Die Todesstrafe lehnte sie ab. Aber auch gemäßigte Maßnahmen konnten nur auf
die Unterstützung der Demokraten und allenfalls des nichtbayerischen Zentrums rechnen." Also unterblieben auch „gemäßigte" Maßnahmen und der
politische Mord erhob immer frecher sein blutiges Haupt in Deutschland.

Auch die politischen Morde waren von dem bereits völkisch regierten
Bayern ausgegangen, das als Mordzentrale und Zufluchtsstätte der Mörder
zugleich agierte. Eine ebenfalls zuerst in Bayern eingeführte Variante waren
die Fememorde[27] an angeblichen Verrätern. Sie wurden ohne Gehör von einem geheimen Femegericht zum Tode verurteilt und dann ermordet. Die völkischen Banden waren Ankläger, Richter und Henker zugleich. Anfangs er-
regten solche Morde noch Aufsehen. Später, als sie immer häufiger wurden,
gewöhnte sich die Öffentlichkeit auch an diese Bestialitäten wie an alles, was
aus angeblich patriotischen Motiven geschah. Die demokratische Führung
war auch gegen diese Morde hilflos, weil sie nicht den demokratischen und
sozialistischen Massen vertraute, sondern den thronenden Organen der herrschenden Gewalten. Die Gerichte überboten sich in feilen Ausflüchten, um
diese „Patrioten" nicht wegen Mordes aburteilen zu müssen. Die geheime
Aufrüstung zu schützen, war ihnen die Hauptaufgabe.

Das erste Opfer des Fememordes dieser Art war das Dienstmädchen Maria Sandmayr.[28] Das arme unwissende Ding wollte ein geheimes Waffenlager
anzeigen, das bei ihrer gräflichen Gutsherrschaft im Schwäbischen lagerte.

---

[25] Walter Rathenau (1867–1922), Sohn des AEG-Gründers Emil Rathenau, vielseitig
     begabter Naturwissenschaftler, Top-Manager, Schriftsteller, Liberaler (DDP), „Erfül-
     lungspolitiker", ab 1919 Reichsminister für Wiederaufbau bzw. Reichsaußenminister,
     für Ausgleich mit Rußland („Rapallovertrag" 1922), von der Rechten besonders ge-
     haßt und 1922 ermordet.
[26] Friedrich Stampfer (1874–1957), Journalist („Vorwärts") und Politiker (SPD), „graue
     Eminenz" der Weimarer SPD, MdR, ab 1933 Exil in Prag, Paris und USA, Tätigkeit
     für die Exil-SPD (Sopade). Erinnerungen: Erfahrungen und Erkenntnisse. Köln
     1957.
[27] Ausführlich Irmela Nagel, Fememorde und Fememordprozesse in der Weimarer Re-
     publik. Köln 1991, dort die gesamte zeitgenössische Literatur, besonders die Veröf-
     fentlichungen von Emil Julius Gumbel.
[28] Maria Sandmayr (1901–1920); vgl. StAM, Polizeidirektion München 8099. Zum mut-
     maßlichen Mörder Hans Schweighardt ebd. Polizeidirektion 8100 und Generalstaats-
     anwalt beim OLG München 18–32.

Zu ihrem Unglück geriet sie statt zur Ententekommission zur Münchner Einwohnerwehr. Der Kaufmann Zeller[29], der in der Leitung der Einwohnerwehr tätig war, nahm ihre Anzeige entgegen. Wenige Tage später wurde das Mädchen in einem Park bei München erdrosselt aufgefunden. An der Leiche war ein Zettel befestigt, der lautete: „Du Schandweib hast verraten dein Vaterland, dich hat gemordet die schwarze Hand."

Die Untersuchung gab den klaren Beweis dafür, daß der Leutnant a.D. Schweighardt[30] und der Oberleutnant a.D. Braun[31] die Tat begangen hatten. Beide waren in der Leitung der Einwohnerwehr. Sie hatten das ahnungslose Opfer in einem Auto der Einwohnerwehr an die Mordstelle gebracht. Schweighardt erhielt von der Pöhner-Polizei einen Paß und entfloh ins Ausland. Gegen Zeller, Braun und ihre Gehilfen wurde nichts unternommen. Ungesühnter Mord gebiert neuen Mord.

Kurz vorher hatten Wahlen zum bayerischen Landtag stattgefunden.[32] Die damals sehr starke Unabhängige Sozialdemokratische Partei, der ich damals angehörte, bedrängte mich, mich aufstellen zu lassen, da sie einen Juristen im Landtag brauchte. Ich fühlte mich für einen Platz im bayerischen Landtag gänzlich ungeeignet. Der Parteivorsitzende erklärte aber, die Partei brauche mich unbedingt, es sei meine Pflicht, mich zur Verfügung zu stellen. Die Sache verlange den Einsatz meiner Person. Ich wurde schwankend. Zum ersten Mal wurde meine Geliebte kategorisch. Sie drohte, mich zu verlassen, wenn ich mich aufstellen lassen würde. Ich lehnte ab. Damit hat sie mir das Leben gerettet. An meiner Stelle wurde der Lehrer Gareis aufgestellt und gewählt. Am 9. Juni 1921 wurde er ermordet.

Vierzehn Tage nach dem Fememord an dem Dienstmädchen Sandmayr erschien der Abgeordnete Gareis mit mehreren Männern abends in unserer Kanzlei. Einer der Männer hatte einen großen Verband über dem Kopf und zeigte Strangulierungsspuren am Hals. Gareis berichtete uns in großer Erregung, der Verletzte sei ein früherer Reichswehrsoldat namens Hans Dobner.[33] Sein Begleiter bezeichnete sich als Franzose Prachère, war aber in Wirklichkeit ein Münchner namens Pracher.[34] Er erklärte, er habe der Ententekommission wiederholt geheime Waffenlager angezeigt, aber auch um-

---

[29] Alfred Zeller (1885–1945), Kaufmann, Funktionär der Vereinigten Vaterländischen Verbände Münchens.
[30] Hans Schweighardt (1894–1934), Leutnant a.D., Mitglied der bayerischen Einwohnerwehr, saß längere Zeit in Untersuchungshaft, ohne daß Anklage erhoben wurde, 1934 als SA-Führer im Zusammenhang mit dem „Röhmputsch" ermordet.
[31] Otto Braun (geb. 1898), Geschäftsführer der Wirtschafts- und Beschaffungsabteilung der Einwohnerwehren; vgl. StAM, Staatsanwaltschaften 3081d (Fall Hartung).
[32] Die Wahlen zum bayerischen Landtag am 6. Juni 1920. In: Zeitschrift des bayerischen Statistischen Landesamts 53 (1921), S. 294–385.
[33] Hans Dobner (1899–1969), ehemaliger Reichswehrsoldat, Agent; vgl. StAM, Staatsanwaltschaften 3123.
[34] Georg Pracher (1894–1943), Agent.

gekehrt der Münchner Polizei Spionagedienste gegen seine Auftraggeber geleistet.

Dobner berichtete, Pracher habe ihn mit dem Polizeiinspektor Glaser[35] bekannt gemacht, der in der politischen Abteilung der Münchner Polizeidirektion angestellt war, die Dr. Frick leitete. Er, Dobner, habe nämlich ein geheimes Waffenlager der Behörde anzeigen wollen. Glaser habe ihn an einen Garagenbesitzer Pollinger verwiesen, diesem sollte er das Waffenlager zeigen, er werde eine hohe Belohnung erhalten. Dieser Pollinger hieß in Wirklichkeit German Böhm[36] und gehörte den völkischen Verbänden an. German Böhm brachte zwei Kameraden mit. Man fuhr los. Kurz vor Freising stürzten sich die beiden Mitfahrer auf Dobner und schlugen ihm mit einem schweren Werkzeug auf den Kopf, bis er vorübergehend bewußtlos war. Dann suchten sie ihn mit einem Strick zu erdrosseln.

Dobner stellte sich tot. Plötzlich riß er die Wagentüre auf und stürzte sich aus dem sausenden Auto auf die Landstraße. Das rettete sein Leben. Er schleppte sich blutüberströmt in das nächste Dorf. Pracher behauptete nun, der Mordüberfall sei von dem Polizeikommissar Glaser mit Böhm verabredet gewesen. Er sei bereit, in unserer Gegenwart die Polizei anzurufen und durch sein Gespräch mit Glaser zu beweisen, daß dieser im Komplott mit den Mördern stehe.

Die Sache war unheimlich. Für die Erzählung Dobners sprachen seine Kopfwunden und Strangulationsmale. Aber Prachère, vulgo Pracher, machte, wie alle bezahlten Spitzel, einen wenig vertrauenerweckenden Eindruck. Immerhin war sein Angebot so wichtig, daß man es nicht einfach ignorieren konnte.

Die Aufdeckung eines solchen Mordkomplotts zwischen der politischen Polizei des Dr. Frick und völkischen Mordbuben konnte politisch weittragende Folgen haben und die dumpfe faschistische Atmosphäre Bayerns klären. Daß jede Beschäftigung mit dieser Sache für alle Beteiligten mit Lebensgefahr verbunden war, war uns klar. Das durfte uns nicht hindern, unsere politische und anwaltschaftliche Pflicht zu erfüllen. Klar war, daß eine Anzeige bei der Polizei nach Sachlage zwecklos sein mußte.

Mein Sozius Dr. Löwenfeld verständigte zunächst den Vorsitzenden der sozialdemokratischen Landtagsfraktion Johannes Timm[37], einen ruhigen besonnenen Mann. Dieser vernahm Dobner und Pracher. Sodann wurde beschlossen, das von Pracher angebotene Telefongespräch von diesem führen

---

[35] Friedrich Glaser (1889–1957), Polizeibeamter bei der Polizeidirektion München, 1924 Kriminaloberkommissar, 1942 mit Unterstützung Fricks Regierungsrat(!).
[36] German Böhm (1896–1942), Offizier a.D., Inhaber des Universitäts Tattersalls, Generalvertreter der Firma „Steyr-Auto".
[37] Johannes Timm (1866–1945), Gewerkschaftler, Arbeitersekretär, 1904–1919 Vorsitzender des SPD-Bezirks Südbayern, 1905–1933 MdL, zeitweise Fraktionsvorsitzender, 1918/19 bayerischer Justizminister.

zu lassen. Es wurde von einem in Stenographie geübten Rechtsanwalt[38], der Parteigenosse war, mitstenographiert. Das Gespräch wurde vom Gewerkschaftshaus aus geführt, weil man dort an mehreren Leitungen mithören konnte. Tatsächlich rief Pracher den Polizeiinspektor Glaser an. Der Rechtsanwalt stenographierte mit, Timm und Gareis hörten auf getrennten Leitungen zu.

Pracher erklärte dem Glaser, er habe den Dobner umgebracht und fragte, indem er sein Geständnis mehrfach wiederholte, ob Glaser ihm Sicherheit garantiere. Glaser sagte, das sei ganz selbstverständlich, Pracher wisse doch, daß er sich auf ihn verlassen könne, er habe ihm das doch schon oft bewiesen. Die somit bewiesene Tatsache, daß ein leitender Beamter der politischen Polizei mit Fememördern im Komplott war, erschien uns damals noch als ungeheuerlich. Unter dem Hitlerregime wurde das etwas ganz Alltägliches.

Die sozialdemokratische Fraktion beantragte im Landtag die Einsetzung eines Untersuchungsausschusses[39], um die Vorfälle aufzuklären. Die Zeitungen brachten das aufsehenerregende Telefongespräch unter Balkenüberschriften. Die Polizei des Faschisten Pöhner erließ natürlich ein Dementi. Sie behauptete, sie habe von dem Vorfall erst durch den Antrag im Landtag erfahren. Die Attentäter seien bereits verhaftet. Sie hätten erklärt, sie hätten Dobner nur verprügeln wollen, um ihn für seine unpatriotische Gesinnung zu züchtigen. Alle drei gehörten der Einwohnerwehr an. Gleichzeitig verhaftete die Polizei Dobner und Pracher wegen Landesverrats, das bequemste Mittel, sie mundtot zu machen.

Der Untersuchungsausschuß machte sich in seiner Mehrheit das Märchen von der Verprügelung durch patriotische Männer, die der guten Münchner Gesellschaft angehörten, zu eigen. Dr. Löwenfeld übernahm die Verteidigung Dobners, ein unpolitischer Münchner Anwalt die des Pracher. Ich fuhr als Berichterstatter für eine sozialistische Zeitung zu der Verhandlung gegen Dobner und Pracher nach Freising.[40] Der Zuhörerraum war angefüllt mit

---

[38] Alfred Werner (1891–1965), Dr. iur., 1919–1933 Rechtsanwalt in München, 1933 Exil in Frankreich, 1935 in Palästina, ab 1953 wieder als Anwalt in Düsseldorf tätig. Vgl. Löwenfeld-Memoiren, S. 521 ff. und StAM, Staatsanwaltschaften 3123.

[39] Zum Untersuchungsausschuß vgl. die einschlägigen Akten StAM, Staatsanwaltschaften 3123, und Verhandlungen des Bayerischen Landtags, Tagung 1920/21, Registerband, S. 45 f. (Fall „Dobner").

[40] Hirschberg bringt zwei verschiedene Strafprozesse durcheinander. Der Prozeß gegen Dobner, Pracher und andere wegen Verrats militärischer Geheimnisse fand im Januar 1921 vor dem Amtsgericht München statt. Vgl. die Prozeßakten StAM, AG 69109, Bayerische Justizchronik, Eintrag zum 13. Januar 1921, und Löwenfeld-Memoiren, S. 531 ff.; daneben fand vor dem Amtsgericht Freising ein Strafprozeß gegen Karl Schuster und Hermann Berchtold wegen Körperverletzung (Dobners) statt. Die Strafakten sind nicht mehr vorhanden. Vgl. Bayerische Justizchronik, Eintrag zum 25. Januar 1921, und Löwenfeld-Memoiren, S. 540 ff.
Folgende Zeitungsberichte sind einschlägig: für den Münchner Prozeß
„Münchner Post" Nr. 7 v. 11. Januar 1921, S. 1, Nr. 9 v. 13. Januar 1921, S. 4, Nr. 10 v. 14. Januar 1921, S. 5/6 und Nr. 11 v. 15./16. Januar 1921, S. 1 u. 5.

völkischen Patrioten und Fememördern, die das Plädoyer Dr. Löwenfelds mit ironischem Gelächter begleiteten. In der Pause mußte man zwischen ihnen förmlich Spießruten laufen. Erstaunlicherweise fand das Schöffengericht unter einem jungen unparteiischen Richter den Mut, Dobner freizusprechen und den Haftbefehl gegen ihn aufzuheben. Sofort traten zwei Polizeibeamte vor und erklärten, sie hätten Auftrag, Dobner in Schutzhaft zu nehmen. Er wurde bald als angeblicher Ausländer in die Tschechoslowakei abgeschoben.

Die Mordgesellen erhielten wegen Körperverletzung minimale Geldstrafen. Im Urteil wurden sie als Patrioten verherrlicht. Die „Münchner Neuesten Nachrichten" schrieben triumphierend: „Dobner, der eigentlich Schuldige, wird in Schutzhaft abgeführt." Man handelte im bayerischen Faschismus schon damals nach dem Grundsatz: „Nicht der Mörder, der Ermordete ist schuldig." Er ist später oft praktiziert worden, so bei der Justizfarce gegen die Mörder Matteottis.[41] Dieser Satz drückt besser als jeder andere die Verworfenheit unserer Epoche aus, in der das Gemeine triumphierend herrscht und zwar „von Rechtswegen", mit allen Segnungen der Hure Justiz und ihrer Zuhälter.

Da die Überfälle der völkischen Helden und besonders der Sturmtrupps Hitlers auf demokratische Führer und Versammlungen immer häufiger wurden, ohne daß die Polizei sie schützte, gründeten die Sozialdemokraten, Demokraten und einige katholische Organisationen das „Reichsbanner Schwarz-Rot-Gold".[42]

Es bestand überwiegend aus handfesten Arbeitern, die den SA-Leuten Hitlers, obwohl unbewaffnet, in zahlreichen Saalschlachten handgreiflich entgegentraten. In einer der ersten Versammlungen der neuen demokratischen Schutztruppe sprach der Landtagsabgeordnete Karl Gareis, der sich durch Enthüllungen über den Mordüberfall auf Dobner und andere Verbrechen den Haß der Fememörder zugezogen hatte. Die Versammlung fand am 2. Juni 1921 statt. Wie Rathenau später hatte er jeden Schutz für sich abgelehnt. Nur ein Arbeiter begleitete ihn nach der Versammlung zu seiner Wohnung.

„Münchner Neueste Nachrichten" Nr. 14 v. 12. Januar 1921, S. 5, Nr. 15 v. 13. Januar 1921, S. 7, Nr. 16 (A) v. 13. Januar 1921, S. 4, Nr. 17 (M) v. 14. Januar 1921, S. 4, Nr. 18 (A) v. 14. Januar 1921, S. 4 und Nr. 19 v. 15. Januar 1921, S. 5.
„Der Kampf" Nr. 9 v. 13. Januar 1921, S. 1, Nr. 10 v. 14. Januar 1921, S. 1/2 und Nr. 11 v. 15./16. Januar 1921, S. 1/2.
„Bayerischer Kurier" Nr. 17 v. 12. Januar 1921, S. 5, Nr. 18 v. 13. Januar 1921, S. 5, Nr. 20 v. 14. Januar 1921, S. 5 und Nr. 22 v. 15. Januar 1921, S. 4.
Für den Freisinger Prozeß
„Münchner Post" Nr. 20 v. 26. Januar 1921, S. 1 u.5.
„Münchner Neueste Nachrichten" Nr. 35 v. 26. Januar 1921, S. 4.
[41] Giacomo Matteotti (1885–1924), italienischer Politiker, Generalsekretär der Sozialistischen Partei, erbitterter Gegner Mussolinis, deshalb ermordet; vgl. G. Rossini, Il delitto Matteotti ... Bologna 1966.
[42] Vgl. Karl Rohe, Das Reichsbanner Schwarz Rot Gold. Düsseldorf 1966. Dazu Günther Gerstenberg, Freiheit! Sozialdemokratischer Selbstschutz im München der zwanziger und frühen dreißiger Jahre. 2 Bände. Andechs 1997.

Als er sich verabschiedet hatte, wurde Gareis in der Dunkelheit vor seiner Haustüre durch zwei Schüsse ermordet.[43]

Die Polizei war natürlich außerstande, die Mörder zu finden. Sie verdächtigte die Kommunisten und den Arbeiter, der Gareis begleitet hatte. Dieser berichtete mir selbst, daß die Polizei den Verdacht auf ihn ablenken wollte. Ich beruhigte ihn darüber, daß niemand einen solchen Unsinn glauben werde. Immerhin erzeugten die Verbrechen der bayerischen Geheimbündler im Reich und im Ausland eine so starke Entrüstung, daß der Ministerpräsident von Kahr zurücktreten mußte.[44]

Auf den Mord an Gareis folgte der Mord an Erzberger, ein Mordattentat auf den sozialdemokratischen Abgeordneten Scheidemann[45], den Publizisten der „Zukunft" Maximilian Harden[46] und schließlich am 24. Juni 1922 der Mord an dem Reichsaußenminister Rathenau.[47] Auch seine Mörder waren Mitglieder der Organisation Consul und deutsche Patrioten. Ein Komplize war Mitglied der Hitlerpartei. Die Mörder Kern[48] und Fischer[49] wurden in der Burg Saaleck von der Polizei umzingelt. Kern wurde erschossen, Fischer tötete sich selbst. Die Mittäter und Gehilfen erhielten Freiheitsstrafen, die sie wegen einer folgenden Amnestie aber nur teilweise verbüßen mußten.

Ich erfuhr von der Ermordung Rathenaus, als ich am Münchner Hauptbahnhof einen Zug bestieg, um Freunde auf ihrem Gut bei Murnau zu besuchen. Die Nachricht wirkte niederschmetternd. Sie riß den Schleier vor einer abgrundtiefen Gefahr weg, der wir noch nicht voll ins Gesicht sehen wollten: Daß der völkisch-antisemitische Irrsinn ganz Deutschland überfluten und mit sich in den Abgrund reißen würde.

Meine Entmutigung wuchs, als mir der Gutsbesitzer, ein früherer Offizier, enthüllte, daß er auch den völkischen Kreisen angehöre und mir gestand, daß diese äußerst weitgehende Pläne verfolgten. Er war zwar ein Psychopath, ein Urenkel Hölderlins – er sagte, dieser sei ein Genie gewesen, er selbst sei nur ein Narr – aber der Mord an Rathenau bewies ja seine Behauptung. Seine Frau, eine in ihrer Jugend wunderschöne Dänin, sagte zu mir: „Die Ideen, die

---

[43] Vgl. auch zum Folgenden die Quellenangaben oben Anm. 15.

[44] Der Rücktritt Kahrs erfolgte vorwiegend wegen der erzwungenen Auflösung der Einwohnerwehren und der Spannungen mit der Reichsregierung.

[45] Philipp Scheidemann (1865–1939), Journalist und Politiker (SPD), seit 1903 MdR, 1918 Ausrufer der Republik, Mitglied des Rats der Volksbeauftragten, 1919–1925 Oberbürgermeister in Kassel, 1933 Emigration. Zum Attentat vgl. Hannover, S. 124–128.

[46] Maximilian Harden (1861–1927), deutsch-jüdischer Publizist, ursprünglich Monarchist, seit 1918 Republikaner, dann Kritiker der Linken. Vgl. Harry F. Young, Maximilian Harden. Ein Publizist im Widerstreit. Münster 1971. Zum Attentat vgl. Hannover, S. 129–132.

[47] Vgl. Hannover, S. 112–124 und Martin Sabrow, Der Rathenaumord. Rekonstruktion einer Verschwörung gegen die Weimarer Republik. München 1994.

[48] Erwin Kern (1898–1922), Student, Mitglied der Organisation Consul.

[49] Hermann Fischer (1896–1922), Student, Mitglied der Organisation Consul.

Sie vertreten, werden in hundert Jahren durchführbar sein; sie heute zu vertreten, bedeutet, sein Leben zwecklos zu opfern." Ich antwortete: „Soll das bedeuten, daß ich meine Arbeit aufgeben soll?" Sie erwiderte: „Ja, das ist mein Rat." Ich sagte: „Niemals."

Daß mir die völkischen Mörder besondere Aufmerksamkeit widmeten, war mir durch die Mitteilung aus Ungarn, daß ich auf der Mordliste der Organisation Consul an zweiter Stelle stehe, bereits bekannt. Ich war aber in diesen Kampf gegen den Faschismus und seine brutalste Variante, den Nationalsozialismus, mit wachsender Leidenschaft bereits so verwickelt, daß an feige Flucht nicht zu denken war.

Nur zweimal hat mich der Mut verlassen: als mich Leviné im Mai 1919 um seine Verteidigung bat[50] und ich ihm durch das Zellenfenster zuflüsterte, ich könnte nicht, und als ich die Aufforderung der USPD 1921 ablehnte, mich in den Bayerischen Landtag wählen zu lassen.

Damals war ich aber noch nicht in Kanzleigemeinschaft und damit in Kampfgemeinschaft mit Philipp Löwenfeld. Ich erkenne dankbar an, daß seine Unbeugsamkeit und seine unbeirrbare Hingabe an den Kampf gegen die Pest der völkischen Demoralisierung des politischen Ringens für mich eine Rückenstärkung gewesen ist, ohne die ich den Kampf der vierzehn Jahre der Weimarer Republik nicht hätte bestehen können.

Wäre ich allein gewesen, wäre ich allen Gefahren blindlings entgegengetreten, weil mir mein Leben wenig gegolten hätte. Seit ich aber mit der unsterblichen Geliebten lebte und unser goldblondes, blauäugiges Söhnchen die Rassentheorien der Hitlerbewegung triumphierend widerlegte, zitterte mein Herz um diese zwei geliebten Menschen. Das war ein schwerer Konflikt. Aber die Aufgabe mußte bewältigt werden. Das war nicht Heldentum. Es war einfach die Unausweichlichkeit der beruflichen und politischen Pflichterfüllung.

Als 1930 im Prozeß wegen der Geldquellen Hitlers der Zeuge Werner Abel[51] von mir überraschend produziert wurde, der dann aufsehenerregende Enthüllungen machte, sagte meine Freundin und Kanzleigenossin Liesel Kohn am Vorabend zu mir: „Ich habe so große Angst, daß Ihnen Morgen etwas passiert." Dann lag ich schlaflos neben meiner schlummernden Geliebten und dachte, was aus ihr und meinem Söhnchen werden solle, wenn man mich ermorden würde. Am nächsten Morgen war ich äußerlich völlig ruhig,

---

[50] StAM, Staatsanwaltschaften 2106: Schreiben Hirschbergs an die Staatsanwaltschaft München I vom 15. Mai 1919, in dem er die Übernahme der Verteidigung Levinés aus grundsätzlichen Überlegungen ablehnt.

[51] Werner Abel (1902–1935), Journalist, 1920 wegen Betrugs zu 6 Monaten Gefängnis verurteilt, Juni 1932 wegen Meineids zu 3 Jahren Zuchthaus verurteilt, 1935 im KZ Dachau ermordet. Die Prozeßakten sind nicht mehr vorhanden. Vgl. zum Ganzen BayHStA, Abt. V, Sammlung Personen 3528 bzw. Presseausschnitte 1190 und 1205 und die Angaben unten Kapitel 14, Anm. 16.

als der Zeuge Werner Abel aussagte. Der Berichterstatter Misch[52] von der „Vossischen Zeitung" sagte nach der Verhandlung zu mir: „Heute haben wir Sie alle bewundert, mit welcher eisigen Ruhe Sie den Zeugen produziert haben." Ich erwiderte, das freue mich, innerlich sei ich aber in Wirklichkeit so aufgeregt gewesen, wie selten in meinem Leben.

Der Mord an Rathenau war für die geduldige demokratische Führung eine Provokation, die sie unmöglich auch noch hinnehmen konnte. Die Massen gerieten in große Erregung. Noch einmal war der demokratischen Republik Gelegenheit gegeben, ihre Lebenskraft zu erweisen und das Gift der völkischen Zersetzung auszustoßen. Aber die Führung versagte abermals. Sie fand nicht die Kraft und nicht den Mut, die Unterminierung durch die staatsfeindlichen Kräfte und Organisationen mit der Wurzel auszurotten. Zwar hielt der Zentrumsabgeordnete Dr. Wirth[53] eine flammende Rede, die mit den Worten schloß: „Da steht der Feind, wo Mephisto sein Gift in die Wunde eines Volkes träufelt, da steht der Feind und darüber ist kein Zweifel: Dieser Feind steht rechts!"

Aber die große Stunde fand ein kleines Geschlecht. Nur durch eine Fortführung der Revolution, auf die Massen gestützt, durch einen Generalstreik gegen die deutschnationalen Machthaber und ihren völkischen Anhang an Geheimorganisationen, Putschisten und Fememördern konnte die Republik gerettet werden. Statt dessen erließ der Reichstag ein Republikschutzgesetz[54] und errichtete einen Staatsgerichtshof zum Schutze der Republik.[55] Da aber dieser mit denselben Richtern besetzt war, die die Republik preisgegeben und den politischen Mord begünstigt hatten, blieb die Macht der Staatsfeinde unangetastet.

In offener Auflehnung selbst gegen diese legalen Schutzmaßnahmen erließ die bayerische Regierung eine Notverordnung, durch die sie das Republikschutzgesetz praktisch außer Kraft setzte und für den Staatsgerichtshof die bayerischen Volksgerichte für zuständig erklärte.[56] Auch diese freche Auflehnung der bayerischen Faschisten nahm die Reichsregierung mit mildem Sanftmut hin. Statt einen Schlag gegen die bayerische Fronde und ihre Geheimorganisationen zu führen, verhandelte sie mit der bayerischen Regie-

---

[52] Carl Misch (1896–1965), Dr. phil., Historiker und Journalist, 1921–1933 politischer Redakteur der „Vossischen Zeitung", 1933 kurz Chefredakteur, Justizkritiker, 1934 Emigration nach Frankreich, 1940 USA.

[53] Joseph Wirth (1879–1956), Lehrer und Politiker, von 1914–1933 MdR (Zentrum), 1918 badischer Finanzminister, 1920 Reichsfinanzminister, 1921/22 Reichskanzler, wegen seiner „Erfüllungspolitik" umstritten, 1933 Emigration.
Die Reichstagsrede vom 25. Juni 1922 ist gedruckt: Stenographische Berichte über die Verhandlungen des Deutschen Reichstags Bd. 356, S. 8054 ff.

[54] Republikschutzgesetz vom 21. Juli 1922, Druck: RGBl. I (1922), S. 585–590.

[55] Dazu ausführlich Gotthard Jasper, Der Schutz der Republik. Tübingen 1963.

[56] (Bayerische) Verordnung zum Schutze der Verfassung der Republik vom 24. Juli 1922, Druck: GVBl. 1922, S. 374 f. Vgl. die Aufhebung dieser Maßnahme vom 24. August 1922, Druck: GVBl. 1922, S. 426.

rung und machte eine Reihe von Zugeständnissen. Bayern nützte die Schwäche der Reichsregierung gebührend aus.[57] Justizminister wurde Dr. Gürtner[58], der seinen faschistischen Freunden bald darauf beim Hitlerputsch und seiner „gerichtlichen Sühne" wertvolle Dienste zu leisten imstande war. Von der nationalistischen Ideologie hatte ich mich inzwischen völlig befreit. Eine geistige Niederlage, wie ich sie gleich Millionen von Menschen fortschrittlicher Prägung 1914 erlitten hatte, konnte sich nicht mehr wiederholen. Ich begann den engstirnigen Nationalismus zu verachten. Zu geistiger Klarheit, zur Erkenntnis der historischen Bedingtheit und historischen Überholtheit des Nationalismus und Imperialismus reifte ich nur langsam in Jahren heran. Aber den Landsknechtsunfug der Bandenkämpfe im Baltikum[59] und in Oberschlesien[60] und schließlich den Ruhrkampf[61] gegen die französische Besatzung habe ich schon damals nicht mehr mitgemacht. Ganz tief war meine pazifistische Einstellung, die den Krieg als Mittel der Machtpolitik unbedingt verwarf. Weitgehend trug zur Klärung meines Denkens der Dolchstoßprozeß bei, den ich später darstellen werde.[62]

Ich wende mich jetzt zunächst den großen Kriminalprozessen zu, die ich neben meiner Tätigkeit als politischer Anwalt zu führen hatte. Den Hauptgegenstand dieser Arbeit bildete der Kampf gegen Fehlurteile. Ich wurde dadurch ein Kämpfer ums Recht in seiner höchsten Form. Denn die Wiederaufnahme des Verfahrens in Fällen der Verurteilung Unschuldiger ist die schwierigste, aber wohl auch die schönste Aufgabe des Verteidigers. An diese Arbeit denke ich mit Stolz und Befriedigung zurück.

---

[57] Vgl. dazu die Ausführungen von Albert Schwarz in: Max Spindler (Hrsg.), Handbuch der bayerischen Geschichte. Bd. IV/1, München 1974, S. 467 f.

[58] Franz Gürtner (1881–1941), Jurist und Politiker (DNVP), 1922–1932 bayerischer Justizminister, 1932–1941 Reichsjustizminister, Antidemokrat, unter Hitler, den er früh unterstützte, im Dauerkonflikt, zuletzt Ausführungsorgan der totalitären Rechtsperversion. Vgl. Lothar Gruchmann, Justiz im Dritten Reich 1933–1940. Anpassung und Unterwerfung in der Ära Gürtner. München 1988.

[59] Nach dem Ersten Weltkrieg sollten im Reich geworbene Truppen den deutschen Osten gegen den Bolschewismus schützen und sich selbst im Baltikum eine neue Heimat schaffen. Da die Alliierten dagegen angingen, zerschlugen sich entsprechende Bestrebungen. Freikorps, unterstützt aus Deutschland, setzten ihren Privatkrieg fort und hofften auf Ansiedlungs- und Landzusagen. Da die neuen nationalen Regierungen keine Hilfe benötigten, setzten die Alliierten schließlich ihren Abzug durch. Die Freikorps kehrten ins Reich zurück, von dem man sich verraten fühlte.

[60] Die vom Versailler Vertrag vorgesehene Volksabstimmung über Oberschlesien ergab 1921 etwa 60% der Stimmen für Deutschland und etwa 40% für Polen. Anschließende Kämpfe verliefen dank der Freikorps für Deutschland erfolgreich. Da die Alliierten aber eine Teilung zugunsten Polens favorisierten, blieb der Erfolg unerheblich. Die oberschlesischen Industriegebiete wurden Polen zugeschlagen.

[61] Infolge der deutschen Abkehr von der „Erfüllungspolitik" des Versailler Vertrags hatte Frankreich im Januar 1923 das Ruhrgebiet besetzt, um Deutschland unter Druck zu setzen. Bis September 1923 praktizierte Deutschland daraufhin aus nationaler Empörung passiven Widerstand („Ruhrkampf").

[62] Siehe unten Kapitel 10.

Achtes Kapitel

Kampf gegen Fehlurteile

Dieser Kampf unterschied sich grundlegend von den Verteidigungen in politischen Prozessen. In diesen benützte die Justiz in parteiischer Weise ihre Macht zur Bekämpfung politischer Gegner. Da die deutsche Justiz in den maßgebenden Stellen fast ausnahmslos mit deutschnationalen Richtern besetzt war, die großenteils der demokratischen Republik feindlich gegenüberstanden, hatte man hier Richter vor sich, die die Justiz als reine Klassenjustiz[1] fast ausnahmslos gegen linksstehende Angeklagte ausübten und die Verbrechen gegen den Staat der Faschisten und Nationalsozialisten ungeahndet ließen und damit begünstigten und ermutigten. Sie scheuten dabei vor offenen Rechtsbeugungen nicht zurück.

Im gewöhnlichen Strafprozeß war der Richter dagegen bei seinen Fehlurteilen gutgläubig. Hier lagen die Fehlerquellen also nicht in seiner Parteilichkeit, sondern tiefer. Die entscheidende Probe auf die Gerechtigkeit der Justiz liegt im politischen Prozeß. Im Zivilprozeß ist es dem Richter meist gleichgültig, ob Müller oder Schulze gewinnt.

Im gewöhnlichen Strafprozeß ist der Richter, außer bei besonders empörenden Verbrechen, meist nicht daran interessiert, ob der Angeklagte verurteilt oder freigesprochen wird. Allerdings prägt die berufsmäßige Tätigkeit als Strafrichter Richtertypen, die den Satz, daß der Angeklagte als unschuldig zu erachten ist, bis seine Schuld einwandfrei bewiesen ist, ins Gegenteil verdrehen. Im Zivilprozeß und gewöhnlichen Strafprozeß kann der Richter, da ihm der Ausgang meist gleichgültig ist, leicht unparteiisch sein. Im politischen Prozeß fällt die Entscheidung darüber, ob die Justiz wirklich unparteiisch ist. Hier hat die Justiz in Deutschland schmählich versagt. Selbst bewußte Rechtsbeugungen waren keine Seltenheit.

Die Frage des „guten Glaubens" des Strafrichters erschien mir stets relativ unwichtig. Ob dem Richter seine Parteilichkeit bewußt ist, macht im Ergebnis wenig Unterschied. Bei den im Folgenden dargestellten Kämpfen gegen Fehlurteile war das falsche Urteil gutgläubig erlassen worden. War das

---

[1] Otto Kirchheimer, Politische Justiz. Verwendung juristischer Verfahrensmöglichkeiten zu politischen Zwecken. Neuwied-Berlin 1966; Ernst Fraenkel, Zur Soziologie der Klassenjustiz. Berlin 1927 (Nachdruck Darmstadt 1968); Heinrich Hannover und Elisabeth Hannover-Drück, Politische Justiz 1918–1933. Frankfurt 1966; Gotthard Jasper, Justiz und Politik in der Weimarer Republik. In: VfZ 30 (1982), S. 167–205; Dirk Blasius, Geschichte der politischen Kriminalität in Deutschland 1800–1980. Eine Studie zu Justiz und Staatsverbrechen. Frankfurt 1983; Theo Rasehorn, Rechtspolitik und Rechtsprechung. Ein Beitrag zur Ideologie der „Dritten Gewalt". In: Karl Dietrich Bracher u.a. (Hrsg.), Die Weimarer Republik 1918–1933. Politik-Wirtschaft-Gesellschaft. 2. Auflage Bonn 1988, S. 407–428.

Todesurteil deswegen weniger vernichtend, weil es gutgläubig gefällt worden war?

Was an den folgenden Fällen interessant ist, ist nicht die Frage, ob die Richter bei der Verurteilung Unschuldiger bewußt das Recht gebeugt haben. Mindestens ebenso furchtbar ist die Leichtfertigkeit und Voreingenommenheit, mit der sie den Unschuldigen verurteilt haben. Voltaire[2] hat in seinem glorreichen Kampfe um die Rehabilitierung des unschuldig hingerichteten Jean Calas[3] 1762 auch anerkannt, daß die Richter in gutem Glauben gehandelt haben; er hat das Wort „la cruelle bonnefoi des juges"[4] dafür geprägt. Die Voreingenommenheit, die alle Verdachtsmomente gegen andere, darunter den wirklichen Täter, übersieht, die Leichtfertigkeit, mit der Scheinbeweise in Überführungsbeweise verfälscht werden, hat mich immer entsetzt.

In unserer Verfallzeit ist auch der Kampf um die Wahrheit inflationistisch entwertet. Größere stärkere Geschlechter haben ein leidenschaftliches Gefühl für Wahrheit und Gerechtigkeit gekannt. Für mich hängt die Größe eines Volkes von seinem Gefühl für Gerechtigkeit ab. Deshalb hat mich der Kampf in der Dreyfus-Affäre[5] viele Jahre leidenschaftlich beschäftigt. Ich habe ihn in New York in einem Manuskript „Immortal France"[6] dargestellt.

Der aufregende Kampf gegen das Fehlurteil wird darin vor dem politischen Hintergrund dargestellt, wobei die Aktenpublikationen des Auswärtigen Amts[7] die klägliche Rolle der deutschen Regierung unter Wilhelm II. und des Reichskanzlers von Bülow wiedergeben.

---

[2] Francois-Marie Arouet, (seit 1718) Voltaire (1694–1778), französischer Schriftsteller und Philosoph, „Traité sur la tolérance" (1763), Plädoyer für die Rehabilitierung von Jean Calas.

[3] Jean Calas (1698–1762), hugenottischer Kaufmann in Toulouse, der nach dem Selbstmord seines Sohnes des Mordes beschuldigt und hingerichtet wurde, weil er dessen Übertritt zum Katholizismus verhindern wollte. Calas wurde 1764 auf Grund von Voltaires Werk posthum rehabilitiert.

[4] Die schreckliche Aufrichtigkeit, Ehrlichkeit der Richter.

[5] Alfred Dreyfus (1859–1935), französisch-jüdischer Offizier, wurde vor antisemitischem Hintergrund 1894 von einem Militärgericht wegen angeblichen Landesverrats zugunsten Deutschlands zu lebenslänglicher Deportation verurteilt. Gegen den Widerstand des Militärs erzwingt die öffentliche Meinung eine Revision. 1899 wird Dreyfus zu 10 Jahren Gefängnis verurteilt und durch den Präsidenten begnadigt. Seine Rehabilitierung erfolgt erst 1906. Der Fall ist bis heute in Frankreich umstritten. Vgl. Gerd Krumeich, Die Resonanz der Dreyfus-Affäre im Deutschen Reich. In: Gangolf Hübinger und Wolfgang J. Mommsen (Hrsg.), Intellektuelle im Deutschen Kaiserreich. Frankfurt 1993, S. 13–32 und 211–213 und Julius H. Schoeps und Hermann Simon (Hrsg.), Dreyfus und die Folgen. Berlin 1995.

[6] Immortal France. The Background of the Dreyfus-Affair. Manuskript (englisch) 401 Seiten im Nachlaß Hirschbergs. Dort liegt auch eine deutsche Version: „Die Dreyfus-Affaire und ihre politischen Hintergründe (Das unsterbliche Frankreich)". Manuskript 438 Seiten.

[7] Albrecht Mendelssohn-Bartholdy und Friedrich Thimme (Hrsg.), Die Große Politik der Europäischen Kabinette 1871–1914. Berlin 1922 ff.

In einem Vorwort zum Eingreifen Emile Zolas[8] habe ich seine glorreichen Vorläufer in Frankreich dargestellt, besonders den Kampf Voltaires im Falle Jean Calas. Welche Leidenschaft für die Gerechtigkeit, welches ethische Pathos, welche Glut der Überzeugung atmen seine Briefe! Der 67jährige Schriftsteller lebt im Exil in Genf. Die Verurteilung des unschuldigen Jean Calas ist nicht seine Sache. Auch für Georges Clemenceau[9], Anatole France und Emile Zola ist die Verurteilung des unschuldigen Alfred Dreyfus nichts, was sie so berührt, daß sie Leben und Freiheit dafür aufs Spiel setzen müßten. Aber damals gab es noch Bekenner, wahre Protestanten, die für Wahrheit und Recht eintreten mußten, weil es ihr Gewissen verlangte. Die Bekenner sind es, die die Menschheit vorwärtsführen.

In einem Briefe vom 1. März 1765 schreibt Voltaire: „Ich habe in diesem schrecklichen Unglücksfall nichts anderes getan, als was jeder tun mußte, ich bin dem Ruf meines Gewissens gefolgt. Die Pflicht des Philosophen ist nicht, Unglückliche zu beweinen, sondern ihnen zu helfen." In einem Briefe vom 3. Juli 1762 stehen die Worte: „Mein Gott, meine Brüder, wie stark ist die Wahrheit! Das Parlament mag die Arme seiner Henker in Bewegung setzen, es mag die Wahrheit versiegeln, es mag Schweigen befehlen – die Wahrheit erhebt sich doch von allen Seiten gegen dieses Parlament und schreit ihm seine Schande zu."[10]

Emile Zola hat in seinem unsterblichen „J'accuse" vom 13. Januar 1898 geschrieben: „Ich habe es früher gesagt und ich wiederhole es hier: wenn man die Wahrheit in die Erde verscharrt, so preßt sie sich zusammen und erlangt eine so ungeheure Explosionskraft, daß sie alles in die Luft sprengt, wenn sie endlich explodiert."

Das Vorwort zu dem Kapitel über Emile Zola in meinem Manuskript „Immortal France" schließt: „Der Kampf Voltaires dauerte fünf Jahre, genau so lange wie der Kampf um die Revision in der Affaire Dreyfus. Dann hat er gesiegt. Der unschuldig Hingerichtete wird rehabilitiert, die Familie Calas freigelassen. Die Wahrheit hat sich durchgesetzt. 1778 kommt der greise Voltaire, wenige Wochen vor seinem Tode, noch einmal nach Paris. Auf dem Pont Royal umdrängt ihn eine ehrfürchtige Volksmenge. Niemand sprach von seinen Werken. Als ein Fremder eine Frau fragt, wer dieser Mann sei, antwortet sie: „Wissen Sie das denn nicht? Das ist doch der Retter des Calas."

---

[8] Der französische Schriftsteller Emile Zola (1840–1902) engagierte sich für Dreyfus. Berühmt ist sein „J'accuse" (ich klage an), ein Zitat aus „Lettre à Felix Faure, President da la Republique" in: Zeitung „L'Aurore" vom 13.1.1898, auch in Emile Zola, La verité en marche. Paris 1901 (Deutsch: Tagebuch der Affäre Dreyfus. 1957).

[9] Georges Clemenceau (1841–1929), französischer Politiker, journalistischer Vorkämpfer für die Revision im Fall Dreyfus, später stark antideutsch.

[10] Als Quelle für die Briefe Voltaires gibt Hirschberg auf S. 222 ff. seines Dreyfus-Manuskripts an: Raoul Allier, Dreyfus et Calas. Un Erreur Judiciaire au XVIIIe Siecle. Paris 1898.

Das Denkmal Voltaires nennt keines seiner Werke, sondern nur den Namen von Jean Calas und zwei anderer Verurteilter, für die er eingetreten ist. Es ist ein Denkmal des unsterblichen Frankreich."[11]

Zu den großen Bekennern von Sokrates[12] über Galilei[13] und Giordano Bruno[14] bis Voltaire und Zola habe ich immer als meinen Vorbildern aufgeblickt, wenn ich meine Kämpfe führte. Wir freilich sind nur Epigonen. Wir leben in einer dekadenten Periode. Aber die riesigen Umwälzungen unserer Zeit forderten auch Männer, die für ihre Überzeugung ihr Leben einsetzten.

Im Plädoyer im Fechenbachprozeß habe ich das Wort der Bibel zitiert: „Es ist keine größere Liebe in der Welt, als der sein Leben hingibt für seine Freunde." In den „Männlichen Stanzen" (1921)[15] habe ich geschrieben, daß wir kleiner sind als „die Bekenner, die den Tod erdulden, eh' sie widerrufen" und hinzugefügt:

„Doch wenn wir klein sind – riesiges Gebären
Bricht unerbittlich auf und fordert Größe
Des Handelns, ungefragt. Sehr viele wären
Wohl lieber Träumer. Denn die nackten Schöße
Des Kreißenden erschrecken. Doch die Schwären
Der langen Krankheit brechen auf, die Blöße
Äußerster Notdurft wartet nicht. Das Rechte
Einhämmert Zeit dem zögernden Geschlechte."

Jedoch steht es mir nicht zu, mich mit den großen Bekennern in einem Atem zu nennen. Ich war ja schließlich in diesen Kämpfen beruflich tätig, sie fühlten sich berufen, sich für das Rechte einzusetzen. Im beruflichen Getriebe ergeben sich die Aufgaben von selbst. Man ist so gehetzt, daß man die einzelnen Fälle und Probleme kaum völlig überblicken, geschweige denn durchdenken kann. Die Aufgaben werden angetragen und aufgetragen, ohne daß man selbst den ethischen Entschluß fassen muß, sich für sie einzusetzen und unter Umständen aufzuopfern.

Auch in anderer Hinsicht steht es mir nicht zu, die großen Bekenner auch nur als Vorbilder zu nennen. Dieses Selbstporträt gibt die geistige und seelische Entwicklung, die Aufgaben, Kämpfe und Siege wieder, aber nicht die vielen vielen Stunden der Ermüdung, der Entmutigung, der Verflachung, der Banalisierung, die dazwischen lagen. Dadurch erscheint das Selbstporträt gewissermaßen größer, schöner und geschlossener, als es im Leben gewesen ist. Aber was hätte es für einen Sinn, jedesmal anzumerken: Als das Zuchthaus-

---

[11] Immortal France, Manuskript, S. 224 f.
[12] Sokrates (470–399 v.Chr.), griechischer Philosoph.
[13] Galileo Galilei (1564–1642), italienischer Mathematiker und Philosoph.
[14] Giordano Bruno (1548–1600), italienischer Philosoph, ehemaliger Dominikaner, durch Inquisition zum Scheiterhaufen verurteilt.
[15] Ungedruckte Gedichtsammlung von Max Hirschberg im Nachlaß.

urteil von elf Jahren gegen Felix Fechenbach verkündet war, war ich so entmutigt und angeekelt, daß ich das Gefühl hatte, ich könnte meine gesamte
Berufsarbeit nicht mehr weiterführen.

Wenige Stunden später stand ich vor ihm im Gefängnis und gelobte ihm,
ich würde nicht aufhören, zu kämpfen, bis dieses Urteil beseitigt sei. Fechenbach schreibt darüber in seinen Erinnerungen „Im Haus der Freudlosen"
(1925): „Nachmittags besucht mich mein Verteidiger Dr. Max Hirschberg.
Wir sind allein in einem Zimmer ohne Trennvorrichtung. Auch mein Anwalt
ist zuversichtlich davon überzeugt, daß das begangene Unrecht wieder gutge-
macht werden wird. Er verspricht mir nochmals, – was er schon unmittelbar
nach der Urteilsverkündung getan – daß er den Kampf um mein Recht nicht
aufgeben werde, bis das Ziel erreicht ist. Dieses Versprechen gibt mir das
Gefühl unbedingter Geborgenheit und, in Verbindung mit meinem guten
Gewissen, die Kraft, das Schwere, das vor mir liegt, ruhig und aufrecht zu
tragen."[16] Er ahnte damals nicht und durfte nicht ahnen, wie entmutigt ich
war.

In einem Punkt war ich der geborene Verteidiger: so skeptisch ich von der
Strafjustiz dachte, wenn ich mich erhob, um zu plädieren, war ich immer
überzeugt, objektive Richter vor mir zu haben, die ich durch meine Argu-
mente von einem ungerechten Urteil abhalten würde.

Die folgende Darstellung meiner großen Kriminalprozesse zeigt, daß ich
besonders Wiederaufnahmeverfahren gegen Fehlurteile zu führen hatte.
Nach der Aufhebung des Zuchthausurteils von zwölf Jahren gegen Pfeuffer[17]
und seiner sofortigen Entlassung verbreitete sich die Kunde von diesem Erfolg in den Strafanstalten Bayerns wie ein Lauffeuer. Seitdem bekam ich
zahlreiche Briefe von verurteilten Gefangenen mit der Bitte, auch ihren Fall
nachzuprüfen, sie seien auch unschuldig verurteilt. Natürlich traf das nur in
wenigen Fällen zu. Ich hielt mich aber für verpflichtet, alle diese Fälle nach-
zuprüfen und lernte dadurch viel in Kriminalistik und den verwandten Wis-
senszweigen.

Im Lauf der Jahre sammelte ich ein großes Material über Fehlurteile und
ihre Ursachen. Nach der Flucht aus Hitlerdeutschland im April 1934 arbeitete ich ein Manuskript über Fehlurteile und ihre Ursachen aus.[18] Eine der
wichtigsten Fehlerquellen ist die faule Indolenz der meisten Strafgerichte gegen die Erkenntnisse der modernen Kriminalistik, besonders der Kriminal-

---

[16] Felix Fechenbach, Im Haus der Freudlosen. Bilder aus dem Zuchthaus. Berlin 1925,
S. 19. Vgl. den Nachdruck diese Werks, hrsg. von Roland Flade, Würzburg 1993, wo
auf S. 141 ff. neu aufgefundene Dokumente zur Haft Fechenbachs abgedruckt sind.
[17] Siehe in diesem Kapitel weiter unten.
[18] Druck: Max Hirschberg, Das Fehlurteil im Strafprozeß. Zur Pathologie der Rechtsprechung. Stuttgart 1960, Taschenbuchausgabe: Frankfurt 1962; Übersetzungen ins
Japanische und Spanische. Eine Vorstudie: Max Hirschberg, Das Fehlurteil in der
Strafjustiz: Zur Pathologie der Rechtsprechung. In: Monatsschrift für Kriminologie
und Strafrechtsreform 38 (1955), Heft 5/6, S. 129–150.

psychologie. Wir haben aus einem ungeheuren Material die Folgerung gezogen, daß der Zeugenbeweis die unsicherste Beweismethode ist. Die Zahl der Meineide ist viel größer, als die meisten Richter sich träumen lassen. Ich berichte unten von einem Meineidskomplott, in dem Dutzende von vorsätzlichen Meineiden eiskalt geschworen wurden. Die Ermahnungen des Richters, die Androhung der Zuchthausstrafe und die Lehren der katholischen Kirche sind, besonders bei ungebildeten Bauernburschen, völlig machtlos. Aber auch, wenn der Zeuge die Wahrheit sagen will, ist seine Aussage so vielen Irrtümern ausgesetzt, daß sie höchst kritisch bewertet werden müßte. Dies gilt besonders vom Wiedererkennen durch Zeugen, das zahllose völlig unschuldige Angeklagte ins Verderben gebracht hat.

Ich habe in solchen Fällen oft den „Fall der Fälle" Lesurques (1792) aus dem Buch von Erich Sello über die Fehlurteile zitiert.[19] Er wurde als Mitglied einer berittenen Räuberbande, die einen Postillion ermordet und die Postkutsche ausgeraubt hatte, von ungefähr zehn Zeugen „sicher" wiedererkannt. Alle zehn Zeugen hatten sich geirrt. Sie waren Opfer einer Autosuggestion und wechselseitigen Suggestion. Er wurde zum Tode verurteilt und enthauptet. Später wurde der richtige Täter entdeckt und seine Unschuld nachgewiesen.

Eine wichtige Fehlerquelle ist auch das falsche Gutachten von Sachverständigen. Der Fall Pfeuffer und der Fall Götz[20] geben darüber Aufschluß. Die Richter sind meist geneigt, das Gutachten, besonders der beamteten Sachverständigen, kritiklos zu übernehmen. Auch viele Geständnisse sind falsch, während die Gerichte sie als vollen Beweis begrüßen. Die Hauptursache der Fehlurteile ist aber die Leichtfertigkeit, mit der die meisten Richter Wahrscheinlichkeit anstelle des vollen unwiderleglichen Beweises für genügend ansehen. Die falsche Regel, daß es genüge, wenn dem Schuldbeweis kein vernünftiger Einwand mehr entgegenstehe (proof beyond any reasonable doubt), führt in der Praxis oft zur Verurteilung auf Grund bloßer Wahrscheinlichkeit.

Es muß Strenge des Beweises gefordert werden, zu der die Eliminationsmethode der amerikanischen Kriminalisten erheblich beitragen könnte. Wigmore, Principles of Judicial Proof[21], fordert, daß der Richter alle gegen den Schuldbeweis sprechenden Möglichkeiten aufzeichnen solle. Erst wenn alle mit Sicherheit eliminiert sind, dürfe Verurteilung erfolgen.

Die Kriminalpsychologie beschäftigt sich fast ausschließlich mit der Psychologie des Angeklagten und des Zeugen. An die fundamentale Frage, die Psychologie des beamteten Strafrichters und des Geschworenen, hat sie sich

---

[19] Erich Sello, Die Irrtümer der Strafjustiz und ihre Folgen. Berlin 1911, hier: S. 327 ff.; vgl. Max Hirschberg, Das Fehlurteil (1960), S. 37 f. und schon früher Max Hirschberg, Wrongful Convictions. In: Rocky Mountain Law Review, December 1940, S. 20–46, hier: S. 28 f.

[20] Siehe weiter unten in diesem Kapitel.

[21] John Henry Wigmore, The Principles of Judicial Proof. 2. Auflage Boston 1931.

noch kaum herangewagt. Die Analyse der richterlichen Tätigkeit wäre aber zur Verhütung von Fehlurteilen wichtiger als alle anderen Untersuchungen.

Der Kampf gegen Fehlurteile, die bereits rechtskräftig sind und deren Opfer sich schon lange im Zuchthaus befinden, ist wohl die schwerste Aufgabe, die einem Verteidiger gestellt werden kann. Nach einer verfehlten Vorschrift der Strafprozeßordnung, die übrigens auch in USA ihr Gegenstück hat, muß der Antrag auf Wiederaufnahme des Verfahrens bei demselben Gericht gestellt werden, das das Fehlurteil erlassen hat. Man kann sich vorstellen, mit welcher Hartnäckigkeit dieses Gericht sich gegen alle Zweifel an seinem rechtskräftigen Urteil sträubt. Meist findet man Hilfe erst beim Beschwerdegericht.

Ich habe in der Monatsschrift für Kriminalpsychologie und Strafrechtsreform 1930 eine Studie „Zur Psychologie des Wiederaufnahmeverfahrens" veröffentlicht[22] und als Geleitwort zu diesem Thema darübergesetzt: „Dennoch wollte er nicht eingestehen, daß er sich geirrt hatte. Ein solches Eingeständnis ist nur einem ganz überlegenen Geiste möglich." Anatole France, Professor Bergeret in Paris.[23]

Ich habe alle diese Kämpfe gegen Fehlurteile mit Leidenschaft geführt. Ohne eine solche ist keine echte Leistung möglich. Ohne eine solche kann man nicht jahrelang gegen die steinerne Wand der Strafjustiz anrennen, die ihren Irrtum nicht eingestehen will. Diese Kämpfe erstreckten sich über die Zeit der Jahre 1923 bis 1933. Ich verlasse mit ihrer Darstellung also den chronologischen Verlauf dieser Erinnerungen. Sie können aber nur zusammen in einem eigenen Kapitel dargestellt werden.

1. Fehlurteil auf Grund einer falschen Kinderaussage[24]

Der zwanzigjährige Arbeiter Konrad S. machte am 6. Januar 1924 mit dem fünfjährigen Nachbarskind einen Spaziergang. Zwischen den Nachbarn herrschte Feindschaft. Dem Kinde war jeder Verkehr mit Konrad S. verboten. Als der Vater das Kind mit Konrad S. heimkommen sah, schrie er ihm zu, er werde es zur Strafe prügeln. Darauf sagte das Kind weinend: „Vater, nicht hauen! Der Konrad hat mir was getan!" Es erzählte nun, Konrad habe in einer Mulde unsittliche Handlungen an ihm vorgenommen.

---

[22] Max Hirschberg, Zur Psychologie des Wiederaufnahmeverfahrens. In: Monatsschrift für Kriminalpsychologie und Strafrechtsreform 21 (1930), S. 395–412.

[23] Ebd., S. 395.

[24] Vgl. Max Hirschberg, Ein Fehlurteil auf Grund unwahrer Kinderaussagen. In: Monatsschrift für Kriminalpsychologie und Strafrechtsreform 19 (1928), S. 670–676 und Wrongful Convictions. In: Rocky Mountain Law Review, Dec. 1940, S. 20–46, hier: S. 32 f.; siehe auch seinen Aufsatz: Zur Psychologie des Wiederaufnahmeverfahrens. In: Monatsschrift für Kriminalpsychologie und Strafrechtsreform 21 (1930), S. 395–412, hier: S. 401.
Die zugehörigen Gerichtsakten sind nicht mehr vorhanden.

Der Polizeiwachtmeister, der entgegen einer gesetzlichen Vorschrift die Vernehmung des Kindes ohne Zuziehung eines Sachverständigen vornahm, stellte Einzelheiten fest, die ein unverdorbenes Kind überhaupt nicht angeben konnte. Der Jugendrichter, der das Kind dann vernahm, stellte fest: „Die Einvernahme des Mädchens war äußerst schwierig; das Mädchen antwortete meist nur mit ja oder nein und ist in seinen Angaben nicht recht bestimmt. Auf die Angabe des Mädchens allein dürfte eine Verurteilung des Beschuldigten nicht gestützt werden".

Das Schöffengericht verurteilte den Angeklagten zu zehn Monaten Gefängnis, ohne einen Sachverständigen für Kinderpsychologie zuzuziehen. Zwei Sachverständige bekundeten, daß außer einer leichten Rötung am Geschlechtsteil des Kindes Spuren eines Sittlichkeitsverbrechens nicht festzustellen gewesen seien. Eltern und Polizeiwachtmeister erklärten das Kind für glaubwürdig. Die Berufung des Angeklagten wurde verworfen, obwohl das Kind diesmal jede Antwort verweigerte.

Das Sitzungsprotokoll stellte fest: „Die Zeugin Erna M. wurde aufgerufen. Versuche, sie zu einer Aussage zu bringen, scheiterten trotz allen gütlichen Zuredens. Die Zeugin klammerte sich weinend an ihre Mutter und es war kein Wort aus ihr herauszubringen." Trotzdem erklärte die Strafkammer die frühere Aussage des Kindes (!) für glaubwürdig. Der mittellose Konrad S. hatte in beiden Instanzen keinen Verteidiger. Das Gericht hielt es nicht für notwendig, ihm einen Offizialverteidiger zu bestellen. Konrad S. hat die Strafe restlos verbüßt.

Nunmehr suchte mich seine Mutter mit ihm auf. Konrad S. beteuerte seine Unschuld. Die Prüfung des Falles ergab folgendes: Erna M. hatte einer Schulkameradin gestanden, Konrad S. habe ihr gar nichts getan. Der Vater hatte angegeben, er habe in der Mulde Sitz- und Fußspuren gefunden, die mit den Angaben des Kindes übereinstimmten. Der Wachtmeister bestätigte diese Angaben. Nun stellte sich heraus, daß die Besichtigung der Mulde erst zwei Tage nach dem angeblichen Verbrechen stattgefunden hatte, daß inzwischen Schnee gefallen war und daß er das Kind zur Besichtigung mitgenommen hatte, sodaß die Fußspuren des Kindes erst bei dieser Gelegenheit entstanden sein konnten. Das Kind antwortete jetzt auf jede Frage mit Nicken und Kopfschütteln und sagte nur, der Vater habe es „recht ausgefragt".

Durch fünf Zeugen wurde festgestellt, daß die fünfjährige Erna schon vor der angeblichen Tat des Konrad S. einen fünfjährigen Knaben aufgefordert hatte, sie seinen Geschlechtsteil sehen zu lassen und ihn bei anderer Gelegenheit zu kindlichen Unsittlichkeiten animiert hatte. Ein anderer Knabe, vier Jahre alt, beklagte sich bei seiner Mutter, daß Erna „alleweil Zipferl spielen wolle." Die Schulkameradin, die mehrere Jahre älter war als Erna M., bekundete, sie habe sie vor den Buben beschützt, die sie verprügeln wollten. Aus Dankbarkeit dafür habe ihr Erna M. erzählt, und zwar ungefragt: „Ich will es Dir sagen, der Konrad hat mir gar nichts getan. Du darfst es aber nicht weitersagen, sonst werden meine Eltern eingesperrt und dann habe ich nichts mehr zu essen."

Die sensationellste Entdeckung war aber, daß der Polizeibeamte sich als hemmungsloser Exhibitionist entpuppte, der zunächst strafversetzt wurde, trotzdem sich abermals vor Frauen entblößte, sodaß er aus dem Dienst entlassen werden mußte. Dieser Mann war sicherlich der geeignetste Beamte für eine Kindervernehmung in dieser Sache.

Konrad S. wurde im Wiederaufnahmeverfahren freigesprochen. An diesem Fall sieht man, wie wenig die Strafrichter die Erkenntnisse der modernen Kriminalpsychologie über die Unzuverlässigkeit von Kinderaussagen beachten. Die Zuziehung eines Sachverständigen für Kinderpsychologie hätte den Fehlspruch vielleicht verhütet. Sicher ist das nicht, da ja die Warnung des Jugendrichters in blinder Verbohrtheit ignoriert worden war. Der Richter, der im Wiederaufnahmeverfahren die Beweise erhob, sagte zu mir, der Mann müsse freigesprochen werden, er selber aber halte ihn nach wie vor für schuldig.

2. Ein aufgedecktes Meineidskomplott

Im „Archiv für Kriminologie"[25] habe ich eine Wiederaufnahmesache für zwei unschuldig verurteilte Bauernmädchen dargestellt, die das Opfer eines Meineidskomplotts geworden waren. In dieser Sache sind mindestens in dreißig Punkten eiskalte, größtenteils verabredete Meineide geschworen worden, um zwei schuldlose Mädchen ins Zuchthaus zu bringen. Das beweist den Tiefstand der Eidesmoral, es beweist aber auch die völlige Wirkungslosigkeit der religiösen Androhungen gegen die Unzucht und den falschen Schwur.

Die Sache spielte nämlich in einer der schwärzesten katholischen Gegenden Bayerns, in der Gegend von Neuburg an der Donau. Der Fall ist mehr komisch als tragisch und eröffnete mir viele Einblicke in die treuherzige „Seele" der bayerischen Landbevölkerung. Er beweist kriminalistisch, daß die bewußten Zweckmeineide weder vom Pfaffen, noch vom Richter verhindert werden können. Es nützt auch nichts, daß der Richter den Zeugen auffordert, die Hände nach vorne zu nehmen, damit er nicht den Meineid mit der Hand nach unten heimlich „ableiten" und damit unschädlich für den meineidigen Zeugen machen kann. Schließlich ist der Fall ein Kabinettstück über die Sitten der bayerischen Bauernburschen, die drolligerweise damals meine „Landsleute" waren.

Die zweiundzwanzigjährige Gütlerstochter Franziska D. in Kl. gebar am

---

25 Max Hirschberg, Ein aufgedecktes Meineidskomplott. In: Archiv für Kriminologie 84 (1929), Heft 2/3, S. 81–104. Die zugehörigen Strafakten sind laut Aussage des zuständigen Staatsarchivs Augsburg nicht mehr vorhanden.

10. April 1925 ein außereheliches Kind. Als Vater gab sie den Bauernburschen Alois Kraus in Kl. an. Dieser gab zu, mit ihr in der Empfängniszeit verkehrt zu haben, erhob aber den Einwand, die Kindsmutter habe in der maßgebenden Zeit auch mit anderen Männern verkehrt. Am Sonntag, dem
20. Juli 1924, an dem in dem Dorf ein Turnfest stattfand, habe sie dem Bauernburschen Josef Huber in Kl. die Beiwohnung gestattet, nachdem er bei ihr
durchs Fenster eingestiegen sei.

Im Vaterschaftsprozeß beschwor Franziska D., daß sie nur mit Alois Kraus
verkehrt habe. Mit Josef Huber habe sie nie Geschlechtsverkehr gehabt. Allerdings sei in der Nacht des Turnfestes ein Mann bei ihr eingestiegen. Das
sei aber ihr Geliebter Alois Kraus gewesen. Sie benannte als Zeugen die
Walburga Kraus, die mit ihr in derselben Kammer schlief. Diese beschwor als
Zeugin, daß Alois Kraus und nicht Josef Huber in die Kammer in der Nacht
des Turnfestes eingestiegen sei. Außerdem hatte in der Kammer ein Saft-
händler Josef Berger übernachtet. Dieser gab an, er glaube den Alois Kraus
erkannt zu haben, könne das aber nicht sicher beschwören, da es in der
Kammer dunkel gewesen sei. Geschlechtsverkehr in Anwesenheit von Augenzeugen ist bei primitiven Völkern etwas ganz Natürliches.

Der Zeuge Josef Huber beschwor, er sei bei der Franziska D. in der Nacht
des Turnfestes eingestiegen. Er sei ans Fenster gekommen und habe gefragt,
ob er hineindürfe. Sie sagte: „Von mir aus schon." Es kam zum Geschlechtsverkehr. Er habe den Eindruck gehabt, daß Franziska D. ihn nicht kenne und
mit einem anderen verwechsle. Er habe sich aber nicht als Alois Kraus ausgegeben. Franziska D. erklärte, eine Verwechslung sei ausgeschlossen, „ich
werde doch einen kennen, der mir an den Leib kommt."

Zwei Freunde des Kraus und Huber bekundeten, Huber habe ihnen am
nächsten Tage erzählt, daß er in der letzten Nacht bei Franziska D. gewesen
sei. Der Amtsrichter, der „seine Pappenheimer" kannte, verurteilte den Alois
Kraus zur Zahlung der üblichen Alimente für das uneheliche Kind. Die eidli-
chen Aussagen der Franziska D. und der Walburga Kraus seien glaubwürdig.
Die eidliche Aussage des Josef Huber sei offenbar erlogen.

Gegen dieses Urteil ließ Alois Kraus Berufung einlegen. Er erstattete
Meineidsanzeige gegen Franziska D. und Walburga Kraus. Die Meineidsan-
klage wurde erhoben. Der Vaterschaftsprozeß wurde ausgesetzt.

Die Hauptverhandlung gegen Franziska D. und Walburga Kraus wegen
Meineids fand am 28. Oktober vor dem Schwurgericht Neuburg an der Donau statt. Alois Kraus beschwor als Zeuge, daß er in der Nacht des Turnfestes nicht bei Franziska D. gewesen sei. Josef Huber beschwor, er sei eingestiegen und habe sich zu Franziska D. ins Bett gelegt. Er habe flüsternd zu
ihr gesagt: „Du kennst mich nicht." Sie habe erwidert: „Ich werde jetzt Dich
nicht kennen." Er habe seine Stimme nicht verstellt, sich aber auch nicht als
Josef Huber zu erkennen gegeben. Er habe seinen Freunden Dilg und Hammer am nächsten Tage erzählt, daß er bei der Franziska D. im Bett gewesen
sei. Beide bestätigten dies.

Als neue Zeugen traten vor dem Schwurgericht Karoline Kraus und Anna Kraus auf. Beide beschworen: Huber erzählte kurz nach dem Turnfest der Karoline Kraus, daß er die Franziska D. gehabt habe. Diese hielt es der Franziska D. vor. Darauf gab diese ihr zu, sie habe erst gemeint, daß es ihr Geliebter Alois Kraus sei, dann aber erkannt, es sei der Huber. Sie sei aufgestanden, um ein Licht zu holen; als sie zurückkam, sei der Huber schon fortgewesen. Auch ein anderer Zeuge, Hermann, beschwor, die beiden Mädchen hätten ihm zugegeben, daß der Huber bei Franziska D. gewesen sei. Walburga Kraus habe gesagt, die Hauptsache sei, daß sie schwören dürfe; sie könne besser reden als ein Advokat.

Das Schwurgericht verurteilte die beiden Mädchen wegen Meineids und zwar Franziska D. zu einem Jahr drei Monaten Zuchthaus, Walburga Kraus zu einem Jahr neun Monaten Zuchthaus. Das Schwurgericht stellte sich auf den entgegengesetzten Standpunkt: die Aussage des Huber könne unmöglich erfunden sein. Wenn Huber nicht in der Kammer gewesen wäre, hätte er auch nicht wissen können, daß darin noch ein anderer Mann (Berger) schlief. Seine Aussage sei durch die eidliche Aussage des Alois Kraus bestätigt. Die Aussage des Berger sei unbestimmt. Er habe nicht gut sehen können, sei auch schlaftrunken gewesen. Außerdem hätten Kraus und Huber eine große Ähnlichkeit, eine Verwechslung in der Dunkelheit sei leicht möglich. Die beiden Angeklagten hätten ihn aber erkennen müssen, zumal er gesagt habe, er sei der „Säcklsepp" (Hausname des Huber). Die beiden Angeklagten hätten überdies der Karoline Kraus und Anna Kraus und dem Zeugen Hermann später gestanden, sie hätten erst gemeint, es sei der Alois Kraus, dann aber erkannt, daß es Josef Huber sei.

Auf Revision hob das Reichsgericht das Urteil auf und verwies die Sache zu erneuter Verhandlung vor das Schwurgericht Neuburg an der Donau. Das Urteil stützte sich im wesentlichen auf die eidliche Aussage des Kraus und Huber. Verabredungen zu falschen Aussagen zum Schaden der Kindsmutter seien nichts Ungewöhnliches.

Die erneute Schwurgerichtsverhandlung gegen beide Mädchen fand am 16. Februar 1927 statt. Die bisherigen Zeugen sagten im Wesentlichen dasselbe aus wie in der ersten Schwurgerichtsverhandlung. Nur Josef Huber änderte seine Aussage abermals. Jetzt sagte er aus, er habe zu Franziska D. gesagt: „Du kennst mich nicht, ich bin der Säcklsepp". Trotzdem beschwor er, er habe den Eindruck gehabt, daß ihn die Franziska D. für den Alois Kraus gehalten habe. Sie sei nach dem Beischlaf hinausgegangen und habe in der Küche ein Licht angezündet. Da er befürchtete, von Berger erkannt zu werden, sei er mit den Schuhen in der Hand durch das Fenster in den Hof hinausgesprungen.

Er habe gewußt, daß Franziska D. mit Alois Kraus ein Verhältnis habe. Er habe aber mit diesem nicht verabredet, daß er einsteigen solle. Vielmehr habe er von Hammer gehört, daß die Franziska D. ein Bastard sei. (Er meinte wohl Zwitter.) Aus Neugierde habe er mit ihr verkehrt. Er sei dann nie mehr zu ihr gegangen, weil sie damals so gräßlich gestunken habe. Ich habe später diese Aussage charakterisiert, daß sie als Kulturdokument und Liebesgedicht in der Weltliteratur kaum ihresgleichen haben dürfte.

Der Amtsrichter, der Alois Kraus im Vaterschaftsprozeß verurteilt hatte, sagte aus, Josef Huber habe bei seiner Vernehmung einen unsicheren Eindruck gemacht; bei allen Fragen habe er sich immer zu Alois Kraus umgedreht; offenbar leite er sein Wissen ganz von diesem her, besonders wenn er gefragt werde, was und wen er in der Kammer gesehen habe.

Als neuer Zeuge trat der Dienstknecht Kefer auf, der sich damals beim Vater der Franziska D. aufhielt. Er gab an, er sei in der Nacht vor dem Turnfest in den Abort auf dem Hof gegangen. In diesem Augenblick sei Alois Kraus mit den Schuhen in der Hand aus dem Fenster der Franziska D. gesprungen. Er habe ihn sicher erkannt. Ohne auch nur einen Sachverständigen zu hören, stellte das Schwurgericht fest, der Zeuge Kefer sei schwachsinnig und daher nicht zu beeidigen. Mit verbohrter Hartnäckigkeit verharrte das Schwurgericht auf seiner falschen Auffassung. Es verurteilte beide Mädchen zu den gleichen Zuchthausstrafen wie das erste Mal. Die Revision wurde vom Reichsgericht diesmal verworfen.

So standen die Dinge, als der Vormund des unehelichen Kindes mit Franziska D. bei mir in meiner Münchner Kanzlei erschien. Er beauftragte mich, das Meineidskomplott aufzudecken und die Wiederaufnahme des Verfahrens zu beantragen. Walburga Kraus war schon im Zuchthaus. Die Aufgabe war nicht leicht. Es mußte Meineidsanzeige gegen Alois Kraus, Josef Huber, Karoline Kraus und Anna Kraus erstattet werden. Auf den hartnäckigsten Widerstand bei Gericht und Staatsanwaltschaft mußte ich gefaßt sein.

Blieb der Vorstoß erfolglos, so konnten die beiden Mädchen auch noch eine Zusatzstrafe wegen falscher Anschuldigung erhalten. Ohne neue Beweise war der Antrag aussichtslos. Die schrittweise Sammlung dieses neuen Beweismaterials kann hier nicht dargestellt werden. Das Ergebnis war sensationell. Das Landgericht Neuburg verwarf den Antrag, das Bayerische Oberste Landesgericht ordnete aber ein neues Verfahren an und entließ Walburga Kraus telegrafisch aus dem Zuchthaus, in dem sie schon 5 Monate inhaftiert war. Die erneute Hauptverhandlung fand am 16. und 17. April vor dem Schwurgericht Neuburg an der Donau statt. Das Beweisergebnis sei kurz zusammengefaßt:

1. Alois Kraus und Josef Huber beschworen, daß letzterer bei der Franziska D. gewesen sei.

2. Der neue Zeuge Martin Mark beschwor, er sei mit Alois Kraus bei den Eheleuten Geier zweimal zusammengetroffen. Beim ersten Mal habe Alois Kraus noch behauptet, Josef Huber habe mit ihm Rock und Hut gewechselt und sei dann eingestiegen. Beim zweiten Male habe aber Alois Kraus auf Aufforderung der Frau Geier zugegeben, er selber sei eingestiegen und habe sich als „Säcklsepp" ausgegeben. Die Franziska D. habe sich aber nicht täuschen lassen. Sie habe gesagt: „Ich kenn' Dich doch, Du bist doch der Alois."

3. Der neue Zeuge Johann Geier verweigerte erst den Eid, dann sagte er, es könne schon so sein, wie Martin Mark aussage. Er könne sich aber an nichts erinnern, er sei ohrenleidend und schwerhörig.

4. Frau Geier beschwor, sie könne sich an nichts erinnern, es könne schon so sein wie Mark angebe, sie könne sich aber auf nichts besinnen.

5. Der neue Zeuge Georg Seehütter beschwor, er habe nie mit Franziska D. oder Walburga Kraus verkehrt. Nach der Geburt des Kindes habe ihm Alois Kraus zugeredet, er solle beschwören, daß er die Franziska auch gehabt habe, oder er solle ihm einen beibringen, der das beschwöre. Er bekomme etwas dafür. Einmal kam er morgens 5 Uhr und versuchte den Seehütter wieder zum Meineid zu verleiten. Dieser lehnte es ab, zumal seine Mutter ihm verbot, falsch zu schwören. Darauf traten die Freunde des Kraus auf offener Straße an ihn heran und redeten auf ihn ein, er solle doch dem Alois Kraus „helfen" und schwören, er habe die Franziska auch gehabt.

6. Die Mutter des Seehütter bestätigte dessen Angaben in allen Punkten.

7. Erstaunliches bekundete der neue Zeuge Max Krahammer. Diesen hatte Alois Kraus in seiner Meineidsanzeige als Zeugen dafür benannt, daß er auch mit der Franziska D. verkehrt habe. Vor der Polizei gab der Zeuge zu Protokoll, das sei richtig, er habe sechs oder sieben Mal mit ihr verkehrt. Vor dem Untersuchungsrichter und in der Hauptverhandlung gab er zu, seine Aussage sei glatt erfunden gewesen.

8. Der neue Zeuge Josef Kneidle bekundete, Alois Kraus, Josef Huber und Seehütter hätten schon vor zwei Jahren ausgemacht, sich in Vaterschaftsprozessen gegenseitig herauszuhelfen. Als seine Tochter ein uneheliches Kind bekam, verklagte sie den Josef Huber. Darauf beschwor Seehütter, er habe auch mit ihr verkehrt.

9. Die Belastungszeuginnen Anna und Karoline Kraus gaben jetzt an, sie könnten sich an das seinerzeitige „Geständnis" der Franziska D. „nicht mehr erinnern". Dabei kam auf, daß die Anna Kraus ein Verhältnis mit Alois Kraus gehabt hatte, was sie früher verschwiegen hatte.

10. Der 15 Jahre alte Erasmus Lämmle war schon unehelicher Vater. Er bestritt, von Verabredungen zum Meineid etwas zu wissen. Er hat in seinem Vaterschaftsprozeß den Josef Huber und den Siegfried Hammer dafür als Zeugen benannt, daß sie mit seiner Geliebten auch verkehrt hätten. Er habe sie vorher nicht befragt, ob das wahr sei. Was sie ausgesagt hätten, wisse er nicht. Danach habe er sich nicht erkundigt.

11. Alois Kraus hatte beschworen, sein Freund Josef Huber habe ihm gar nicht gesagt, daß er eingestiegen sei. Das habe er erst später erfahren und zwar von anderen Freunden. Eine faustdicke Lüge, da beim Turnfest ja das ganze Dorf davon sprach, daß bei der Franziska D. nachts einer eingestiegen sei, den sie nicht erkannt habe. Jetzt gab er zu, daß er dem Josef Huber „erlaubt" habe, einzusteigen und daß dieser ihm gleich selbst danach erzählt habe, er sei drin gewesen. Josef Huber beschwor, er habe das dem Alois Kraus nie erzählt.

12. Sehr lustig verlief schließlich die Vernehmung des Dienstknechts Kefer. Er gab abermals an, aus dem Fenster sei Alois Kraus, nicht Josef Huber herausgesprungen. Er habe ihn sicher erkannt. Diesmal hatte der Staatsanwalt den Landgerichtsarzt vorgeladen, der als Sachverständiger prompt bestätigte, Kefer sei in hohem Grade schwachsinnig und könne daher nicht beeidigt werden. Nun hatte dieser „Sachverständige" den Kefer nur kurze Zeit auf dem Gerichtsgang „untersucht". Ich verlangte, er solle angeben, durch welche Fragen er den Schwachsinn des Kefer festgestellt habe. Darauf sagte der Gelehrte, er habe ihn u.a. nach dem Namen des jetzigen Papstes gefragt und den habe er nicht angeben können. Darauf erklärte ich unter großer Heiterkeit des Gerichts: wenn jeder in diesem Saal, der den Namen des jetzigen Papstes nicht sicher angeben könne, schwachsinnig sei, so seien wohl die meisten Anwesenden geistesschwach, der Verteidiger nicht ausgenommen. Das Gericht beschloß, den Zeugen zu vereidigen. Ich habe später oft diese Probe an ahnungslosen Bekannten vorgenommen und ihren Schwachsinn festgestellt.

Das Gericht erkannte unter Aufhebung des früheren Urteils auf Freisprechung. Der Fall ist in mehrfacher Hinsicht merkwürdig: er zeigt in krasser Weise den Tiefstand der Eidesmoral und damit die Unzuverlässigkeit des Zeugenbeweises, das völlige Versagen der religiösen Mahnungen und Strafandrohungen für Todsünden und ein moralisches, kulturelles und sexuelles Niveau, das von den Erzählungen Ganghofers[26] und Ludwig Thomas[27] über das biedere Landvölkchen gewaltig absticht.

3. Der Mordfall Johann Pfeuffer[28]

Der Arbeiter Johann Pfeuffer war verheiratet; er hatte sechs Kinder. Trotzdem unterhielt er ein sexuelles Verhältnis mit einem armen Mädchen, in der katholischen Gegend an sich schon ein Verbrechen. Am 9. Juni 1923 wurde

---

[26] Ludwig Ganghofer (1855–1920), Schriftsteller, seit 1894 in München, Verfasser von Berg- und Heimatromanen mit seichtem Naturkult, Biologismus und Stadtangst.

[27] Ludwig Thoma (1867–1921), Rechtsanwalt und Schriftsteller, seit 1897 in München, Verfasser leicht geschönter Bauernromane, Kleinstadtgeschichten und Theaterstücke, als Satiriker und Publizist („Simplicissimus") ursprünglich aggressiv-kritisch, später nationalistisch-antisemitisch.

[28] Max Hirschberg hat sich neben dem in der nächsten Anmerkung (29) genannten Aufsatz in folgenden Veröffentlichungen mit dem Fall Pfeuffer beschäftigt:
(Zusammen mit Hans Molitoris), Aufhebung eines Fehlurteils in einer Mordsache. In: Archiv für Kriminologie 82 (1928), S. 28–40;
Zur Psychologie des Wiederaufnahmeverfahrens. In: Monatsschrift für Kriminalpsychologie und Strafrechtsreform 21 (1930), S. 395–412, hier: S. 396, 402 f. und 407;
Pathology of Criminal Justice. Innocent Convicted in Three Murder Cases. In: Journal of Criminal Law and Criminology Vol. XXXI, Nr. 5 (1941), S. 536–550, hier: S. 546–548;
Das Fehlurteil (1960), S. 64–68.

das Mädchen in einem Wald bei der Ortschaft in dem bayerischen Bezirk von Bamberg, wo beide wohnten, tot aufgefunden. Die Leichensektion ergab zwei Tatsachen: im Uterus lag ein befruchtetes Ei, sodaß Schwangerschaft feststand; und tief im Schlund stak ein falsches Gebiß. Der Gerichtsarzt erklärte, die Todesursache sei Ersticken, das Gebiß habe die Luftröhre versperrt. Ein Dentist wurde als Sachverständiger zugezogen. Er bekundete, es sei unmöglich, ein so großes Gebiß zu verschlucken, es müsse mit Gewalt in den Schlund getrieben worden sein.

Pfeuffer stellte sich selbst der Polizei. Er gab an, er sei mit seiner Geliebten in dem Wald zusammengetroffen, wo dann die Leiche gefunden wurde. Sie habe erklärt, das Kind müsse abgetrieben werden. Sie habe einen Schlauch an einem Wasserbehälter mitgebracht. Damit habe sie sich eine Einspritzung in die Scheide gemacht. Im gleichen Augenblick sei sie umgesunken und habe nicht mehr geantwortet. Er habe geglaubt, sie mache sich einen Spaß mit ihm. Er sei ärgerlich gewesen und heimgegangen, ohne sich weiter um sie zu kümmern. Am nächsten Morgen habe er gemerkt, daß er seinen Rock oben vergessen habe. Er sei hinaufgegangen, um ihn zu holen. Zu seinem Entsetzen habe er das Mädchen in derselben Stellung vorgefunden, jetzt habe er gemerkt, daß sie tot war.

Die Staatsanwaltschaft erhob Anklage wegen Mordes. Sie erklärte, er habe die Abtreibung selbst gemacht. Das Mädchen habe sich gewehrt. Darauf habe er sie mit seinem Taschentuch geknebelt. Dabei habe er ihr das Gebiß in den Schlund hinabgestoßen. Dadurch sei sie erstickt. Das Taschentuch wurde bei dem Angeklagten gefunden. Es wurde gerichtsärztlich untersucht und wies keine Mundkeime auf. Tut nichts, sagte der Staatsanwalt, er hat das Taschentuch ausgewaschen.

Das Gericht in Bamberg verurteilte Pfeuffer wegen vorsätzlichen Totschlags zu 15 Jahren Zuchthaus. Es fühlte offenbar die Brüchigkeit der Anklage und wagte nicht ein Todesurteil zu fällen, das der Staatsanwalt beantragt hatte. Der Angeklagte schrieb mir aus dem Zuchthaus, er sei unschuldig, er bitte mich den Fall aufzuklären. Tatsächlich habe er die Abtreibung vorgenommen. Er habe sich mit seiner Frau und seiner Tante beraten. Beide hätten ihn dazu bestimmt, zu leugnen, daß er die Abtreibung begangen habe. Er werde sonst schwer bestraft.

Die Verurteilung war offensichtlich ohne Aufklärung des Tatbestands deshalb erfolgt, weil er als verheirateter Mann und Vater von sechs Kindern mit dem Mädchen ein Verhältnis gehabt hatte. Belastend war scheinbar sein anfängliches Vorbringen, das Mädchen habe die Einspritzung selbst gemacht. Aber als Schuldbeweis war das sicherlich nicht ausreichend. Ich habe mich

Die zugehörigen Strafakten sind vorhanden: Staatsarchiv Bamberg, Rep. K 105, Staatsanwaltschaft beim Landgericht Bamberg, Abgabe 1995, Nr. 219. Den Kollegen des Staatsarchivs Bamberg bin ich für freundliche Unterstützung ebenso zu Dank verpflichtet wie Herrn Richter am Oberlandesgericht Bamberg Lothar Braun.

zu dem wichtigen Thema in einem Aufsatz[29] grundsätzlich geäußert. Aus der falschen Bewertung der oft so begreiflichen Notlüge des Angeklagten sind viele Fehlurteile entstanden.

Fest stand von vornherein, daß die Theorie der Staatsanwaltschaft falsch, ja absurd war. Das Mädchen hatte das Gefäß mit dem Schlauch doch selbst mitgebracht und die Abtreibung verlangt. Wie sollte Pfeuffer dazu gekommen sein, sie zu knebeln, um ihren Widerstand zu brechen? Und wenn er das Taschentuch zum Knebeln benützt hätte, hätte er es doch weggeworfen, nicht ausgewaschen.

Die Aufklärung des Falles erfolgte durch den Münchner Landgerichtsarzt Dr. Hermann[30] und den von mir geladenen Dr. Molitoris[31] in Erlangen, der Professor für gerichtliche Medizin war. Beide erstatteten ein Gutachten dahin, daß bei der Abtreibung durch den unkundigen Angeklagten eine Luftembolie durch Anschneiden einer Vene eingetreten sei. Wenn Luft in die Adern gepreßt wird, tritt sofort Herzlähmung ein.

Der Dentist, der das falsche Gebiß gefertigt hatte, bekundete natürlich, es habe gut gepaßt. Ein so großes Gebiß könne man nicht verschlucken. Ich wies aus der Literatur nach, daß das Verschlucken von Gebissen äußerst selten vorkommt, daß aber auch große Gebisse verschluckt werden. Vor allem aber konnte die Verlagerung des Gebisses nach dem Tode eingetreten sein, als die Leiche auf einem Wagen von dem Hügel ins Schauhaus transportiert wurde. Die Annahme einer Luftembolie wurde vollends erwiesen durch eine Feststellung im Protokoll über die Leichenöffnung, die in der Verhandlung übersehen worden war: Am Uterus und am Eingang der Scheide waren kleine Blutspuren festgestellt, die eine Verletzung der Adern wahrscheinlich machten.

In der Hauptverhandlung in Bamberg im Wiederaufnahmeverfahren, die in der Kleinstadt eine Sensation war, wurde das Urteil aufgehoben. Die Strafe für die Abtreibung wurde durch die bisherige Zuchthausstrafe für verbüßt erklärt und die sofortige Haftentlassung angeordnet. Bei Verkündung dieses Urteils brach die Ehefrau des Pfeuffer ohnmächtig zusammen.

Ich war nach der Verhandlung mit dem mir befreundeten Bamberger Kollegen Dr. Dehler[32] zusammen, der in unserer Kanzlei Hilfsarbeiter gewesen

---

[29] Max Hirschberg, Die Lüge als Schuldbeweis. In: Monatsschrift für Kriminalpsychologie und Strafrechtsreform 20 (1929), S. 337–343, hier: S. 342 f.

[30] Friedrich Anton Hermann (1860–1930), Dr. med., Obermedizinalrat und Landgerichtsarzt beim Landgericht München I.

[31] Hans Molitoris (1874–1972), Dr. iur., Professor für Gerichtsmedizin an der Universität Erlangen.

[32] Thomas Dehler (1897–1967), Dr. iur., Rechtsanwalt und Politiker, 1924 Mitgründer des Reichsbanners Schwarz-Rot-Gold, Nazigegner, 1945 Landrat, 1946 Generalstaatsanwalt, 1947 Oberlandesgerichtspräsident in Bamberg, Landesvorsitzender der FDP, 1949–1953 Bundesjustizminister, 1954–1957 Bundesvorsitzender der FDP, 1960–1967 Vizepräsident des Bundestags, „eigenwilliger Verfechter eines national betonten Liberalismus".

war. Er ist jetzt Bundesjustizminister in Bonn. Als ich ihm einen Brief schrieb, antwortete er höchst erfreut. Er hat sich unter Hitler tadellos verhalten und sich nicht von seiner jüdischen Frau getrennt. Leider ist er jetzt extremer deutscher Nationalist und hält Reden wie im Veteranenverband.

Der Fall zeigt die Gefährlichkeit des blinden Glaubens an den Sachverständigen, der in diesem Falle ein krasser Ignorant war. Die Freilassung Pfeuffers verbreitete sich wie ein Lauffeuer in den Zuchthäusern Bayerns. Seitdem erhielt ich viele Briefe von Verurteilten, die angaben, auch unschuldig verurteilt zu sein. Das traf selten zu, ich hielt es aber für meine Pflicht, jeden Fall sorgfältig nachzuprüfen, was meine ohnehin große Arbeitslast enorm vermehrte. Aber dadurch kam es zur Aufdeckung der folgenden zwei Fehlurteile in den Mordsachen Götz und Rettenbeck.

4. Die Mordsache Otto Götz[33]

Der 21 Jahre alte Metallarbeiter Otto Götz war am 5. Dezember 1919 vom Schwurgericht Augsburg wegen Ermordung seiner Braut zum Tode verurteilt worden. Nach fünf Monaten qualvollen Wartens beschloß das bayerische Gesamtministerium, die Todesstrafe „gnadenweise" in lebenslängliches Zuchthaus zu verwandeln; offenbar hielt man schon damals das Urteil nicht für stichfest und den Fall für nicht genügend geklärt.

Er hatte schon sieben oder acht Jahre Zuchthaus verbüßt, als er sich an mich wandte mit der Bitte, das Wiederaufnahmeverfahren zu beantragen, er sei der vorsätzlichen Tötung nicht schuldig. Nach langem Kampfe fand im Februar 1929 die erneute Hauptverhandlung statt. In dieser konnte ich mit überwältigendem Material nachweisen, daß vorsätzliche Tötung nicht vorlag. Er wurde wegen Abtreibung und fahrlässiger Tötung zu drei Jahren Zuchthaus verurteilt. Da diese längst verbüßt waren, wurde er sofort aus der Haft entlassen.

Der sehr seltsame Fall wurde von mir mit Hilfe des Professors von Hentig und des Professors Molitoris restlos geklärt. Daß er zu einem Fehlurteil ge-

---

[33] Die zugehörigen Strafakten sind nach Auskunft des Staatsarchivs Augsburg im Zweiten Weltkrieg verbrannt. Vorhanden sind aussagekräftige Gnadenakten des bayerischen Justizministeriums: BayHStA, MJu 17942.

Max Hirschberg hat sich in folgenden Veröffentlichungen mit dem Fall Götz beschäftigt:

Die Lüge als Schuldbeweis. In: Monatsschrift für Kriminalpsychologie und Strafrechtsreform 20 (1929), S. 337–343, hier: S. 341 f.;

Zur Psychologie des Wiederaufnahmeverfahrens. In: ebd. 21 (1930), S. 395–412, hier: S. 396f. und 407f.;

Pathology of Criminal Justice. Innocent Convicted in Three Murder Cases. In: Journal of Criminal Law and Criminology Vol. XXXI, Nr. 5 (1941), S. 536–550, hier: S. 544–546;

Das Fehlurteil (1960), S. 68–70 und 74 f.

führt hatte, war in erster Linie der Ignoranz des gerichtlichen Sachverständigen zuzuschreiben.

Götz hatte ein Liebesverhältnis mit der Hausangestellten Maria F. Er liebte sie sehr und beide beschlossen, zu heiraten. Beide hatten bereits das Aufgebot für die Eheschließung bestellt, als die Braut, ein braves Bauernmädchen, ihrem Geliebten mitteilte,daß sie in der Hoffnung sei. Sie bestand darauf, das Kind abzutreiben, obwohl er dagegen war. Sie wollte kein voreheliches Kind und erklärte, sie könnten in ihrer jungen Ehe noch kein Kind brauchen.

Er fügte sich. Das Mädchen schrieb einen Brief an eine gewerbsmäßige Abtreiberin in München. Die Antwort fand man in der Rocktasche der Leiche. Offenbar war ihr der verlangte Preis zu hoch. Sie bat Götz, ein Abtreibungsmittel zu beschaffen, andernfalls müsse sie zu der Abtreiberin fahren. Er fügte sich widerstrebend. Da er in diesen Dingen ganz unerfahren war, befragte er einen ihm bekannten Sanitätssergeanten. Dieser riet ihm, seiner Braut einen Trank aus Cyankalisäure einzugeben, dieses höchst gefährliche Gift aber mit Holzcyankali, schwarzem Kaffee und Limonade zu verdünnen.

Götz dankte ihm für den Rat und fuhr nach München. Er kaufte eine Flasche Cyankalisäure und dem Drogisten, der ihm das Gift ohne Giftschein verkaufte, spiegelte er vor, er brauche es zum Photographieren. Er unterzeichnete im Giftbuch des Drogisten zweimal mit seinem wahren Namen, obwohl er eine Identitätskarte auf einen falschen Namen bei sich trug, die er zum Zigarettenschmuggel zu benützen pflegte.

Er traf seine Braut in Augsburg. Sie war dorthin mit einem Bekannten gereist. Das Zusammentreffen des Brautpaars konnte also ohne weiteres nachgewiesen werden. Der Bekannte merkte, daß er bei den Verliebten überflüssig sei und ließ sie bald allein. Das Liebespaar verbrachte den Abend im besten Einvernehmen auf einer Tanzgelegenheit. Dann gingen sie zusammen auf ein Hotelzimmer. Auch hier schrieb sich Götz mit seinem richtigen Namen ein.

Das Mädchen verlangte die „Tropfen", die die Abtreibung herbeiführen sollten. Er bat sie aber, bis zum Morgen zu warten. Erst als die Leute im Hotel schon wach waren, gab er ihr das Abtreibungsmittel, gemischt mit Kaffee und Limonade. Sie fühlte sich sofort unwohl. Er glaubte, das sei schon der Beginn der Wehen und rannte davon, um eine Hebamme zu holen. Als er allein zurückkam, lag das Mädchen im Todeskampf. Er verlor den Kopf. Ohne um Hilfe zu rufen, rannte er davon. Neben der Leiche fand man die halbvolle Flasche mit Cyanid. Götz fuhr nach Stuttgart. Dort gestand er einem Freund, daß er und seine Geliebte eine Abtreibung versucht hätten, an der sie gestorben sei; entweder sei die Mischung nicht richtig gewesen oder sie habe zu viel davon genommen.

Es wurde in der Schwurgerichtsverhandlung nachgewiesen, daß Götz über den Mann, der ihm das Abtreibungsmittel angeraten hatte, erlogene Angaben gemacht hatte, natürlich um seinen Kameraden zu decken. Das galt als schwer belastend. Der Sachverständige des Gerichts war ein alter Apotheker. Er bekundete, der Gebrauch eines so gefährlichen Giftes beweise die Mordabsicht. Zu Abtreibungen würde ein solches Gift nicht verwendet.

Durch einen tragikomischen Zufall vertrat die Anklage der Staatsanwalt Dr. Emminger.[34] Dieser hatte als Reichstagsabgeordneter der Bayerischen Volkspartei für Aufrechterhaltung der Todesstrafe gekämpft, als wir progressiven Juristen in einem Aufruf ihre Abschaffung forderten. Er hatte als Reichsjustizminister die Beseitigung der Schwurgerichte durchgeführt und sie durch große Schöffengerichte ersetzt, die die Laien meist neben den Berufsrichtern zur Bedeutungslosigkeit herabwürdigten.[35]

Dieser Staatsanwalt hatte eine in ihrer Dummheit geradezu geniale Idee. Man suchte vergeblich nach einem Motiv für den Mord. Täter und Opfer waren in bestem Einvernehmen; die Liebenden hatten schon das Aufgebot bestellt, um zu heiraten. Warum sollte Götz seine Braut, die er anbetete und die sein moralischer Halt auf der üblichen abschüssigen Bahn der entlassenen Soldaten des Weltkrieges war, – er verschob Zigaretten und ähnliches – ermorden? Herr Emminger fand die Lösung: als Götz verhaftet wurde, hatte er die Uhr seiner Braut bei sich. Also hatte er sie ermordet, um ihre billige Uhr rauben zu können.

Götz wurde zum Tode wegen Mordes verurteilt, aber zu lebenslänglichen Zuchthaus begnadigt. Er hatte schon sieben oder acht Jahre Zuchthaus verbüßt, als er sich an mich wandte. Die kriminalistischen und logischen Fehler des Falles waren so evident, daß ihre Aufdeckung nicht schwierig war. Es fehlte nicht bloß jedes Motiv, es war auch offenbar undenkbar, daß Götz beim Einkauf des Giftes und im Hotel seinen richtigen Namen unterzeichnet hätte, wenn er Mordabsichten gehabt hätte.

Ebenso undenkbar war es, daß er ihr das Gift am Morgen, als das Hotel schon wach war, eingegeben hätte, statt am Abend, als er Zeit genug gehabt hätte, vor der Entdeckung über die Grenze zu flüchten. Er hatte ja einen Grenzschein auf falschen Namen. Daß er die halbgeleerte Flasche mit dem Gift neben der Leiche bei seiner Flucht stehen ließ, sprach auch gegen Mordabsicht. Die Uhr hatte ihm seine Braut ausgehändigt, damit er sie reparieren lasse. Ein Richter in Augsburg, der die Unhaltbarkeit des Urteils erkannt hatte, gab dem Wiederaufnahmeantrag sofort statt.

---

[34] Erich Emminger (1880–1951), Dr. iur., Jurist und Politiker, 1905 Assessor, 1909 II. Staatsanwalt Augsburg, 1910 Amtsgerichtsrat Augsburg, 1919 I. Staatsanwalt Augsburg, 1923 I. Staatsanwalt München I, 1928 Rat am Oberlandesgericht München, 1931 Rat am Bayerischen Obersten Landesgericht, 1935 Rat am Oberlandesgericht München, 1946–1949 dort Senatspräsident, 1913–1918 MdR (Zentrum), 1920–1933 MdR (BVP), 1923/24 Reichsjustizminister.

[35] Verordnung über Gerichtsverfassung und Strafrechtspflege vom 4. Januar 1924, Druck: RGBl. I (1924), S. 15–22; Vgl. Thomas Vormbaum, Die Lex Emminger vom 4. Januar 1924. Berlin 1988.

Als ich zur erneuten Hauptverhandlung in Augsburg eintraf, fand ich die Augsburger Zeitungen gefüllt mit langen Artikeln, die die Schuld des Angeklagten betonten. Ich protestierte in den Verhandlungen gegen diese Beeinflussung des Gerichts und der öffentlichen Meinung. Ich wies aus der Literatur der gerichtlichen Medizin, besonders aus einem Spezialwerk „Die Abtreibung mit Giften"[36] nach, daß von unkundigen Leuten alle möglichen leichten und schweren Gifte zu Abtreibungen benützt werden, darunter auch Cyanid und andere tödliche Gifte. Götz wurde wegen Abtreibung mit fahrlässiger Tötung verurteilt, die Strafe für verbüßt erklärt und seine sofortige Haftentlassung angeordnet.

Am Abend saß ich im Hotel Drei Mohren mit meinem Sachverständigen Professor von Hentig, seiner Frau und anderen Bekannten zusammen. Ich war erregt und glücklich. Professor von Hentig war deprimiert. Seine Frau sagte, er nenne das „die Melancholie der vollbrachten Leistung", wofür sie von ihm einen strafenden Blick für ihre Indiskretion erhielt. Auf der Heimfahrt am nächsten Morgen las ich die Zeitungsberichte, die jetzt die Schuld des Götz nicht mehr vertraten.[37]

5. Der Mordfall Rettenbeck[38]

Der Gütler Lorenz Rettenbeck aus Niederbayern wurde vom Schwurgericht Straubing am 24. Juni 1919 wegen Mordes an seiner Ehefrau zum Tode verurteilt. Die Strafe wurde gnadenweise in lebenslängliches Zuchthaus umgewandelt. 1928 schrieb er an mich, er sei unschuldig, ich solle seinen Fall nachprüfen.

Ich ließ mir die Akten kommen. Ich studierte sie an einem Sonntag in meiner Wohnung. Am Abend kam Bessie ins Zimmer. Sie fragte mich, ob ich noch lange arbeiten müsse. „Du bist so bleich", sagte sie, „was ist mit Dir?"

---

[36] Louis Lewin, Die Fruchtabtreibung durch Gifte und andere Mittel. 4. Auflage Berlin 1925.

[37] Erich Emminger führte im Anschluß an diesen Prozeß noch zwei Nachhutgefechte. Er verklagte die Journalisten Martin Gruber („Münchner Post") und Werner Richter („Berliner Tageblatt") wegen Beleidigung durch für ihn wenig schmeichelhafte Zeitungsberichte. Die entsprechenden Akten des Amtsgerichts München haben sich erhalten: StAM, AG 36974 bzw. 36975. Im ersten Fall lehnte das Gericht eine Klageerhebung ab, im zweiten kam es zu einem Vergleich.

[38] Die Strafakten sind laut Auskunft des Staatsarchivs Landshut nicht mehr vorhanden. Dafür liegen Gnadenakten des bayerischen Justizministeriums vor: BayHStA, MJu 18213.
Max Hirschberg hat in folgenden Arbeiten den Fall behandelt:
Fehlurteile und Wiederaufnahmeverfahren. Die Mordsache Rettenbeck. In: Schweizer Archiv für Strafrecht 49 (1935), Heft 3, S. 331–349.
Pathology of Criminal Justice. Innocent Convicted in Three Murder Cases. In: Journal of Criminal Law and Criminology Vol. XXXI, Nr. 5 (1941), 536–550, hier: S. 539–544.
Das Fehlurteil (1960), S. 25 f., 46 f. und 75–79.

Ich sagte: „Ich habe eben festgestellt, daß Rettenbeck die Mordtat nicht begangen hat; zugleich habe ich festgestellt, wer der Mörder der Frau Rettenbeck gewesen ist." Wie in einer Vision hatte ich beim Studium der Akten die Wahrheit erkannt.

Von da ab habe ich sechs Jahre lang für seine Freisprechung gekämpft. Am 6. Juli 1934 gab die Strafkammer beim Landgericht Landshut meinem Antrag auf Freisprechung statt. Es war meine letzte Unterschrift als deutscher Anwalt. Am 6. Juli 1934 erließ das Gericht ohne neue Hauptverhandlung Beschluß auf Freisprechung. Rettenbeck hatte 15 Jahre Zuchthaus für eine Tat verbüßt, die er nicht begangen hatte. Er erhielt eine Entschädigung aus der Staatskasse für unschuldig erlittene Zuchthaushaft. Nach seiner Entlassung fuhr er nach München, um mir zu danken. Ich hatte Hitlerdeutschland aber bereits verlassen.[39]

Rettenbeck hatte ein kleines Gut in einer Einöde, die nur aus wenigen Häusern bestand. Er lebte schlecht mit seiner Frau. Später wurde festgestellt, daß sie die Nachbarn verleumdete. Rettenbeck mußte Bußen und Kosten für sie bezahlen, was ihn wütend machte. Die Frau war krank. Sie stellte eine Magd, Anna Nöbauer, an, die ihre zwölfjährige Tochter mitbrachte. Die Nöbauer hatte geschlechtliche Beziehungen zu verschiedenen Männern, darunter zu Lorenz Rettenbeck. Diese Beziehungen dauerten an, als sie ins Haus kam. Sie faßte den ehrgeizigen Plan, anstelle der Frau Rettenbeck „die Bäuerin" zu werden.

Am Sonntag, den 1. Dezember 1918, sandte Rettenbeck seine Frau mit einem Korb, den er auf Bestellung geflochten hatte, in ein 20 Minuten entferntes Nachbardorf. Sie ging um 4 Uhr Nachmittags in das Dorf, lieferte den Korb ab und plauderte dort mit einer Bekannten. Um 5 1/2 Uhr trat sie den Heimweg an. Dieser führte durch einen Wald, der zwischen den beiden Dörfern lag.Genau um 5 1/2 Uhr wurde sie in diesem Walde erschossen. Der Zeitpunkt konnte genau festgestellt werden, weil mehrere Zeugen den Schuß gehört hatten. Die Leichenöffnung ergab als Todesursache einen auf kurze Entfernung abgegebenen Revolverschuß in die Schläfe.

Verdacht fiel sofort auf Rettenbeck. Er hatte einem Zeugen gesagt, er wäre froh, seine Frau loszuwerden, er würde gerne die Beerdigungskosten bezahlen. Anna Nöbauer und ihre Tochter bekundeten, kein Fremder habe am

---

[39] Im Nachlaß Max Hirschbergs hat sich ein nicht datierter Zeitungsausschnitt aus einer Exilzeitung (?) des Jahres 1934 erhalten, der unter der Überschrift „Ein jüdischer Anwalt" den Fall Rettenbeck erörtert. Sein Anwalt brachte „unwiderlegliche, in mühsamer Kleinarbeit gesammelte, schlüssige Beweise vor, die endlich, am 6. Juli dieses Jahres, zum Freispruch führten. [...]
Er ist Jude. [...] Jüdische Anwälte [...] können zu ihren deutschen Mandanten [...] keine wahre [...] Bindung gewinnen; sie sind die Wortführer einer volksfremden, schädlichen Jurisprudenz; sie setzen sich statt für das Recht [...] lieber für ihren Geldbeutel ein. [...] Hier einer, der's anders tat. Ein jüdischer Anwalt, einer. Einer von vielen, vielen."

Mordtag das Haus betreten. Es wurde alsbald festgestellt, daß die Angabe erlogen war. Ein Zeuge gab an, er habe einen unbekannten Soldaten am Mordtag im Wohnzimmer Rettenbecks sitzen sehen. Auf Vorhalt gaben beide nunmehr zu, der Soldat sei Georg Schickaneder, ein Verwandter der Anna Nöbauer, der kürzlich von der Front heimgekommen war. Er habe die Nöbauer an diesem Tage besucht. Es wurde festgestellt, daß sie ihn brieflich eingeladen hatte.

Obwohl somit neben dem Verdacht gegen Rettenbeck dringender Verdacht gegen die Nöbauer und gegen den an diesem Tage zu Besuch gekommenen Georg Schickaneder sich aufdrängte, verfolgten Polizei und Staatsanwaltschaft nur Rettenbeck, der verhaftet wurde, unternahmen aber nichts gegen die Nöbauer und Schickaneder, die auf freiem Fuß blieben. Die öffentliche Meinung beschuldigte nur den Rettenbeck. Es wurde nicht einmal untersucht, wozu Schickaneder gerade an diesem Tage gekommen war, wann er eingetroffen war, wie lange er geblieben war und wann er das Haus Rettenbeck verlassen hatte.

Drei Zeugen in dem kleinen Dorf hatten kurz vor dem Morde einen Mann gesehen, der das Haus Rettenbeck verließ und zu dem Wald hinaufging, in dem die Leiche dann gefunden wurde: zwei zehnjährige Buben, die Schlittschuh liefen, und eine alte Frau, die zum Fenster hinausschaute. Die drei Zeugen sahen den Mann nach fünf Uhr am 1. Dezember, also bei fortgeschrittener Dämmerung, auf 350 m Entfernung. Die beiden Buben gaben an, es sei schon zu dunkel gewesen, um den Mann sicher zu erkennen. Da ihnen aber nichts von der Anwesenheit des Soldaten bekannt war, folgerten sie, es müsse Rettenbeck gewesen sein, weil kein anderer Mann aus dem Haus kommen konnte. Der Mann habe Zivilkleidung, keine feldgraue Uniform getragen. Die alte Frau bekundete, der Mann habe nicht Rettenbeck geglichen, seine Gangart sei anders gewesen.

So lagen die Beweise, als im April 1919 die Schwurgerichtsverhandlung stattfinden sollte. Sie wurde vertagt, weil mehr Zeugen nötig erschienen. Der Provinzanwalt stellte Antrag auf Haftentlassung; der Staatsanwalt hatte nichts dagegen. So ereignete sich das Unglaubliche, daß der wegen Mordes angeklagte Rettenbeck auf freien Fuß gesetzt wurde. Er wartete auf die neue Verhandlung in seinem Haus. Er dachte nicht an Flucht. Was er und die Nöbauer besprachen, wurde nicht ermittelt, ebenso wenig, ob beide mit Schickaneder zusammentrafen.

Die neue Schwurgerichtsverhandlung fand am 24. Juni 1919 statt. Die Nöbauer war nicht erschienen. Sie hatte ein ärztliches Zeugnis gesandt. Schickaneder war erschienen. Der Provinzanwalt, eine Mischung aus Dummheit und Gewissenlosigkeit, spielte mit dem Leben seines Klienten Vabanque: er verzichtete auf die Vernehmung der Nöbauer, obwohl diese in der Voruntersuchung bekundet hatte, Rettenbeck habe an diesem Nachmittag das Haus überhaupt nicht verlassen , und er widersetzte sich nicht der Beeidigung des schwer verdächtigen Schickaneder. Dieser beschwor, er habe mit dem Morde nichts zu tun. Alle nach Aufklärung schreienden Fragen blieben unerörtert. Das gewissenlose Vabanque-Spiel, das vom Gericht geduldet wurde, mißlang. Das Schwurgericht verurteilte Rettenbeck wegen Ermordung seiner Ehefrau zum Tode.

Rettenbeck ließ durch einen anderen Anwalt Revision zum Reichsgericht einlegen. Dieser zog aber die Revision zurück und beantragte die Wiederaufnahme des Verfahrens. Die Erhebung neuer, bisher nicht untersuchter Tatsachen nach dem Todesurteil umfaßte nicht weniger als 512 Aktenseiten. Das Landgericht ordnete die Wiederaufnahme des Verfahrens und eine neue Hauptverhandlung an. Der Staatsanwalt legte Beschwerde ein. Das Bayerische Oberste Landesgericht gab der Beschwerde statt. Es wies den Antrag auf Wiederaufnahme zurück mit der Begründung, die Angaben der Nöbauer seien unglaubwürdig. Das übrige 512 Seiten umfassende Beweismaterial wurde nicht gewürdigt, ja nicht einmal erwähnt.

Die Todesstrafe wurde gnadenweise in lebenslängliches Zuchthaus umgewandelt. Rettenbeck hatte schon neun Jahre verbüßt, als er mir schrieb, er sei unschuldig, ich solle ihn retten. Er hatte selbst neue Anträge gestellt, die abgelehnt worden waren.

Der Kampf dauerte sechs Jahre. Antrag, Ablehnung, Beschwerde, Ablehnung, neuer Antrag, Ablehnung, neue Beschwerde, Ablehnung. Die Justiz läßt die Opfer ihrer Fehlsprüche nur nach heftigem Widerstand los. Bei der letzten Beschwerdeablehnung gab das Oberste Landesgericht zu, Rettenbeck habe den Mord vielleicht nicht begangen. Dann aber müsse er den Täter angestiftet haben. Auf Anstiftung zum Mord stehe auch die Todesstrafe.

In dieser verzweifelten Lage faßte ich einen verzweifelten Entschluß: ich erstattete gegen Georg Schickaneder im eigenen Namen Anzeige wegen Mordes.[40] Nach hartem Kampfe kam das Verfahren gegen ihn in Gang. Es wurde festgestellt, daß er das Haus des Rettenbeck um 5 Uhr Nachmittag verlassen hatte. Er war zu dem Walde hinaufgegangen und befand sich um 5 Uhr 20 Minuten an der Mordstelle. Beweis über Beweis wurde beigebracht. Er hatte sich nach der Mordtat mehrere Wochen lang verborgen gehalten, seine Familie hatte der Polizei falsche Adressen angegeben. Eine Frau bekundete, sie lebe mit einem Winkeladvokaten in München zusammen. Kurz nach dem Morde erschien nachts die Nöbauer bei dem Mann. Beide hatten eine lange nächtliche Unterhaltung. Sie hörte den Winkeladvokaten zur Nöbauer sagen: „Der Brief belastet Dich schwer, das ist ein schweres Machen!" Am nächsten Morgen erzählte der Winkeladvokat seiner Geliebten, die Nöbauer habe ihm gestanden, daß Schickaneder den Mord begangen habe.

---

[40] Die Akten sind laut Auskunft des zuständigen Staatsarchivs Landshut nicht mehr vorhanden. Hinweise auf das Verfahren gegen Schickaneder finden sich im Gnadenakt Rettenbecks BayHStA, MJu 18213.

Die Tochter der Anna Nöbauer, die inzwischen 20 Jahre alt geworden war und geheiratet hatte, erzählte mehreren Zeugen, Rettenbeck sei unschuldig verurteilt. Er sei zu Hause gewesen, als der Schuß fiel. Ihre Mutter habe ihr damals gesagt, sie solle aussagen, sie erinnere sich an nichts mehr. Als sie in dem Wiederaufnahmeverfahren vorgeladen wurde, zeigte sie einer Zeugin eine Postkarte, die sie von ihrer Mutter erhalten hatte. Darauf stand: „Rettenbeck hat ein neues Verfahren beantragt. Du weißt, was Du auszusagen hast."

Sie bekundete, vor der ersten Schwurgerichtsverhandlung habe die Mutter ihr angelernt, ebenfalls auszusagen, am 1. Dezember sei kein Fremder im Hause gewesen. In Wirklichkeit hatte die Nöbauer das damals 12 Jahre alte Mädchen beauftragt, den Schickaneder zu holen. Die zwei Buben bekundeten, sie hätten den Mann nicht erkannt. Sie hätten nicht gewußt, daß ein Soldat zu Besuch war.

Eine Zeugin sagte aus, am 3. Dezember 1918, als Rettenbeck bereits verhaftet war, klopfte ein unbekannter Mann an ihr Fenster und bat um ein Stück Brot. Der Mann trug eine Soldatenkappe. Er sagte: „Ich hab' sie getötet, der Verhaftete ist unschuldig, er muß freigelassen werden."

Eine Schwester der Nöbauer hatte ein Verhältnis mit einem Arbeiter. Die Nöbauer suchte beide zu trennen. Die Schwester sagte zu einem Zeugen: „Wenn meine Schwester mir Ungelegenheiten bereitet, bring' ich sie ins Zuchthaus und den Schickaneder dazu. Meine Schwester ist schuldig. Sie hat schon früher einmal versucht, Frau Rettenbeck im Wassertrog zu ertränken." Anna Nöbauer habe den Schickaneder durch ihre Tochter holen lassen und dieser habe den Mord begangen.

Es wurde ferner festgestellt, daß Schickaneder erheblich, auch wegen anderer Gewalttaten, vorbestraft war. Rettenbeck war unbescholten. Als neuer Zeuge bekundete der Stationsbeamte, nach Abgang des Nachmittagszuges sei ein Soldat gekommen. Er habe ihm angeboten, im Wartesaal Licht zu machen. Der Soldat habe aber abgelehnt. Von größter Bedeutung war hierzu die Angabe des Schickaneder, daß er das Haus Rettenbeck erst um 3/4 5 Uhr verlassen hatte. Das war zu spät, um den Nachmittagszug noch zu erreichen.

Schließlich wurde der naheliegende Einwand auch noch entkräftet, daß Anna Nöbauer nicht hoffen konnte, Nachfolgerin der Frau Rettenbeck zu werden, weil sie selbst verheiratet war. Ein Zeuge bekundete, daß sie nach der Verhaftung des Rettenbeck mit ihm ein Verhältnis einging. Sie forderte, er solle sie heiraten. Auf seinen Vorhalt, sie sei doch verheiratet, erwiderte sie, ihr Mann sei schon so lange in Kriegsgefangenschaft, der komme doch nicht wieder. Schließlich gab die Nöbauer zu, daß sie einem Verwandten gegenüber den Schickaneder als Mörder bezeichnet hatte. Sie habe das aber nur „den Leuten nachgeredet."

Der einzige Scheinbeweis, der jemals gegen Rettenbeck vorgelegen hatte, war die Aussage der beiden damals zehnjährigen Knaben, die den Mann zum Wald hatten hinaufgehen sehen. Sie hatten von Anfang an zugegeben, sie hätten den Mann nicht erkannt, es sei schon zu dunkel gewesen. Sie hatten aber behauptet, der Mann habe Zivilkleidung, keine Uniform getragen.

Um auch diesen letzten Scheinbeweis zu eliminieren, ließ ich Herrn Dr. Kühl[41], Professor für Optik und Astronomie an der Technischen Hochschule München, als Sachverständigen laden. Die Beweisführung war etwas Neuartiges. Die Gerichte pflegten meist das Erkennen und Wiedererkennen durch Zeugen kritiklos hinzunehmen, obwohl es eine der gefährlichsten Fehlerquellen der Strafjustiz ist und viele Unschuldige ins Unglück stürzt. Allenfalls begnügt man sich mit der Regel, daß ein Mensch im vollen Tageslicht nur auf 80–140 m Entfernung erkannt werden kann. Die Naturwissenschaften haben aber viel präzisere Methoden, deren Anwendung in der Kriminaljustiz wichtig wäre.

Professor Kühl sagte aus: „Wenn Zeitpunkt und Entfernung feststehen, kann die Wissenschaft die Sehmöglichkeiten genau fixieren." Der Zeitpunkt der Beobachtung war bekannt: 1. Dezember 1918 zwischen 4 3/4 und 5 Uhr Nachmittags. Die Entfernung zwischen den Knaben und dem gehenden Mann war ebenfalls bekannt: 350 m.

Das Gutachten kam zu folgenden Ergebnissen: Die Sonne ging für den fraglichen Ort am 1. Dezember 1918 um 16 Uhr 20 Minuten unter. Um 16 Uhr 45 war sie 4%, um 17 Uhr schon 6 1/2% unter dem Horizont. Um 16 Uhr 45 betrug die Sichtmöglichkeit im Freien bei klarem Himmel 1/4 der normalen Sehschärfe, um 17 Uhr bereits 1/10 der normalen Sehschärfe. Bei 1/4 der normalen Sehschärfe kann man ein Gesicht auf 29 m, eine Gestalt auf 53 m Entfernung erkennen; bei 1/10 nur auf 12,3 m respektive 21 m.

Gegen dunklen Hintergrund vermindert sich die Sehmöglichkeit noch mehr. Die beiden Knaben konnten daher den gehenden Mann im Gesicht nur auf 12–30 m Entfernung, an der Gestalt nur auf 20–50 m sicher erkennen. Seine Kleidung konnte höchstens auf 60–100 m Entfernung sicher erkannt werden, seine Kopfbedeckung auf 20–50 m. Ein grauer Soldatenmantel konnte den Buben schwarz vorkommen. Ein Richter fragte, ob man denn nach 15 Jahren noch so sichere Feststellungen treffen könne. Der Gelehrte erwiderte lächelnd, wenn Stunde und Entfernung feststehen, könne man die Sichtmöglichkeiten in der Schlacht bei Salamis[42] ebenso genau berechnen.

Das Landgericht Landshut stellte in dem freisprechenden Urteil fest, daß von dem vermeintlichen Schuldbeweis kein Rest mehr vorhanden sei. Die Unschuld Rettenbecks sei einwandfrei erwiesen.

Alle diese Beweise sind nach dem Todesurteil beigebracht worden. Was wäre aus Rettenbeck geworden, wenn ich nicht sechs Jahre für ihn gekämpft

---

[41] August Kühl (1885–1955), seit 1923 Privatdozent, seit 1931 Professor für Optik und Astronomie an der TH München.

[42] In einer Seeschlacht nahe der griechischen Insel Salamis im Saronischen Golf besiegte 480 v.Chr. die griechische Flotte unter Themistokles die persische Flotte unter Xerxes.

hätte, um das Fehlurteil zu zertrümmern? Ist eine Strafjustiz nicht mangelhaft, die so leichtfertig Fehlurteile verhängt, deren Unhaltbarkeit nach dem Todesurteil so überwältigend bewiesen wird? Oft habe ich an Goethes Wort in „Der Gott und die Bajadere"[43] gedacht:

> „Opfer fallen hier,
> Weder Lamm noch Stier,
> Aber Menschenopfer unerhört."

6. *Eine merkwürdige Meineidssache*[44]

Ich will schließlich hier von einem Fall berichten, der auf ganz anderem Gebiete lag; hier gelang es mir als Verteidiger vor dem Schwurgericht ein Fehlurteil zu verhindern.

Der wohlhabende Arzt Dr. J. hatte die Verwaltung seines Gutes seiner langjährigen Geliebten Frl. D. anvertraut, die damals 42 Jahre alt war. Im Herbst 1925 stellte er auf dem Gut als Gehilfen den späteren Angeklagten Theo F. an, der 24 Jahre alt war. Dr. J. und Frl. D. hatten den jungen sanften höflichen Mann gern. Sie zogen ihn zum abendlichen Zusammensein und zum Kartenspiel zu und behandelten ihn freundschaftlich.

Im Herbst 1929 starb Dr. J. Er hinterließ ein Testament, in dem er seine Geliebte Frl. D. zur Alleinerbin einsetzte. Außerdem hatte er einer anderen Geliebten und deren unehelichem Sohn ein Vermächtnis ausgesetzt. Und das im stockkatholischen Bayern, dessen tiefe Religiosität und Sittenreinheit wir im oben dargestellten Fall eines Meineidskomplotts geschildert haben.

Nach dem Tode des Dr. J. eröffneten Frl. D. und F. eine Weinwirtschaft, die sie aber nach einem Jahr wieder verkauften. Es wurde festgestellt, daß F. Frl. D. dort öfters küßte, übrigens auch andere Frauen. Über das Vermächtnis kam es zu einem Zivilprozeß zwischen den beiden Geliebten des Arztes. F. wurde als Zeuge vernommen. Er wurde gefragt, ob er mit Frl. D. sexuell verkehrt habe. Er verneinte. Die Beziehungen seien freundschaftliche und geschäftliche gewesen. Intimer Verkehr habe nie stattgefunden.

Nunmehr erstattete die andere Geliebte Meineidsanzeige gegen F. Sie benannte zahlreiche Zeugen für ein intimes Verhältnis des F. mit Frl. D. Die Zeugen gaben an, beide seien so gestanden, daß man von einem intimen Verhältnis sprechen mußte. Sie konnten aber keine greifbaren Tatsachen dafür angeben.

---

[43] Johann Wolfgang von Goethe, Gedicht „Der Gott und die Bajadere" (1797/98).
[44] Die Akten konnten nicht ermittelt werden.
Max Hirschberg hat sich in folgenden Veröffentlichungen mit dem Fall beschäftigt:
Eine merkwürdige Meineidssache. In: Monatsschrift für Kriminalpsychologie und Strafrechtsreform 24 (1933), S. 101–107.
Wrongful Convictions. In: Rocky Mountain Law Review (Dec. 1940), S. 20–46, hier: S. 45 f.
Das Fehlurteil (1960), S. 122–125.

Der Staatsanwalt stellte das Verfahren ein. Auf Beschwerde der anderen Geliebten wurde eine Haussuchung bei Frl. D. und bei F. angeordnet. Bei Frl. D. wurde nichts gefunden; dagegen fand man im Schreibtisch des F. in einer Brieftasche eine ganze Reihe von Briefen des F. an Frl. D., die zwischen geschäftlichen Mitteilungen eindeutige Erwähnungen von glücklichen Liebesstunden enthielten, wie „mein Schatzi, es tut mir so leid, daß Du so einsam bist, am liebsten würde ich heute noch nach K. fahren, damit Du in meinen Armen ruhen könntest. ... Nun wünsche ich Dir recht frohe Weihnachten, das nächste werden wir wieder in Deinem Bette feiern"...usw.

Nunmehr wurde F. verhaftet und Anklage wegen Meineids gegen ihn erhoben. Ich suchte den F., dessen Verteidigung mir Frl. D. übertrug, im Gefängnis auf. Er war ein schüchterner verschlossener Mann. Er verweigerte jede Auskunft über seine Liebeserlebnisse. Er und Frl. D. bestritten aber aufs Entschiedenste, daß jemals intime Beziehungen zwischen ihnen bestanden hätten. Frl. D. erklärte, sie kenne diese Briefe nicht, sie habe sie nie erhalten. F. gab an, er habe diese Briefe geschrieben, aber nie abgesandt. Abgesandt habe er nur geschäftliche Briefe unter Weglassung der erotischen Ergüsse.

Das erschien zunächst als ärmliche Ausrede. Aber auffallend war, daß diese Liebesbriefe bei F. und nicht bei Frl. D. gefunden worden waren. Das Meineidsverfahren schwebte schon fünf Monate. Es mochte sein, daß F. sich die belastenden Briefe von Frl. D. hatte zurückgeben lassen. Aber dann hätte er sie doch nicht in seinem Schreibtisch aufbewahrt, sondern vernichtet, da er doch jeden Tag mit einer Haussuchung rechnen mußte.

Auf die Anklage erwiderte ich in einem Schriftsatz, hier liege offenbar ein Fall psychischer Onanie vor. F. habe diese Briefe als selige Träume geschrieben, aber seine Leidenschaft Frl. D. nicht zu gestehen gewagt. Ob man das einem bayerischen Schwurgericht aber begreiflich machen konnte, war zweifelhaft.

Kurz vor der Schwurgerichtsverhandlung gestand mir F. bei einer nochmaligen eindringlichen Rücksprache, er habe ähnliche Briefe früher auch an andere Frauen geschrieben, aber nie abgesandt. Auch mit diesen Frauen habe er nie sexuellen Verkehr gehabt. Einzelne dieser Briefe habe er auch aufbewahrt. In einem dieser Briefe sei von einer Schauspielerin die Rede, die er mit halbentblößter Brust im offenen Mantel auf der Bühne gesehen habe.

Einige Tage später fand ein Dienstmädchen tatsächlich beim Stöbern auf dem Speicher des F. mehrere seltsame Briefe von seiner Handschrift. Weitere wurden im Schreibtisch gefunden. Die Polizei hatte sie offenbar übersehen oder als belanglos liegen lassen. Einer dieser Briefe mit der Anrede „Meine Liebste!" enthielt nach glühenden erotischen Ergüssen die Sätze: „Ach, wenn es doch Wirklichkeit wäre. Jetzt, wo Sie nicht in meiner Nähe sind, finde ich den Mut, Ihnen meine Liebe zu verraten und konnte Sie bitten. Ich hoffe, diese Stunde mit Ihnen wieder verleben zu können. Nun seien Sie tausendmal geküßt, Ihr leidender Theo."

Ein anderer begann: „Mein Traum-Schatzi!" und enthielt den Satz: „Solltest Du jemals meine Zeilen lesen, dann denke an mich, wie ich Dich liebte." Die Unterschrift lautete: „Ihr Theo." Auffallend war, daß diese Briefe an Geliebte, an deren Busen er angeblich glückliche Stunden verlebt hatte, abwechselnd mit Du und Sie geschrieben waren. Sicher war, daß sie an andere Frauen gerichtet waren. Sie stammten aus einer Zeit, als F. Frl. D. noch nicht kannte. Einige waren an eine Frau mit dem Vornamen Grete gerichtet.

Endlich gab mir F. nach hartnäckigem Sträuben folgende Erklärung ab: Im Frühjahr 1925 sei er zu einer Dame als Gärtner gekommen, die früher eine bekannte Schauspielerin gewesen war. Sie sei ungefähr doppelt so alt gewesen als er. Er habe nie gewagt, ihr seine Leidenschaft zu gestehen. Er habe ein Bühnenbild von ihr, im Mantel mit halbentblößter Brust vor sich aufgestellt und davor onaniert.

Ähnliche selige Traumerlebnisse habe er sich mit anderen, immer weit älteren Frauen, verschafft. Er habe die Briefe, die keine „wirklichen" Briefe seien, aufbewahrt und immer wieder gelesen. So sei es auch mit Frl. D. gewesen. Er habe ein Bild von ihr bekommen, auf dem sie in einem Trachtenkostüm mit Kniehosen dargestellt war. Das habe ihn mächtig erregt. Er habe Frl. D. einmal einen Liebesantrag gemacht, sie habe ihn aber abgewiesen und den Altersunterschied betont. Er habe Verhältnisse mit jungen Mädchen gehabt, aber nicht die selbe Befriedigung empfunden wie bei seinen erotischen Phantasien. Eine habe gesagt, sie wundere sich, wie lange er brauche, er sei wie ein alter Mann.

Der von mir zugezogene Sachverständige Dr. von Gulat-Wellenburg[45] sagte aus, es handle sich um typische onanistische Phantasien. F. habe offenbar eine erotische Leidenschaft für seine Mutter auf stets weit ältere Frauen übertragen. Besonders einleuchtend war ein Brief, in dem F. schrieb, beim Erwachen habe er auf dem Tisch nach einem Liebesbrief seiner Angebeteten gesucht, dann sei aber kein Brief dagewesen. Das erinnerte an die großartige psychiatrische Studie „Der Doppelgänger" von Dostojewski.

Erstaunlicherweise gelang es, den Fall dem Schwurgericht einleuchtend zu machen. Es verurteilte, sicherlich auf Betreiben der Berufsrichter, wegen fahrlässigen Falscheids und erklärte die Strafe durch die Untersuchungshaft verbüßt. Wie im Fall der Taschendiebin[46], deren Griff in die Handtasche ein Sexualsurrogat war, erkannte das Gericht die moderne Sexualpsychologie an, aber gewissermaßen zögernd, sodaß es doch ein bißchen Strafe verhängte, um den neuen Ideen nicht ganz recht zu geben. Sicher ist, daß eine Modernisierung der Kriminaljustiz selbst in Bayern nichts Aussichtsloses gewesen wäre, wenn nicht die politische Entwicklung in der Richtung der Kulturlosigkeit und Verrohung des Nationalsozialismus geendigt hätte.

---

[45] Walter von Gulat-Wellenburg (1877–1944), Dr. med., Facharzt für Nervenkrankheiten in München.
[46] Max Hirschberg, Wrongful Convictions. In: Rocky Mountain Law Review (Dec. 1940), S. 20–46, hier: S. 36 f. und Das Fehlurteil (1960), S. 62 f.

Neuntes Kapitel

Der Hitler-Putsch

Die Darstellung der politischen Entwicklung in Deutschland reichte im siebten Kapitel bis zur Ermordung Rathenaus und dem Fechenbachprozeß. Ich gebe in Kürze die Ereignisse bis zum Dolchstoßprozeß (Oktober 1925) wieder, soweit ich sie selbst miterlebt habe.

Die Machtverschiebung in der Außenpolitik und eine rein historische Darstellung der Ereignisse in Deutschland würden den Rahmen dieser Erinnerungen sprengen und die hier gestellte Aufgabe, einen Abriß meines Lebens und meiner Arbeit zu geben, weit überschreiten. Ich beschränke mich daher auf diejenigen Ereignisse, die ich selbst miterlebt habe und besonders auf diejenigen, in die ich aktiv einzugreifen berufen war.

Bei der Spaltung der USPD auf dem Parteitag vom Oktober 1920 schied ich mit der Minderheit aus, die die Verschmelzung mit der KPD und der 3. Internationale nicht mitmachen wollte.[1] So unklar meine Auffassungen über die Ideenkämpfe im Sozialismus und die sowjetrussische Politik damals waren[2], soviel hatte ich klar erkannt, daß die deutsche Arbeiterschaft nicht den Radikalismus der Russen teilte, der dem russischen Volkscharakter eingeboren ist, aber zum deutschen Volkscharakter nicht paßt.

Ich fühlte dumpf, daß alle Versuche, in Deutschland eine proletarische Revolution nach russischem Muster zu entfesseln, angesichts dieser Wesensverschiedenheit der beiden Völker und der Übermacht des deutschen Großkapitals völlig aussichtslos waren und lediglich sinnlose und zwecklose Blutopfer für das deutsche Proletariat bedeuteten.

Ich war mit der schwächlichen Kompromißbereitschaft der Führer der SPD keineswegs einverstanden, schloß mich aber bei der Spaltung der SPD an, die mich in Bayern immer stärker als ihren Anwalt in größeren politischen Prozessen heranzog. Mit Entschlossenheit führte ich vor allem den Kampf gegen die immer frecher auftretenden Nationalsozialisten. Ich verteidigte die Reichsbannerleute wegen Landfriedensbruchs[3], als sie eine Schlägerei mit den Nazis vor dem Braunen Haus ausgefochten hatten. Ein Hauptbelastungszeuge war der Posten, der damals vor dem Braunen Haus Wache stand. Der Mann kam mir besonders verdächtig vor. Ich beantragte, seine

---

[1] Der Parteitag fand vom 12. bis 17. Oktober 1920 in Halle statt. Die Wiedervereinigung mit der SPD erfolgte im Herbst 1922. Vgl. Hartfried Krause, USPD. Zur Geschichte der Unabhängigen Sozialdemokratischen Partei Deutschlands. Frankfurt-Köln 1975 und Robert F. Wheeler, USPD und Internationale. Sozialistischer Internationalismus in der Zeit der Revolution. Berlin 1975.

[2] Max Hirschberg, Bolschewismus. Eine kritische Untersuchung über die amtlichen Veröffentlichungen der russischen Sowjet-Republik. München-Leipzig 1919.

[3] Die zugehörigen Gerichtsakten sind nicht mehr vorhanden.

Strafliste zu erholen, um seine Glaubwürdigkeit zu prüfen. Obwohl ein solcher Antrag meist abgelehnt wurde, gab der Vorsitzende ihm statt. Die Strafliste wurde geholt. Der rauhe Kämpfer Adolf Hitlers hatte eine einzige Vorstrafe: wegen erschwerten Straßenraubs mit Waffengewalt 10 Jahre Zuchthaus und 10 Jahre Ehrverlust. Er war der rechte Mann am rechten Platz für die Hitlerbewegung.

Einmal hatte ich auch in Weilheim eine große „Saalschlacht" zu verteidigen.[4] Die SA drang regelmäßig in die Versammlungen der SPD und anderer demokratischer Parteien ein, ausgerüstet mit Schlagringen, Stuhlbeinen und ähnlichen Waffen der „unbewaffneten" Organisation und suchte die Versammlungen mit Gewalt zu sprengen. Wenn sich das Reichsbanner schlagkräftig zur Wehr setzte, wurden die Reichsbannerleute allein oder mit den SA-Leuten unter Strafanklage gestellt, obwohl sie offensichtlich in Notwehr waren.

Diese Landfriedensbruch-Prozesse waren meist eine schreckliche Geduldsprobe für den Verteidiger. Tagelang wurden 20 und mehr Angeklagte und dann 40 oder 50 Zeugen über denselben Vorgang vernommen, obwohl doch die Rekonstruktion eines Handgemenges offensichtlich unmöglich ist, da jeder Einzelne natürlich seine Kameraden verteidigte und die Einzelheiten der Schlägerei überhaupt nicht mehr objektiv festgestellt werden konnten.

Nicht alle Richter sympathisierten mit den Nazibanden. Aber kaum einer fand den Mut, die Überfallenen freizusprechen. Alle dachten an ihre Karriere unter einem völkisch gesinnten Justizminister.[5]

Die Arbeiter und Kleinbürger, die im Reichsbanner organisiert waren, waren vielfach prächtige junge Männer. Ihr Führer, der Apotheker Buisson[6], ein

---

[4] Gemeint ist die sog. Murnauer Saalschlacht: Eine SPD-Veranstaltung im oberbayerischen Murnau am 1. Februar 1931 wurde von NSDAP-Anhängern gestört. Folge war eine Saalschlacht mit anwesenden Reichsbanneranhängern. Vor dem Amtsgericht Weilheim-Schöffengericht fand vom 20. Juli–1. August 1931 der Strafprozeß in erster Instanz, vor dem Landgericht München II vom 26. bis 31. Oktober 1931 in zweiter Instanz statt. Hirschberg vertrat Reichsbannerangehörige. Bezeichnend für die Endphase der Weimarer Republik endete der Prozeß ohne Bestrafung der eindeutigen Angreifer aus den Reihen der NSDAP. Vgl. die Gerichtsakten StAM, AG 69110, dort LRA 3870 (Akten des Bezirksamts Weilheim) und LG 3341 (Zeitungsberichte). Zur Rolle des Tatzeugen Ödön von Horvath vgl. Traugott Krischke, Materialien zu Ödön von Horvath. Frankfurt 1970, S. 23–31, und Elisabeth Tworek-Müller (Hrsg.), Horvath und Murnau. Murnau 1988, S. 12 f. und 41–45.

[5] Gemeint ist Dr. h.c. Franz Gürtner (1881–1941), Jurist und Politiker (DNVP/ Mittelpartei), von 1922–1932 bayerischer Justizminister, von 1932–1941 Reichsjustizminister; vgl. Lothar Gruchmann, Justiz im Dritten Reich 1933–1940. Anpassung und Unterwerfung in der Ära Gürtner. München 1988.

[6] Wilhelm Buisson (1892–1940), Apotheker und SPD-Funktionär in München, Reichsbannerführer, 1933 Flucht in die CSR, Grenzsekretär und Abwehrbeauftragter der SoPaDe, Organisator des illegalen Schrifttransports nach Deutschland, nach der

Pflegesohn Auers, war ein Hüne, der für seine Sache wie ein Löwe kämpfte. Viele standen nachts mit hungrigem Magen Posten. Mit diesen Leuten hätte eine mutige Führung die demokratische Republik erfolgreich schützen können.

Nicht die Massen, die schwächliche und feige Führung versagten. Buisson flüchtete nach der Machtergreifung Hitlers nach der Tschechoslowakei. Er kehrte heimlich mehrmals nach Deutschland zurück, um für die Untergrundbewegung gegen Hitler zu arbeiten. Auf einem dieser Botengänge wurde er ertappt und verhaftet. Das Hitlertribunal verurteilte ihn zum Tode. Er wurde mit dem Beil enthauptet.

Es blutete einem das Herz bei dem Gedanken, was eine mutige und entschlossene Führung mit solch kampfbereiten Vorposten der Demokratie hätte tun können. Aber die demokratische Führung wich in Bayern vor den immer frecheren Provokationen der faschistischen Führer und ihrer bewaffneten Verbände fast kampflos zurück, während die Sozialdemokratie im Reich von Koalitionsregierungen und Kompromissen zu fast völliger Passivität sich zurückdrängen ließ. Das war umso verhängnisvoller, als sie dadurch ihre noch starke und unerschütterte Machtposition in Preußen schwächte, wo die Regierung Braun-Severing noch ein Bollwerk der Demokratie bildete.

Die auf den Staatskommissar und Miniaturdiktator von Kahr gefolgte Regierung Knilling[7] in Bayern kapitulierte vor den Machtgelüsten der völkischen Verbände, die sich zu einer „Arbeitsgemeinschaft der Kampfverbände" zusammenschlossen und eine Sondermacht der legitimen Staatsgewalt entgegenstellten.[8] Die Regierung Knilling benützte die Kampfverbände sogar als „Notpolizei" gegen den „inneren Feind", obwohl nur die völkischen Putschisten und ihre Kampfverbände den inneren Feind darstellten. Auf Verlangen der Kampfverbände verweigerte sie die Ausführung von Haftbefehlen des Staatsgerichtshofs und jede Mitwirkung beim Vollzug des Republik-

---

deutschen Besetzung der CSR 1938 verhaftet, am 27. April 1940 Todesurteil des Volksgerichtshofs, am 6. September 1940 Hinrichtung.

Vgl. Hartmut Mehringer, Die bayerische Sozialdemokratie bis zum Ende des NS-Regimes. In: Martin Broszat und Hartmut Mehringer (Hrsg.), Bayern in der NS-Zeit Bd. V, München 1983, S. 287–432, hier: S. 382, und Jürgen Zarusky und Hartmut Mehringer (Bearb.), Widerstand als „Hochverrat" 1933–1945. Die Verfahren gegen deutsche Reichsangehörige vor dem Reichsgericht, dem Volksgerichtshof und dem Reichskriegsgericht. Mikrofiche-Edition. München 1994 ff., Mikrofiche 396 f., 704 f.

[7] Eugen von Knilling (1865–1927), Verwaltungsbeamter und Politiker (Zentrum/ BVP), 1912–1918 bayerischer Kultusminister, 1922–1924 Ministerpräsident.

[8] Vgl. auch zur folgenden Darstellung die Einleitung zu Ernst Deuerlein (Hrsg.), Der Hitler-Putsch. Bayerische Dokumente zum 8./9. November 1923. Stuttgart 1962 und Albert Schwarz, Die Zeit von 1918 bis 1933. In: Max Spindler (Hrsg.), Handbuch der bayerischen Geschichte. Band IV/1, München 1974, hier: S. 471 ff.

schutzgesetzes.[9] Das ermutigte Hitler, schon am 19. April 1923 eine „Reinigung im Innern" und eine „Mobilmachung" vorzunehmen.[10] Die Situation spitzte sich am 1. Mai 1923 bereits kritisch zu. Die Münchner Polizei hatte wie alljährlich Umzüge der Gewerkschaften genehmigt. Die Kampfverbände beschlossen auf Antrag Hitlers und Görings, diese Umzüge mit Waffengewalt zu verhindern. Sie hatten die Stirn, von dem Reichswehrkommandeur General von Lossow[11] zu diesem Zweck Waffen zu verlangen. Dieser lehnte ab und erklärte, er werde, wenn nötig, die Staatsautorität mit Waffengewalt durchsetzen. Aber niemand verhaftete die Hochverräter, weder der Innenminister, noch der Oberbefehlshaber der Polizei von Seißer[12], noch der Münchner Polizeipräsident Nortz.[13]

Jeder verhandelte mit ihnen, als ob es sich um eine Nebenregierung gehandelt hätte. Die Regierung blieb immerhin fest und verstärkte das Truppenaufgebot. Die Kampfverbände ließen Flugblätter verteilen, in denen die anständige Bevölkerung, besonders Frauen und Kinder, gewarnt wurde, die Straßen nicht zu betreten. Der nazistische Führer Kriebel[14] der Kampfverbände erließ einen kriegerischen Tagesbefehl, der sogar das Absperren der Isarbrücken und die Mitnahme von Maschinengewehren befahl, alles ohne verhaftet zu werden. Mit den auswärtigen Kampfverbänden waren Stichworte vereinbart, die diese nach München beordern sollten. Als Bewaffnung war Revolver, Gummiknüppel und Seitengewehr vorgeschrieben.

In der Nacht zum 1. Mai zogen Tausende bewaffneter Putschisten durch die Straßen. Am Morgen standen 3 000 Bewaffnete auf dem Militärübungsplatz Oberwiesenfeld marschbereit. Gleichzeitig versammelten sich 20 000 Arbeiter unbewaffnet für ihren Maiumzug auf der Theresienwiese. Jetzt endlich griff die Reichswehr ein. Sie sperrte die Abmarschstraßen von Oberwiesenfeld und befahl, bei bewaffnetem Widerstand von der Schußwaffe Gebrauch zu machen. Auf diesen Befehl hin gaben die Hitlerbanden so-

---

[9] Gotthard Jasper, Der Schutz der Republik. Studien zur staatlichen Sicherung der Demokratie in der Weimarer Republik 1922–1930. Tübingen 1963, hier: S. 92–100.

[10] Denkschrift Hitlers „Zweck und Aufgabe der Arbeitsgemeinschaft Vaterländischer Kampfverbände" vom 19. April 1923, Druck: Eberhard Jäckel und Axel Kuhn (Hrsg.), Hitler. Sämtliche Aufzeichnungen 1905–1924. Stuttgart 1980, Nr. 515, S. 902–905.

[11] Otto von Lossow (1868–1938), Generalleutnant, Wehrkreisbefehlshaber und Kommandeur der (VII.) bayerischen Reichswehrdivision.

[12] Hans von Seißer (1874–1973), Polizeioberst, Chef des bayerischen Landespolizeiamts im Staatsministerium des Innern.

[13] Eduard Nortz (1868–1939), 1921–1923 Polizeipräsident in München, 1923 Generalstaatsanwalt, anschließend bis 1933 Senatspräsident am Bayerischen Verwaltungsgerichtshof, 1928–1932 MdL (DVP).

[14] Hermann Kriebel (1876–1941), Oberstleutnant a.D., militärischer Führer des Kampfbunds, 1924 wegen seiner Beteiligung am Hitlerputsch zu 5 Jahren Festungshaft verurteilt.

fort klein bei; sie legten die Waffen nieder und zogen ab, wobei Polizei und Reichswehr die Aufrührer mit Heil-Rufen begrüßte.

Der bayerische Innenminister Dr. Schweyer[15] erstattete gegen Hitler, Göring, Röhm und Kriebel Strafanzeige, der Landtag verlangte rascheste Durchführung des Strafverfahrens, aber die Regierung sabotierte jedes Vorgehen gegen die „Patrioten" und es geschah nichts.[16] Dr. Schweyer wurde nach der Machtergreifung Hitlers halbtot geschlagen.

Im Sommer 1923 gingen die hochverräterischen Verhandlungen zwischen den Kampfverbänden und den Regierungsstellen ununterbrochen weiter. Man war entschlossen, die faschistische Machtergreifung in Bayern möglichst bald durchzuführen. Die Notlage der Massen unter der rapid fortschreitenden Inflation brachte die Bevölkerung in Gärung. Der Zeitpunkt schien günstig.

Am 26. September 1923 erließ das bayerische Gesamtministerium einen Aufruf[17] an sein getreues Volk. Es verkündete, daß es „zur Aufrechterhaltung der öffentlichen Ruhe und Ordnung" einen Generalstaatskommissar in der Person des früheren Ministerpräsidenten Dr. von Kahr ernannt hatte. Es war der rechte Mann am rechten Platz. Dieser sture Bürokrat mit der niedrigen flachen Stirn sympathisierte offen mit den Rebellen und ihren Plänen eines faschistischen Umsturzes in Bayern. Daneben aber verfolgte dieser Staatsmann monarchistische Pläne, die er mit dem völkischen Umsturz irgendwie zu kombinieren suchte. In seinem stupiden Hirn wälzte er ernstlich den Marsch auf Berlin durch die bayerischen Rebellen. Als Führer

---

[15] Franz Schweyer (1868–1935), Jurist und Beamter, seit 1911 im Staatsministerium des Innern, 1920 dort Staatssekretär, 1921–1924 bayerischer Innenminister, auf Druck der Mittelpartei (DNVP) 1924 nicht mehr in die Regierung Held (BVP) aufgenommen, konservativer Hitler-Gegner.

[16] Ein von der Staatsanwaltschaft München I eingeleitetes Ermittlungsverfahren wegen Bildung bewaffneter Haufen, bis zum Spätsommer 1923 zur Anklagereife gediehen, wurde von Justizminister Gürtner in rechtswidriger Weise sistiert und erst nach dem 1. April 1924 (Urteil im Hitlerprozeß) wegen Geringfügigkeit (!) eingestellt. Politischer Hintergrund für das Eingreifen Gürtners in ein schwebendes Verfahren war die Drohung Hitlers gewesen, vor Gericht über die Verbindungen der Wehrverbände zu Regierung und Reichswehr „auszupacken". Vgl. dazu umfassend Lothar Gruchmann, Hitlers Denkschrift an die bayerische Justiz vom 16. Mai 1923. Ein verloren geglaubtes Dokument. In: VfZ 39 (1991), S. 305–328. Von Gruchmann nicht herangezogen wurden die wichtigen zeitgenössischen Veröffentlichungen [Wilhelm Hoegner], Hitler und Kahr. Die bayerischen Napoleonsgrößen von 1923. Ein im Untersuchungsausschuß des Bayerischen Landtags aufgedeckter Justizskandal. I. Teil München 1928, bes. S. 14 ff. und Friedrich Kitzinger, Um das Legalitätsprinzip. In: Archiv für Strafrecht und Strafprozeß (Goltdammers Archiv) 72 (1928), S. 281–289.

[17] „Bayerische Staatszeitung" 11. Jahrgang Nr. 224 vom 27. September 1923; vgl. Ernst Deuerlein (Bearb.), Der Hitler-Putsch. Bayerische Dokumente zum 8./9. November 1923. Stuttgart 1962, Dokument 12, S. 180 ff., hier: S. 182 f. mit Anmerkung 54.

für diesen holte er sich auch den steckbrieflich verfolgten Kapitän Ehrhardt aus Tirol. Hitler seinerseits verfolgte seine eigenen Umsturzpläne weiter und setzte seinen Putsch auf 28. September 1923 an.

Die Reichsregierung sah sich endlich genötigt, eine Gegenaktion einzuleiten. Sie verkündete den Ausnahmezustand für das ganze Reich und übertrug die vollziehende Gewalt auf den Reichswehrminister.[18] Die bayerische Regierung, die nunmehr von ihrem Miniatur-Diktator von Kahr geleitet wurde, behandelte die Reichsregierung als feindliche auswärtige Macht. Sie ließ es zu, daß der Rebell Kapitän Ehrhardt eine Truppenmacht von 11 000 Putschisten an der bayerisch-thüringischen Grenze aufmarschieren ließ. Sie war von der bayerischen Landespolizei mit Waffen, darunter sogar mit Batterien, versehen. Sie übernahm den „Grenzschutz" Bayerns gegen die verfassungsmäßige Reichsregierung und ihre verfassungstreuen Anhänger. Die Putschisten erhielten ihre Löhnung vom bayerischen Staat. Auch die Großindustrie stellte erhebliche Beträge, sogar in Dollars zur Verfügung, die sie nach den Gesetzen gar nicht besitzen durfte und die in Inflationsmark ungeheure Beträge ergaben.

Kahr schritt im Verfassungsbruch aber weiter. Er ordnete an, an die Reichskasse keine Steuergelder mehr abzuliefern; er setzte das Republikschutzgesetz für Bayern außer Kraft[19] und verweigerte Haftbefehlen des Oberreichsanwalts den Vollzug, sodaß in der bayerischen Ordnungszelle Hochverräter jeder Art unbelästigt ihr Treiben fortsetzen konnten. Er verbot jeden Streik und setzte auf Beleidigung oder Mißhandlung von Streikbrechern entehrende Zuchthausstrafen.[20] Er verbot die sozialdemokratischen Zeitungen und zahlreiche demokratische norddeutsche Blätter. Er löste das Reichsbanner auf, sodaß demokratische Versammlungen schutzlos den SA-Banden preisgegeben waren.

Natürlich suchte sich Kahr auch durch antisemitische Maßnahmen bei den völkischen Massen einzuschmeicheln. Da er aber die reichen eingesessenen Juden als Steuerzahler benötigte, beschränkte er sich auf Ausweisung und Drangsalierung der zugewanderten Ostjuden[21], die sich vergeblich um Erlan-

---

[18] Verordnung des Reichspräsidenten betreffend die zur Wiederherstellung der öffentlichen Ruhe und Ordnung für das Reichsgebiet nötigen Maßnahmen vom 26. September 1923, RGBl. I (1923), S. 905 f.

[19] Bekanntmachung vom 29. September 1923 betreffend Einstellung des Vollzugs des Republikschutzgesetzes, „Bayerischer Staatsanzeiger" Nr. 226 vom 29. September 1923.

[20] Bekanntmachung vom 1. Oktober 1923 betreffend Verbot von Streik und Aussperrung und der Agitation dafür, „Bayerischer Staatsanzeiger" Nr. 228 vom 1. Oktober 1923. Vgl. Thomas Lange, Bayern im Ausnahmezustand 1919–1923. Zur politischen Funktion des bayerischen Ausnahmerechts in den ersten Jahren der Weimarer Republik. (Phil. Diss. München 1985), München 1989, hier: S. 206 ff.

[21] Reiner Pommerin, Die Ausweisung von „Ostjuden" aus Bayern 1923. Ein Beitrag zum Krisenjahr der Weimarer Republik. In: VfZ 34 (1986), S. 311–340 und Dirk

gung der deutschen Staatsangehörigkeit bemüht hatten, obwohl viele seit Generationen in Bayern ansässig waren. Mein Sozius Dr. Löwenfeld vertrat einen Zigarettenfabrikanten, gegen den folgender Ausweisungsbefehl ergangen war:

„Sie sind im Jahre 1887 als armer Tabakarbeiter nach Bayern eingewandert. Sie besitzen, nach hier getroffenen Feststellungen, nunmehr eine gutgehende Fabrik und drei Häuser in München. Auch wurden bei einer Haussuchung bei Ihnen zwei goldene Uhren gefunden. Sie sind demgemäß ein Schädling des bayerischen Volkes und waren auszuweisen. Sie haben Ihren Betrieb binnen einer Woche einem vom Generalstaatskommissar zu ernennenden Sequester zu übergeben, widrigenfalls er entschädigungslos zu Gunsten des bayerischen Volkes eingezogen wird."[22]

Gegen solche Verfassungs- und Rechtsbrüche brutaler Willkür gab es keine Rechtsmittel. Man konnte nur an den Diktator Kahr oder seine Unterbeamten appellieren. Der totale Verfall des Rechts in Bayern unter der faschistischen Diktatur war also schon vor dem Hitlerputsch vom 8./9. November 1923 vollkommen. Mein Sozius Dr. Löwenfeld suchte in einer dieser Ausweisungssachen Kahr, begleitet von dem Rabbiner Dr. Ehrentreu[23] auf. Kahr erklärte klebrig freundlich, er sei kein Antisemit, er schütze nur den Staat gegen Schädlinge. Dr. Löwenfeld erklärte, dann sei es auffallend, daß sich seine Ausweisungen nur gegen jüdische Ausländer richteten, nicht aber gegen andere Ausländer, wie den Österreicher Adolf Hitler, der dauernd Hochverrat gegen das Deutsche Reich betreibe und sicher schädlicher sei als ein harmloser Ostjude. Feige, wie die meisten Gewaltherrscher, ließ sich Kahr diese Züchtigung gefallen und widerrief sofort den Ausweisungsbefehl.

Die Entwicklung in Bayern trieb rasch einer entscheidenden Krise zu. Der Reichswehrminister Geßler[24], der zwar Mitglied der Demokratischen Partei war, aber mit den völkischen „Patrioten" sympathisierte, verbot den „Völkischen Beobachter", Hitlers Tagesblatt, wegen Beleidigung der Reichsregierung. Er befahl dem Kommandeur der bayerischen Reichswehrdivision, General von Lossow, das Verbot auszuführen.

Es ist interessant, wie die Lockerung des Staatsgefüges sich auf diese Hauptstütze der Staatsmacht, die Armee, auswirkte und deren Grundlagen

---

Walter, Ungebetene Helfer – Denunziationen bei der Münchner Polizei anläßlich der Ostjuden-Ausweisungen 1919 bis 1923/24. In: Archiv für Polizeigeschichte 7 (1996), S. 14–20.

[22] Der Vorgang wird ausführlich behandelt in den Löwenfeld-Memoiren, S. 664–671, das Zitat steht S. 667 f.; vgl. Werner J. Cahnmann, Die Juden in München 1918–1943. In: Hans Lamm (Hrsg.), Vergangene Tage. Jüdische Kultur in München. München 1982, S. 31–78, hier: S. 41.

[23] Heinrich Ehrentreu (1854–1927), seit 1885 erst Prediger, dann Rabbiner in München.

[24] Otto Geßler (1875–1955), Jurist und Politiker, 1914 Oberbürgermeister in Nürnberg, 1919 Reichsminister für Wiederaufbau, 1920–1928 Reichswehrminister, MdR (DDP).

unterminierte. Von Lossow führte den Befehl seines Vorgesetzten nicht aus. Er legte ihn Kahr vor. Dieser verbot den Vollzug. Darauf setzte der Reichswehrminister den General von Lossow wegen militärischen Ungehorsams ab. Kahr nahm daraufhin die bayerische Reichswehr „in Pflicht" und vereidigte sie auf die bayerische Regierung. Statt gegen diesen offenen äußersten Verfassungsbruch mit der Reichsexekutive vorzugehen, sandte die Reichsregierung einen pensionierten Admiral als Unterhändler nach München. Bevor dieser tätig wurde, erklärte er öffentlich seine Sympathie mit dem Vorgehen von Lossows.

Der Reichsregierung gehörten damals drei Sozialdemokraten an. Sie traten bald darauf zurück. Als Nachfolger des Reichsjustizministers wurde ein Führer der Bayerischen Volkspartei, die den Verfassungsbruch mitgemacht hatte, berufen, der ebenso dumme wie prinzipienlose Reaktionär Dr. Emminger. Er schaffte durch eine Notverordnung mit einem Federstrich die Schwurgerichte ab.[25] Auch das nahmen die Sozialdemokratie und die Bevölkerung ohne ernstlichen Protest hin. Die Schwurgerichte, ein Bollwerk der Demokratie, sind in Deutschland nie wieder hergestellt worden. Es gibt nur noch gemischte Gerichte für Kapitalverbrechen, die aus Berufsrichtern und Laien bestehen und natürlich von ersteren beherrscht werden. Sie haben zahlreiche Fehlurteile gefällt, von denen einige im vorigen Kapitel dargestellt wurden.

Kahr bereitete unterdessen seine „Patentlösung" vor: Übertragung der Staatsmacht im ganzen Reich auf ein Direktorium, dem er natürlich angehören sollte, und Abschaffung oder Stillegung der Parlamente. Daß dieser Plan nicht mehr ins Werk gesetzt werden konnte, erklärt sich daraus, daß Hitler Kahr mit seinem eigenen Putsch zuvorkam. General von Lossow hatte für 7. November 1923 bereits „höchste Bereitschaft" der bayerischen Reichswehr angeordnet. Auf ihren Bajonetten sollte in Bayern die Diktatur Hitler-Ludendorff errichtet werden. Herr von Lossow war als Reichspolizeiminister vorgesehen. Er hatte sich aber von seinem Machtrausch hinreißen lassen, heimlich mit dem Chef der Heeresleitung, General von Seeckt[26] , zu verhandeln. Dieser sollte für den Eintritt in das Direktorium gewonnen werden. Dafür würde man Hitler fallen lassen. Mit deutscher Treue verriet also jeder Putschist bereits den anderen.

---

[25] Verordnung über Gerichtsverfassung und Strafrechtspflege vom 4. Januar 1924, RGBl. I (1924), S. 15–22. Vgl. Thomas Vormbaum, Die Lex Emminger vom 24. Januar 1924. Vorgeschichte, Inhalt und Auswirkungen. Ein Beitrag zur deutschen Strafrechtsgeschichte des 20. Jahrhunderts. Berlin 1988.

[26] Hans von Seeckt (1866–1936), Soldat und Politiker, im Ersten Weltkrieg Stabschef u.a. der österreichisch-ungarischen Heeresgruppe Erzherzog Karl und des türkischen Heeres, General, auch Diplomat, nach 1918 Chef des Truppenamts, 1920 Chef der Heeresleitung, 1926 Amtsenthebung, 1930–1932 MdR (DVP), 1934/35 Militärberater in China.

Am Abend des 8. November 1923 war im Bürgerbräukeller eine Massenversammlung einberufen, in der Kahr die nationale Revolution ausrufen sollte. Zu seinen Füßen saß gläubig der jüdische Kommerzienrat W.[27], der dann verhaftet abgeführt wurde. Er erschien mir immer als Symbol für die politische Instinktlosigkeit vieler reicher Juden, die ihre Hoffnung auf die Reaktion setzten und dann dafür die verdienten Fußtritte ernteten. W. hat unter Hitler dann Selbstmord begangen.

Während Kahr sprach, entstand eine Unruhe am Saaleingang. Hitler drang mit seinen Leuten in den Saal und sprach die historischen Worte: „Die nationale Revolution ist ausgebrochen!" Kahr, Lossow und Seißer wurden in einen Nebenraum abgeführt. Einer der Putschisten fuhr los, um den großen Herrn Ludendorff zu holen. Hitler sprach nun hysterisch auf die drei Männer ein und fuchtelte dabei mit seinem Revolver. Er drohte abwechselnd, sich oder die anderen zu erschießen, tat aber leider keines von beiden.

Er teilte seinen Gefangenen mit, die nationale Regierung sei zu errichten. Er selbst sei der Führer der Regierung, Ludendorff Führer der Armee, Seißer Reichspolizeiminister, Kahr Landesverweser. Da die drei Gefangenen noch immer zögerten, obwohl Hitler Bier holen ließ, stürzte Hitler in den Saal zurück und verkündete die vollzogene Einigung. Er schloß mit den historischen Worten: „Der Morgen findet entweder in Deutschland eine nationale Regierung oder uns tot." Auch diese Ankündigung blieb leider unausgeführt, wogegen ihr schlechtes Deutsch kaum ins Gewicht fällt. Die Versammlung jubelte. Sie nahm an, Kahr tue mit und der Marsch auf das Sündenbabel Berlin stehe bevor. Was konnten wildgewordene Kleinbürger sich Herrlicheres wünschen?

Unterdessen war Ludendorff eingetroffen. Er war, wie seinerzeit beim Kapp-Putsch „völlig überrascht", erklärte sich aber zur Mitarbeit freudig bereit. Allerdings widersprach es seinem Gefühl für militärische Rangordnung, daß ein Gefreiter über einem General stehen sollte, aber man kann nicht alles haben. Er redete Kahr zu, seinen Widerstand aufzugeben. Die Patrioten traten zusammen auf das Podium vor die jubelnde Versammlung.

Unterdessen hatte Rudolf Heß[28] die nicht anwesenden bayerischen Minister festgenommen. Ein schwer bewaffneter Stoßtrupp fuhr vor der sozialde-

---

[27] In Frage kommt der Großhändler Max Weinmann (1873-1940), geheimer Kommerzienrat, dänischer Vizekonsul und Handelsrichter, der 1940 zusammen mit seiner Frau Rosa Selbstmord verübte; vgl. StAM, Polizeidirektion München 7864.

[28] Rudolf Heß (1894–1987), Fliegerleutnant des Ersten Weltkriegs, 1919 Thule-Gesellschaft und Freikorps Epp, 1920 Eintritt in die NSDAP, Studium der Geopolitik und Geschichte in München (u.a. bei Karl Haushofer), 1924 wegen Beteiligung am Hitlerputsch 15 Monate Festungshaft, 1931 persönlicher Adjutant, 1933 Stellvertreter Hitlers und MdR, 1933 Reichsminister ohne Geschäftsbereich, 1941 Flug nach England, 1946 im Nürnberger Prozeß lebenslängliche Haft.

mokratischen „Münchner Post" vor und demolierte die Einrichtung. Kasse und Schreibmaschinen wurden mitgenommen. Zahlreiche Juden wurden verhaftet und mit Erschießen bedroht.

Die Reichsregierung ernannte den General von Seeckt zum Inhaber der vollziehenden Gewalt. Dieser erklärte in einem Aufruf, daß die Reichswehr die Verfassung und die Regierung entschlossen verteidigen werde. Kahr, Seißer und Lossow widerriefen noch in der Nacht ihren treudeutschen Handschlag als erzwungen.

Ich hatte bei Ausbruch der Revolte zunächst vor, den Verlauf in München abzuwarten. Am Morgen des 9. November brachte ich meine Frau und mein damals zweijähriges Söhnchen zu meinen Eltern in die Stadt. In Solln waren wir zu exponiert. In der Nähe wohnten Ludendorff, Major Buch[29] von der Mordkommission des Braunen Hauses und andere Naziführer. Dort kannte mich jeder und ich konnte zu leicht verhaftet werden. Als ich in der Wohnung meiner Eltern war, läutete das Telefon. Ich nahm den Hörer ab. Eine unbekannte Männerstimme fragte, ob der Rechtsanwalt Dr. Hirschberg da sei. Ich sagte nein, der wohnt nicht hier, und hängte ein.

Wir schickten das Kind mit Lotte und der treuen alten Marie auf das Gut zu Freunden bei Murnau. Bessie beschloß, in München in einer anderen Wohnung zu bleiben. Ich fuhr sofort zum Hauptbahnhof und mit dem nächsten Zug nach Stuttgart. Gierig las ich die Münchner Zeitungen, die den Zusammenbruch des Putsches meldeten. Der Marsch zur Feldherrnhalle, Hitler und Ludendorff an der Spitze, traf auf eine Abteilung Landespolizei, die zur Regierung hielt. Vierzehn Nazis fielen, darunter der Richter am Obersten Landesgericht von der Pfordten, der das Gutachten in der Fechenbachsache fabriziert hatte. Hitler flüchtete. Er wurde in der Villa Hanfstaengl[30] in Uffing bald danach entdeckt und verhaftet. Ludendorff ging als Held auf die Gewehre zu. Er wurde verhaftet. Göring und andere flüchteten ins Ausland.

An den Mauern klebten noch die Plakate beider Rivalen, als ich nach München zurückkam. Auf dem einen errichtet Hitler ein „Nationaltribunal" zur Erschießung seiner Gegner. Auf dem anderen klagte Kahr über „Trug und Wortbruch ehrgeiziger Gesellen" und lehnte den Hitlerputsch entrüstet ab. Stacheldraht schützte den Staatskommissar in seinem Amtsgebäude an der Maximilianstraße vor der Liebe seines Volkes. Die komplette Aussichtslosigkeit und Sinnlosigkeit des Hitlerputsches ist der erste Einwand gegen

---

[29] Walter Buch (1883–1949), NS-Politiker, Altparteigenosse, seit 1928 MdR, 1927 Vorsitzender des Untersuchungs- und Schlichtungsausschusses der Partei,1934 SS-Gruppenführer und Leiter des Obersten Parteigerichts.

[30] Villa in Uffing am Staffelsee, Besitzer: Ernst („Putzi") Hanfstaengl (1887–1975), aus Münchner Kunsthändlerfamilie, Studium in USA, Studienfreund des späteren US-Präsidenten Roosevelt, früher Anhänger und Förderer Hitlers, 1931 Pressechef der NSDAP, 1935 im Stab Heß, 1937 Emigration über die Schweiz, England, Kanada nach USA, Berater Roosevelts, 1946 Rückkehr nach Deutschland.

die Legende von dem genialen Staatsmann und Heerführer, die man damals und später um sein Haupt gewoben hat.

Der Hitlerprozeß wegen Hochverrats fand im April 1924[31] in München statt. Vorsitzender des Volksgerichts war Oberlandesgerichtsrat Neithardt. Er sympathisierte so unverhüllt mit den Angeklagten, daß der Staatsanwalt[32] einmal aus Protest die Sitzung verließ. Er ließ es zu, daß die verhafteten Angeklagten in brauner Uniform zur Verhandlung erschienen. Er hörte lächelnd ihre stundenlangen Tiraden an, in denen sie die deutsche Republik und die Reichsregierung beschimpften. Er hörte beifällig ihre Erklärungen an, sie hätten nichts zu bereuen und würden bei nächster Gelegenheit wieder ebenso handeln.

Die Beschimpfung des Reichsadlers als „Pleitegeier" rügte er nur einmal mit der Bitte, den Ausdruck „nicht so oft" zu gebrauchen. Die „Patentlösung" der Hochverräter erklärte er für die beste und einfachste Lösung. Die Freisprechung Ludendorffs war eine abgekartete Sache. Das Gutachten des Berliner Professors Kohlrausch, dessen tragikomische Fehlsendung an mich schon erwähnt wurde, hatte das Stichwort dazu gegeben. Ludendorff war ahnungslos wie beim Kapp-Putsch und hatte nicht verstanden, daß Hochverrat geplant sei. Nie vorher hatte sich die Justiz, selbst in Bayern, so schamlos als Hure des Faschismus entblößt.

Schließlich griff noch der Justizminister Dr. Gürtner zu Gunsten Hitlers ein. Als der Staatsanwalt gegen die Bewilligung von Bewährungsfrist nach sechs Monaten Beschwerde einlegte, da Hitler und seine Genossen ja selbst erklärt hatten, sie hätten nichts zu bereuen und würden bei Gelegenheit dasselbe tun, wies Dr. Gürtner den Staatsanwalt an, die Beschwerde zurückzunehmen[33], da er befürchtete, sie würde Erfolg haben. So wurde Hitler Weihnachten 1924, gleichzeitig mit Fechenbach entlassen, er aus komfortabler Festungshaft, Fechenbach aus entehrender Zuchthausstrafe, wie es sich gehörte.

Nicht minder schamlos in der Rechtsbeugung zu Gunsten der faschistischen Hochverräter war die bayerische Justiz in der Behandlung der Unterführer und Mitläufer. Gottfried Feder[34], der Erfinder der Lehre von der

---

[31] Der Prozeß fand vom 26. Februar bis zum 27. März 1924 statt. Das Urteil erging am 1. April 1924. Vgl. Otto Gritschneder, Bewährungsfrist für den Terroristen Adolf H. Der Hitler-Putsch und die bayerische Justiz. München 1990.

[32] I. Staatsanwalt Ludwig Stenglein (1869–1936), seit 1923 Leiter der Staatsanwaltschaft München I.

[33] Auf diese bemerkenswerte Tatsache weisen Wilhelm Hoegner, Die verratene Republik. Geschichte der deutschen Gegenrevolution. München 1958, S. 170, und Lothar Gruchmann, Justiz im Dritten Reich, S. 41 ff. hin.

[34] Gottfried Feder (1883–1941), Dipl.Ing., Wirtschaftstheoretiker und aggressiver Antisemit, Einfluß auf das Programm der frühen NSDAP, Mitglied der NSDAP-Reichsleitung, 1924–1936 MdR, 1931 Vorsitzender des Wirtschaftsrats der NSDAP, 1933 Staatssekretär im Reichswirtschaftsministerium, nach Kursänderung der NS-Wirtschaftspolitik Abstieg zum Reichskommissar für Siedlungswesen und Honorarprofessor an der TH Berlin.

„Brechung der Zinsknechtschaft", hatte eine Bankensperre angeordnet; er wurde mit 50,– Reichsmark bestraft. Ein Kommunist hätte für die analoge Handlung bei einem proletarischen Putsch mehrere Jahre Zuchthaus erhalten.

Der Geschäftsführer Amann[35] hatte unter Drohung und Gewalt Räume für die Hitlerregierung beschlagnahmt. Er erhielt 100,– Mark Geldstrafe. Seine Verteidigung, er sei in die hochverräterischen Pläne seines Führers nicht eingeweiht gewesen, wurde als glaubwürdig befunden.

Dr. Arnold W.[36] hatte für seine Beteiligung bei der Räterepublik 8 Jahre Zuchthaus bekommen, weil er das Amt eines Wohnungskommissars übernommen hatte. Die Leute, die große Mengen Papiergeld „beschlagnahmt" hatten, erhielten wegen „ehrenhafter Gesinnung" die Mindeststrafe, Festungshaft mit voller Bewährungsfrist. Ebenso wurden die „Banden" bestraft, die die „Münchner Post" demoliert und ausgeraubt hatten.

Ein Putschist[37] war zu dem Kronprinzen Rupprecht[38] gefahren, der mit ihm verhandelt hatte. Offenbar wollte der hohe Herr abwarten, ob er mit Kahr oder Hitler bessere Chancen haben würde. Dieser Mann erklärte bei seiner Vernehmung: „Ich gebe zu, daß ich mich aktiv bei der Durchführung des Umsturzversuches am 8./9. November 1923 beteiligt habe." Man wollte aber kein Verfahren gegen ihn durchführen, da man dann den Kronprinzen als Zeugen hätte vernehmen müssen. Das Verfahren wurde daher eingestellt mit der Begründung, es sei nicht erwiesen, daß er in den Putschplan eingeweiht gewesen sei.

Inzwischen war die Inflation abgestoppt worden, nachdem man die Mark in den Abgrund hatte sinken lassen. Am Schluß war ein Dollar eine Billion Papiermark (also eine Million Millionen Papiermark). Der große Finanzexperte Hjalmar Schacht[39] stampfte jetzt auf einmal die vollwertige Rentenmark aus dem Boden. Man machte ganze Arbeit durch ein Aufwertungsge-

---

[35] Max Amann (1891–1957), Kaufmann, Feldwebel Hitlers im Ersten Weltkrieg, bis 1923 1. Geschäftsführer der NSDAP, Mitglied der NSDAP-Reichsleitung, ab 1922 Leiter des „Völkischen Beobachters", ab 1925 Direktor des Eher-Verlages, Leiter der gesamten NS-Presse, 1933 MdR, Vorsitzender des Verbands deutscher Zeitungsverleger, Präsident der Reichspressekammer, SS-Obergruppenführer, nach 1945 als Hauptschuldiger zu 10 Jahren Arbeitslager verurteilt.

[36] Arnold Wadler (1882–1951), Rechtsanwalt in München, 1919 wegen Hochverrats („Räterepublik") zu 8 Jahren Zuchthaus verurteilt, 1924 begnadigt, danach Übersiedlung in die Schweiz, 1928 nach Berlin, 1936/37 Emigration nach USA.

[37] Max Neunzert (1892–1982), Leutnant a.D., zum Umkreis der bayerischen Fememörder gehörig; vgl. Hanns Hubert Hofmann, Der Hitlerputsch. Krisenjahre deutscher Geschichte 1920–1924. München 1961, S. 170, 201 f., 205 f., 215 und 232.

[38] Rupprecht von Wittelsbach (1869–1955), Sohn des letzten bayerischen Königs Ludwig III., im Ersten Weltkrieg Oberkommandierender der 6. Armee, nach 1918 im Wartestand.

[39] Hjalmar Schacht (1877–1970), Bankier und Politiker, 1923–1930 und 1933 Reichsbankpräsident, ursprünglich DDP rückte S. nach rechts, 1934–1937 Reichswirtschaftsminister, wegen Aufrüstung 1937 Rücktritt, Widerstand gegen Hitler.

setz. Die Banken wurden von jeder Aufwertung freigestellt. Ich hatte 10 000,– Mark in noch guter Währung bei der Vereinsbank eingezahlt. Ich ging an den Schalter und fragte, was ich jetzt bekäme. Der Beamte sagte frech: Nichts! Seien Sie froh, daß wir Ihnen nicht noch Bankspesen berechnen." Die Hypotheken wurden mit 25% aufgewertet, sodaß der Grundbesitz von seinen Belastungen mit 75% endgültig befreit war. Staatspapiere und andere Obligationen wurden minimal aufgewertet. Mein Vater, der sein Vermögen in solchen Werten angelegt hatte, war zum Bettler geworden. Ich war glücklich, ihm eine Rente von 500,– Mark monatlich aussetzen zu können. Für den stolzen alten Mann war es bitter, sie annehmen zu müssen.

Die Inflation war zu Ende. Sie hatte ihren Zweck erreicht. Die Zahlung von Reparationen war unmöglich geworden. Großindustrie, Banken und Großgrundbesitz hatten riesige Aktiven angesammelt oder schuldenfrei gemacht, indem sie Bankdarlehen und andere Schulden mit entwerteten Papiermark zurückgezahlt hatten. Jetzt gestatteten sie die Einführung einer festen Währung, der Rentenmark. Der Reichsbankpräsident Dr. Schacht war ihr Erfinder, wobei er die Pläne des Sozialdemokraten Hilferding[40] weitgehend benützte. Die kleinen Kapitalisten und Rentner waren zu Bettlern geworden. Ihr Vertrauen in den Staat war für immer erschüttert.

Aber Deutschland begann sich wirtschaftlich und politisch zu konsolidieren. Damit war auf absehbare Zeit der Wiederaufbau der Hitlerpartei und die Machtergreifung Hitlers unmöglich geworden. Aber die deutschnationale und klerikale Machtposition blieb unerschüttert. Sie verstärkte sich zusehends.

Einen Hauptanteil an der Verteidigung der Reaktion gegen die Massen, deren Führung mit der militaristisch-chauvinistischen Entwicklung aus „patriotischen" Gründen paktierte und alle Prinzipien der Sozialdemokratie durch Kompromisse preisgab, hatten nach wie vor die Gerichte, besonders in Bayern. Die deutschnationale Reaktion hatte während der Inflation sich mit der wirklichen Macht begnügt und nicht danach gestrebt, die obersten Regierungsstellen mit ihren Leuten zu besetzen. Jetzt, da das wirtschaftliche Chaos einer Art Stabilisierung und Ordnung Platz machte, hielt sie eine Änderung für angebracht. In Bayern hatte die klerikal-chauvinistische Reaktion die Regierung längst an sich gerissen. Es erschien zweckmäßig, auch im Reich die oberste Stelle mit einem Vertreter der Rechten zu besetzen.

Die Gelegenheit dazu ergab sich beim Tode des Reichspräsidenten Ebert. Er starb am 28. Februar 1925. Er hatte zur Festigung der kapitalistischen Machtstellung und zur Niederhaltung jeder revolutionären Entwicklung mehr getan, als irgend ein anderer Politiker. Aber er erntete von den Reaktionären, die ihm ein Denkmal hätten setzen sollen, bitteren Undank. Sein

---

[40] Rudolf Hilferding (1877–1941), Arzt und Politiker, sozialistischer Theoretiker, 1918–1922 USPD, 1924–1933 MdR (SPD), 1923 und 1928/29 Reichsfinanzminister, 1933 Emigration.

Tod ist auf verschleppte ärztliche Behandlung zurückzuführen. Er hatte geglaubt, gegen verleumderische Beschimpfungen die deutschen Gerichte anrufen zu müssen.[41] Während diese die Gelegenheit eifrig benützten, ihn moralisch umzubringen, gönnte er sich nicht die Zeit zu einer ärztlichen Behandlung. So wurde er tragikomischerweise ein Opfer seiner eigenen reaktionären Hilfestellung für die Kräfte, die die Überreste der Demokratie und des Sozialismus zu vernichten trachteten.

Ein faschistischer Bengel hatte dem Reichspräsidenten auf der Straße „Landesverräter" zugerufen und ihn in einem „offenen Brief" des Landesverrats beschuldigt. Ebert war naiv genug zu glauben, die deutschen Gerichte würden diese Beleidigung ahnden, deren Haltlosigkeit durch seine patriotische Haltung in der sogenannten Revolution 1918 und den folgenden Jahren auf der Hand lag. Er stellte Strafantrag beim Amtsgericht München. Der Landesverrat sollte in der Teilnahme Eberts am Munitionsarbeiterstreik 1918 bestehen.

Das Münchner Gericht ergriff freudig die Partei des Beleidigers. Obwohl das Gesetz vorschrieb, daß der Reichspräsident als Zeuge nur in seiner Wohnung vernommen werden dürfe, lud man ihn zur Verhandlung unter Strafandrohung nach München vor, da man ihn der öffentlichen Diffamierung durch die faschistischen Beschuldiger aussetzen wollte. Jetzt endlich merkten Ebert und sein Verteidiger Otto Landsberg[42], was die unparteiische Justiz in München beabsichtigte. Ebert zog seinen Strafantrag in München zurück und verfolgte in Magdeburg einen Redakteur, der die Verleumdung nachgedruckt hatte. Aber der Vorsitzende des Schöffengerichts in Magdeburg, Landgerichtsdirektor Dr. Bewersdorff[43], hatte genau dieselben Absichten wie sein Münchner Kollege, die prächtige Gelegenheit zur Diffamierung und zum Sturz des Reichspräsidenten zu benützen.

Es wurde später festgestellt, daß er vor der Verhandlung geäußert hatte: „Die Hauptsache ist, daß der Sattlergeselle dort oben verschwindet." Er hatte sich auch gerühmt, daß er dem Verteidiger des Verleumders „ausgezeichnete Tips" gegeben habe, die dieser leider nicht richtig zu benützen verstand. Seine politische Weisheit ging dahin, daß scharf rechts regiert werden müsse; der geeignete Reichspräsident sei Herr Ludendorff.

Dieser Bewersdorff mit seinen gleichgesinnten Beisitzern verurteilte den Redakteur nur wegen formaler Beleidigung zu einer kleinen Geldstrafe. Dagegen sprach er ihn von der Anklage der üblen Nachrede frei. Ebert habe

---

[41] Karl Brammer, Der Prozeß des Reichspräsidenten. Berlin 1925 und Michael Miltenberger, Der Vorwurf des Landesverrats gegen Reichspräsident Friedrich Ebert. Ein Stück deutscher Justizgeschichte. Heidelberg 1989. Die Akten des Amtsgerichts München sind nicht mehr vorhanden.

[42] Otto Landsberg (1869–1957), Dr. iur.,Rechtsanwalt und Politiker in Berlin, seit 1912 MdR (SPD), 1919 kurz Reichsjustizminister, 1933 Emigration.

[43] Gustav Bewersdorff (1879–1944), preußischer Justizbeamter, seit 1923 Landgerichtsdirektor in Magdeburg, 1933 Landgerichtspräsident in Brieg.

am Munitionsarbeiterstreik nur teilgenommen, um ihn zu beendigen. Das sei aber doch objektiv Landesverrat gewesen. Das war zwar juristisch reiner Unsinn, aber der Zweck wurde erreicht. Ebert starb und man suchte nach einem Nachfolger.

Im ersten Wahlgang erhielt kein Kandidat die absolute Mehrheit. Die Sozialdemokraten entschlossen sich, keinen eigenen Kandidaten für den zweiten Wahlgang aufzustellen, sondern für den Zentrumskandidaten Dr. Marx[44] zu stimmen. Er war überzeugter Demokrat, aber farblos und ohne Werbekraft.

Die nationalen Parteien stellten den alten Feldmarschall von Hindenburg auf. Er war Monarchist, Militarist und politisch völlig ahnungslos. Er war schon im Ersten Weltkrieg so senil, daß man ihm gar nicht mehr sagte, wo seine Armeen standen. Der Historiker Delbrück hat in seiner Broschüre über Ludendorff[45] berichtet, daß ihm Oberst Bauer, der in der Obersten Heeresleitung gewesen war, dasselbe gesagt hat.

Aber die riesige Propagandamaschine der Rechtsparteien frisierte den alten Hindenburg nun als Heros und Vater des Vaterlandes auf. Die Parole wirkte auf die urteilslosen Massen des Bürgertums. Hindenburg wurde von dem „geheimen König Bayerns", dem Bauernführer Dr. Georg Heim, und von dem jüdischen Professor Dr. Coßmann der „Süddeutschen Monatshefte" propagiert, der die „Münchner Neuesten Nachrichten" leitete. Daß Hindenburg sich selbst rühmte, er habe seit seiner Kadettenzeit kein einziges Buch gelesen, das nicht militärischen Inhalt hatte, ließ ihn als besonders geeignet erscheinen, das „Volk der Denker und Dichter" zu leiten.

Ich war am nächsten Morgen unterwegs zu einem auswärtigen Termin, als ich mit tiefer Entmutigung das Wahlergebnis las. Ein Radio hatten wir damals noch nicht. Hindenburg war gewählt.[46] Er hatte mit der geringen Mehrheit von 900 000 Stimmen über den demokratischen Kandidaten Dr. Marx gesiegt. Seine Wahl wurde entschieden durch die Bayerische Volkspartei, die gegen den Katholiken Marx für den Protestanten Hindenburg mit ca. 1 Million Stimmen votierte, und durch die Kommunisten, die ihren eigenen Kandidaten mit fast 2 Millionen Stimmen wählten. Damit war der Untergang der deutschen demokratischen Republik besiegelt.

Eine weitere Niederlage erlitt die Demokratie durch die Volksabstimmung über die Fürstenenteignung vom 20. Juni 1926.[47] Die enthronten deutschen

---

[44] Wilhelm Marx (1863–1946), Jurist und Politiker, 1910–1932 MdR (Zentrum), 1922–1928 Parteivorsitzender, 1923–1925 und 1926–1928 Reichskanzler.

[45] Hans Delbrück, Ludendorffs Selbstporträt. Berlin 1922.

[46] Die Wahl des Reichspräsidenten am 29. März und 26. April 1925. In: Statistik des Deutschen Reichs 1925, Bd. 321, S. 1–49 und Emil Schick, Die Wahl des Reichspräsidenten in Bayern am 29. März und 26. April 1925. In: Zeitschrift des bayerischen Statistischen Landesamts 57 (1925), S. 339–353.

[47] Vorläufiges Ergebnis des Volksentscheids über den Entwurf eines Gesetzes über Enteignung des Fürstenvermögens am 20. Juni 1926. In: Wirtschaft und Statistik 6

Fürsten nahmen als ihr Eigentum nicht bloß ihr Privatvermögen in Anspruch, das sie durch Erbgang, Heirat etc, erworben hatten. Mit diesen Millionenvermögen nicht zufrieden, verlangten sie auch das Staatseigentum, das sie als Krondomänen besessen hatten.

Da die Gerichte fortgesetzt zu Gunsten der Fürsten entschieden, entschlossen sich die Sozialdemokraten 1925, eine Volksabstimmung herbeizuführen. Sie wollten eine gesetzliche Regelung, die den Fürsten ihr Privatvermögen ungeschmälert überließ, aber das Staatsvermögen in angemessener Weise zwischen Fürsten und Staat teilte und den Fürsten außerdem große Abfindungen zusprach. Die Kommunisten traten aber für totale Enteignung ohne Entschädigung ein. Die SPD versuchte mit ihnen zu einem Kompromiß zu kommen und verschärfte ihre Forderungen. Die bürgerlichen Parteien stimmten fast geschlossen gegen den Antrag.

Die bürgerlichen Massen, die durch die Inflation verarmt waren, unterstützten in der Mehrheit die Hohenzollern in ihrem Verlangen, neben ihrem nach Holland verbrachten Millionenvermögen, in Deutschland Güter, Schlösser und andere Vermögensobjekte im Werte von 183 Millionen Goldmark zu erraffen.

Die Gegner verhinderten eine geheime Abstimmung, indem sie Stimmenthaltung proklamierten. Wer zur Abstimmung ging, war also als Anhänger der Fürstenenteignung abgestempelt. Millionen in den Landbezirken und Kleinstädten brachten dazu nicht den Mut auf. So stimmten in Koblenz-Trier nur 18%, in Ostpreußen nur 20,3% der Stimmberechtigten ab. In den Großstädten erhielt das Volksbegehren trotzdem die Mehrheit: in Leipzig stimmten 51,9%, in Hamburg 58,5%, in Berlin sogar 63,3% der Stimmberechtigten mit Ja. Im Ganzen aber wurden nur 14,5 Millionen Jastimmen abgegeben, während 20 Millionen zur Annahme notwendig gewesen wären.

Natürlich traten die katholischen und protestantischen Geistlichen mit Stentorstimme gegen das Volksbegehren auf Fürstenenteignung auf. Im letzten Augenblick veröffentlichte auch der Rabbiner[48] der Münchner Israelitischen Gemeinde einen Aufruf, sich der Stimme zu enthalten. Alle Versuche, sich bei der Reaktion anzubiedern, haben den Juden in Deutschland nichts genützt. Der Zentralverein deutscher Staatsbürger jüdischen Glaubens suchte überall Anstoß zu vermeiden. Es hat ihm nichts geholfen.

Mein Kampf gegen die nazistische und faschistische Gegenrevolution wurde von der Mehrzahl der Juden mißbilligt. Ich hatte fast keine jüdischen Klienten. Sie gingen massenweise zu Justizrat Schramm[49], der dann im Hitlerprozeß 1924 als Mitverteidiger tätig war, aber auch noch nachher. Sein

---

[48]   (1926), S. 404; vgl. Ulrich Schüren, Der Volksentscheid zur Fürstenenteignung 1926. Düsseldorf 1978.

[48]   Leo Baerwald (1883–1970), seit 1918 Gemeinderabbiner in München, 1940 Emigration nach New York.

[49]   Christoph Schramm (1871–1966), Rechtsanwalt in München, Verteidiger von Röhm im Hitlerprozeß.

Sohn[50] wurde lange vor der Machtergreifung begeisterter Hitlerknappe. Der Papa verdiente gut, indem er Juden und Antisemiten gleichzeitig betreute.

Nur eine kleine jüdische Minderheit hatte erkannt, daß ihre Rettung nur von den demokratischen Linksparteien kommen konnte. Aber die meisten glaubten, der Schutz ihrer Rechte und ihres Eigentums sei von den reaktionären Parteien zu erwarten, die die jüdischen Wahlspenden gerne annahmen. Die Sozialdemokratie hatte eigentlich seit 1918/19 bewiesen, daß sie das Privateigentum so wenig antasten wollte wie die Deutschnationalen. Aber die reichen Juden, deren es in Deutschland bis 1933 eine erstaunlich große Menge gab, wie die Statistik der Ausraubungen durch die Hitlerbanden beweist, lehnte jede Unterstützung der Sozialdemokratie ab.

Das Auftreten des Münchner Rabbi gegen die Fürstenenteignung blieb bei den bayerischen Sozialdemokraten unvergessen. Als später die Nazis im bayerischen Landtag ein Anti-Schächtgesetz einbrachten, enthielten sich die Sozialdemokraten der Stimme.[51] Das Gesetz wurde angenommen und die orthodoxen bayerischen Juden mußten sich ihr Fleisch aus anderen Teilen Deutschlands kommen lassen.

Wahrscheinlich hätte eine Unterstützung der demokratischen Linken durch die wohlhabenden Juden am Sieg der Gegenrevolution und der Machtergreifung Hitlers auch nichts geändert. Aber darauf kommt es hier nicht an. Hier ist festzustellen, daß die große Mehrheit der deutschen Juden politisch ignorant und instinktlos war und auf der falschen Seite stand.

Die beiden großen Niederlagen der deutschen Demokratie in der Präsidentenwahl 1925 und dem Volksbegehren auf Fürstenenteignung 1926 hinderten nicht eine politische und wirtschaftliche Konsolidierung nach Beendigung der Inflation. Der Kampf gegen die Ruhrbesetzung wurde liquidiert. Gustav Stresemann, ein Politiker der Mitte, wurde Außenminister. Der Zentrumsführer Marx und der Deutschnationale Luther[52] wechselten als Reichskanzler ab. Die Dawes-Gesetze[53] wurden im Reichstag angenommen, wobei

---

[50] Karl Schramm (1899–1984), Rechtsanwalt in München, Mitglied von Röhms „Reichskriegsflagge"; vgl. Ernst Röhm, Die Geschichte eines Hochverräters. München 1928, S. 241 und 299.

[51] Vgl. die Registerbände der Verhandlungen des Bayerischen Landtags: 1924 und 1924/25, S. 115; 1925/26, S. 83; 1926/27 und 1927/28, S. 123; 1928 und 1928/29, S. 67; 1929/30 und 1930/31, S. 107 f.; 1931/32, S. 37 und StAM, Tierschutzverein München 1–29. Dazu die zeitgenössische Abhandlung von Jacob Levy, Die Schächtfrage unter Berücksichtigung der neuen physiologischen Forschungen. 2. Auflage Berlin 1929.

[52] Hans Luther (1879–1962), Politiker (DVP), 1918–1922 Oberbürgermeister in Essen, 1923 Reichslandwirtschaftsminister, 1923–1925 Reichsfinanzminister, 1925/26 Reichskanzler, 1930–1933 Reichsbankpräsident, danach im diplomatischen Dienst.

[53] Dawes-Plan, nach dem amerikanischen Staatsmann Charles Dawes (1865–1951) benannter Vertrag über die Reparationen Deutschlands 1924. Mittels Auslandsanleihen sollten deutsche Zahlungen ermöglicht werden. Nach seinem Scheitern 1928 wurde er durch den Young-Plan ersetzt.

die Deutschnationalen die Hälfte ihrer Abgeordneten mit Ja stimmen ließen, obwohl sie die Gesetze nach außen hin laut bekämpften. Wall Street hatte Vertrauen zu dem greisen ehrwürdigen Reichspräsidenten Hindenburg. Millionendollaranleihen wurden nach Deutschland gelegt. Die Deutschnationalen waren vorübergehend bereit, die Republik zu tolerieren. Deutschland meldete seinen Beitritt zum Völkerbund an. Bei den Reichstagswahlen vom 7. Dezember 1924[54] errang die Sozialdemokratie 131 Mandate gegen 100 am 4. Mai 1924. Die Kommunisten gingen von 62 Sitzen auf 45 zurück, die Nationalsozialisten von 32 Mandaten auf 14. Die geheime Aufrüstung Deutschlands wurde von den Alliierten stillschweigend toleriert. Stresemann traf mit dem Idealisten Briand[55] zur Begründung eines ewigen Antikriegspaktes in Locarno zusammen.[56] Unterzeichnet wurde der Rheinpakt, an dem Deutschland, Belgien, Frankreich, Großbritannien und Italien teilnahmen, und Schiedsverträge zwischen Deutschland, Belgien, Frankreich, Polen und der Tschechoslowakei.

Die große Finanzreform[57] des Jahres 1925 brachte vorübergehend Ordnung in das finanzielle und wirtschaftliche Chaos. Man hatte wieder etwas Sinn für Humor. Der bayerische Ministerpräsident Held[58] hielt im Landtag eine Rede über die Vergewaltigung der Deutschen in Südtirol durch das faschistische Italien.[59] Der Duce antwortete mit vorgeschobenem Unterkiefer, Rom habe schon seine große Kultur gehabt, als die Deutschen noch Barbaren gewesen seien.[60] Auch Stresemann wies den Angriff auf die deutsche Ehre zurück.[61] Das bayerische Volk wurde aufgefordert, keine italienischen Orangen mehr zu kaufen. Die Obsthändler hüllten die italienischen Orangen in spanisch bedruckte Papiere und das Vaterland war gerettet.

---

[54] Emil Schick, Die Reichstagswahl vom 7. Dezember 1924 in Bayern. In: Zeitschrift des bayerischen Statistischen Landesamts 57 (1925), S. 155–184.

[55] Aristide Briand (1862–1932), französischer Politiker, Rechtsanwalt, seit 1906 Minister, bis 1929 Ministerpräsident, gemäßigt, für Annäherung an Deutschland, 1926 zusammen mit Stresemann und Chamberlain Friedensnobelpreis.

[56] Locarno–Vertrag von 1925 schuf ein gegenseitiges Sicherheitssystem in Westeuropa zwischen Frankreich, Deutschland, Belgien, England und Italien.

[57] Franz Menges, Reichsreform und Finanzpolitik. Die Aushöhlung der Eigenstaatlichkeit Bayerns auf finanziellem Wege in der Zeit der Weimarer Republik. Berlin 1971, bes. S. 294 ff.

[58] Heinrich Held (1868–1938), Jurist und Politiker, bayerischer MdL (Zentrum, BVP), Stadtrat Regensburg, Fraktionsvorsitzender, 1924–1933 Ministerpräsident.

[59] Gemeint sein dürften die Ausführungen Helds am 5. Februar 1926, Verhandlungen des Bayerischen Landtags 1925/26, Stenographische Berichte IV, S. 521 ff.

[60] Benito Mussolini, Contrattacco alla Campagna Pangermanista. In: Scritti e Discorsi di Benito Mussolini. Bd. V (1925/26), Milano 1934, S. 261–269 die Rede „Difesa dell' Alto Adige" vom 6. Februar 1926, S. 271–278 die Rede „Risposta a Stresemann" vom 10. Februar 1926.

[61] Interpellation der deutschen Regierungsparteien vom 8. Februar 1926. In: Reichstagsdrucksachen Bd. 406, Nr. 1831, Rede Stresemanns vom 9. Februar 1926. In: Reichstagsverhandlungen Bd. 388, S. 5359. Zum Boykott italienischer Waren in

In dieser Atmosphäre einer zeitweiligen Befriedung und Konsolidierung spielte sich im Oktober 1925 der Dolchstoßprozeß in München ab, an dessen Vorbereitung ich viele Monate gearbeitet hatte. Er war eine der großen Aufgaben, in die ich langsam hineinwuchs.

Deutschland vgl. Egelhaaf, Historisch-politische Jahresübersicht 1926, S. 92 f. Eine Gesamtdarstellung bringt Leopold Steurer, Südtirol zwischen Rom und Berlin 1919–1939. Wien-München 1980, S. 100 ff., bes. S. 106 f.

Zehntes Kapitel

Der Dolchstoß-Prozeß 1925

Bisher hatte ich im Wesentlichen nur die Verteidigung von progressiven Arbeitern oder Politikern geführt, die von der Staatsanwaltschaft wegen politischer Verbrechen wie Sprengstoffverbrechen, Hochverrat, Landesverrat, Aufruhr oder ähnlicher Delikte angeklagt waren. Zum ersten Mal trat ich nun in einem großen Pressebeleidigungsprozeß nicht bloß der bayerischen, sondern der gesamten deutschen nationalistischen Reaktion gegenüber, in breitester Öffentlichkeit und mit Resonanz in der gesamten deutschen Presse, sogar in einzelnen ausländischen Zeitungen.

Ich hatte das historische Material ganz allein zu bearbeiten, während Professor Coßmann und sein Anwalt Graf Pestalozza[1] die Mittel hatten, Hilfsarbeiter anzustellen. Ich mußte diese historisch-politischen Studien neben meiner umfangreichen Berufsarbeit bewältigen, was natürlich Abend- und Sonntagsarbeit erheblichen Umfangs bedeutete.

Diese Arbeit wurde mir sehr erleichtert durch die bereits veröffentlichten Verhandlungen und Gutachten des Untersuchungsausschusses der deutschen Verfassunggebenden Nationalversammlung und des deutschen Reichstags, die in drei Bänden unter dem Titel „Die Ursachen des deutschen Zusammenbruchs im Jahre 1918" vorlagen.[2] Außerdem waren 1924 „Amtliche Urkunden zur Vorgeschichte des Waffenstillstands 1918" veröffentlicht worden[3], die historische Beweise gegen die Dolchstoßlegende enthielten.

Daneben hatte ich natürlich die zahlreichen Memoiren durchzuarbeiten, die Erzberger[4], Scheidemann[5], der Sohn des Reichskanzlers Graf Hertling[6],

---

[1] Anton Graf von Pestalozza (1877–1938), Dr. iur., Rechtsanwalt in München.
[2] Das Werk des Untersuchungsausschusses der Verfassunggebenden Nationalversammlung und des Deutschen Reichstags 1919–1928. Verhandlungen, Gutachten, Urkunden.
  4. Reihe: Die Ursachen des Deutschen Zusammenbruches im Jahre 1918. 1. Abteilung: Der militärische und außenpolitische Zusammenbruch.
  1. Band Entschließungen des 4. Unterausschusses und Verhandlungsbericht. Hrsg. von Albrecht Philipp u.a. Berlin 1925.
  2. Band Gutachten des Sachverständigen Oberst a.D. Bernhard Schwertfeger. Hrsg. von Albrecht Philipp u.a. Berlin 1925.
  3. Band Gutachten der Sachverständigen General d.Inf. a.D. von Kuhl und Geheimrat Prof. Dr. Hans Delbrück. Hrsg. von Albrecht Philipp u.a. Berlin 1925.
[3] Amtliche Urkunden zur Vorgeschichte des Waffenstillstandes 1918. Auf Grund der Akten der Reichskanzlei, des Auswärtigen Amtes und des Reichsarchivs hrsg. vom Auswärtigen Amt und vom Reichsministerium des Innern. Berlin ²1924.
[4] Matthias Erzberger, Erlebnisse im Weltkrieg. Stuttgart-Berlin 1920.
[5] Philipp Scheidemann, Der Zusammenbruch. Berlin 1921.
[6] Karl Graf von Hertling, Ein Jahr in der Reichskanzlei. Erinnerungen an die Kanzlerschaft meines Vaters. Freiburg 1919.

der ungarische Politiker Károlyi[7] und viele andere veröffentlicht hatten. Wichtige Aufklärungen gaben mir Nowaks „Der Sturz der Mittelmächte" und „Chaos"[8] und andere mehr journalistische Darstellungen.

Von der radikalen Linken hatten Richard Müller[9] und Barth[10] Erinnerungen veröffentlicht. Material über die Annexionspolitik der Obersten Heeresleitung und die von Coßmann-München und Justizrat Claß-Berlin geführte alldeutsche Propaganda lag in Mengen vor.[11] Zu berücksichtigen waren auch die Schriften von Diplomaten, wie von Eckardstein „Die Isolierung Deutschlands"[12] und die berühmte Denkschrift des Fürsten Lichnowsky.[13]

Leider fehlte es mir an Zeit und Schulung, um die Publikationen der Führer der Entente auch noch heranzuziehen.

Als der Prozeß bevorstand, besichtigte ich den Sitzungssaal im Gerichtsgebäude am Mariahilfplatz. Ich sah, daß Coßmann seine Bücher in einem Schrank untergebracht hatte. Ich fuhr zu Erhard Auer in die „Münchner

---

[7] Michael Graf Károlyi (1875–1955), seit 1913 Führer der ungarischen Unabhängigkeitspartei, für politische und soziale Reformen, gegen Bündnis Österreich-Ungarns mit Deutschland seit 1914, für ententefreundliche Friedenspolitik, 1918/19 ungarischer Ministerpräsident, 1919–1945 im Exil.
Werk: Gegen eine ganze Welt. Mein Kampf um den Frieden. München 1924.

[8] Karl Friedrich Nowak, Der Sturz der Mittelmächte. München 1921 und ders., Chaos. München ²1923.

[9] Richard Müller (geb. 1890), radikaler Gewerkschafter, 1918 Vorsitzender des Vollzugsausschusses der Arbeiter- und Soldatenräte Deutschlands, Gegner der Nationalversammlung, für wirtschaftlichen Bolschewismus.
Werk: Vom Kaiserreich zur Republik. 2 Bände. Wien 1924/25.

[10] Emil Barth (1879–1941), ursprünglich linker Flügel der SPD, im Rat der Volksbeauftragten, Wechsel zur USPD, als Exponent einer Revolution durch spontane Aktionen zwischen allen Stühlen, 1921 Rückkehr zur SPD.
Werk: Aus der Werkstatt der deutschen Revolution. Berlin 1920.

[11] J. Brown-Scott, Official statements of war aims and peace proposals. Washington 1921; Alfred Kruck, Geschichte des Alldeutschen Verbandes. Wiesbaden 1954 und Wolfram Selig, Paul Nikolaus Cossmann und die Süddeutschen Monatshefte von 1914–1918. Ein Beitrag zur Geschichte der nationalen Publizistik im Ersten Weltkrieg. Osnabrück 1967. Zur alldeutschen Propaganda ausführlich Doris Fischer, Die Münchner Zensurstelle während des Ersten Weltkriegs. Alfons Falkner von Sonnenburg als Pressereferent im bayerischen Kriegsministerium in den Jahren 1914 bis 1918/19. Phil.Diss. München 1973, S. 112 ff. und Paul Hoser, Die politischen, wirtschaftlichen und sozialen Hintergründe der Münchner Tagespresse zwischen 1914 und 1934. Methoden der Pressebeeinflussung. Frankfurt u.a. 1990, S. 27 ff.

[12] Hermann Freiherr von Eckardstein (1864–1933), Offizier und Diplomat, u.a. in London, umstritten wegen seiner problematischen Bemühungen um ein deutsch/englisches Bündnis.
Werk: Lebenserinnerungen und politische Denkwürdigkeiten. 3 Bände, Leipzig 1919–1921, hier Band 3: Die Isolierung Deutschlands. Leipzig 1921.

[13] Karl Fürst Lichnowsky (1860–1928), Diplomat, seit 1912 Botschafter in London, für deutsch-britische Verständigung, versucht 1914, Krieg zu verhindern.
Denkschrift von 1916 veröffentlicht unter dem Titel: Die Schuld der deutschen Regierung am Kriege. Zürich 1918.

Post" und bat um einen Schrank. Er ordnete an, einen Schrank hinauszu-
schaffen. Sehr lustig war es, die Entrüstung zu beobachten, mit der Angestellte der „revolutionären" Sozialdemokratie die Zumutung aufnahmen, einen
seit Jahrzehnten dastehenden Schrank von der Stelle zu rücken.
Das Studium des Materials überzeugte mich völlig, daß die Dolchstoßlegende eine Geschichtslüge war. Im Augenblick der Niederlage hatte die na-
tional-chauvinistische Clique mit Ludendorff den teuflisch geschickten Einfall, die Verantwortung für den Zusammenbruch von sich auf die Linksparteien abzuwälzen. Sie behaupteten, Deutschland sei militärisch unbesiegt geblieben. Unmittelbar vor dem Endsieg sei die Front durch revolutionäre Unterwühlung und schließlich durch die Revolution von hinten erdolcht worden. Schuld an der Niederlage sei also nicht die Verhinderung eines rechtzeitigen Abbruchs des Krieges durch die Fehlkalkulationen der militärischen
Führung und die absurden Annexionspläne der Alldeutschen, besonders bezüglich Belgiens. Schuld am Zusammenbruch trage die Linke, die die deutsche Republik geschaffen hatte.
Es war für die Demokratie und die Niederringung der faschistischen und
militärischen Republikfeinde äußerst wichtig, diese Geschichtsfälschung zu
zertrümmern. Gelegenheit hierzu gaben einige Hefte der von Coßmann geleiteten „Süddeutschen Monatshefte", besonders ein Heft über den „Dolchstoß".[14] In diesem war mit der für die Coßmanngruppe bezeichnenden
Leichtfertigkeit und Skrupellosigkeit behauptet worden, daß die Führer der
Sozialdemokratie die Unzufriedenheit der Massen benützt hätten, um die
Revolution zu entfesseln.
Die „Münchner Post" hatte diesen Vorwurf als Geschichtsfälschung be-
zeichnet.[15] Coßmann klagte wegen Preßbeleidigung. Sein Anwalt war Anton
Graf von Pestalozza, eine der merkwürdigsten Persönlichkeiten, die mir be-

---

[14] Der Dolchstoß. In: „Süddeutsche Monatshefte" 21/2 (Heft 7, April 1924), S. 1–71.
Die Auswirkungen des Dolchstoßes. In: ebd. 21/2 (Heft 8/Mai 1924), S. 76–130.
Zum Prozeß gibt es Äußerungen Coßmanns „in eigener Sache" in: ebd. 22 (1924/25),
S. 56 f. und 23/1 (1925/26), S. 308–311, 330 f.
Die Schlußrede Coßmanns in: ebd. 23/1 (1925/26), S. 276–307.
[15] Folgende Artikel der „Münchner Post", 38. Jahrgang 1924, sind einschlägig:
Das Dolchstoß-Lügenheft I. Nr. 97 vom 25. April 1924.
Das Friedensangebot muß heute noch heraus! Das Dolchstoß-Lügenheft II. Nr. 98
vom 26./27. April 1924.
Das Dolchstoß-Lügenheft III. Nr. 99 vom 28. April 1924.
Die Zermürbung der Front. Das Dolchstoß-Lügenheft IV. Nr. 100 vom 29. April
1924.
Der Sendling der Weisen von Zion. Der Dolchstoß-Schwindel der vaterländischen
Militärs. Nr. 102 vom 2. Mai 1924.
Fragen an die Cossmänner und Das zweite Dolchstoß-Lügenheft. Nr. 103 vom
3./4. Mai 1924.
Die Cossmann'sche Geschichtsfälschung. Nr. 105 vom 6. Mai 1924.

gegnet sind. Er hat später eine Rolle in meinem Leben gespielt. Wir sind Freunde geworden. Er ist unter Hitler am Herzschlag gestorben.[16]

Er war gläubiger Katholik. Mit seiner untersetzten Gestalt und seinem schwarzen Vollbart, seinen schönen und klugen dunklen Augen und seiner hohen Stirn machte er den Eindruck eines kraftvollen, klugen und gütigen Menschen. Er verteidigte im Gegensatz zu mir politische Sachen jeder Richtung. Im Stillen stand er wohl mir politisch näher als seinen deutschnationalen Mandanten. Er war ein Mensch reinen Wollens, aber nicht völlig klaren Denkens. Er war scharfer Gegner des Antisemitismus und besonders der Hitlerbewegung. Er lebte mit einer Frau russischer Abstammung in kinderloser Ehe.[17]

Wenn ich im Prozeß einen Vorstoß gegen Coßmann machte, fühlte er mehr Heiterkeit und Freude an guten Formulierungen als Kampfeslust. Nach dem Prozeß sagte er zu mir, wir seien Freunde geworden. Darauf bin ich stolz. Er stand meiner Frau, obwohl selbst schwer gefährdet, nach meiner Verhaftung durch die Hitlerbanden bei.[18] Als ich nach der Haftentlassung Ende August 1933 ihn in seiner Wohnung besuchte und ihm dankte, streichelte er mir vor Freude die Wange. Zum Abschied im April 1934 schenkte er mir ein Buch des Hl. Augustinus. Ich bewahre es als Andenken an diesen Freund. Ich hätte ihn gerne noch einmal wiedergesehen.

Ich begann den Prozeß[19] am ersten Tage mit einem Generalangriff auf Coßmann. Zum ersten Mal kam ich mit von der „Münchner Post" gedrucktem Material, das bei der Verlesung gleich an die Presse verteilt wurde.[20] Es hatten sich zu Beginn etwa 40 Pressevertreter eingefunden. Die von Coßmann geleiteten „Münchner Neuesten Nachrichten" brachten wochenlang großaufgemachte Berichte.

Dabei beteiligte sich der Redakteur Dr. Fritz Gerlich, auch ein seltsamer Mann.[21] Er war gleich Coßmann gläubiger Katholik und hatte ein großes

---

[16] Dr. Anton Graf von Pestalozza starb am 4. Januar 1938 in Bad Wörishofen; vgl. StAM, AG München NR 1938/35.

[17] Therese Gräfin von Pestalozza, geb. von Bagh (1872–1943); vgl. StAM, AG München NR 1943/5009.

[18] Pestalozza hat sich direkt für den seit dem 10. März 1933 in Schutzhaft Befindlichen eingesetzt; vgl. seinen Brief vom 17. Mai 1933 an den Präsidenten des Oberlandesgerichts München, dem er 8 Schreiben von Kriegskameraden Hirschbergs beigefügt hatte, BayHStA, MJu 21015.

[19] Die Prozeßakten des Amtsgerichts München (AZ: A.V. 18/24) liegen StAM, AG 69108 vor. Vgl. Irmtraud Permooser, Der Dolchstoßprozeß in München 1925. In: ZbLG 59 (1996), S. 903–926; die Angabe dort S. 903, Anm. 2, ist entsprechend zu korrigieren.

[20] Vgl. dazu ausführlich die von der „Münchner Post" nach Abschluß des Prozesses herausgegebene Dokumentation „Der Dolchstoß-Prozeß in München. Eine Ehrenrettung des deutschen Volkes." München (Verlag Birk und Co.) 1925, 560 Seiten.

[21] Vgl. oben Kapitel 6, Anm. 23–26, auch zum Folgenden. Die geschilderten Umstände (Konversion, Therese Neumann-Biographie) sind zeitlich später anzusetzen.

Werk über die „Heilige von Konnersreuth" geschrieben. Die Bauerntochter Resl in diesem Dorfe lebte angeblich ohne Nahrung, hatte Visionen und zeigte in der Osterwoche an ihren Händen die Kreuzeswunden Christi. In der letzten Zeit vor der Machtergreifung Hitlers suchte Dr. Gerlich die Sünden, die er als deutschnationaler Journalist begangen hatte, zu sühnen. Er gab eine Zeitschrift heraus, die mit schärfsten Angriffen und Enthüllungen gegen die Hitlerbewegung angefüllt war. Hitler nahm blutige Rache an ihm. Dr. Gerlich wurde verhaftet, lange im Polizeigefängnis gehalten und dann ermordet.

Als erste Drucksache ließ ich Coßmanns Thesen in dem Dolchstoßheft mit meinen Gegenthesen verteilen.[22] Dadurch suchte ich die Diskussionen auf eine feste Basis zu stellen und der Lüge gleich die Wahrheit gegenüberzustellen. Am Schluß zählte ich die 12 wahren Hauptursachen des deutschen Zusammenbruchs auf:

1. Das Mißlingen des Feldzugsplanes durch den Verlust der Marneschlacht September 1914 und den dadurch entstehenden Ermattungskrieg.

2. Die dauernde Unmöglichkeit, die völkerrechtswidrige englische Hungerblockade zu beseitigen.

3. Die physische und nervöse Erschöpfung der Heimat und des Heeres infolge Übermüdung, Hunger und Mangel an den notwendigsten Bedarfsartikeln.

4. Die Zerstörung des inneren Zusammenhalts infolge der krassen Ausprägung der sozialen Gegensätze in der Heimat und einzelner Mißstände im Heer.

5. Der Beschluß der Marineleitung und der Obersten Heeresleitung (OHL) auf Erklärung des unbeschränkten U-Bootkrieges am 1. Februar 1917, auf Grund der falschen Einschätzung der Möglichkeiten und unter irreführender Erweckung von Hoffnungen auf ein baldiges Kriegsende.

6. Der durch die Einführung des unbeschränkten U-Bootkrieges notwendig herbeigeführte Eintritt Amerikas in den Krieg, dessen kriegsentscheidende Bedeutung von der Marineleitung und der OHL vollkommen falsch berechnet worden war.

7. Die insbesondere durch den Kriegseintritt Amerikas ständig wachsende Überlegenheit der Entente über Deutschland, an Menschen und Material, insbesondere die Unterlegenheit des deutschen Heeres an Ersatz und Tanks.

8. Der strategische Mißerfolg der Frühjahrsoffensiven 1918 und die sich daraus ergebenden Niederlagen an der Westfront.

9. Der völlige Zusammenbruch Bulgariens, der Türkei und Österreich-Ungarns.

10. Die seit dem Sturz Bethmann Hollwegs durch die OHL sich ständig verstärkende Überlegenheit der OHL über Kaiser und Reichsregierung und das Festhalten der OHL an unmöglichen Eroberungszielen bis August 1918.

---

[22] Der Dolchstoß-Prozeß (wie Anm. 20), S. 12–18.

11. Die Verschleierung der wirklichen militärischen Lage gegenüber der Reichsregierung noch im Kronrat vom 14. August 1918 und gegenüber dem Volke, welche einerseits den rechtzeitigen Abbruch des Krieges verhinderte und andererseits bei Bekanntwerden der Waffenstillstandsbitte Panik in der Heimat erzeugte.

12. Die Überspannung des physischen, nervösen, seelischen und wirtschaftlichen Kräfte des deutschen Volkes infolge Festhaltens an unmöglichen Eroberungsplänen durch die OHL unter dem Einfluß der auch im Innern katastrophal schädlichen Propaganda der Alldeutschen.

Zu Punkt 12 verlas ich gleich zu Beginn des Prozesses, um die Gegenoffensive zu eröffnen, aus der Feder des Geheimrats Dr. von Gruber in München, der ein rabiates Mitglied der alldeutschen Propaganda der Coßmanngruppe war, einen Artikel[23], in dem der wild gewordene Professor Kurland, Livland, Estland, das Erzbecken von Briey in Frankreich, dauernd volle Oberhoheit über Belgien, besonders die flandrische Küste gegen England, ein großes Kolonialreich in Afrika, darunter den belgischen Kongo, die sämtlichen südafrikanischen Kolonien, einen großen Teil französischer und englischer Kolonien in Afrika verlangte.

Ferner forderte der Herr Professor vom Schreibtisch aus, daß Ägypten und der Sudan der alten Dynastie zurückgegeben würden, daß die Aktien des Suezkanals an die Mittelmächte abgetreten würden, Malta, Zypern, Aden, Pering, Sokotra und Kuweit der englischen Faust entwunden würden und Tunis und Französisch Marokko unter deutsche Führung kommen sollten.

Es war, wie Fräulein Else von Schnitzler[24] sagt, ein reichhaltiges Arbeitsprogramm, noch dazu für die vorgerückte Stunde 1917, als Deutschlands Niederlage längst besiegelt war. Nach dem Besuch eines solchen Annexionisten hat der österreichische Außenminister Graf Czernin[25] geseufzt: „Da kann nur noch der Irrenarzt helfen!"

Die erste entscheidende Niederlage Coßmanns, der sich schon am ersten Tage nach meinem Frontalangriff mit für ihn höchst entehrenden Briefen[26], die seine skrupellosen und denunziatorischen Methoden brandmarkten, verfärbt hatte, bestand darin, daß als Zeugen für seine Dolchstoß-These nur Offiziere und ähnliche Interessenten der Verschweigung der wahren Antworten auftraten. Ich hatte nicht zu hoffen gewagt, daß selbst diese nichts Gewichtiges vorzubringen haben würden.

Das Ergebnis für Coßmann war aber äußerst gering. Im Kreuzverhör konnte ich die meisten Zeugen durch Fragen zum Rückzug von ihren ur-

---

[23] Zu Max von Gruber siehe oben Kapitel 6 , Anm. 19 und 20. Dort ist auch sein Aufsatz „Scheidemannscher Frieden oder deutscher Frieden" zitiert.

[24] Arthur Schnitzler (1862–1931), österreichischer Arzt und Schriftsteller, Erzählung „Fräulein Else" (1924).

[25] Siehe die Angaben oben Kapitel 6, Anm. 21.

[26] Der Dolchstoß-Prozeß (wie oben Anm. 20), S. 25–28.

sprünglichen Aussagen zwingen. es wurden ein Major, ein Regimentskommandeur, ein Generalleutnant, ein Oberst, der Vizeadmiral von Trotha[27], der Kriegsgerichtsrat Dobring[28] (über die Marinemeuterei 1917 und ihre blutige Ahndung), der Konteradmiral Paul Heinrich[29], ein Fregattenkapitän, der Konteradmiral von Levetzow[30], ein Kapitän zur See, ein Hauptmann und schließlich der General von Kuhl[31] als Zeugen für Coßmann vernommen.

Bei dem General von Kuhl hatte ich leichtes Spiel. Er hatte vor dem Untersuchungsausschuß des deutschen Reichstags ein Sachverständigengutachten[32] abgegeben, das die militärische Lage, die Ersatzlage, die Ernährungslage und andere unmittelbare Ursachen des Zusammenbruchs in genauen Einzelheiten schilderte, und ich zwang ihn durch meine Fragen, diese Einzelheiten Punkt für Punkt zu bestätigen.

Nach dem preußischen Landtagsabgeordneten Erich Kuttner[33] trat für uns der Reichstagsabgeordnete Otto Landsberg[34] auf, dessen Aussage großen Eindruck machte. Während seiner Vernehmung kam es zu einer sensationellen Wendung des Prozesses. Graf Pestalozza gab für Coßmann folgende Erklärung ab:

„Die ‚Süddeutschen Monatshefte' haben in beiden Dolchstoßheften, insoweit ihr Inhalt und ihre Tendenz der dort veröffentlichten Artikel von Coßmann zu vertreten ist, in keiner Weise die Mehrheitssozialdemokratie als solche in ihrer vaterländischen Haltung angegriffen. Die von der Redaktion zu vertretenden Artikel geben klar zu erkennen, daß als Ergebnis der hier gebrachten Veröffentlichungen im Sinn der Redaktion zu werten ist, daß die Unabhängige Sozialdemokratische Partei eine vaterlandsfeindliche Haltung eingenommen hat. Dieser Vorwurf ist nicht erhoben gegen die MSP. Ich

---

[27] Adolf von Trotha (1868–1940), im Ersten Weltkrieg Stabschef der Hochseeflotte, 1919/20 Chef der Admiralität in der Reichsmarine, konservativer Gegner der Weimarer Republik, 1934 Leitung des „Reichsbunds Deutscher Seegeltung".

[28] Alfred Dobring (1878–1942), Jurist, 1913 Staatsanwalt in Memel, im Weltkrieg Kriegsgerichtsrat, 1919 Staatsanwalt in Berlin I, 1922 Landgerichtsrat Berlin III, 1930 Amtsgerichtsrat Berlin-Charlottenburg.

[29] Paul Heinrich (1871–1927), Konteradmiral.

[30] Magnus von Levetzow (1871–1939), im Ersten Weltkrieg auf wichtigen Posten der Marine, entscheidende Mitwirkung beim Auslaufen der Flotte 1918, aktive Teilnahme am Kapp-Putsch 1920, 1932 MdR (NSDAP), 1933 Polizeipräsident von Berlin, 1935 entmachtet.

[31] Hermann von Kuhl (1856–1958!), Dr. phil., Militär(historiker), Kriegsakademie, Generalstab, 1914 Generalstabschef des Armeeoberkommandos I, 1915 desgleichen bei der 6. Armee, nach 1918 Schriftsteller, besonders für Fragen des Weltkriegs, Sachverständiger des Untersuchungsausschusses über die Ursachen des deutschen Zusammenbruchs 1918.

[32] Vgl. oben Anm. 2.

[33] Erich Kuttner (1887–1942), deutsch-jüdischer Jurist, 1921–1933 preußischer MdL (SPD), auch als Journalist und Schriftsteller tätig, 1933 Emigration, 1942 von Holland nach Mauthausen deportiert, dort umgekommen.

[34] Siehe oben Kapitel 9, Anm. 42.

möchte daher den Rechtsanwalt Hirschberg ersuchen, festzustellen, welche Angriffe in dieser Art er glaubt, daß sie von den ‚Süddeutschen Monatsheften‘ erhoben worden sind."

Die Erklärung wirkte als sensationeller Rückzug. Coßmann gab die Artikel seiner Mitarbeiter preis, die die MSP der Sabotage und Unterwühlung beschuldigt hatten. Er gab die Dolchstoßlüge in ihrem Kerne preis. Er hißte die weiße Flagge. Der Eindruck, besonders auch in Berliner politischen Kreisen, war sensationell.

Jetzt stellten sich auch andere norddeutsche Führer der Sozialdemokratie, die bisher der Sache skeptisch gegenübergestanden waren, als Zeugen zur Verfügung. Nach Erhard Auer, der bei seiner Vernehmung bisher unbekannte Urkunden, darunter einen pessimistischen Brief Dr. Georg Heims an das bayerische Kriegsministerium über die Stimmung im Lande vom 17. Februar 1916[35], bekannt gab, auch neue annexionistische Programme der Alldeutschen vorlas, traten Noske und Wels[36] auf.

Ich hatte mit dem Arbeiterschlächter Noske vorher im Hotel eine Rücksprache. Ich fühlte gegen ihn und sein brutales Gesicht eine tiefe Abneigung. Einem Händedruck konnte ich nicht ausweichen, hatte aber hinterher den Drang, mir die Hände zu waschen. Coßmann blickte zu ihm mit offensichtlicher Verehrung auf.

Der dicke Wels mit seinem Rotweintrinkergesicht war mir sympathisch. Er hatte damals, als die sozialdemokratische Führung den katastrophalen Fehler beging, die Liquidation des verlorenen Krieges den Schuldigen abzunehmen, dagegen gesprochen. Ich zitiere aus dem Prozeßbericht der „Münchner Post" aus dem Kreuzverhör nach der Aussage Wels':[37]

„RA Dr. Hirschberg: Hatte es Anfang Oktober 1918 in der Leitung der Sozialdemokratischen Partei nicht zu einer Debatte darüber geführt, ob es zweckmäßig sei, jetzt in die Reichsregierung hineinzugehen und ist nicht die Meinung vertreten worden, man könne jetzt nicht in die Regierung hineingehen, weil später bestimmt versucht werde, es so darzustellen, als ob der Konkursverwalter am Bankrott des Gemeinschuldners schuldig sei? Was hat dann zum Stimmungsumschwung geführt?

Wels: Die Sitzung hat stattgefunden. Ebert hat gesagt, wir sollten in die Regierung eintreten, um den Frieden zu schließen. Ich erklärte ihm: Bist Du von Gott verlassen, laß doch zum Teufel den Frieden diejenigen schließen, die den Krieg geführt und die Verantwortung getragen und den Waffenstillstand gefordert haben! Ebert widersprach und sein Einfluß war so stark, daß er wie eine Sturmgewalt über alles hinwegging.

---

[35] Der Dolchstoß-Prozeß (wie oben Anm. 20), S. 145 f.
[36] Otto Wels (1873–1939), SPD-Politiker, 1912–1933 MdR, 1918 gegen die Revolution, ab 1931 Parteivorsitzender, mutige Rede gegen das Ermächtigungsgesetz am 23. März 1933 im Reichstag, danach Exil CSR, 1938 Paris.
[37] Der Dolchstoß-Prozeß (wie Anm. 20), S. 188–198.

RA Dr. Hirschberg: Hat nicht bei diesem Umschwung vor allem mitge-
wirkt die Mitteilung über die katastrophale Lage an der Westfront?

Wels: Selbstverständlich, und ich erinnere mich noch, wie die Nachricht
aus dem Großen Hauptquartier kam, wie ich vor Schrecken an die Wand
taumelte. Diese Mitteilung, die in dem interfraktionellen Komitee[38] gemacht
wurde, war mitbestimmend und es hieß da, wir müßten die Sache übernehmen, sonst macht sie niemand. Wenn ich heute daran denke, dann muß ich
schon sagen, ich glaube, ich habe mit meinem Widerspruch recht gehabt.
Wenn die Verantwortung bis zum Schluß bei den anderen geblieben wäre,
dann wäre vielleicht die Rede vom Dolchstoß nicht da."

In diesen und ähnlichen Fragestellungen wurde geklärt, daß Ebert und die
Mehrheit der Parteileitung gewarnt waren, im Augenblick des Zusammenbruchs die Macht zu übernehmen. Dieser verhängnisvolle Fehler ist die Ur-
sache alles weiteren gewesen. Aus diesem Grunde trug die deutsche Republik schon bei ihrer Geburt den Todeskeim in sich. Aber Ebert und seine Anhänger waren eben deutsche Patrioten und wollten die Revolution verhindern.

Ebert hatte als Führer der deutschen „revolutionären" Sozialdemokratie
gesagt: „Ich hasse die Revolution wie die Sünde!" Seine verhängnisvolle
Rolle wurde dann bei der Vernehmung des General Groener vollends klargestellt. Ich habe diese Tatsachen unfreiwillig aufgedeckt und sie wurden von
der Parteileitung mit solchem Entsetzen aufgenommen, daß sie Auer verbot,
die Prozeßberichte als Broschüre zu veröffentlichen. Er ließ sich aber nicht
abhalten. Sie erschienen sofort nach Schluß des Prozesses mit einem von mir
geschriebenen Vorwort.[39] Ich besitze noch ein Exemplar, vielleicht das einzige, das noch erhalten ist.[40] Es ist eine Fundgrube für künftige Historiker.

Nach der Vernehmung von Wels kam die sensationelle Aussage des Gene-
ralleutnants Groener, der im Augenblick des Zusammenbruchs der Nachfolger Ludendorffs als Chef der Obersten Heeresleitung geworden war. Warum
er mit seinen Enthüllungen, die niemand erwartet hatte, hervorgetreten ist,
wurde nie klargestellt. Er war ein demokratisch gesinnter General, der gegen
Ludendorff und die Annexionisten frondierte. Er hatte Denkschriften gegen
die großkapitalistische Ausbeutung der Kriegslieferungen und die Lieferung

---

[38] Aus SPD, Fortschrittspartei und Zentrum hatte sich im Reichstag eine parlamentari-
sche Mehrheit gebildet, die die Friedensfrage nachdrücklich betrieb. Gremium für
diese gemeinsame Willensbildung war der sog. Interfraktionelle Ausschuß. Vgl. Erich
Matthias und Rudolf Morsey (Hrsg.), Der Interfraktionelle Ausschuß 1917/18.
2 Bände. Düsseldorf 1959.

[39] Der Dolchstoß-Prozeß (wie oben Anm. 20), S. 3–4.
Auch die Gegenseite hat einen Prozeßbericht nach Berichten der rechtskonservati-
ven „Münchner Zeitung" veröffentlicht:
Ewald Beckmann (Hrsg.), Der Dolchstoßprozeß. München (Verlag der Süddeutschen Monatshefte) 1925. 231 Seiten.

[40] Das Buch ist in den Münchner Bibliotheken ausreichend vorhanden.

von Kriegsmaterial an das feindliche Ausland verfaßt, die er bei seiner Vernehmung teilweise vorlas.

Dadurch wurde die den Massen bis dahin geheimgehaltene Tatsache aufgedeckt, daß die deutsche Schwerindustrie, für die die jungen Menschen starben, schon 1915 Eisen und Stahl an Schweizer Firmen lieferte, die sie an Frankreich und Italien weitersandten. Deutsche Jungen wurden von Granaten zerrissen, für die die deutsche Schwerindustrie Stahl geliefert hatte.

Groener schilderte die Ahnungslosigkeit der Behörden und des Volkes in der Heimat über die wirkliche Kriegslage. Er hatte erkannt, daß die Stellung des Kaisers durch die totale Niederlage unhaltbar geworden war. Um die Monarchie zu retten, hatte er den romantischen Vorschlag gemacht, daß „Seine Majestät" unverzüglich an die Front gehen solle und zwar nicht etwa zu Paraden, Besichtigungen, Verleihung von Eisernen Kreuzen, sondern in den Kampf, nicht etwa in der Form, daß der Kaiser sich an die Spitze einer Truppe stellen solle, um einen Todesritt oder Todesangriff zu machen, sondern einfach an die Front, in die Schützengraben, dorthin, wo viele Hunderttausende deutscher Soldaten und Offiziere auch standen. Dort solle es der Kaiser darauf ankommen lassen, ob ihn „eine Kugel treffe". Es wäre ein schönes Kapitel für die patriotischen Bilderbücher geworden. Aber Wilhelm II. und Hindenburg lehnten den Vorschlag entsetzt ab. Wilhelm II. zog es vor, in das höchst komfortable Exil nach Holland zu gehen.

Dann kamen die sensationellen Enthüllungen von historischer Bedeutung. Groener berichtete, daß er auf 6. November 1918 in der Reichskanzlei eine Besprechung mit den Führern der Mehrheitssozialdemokratie und der Gewerkschaften einberufen hatte. Er berichtete:[41] „An dieser Sitzung haben teilgenommen: Scheidemann, Ebert, Südekum[42], David[43], Bauer[44], Legien[45] und Robert Schmidt.[46] Ich habe den Herren die Situation des Kaisers auch klar gemacht, daß es nicht so einfach sei, für einen Mann, der so lange an der Spitze des Reiches gestanden hat, nun einfach zu sagen: Ich danke ab. Das ist auch Temperamentssache und Sache des Intellekts, da spielen Dinge herein, die man nicht von jedem verlangen kann. ...

---

[41] Der Dolchstoß-Prozeß (wie oben Anm. 20), S. 217 f.
[42] Albert Südekum (1871–1944), SPD-Politiker und Journalist, MdR seit 1900, von November 1918 bis März 1920 preußischer Finanzminister.
[43] Eduard David (1863–1930), SPD-Politiker, 1886–1908 MdL (Hessen), 1903–1930 MdR, 1918 Unterstaatssekretär im Auswärtigen Amt, 1. Präsident der Nationalversammlung 1919, Minister ohne Geschäftsbereich der Regierungen Scheidemann, Bauer und Müller.
[44] Gustav Bauer (1870–1944), SPD-Politiker, 1912–1928 MdR, 1918/19 Reichsarbeitsminister, Juni 1919 bis März 1920 Reichskanzler, 1920–1922 Reichsschatzminister.
[45] Carl Legien (1861–1920), SPD-Politiker und Gewerkschaftler, 1893–1898 und 1903–1918 MdR, 1913 Vorsitzender des Internationalen Gewerkschaftsbunds.
[46] Robert Schmidt (1864–1943), SPD-Politiker und Gewerkschaftler, 1893–1898 und 1903–1918 MdR, 1919 Reichsernährungsminister, 1919–1922 und 1929 Reichswirtschaftsminister, unter Stresemann kurz Vizekanzler und Wiederaufbauminister, Rücktritt 1923.

Ich fand die Vertreter der Sozialdemokratie durchaus verständig. In keiner Sache ist ein Wort gefallen, das darauf schließen ließ, daß die Herren etwa auf eine Revolution hinstrebten. Im Gegenteil, von der ersten bis zur letzten Äußerung ist nur davon gesprochen worden, wie man die Monarchie erhalten könnte, und bezeichnend ist, daß zum Schluß der spätere Reichspräsident Ebert folgenden Vorschlag machte: Die Abdankung des Kaisers sei unumgänglich notwendig, wenn man den Übergang der Massen in das revolutioäre Lager und damit die Revolution selbst verhindern wolle. Ich schlage daher vor, daß der Kaiser noch heute, spätestens morgen, freiwillig seine Abdankung erkläre und einen seiner Söhne, vielleicht Eitel Fritz[47] oder Oskar[48], mit der Regentschaft betraue; der Kronprinz[49] selbst sei im jetzigen Augenblick unmöglich."

Noch sensationeller war dann die folgende Aussage Groeners:[50] „An eine Wiedereinführung der Monarchie war nicht zu denken. Unser Ziel am 10. November war die Einführung einer geordneten Regierungsgewalt, die Stützung dieser Gewalt durch Truppenmacht und die Nationalversammlung so bald als möglich. Ich habe dem Feldmarschall zuerst den Rat gegeben, nicht mit der Waffe die Revolution zu bekämpfen, weil zu befürchten sei, daß bei der Verfassung der Truppen eine solche Bekämpfung scheitern würde.

Ich habe ihm vorgeschlagen, die Oberste Heeresleitung möge sich mit der Mehrheitssozialdemokratie verbünden, da es zur Zeit keine Partei gebe, die Einfluß genug habe, im Volke, besonders bei den Massen, eine Regierungsgewalt mit der OHL herzustellen. Die Rechtsparteien waren vollkommen verschwunden, mit der äußersten Radikalen zu gehen, war ausgeschlossen.

Selbstverständlich war das dem alten Feldmarschall durchaus nicht eine sympathische Lösung, aber da er immer, wo er noch auftrat, Einsicht genug hatte, um auch persönliche Stimmungen zurücktreten zu lassen, hat er sich dazu bereiterklärt. Dies ist auch zum Ausdruck gekommen in seinem Briefe, den der Feldmarschall am 8. Dezember 1918 an Herrn Ebert geschrieben hat.

Das erste war, daß wir uns jeweils Abends zwischen 11 und 1 Uhr telefonisch vom Hauptquartier mit der Reichskanzlei auf einem Geheimdraht verständigten. Zunächst handelte es sich darum, in Berlin den Arbeiter- und Soldatenräten die Gewalt zu entreißen. Zu diesem Zweck wurde ein Unternehmen geplant; zehn Divisionen sollten in Berlin einmarschieren. Ebert war damit einverstanden, ein Offizier wurde zu den Verhandlungen über die Einzelheiten, auch mit dem preußischen Kriegsminister war zu verhandeln, nach Berlin geschickt.

---

[47] Eitel Fritz von Hohenzollern (1883–1942).
[48] Oskar von Hohenzollern (1888–1958).
[49] Kronprinz Wilhelm von Hohenzollern (1882–1951).
[50] Der Dolchstoß-Prozeß (wie oben Anm. 20), S. 223 f.

Die Unabhängigen forderten, daß die Truppen ohne Munition einrücken. Ebert hat zugestimmt, daß sie mit scharfer Munition einrücken. Wir haben ein Programm ausgearbeitet, das nach dem Einmarsch eine Säuberung Berlins und die Entwaffnung der Spartakisten vorsah. Das war auch mit Ebert besprochen, dem ich dafür ganz besonders dankbar bin, wegen seiner absoluten Vaterlandsliebe und restlosen Hingabe an die Sache. Ich habe ihn auch überall verteidigt, wo er angegriffen wurde."

Diese Enthüllungen Groeners waren natürlich für die Sozialdemokratische Partei, historisch gesehen, degradierend. Die Massen, die lange genug nationalistisch beeinflußt waren, nahmen sie offensichtlich nicht tragisch. Ich hatte allerdings im Prozeß nicht die Zeit, die Presse zu verfolgen. Als ich nach Schluß des Prozesses die Zeitungsausschnitte las, die mir ein Büro auf Bestellung zusandte, fand ich aber auch keine allzu starke Reaktion auf diese Enthüllungen.

Die Parteileitung in Berlin befahl allerdings Auer, die geplanten Veröffentlichungen der Prozeßberichte der „Münchner Post" in Buchform zu unterlassen. Glücklicherweise kehrte sich Auer nicht um die Wünsche Berlins, sodaß das wertvolle historische Material in einer Broschüre von 560 Seiten erhalten geblieben ist.[51]

Die Enthüllungen Groeners deckten die Tatsache auf, daß die Sozialdemokratische Partei unter dem konservativen Ebert, obwohl sie nach ihrem Programm gegen die Monarchie und für die Republik eintrat, noch am 6. November 1918 versucht hat, die Monarchie zu retten und daß Ebert sich mit Hindenburg von Anfang an verbündet hatte, um die Revolution und besonders die kommunistische Rebellion mit Waffengewalt niederzuschlagen.

Beide Tatsachen beweisen, daß die Parteileitung konservativ und antirevolutionär eingestellt war. Ebert war mehr deutscher Patriot als internationaler Sozialist. Die Haltung der deutschen Sozialdemokratie im August 1914 kann verteidigt werden; die Haltung im November 1918 nicht. Es war klar, daß eine gegenrevolutionäre Führung nicht fähig war, die Anfangserfolge der Revolution zu einem teilweisen Abbau der Machtpositionen des Großkapitals zu benützen. Eine politische Revolution ohne soziale Revolution mußte aber erfolglos bleiben.

Die nationalistischen Revolutionen der letzten Jahre in China[52] und ganz Asien sind erfolgreich, weil sie neben der Unabhängigkeit tiefgreifende soziale und wirtschaftliche Umwälzungen durchführen. Die deutsche Revolution führte zu einer totgeborenen demokratischen Republik, weil sie die fast schrankenlose Macht der Großindustrie und Großagrarier, die die Mehrzahl der Zeitungen und sonstigen Mittel zur Erzeugung von Massenmeinungen besaß, unangetastet ließ. Damit gab sie ihren Todfeinden die Möglichkeit, sie von ihrer Geburtsstunde an zu unterminieren. Damit begann die klägliche

---

[51] Siehe die bibliographischen Angaben oben Anm. 20.
[52] 1949 Errichtung der Volksrepublik China.

Epoche der Koalitionsregierungen, in denen die Sozialdemokratie mit den antisozialistischen Parteien zusammenarbeitete und deren Politik dadurch unterstützte. Damit gab die Sozialdemokratie dem Großkapital die Möglichkeit, durch die Inflation die bürgerlichen Massen zu enteignen, die dann aber nicht zum Proletariat, sondern zur nationalistisch-völkischen Reaktion abströmten.

Der Dolchstoßprozeß hat meine Achtung für die Urteilsfähigkeit der Generäle mehr untergraben als irgend eine andere Erfahrung. Es gelang mir als Zivilist, den Nachfolger Ludendorffs in der Obersten Heeresleitung in einer strategischen Frage ad absurdum zu führen. Im Kreuzverhör vertrat Groener den Standpunkt, die deutsche Armee hätte hinter der Rheinlinie noch einige Zeit Widerstand leisten können, wenn die Revolution nicht ausgebrochen wäre. Allerdings übersah er dabei, daß die Oberste Heeresleitung zum Entsetzen der Reichsregierung Anfang September 1918 die sofortige Einleitung von Waffenstillstandsverhandlungen gefordert hatte, da sonst eine militärische Katastrophe eintreten würde.

Ich wandte ein, daß die bayerische Südgrenze nicht mehr gehalten werden konnte, was Groener zugab. Nun stellte ich die Frage: „Wenn Sie die Rheingrenze zu halten suchen, aber die bayerische Südgrenze nicht mehr verteidigt werden kann, dann werden Sie doch vom linken Flügel her aufgerollt?" Worauf General Groener mit gepreßter Stimme erwiderte: „Da haben Sie eigentlich recht!" Es war das einzige Mal in meinem Leben, daß ich die deutsche Heeresleitung in einer strategischen Frage mattgesetzt habe.

Als letzte Zeugen wurden dann noch Dr. Robert Bosch[53] von Stuttgart, der „rote" Bosch, einer der wenigen fortschrittlichen Großindustriellen, dann der Vorsitzende des Allgemeinen Deutschen Gewerkschaftsbundes Theodor Leipart[54] und schließlich Philipp Scheidemann und Dr. Friedrich Thimme vernommen. Ich lernte Dr. Bosch bei dieser Gelegenheit kennen, da ich eine kurze Vorbesprechung mit ihm in seinem Hotel hatte. Er hatte zu dem Kreis um Max Weber[55], dem bedeutenden liberalen Gelehrten an der Münchner Universität, gehört, der schon während des Krieges, besonders in der „Frankfurter Zeitung" gegen die reaktionäre Militärdiktatur und für die Abschaffung des vorsintflutlichen Dreiklassenwahlrechts in Preußen, gegen

---

[53] Robert Bosch (1861–1942), Industrieller (Feinmechanik, Elektrotechnik) mit sozialer Haltung, Reformer, Mitglied des Reichswirtschaftsrats und des Präsidiums des Reichsverbands der Deutschen Wirtschaft, schwäbischer Liberaler, kein Anhänger Hitlers.

[54] Theodor Leipart (1867–1947), Gewerkschaftler und Politiker, 1919 württembergischer Arbeitsminister, 1920 Vorsitzender des ADGB, 1933 durch Verzicht auf Gegenwehr problematische Anpassung an den Nationalsozialismus.

[55] Max Weber (1864–1920), Nationalökonom und Soziologe, bedeutender Theoretiker, Universitätsprofessor in Freiburg, Heidelberg und seit 1919 in München, im Weltkrieg gegen die Annexionisten, Mitwirkung bei der Weimarer Verfassung, 1919 Mitglied der Friedensdelegation.

Annexionen und für einen Verständigungsfrieden eingetreten war. Ich besitze Max Webers dreibändiges Werk „Religionssoziologie"[56] und seine „Politischen Schriften"[57], die 1921 nach seinem allzu frühen Tode von seiner Frau Marianne Weber[58] herausgegeben worden sind.

Sie enthalten auch einige seiner Briefe an Friedrich Naumann, Ferdinand Toennis[59], Dr. Heinrich Simon[60], Dr. von Schulze-Gävernitz[61], meinen Freund Dr. Karl Löwenstein[62], einen seiner Schüler, Professor Hans Ehrenberg[63] u.a. Hier war das „andere Deutschland", das sich dem Verhängnis der alldeutschen Propaganda und der Ludendorff-Diktatur entgegenzustellen suchte und für die rechtzeitige freiwillige Abdankung des Kaisers eintrat. Max Weber war ein bedeutender Führer eines neuen demokratischen Deutschland gewesen. Einer seiner Sätze ist mir Leitstern in meinen Kämpfen gewesen: „Wer das Niederträchtige nicht hassen kann, kann auch das Vortreffliche nicht lieben."[64] Er starb 1920.

Scheidemann sprach sehr lebendig und eindrucksvoll. Historisch wichtig waren seine Bekundungen über die Abdankung des Kaisers, da er Zeuge dieser Vorgänge war und bekanntlich als erster die deutsche Republik ausgerufen hat, weshalb ihn der konservative Ebert heftig gescholten hat.

Großen Eindruck machte es, daß Dr. Friedrich Thimme, der im Schuldlügenprozeß[65] Sachverständiger auf Seiten Coßmanns gewesen war, nun mit solcher Schärfe von ihm abrückte. Dr. Thimme war Mitherausgeber der großen Aktenpublikation.[66] Er war ein Mann mit großen diplomatischen

---

[56] Max Weber, Gesammelte Aufsätze zur Religionssoziologie. 3 Bände, Tübingen 1921/22.

[57] Max Weber, Gesammelte Politische Schriften. Tübingen 1921.

[58] Marianne Weber (1870–1954), Schriftstellerin, seit 1898 in der Frauenbewegung tätig, 1919–1923 Vorsitzende des Bundes Deutscher Frauenvereine.

[59] Ferdinand Toennies (1855–1936), Soziologe, seit 1908 Professor an der Universität Kiel, Nestor und Wegbereiter der wissenschaftlichen Soziologie, für soziale Demokratie mit berufsständischen Elementen, Kritiker des Nationalsozialismus, deshalb 1933 Lehrverbot, Einfluß auf die amerikanische Soziologie.

[60] Heinrich Simon (1880–1941), Journalist und Verleger, Mitinhaber und Redakteur der „Frankfurter Zeitung", 1934 Emigration nach Palästina, 1939 USA.

[61] Gerhart von Schulze-Gävernitz (1864–1943), Professor für Nationalökonomie an der Universität Freiburg, liberaler MdR.

[62] Karl Löwenstein (1891–1973), Jurist und Politologe, 1919–1933 Rechtsanwalt in München, 1931–1933 Privatdozent an der Universität München, 1933 Emigration USA, Professor in Yale und Amherst, 1945/46 Mitarbeiter der amerikanischen Militärregierung in Deutschland (OMGUS), 1956/57 Gastprofessor in München.

[63] Hans Ehrenberg (1883–1958), Philosoph und Theologe, Professor an der Universität Heidelberg, 1925–1937 evangelischer Pfarrer, religiöser Sozialist, 1933 Entlassung als Professor, 1937 als Pfarrer, aktiv in der Bekennenden Kirche, 1938 KZ Sachsenhausen, 1939 Emigration nach England, 1947 Rückkehr nach Deutschland.

[64] Max Weber, Gesammelte Politische Schriften. Tübingen 1921, S. 75.

[65] Siehe dazu oben Kapitel 6, Anm. 30.

[66] Die große Politik der europäischen Kabinette 1871–1914. Sammlung der diplomatischen Akten des Auswärtigen Amtes im Auftrage des Auswärtigen Amtes. Hrsg. von

Kenntnissen, ehrliebend und wahrheitsliebend. Er hatte während des Krieges an einer Versöhnung der Sozialdemokratie mit dem deutschen Staat gearbeitet.[67] Er wurde nach dem ersten Prozeß ein Freund Löwenfelds und nach dem Landesverratsprozeß auch mein Freund.[68] Er hat sich nach der Machtergreifung Hitlers in Verzweiflung in den Alpen in eine Schlucht gestürzt.[69]

Am 11. Verhandlungstag begann schließlich die Vernehmung der Sachverständigen. Als erster Sachverständiger wurde der Berliner Historiker Geheimrat Dr. Delbrück vernommen. Er war ein konservativer Gelehrter, Herausgeber der „Preußischen Jahrbücher", früher Erzieher der Hohenzollernprinzen. Er arbeitete damals am letzten Band seiner Weltgeschichte.[70] Nach seiner Vernehmung lud ich ihn in unsere Wohnung zum Abendessen ein. Er erzählte sehr interessant von seiner Vergangenheit. Ich fragte ihn, wie er mit 75 Jahren noch diese Arbeitskraft aufbringe. Er sagte, er müsse den letzten Band seiner Weltgeschichte noch vollenden. Er hat es getan und ist bald darauf gestorben.

Er schrieb mir nach meinem Plädoyer aus der Schweiz mit seiner feinen Gelehrtenhandschrift: „Soeben habe ich die Lektüre Ihres Plädoyers in der „Münchner Post" beendigt. Es ist die beste Darstellung des Dolchstoßproblems, die wir besitzen. Ich bewundere Sie und Ihre Leistung." Ich habe den Brief als kostbare Erinnerung aufbewahrt.[71]

Geheimrat Delbrück ließ Coßmann vollständig fallen. Sein Gutachten gipfelte in den Sätzen: „Die Anklage ist ausgegangen von den Behauptungen der „Münchner Post", daß diese Hefte eine Geschichtsfälschung bilden. Da kann ich Coßmann nicht helfen, es ist eine Geschichtsfälschung umso schlimmerer Art, als sie gleichzeitig eine Volksvergiftung darstellt." Seine tiefe Feindschaft gegen die verhängnisvolle Annexions- und Eroberungspolitik Ludendorffs kam scharf zum Ausdruck. Er betonte, daß es nicht richtig sei, daß die Entente keine Friedenswilligkeit gezeigt habe. Es seien nicht weniger als vier bis fünf ganz positiver Friedensanerbietungen, natürlich in diplomatischer Verhüllung, erfolgt.

Um die Wende 1916/17 habe Wilson einen Frieden ohne Sieger und Besiegte gefordert. Deutschland habe mit der Erklärung des unbeschränkten U-Bootkrieges geantwortet, die den Kriegseintritt der Vereinigten Staaten

---

Johannes Lepsius, Albrecht Mendelssohn-Bartholdy und Friedrich Thimme. 52 Bände, Berlin 1922–1927.

[67] Vgl. dazu Annelise Thimme (Hrsg.), Friedrich Thimme 1868–1938. Ein politischer Historiker, Publizist und Schriftsteller in seinen Briefen. Boppard 1994, S. 31 ff. und 449 ff. (Bibliographie).

[68] Vgl. dazu Annelise Thimme (wie vorige Anmerkung), S. 48 ff., 213 ff., 218 f., 225, 251 f., 267 ff. und 337.

[69] Thimme ist 1938 beim Bergsteigen aus ungeklärten Ursachen abgestürzt. Von einem Selbstmord wurde nichts bekannt. Vgl. Annelise Thimme (wie Anm. 67), S. 61

[70] Hans Delbrück, Weltgeschichte. 5 Bände, Berlin 1923–1928.

[71] Der genannte Brief konnte im Nachlaß Max Hirschbergs nicht ermittelt werden.

herbeigeführt habe. Im Juni 1917 habe Asquith[72] im britischen Unterhaus an Deutschland die Frage gerichtet, wie es über Belgien denke. Das bedeutete, daß England unter der Bedingung, daß Belgien freigegeben werde, zu Verhandlungen bereit sei. Es erfolgte keine Antwort. Gleich darauf kam die Friedensvermittlung des Papstes. Sie scheiterte an der deutschen Weigerung, sich zur Freigabe Belgiens zu verpflichten. Im Januar 1918 erließen Wilson und Lloyd George gleichzeitig eine Kundgebung, die die 14 Punkte als Grundlage von Friedensverhandlungen stipulierte. Am 17. Mai 1918 hat General Smuts[73] eine Rede für den Verständigungsfrieden gehalten. Deutschland hat nicht reagiert.

Als eines der wichtigsten Ergebnisse des Prozesses bezeichnete Delbrück die Klärung der Frage, was der Befehl zum Auslaufen der Hochseeflotte am 28. Oktober 1918 bedeutet habe. Er hat bekanntlich zur Matrosenrevolte in Kiel geführt und damit die Revolution in Gang gebracht. Delbrück sagte aus: „Das Allerwichtigste ist nicht in den Dolchstoßheften, sondern was wir in diesem Prozeß erfahren haben, daß am 28. Oktober wirklich der Befehl zum Auslaufen der Flotte zum Entscheidungskampf, zur Vernichtungsschlacht gegeben wurde. Das wurde bisher nicht zugestanden, sondern in der feierlichsten Weise abgeleugnet. Jetzt ist es zugestanden und kein Gegenbeweis angetreten worden." Im Kreuzverhör blieb Delbrück mit großer Entschiedenheit auf seinem Gutachten bestehen und verschärfte es noch in verschiedenen Punkten.

Als zweiter Sachverständiger wurde sodann Amtsgerichtsrat Dr. Ludwig Herz[74] aus Berlin, der als Sekretär und später als Sachverständiger des vierten Untersuchungsausschusses des Reichstags über die Ursachen des deutschen Zusammenbruchs im Jahre 1918 einer der bedeutendsten Kenner der Materie war, vernommen. Sein Gutachten brachte eine weitere katastrophale Niederlage für Coßmann und die Dolchstoßpropaganda.

Sein politisch und geistig bedeutsames Gutachten, das in der Broschüre der „Münchner Post" ausführlich wiedergegeben ist und wichtiges Material für die Historiker enthält, gipfelte in dem Satz: „Die Niederlage war nicht die Folge der Revolution, die Revolution war die Folge der Niederlage." Sein tiefgründiges Gutachten, das mit einer prinzipiellen Analyse der Inter-

---

[72] Herbert Henry Earl of Oxford and Asquith (1852–1928), liberaler englischer Staatsmann, Rechtsanwalt, seit 1886 Abgeordneter, 1905 Schatzkanzler, 1908–1916 Premierminister, danach liberaler Oppositionsführer.

[73] Jan Christiaan Smuts (1870–1950), südafrikanischer Militär und Politiker, im Burenkrieg 1899–1902 Oberbefehlshaber der Buren, Mitbegründer der südafrikanischen Union, im Ersten Weltkrieg Befehlshaber der südafrikanischen Truppen gegen Deutsch-Südwest und Südost-Afrika, Vertrauensmann des Dominions im Kriegskabinett Lloyd George, 1919 Vertreter Südafrikas in Versailles.

[74] Ludwig Herz (1863–1942), Dr. iur., Amtsgerichtsrat in Berlin; vgl. seinen ausgezeichneten zusammenfassenden Aufsatz: Der Münchener Dolchstoßprozeß. In: Die Justiz I (1925/26), S. 252–261.

nationale des Proletariats und des Kapitals als Formen des Internationalismus, des Pazifismus und anderer Strömungen begann, enthält bedeutsames, noch meist unausgewertetes Material für die Historiker. Er zitierte aus den Tagebüchern des britischen Botschafters in Paris, Bertie[75], und wies mit umfangreichen Belegen nach, daß in Frankreich und England, genau wie in Deutschland, Streiks und pazifistische Strömungen während der zweiten Hälfte des Weltkriegs aufgetreten waren.

Er analysierte die Wirkung der russischen Revolution auf beide Seiten der Kriegführenden. Dann untersuchte er die amtlichen Beweise für den „Dolchstoß", wie die Wühlerei der radikalen Linken, die Verhetzung des Ersatzes, die Massenstreiks und die Flottenmeuterei von 1917. Schließlich erörterte er die Frage „Konnten wir weiterkämpfen?" Er endigte in zwei Thesen:

1. Die psychologischen Voraussetzungen waren in Deutschland und bei den feindlichen Ländern gleich. Es gab hüben wie drüben Internationalismus, Defätismus, Pazifismus, Marxismus. Der Unterschied bestand nur in Nuancen, begründet durch den jeweiligen Volkscharakter. Dieser Unterschied war aber nicht wesentlich.

2. Die äußeren Erscheinungen als Folge der Willenserschöpfung – der Wille zum Leben war stärker als der Wille zur Tat – waren gleichfalls auf beiden Seiten dieselben. Es gab Drückeberger, Deserteure, der Geist des Ersatzes wurde mit der Zeit schlechter, es gab Streiks mit politischem Einschlag und gefährlichem Umfang, es gab hüben und drüben Verräter und Auflehnung gegen die Paradoxie, daß zivilisierte Nationen mit solchen Mitteln Krieg führten.

Er schloß mit der Feststellung, daß Coßmanns Monatshefte über den „Dolchstoß" eine objektive, aber auch eine subjektive Geschichtsfälschung seien.

Am 13. Verhandlungstag begann Dr. Eugen Fischer[76], der Generalsekretär des parlamentarischen Untersuchungsausschusses sein mit Spannung erwartetes Gutachten. Er hatte 1925 ein Buch über die deutsch-englischen Bündnisverhandlungen von 1898 bis 1901 unter dem Titel „Holsteins großes Nein" veröffentlicht.[77] 1928 ließ er eine Analyse des Kriegsausbruchs 1914 „Die kritischen 39 Tage" erscheinen.[78] Ich besitze beide noch. Coßmann konnte seine Autorität und Objektivität nicht abstreiten, da Dr. Fischer einer seiner Sachverständigen im Kriegsschuldprozeß gewesen war.

[75] Francis Leveson Bertie, Viscount of Thame (1844–1919), englischer Diplomat, 1905–1918 Botschafter in Paris, wichtige Vermittlerrolle im englisch-französischen Verhältnis.
Tagebücher: Diary of Lord Bertie of Thame 1914–1918. London 1924. Vgl. Der Dolchstoß-Prozeß (wie Anm. 20), S. 297 ff.

[76] Siehe oben Kapitel 6, Anm. 36.

[77] Eugen Fischer, Holsteins großes Nein. Berlin 1925.

[78] Eugen Fischer, Die kritischen 39 Tage vom Attentat in Sarajewo bis zum Weltbrand. Berlin 1928.

Auch sein Gutachten war für die Dolchstoßlüge vernichtend. Sein Gutachten gipfelte in dem Satz: „Was bleibt also für den Dolchstoß übrig? Nichts! Ich muß die Tatsache des Dolchstoßes ganz und gar verneinen. Ich bin der Überzeugung, daß die Idee des Dolchstoßes durch und durch Illusion ist, daß sie entstanden ist aus dem Bedürfnis der konservativen Parteien nach dem Verräter, genau wie sonst Völker nach dem Verräter rufen und gelegentlich ihn mit dem Tod bestraft haben. Ebenso riefen die Parteien, die an den Wert des Alten glauben und das Alte wieder aufrichten möchten, zur Ehrenrettung dieser alten Autoritäten nach dem Verräter und dieser Ruf fand seine Ausprägung in der Legende, in dem Schlagwort, in der Illusion des Dolchstoßes." Er prägte den ausgezeichneten Satz: „Wir sind besiegt worden nach dem Einmaleins: 1 + 1 (Entente) = 2, 1 – 1 (Deutschland) = 0."

Am 14. Verhandlungstag kamen die Sachverständigen Coßmanns zu Wort. Der Major a.D. Erich Volkmann[79], Mitarbeiter des Reichsarchivs, war nach München gekommen, um Coßmann zu helfen. Das überwältigende Beweisergebnis hatte ihn schon während der Verhandlung wankend gemacht. Unsere Gruppe pflegte nach den anstrengenden Sitzungen in einem Kaffeehaus eine Tasse Kaffee zu trinken. Wir nannten unseren Tisch „die Dolchstößlerecke".

Zu meinem Erstaunen setzte sich Volkmann schon vor seiner Vernehmung manchmal zu uns, obwohl dies bei der großen Publizität des Prozesses Aufsehen erregen mußte. Sein Gutachten war dann auch nicht das, was Coßmann erwartet hatte. Er lehnte den Begriff des „Dolchstoßes" als historisch wertlos ab und erklärte, der Zusammenbruch Deutschlands sei auf unzählige Ursachen zurückzuführen, unter denen die revolutionäre Unterwühlung nur eine sei.

Dann kam der Oberst a.D. Theodor Jochim[80], ein ungewöhnlich dummer und verbohrter Mann, als Sachverständiger. Er war unser großer Glücksfall. Er erklärte, die Verpflegung an der Front sei freilich nicht gut gewesen, aber die Soldaten anderer Armeen seien erheblich genügsamer als der deutsche und englische Soldat. Das gab uns die prachtvolle Propagandanote vom „ungenügsamen deutschen Frontsoldaten", die bei den früheren Soldaten, die vier Jahre gehungert hatten, unserer Sache viele Sympathien gewann. Meine Fragen an diesen Ignoranten waren wie der Fechtkampf eines Toreros gegen einen Bullen und machten mir großes Vergnügen.

Als letzter Sachverständiger wurde Oberst a.D. Bernhard Schwertfeger[81] vernommen, der im Herbst 1918 zum Auswärtigen Amt abkommandiert war und dort den Zusammenbruch miterlebt hatte. Auch er rückte scharf von

---

[79] Erich Otto Volkmann (1880–1938), Militär, Mitarbeiter des Reichsarchivs und Schriftsteller, Oberregierungsrat der kriegsgeschichtlichen Forschungsanstalt des Heeres.

[80] Theodor Jochim (geb. 1869), Oberst a.D.

[81] Bernhard Schwertfeger (1868–1953), Militär(historiker), Kriegsschuldforscher.

Coßmann und seinen Heften ab. Er erklärte, das Wort vom Dolchstoß sei ein Schlagwort. Es sei zuerst von einem englischen Offizier gebraucht worden. Es gehöre zu den übelsten Errungenschaften der Nachkriegszeit. Der Abwehrwille im deutschen Volk sei intakt geblieben, solange die Regierung daran festhielt, wir führten nur einen Verteidigungskrieg, wir wollten keine Annexionen. Über dieses Kriegsziel hinauszugehen, sei ein verhängnisvoller Fehler gewesen. Insbesondere sei der Versuch, Belgien auch nur teilweise dem deutschen Reich einzuverleiben, ohne einen endlosen Krieg nicht durchführbar gewesen. Die Weigerung, einen klaren Verzicht auf Belgien auszusprechen, sei daher ein schwerer Fehler gewesen. Auch das Kreuzverhör verlief für uns günstig.

Da Coßmann nur hohe Offiziere geladen hatte, ließ ich schließlich den Volksschullehrer Ludwig von Rudolph[82] vernehmen, der den Max-Joseph-Ritterorden[83] für ungewöhnliche Tapferkeit erhalten hatte. Er hatte sich mir selbst als Zeuge angeboten, um für die Frontsoldaten zu sprechen. Er wandte sich mit einem Empörungsschrei gegen das Wort Jochims vom ungenügsamen Frontsoldaten. Seine Aussage, die rhetorisch sehr wirkungsvoll war, verteidigte die Frontsoldaten und das Volk mit Entrüstung gegen den Vorwurf des Dolchstoßes. Sie machte einen großen Eindruck und war ein glänzender Abschluß der Beweisaufnahme zu unseren Gunsten.

Vorher war der Senatspräsident Seeber[84] vernommen worden, der feststellte, daß während des ganzen Krieges nur 31 Personen wegen versuchten Landesverrats vom Reichsgericht verurteilt worden waren.

Nach einem geistig überlegenen versöhnlichen Plädoyer des Rechtsanwalts Graf von Pestalozza, in dem er Coßmann und die Dolchstoßlüge weitgehend preisgab, begann ich am 21. Verhandlungstag mein großes Plädoyer, das sieben Stunden dauerte. Ich zählte die Niederlagen auf, die Coßmann in diesem Prozeß erlitten hatte: seine eigene Ehrenerklärung für die Mehrheitssozialdemokratie, die er am 7. Verhandlungstage abgegeben hatte, die die Dolchstoßlüge preisgab, die Aussagen der Sachverständigen, den Mißbrauch der „Münchner Neuesten Nachrichten" zu einer lügenhaften Propaganda,

---

[82] Ludwig Ritter von Rudolph (1890–1966), Lehrer, Offizier des Weltkriegs, Mitglied der DDP/Staatspartei, vor 1933 mehrere erfolglose Kandidaturen für Landtag und Reichstag, ab 1933 im Widerstand gegen den Nationalsozialismus im Kreis um Thomas Dehler, nach 1945 Regierungsschulrat in Mittelfranken, Aufbau des Volksbildungswesens, 1949–1954 bayerischer MdL (FDP, ab 1950 SPD). Verfasser des Buches: Die Lüge, die nicht stirbt. Die „Dolchstoßlegende" von 1918. Nürnberg 1958.

[83] 1806 vom ersten bayerischen König Max Joseph (1756–1825) gegründeter höchster bayerischer Militär-Tapferkeitsorden für Offiziere, der seinen Mitgliedern das persönliche Adelsprädikat verlieh und eine Ehrenpension zusicherte. Vgl. Rudolf von Kramer und Otto Freiherr von Waldenfels, Virtuti Pro Patria. Der königlich bayerische Militär-Max-Joseph-Orden. München 1966.

[84] Josef Seeber (1869–1951), 1897 Staatsanwalt, 1898 Amtsrichter, 1914 Abordnung zum Reichsgericht, 1923 Rat, 1924 Senatspräsident am Bayerischen Obersten Landesgericht.

das tragikomische Auftreten des Oberst Jochim und sein Wort vom ungenügsamen deutschen Frontsoldaten und die Tatsache, daß für die Dolchstoßlegende nicht ein einziger Historiker oder Sachverständiger, nur hohe Offiziere, also ihre Nutznießer, eingetreten seien.

Ich formulierte den Satz: „Die Dolchstoßlüge ist dazu bestimmt, die Verantwortlichkeit der Führer des kaiserlichen Deutschlands am Zusammenbruch vor dem Volk zu verdecken." Ich erörterte dann die Schlacht vor Verdun mit ihren 225 000 Blutopfern als den Wendepunkt, von dem an es mit der deutschen Kampfkraft bergab ging. Die verschwiegenen Nachrichten über die bereits kriegsentscheidende Niederlage Deutschlands an der Marne 1914 waren damals noch unbekannt. Tatsächlich war der Krieg für Deutschland bereits 1914 verloren, als der schlagartige Angriff auf Paris mißglückt war, worauf die Westfront zum Stellungskrieg erstarrte. In einem Erschöpfungskrieg mußte das zur See blockierte Deutschland, von Österreich-Ungarn gar nicht zu reden, gegenüber der vielfach überlegenen Produktion der Entente automatisch unterliegen.

Als dann noch die Vereinigten Staaten auf der Seite der Entente in den Krieg eingriffen, wurde der militärische und wirtschaftliche Zusammenbruch Deutschlands unaufhaltsam. Alle Teilsiege konnten nichts ändern, weil sie die Blockade nicht durchbrechen konnten. Mit breitem dokumentarischen Material kritisierte ich dann die Annexionspolitik der Alldeutschen und der Obersten Heeresleitung unter Hindenburg und Ludendorff und die Fehlberechnungen der Marineleitung über die Wirkungen des unbeschränkten U-Bootkrieges, der den Kriegseintritt der Vereinigten Staaten herbeiführte und damit den Zusammenbruch.

Über die überwältigende Wirkung des amerikanischen Beitrags an Mannschaften, Waffen, Flugzeugen und Kriegsschiffen brachte ich das Zahlenmaterial aus dem Gutachten des Generals von Kuhl und anderen Dokumenten. Ich schilderte die Leiden und den Todesmut der deutschen Heere, die durch die Dolchstoßlüge verleumdet waren und rief aus: „General Kuhl hat in seinem Gutachten den furchtbaren Satz geprägt: Der Jahrgang 1899 war verbraucht, der Jahrgang 1900 noch nicht reif. Fragen Sie sich doch: noch nicht reif wozu?"

Dann wies ich aus den „Amtlichen Urkunden zur Vorgeschichte des Waffenstillstands", die der Öffentlichkeit von der nationalen Presse vorenthalten worden waren, nach, daß Ludendorff und Hindenburg Anfang September 1918 die sofortige Einleitung von Verhandlungen über den Waffenstillstand verlangt hatten und daß diese plötzliche Waffenstreckung die ahnungslose Reichsregierung, den Reichstag und das Volk völlig unvorbereitet getroffen hatte, da sie über die wirkliche Lage systematisch belogen worden waren. Ich untersuchte die Frage, ob Deutschland dann noch hätte weiterkämpfen können (der Jude Rathenau als deutscher Patriot hatte ein Levee en masse[85]

---

[85] Massenaushebung, Mobilisierung der letzten Reserven.

verlangt) und kritisierte die Fehlberechnung, daß man mit einem offenen linken Flügel unter Preisgabe Tirols und Bayerns hinter dem Rhein hätte Widerstand leisten können.

Dann besprach ich die Irreführung durch die Oberste Heeresleitung. Den Wahnsinn der Annexionspolitik bewies ich durch Verlesung von Flugschriften der Alldeutschen und der Coßmann-Gruppe. Darunter befand sich ein geradezu wahnwitziges Programm des deutschnationalen Graf Roon[86] aus der Zeit, in der Kühlmann von der OHL gestürzt wurde, weil er schüchtern von einem Verständigungsfrieden gesprochen hatte. Ich erörterte die Soldatenmißhandlungen, den vaterländischen Unterricht, die Hungersnot, den Mangel an Rohstoffen, den totalen Verbrauch des Menschenersatzes, die Erschöpfung und Entmutigung der Massen. Ich schloß mit den Worten von Anatole France: „An der Zukunft muß man arbeiten wie die Hochschaftweber an ihren Teppichen – ohne sie zu sehen."

Am Schluß meines Plädoyers Nachmittag 5 Uhr fielen sich Bessie und Frau Löwenfeld[87] in die Arme. Ich trank eine Tasse Kaffee und ging dann in die „Münchner Post", um die Korrekturen zu lesen. Meine Rede lief bereits auf sieben engbedruckten Druckseiten über die Rotationspresse.

In seiner kurzen Replik wandte sich der Anwalt Coßmanns, Graf Pestalozza, gegen mein Gleichnis, daß man bei einem Sterbenden, der im letzten Augenblick noch eine Lungenentzündung dazu bekommt, diese nicht als Todesursache diagnostizieren kann, mit einem Gleichnis von dem Toten, bei dem man den Mann mit dem Dolch findet, wodurch er mir Gelegenheit gab, ihm zuzurufen: „Herr Graf, dies Gleichnis machten Sie, nicht ich." Die guten bayerischen Pfahlbürger wußten natürlich nicht, daß das ein Zitat aus dem Wallenstein ihres Nationaldichters Friedrich Schiller[88] war.

Die „Münchner Post" war geschickt. Sie veröffentlichte die Prozeßberichte als Broschüre mit 560 Druckseiten vor dem Urteil und erklärte, das deutsche Volk habe das Urteil zu fällen. Natürlich verurteilte der Richter Frank die „Münchner Post" zu einer Geldstrafe, da der Wahrheitsbeweis für die vorsätzliche Geschichtsfälschung nicht erbracht sei.[89] Gegen Fechenbach hatte er Coßmann im Kriegsschuldprozeß die Wahrnehmung öffentlicher Interessen, an denen jeder Deutsche ein persönliches Interesse habe, zugebilligt

---

[86] Das Programm konnte nicht ermittelt werden, als Verfasser kommen Gerhard Graf Roon (1875–1940), Major a.D. oder Moritz Graf Roon (1876–1960), Oberstleutnant a.D. in Frage.

[87] Charlotte Löwenfeld (1887–1970), Ehefrau von Hirschbergs Sozius Dr. Philipp Löwenfeld.

[88] Friedrich Schiller (1759–1805), Dramentrilogie „Wallenstein" (1798/99).

[89] Das Urteil erging am 9. Dezember 1925 und findet sich in den Prozeßakten (siehe oben Anm. 19), Bl. 219–226. Der Angeklagte Martin Gruber (Chefredakteur der „Münchner Post") wurde wegen Beleidigung und übler Nachrede zu einer Geldstrafe von 3000 Reichsmark und zu den Prozeßkosten verurteilt.

und freigesprochen. Bei umgekehrter Parteistellung Coßmanns entschied er umgekehrt.[90]

Ich legte Berufung ein.[91] Pestalozza schloß mit mir einen Vergleich[92], der ihm von den Coßmannleuten und ihren Hintermännern sehr verübelt wurde.

Rückblickend auf diese große Arbeit darf ich sagen, daß ich mich im Rahmen der damaligen Reife meiner Anschauungen hier zu einer bedeutenden forensischen und rhetorischen Leistung erhoben habe. Natürlich ist ein Preßbeleidigungsprozeß nicht das geeignete Forum zur Entscheidung politisch-historischer Fragen. Für uns war aber der Prozeß ja nur das Sprachrohr, um viele lang verschwiegene Wahrheiten in die Massen zu schleudern. Die große Tagespresse war mit Ausnahme einiger liberaler Blätter wie der „Frankfurter Zeitung" dafür nicht zugänglich. Über diesen Prozeß mußte sie Dinge berichten, die sie freiwillig nie gebracht hätte. Ich war bei einem Büro für Zeitungsausschnitte abonniert. So lernte ich, wie lügenhaft die Presse nach Befehl ihrer Brotgeber berichtete. Manchmal strich sie irgend eine Rede oder Frage von mir, brachte aber die „schlagende" Widerlegung Pestalozzas dagegen. Den Gipfelpunkt stellte wohl ein Bericht in einer französischen Zeitung dar. Sie brachte eine erfundene Aussage des General Ludendorff, der gar nicht vernommen worden war und fügte bei: „Man sieht, daß die deutschen Generäle nichts dazu gelernt haben."

Im ganzen war die Resonanz stark und der moralische Erfolg eindeutig auf unserer Seite. Die Dolchstoßlegende war tot und wurde seitdem nur noch von der Hitlerpropaganda benützt.[93] Coßmann hatte die schwerste Niederlage seiner ehrgeizigen Karriere erlitten.

Die Abwendung der Massen von der patriotischen Geschichtsfälschung war aber nur von kurzer Dauer. Sie erlag bald wieder der Hugenberg-Presse[94], und wenn dieser die deutsche Armee in „schimmernder Wehr" in seinen Ufa-Filmen aufmarschieren ließ, waren auch die proletarischen Massen be-

---

[90] Ludwig Herz (siehe oben Anm. 74, S. 255 ff.) kommt bei seiner Analyse des Urteils zum gleichen Ergebnis.

[91] Prozeßakten (wie oben Anm. 19), Bl. 228, dort Bl. 231 Berufung der Gegenseite; beide Parteien nahmen ihre Berufungen am 23. Dezember 1925 wieder zurück (Bl. 232 bzw. 233).

[92] Der außergerichtliche Vergleich ist nicht im Prozeßakt (wie oben Anm. 19), wird aber dort Bl. 254 erwähnt: Entgegen dem Urteil trugen beide Parteien die Gerichtskosten je zur Hälfte.

[93] Ludwig von Rudolph, Die Lüge, die nicht stirbt. Die Dolchstoßlegende von 1918. Nürnberg 1958 und Friedrich Hiller von Gaertringen, Dolchstoß-Diskussion und Dolchstoßlegende im Wandel von vier Jahrzehnten. Bonn 1970.

[94] Alfred Hugenberg (1865–1951), Wirtschaftsführer und alldeutscher Politiker, Vorsitzender im Krupp-Direktorium, seit 1916 Aufbau des Hugenberg-Konzerns (Zeitungen, Zeitschriften, Anzeigen- und Nachrichtenbüros, Filmgesellschaften), besonders im Presse-, Film- und Verlagsbereich, Verbreitung von antidemokratischem, antirepublikanischem und extrem nationalistischem Gedankengut, nach 1933 vom Nationalsozialismus geschluckt, 1933 kurz Reichswirtschaftsminister, bis 1945 MdR.

geistert. Die moralische Stärkung der demokratischen Republik war daher nur von temporärer Bedeutung.

Dagegen ist der Prozeßbericht als Material für Historiker von ganz unschätzbarer Bedeutung. Was hier an Unfähigkeit, Fehlberechnung und Verworfenheit der deutschnationalen Führung aufgedeckt wurde, ist historisch wichtig, auch wenn die politische Wirkung der Bedeutung dieser Enthüllungen nicht ganz entsprach. Die patriotische Begeisterung, mit der die Massen 1914 auf die Schlachtbank zogen und die Blindheit, mit der sie die Verlogenheit der vaterländischen Phrasen nachbeteten, beweist, daß mit Logik und Wahrheit gegen diese Emotionen auf kurze Sicht wenig auszurichten ist. Das ist eine lange mühevolle Belehrungsarbeit.

Ich mußte damals einen Standpunkt verteidigen, der schon zu dieser Zeit nicht mehr der meinige war. Vor meinem Plädoyer sagte Erhard Auer zu mir: „Ich höre, daß morgen eine große pazifistische Propagandarede kommen soll", worauf ich ihn beruhigte, daß ich als Anwalt nicht Ideen vertreten würde, die die von mir verteidigte Partei nicht anerkenne.

Zu der naheliegenden Grundthese, daß der Krieg als solcher zu verwerfen ist, konnte ich nicht vorstoßen. Aber mein Respekt vor der militärischen und politischen Führung Deutschlands in dieser Epoche wurde endgültig untergraben. Seitdem bin ich gegen jede Verehrung der Generäle und Staatsmänner gefeit. Die Niederlage Deutschlands war schon 1914 endgültig besiegelt. Aber seine Führer hofften noch 1917 und 1918, ihre Annexionspläne verwirklichen zu können. Die Blindheit und Unfähigkeit der Führung war so grotesk, daß ich seitdem jeden Glauben an die Autorität der militärischen und politischen Führung verloren habe. Ein Teil dieser Erkenntnis konnte in die Massen gebracht werden. Das hätte bei einem Volk, das nicht so politisch unfähig und unheilbar nationalistisch ist wie das deutsche Volk, tiefe Wirkungen auslösen können.

Für mich war es belehrend und folgenschwer, ein politisch-historisches Problem einmal gründlich zu erforschen. Meine pazifistische und revolutionäre Einstellung vertiefte sich. Die folgenden Ereignisse trieben mich in dieser Richtung weiter. Mein Ruf als Verteidiger nahm durch diesen Prozeß zu. Vor einigen Jahren, nach dem Zusammenbruch der Hitlerdiktatur, diskutierten die Münchner Anwälte die Frage, wer der bedeutendste Münchner Verteidiger der Epoche vor Hitler gewesen sei. Ein Kollege schrieb mir, sie hätten sich einstimmig für mich entschieden.[95] Das hat mich beglückt und davon überzeugt, daß meine Leistung nicht ganz vergessen ist. Heute weiß ich, daß dieser Kampf gegen Nationalismus und Militarismus in der Linie meiner Entwicklung lag, die schließlich in meine Theorie von der Selbstentmachtung der Macht eingemündet ist.

---

[95] Ein quellenmäßiger Niederschlag dieses Votums konnte nicht ermittelt werden.

Elftes Kapitel

Allgemeine Ausführungen zur politischen Schwäche der Weimarer Republik und zum Aufstieg des Nationalsozialismus 1926–1930.

Zwölftes Kapitel

Urlaub im Süden, seit 1926 in der Schweiz (Lago Maggiore), später in Italien. Sympathie für Land und Leute.

Dreizehntes Kapitel

Der Untergang der Weimarer Republik

Allgemein gehaltene Ausführungen zur deutschen Geschichte der Jahre 1930–1933, u.a. zum Wahlerfolg der NSDAP im Herbst 1930, zur problematischen Anwendung der Notverordnungen durch Reichskanzler Brüning, zur Weltwirtschaftskrise und ihren Folgen, zur Reichspräsidentschaft Hindenburgs, zur „Kapitulation" der Demokraten, besonders beim „Preußenschlag" 1932, „Hitler hätte dennoch verhindert werden können".

Schon vor der Machtergreifung Hitlers hatte sich gezeigt, daß mein Sozius Dr. Löwenfeld und ich ganz besonders gefährdet sein würden, sobald die Rechtsordnung sich in brutale Willkür und Mordfreiheit auflösen würde. Daß ich auf den Mordlisten des Braunen Hauses stand, wie früher auf denen der Organisation Consul, hatte mir ein befreundeter Journalist schon lange vorher aufgeregt mitgeteilt. Ich hatte lachend erwidert, ob er etwas anderes erwartet hätte. Diese Auszeichnung hätte ich mir doch redlich verdient.

Jetzt [nach dem 30. Januar 1933] war das doch recht ernst zu nehmen. Wenn es jemand gab, an dem die Hitlerbanden Rache zu nehmen hatten, so war das in München sicher in erster Linie ich. Paradoxerweise hätte mir aber beinahe ein Prozeß das Leben gekostet, dessen Führung ich abgelehnt hatte.

Der SA-Führer Ernst Röhm hatte die „Münchner Post" wegen eines Artikels verklagt, in dem ihm homosexuelle Exzesse vorgeworfen worden waren.[1] Ich erklärte, mir sei die Hereinziehung des Sexualproblems in den poli-

---

[1] Die zugehörigen Gerichtsakten sind nach 1933 zusammen mit anderen, die NS-Prominenz betreffenden Akten aus den Justizregistraturen entnommen und 1945 mit ziemlicher Sicherheit vernichtet worden; vgl. Ernst Deuerlein (Hrsg.), Der Hitler-Putsch. Bayerische Dokumente zum 8./9. November 1923. Stuttgart 1962, S. 116 ff. Die Angelegenheit wird ausführlich erörtert bei Burkard Jellonek, Homosexuelle unter dem Hakenkreuz. Die Verfolgung von Homosexuellen im Dritten Reich.

tischen Kampf zuwider. Mein Sozius Löwenfeld übernahm die Sache mit Feuereifer.[2] Wir bekamen diesmal von einer Berliner Stelle wuchtiges Beweismaterial. Röhm zog seine Klage daraufhin zurück, ohne es auf die Beweiserhebung ankommen zu lassen. Er hat uns diese Niederlage nicht vergessen. Da mein Sozius ins Ausland geflüchtet war, suchte er mich aus dem Corneliusgefängnis nach dem Konzentrationslager Dachau zu bringen, um mich dort ermorden zu lassen.[3] Irgendein Naziführer hat das glücklicherweise verhindert.

Kurz vor der Machtergreifung bereitete der „Völkische Beobachter" eine Nummer vor, in der unser Kanzleischild mit den drei Namen abgebildet war. Es war eine offene Aufforderung zu Gewalttaten gegen uns. Dr. Löwenfeld, der von der Sekretärin eines Nazianwalts vor der bevorstehenden Veröffentlichung gewarnt worden war, erwirkte eine einstweilige Verfügung[4] und die Publikation unterblieb.

Ich hätte nach der Machtergreifung wahrscheinlich ungehindert mit meiner Familie ins Ausland gehen können. Warum ich es nicht tat, ist nicht einfach zu erklären. Einer der Gründe war, daß die berufliche Arbeit zunächst ungestört weiterging. Auch im Seelischen gibt es ein Trägheitsgesetz, das eine radikale Änderung der Richtung erst möglich macht, wenn sie unabweisbar geworden ist. Außerdem wäre es wie Fahnenflucht erschienen.

Man konnte ja die sich überschlagenden Ereignisse kaum mehr überblicken und es war noch nicht vorauszusehen, ob Deutschland und besonders Bayern sich kampflos fügen würden. An einen separaten Widerstand Bayerns glaubte ich nicht, obwohl der Ministerpräsident Held öffentlich erklärt hatte: Wenn Hitler einen Kommissar nach Bayern schicken sollte, lasse er, der Ministerpräsident, ihn an der Grenze verhaften.[5]

Die ersten Flüchtlinge aus Berlin und Norddeutschland trafen in Bayern ein. Berliner Anwälte suchten uns auf. Wir erklärten lächelnd, sie seien herz-

---

Paderborn 1990, S. 62 ff. Vgl. auch die Rolle von Röhms Anwalt Walter Luetgebrune (1879–1949) bei Rudolf Heydeloff, Staranwalt der Rechtsextremisten. Walter Luetgebrune in der Weimarer Republik. In: VfZ 32 (1984), S. 373–421, hier: S. 410 mit Anm. 223, und Walter Luetgebrune, Ein Kampf um Röhm. Diessen 1933.

[2] Löwenfeld-Memoiren, S. 765–770.

[3] BayHStA, MJu 21015: Schreiben des Sonderbevollmächtigten der Obersten SA-Führung an das bayerische Justizministerium vom 17. November 1933, in dem die Entfernung Hirschbergs aus der Anwaltschaft wegen seiner damaligen Rolle gefordert wird. Vgl. ebd. Aktenvormerkung vom 21. Dezember 1933 und Vermerk vom 13. November 1934.

[4] Die erwähnte einstweilige Verfügung gegen den „Völkischen Beobachter" ließ sich nicht ermitteln. Ein Foto des Praxisschildes versehen mit der diskriminierenden Unterschrift: „Zum Kapitel: Verjudung des Anwaltsstandes" erschien jedoch in Nr. 36 des „Illustrierten Beobachters" vom 3.9.1932, S. 844.

[5] Vgl. dazu die Angaben bei Falk Wiesemann, Die Vorgeschichte der nationalsozialistischen Machtübernahme in Bayern 1932/33. Berlin 1975, S. 183 mit Anm. 67.

lich willkommen, aber wie lange sie in Bayern sicherer seien als in Norddeutschland, sei fraglich. Der frühere Volksbeauftragte, Reichstagsabgeordneter Dr. Otto Landsberg, wohnte bei meinem Sozius Löwenfeld. Er hielt es aber für seine Pflicht, zu der entscheidenden Abstimmung nach Berlin zu fahren.

Bei den Reichstagswahlen vor Hitlers Ernennung vom 6. November 1932 hatten die Nationalsozialisten 11,73 Millionen Stimmen und 196 Mandate errungen, aber die Sozialdemokraten immer noch 7,24 Millionen Stimmen und 121 Mandate und die Kommunisten 5,9 Millionen Stimmen und 100 Mandate. Es war nicht vorauszusehen, ob nicht ein Kampf um die Erhaltung der demokratischen Republik stattfinden würde. Die Massen waren kampfbereit.

Die Führer der demokratischen Parteien und besonders die Führer der Gewerkschaften unter Leipart hatten aber nicht den Mut, die Massen in den Kampf zu führen. Im Mai 1934, nach meiner fluchtartigen Auswanderung, traf ich den Reichstagsabgeordneten Wels auf der Straße in Zürich. Er sagte entschuldigend: „Wir hatten nicht den Mut, Tausende zu opfern." Millionen starben infolge dieses Versagens. Ein Generalstreik der Gewerkschaften und ein Kampf der Massen mit Hilfe der preußischen Schutzpolizei wäre, selbst bei neutraler Haltung der Reichswehr, nicht aussichtslos gewesen. Aber niemand hatte den Mut und die Kraft, die Führung zu übernehmen.

Hitler hatte den Mut, seine Feinde mit einem Schlage niederzuschmettern. Legale oder moralische Hemmungen kannte er nicht. In der Nacht vom 27. auf 28. Februar [1933] zündeten die Nationalsozialisten das Reichstagsgebäude an.[6]

Durch Notverordnungen[7], die der alte Hindenburg bedenkenlos unterzeichnete, wurde die demokratische Verfassung aufgehoben. Massenverhaftungen und Massenmorde setzten ein.

---

[6] In der Reichstagsbrand-Kontroverse stehen sich zwei Lager gegenüber. Für die Urheberschaft der Nazis plädieren:
Walther Hofer u.a.(Hrsg.), Der Reichstagsbrand. Eine wissenschaftliche Dokumentation. 2 Bände. Berlin 1972 bzw. 1978.
Walther Hofer und Christoph Graf, Neue Quellen zum Reichstagsbrand. In: GWU 27 (1976), S. 65–88.
Für den Einzeltäter van der Lubbe plädieren:
Fritz Tobias, Der Reichstagsbrand. Legende und Wirklichkeit. Rastatt 1962.
Hans Mommsen, Der Reichstagsbrand und seine Folgen. In: VfZ 12 (1964), S. 351–413.
Uwe Backes u.a., Reichstagsbrand – Aufklärung einer historischen Legende. München-Zürich 1986.

[7] Folgende Verordnungen (VO) kommen in Frage:
VO über den Reichskommissar für das Land Preußen vom 31. Januar 1933, RGBl. I (1933), S. 33.
VO zum Schutze des deutschen Volkes vom 4. Februar 1933, ebd., S. 35.
VO zur Herstellung geordneter Regierungsverhältnisse in Preußen vom 6. Februar 1933, ebd., S. 43.
VO zum Schutz von Volk und Staat vom 28.Februar 1933, ebd., S. 83.

Am 9. März 1933 standen einige Autos vor den bayerischen Ministerien . Die Hitlerbanden traten ein und übernahmen die Macht.[8] Niemand leistete Widerstand. Am Abend rief mich mein Freund Dr. Karl Löwenstein an. Er müsse mich sprechen. Ich sagte, das sei heute unmöglich, bei mir gehe alles drunter und drüber. Er bestand auf seiner Bitte. Ich fuhr Abends in seine Kanzlei. Er sagte, Thomas Mann[9] sei im Ausland. Er habe telegraphisch bei ihm angefragt, ob er zurückkommen solle. Ohne Zögern sagte ich, er solle ihm raten, im Ausland zu bleiben.

Abends hörten wir im Radio, daß die Nazis die Polizeidirektion übernommen hatten.[10] Bessies qualvolle Angst mit anzusehen, war für mich das Schwerste. Nach einer schlaflosen Nacht wurde ich morgens 1/2 5 Uhr verhaftet. Später erfuhr ich, daß meine Verhaftung die erste in München war.

Ein höflicher Polizist der grünen Schutzpolizei erschien. Er sagte: „Herr Doktor wollen sich wohl erst waschen und rasieren, ich warte." Ich sagte, ich müsse meinen Sozius anrufen, damit er für meine Vertretung bei den Gerichtsterminen sorgen könne. Er bedauerte, das nicht gestatten zu dürfen. Ich ging hinauf ins Schlafzimmer, wo wir ein zweites Telefon hatten. Ich rief Löwenfeld an und sagte: „Ich werde eben verhaftet."[11] Ich steckte mechanisch meinen Reisepaß zu mir. Ich durfte auf eigene Kosten ein Auto nehmen. Wir fuhren zur Polizeidirektion. Ich war verhaftet.[12] Alles war zu Ende.

VO gegen Verrat am deutschen Volke und hochverräterische Umtriebe vom 18. März 1933, ebd., S. 131.
VO über die Gewährung von Straffreiheit vom 21. März 1933, ebd., S. 134.
VO zur Abwehr heimtückischer Angriffe gegen die Regierung der nationalen Erhebung vom 21. März 1933, ebd., S. 135.
Gesetz zur Behebung der Not von Volk und Reich vom 24. März 1933, ebd., S. 141.

[8] Näheres dazu bei Wiesemann (wie Anm. 5), S. 254 ff., bes. S. 272 ff.
[9] Thomas Mann (1875–1955), repräsentativer Autor der Weimarer Republik, 1929 Literatur-Nobelpreis, seit 1922 Engagement für die Republik, dadurch Gegensatz zu Hitler, 1933 Emigration. Zu den Kontakten Löwensteins zu Thomas Mann vgl. Thomas Mann, Tagebücher 1933/34. Hrsg. von Peter de Mendelssohn. Frankfurt 1977, S. 4, 25, 34 f., 37, 39, 54, 59, 266, 393, 478 und 602.
Die Umstände des Frühjahrs 1933 hinsichtlich Thomas Manns beleuchten eingehend: Paul Egon Hübinger, Thomas Mann und Reinhard Heydrich in den Akten des Reichsstatthalters von Epp. In: VfZ 28 (1980), S. 111–143 und Jürgen Kolbe, Heller Zauber. Thomas Mann in München 1894–1933. Berlin 1987, S. 402–405 und bes. S. 408 ff.
[10] Der von Reichsinnenminister Frick am 9. März 1933 eingesetzte Reichskommissar (später Reichsstatthalter) für Bayern Epp hatte noch am gleichen Tag Heinrich Himmler (1900–1945) als kommissarischen Münchner Polizeipräsidenten berufen. Vgl. Wiesemann (wie Anm. 5), S. 280 f. und die dort angegebenen Akten.
[11] Vgl. die eingehende Schilderung in den Löwenfeld-Memoiren, S. 911–919.
[12] Einlieferung Hirschbergs in die Haftanstalt der Polizeidirektion München 10. März 1933 „10 1/2 Uhr". Als Grund ist „Schutzhaft" angegeben. StAM, Polizeidirektion München 8563, Nr. 3237.
Am nächsten Tag wurde er in das Gefängnis an der Corneliusstraße verbracht. StAM, JVA München 903: Schutzhaft-Nr. 26. Dort ist unter dem 26. August 1933 seine Entlassung festgehalten.

Vierzehntes Kapitel

Im Gefängnis. Flucht ins Ausland

Der Polizeibeamte brachte mich zuerst auf die lokale Polizeiwache. Dort wurden meine Personalien aufgenommen. Bei der Frage nach Kriegsteilnahme und Auszeichnungen sagte ich in meiner Wut: „ EK I. Schreiben Sie hinzu: Der ewige Dank des Vaterlandes ist euch gewiß!" Das war die Phrase, die auf den Todesnachrichten an die Angehörigen im Ersten Weltkrieg aufgedruckt war. Bessie hatte eine solche Anzeige über den Tod ihres schönen jungen Bruders[1] an der Ostfront erhalten. Wir haben sie als Erinnerung an den Dank dieses Vaterlandes bei der Auswanderung mitgenommen. Ebenso die Denkmünze, auf der Hindenburg mit erhobenen Schwurfingern den Eid auf die demokratische Verfassung geleistet hatte.

Von der Polizeiwache wurde ich auf die Polizeidirektion in der Ettstraße gebracht. Dort ging es zu wie in einem Tollhaus. Ich mußte lange warten. Ein Polizeibeamter, der sich noch nicht umgestellt hatte, sagte zu mir: „Das sind Zustände, was Herr Doktor?" Ich hätte vielleicht in dem Durcheinander entkommen können. Aber als ich austreten mußte, gab man mir eine Wache mit.

Nach stundenlangem qualvollen Warten wurde ich abends in eine enge scheußliche Einzelzelle eingesperrt. Sie war kaum beleuchtet. Ich saß die ganze Nacht angezogen schlaflos auf der Pritsche. Morgens wurde ich herausgelassen und in einen großen Raum mit etwa einem Dutzend Schicksalsgenossen eingeschlossen. Man brachte mir ein großes Paket mit Eßwaren und Zigarren. Später erfuhr ich, daß unser guter Hausherr, Herr Vollmeier[2], Bessie angeboten hatte, mir das Paket in die Polizeidirektion zu bringen. Bessie hatte geglaubt, ich sei in wenigen Stunden wieder zurück. Es wurden 5 1/2 Monate daraus.

Gegen Abend wurde eine Liste verlesen. Mein Name stand darauf. Ich wurde zusammen mit anderen Gefangenen in das Cornelius-Gefängnis verbracht. Der Vorsteher war der Oberaufseher Haslbeck.[3] Seiner Freundlichkeit und Menschlichkeit sei hier ein Ehrenblatt der Dankbarkeit gewidmet. Er war, wie sich später herausstellte, ein Hitlergegner. Er gewährte mir jede denkbare Erleichterung. Ich durfte mich selbst rasieren. Ein Aufseher brachte mir den Rasierapparat mit Klinge jeden Morgen in die Zelle.

---

[1] Julius Gerstle (1893–1915), als Infantrist gefallen am 20. Juni 1915 bei Przemysl.
[2] Ludwig Vollmeier (1878–1949), Kaufmann, Besitzer des Hauses Kindermannstraße 4.
[3] Franz Haslbeck (1896–1970), Justizwachtmeister, seit 1935 Oberwachtmeister, 1938 Hauptwachtmeister, 1943 I.Wachtmeister, 1950 Verwalter, 1953 Oberverwalter, Pensionierung zum 31.12.1959. Sein bei der JVA München-Stadelheim vorhandener Personalakt bestätigt die Angaben Hirschbergs in wesentlichen Punkten. Haslbeck geriet wegen seiner humanen Dienstauffassung sogar in das Schußfeld nationalsozialistischer Kollegen.

Ein krimineller Gefangener beschwerte sich darüber, daß „der Jude" sich selbst rasieren dürfe, die anderen Gefangenen nicht. Oberaufseher Haslbeck spiegelte ihm vor, ich rasierte mich als frommer Jude nur mit Abbrennen des Bartes mit einem Pulver. Wenn ich etwas brauchte, telefonierte das Gefängnis an meine Wohnung. Nettie, die bei Bessie zu Besuch war, sagte, das sei ein „lustiges Gefängnis".

Es war aber nicht lustig. Ich bekam, da ich aus starker Aktivität plötzlich in hilfloseste Passivität versetzt war, das Gefühl, wie eine Fliege in einem Glasgefäß ohne Öffnung. Die Folge war eine qualvolle Schlaflosigkeit. Ich schrieb davon an Bessie. Die Gute sandte mir sofort eine Schachtel Phanodorm. Zum ersten Mal in meinem Leben genoß ich künstlichen Schlaf. Die Schlafmittel hielt Herr Haslbeck unter Verschluß, um Selbstmord zu verhüten, an den ich übrigens nie dachte.

Jeden 2. Abend bekam ich eine Pille. Dann schlief ich die Nacht durch. In den schlaflosen Nächten hatte ich alle Viertelstunden das Schlagen der Glocke unter dem Dach des Gefängnisses gezählt. Jede Viertelstunde fiel das Erz vom Turm in meine Einsamkeit. Ich konnte mir eine Zeitung halten und Bücher senden lassen. Das war nach der furchtbaren Untätigkeit eine große Erleichterung.

Glücklicherweise brachten die bereits gleichgeschalteten „Münchner Neuesten Nachrichten"[4] keine Berichte über die Bestialitäten, die schon damals an der Tagesordnung waren.[5] So wußte ich nicht, welche Bestialität damals schon herrschte. Nur daß Felix Fechenbach im August 1933 auf dem Transport in das KZ Dachau „auf der Flucht" erschossen worden war, erfuhr ich.[6]

Da ich nichts wußte, waren meine Briefe an Bessie idiotisch und meine blöden Fragen blieben unbeantwortet. Ich durfte täglich schreiben, aber jeder Brief sollte nur eine Seite lang sein. Haslbeck ließ mir sagen, ich könnte jeden Tag mehrere Briefe von einer Seite schreiben. Bessies Briefe waren meine seelische Nahrung. Es stand nicht viel darin, da sie ja zensiert wurden. Sie wußte nicht, daß Haslbeck meine und ihre Briefe meist persönlich zen-

---

[4] Paul Hoser, Die politischen, wirtschaftlichen und sozialen Hintergründe der Münchner Tagespresse zwischen 1914 und 1934. Methoden der Pressebeeinflussung. 2 Bände. Frankfurt u.a. 1990, hier: S. 1004–1027.

[5] Günther Kimmel, Das Konzentrationslager Dachau. Eine Studie zu den nationalsozialistischen Gewaltverbrechen. In: Martin Broszat und Elke Fröhlich (Hrsg.), Bayern in der NS-Zeit. Bd. II, München-Wien 1979, S. 349–413, hier: S. 353 ff. und Lothar Gruchmann, Die bayerische Justiz im politischen Machtkampf 1933/34. Ihr Scheitern bei der Strafverfolgung von Mordfällen in Dachau. Ebd. S. 415–428. Vgl. Lothar Gruchmann, Justiz im Dritten Reich 1933–1940. Anpassung und Unterwerfung in der Ära Gürtner. München 1988, S. 380 ff. und 632 ff.

[6] Hermann Schueler, Auf der Flucht erschossen. Felix Fechenbach 1894–1933. Berlin 1984 und Roland Flade, Leben und Tod Felix Fechenbachs. In: Felix Fechenbach, Der Puppenspieler. Ein Roman aus dem alten Würzburg. Hrsg. von Roland Flade und Barbara Rott. Würzburg 1988, S. 7–30.

sierte. Er mag wohl nie solche Briefe gelesen haben. Sie waren voll Liebeserklärungen und Zitaten aus Mörike, Shakespeare und Goethe.

Als Fritz Neuburger mir Grüße bestellen ließ, ließ ich ihm antworten:

> „Horatio, seit meine teure Seele Herrin war
> Von ihrer Wahl und Menschen unterschied,
> Hat sie dich auserkoren. Denn du warst,
> Als littst du nichts, indem du alles littest;
> Ein Mann , der Stöß' und Gaben vom Geschick
> Mit gleichem Dank genommen ...
> Gebt mir den Mann, den seine Leidenschaft
> Nicht macht zum Sklaven, und ich will ihn hegen
> Im Herzensgrund, ja in des Herzens Herzen.
> Wie ich dich hege." Hamlet III 21.

Ich habe diese Worte an seinem Sarge in New York gesprochen, als er mir im Februar 1945 entrissen wurde.

Die größte Qual war die Enge der Zelle mit ihrer erdrückenden Einsamkeit und Lautlosigkeit. Deshalb war es eine unbeschreibliche Erleichterung, als mich der Oberstaatsanwalt Dr. Heyn[7] nach Zellenschluß abends 5 Uhr ans Gitter hinunterrufen ließ und mich höflich fragte, ob ich irgendwelche Beschwerden oder Wünsche hätte; ich bat ihn, tagsüber in einem größeren Raum sitzen zu dürfen. Seitdem wurde ich morgens immer in eine größere Schreibstube gelassen, wo ich lesen und schreiben konnte.

Als dies gegen Schluß meiner Haftzeit nicht mehr gestattet wurde, wies mir Herr Haslbeck eine große Zelle an, die für vier Gefangene bestimmt war, sodaß ich sogar auf- und abgehen konnte. Ich erhielt sogar das Privileg, bis 10 Uhr nachts Licht haben zu dürfen, während sonst um 9 Uhr gelöscht wurde. Dadurch wurden die einsamen Nächte kürzer.

Ich ließ mir Bücher kommen. Aber es war kein rechtes Lesen. Es war ähnlich wie im Weltkrieg: Wenn man nicht weiß, ob man morgen noch lebt, haben Bücher wenig Sinn. Unglücklicherweise hatte ich den „Fall Mauritius" von Jakob Wassermann[8] bestellt, der nicht die heiterste Lektüre war, und den „Till Eulenspiegel" von De Coster[9], den ich nach der Folterszene wieder weglegte.

---

[7] Albert Heyn (1879–1959), Dr. iur., 1905 Assessor, 1909 II. Staatsanwalt, 1911 Rat am Amtsgericht München, 1920 I. Staatsanwalt München II, 1926 Rat am Landgericht München I, 1930 Oberstaatsanwalt München I, 1933 Rat am Oberlandesgericht München.

[8] Jakob Wassermann (1873–1934), deutsch-jüdischer Schriftsteller, vom Nationalsozialismus verfemt, Roman „Der Fall Mauritius" (1928).

[9] Charles De Coster (1827–1879), belgischer Schriftsteller, Roman „Till Eulenspiegel" (1868, deutsch 1909).

Ich bekam auch Bücher aus der lustigerweise noch nicht gleichgeschalteten Gefängnisbibliothek, darunter den „Jahrgang 1902" von Ernst Glaeser[10] und, wenn ich mich recht erinnere, den „Braven Soldaten Schwejk".[11] Glücklicherweise wurde meine Zelle nie von der SS auf verbotene Bücher kontrolliert.

Durch den ständigen Druck bekam ich eine Schwellung am Kiefer, die mir große Qualen verursachte. Ich erhielt die Erlaubnis, zum Dentisten geführt zu werden. Mein Zahnarzt Dr. Berten[12] bestellte mich immer gegen Abend nach seiner Sprechstunde. Geführt von einem Polizeibeamten wanderte ich durch die Straßen, die in einem Meer von Hakenkreuzfahnen ganz gespenstisch wirkten, wie im Albtraum. Es war eine Erlösung, geradeaus gehen zu können. Als mich einmal SS-Leute im Auto hinfuhren, bat ich auf dem Rückweg, ein Stück zu Fuß gehen zu dürfen. Erst lehnten sie ab, dann hielten sie aber an und ließen mich ein Stück weit gehen. Jedesmal wurde ich verwarnt, daß bei einem Fluchtversuch geschossen werde.

Ich durfte mich selbst verpflegen. Ich bekam von einem nahen Wirtshaus Mittag- und Abendessen geschickt. Bessie brachte selbst oder sandte mir durch meinen Sohn täglich eine Thermosflasche mit Milchkaffee. Der gute Haslbeck sagte öfters: „Tragen Sie's dem Herrn Dr. schnell hinauf, bevor sie kalt wird."

Der Engel, der sich zu der verdammten Seele ins Fegefeuer hinunterneigt, kam. Ich hatte zum ersten Mal Besuch von meinem Schulkameraden und Kollegen Georg Krauss[13] gehabt. Er konnte nicht viel sagen, weil ein SS-Mann dabeisaß. Er beging später mit seiner Frau Selbstmord.[14]

Ein oder zwei Tage später sperrte nachmittags ein Aufseher meinen Büroraum auf , in dem ich ziemlich verdöst am Tisch saß, und sagte: „Kommen Sie herunter, Besuch ist da!" Ich verstand erst nicht, was er sagte, bis er es wiederholte. Dann ging ich hinunter. Da stand, in einer blendenden Gloriole wie der Engel der Verkündigung auf den alten Bildern, meine unsterbliche Geliebte, schön in einem Frühlingskleid. Wir durften uns ohne Gitter sprechen. Sie hatte bei einem Nazi auf der Polizei zu ihrer grenzenlosen Überraschung eine Sprechkarte bekommen. Herr Haslbeck hatte sie warten

---

[10] Ernst Glaeser (1902–1963), Schriftsteller und Theatermann, wegen der Bücherverbrennung 1933 in die Schweiz emigriert, 1939 Rückkehr nach Deutschland, 1943 Publikationsverbot, Roman „Jahrgang 1902" (1928), großer Erfolg der Weimarer Republik.

[11] Jaroslav Hasek (1883–1923), tschechischer Schriftsteller, Satiriker, unvollendeter Roman „Abenteuer des braven Soldaten Schwejk im Weltkriege" (1921, deutsch 1926).

[12] Wilhelm Berten (geb. 1883), Dr. med. dent. in München, Sendlinger Torplatz (bis 1932), Leopoldstraße 4 (1935).

[13] Georg Krauss (1883–1939), Rechtsanwalt in München, Mitglied des Vorstands der Anwaltskammer.

[14] Hirschberg irrt sich hier, weder Georg Krauss, noch seine Ehefrau Johanna, geb.Wessinger (1876–1937), sind nach den vorliegenden Unterlagen durch Selbstmord gestorben.

lassen, bis alle Besucher fort waren, damit wir uns ohne Gitter sprechen könnten.

Einmal war ich Sonntags sehr aufgeregt, weil der tägliche Brief Bessies ausgeblieben war. Nach Zellenschluß sperrte Haslbeck bei mir auf und brachte mir ihren Brief. Er sagte: „Ich höre, Sie haben sich aufgeregt, weil Sie keinen Brief Ihrer Frau bekommen haben. Er ist da, ich habe ihn rasch zensiert und bringe ihn Ihnen."

Baden durfte ich in einer Wanne, während die anderen Gefangenen meist nur Duschen bekamen. Alle diese Vergünstigungen brachten Herrn Haslbeck geradezu in Gefahr, zumal einer der zwei Aufseher Nazi war und ihn denunzieren konnte. Einmal wurde an einem Feiertag ein Radio auf dem Gang angedreht, das irgend welche belanglose Musik dröhnte. Musik im Gefängnis erschütterte mich heftig.

Durch die Vergünstigungen und die Aussicht auf weitere Besuche Bessies überstand ich die Haft ohne Schädigungen. Ich hatte das dumpfe Gefühl, in Lebensgefahr zu sein. Aber glücklicherweise wußte ich nicht, wie groß diese Gefahr der Ermordung war. Die arme Bessie litt noch mehr als ich. Sie wußte mehr und zitterte um mein Leben. Erst nach meiner Entlassung berichtete mir ein Kollege[15], der Jungdemokrat gewesen war und den unglücklichen Werner Abel[16] im Meineidsverfahren verteidigt hatte, er habe einen sehr hohen Nazi in der Polizeidirektion als Freund. Dieser habe ihn selbst durch ein Telefongespräch aus der Haft befreit. Dieser habe ihm gesagt: „Der einzige Fall von echter Schutzhaft in ganz Bayern ist der des Dr. Hirschberg. Wir haben ihn so lange in Haft gehalten, weil ihn Ernst Röhm aus Rache für den Prozeß über seine Homosexualität unbedingt nach Dachau bringen wollte, um ihn dort ermorden zu lassen."

Eine Verteidigung gab es im Schutzhaftverfahren nicht. Unmittelbar nach meiner Verhaftung hatte mein Sozius Dr. Löwenfeld eine Besprechung auf der Kanzlei einberufen. Anwesend waren die treue und mutige Liesel Kohn, unsere Assistentin, und die Kollegen von Scanzoni[17] und Graf Pestalozza. Dr. Löwenfeld ersuchte erst von Scanzoni, meine Verteidigung zu überneh-

---

[15] Kurt Erhardt (1886–1966), Dr. iur., Rechtsanwalt in München, in Schutzhaft vom 28. März bis 1. April 1933, StAM, Polizeidirektion München 8564, Nr. 4793.

[16] Der Journalist Werner Abel (1902–1935) hatte in einem Prozeß um die Finanzierung der NSDAP mit Auslandsgeldern aufsehenerregende Aussagen zu Ungunsten der Partei gemacht. Auf Betreiben Hitlers wurde er deshalb 1932 wegen Meineids angeklagt und verurteilt. Vgl. dazu die Angaben oben Kapitel 7, Anm. 51.
Die Akten des Meineidsprozesses sind nicht mehr vorhanden, Ersatz bieten die Unterlagen BayHStA, Abt.V, Sammlung Personen 3528 bzw. Presseausschnittsammlung 1205 und die Aussage Hitlers in: Klaus Lankheit (Hrsg.), Hitler. Reden, Schriften, Anordnungen 1925–1933. Bd. V/1: April 1932–September 1932. München u.a. 1996, Dokument 88, S. 159–163 nebst den zugehörigen Anmerkungen.

[17] Gustav Scanzoni von Lichtenfels (1885–1977), Dr. iur., seit 1911 Rechtsanwalt in München.

men. Dieser drehte und wendete sich und sagte, er würde sie gerne für den hochgeschätzten Herrn Kollegen übernehmen, aber seine Frau, die Prinzessin[18], habe ihm gedroht, sich von ihm scheiden zu lassen, wenn er jetzt einen Juden und noch dazu einen Sozialisten vertrete. Darauf sagte Graf Pestalozza, der selbst schwer gefährdet war: „Also reden wir nicht lang. Ich übernehme seine Verteidigung." Er konnte natürlich nichts tun, als Bessie beruhigen und trösten.

Später engagierten Bessie und Liesel einen Rechtsanwalt Dr. Friedenreich[19], der mit der Gestapo als Jude zusammenarbeitete. Ich will über ihn nicht aburteilen. Die Frage, ob ein Jude sich von der Gestapo benützen lassen darf, wodurch er anderen Juden unter Umständen das Leben retten kann, ist sehr kompliziert. Für mich wäre eine solche Zusammenarbeit natürlich unmöglich gewesen. Er ließ mir sagen und kam auch einmal selbst, um es mir zu sagen, es werde nicht mehr lange dauern.

Der mutige Kollege Krauss schleppte den alten Justizrat Gaenssler[20], Vorstandsmitglied der Anwaltskammer, auf die Gestapo. Mit zitternden Knien ging er mit. Er sagte, die Anwaltskammer verlange, daß gegen mich ein Verfahren eingeleitet werde, wenn aber kein Verfahren gegen mich möglich sei, verlange sie, daß ich freigelassen werde. Sie habe beschlossen, mich als Anwalt wieder zuzulassen und trete daher für mich ein.[21]

Viel später habe ich erfahren, daß meine Rettung in erster Linie der Frau des Dr. med. Kassenetter[22] zu verdanken war, den ich kurz vor der Machtergreifung zusammen mit Rechtsanwalt von Scanzoni in einer Disziplinarsache verteidigt hatte. Nach dem Tod ihres Gatten hatte sie einen Reichsgrafen Kaunitz geheiratet.

Die „Sonntagspost" in München berichtete in ihrer Nummer 28 vom 28. November 1953: „Der eine der Verteidiger des Dr. Kassenetter, der jüdi-

---

18 Hirschberg irrt sich hier: Scanzoni war in erster Ehe mit Amalia, geb. Prinzessin von Fürstenberg (1884–1929) verheiratet. 1933 kann es sich nur um seine zweite Frau Rosario, geb. Freiin von Landsberg-Velen (geb. 1906) gehandelt haben.

19 Martin Friedenreich (1897–1962), seit 1924 Rechtsanwalt in München, 1935 Umzug nach Paris, nach 1945 Wiederzulassung in München. Der im Stadtarchiv München vorliegende Personalakt Friedenreichs der Anwaltskammer München enthält Hinweise auf die angesprochene Problematik seiner Zusammenarbeit mit Nazistellen.

20 Max Gaenssler (1872–1945), Dr. iur., seit 1898 Rechtsanwalt in München, im Vorstand der Anwaltskammer seit 1927.

21 Die Vorgänge sind in der Einleitung ausführlich erörtert worden. Vgl. BayHStA, MJu 21015, und Robert Heinrich, 100 Jahre Rechtsanwaltskammer München. Festschrift. München 1979, S. 105–107.

22 Joseph Kassenetter (1890–1943), Dr. med., Röntgenologe in München, bis 1940 verheiratet mit Josephine, geb. Kellnberger, seit 1944 verheiratete Gräfin Wrbna-Kaunitz-Freudenthal (1896–1973). Dr. K. hatte auf Grund fehlerhafter Abrechnungen vorübergehend die Kassenzulassung verloren und sie mit Hilfe Hirschbergs anscheinend zurückbekommen. Zu Einzelheiten vgl. StAM, Polizeidirektion München 15583, wo auch die Rolle von Josephine K. nach 1945 im Zusammenhang der Vermögensverwaltung von Mitgliedern des Hauses Wittelsbach erörtert wird.

sche Rechtsanwalt Dr. Hirschberg, war ein glühender Gegner des National-
sozialismus gewesen und dieser Haß wurde von Tag zu Tag gefährlicher.
Denn die Wolken eines politischen Gewitters ziehen sich bereits über
Deutschland zusammen, das sich am 9. März 1933 auch in Bayern entlädt.
An diesem Tag gibt kein Mensch mehr etwas für das Leben dieses jüdischen
Rechtsanwalts, der verhaftet worden ist und sein sicheres Ende vor Augen
hat. Ebenso sicher ist er selbst, daß kein Mensch auf dieser Erde ihm noch
helfen kann. Aber er hat nicht mit Frau Josephine Kassenetter gerechnet.
Hier beweist sich zum ersten Male sichtbar eine ihrer hervorstechendsten Ei-
genschaften: bedingungslose und sich selbst nicht schonende Freundestreue."

Der Artikel schildert dann, wie sie sich bei dem Reichsschatzmeister
Schwarz[23] und anderen Naziführern solange für mich eingesetzt hat, bis ich
freigelassen wurde. Ich habe dieser Frau dann einen Brief geschrieben, als
ich das gelesen hatte. Sie hat bescheiden abgelehnt, meinen Dank verdient
zu haben.[24]

In den letzten Wochen hatte ich von den Fenstern der großen Zelle aus einen Blick auf die gegenüberliegenden Häuser. Es war verboten, zum Fenster
hinauszuschauen. Man lernte aber sehr schnell die kleinen Tricks des Gefangenen. Man hörte den nächtlichen Schritt der Wache auf dem Gang. Wenn er
sich entfernte, stieg man auf einen Stuhl und schaute hinaus. Wie in dem
Stück „Die Verbrecher" von Ferdinand Bruckner[25] ging das Licht in einem
Fenster an, ein Mann las Zeitung oder eine Frau kleidete sich aus. Dann er-
losch das Licht und ein anderes Zimmer wurde hell.

In der Haft hatte ich glühende Tagträume. Es waren fast immer italienische oder schweizer Landschaften, die sich sonnig vor meiner glühenden
Sehnsucht auftaten. Keine deutschen. Ich begann Italienisch zu lernen, weil
ich annahm, daß wir nach Italien auswandern würden. Mit einem Lexikon
übersetzte ich die Novellen von Luigi Pirandello.[26] Das lenkte mich ab und
erfreute mich durch die spielende Leichtigkeit meiner Fortschritte. Einmal
schrieb mein Söhnchen, er sei so glücklich wie nie in seinem Leben. Der naive Satz erschütterte mich sehr. Durch eine Andeutung in einem Briefe Bessies erfuhr ich, daß Philipp Löwenfeld in die Schweiz entkommen war.[27] Das
erregte mich sehr.

---

[23] Franz Xaver Schwarz (1875–1947), 1922 Eintritt in die Partei, seit 1925 Schatzmei-
ster, 1933 MdR, Reichsleiter, 1943 SS-Obergruppenführer.
[24] Die entsprechenden Schreiben konnten nicht ermittelt werden.
[25] Ferdinand Bruckner, eigentlich Theodor Tagger (1891–1958), Schriftsteller, Dramatiker, 1933 Emigration nach USA, 1951 Paris; justizkritisches Drama „Die Verbrecher" (1929). Das Stück erzeugte u.a. auch in München Ende 1929 einen Theater-
skandal, in dessen Verlauf Max Hirschberg die Münchner Kammerspiele ohne Erfolg als Anwalt vertrat; vgl. StAM, Polizeidirektion München 4603 und Klaus Peter-
sen, Literatur und Justiz in der Weimarer Republik. Stuttgart 1988, S. 83.
[26] Luigi Pirandello (1867–1936), italienischer Schriftsteller und Dramatiker, 1934 Literatur-Nobelpreis, „Novelle per un anno", 15 Bände (1922–1937).
[27] Löwenfeld schildert seine dramatische Flucht in seinen Memoiren, S. 936–941.

Einmal an einem regnerischen Sonntagvormittag ließ mir Herr Haslbeck sagen, ich solle nicht am Spaziergang der Gefangenen teilnehmen, sondern in meiner Zelle bleiben. Ich geriet in Panik. Ich glaubte, ich komme fort, vermutlich nach Dachau. Da ich in höchster Gefahr zu sein glaubte, versuchte ich zu beten. Aber es ging nicht. Mein Atheismus blieb unerschüttert. Dann kam der gute Haslbeck und beruhigte mich, er habe mir nur den Gang im Regen ersparen wollen.

Am 1. Mai 1933 waren viele politische Gefangenen entlassen worden. Immer mehr wurden dann freigelassen. Das beunruhigte mich. Schließlich war ich monatelang der einzige politische Gefangene im Cornelius-Gefängnis. Ich überhäufte die unglückliche Bessie und Pestalozza im Stillen mit Vorwürfen, daß sie nichts für mich täten, während mein Engel sich in den Gängen der Polizei und den Vorzimmern der neuen Machthaber vor Angst verzehrte.[28]

Ich hatte eine leichte Haftpsychose und wußte nicht, was draußen vorging. Aber ich sagte zu ihr bei ihrem letzten Besuch im August: „Wenn ich jetzt freigelassen werde, schüttle ich mich wie ein Hund, der aus dem Wasser kommt, und alles ist vergessen." Tatsächlich blieb ich körperlich und seelisch völlig unbeschädigt. Nur Angstträume blieben für immer haften. Natürlich war das, was ich durchmachte, ein Kinderspiel gegen das, was andere Hitlergegner erlitten.

Mitte August sagte Haslbeck zu mir: „Was ist eigentlich mit Ihnen los? Seit Monaten sind Sie der einzige politische Gefangene hier. Ich will mal bei der Polizei anfragen." Mit Galgenhumor erwiderte ich: „Herr Oberinspektor, ich bin nie im Leben zudringlich gewesen. Wenn ich Ihnen lästig bin, brauchen Sie mir nur das Tor aufzusperren und ich gehe sofort."

Am Abend des 22. August sagte Haslbeck, als ich mein Schlafmittel holte: „Wollen Sie noch eins? Ich glaube, morgen Früh ist es soweit!" Er fügte hinzu, ich hätte mich bisher gut gehalten, ich solle in der letzten Nacht keine Schwierigkeiten machen. Ein weiser Rat. Meine Erregung wuchs und wuchs. Aber ich hielt stand. Ich packte meine Sachen mit zitternden Händen.

Am 23. August 1933 war ich beim Spaziergang. Ein Aufseher sagte, ich solle in die Kanzlei kommen, die Entlassung sei da. Ich rannte hinüber. Haslbeck war nicht da, offenbar damit ich ihn nicht durch Dankesworte kompromittieren sollte. Ich bat, um ein Auto zu telefonieren. Ich bekam meinen Paß und meine Sachen, stürzte ins Taxi und sagte: „Kindermannstraße 4". Wie in einem Fiebertraum rasten die Straßen an mir vorüber. Ich schwebte. Ich kam an.

Ich trat ins Haus. Bessie stand da, auch Ania Steiner[29], die aber taktvoll verschwand. Im Korridor stand mein 12 Jahre altes Söhnchen. Ich kniete vor

---

[28] Der Personalakt Hirschbergs, BayHStA, MJu 21015, beinhaltet einen Großteil der Aktivitäten, die zu seinen Gunsten unternommen wurden.

[29] Ania Steiner, Hausgehilfin; weitere Daten konnten nicht ermittelt werden.

ihm nieder und drückte es beseligt an mein Herz. Bessie war zum Skelett abgemagert. Sie sagte, wir sollten nicht in der Wohnung bleiben. Wir würden zum Mittagessen zu Fritz Neuburger fahren, um alles zu beraten. Dort war auch Liesel Kohn, strahlend, begeistert über meine Rettung aus der Gefahr, deren Größe ich kaum geahnt hatte.

Nach dem Mittagessen kam Dr. Friedenreich. Obwohl ihm Liesel Kohn wütend abwinkte, unterbreitete er mir eine Weisung und Offerte der Gestapo. Die Weisung lautete: „Ich solle in München bleiben und meine Anwaltskanzlei weiterführen." Die Offerte lautete: „Wenn ich der Gestapo ein Auto kaufe, würde ich wie Dr. Friedenreich Zugang zur Gestapo bekommen und Juden vertreten dürfen; wenn ich aber ein wertvolles Auto liefern würde, bekäme ich eine Art Schutzbrief und freien Zugang zu den Gefangenen."

Ich lehnte sofort und ohne zu zögern ab, einen confidence man[30] der Gestapo Hitlers zu machen. Liesel hatte Dr. Friedenreich einige Tausend Mark bezahlt, die vermutlich größtenteils Bestechungsgelder für die Nazigrößen zur Stützung ihrer „moralischen Erneuerung" im Dritten Reich gewesen waren. Ich zahlte ihr den Betrag zurück.

Ich erfuhr, daß Fritz Neuburger während meiner Haft Bessie gefragt hatte, ob sie unauffällig einen größeren Betrag abheben könne. Sie hatte 10000 Mark in bar zu Hause. Später hätte man solche Beträge als Jude nicht mehr abheben können. Mit diesen 10000 Mark ging Fritz auf einem geheimen Weg illegal in die Schweiz, zahlte den Betrag mit ca. 8000 Schweizer Franken auf einem Konto für uns ein und kam illegal nach München zurück. Solche Freunde hatte ich.

Das Schicksal lohnte ihm das. Als später die Gestapo kam, um ihn zu verhaften, sagte der ihm ergebene Hausmeister, er sei längst im Ausland. In Wirklichkeit lag er oben im Bett. Die Gestapo glaubte dem Hausmeister und ging weg, ohne oben nachzuschauen. Er flüchtete sofort in die Schweiz. Später kam er nach New York, wo er im Februar 1945 an einer Gehirnblutung gestorben ist. Ich konnte ihm beistehen. Ich war mit Clairisse in seiner Sterbenacht bei ihm. Er starb langsam, aber völlig bewußtlos. Alle zwei Stunden bekam er eine Einspritzung, um ihn bewußtlos zu halten. Gegen Morgen bäumte er sich und lag dann still. Clairisse und ich hatten ihn die letzten Wochen abwechselnd behütet.

[Folgen weitere Einzelheiten zum Tod Fritz Neuburgers.]

Nach dem Mittagessen gingen Bessie und Erich mit mir durch den Englischen Garten. Es war seltsam erlösend, geradeaus gehen zu können. Dieses Gefühl hielt einige Zeit vor. Jakob Wassermann hat es in seinem herrlichen „Fall Mauritius" beschrieben.

Nach einigen Tagen fuhr ich in die Kanzlei. Liesel Kohn und die Angestellten hatten meinen Schreibtisch mit Blumen geschmückt. Es war einer

---

[30] Vertrauensmann, V-Mann.

der seltenen Augenblicke meines Lebens, in denen ich in Tränen ausbrach. Dann begann ich meine Scheintätigkeit.

Ich durfte als Jude eigentlich nur noch Juden vertreten. Ein Professor der Technischen Hochschule, den ich in einer Zivilsache vertrat, kam totenbleich zu mir. Die Hitlerbehörden hatten ihn gefragt, ob er nicht wisse, daß er als Arier keinen jüdischen Anwalt haben dürfe. Er hatte erwidert, er dürfe sich wohl seinen Anwalt aussuchen. Der Nazibonze habe geantwortet: „So? Wir können uns auch unsere Professoren aussuchen, verstanden?" Ich riet ihm natürlich, mir das Mandat zu kündigen und es meinem Freund Graf Pestalozza zu geben. Intern könnte ich mitarbeiten.

Ein Wort des ehrfurchtsvollen Gedenkens für meinen Freund Pestalozza. Er war selbst schwer gefährdet, beriet aber Bessie während meiner Haftzeit. Als ich entlassen war, suchte ich ihn abends in seiner Wohnung auf. Er sagte gerührt: „Da ist er!" und berührte mich zärtlich an der Wange. Er war ein reiner gläubiger Mann.

Kurz vor der Machtübernahme hatte er einen jungen Juden zu vertreten.[31] Eine Putzfrau hatte ihn beschuldigt, er habe einen Notzuchtversuch an ihr begangen, als er allein mit ihr in der Wohnung war. Pestalozza sagte, die Verantwortung sei ihm zu groß, er wolle mich als Mitverteidiger. Der „Völkische Beobachter" hatte die Sache groß aufgezogen. Den Vorsitz hatte der gesinnungslose Oberlandesgerichtsrat Neithardt, der Rechtsbeuger im Hitlerprozeß. Beisitzer war ein Berufsrichter, den ich für unparteiisch hielt. Der Laienbeisitzer war ein Parteigenosse von der SPD. Ich plädierte nach dem banalen Erfahrungssatz: Wo nicht geschrien wird, liegt keine Notzucht vor. Die Wohnung war im Parterre gelegen. Die Putzfrau gab zu, nicht geschrien zu haben. Das Gericht sprach den angeklagten Juden frei und gab ihm nur eine Minimalstrafe wegen tätlicher Beleidigung. Zu seinem Glück ging er gleich ins Ausland.

Nach der Verhandlung sagte ich dem Parteigenossen, sicher habe doch Neithardt für Verurteilung gestimmt und der objektive Beisitzer für Freisprechung? Er teilte mir mit, es sei gerade umgekehrt gewesen. Auch ein Beitrag zur Richterpsychologie!

Ich konnte zunächst Hitlerdeutschland nicht verlassen. Man brauchte ein Ausreisevisum in seinem Paß. Ich ließ durch Friedenreich ein solches beantragen. Die Gestapo (ohne Hirschberg-Auto) lehnte ab, ich solle unter ihrer Aufsicht bleiben. Ein illegales Verlassen des Landes mit Frau und Kind wäre zu gefährlich gewesen. Ich bewegte mich in einem trügerischen Gefühl momentaner Sicherheit. Ich fuhr täglich in die Kanzlei. Die große Praxis war natürlich vernichtet, aber selbst ihre Überreste gaben eine Art Beschäftigung. Es war auch eine Art Willenslähmung. Sie ist ein gefährliches Symptom des Ausweichens und Vertagens, das Millionen Opfern später das Leben gekostet hat.

---

[31] Die zugehörigen Akten konnten nicht ermittelt werden.

In dieser gefährlichen Situation rief mich mein Freund Karl Löwenstein an. Er bat mich, ihn in einem Kaffee beim Bahnhof zu treffen. Er teilte mir mit, er habe eine Berufung an die Universität Harvard.[32] Er reise bald ab. Er sei zu dem Dekan Professor Kisch[33] der Münchner Universität gegangen und habe erklärt: „Herr Geheimrat, bei meiner Bestellung als Privatdozent muß-te ich eine Verpflichtungserklärung unterzeichnen; sie besagt, wenn ich einen Ruf an eine andere Universität erhalte, würde ich der Münchner Universität das Vorrecht lassen, zu den gleichen Bedingungen in den Vertrag einzutre-ten. Ich habe einen Ruf an die Universität Harvard mit X-Tausend Dollar Gehalt als Professor. Ich gebe hiermit der Universität München das Recht, in diesen Vertrag einzutreten."

Geheimrat Kisch, später auch eine Leuchte des Dritten Reiches, erwiderte mit gezwungenem Lächeln: „Herr Kollege, ich sehe mit Freuden, daß Sie in diesen ernsten Zeiten Ihren Humor nicht verloren haben."

Karl Löwenstein sagte mir, ich sei scheinbar der irrigen Meinung, daß ich durch meine Haftentlassung außer Gefahr sei. Das sei ein gefährlicher Irr-tum. Er beschwöre mich, mit meiner Ausreise nicht zu lange zu zögern. Ich erwiderte: „Das klingt ja wie das Gespräch zwischen Oranien und Egmont." Er sagte: „Das soll es auch sein!" Seine Warnung peitschte mich aus meiner Lethargie auf. Vielleicht hat sie mir das Leben gerettet, denn am 30. Juni 1934 wäre vermutlich auch die Rechnung mit mir beglichen worden, wie mit so vielen Hitlergegnern.[34] Das Gespräch fand im Januar 1934 statt.

Ab 1. Januar 1934 brauchte man kein Ausreisevisum mehr. Ich fuhr mit meinem deutschen Paß allein heimlich nach Mailand. Dort hatte Lavinia Mazzucchetti[35] mit dem antifaschistischen Anwalt Eucardio Momigliano[36], Via Camperio 11, gesprochen, ob er mich in seine Kanzlei aufnehmen würde. Sie stellte mich vor. Da ich noch wenig Italienisch sprach, dolmetschte sie.

---

[32] Löwenstein emigrierte 1933 nach USA und war von 1934–1936 Professor an der Universität Yale.

[33] Wilhelm Kisch (1874–1952), seit 1916 Professor für Zivilrecht an der Universität München, 1933–1935 Vizepräsident der Akademie für Deutsches Recht unter Hans Frank, später Rücktritt und Aufgabe der Lehrtätigkeit infolge zunehmender Distanz zum Nationalsozialismus.

[34] Otto Gritschneder, „Der Führer hat Sie zum Tode verurteilt ...". Hitlers „Röhm-Putsch" – Morde vor Gericht. München 1993 bringt S. 60–62 eine „Liste der Ermor-deten", die immerhin 90 Namen umfaßt.

[35] Die Freundin von Hirschbergs Schwägerin Nettie Katzenstein Lavinia Mazzucchetti (1889–1963), italienische Germanistin, Essayistin und Übersetzerin, die seit Ende des Ersten Weltkriegs u.a. Thomas Mann übersetzte und mit ihm seit 1918 befreundet war. Vgl. Thomas Mann, Tagebücher 1933/34, hrsg. von Peter de Mendelssohn. Frankfurt 1977, S. 13, 16, 42, 44, 59, 104, 119, 183 f., 250, 253, 559, 589, 610 f. und 623. Hirschberg hatte sie während eines Italienurlaubs (Kap. 12) kennengelernt.

[36] Eucardio Momigliano (geb. 1888), Rechtsanwalt in Mailand, auch literarisch tätig. Vgl. Chi è? Dizionario degli Italiani d'oggi. Roma ²1931, S. 503; zu seinen dort ge-nannten Veröffentlichungen kommt noch das Nachkriegswerk: Storia tragica e grot-tesca del razzismo fascista. Milano 1946.

Momigliano sagte: Hier ist ein Zimmer für Sie, hier ist Ihr Schreibtisch, alles ohne Bezahlung, kommen Sie und fangen Sie an."

Lavinia Mazzucchetti, eine glühende Antifaschistin, war die bedeutendste Übersetzerin Italiens für deutsche Literatur. Sie hatte für ihre Übersetzung des Faust den Goethepreis bekommen. Sie und ihre Freundin Dora Mitzky[37] waren ganz entsetzt, als sie hörten, daß ich noch einmal nach München zurückfahren wolle. Ich konnte aber Bessie und den Sohn nicht allein ausreisen lassen. Vielleicht hätten die Nazibehörden sie festgehalten, wenn ich nicht zurückgekommen wäre.

Während meiner Abwesenheit brannte Nachmittags auf meine Anordnung Licht in meinem Arbeitszimmer. Die Kanzlei lag nämlich gegenüber der Münchner Gestapo, die im Wittelsbacher Palais in der Briennerstraße hauste. Sie scheint von meiner Reise und meinen Auswanderungsplänen keine Ahnung gehabt zu haben. Das war meine Rettung. Denn als ich ihr entkommen war, wurde an allen deutschen Grenzstationen ein Haftbefehl gegen mich erlassen, für den Fall, daß ich noch einmal einreisen sollte.

Ich machte zum Schein noch Praxis und ging auch zu Gericht. Dort war Vorschrift, daß alle im Gerichtssaal anwesenden Anwälte und Zuhörer beim Erscheinen des Gerichtshofes aufstehen und den Hitlergruß mit erhobenem Arm abgeben sollten. Als das Gericht erschien, taten es alle Anwesenden, ein jüdischer Geheimrat besonders stramm. Ich stand da und tat es nicht. Ich konnte nicht. Der Vorsitzende schaute auf mich, zögerte einen Augenblick und sagte dann nur: „Die Sitzung ist eröffnet!" Bald darauf wurde verordnet, daß die jüdischen Anwälte den Hitlergruß nicht abzugeben hätten.[38]

Wir trafen insgeheim unsere Vorbereitungen. Daß ich unter Hitler nicht leben und Anwalt spielen konnte, wurde immer klarer. Einmal kam eine biedere Frau, die mir eine Prozeß-Sache übertragen wollte. Ihr Mann war Mitglied der NSDAP. Ich leierte den vorgeschriebenen Satz herunter: „Ich mache Sie darauf aufmerksam, daß ich Jude bin und daß Sie Ihre Sache einem arischen Anwalt übertragen sollten." Sie sagte: „Mein Mann ist in der Partei, ich kann tun, was ich mag. Ich habe einen Anwalt, der ist aber nur Halbjude. Ich will aber einen volljüdischen Anwalt, das sind die schlauesten." Alles wurde immer unerträglicher.

Wir beschlossen, unser Umzugsgut nicht mitzunehmen. Unsere Lotte sollte es nachschicken. Sie lebte seit meiner Verhaftung bei ihrem Onkel in Fürth, um mich zu entlasten. Wir suchten das Umzugsgut zu verkleinern. Ich fuhr mit einem Koffer voll wertloser Bücher zu einem Antiquar in die Schel-

---

[37] Dora Mitzky (geb. 1887), Dr. phil., seit 1913 in München lebende Österreicherin, später Lektorin für Germanistik an der Universität Mailand, Freundin von Nettie Katzenstein.

[38] Bekanntmachung des bayerischen Justizministeriums „über Würde und Ordnung im Gerichtssaal" vom 19. Oktober 1933, Druck: Bayerisches Justizministerialblatt NF Bd. V (1933), S. 104 f.

lingstraße, um sie zu verkaufen. Er sagte: „Wieviel Pfund sind es?" Er erklärte auf meine erstaunte Frage, er kaufe nur nach dem Gewicht. Auch ein Kul-
turzeichen des Dritten Reiches.

Einen Porzellanpapagei und andere Sachen verkauften wir. Am Abend
vor unserer Abreise kam eine dankbare Klientin. Sie brachte in Papier ein-
gewickelt ein Abschiedsgeschenk. Es war genau derselbe Papagei, wie wir
ihn eben verkauft hatten. Als ich ihn heimbrachte, hatte ich einen fast ebenso großen Heiterkeitserfolg wie seinerzeit, als ich mit meiner „Erbschaft"
von 20 Bierkrügen aller Größe und einem mottenzerfressenen Pelzmantel im
Taxi vorfuhr. Wenn ich solche Kleinigkeiten erwähne, entschuldige ich mich
mit dem Satz Schopenhauers, daß für einen Augenblick der Heiterkeit auch
auf den ernstesten Blättern Platz ist.

Ich erfuhr allmählich einige der Bestialitäten, die die Nazibanden an Juden und politischen Gegnern bereits 1933 begangen hatten. Den Rechtsanwalt Dr. Strauß[39] hatten sie, weil er unglücklicherweise ein Verhältnis mit einer arischen Frau gehabt hatte, die ein SS-Mann auch begehrt hatte, in Dachau mit Nagelstiefeln auf den Bauch getrampelt, bis die Gedärme heraus-
traten. Den kleinen ängstlichen Rechtsanwalt Dr. Feust[40] hatten sie in Dachau in eine Jauchegrube getunkt. Er starb an Lungenentzündung. Viele andere Juden waren bestialisch ermordet worden.

Ich bin später immer in Wut geraten, wenn in den Wiedergutmachungssachen eingewendet wurde, 1933 habe es noch keine Gewalttaten gegen Juden
gegeben. Ein Anwalt in Königsberg hatte sich bei dem Verhaftungsversuch
hinter seiner Haustüre verbarrikadiert und herausgeschossen, bis sie ihn er-
legten. Es gab überhaupt vereinzelt mutige Juden. In Nürnberg hatte ein
Rechtsanwalt Josephthal[41] den berüchtigten Streicher[42] vor der Machtübernahme mit der Reitpeitsche gezüchtigt. Streicher hatte Respekt vor ihm und
ließ ihn später nicht verhaften.

---

[39] Alfred Strauß (1902–1933), Dr. iur., seit 1928 Rechtsanwalt in München, am 24. Mai
1933 im KZ Dachau ermordet; Einzelheiten bei Robert Heinrich, 100 Jahre Rechtsanwaltskammer in München. Festschrift. München 1979, S. 119 und Horst Göppinger, Juristen jüdischer Abstammung im „Dritten Reich". Entrechtung und Verfolgung. München ²1990, S. 62 f.

[40] Karl Feust (1887–1938), Dr. iur., Rechtsanwalt in München, war offenbar im Zusammenhang mit der sog. „Reichskristallnacht" in das KZ Dachau eingeliefert worden
und dort gestorben. Seine Ehefrau und drei kleine Kinder emigrierten 1939 nach
England; vgl. StAM, AG München NR 1938/3930 und Polizeidirektion München
12306.

[41] Fritz Josephthal (1890–1954), von 1919 bis 1938 Rechtsanwalt in Nürnberg, 1939
Emigration nach England, 1946 nach USA; vgl. Göppinger (wie Anm. 39), S. 290.

[42] Julius Streicher (1885–1946), Lehrer, Kriegsteilnehmer, 1921 Eintritt in die NSDAP,
1924–1932 MdL, ab 1933 MdR, 1925–1940 Gauleiter des Gaues Franken, SA-Obergruppenführer, 1923–1945 Herausgeber des „Stürmer", radikaler Antisemit, 1946 im
Nürnberger Prozeß Todesstrafe.

Auch vor mir hatten die Nazis Respekt. Wahrscheinlich hat mir das das Leben gerettet. In einem politischen Prozeß saß der Berichterstatter des „Völkischen Beobachters" neben meinem Freund Karl Löwenstein. Obwohl dieser typisch jüdisch aussieht, sprach ihn der Naziskribent an, um ihm zu versichern, der Dr. Hirschberg sei großartig, heute sei er besonders gut in Form. Der Vater[43] des Dr. Hans Frank soll geäußert haben, er möchte nur den Dr. Hirschberg als Anwalt haben, wenn er könnte.

Kurz vor der Machtübernahme berichtete mir der Redakteur Kolmsperger[44] von der „Welt am Sonntag", er habe in der Redaktion des „Illustrierten Völkischen Beobachters" ein Gespräch über mich angehört. Die Kerle hätten gesagt, vor mir und meinem Mut hätten sie wirklichen Respekt, mit nichts hinter mir hätte ich von Anfang an bis heute unentwegt gegen sie frontal gekämpft. Andererseits stand ich dafür auf allen Mordlisten der Nazis. Daß ich lebend entrinnen konnte, ist ein unbegreifliches Wunder.

Schließlich setzten wir unsere Ausreise auf Mitte April 1934 fest. Ich hatte schon die Billetten nach Zürich in der Tasche, als ich bei Gericht die Zeugenvernehmung einer jüdischen Geflügelhändlerin mitmachte. Der Gegner sagte zu dem Richter: „Sagen Sie zu dem Judenweib, sie soll nicht so lügen, die Juden lügen immer, auch unter Eid." Der Richter sagte nichts. Ich beherrschte mich und sagte auch nichts. Aber ich verstand, daß ein Mann von Ehre unter Hitler nicht Anwalt sein konnte, wenn er Jude ist. Ich brannte darauf, fortzukommen.

Am Freitag Mittag, die Abreise war für Samstag früh angesetzt, kam Nalbandoff[45] wie gewohnt zur russischen Stunde. Ich hielt meine Abreise geheim. Ich hatte aber das Gefühl, daß ich nicht einfach verschwinden könne, ohne ihm ein Wort zu sagen. Er lebte größtenteils von den 5 Mark, die ich ihm für die Stunde bezahlte. Ich sagte, er kenne meine Lage, ob er mir als Freund raten würde, zu bleiben oder auszuwandern. Er erwiderte, ohne einen Augenblick zu zögern, echt russisch: „Uiditje!" (Gehen Sie fort!) Er kam später auch nach USA. Wir haben einige Briefe gewechselt, er schrieb stets in der alten Orthographie, die neue lehnte er ab. Wiedergesehen habe ich ihn nicht. Kurz vor seinem Tode schrieb er mir, er zweifle, ob er richtig gehandelt habe, als er Rußland verlassen habe. Ich habe nicht darauf geantwortet.

Am gleichen Tage flüsterte ich auf dem Gerichtsgang einem alten jüdischen befreundeten Kollegen zu: „Morgen früh reisen wir ab." Er gab zur Antwort: „Ich sehe nicht ein, warum Sie weggehen und Ihre Existenz hier aufgeben!" Als er später aus Hitlerdeutschland flüchtete und uns in Mailand

---

[43] Karl Frank (1869–1945), Rechtsanwalt in München, wegen zahlreicher Verfehlungen 1925 Verlust der Zulassung, 1933(!) Wiederzulassung; vgl. StAM, PA 23160 und Stadtarchiv München, Personalakt der Anwaltskammer München.
[44] Max Kolmsperger (1890–1976), Redakteur und Schriftsteller.
[45] Wladimir Nalbandoff (geb. 1874), russischer Emigrant in München, bei dem Hirschberg seit 1919 Russisch-Unterricht nahm.

besuchte, sagte ich scherzend: „Ich sehe nicht ein, warum Sie aus Deutschland weggefahren sind und Ihre Existenz aufgegeben haben." Mit seiner Frau hatte ich in New York 1940 ein ähnliches Gespräch. Sie sagte: „Sie werden wohl nicht so blöd sein, zu glauben, daß Hitler militärisch besiegt werden kann." Ich sagte, ich sei so blöd, bestimmt zu erwarten, daß Hitler völlig besiegt werde.

Für die Ausreise hatte ich angeordnet, daß Bessie mit unserem Sohn von Lindau aus in die Schweiz fahren solle. Ich selbst würde von Friedrichshafen aus über den Bodensee fahren. In Baden sei mein Name weniger bekannt. Wenn ich festgenommen würde, sollte sie und das Kind nicht in die Katastrophe hineingerissen werden. Das Schicksal hat manchmal eine geniale Erfindungsgabe. Der Schweizer Dampfer von Lindau sollte um 1 Uhr 10 Mittags in Romanshorn landen, der von Friedrichshafen um 1 Uhr 11. Wir verabredeten, daß ich mit einem Taschentuch winken solle, wenn ich auf dem Schiff sein würde.

Ich verbrachte einen angstvollen Vormittag in Friedrichshafen. Ich wußte, daß alles auf dem Spiel stand. Schließlich ging ich in die Holzbaracke, in der ein SS-Mann mit anderen Nazis die Paßkontrolle vornahm. Meinen Koffer hatte ich schon in München aufgegeben. Ein verschlafener Zollbeamter hatte nur gefragt, ob ich etwas darin habe und mit der Hand hineingelangt. Ich hätte alles schmuggeln können, aber die Gefahr wäre sinnlos groß gewesen. Ich bin auch für solche Sachen ungeeignet.

Der SS-Mann durchsuchte vor mir einen Mann auf Devisen oder andere Schmuggelwaren. Er drehte sich nur einen Augenblick zu mir um, ohne meinen deutschen Paß zu lesen und sagte: „Sie können durchgehen!" Einen Augenblick später war ich auf dem Schweizer Schiff auf Schweizer Boden. Endlich, endlich stieß es vom Ufer ab.

Als das deutsche Ufer zurückwich, fühlte ich „Auf immer". Ich wußte, daß dies der „point of no return" für mich, für uns war. Um 1 Uhr 11 landete ich in Romanshorn und drückte selig Geliebte und Sohn an mein Herz. Wir waren gerettet! Es begann die „Vita Nuova".

Fünfzehntes Kapitel

Fünf Jahre in Italien

Es war eine unendliche Erlösung, als wir fühlten, daß wir den Gewalttaten und Erpressungen, den Demütigungen und Wehrlosigkeiten des Hitlerregimes endgültig entronnen waren. Man hatte unaufhörlich entweder gesinnungslos handeln oder sich den größten Gefahren aussetzen müssen.

Bei den Wahlen vom Herbst 1933[1] mußten wir abstimmen. Es wurde kontrolliert, ob man zur Wahl erschienen war. In unserem Bezirk hätte man feststellen können, wie wir abgestimmt haben. Daß es kein Wahlgeheimnis mehr gab, war klar, den Stimmzettel eines politischen Todfeindes des Regimes konnte man leicht mit einem Zeichen versehen. Ich kam auf den von anderen gewählten Ausweg, eine Reise vorzuschützen, mir einen Abwesenheitsstimmschein geben zu lassen und damit am Hauptbahnhof abzustimmen. So bekam Hitler einen weißen Zettel.

Ein Werber vom „Völkischen Beobachter" kam am Tag nach meiner Haftentlassung und wollte uns zwingen, zu abonnieren. Die heroische Bessie lehnte ab, zu abonnieren. Das alles war jetzt vorbei.

Es war nicht leicht, in Italien von vorne anzufangen. In der Schweiz konnten wir nicht bleiben.[2] Außerdem hatte ich ja schon die Einladung von Avvocato Momigliano in Mailand. Dort strömten viel mehr Refugees aus Deutschland zusammen, da man in Italien mit deutschem Paß ohne Visum einreisen konnte. So blieben wir nur kurze Zeit in Zürich. Ich verkaufte unsere Sperrmark und betrieb meine formelle Auswanderung.

Wir beschlossen, zunächst in Italien einen längeren Erholungsurlaub zu nehmen. Wir mieteten von Lavinia Mazzucchetti eine Wohnung in einem alten Palazzo in Besozzo, einem Dorf bei Varese. Die gute Nettie begleitete uns hin und half Bessie bei der Einrichtung. Wie immer hatte Bessie zuerst das Gefühl, hier nicht bleiben zu können. Als sie ein halbes Pfund Reis kaufen sollte, war sie ganz entsetzt, als Nettie ihr riet, gleich 5 Pfund zu kaufen, da wir doch ein paar Monate bleiben würden.

Aber dann waren wir in Besozzo glücklich, unser Sohn unbedingt und sorgenlos, wir, soweit die Sorge um eine ungewisse Zukunft es zuließ. Beim Palazzo, der einen Hof wie eine Szenerie einer Verdioper hatte, lag ein großer Park mit Palmen, Agaven, Zypressen und Blumen. Vom Ende des Parks hatte man einen Blick auf den Lago Maggiore. Dort verbrachten wir in der bal-

---

[1] Heinrich Kneuer, Reichstagswahl und Volksabstimmung vom 12. November 1933. In: Zeitschrift des bayerischen Statistischen Landesamts 65 (1933), S. 561–586.

[2] Zwischen dem dort lebenden Sozius Philipp Löwenfeld und Hirschberg gab es offenbar grundsätzliche Differenzen, die den „Weiterzug" nach Italien beschleunigten; vgl. den Brief Löwenfelds an Wilhelm Hoegner vom 4. Mai 1939, Institut für Zeitgeschichte, Nachlaß Hoegner ED 120, Bd. 6.

samischen Wärme des italienischen Frühlings und Sommers den größten Teil des Tages. Ich schrieb ein Manuskript „Das Fehlurteil in der Strafjustiz. Zur Pathologie der Rechtsprechung."[3]

Ende Juni 1934 fuhr ich auf einige Tage nach Zürich, um meinen Münchner Anwalt dort zu treffen, der meine Reichsfluchtsteuersache führte. Ich kam aus der Museumsgesellschaft, wo ich die Zeitungen der Vortage gelesen hatte. Auf der Straße kam Krille[4] vom Münchner Reichsbanner auf mich zu. Er berichtete aufgeregt, daß in München Revolution sei, Hitler erschieße seine eigenen Leute.

Ich rannte zu Katzensteins. Die Wohnung war versperrt. Endlich kamen sie. Die Meldung, daß eine Revolte und viele Erschießungen stattgefunden hatten, bestätigte sich. Wir hörten Radiomeldungen. Viele glaubten, das Ende des Hitlerregimes sei gekommen. Ich zweifelte daran. Ich hörte dann auch im Radio die Ansprache Hitlers vor dem sogenannten Reichstag, mit der Erklärung, daß er in dieser Stunde der Gefahr der oberste Richter des deutschen Volkes gewesen sei.[5]

Erst langsam wurden die blutigen Vorgänge bekannt. Sie waren sensationell genug, aber von einem Sturz des Hitlerregimes war keine Rede. Röhm hatte seine SA gegen die Reichswehr aufrecht erhalten wollen. Hitler ging mit der Reichswehr gegen Röhm und die SA. Seine Lösung bestand im Massenmord. Er hatte Röhm, der gar nicht mit einer Revolte, sondern mit einem seiner homosexuellen Jünglinge beschäftigt war, aus dem Bett geholt. Goebbels hatte Hitler die Revolte vorgespiegelt. Hitler ließ Röhm nach dem Gefängnis Stadelheim bringen, gab ihm einen Revolver zum Selbstmord, den Röhm ablehnte, und ließ ihn erschießen.

Die Homosexuellen, wie Du Moulin-Eckart[6] und Graf Spreti[7], die in unserem Prozeß 1932 über die Mordpläne des Braunen Hauses eine Rolle gespielt hatten, ereilte ihr Schicksal. Die Rechnung mit dem „Verräter vom

---

[3] Nach zahlreichen Vorstudien veröffentlicht unter dem Titel: Das Fehlurteil im Strafprozeß. Zur Pathologie der Rechtsprechung. Stuttgart 1960.

[4] Otto Moritz Krille (1878–1954), Fabrikarbeiter, Redakteur, Arbeiterdichter, sozialdemokratischer Funktionär, seit 1912 in München, seit 1925 Gausekretär des Münchner Reichsbanners, 1933 Emigration in die Schweiz.

[5] Auch zum Folgenden Lothar Gruchmann, Justiz im Dritten Reich ... München 1988, S. 433–484 und Otto Gritschneder, „Der Führer hat Sie zum Tode verurteilt..." Hitlers „Röhm-Putsch"-Morde vor Gericht. München 1993; die Rede Hitlers vom 13. Juli 1934 ist gedruckt: Verhandlungen des Reichstags, IX. Wahlperiode, Stenographische Berichte Bd. 458, Auszüge in: Herbert Michaelis und Ernst Schraepler (Hrsg.), Ursachen und Folgen. Vom deutschen Zusammenbruch 1918 und 1945 bis zur staatlichen Neuordnung Deutschlands in der Gegenwart. (Quellensammlung) Bd. 10, Berlin 1965, Nr. 2389, S. 212–219.

[6] Karl-Leon Graf Du Moulin-Eckart (1900–1991), Leiter des Nachrichtendienstes der SA, entkam der Ermordung.

[7] Hans-Erwin Graf Spreti (1908–1934), SA-Standartenführer, Ordonnanzoffizier im Stabe Röhms.

November 1923", Dr. von Kahr, wurde stilgerecht beglichen. Er wurde in einem Walde umgebracht. Hunderte, nach späteren Berichten etwa 1200 Hitlerführer, wurden ohne jedes Verfahren standrechtlich auf Veranlassung Hitlers und Görings erschossen.[8] Kronos fraß seine eigenen Kinder en gros. Darunter war der berüchtigte Polizeipräsident Graf Helldorf[9], der von Juden Millionen erpreßt hatte (nicht deshalb natürlich), der aufsässige Gregor Straßer[10], der Fememörder Heines[11] und viele andere Lumpenkerle. Selbst der Wirt des „Bratwurstglöckl"[12] in München, bei dem die Röhmclique zu verkehren pflegte, wurde umgebracht.

Bessie war so aufgeregt, daß sie die seitenlangen Berichte aus dem „Corriere della Sera" unserem zwölfjährigen Söhnchen italienisch vorlas. Sie konnte es kaum erwarten, bis ich zurückkam. Damals war Mussolini scharf gegen Hitler, besonders wegen dessen Annexionsplänen für Österreich.

Ich hatte durch das Gespräch mit dem jungdemokratischen Rechtsanwalt Erhardt[13] erfahren, daß Ernst Röhm mich in Dachau hatte umbringen lassen wollen. Daß er jetzt von seinem Duzfreund Adolf Hitler (dieser duzte sich sonst mit keinem seiner Genossen) erschossen wurde, erfüllte mich mit heiterer Genugtuung.

Wären England und Frankreich nicht blind und taub gewesen, hätten sie aus der Tatsache, daß Hitler einen solchen Preis für die Unterstellung der Reichswehr unter sein Kommando bezahlte, erkennen können, daß er seine Pläne durch Krieg verwirklichen wollte. Damals hätte ein französischer Einmarsch den ganzen Irrsinn im Keime erstickt. Aber die Engländer machten

---

[8] Hirschberg irrt sich, nach Gritschneder (wie Anm. 5), S. 60–62, wurden 90 Personen umgebracht.

[9] Wolf Heinrich Graf Helldorf (1896–1944), Weltkriegsoffizier, Freikorpskämpfer, Teilnehmer am Kapp-Putsch, 1926 Eintritt in die NSDAP, 1931 SA-Führer in Berlin, 1932 MdL in Preußen, 1933 MdR, 1933–1935 Polizeipräsident in Potsdam, 1935 in Berlin, SA-Obergruppenführer und General der Polizei, seit 1938 Kontakte zum Widerstand (Goerdeler), 1944 als Widerstandskämpfer hingerichtet.

[10] Gregor Straßer (1892–1934), Apotheker, Leutnant a.D., Kriegsteilnehmer, Mitglied des Freikorps Epp, 1921 Eintritt in die NSDAP, Gauleiter von Niederbayern, 1924 MdL, Organisator der Partei in Nord- und Westdeutschland, 1925 Reichsorganisationsleiter, 1924–1932 MdR, Vertreter „linker" Ideen in der Partei, Dezember 1932 Bruch mit Hitler wegen seiner Verhandlungen mit Schleicher über eine Regierungsbeteiligung, Aufgabe aller Ämter, 1934 ermordet.

[11] Edmund Heines (1897–1934), Leutnant a.D., 1918/19 Freikorps Roßbach, 1920 Teilnahme am Kapp-Putsch, 1924 wegen Beteiligung am Hitlerputsch 15 Monate Festung, 1926 SA-Standartenführer, 1927 Parteiausschluß, 1928 Fememord, 1929 Wiedereintritt in die Partei, 1930–1932 MdR, 1930 Referent der Obersten SA-Führung, 1931–1934 SA-Führer in Schlesien und Stellvertreter Röhms, 1933 kurzzeitig Polizeipräsident in Berlin, 1934 ermordet.

[12] Karl Zehnter (1900–1934), Gastwirt und Anhänger der NSDAP, 1923 Mitglied der Gruppe „Heines" und des Freikorps Roßbach, oft mit Röhm, zu dessen Kreis er gehörte, auf Inspektionsreisen.

[13] Vgl. die Angaben oben Kapitel 14 Anm. 15.

ja bei der Ruhrbesetzung nicht mit und hatten Angst vor der Hegemonie Frankreichs, die bei dessen innerer und militärischer Schwäche ganz ungefährlich gewesen wäre. Sie hätten daher in diesem Zeitpunkt, wie später bei Hitlers Einmarsch in der demilitarisierten Zone im Rheinland sich einem entschlossenen französischen Einmarsch sicher widersetzt. Auch in Großbritannien fand der große Augenblick ein kleines Geschlecht. Von diesem Augenblick an war der Zweite Weltkrieg unvermeidlich.

Die Einzelheiten des blutigen Tages des 30. Juni, 1. und 2. Juli 1934 sind später durch eine Schrift Otto Straßers[14] bekannt geworden. Mag auch seine Glaubwürdigkeit zweifelhaft sein, so sind die Massenmorde von anderer Seite so weitgehend bestätigt, daß seine Schrift als historische Quelle dienen kann. Hitler und Göring benutzten die Strafaktion gegen ihre angeblich rebellierenden Genossen nicht bloß zur Beseitigung unerwünschter Nebenbuhler und ähnlicher Reibungsflächen, sondern auch zur Abrechnung mit Gegnern.

So wurde außer dem bayerischen Diktator von 1923 Dr. von Kahr der frühere Reichskanzler Schleicher mit Frau[15] und einigen Freunden[16] umgelegt. Auch den Rechtsanwalt Dr. Edgar Jung[17] ereilte sein Schicksal. Er hatte, obwohl jüdischer Abstammung, sich den deutschen Nationalisten und Faschisten angeschlossen. Er rühmte sich, den pfälzischen Separatisten Matthes[18] umgelegt zu haben. Ich hatte in einem Beleidigungsprozeß Dr. Jungs die

---

[14] Otto Straßer (1897–1974), Politiker und Publizist, jüngerer Bruder von Gregor Straßer, Weltkriegsoffizier, Mitglied des Freikorps Epp, bis 1920 SPD, 1925 Eintritt in die NSDAP, Ideologe des linken, national-revolutionären Parteiflügels, 1930 Bruch mit Hitler, Gründung der „Schwarzen Front", 1933 Emigration, 1955 Rückkehr nach Deutschland, vergeblicher Versuch einer Wiederbelebung alter Vorstellungen. Werk: Die deutsche Bartholomäusnacht. Prag 1935.

[15] Elisabeth von Hennings, geb. von Schleicher (1893–1934), wurde am 30. Juni 1934 in Berlin zusammen mit ihrem Mann Kurt von Schleicher (1882–1934) von einem SS-Kommando in Zivil erschossen.

[16] Ferdinand von Bredow (1884–1934), Generalmajor a.D., Staatssekretär Schleichers, am 30.6.1934 in seiner Berliner Wohnung verhaftet und am nächsten Tag erschossen. Eugen von Kessel (1890–1934), Polizeihauptmann, Referent im preußischen Innenministerium.

[17] Edgar Julius Jung (1894–1934), Dr. iur.,Rechtsanwalt in München, völkischer Publizist („Konservative Revolution"), Mitglied des Freikorps Epp und des Bunds Oberland, Kontakte zur Organisation Consul, Organisator des Attentats auf den pfälzischen Separatistenführer Heinz-Orbis 1924, seit 1924 Kanzlei in München, ab 1932 Redenschreiber Papens.

[18] Joseph Friedrich Matthes (1886–1943), zum Umkreis des pfälzischen Separatismus zählend, seit 1930 in Paris tätig, 1941 nach Deutschland ausgeliefert, 1943 im KZ Dachau umgekommen. Vgl. Gerhard Gräber und Matthias Spindler, Revolverrepublik am Rhein. Die Pfalz und ihre Separatisten. Bd. 1: November 1918–November 1923. Landau 1992, dort auch ausführlich zur Rolle Jungs, und Helmut Gembries, Verwaltung und Politik in der besetzten Pfalz zur Zeit der Weimarer Republik. Kaiserslautern 1992, S. 500.

„Münchner Post" vertreten.[19] Dr. Jung soll für Papen dessen Marburger Rede ausgearbeitet haben, in der er gegen das Hitlerregime vorsichtig protestierte, nicht weil es bestialisch wie ein vorsintflutlicher Dinosaurier durch das 20. Jahrhundert stapfte, sondern weil Hitler die chauvinistisch-deutschnationale Komponente unter Hugenberg und Papen an die Wand drückte.[20]

Herrn Papen hat das nicht gehindert, dem Führer weiter zu dienen. Daß die deutsche Schwerindustrie Hitler an die Macht brachte, besonders wegen der Milliardenprofite an der von ihm betriebenen Wiederaufrüstung, beweist ihre politische Kurzsichtigkeit.[21] Wäre ich damals noch in Hitlerdeutschland gewesen, wäre wahrscheinlich auch die Rechnung mit mir durch Ermordung glattgestellt worden.

Zunächst blieben wir bis zum Herbst 1934 in Besozzo. Es waren friedliche stille Wochen, nur getrübt durch die Sorge um eine unsichere Zukunft. Liesel Kohn besuchte uns dort. Ich schrieb mein Manuskript über „das Fehlurteil in der Strafjustiz" und lernte Italienisch. Ich las fast nur Zeitungen. Eine tiefe Ermüdung beherrschte mich. Sie dauerte lange, fast so lange wie unser Aufenthalt in Italien. Nach Deutschland konnte man wenig schreiben. Man gefährdete die Empfänger oft durch Briefe aus dem Ausland.

Einmal besuchten uns unsere Freunde Riegner aus Berlin. Ich begleitete Susanne auf dem schwindsüchtigen alten Spinett der Hausbesitzerin. Rudolf Riegner, der als Arzt wohl wußte, daß er tödlich krank war, stand am Fenster und weinte. Der Mond schien in den Hof des Palazzo, „von allen Tränen unbewegt, die seine Silberfahrt erregt," wie es in meiner Nachdichtung von Puschkins „Eugen Onegin" heißt.[22]

Damals begann die gute Bessie sich zu meiner Sekretärin auszubilden. Marcel Fleischmann[23] hatte mir mein erstes Auslandsmandat geschickt. Bessie schrieb seitdem meine Briefe und Eingaben auf der Schreibmaschine. Sie wurde bald eine perfekte Sekretärin. Wie viele Zehntausende und Zehntausende von Briefen sie seitdem für mich geschrieben hat, kann niemand errechnen. Wenn wir es in New York nochmals zu einem Vermögen gebracht haben, ist es in erster Linie ihr Verdienst.

---

[19] Der Beleidigungsprozeß fand 1930/31 in zwei Instanzen (Amtsgericht München/ Landgericht München I) in München statt; vgl. die Prozeßakten StAM, AG 36995.

[20] Die Rede Papens (aus der Feder Jungs) in der Universität Marburg wurde am 17. Juni 1934 gehalten. Druck: Rede des Vizekanzlers von Papen vor dem Universitätsbund, Marburg 17.6.1934. Berlin (Verlag der Germania) 1934, Auszüge in: Herbert Michaelis und Ernst Schraepler (Hrsg.), Ursachen und Folgen. Vom deutschen Zusammenbruch 1918 und 1945 bis zur staatlichen Neuordnung Deutschlands in der Gegenwart. (Quellensammlung) Bd. 10, Berlin 1965, Nr. 2375a, S. 157–163.

[21] Vgl. Henry A.Turner, Die Großunternehmer und der Aufstieg Hitlers. Berlin 1985.

[22] Alexander Puschkin, Eugen Onegin. Ein Roman in Versen. Nachdichtung von Max Hirschberg. Unveröffentlichtes Manuskript im Nachlaß, S. 27 (2. Kapitel, 22. Vers).

[23] Über den Schweizer Geschäftsmann Marcel Fleischmann, der mit Hirschberg über die Katzensteins befreundet war, konnten keine weiteren Angaben ermittelt werden.

Unser geliebter Sohn war damals 13 Jahre alt. Er strahlte vor Abenteuer-lust, Wißbegierde und Lebensfreude. Wenn am Dom von Besozzo eine Pro-zession war, standen meine Geliebte und unser Sohn mit leuchtenden Augen unter den Zuschauern. Einmal fuhren wir mit der Bahn über die blühenden Hügel nach Varese hinunter. Im September 1934 siedelten wir nach Mailand über.

Von dem Druck der faschistischen Diktatur und der Sorge um eine unge-wisse Zukunft abgesehen, war der Aufenthalt in Mailand bis Februar 1939 ei-ne glückliche Zeit. Wir mieteten eine kleine Wohnung im 6. Stock eines mo-dernen Wohnhauses in der Via Strambio 3, an der Piazza Gorini, nahe der Universität. Sie lag am Rande der Stadt zwischen Wiesen. Von der Küche aus sah man die Alpenkette, die bei Föhn im Sonnenschein oft einen herrlichen Anblick bot. Deutlich konnte man den Mont Blanc, den Großglockner und den Großvenediger unterscheiden.

Es war still und friedlich. Ich fuhr in das Studio des Avvocato Eucardio Momigliano in der Via Camperio 11 mit der Straßenbahn. Beim Aussteigen mittags trank ich im Stehen im Cafe Motta einen Espresso, eine kleine Tasse des herrlichen italienischen Mocca, den man ganz stark ohne Milch und Zucker trinkt. Damals begann meine Vorliebe für guten Kaffee.

Unsere Wohnung war klein, aber hübsch und hell. Wir hatten sogar einen Lift zum 6. Stock. Eiskästen gab es nicht. Wir mußten selbst einen kaufen. Das Eis wurde in Stücken geliefert, ein moderner Frigidaire wie in New York wäre zu teuer gewesen. Da ich anfangs wenig verdiente, lebten wir unter der Leitung meiner Geliebten, die sich auch in die veränderte Lage zu fügen wußte, ganz bescheiden. Mehrmals in der Woche hatten wir nur Kakao und Panettone zum Abendessen.

Wie immer sorgte der gute Gott Jehova für mein Einkommen. Man konn-te von Deutschland nach Italien als Auswanderer Sperrmark mit 75% trans-ferieren. Die nach anderen Ländern auswandernden Juden bekamen 10, spä-ter 6 und 4% von der Deutschen Golddiskontbank. Bessie tippte die Briefe an das Onorevole Istituto per i Cambi con l'Estero in Roma. Einmal, 1938, wurde mir gesagt, man könne einen sehr großen Posten Sperrmark transfe-rieren. Auf meine Frage, was man dafür bekomme, sagte man, 50%. Auf mei-nen Einwand, ich hätte doch immer 75% bekommen, wurde erwidert, die Transaktion brauche mächtige Fürsprecher, die jeder eine große Provision zu bekommen hätten. Auf meine Frage, wer diese Vermittler seien, wurde mir vertraulich mitgeteilt: Graf Ciano[24], der Außenminister, und Signore Bottai[25], der Unterrichtsminister. Ich lehnte es ab, mich zu beteiligen.

---

[24] Galeazzo Ciano, Conte di Cortelazzo (1903–1944), früher Anhänger Mussolinis, des-sen Schwiegersohn, Diplomat, seit 1936 Außenminister, seit 1938 Gegensätze zu Mussolini, 1943 Absetzung, 1944 Todesstrafe auf Veranlassung Mussolinis.

[25] Giuseppe Bottai (1895–1959), seit 1921 Anhänger Mussolinis, Parteifunktionär, seit 1936 Unterrichtsminister und Professor an der Universität Rom, Wortführer eines gemäßigten Faschismus, am Sturz Mussolinis beteiligt.

Im Studio tat ich alles, um wieder Praxis zu erwerben. Momigliano war ein feingebildeter liebenswürdiger Kollege. Ihm war nur darum zu tun, mir behilflich zu sein. Er nahm nur einen Teil des Honorars in Sachen an, an denen er mitarbeitete. Alle anderen Honorare überließ er mir allein. Er verlangte keinen Spesenbeitrag für Miete etc. Ich hatte in dem uralten Raum einen kleinen Raum mit Schreibtisch. Er hatte keinen Ofen. Ein eiserner Ofen auf dem Gang genügte im herrlichen Klima Italiens. Der Winter bestand aus wenigen Wochen Regen. Schnee gab es fast nie. Im Februar begann der Frühling. Der Sommer war oft heiß, aber meist nur angenehm warm. Der schöne Herbst dauerte bis zum November.

Schon im Februar wurden leuchtende Blumensträuße für ein paar Lire auf der Piazza Cordusio beim Castello Sforza in der Nähe meines Studios verkauft. Auf der Piazza Gorini war zweimal die Woche ein Markt mit Gemüsen, Hühnern, Eiern und dem betäubenden Wortschwall der mit den Händlern feilschenden italienischen Hausfrauen. Bessie schaute belustigt vom Balkon hinunter.

Nach einigen Monaten fing ich an, zu verdienen. Viele Auswanderer und Juden, die noch in Deutschland „lebten", konsultierten mich. Ich riet jedem Juden, Deutschland zu verlassen. Das ist mir heute eine Beruhigung. In New York rief mich später ein alter Herr an. Er sagte, ich hätte ihm das Leben gerettet, er wolle mir dafür danken. Ich fragte, wie das geschehen sei. Er erwiderte, er habe mich in Mailand im Sommer 1938 konsultiert. Er habe berichtet, daß er noch Häuser und ein gutgehendes Geschäft in Deutschland habe, er könne den Entschluß zur Auswanderung nicht finden. Darauf hätte ich ihn förmlich angeschrien, er sei ein Selbstmörder und Mörder seiner Familie. Dadurch sei er in eine solche Panik geraten, daß er gar nicht mehr zurückgegangen sei. Er habe sein deutsches Vermögen im Stich gelassen – er hatte Geld in der Schweiz – und sei heraußen geblieben. So hätte ich ihm und seiner Frau das Leben gerettet.

Eine Frau Sch., die Klientin unserer Münchner Kanzlei gewesen war, besuchte mich in Mailand. Ich redete ihr zu, nicht zu lange zu bleiben. Sie hatte ein gutgehendes Versandgeschäft, das den Neid und Haß der Konkurrenz auf sich zog. Sie sagte, der Rechtsanwalt Koblenzer[26] habe ihr abgeraten, ein so einträgliches Geschäft aufzugeben. Etwa ein Jahr später läutete morgens das Telefon in unserer Wohnung. Frau Sch. meldete sich. Sie war Hals über Kopf über die tschechische Grenze illegal geflüchtet, glücklicherweise mit ihrem Geld in der Rocktasche. Der Rechtsanwalt Koblenzer wanderte eilig nach England aus. Frau Sch., deren Mann die alten jüdischen Schriften studierte, hat jetzt eine Fremdenpension in USA.

Gleich im ersten Jahr brachte mich Momigliano in Gefahr, ausgewiesen zu werden. Da ich keinen Paß mehr hatte, wäre das eine Katastrophe gewesen.

---

[26] Zum Münchner Rechtsanwalt Sally Koblenzer siehe die Angaben oben Kapitel 2, Anm. 48.

Ein Bankier aus der Schweiz hatte Devisengeschäfte gemacht, die zu seiner Verhaftung führten. Momigliano hatte anscheinend ohne mein Wissen selbst mit ihm ein Geschäft gemacht. Die Polizei erschien im Studio und vernahm ihn. Er sagte zu mir keuchend, sie wolle mich auch vernehmen. Sie ging aber dann weg, ohne mich zu befragen. Wie er die Sache gerichtet hat, weiß ich nicht. Der Bankier wurde aus der Haft entlassen.

Was es bedeutete, paßlos ohne Aufenthaltserlaubnis wie ein Ball von einem Land ins andere geschleudert zu werden, erfuhr ich durch den Besuch eines jungen jüdischen Flüchtlings in meiner Sprechstunde. Er hatte keinen Paß. In Italien durfte er nicht bleiben. Die bestialische Behandlung, die ihm widerfuhr, war so gräßlich, daß ich das Gespräch mit ihm nie vergessen habe.

Wenn er in Italien erwischt wurde, wurde er jedesmal nach Jugoslawien abgeschoben. Er sagte der Polizei, dort habe ich auch keine Aufenthaltserlaubnis. Die Polizei sagte, das sei gleichgültig. Man schob ihn bei Nacht über die Grenze. In Jugoslawien wurde er jedesmal eingesperrt, weil er ohne Erlaubnis das Land betreten hatte. Dann wurde er wieder nach Italien abgeschubt. Dort wurde er wieder verhaftet und nach Jugoslawien zurückgeschubt. Dieses Ballspiel wurde so lange fortgesetzt, bis er in einem Hospital in Jugoslawien einsam starb.

Im Allgemeinen waren die italienischen Behörden weniger bestialisch als die Hitlerbehörden. Manche Beamte waren sogar human. Ein alter kranker jüdischer Emigrant suchte in das Ospedale Maggiore aufgenommen zu werden. Nach dem Statut durften dort nur Italiener behandelt werden. Der zuständige Beamte verhandelte mit mir fast eine Stunde lang, um einen Weg zu finden, das Gesuch doch zu bewilligen. Ich dankte ihm mit den Worten, humanitas sei eben ein lateinisches Wort und humanità sei die schönste Eigenschaft der Italiener. Leider wies er vorschriftsmäßig auf das Bild des Duce, der gewiß kein Lehrmeister der humanità war.

Wir hörten am Radio, ausgerechnet am Radio eines Klosters in Besozzo, bei einem Spaziergang die Rede des Duce „Ai Lavoratori".[27] Man hatte die Arbeiter auf der Piazza del Duomo zusammengetrieben und Mussolini verkündete ihnen eine glückliche Zukunft. Er brüllte, in der Geschichte werde diese Rede als „Rede an die Arbeiter" fortleben. Die Arbeiter hatten kein Streikrecht, kein Versammlungsrecht, keine Verhandlungen mit den Arbeitgebern. Der faschistische Staat diktierte die Arbeitsbedingungen. Die Rede brachte den Arbeitern, was zu erwarten war: Nichts.

Einmal fuhr ich mit meiner Geliebten, unserem Sohn und Lotte zur Certosa di Pavia, die mir auf meiner ersten Italienfahrt 1927 einen unvergeßlichen Eindruck gemacht hatte. Über der Certosa stand eine große Gewitterwolke. Alles war dadurch in fahle Farben getaucht. Wir wanderten unter Führung

---

[27] Mussolini hielt seine Rede „Discorso agli operai di Milano" am 6. Oktober 1934 auf der Piazza del Duomo in Mailand; sie ist gedruckt: Ulrico Hoepli (Editore), Scritti e Discorsi di Benito Mussolini, Editione definitiva Bd. IX, Milano 1935, S. 127–133.

durch das Kloster. An den winzigen Einsiedlerzellen im Klosterhof dachte ich über das Leben dieser Menschen nach.

Im zweiten Sommer fuhren wir im Urlaub nach Nervi am Mittelmeer. Wir wohnten in einem hübschen Hotel, das im chinesischen Pagodenstil gebaut war. Mein Sohn und ich genossen das gute Essen. Man badete im Meer an einer Stelle, die meist so stürmisch bewegt war, daß man sich festhalten mußte.

Im vorletzten und letzten Sommer waren wir in Loano bei Genua. Es war besonders für Bessie paradiesisch schön. Die Appeninnen reichen dort fast bis ans Meer. Vormittags lagen wir im heißen Sand und badeten im Meer. Nachmittags machten wir lange Spaziergänge durch die Gebirgstäler. Wir wohnten in einem großen alten Hotel. Wir hatten zwei Zimmer, die aufs Meer hinausgingen, das ganz nahe blauschimmernd dalag. Mittags aßen wir im großen Speisesaal. Es gab zum Essen den leichten italienischen Rotwein. Die Kleine wurde davon etwas benebelt. Sie hatte Angst vor dem Rückweg. Ich sagte ihr, sie solle, wie ich es als alter Artillerist gelernt hatte, die Türe „anvisieren". Wir hielten sie beim Gehen an den Armen und sie kam glücklich durch.

Einmal gerieten mein Sohn und ich in Gefahr, von der Kleinen ermordet zu werden. Wir waren auf einem Spaziergang in ein Dorf gekommen. Der Pfarrer stand vor seinem Haus, eine große Flasche Rotwein in der Hand. Die durstige Bessie träumte, er werde ihr ein Glas anbieten. Er tat es nicht. Mit Pfaffen habe ich nun einmal kein Glück. Vor Wut sagte sie: „Ich möchte Euch beide am liebsten umbringen!" Es war das ungerechteste Todesurteil, das ich erlebt habe. Wir lachten herzlich. Dasselbe geschah einmal in Genua, als sie sehr erhitzt und ermattet war. In Loano war in der Palmenallee das Standbild eines Engels, der mit erhobenem Schwert auf den Beschauer zustürzt. Ich gab nach ihm meiner Geliebten den Spitznamen „Santa Penetrantia".

Ich lebte in den Tag hinein. Ich las wenig Zeitungen, fast keine Bücher. Die Verbindung mit den früheren Gesinnungsgenossen war fast ganz abgeschnitten. Eine tiefe Ermattung und Entmutigung beherrschte mich. Momigliano war wohl enttäuscht, daß ich mich an seiner glühenden antifaschistischen Tätigkeit nicht beteiligte. Einmal brachte er eine deutsche Drucksache. Er bat mich, ihm eine italienische Rohübersetzung zu machen. Die endgültige Fassung mache er selbst. Es war der großartige Abschiedsbrief Thomas Manns an den Dekan der Universität Bonn.[28]

---

[28] Thomas Mann wurde im Dezember 1936 ausgebürgert. Gleichzeitig entzog ihm die Universität Bonn das 1919 verliehene Ehrendoktorat. Vgl. Paul Egon Hübinger, Thomas Mann, die Universität Bonn und die Zeitgeschichte: Drei Kapitel deutscher Vergangenheit aus dem Leben des Dichters 1905–1955. München-Wien 1974, dort S. 562–569 (Dokument 205) der erwähnte Brief Manns an den Dekan der Philosophischen Fakultät der Universität Bonn vom 1. Januar 1937.

Oft standen Spitzel vor der Kanzlei, die mir nachschauten. Aber ich wurde nicht belästigt. Ich erhielt schließlich von Rom durch Vermittlung eines Freundes von Erich Katzenstein eine Art Nansenpaß[29] anstelle meines nicht mehr erneuerten deutschen Passes. Mit diesem konnte ich auch nach Zürich fahren. Es war aber immer ein bängliches Warten, wenn an der italienischen Grenze die Pässe abgenommen wurden und meiner als letzter zurückgegeben wurde, weil man ihn erst genau untersuchen mußte. Man wollte nichts mit den faschistischen Behörden zu tun haben.

Unser Sohn war im italienischen Gymnasium. Alle Schüler mußten in die faschistische Jugendorganisation Balilla[30] eintreten. Als er auch in diese Organisation aufgenommen werden sollte, die bereits militärische Ausbildung erhielt, sprach ich mit Momigliano. Er setzte mir einen Brief auf, in dem ich bat, ihn zu befreien, da er als Ausländer die militärischen Geheimnisse nicht kennen lernen sollte. Daraufhin wurde er befreit. Mir wurde ein schwerer Gewissenskonflikt erspart.

Das ganze Theater vom Impero und der faschistischen Großmacht wurde erheiternd durch einen Vorfall in seinem Gymnasium charakterisiert. Die Schüler waren mit vielen hundert anderen zu einer Besichtigung durch einen faschistischen Oberbonzen befohlen. Sie marschierten zum Versammlungsort in ihrer Uniform. Als sie eingetroffen waren, stellte der Führer ihrer Abteilung entsetzt fest, daß sie alle ihre Gewehre vergessen hatten.

Ich tat einen Einblick in die Korruption der faschistischen Führer. Jeder bereicherte sich an dem fluchwürdigen System der Unterdrückung und Ausbeutung der Massen. Übrigens erklärte Mussolini, seine Beamten seien so schlecht bezahlt, daß er ihnen nicht verbieten könne, Provisionen zu nehmen. Für jede Lizenz oder Genehmigung mußte man dem zuständigen Beamten Geld in die Hand drücken.

1937 verhandelte ich mit einem Avvocato in Rom wegen einer Importlizenz. Er sagte mir in Gegenwart des Avvocato Momigliano, ich wüßte wohl, daß man in Rom keine Lizenz bekomme, ohne dafür an die Beamten mehr oder weniger große Beträge zu bezahlen. Ich sagte, ich sei lange genug hier, um das zu wissen. Als ich einige Minuten aus dem Zimmer gegangen war und zurückkam, sagte Momigliano: „Der Kollege hat etwas gefragt, was Ihnen Spaß machen wird. In che provincia d'Italia è nato questo collega?" Mein Italienisch war in der Tat ausgezeichnet. Meinen foreign accent im Englischen dagegen bin ich in USA nie ganz losgeworden.

Das italienische Volk erschien uns viel liebenswürdiger, viel intelligenter und skeptischer, vor allem aber viel menschlicher als das deutsche, aus dem

---

[29] Paßersatz für staatenlose und quasistaatenlose politische Flüchtlinge, 1922 von dem norwegischen Polarforscher, Zoologen und Philanthropen Fridtjof Nansen (1861–1930) eingeführt.

[30] The „Opera Nazionale Balilla". Rome o.J. und Niccolò Zapponi, Il partito della gioventù. Le organizzazioni giovanili del fascismo 1926–1943. In: Storia Contemporanea 13 (1982), S. 569–633.

wir stammten. Der einfache Mann war viel sympathischer als die wildgewordenen Turnlehrer, die in der Hitleruniform herumstolzierten und die Welt erobern wollten. Vor allem war das Volk völlig immun gegen Chauvinismus, Militarismus und Antisemitismus. Wahrscheinlich hat es in der Verfallsperiode 1933 bis 1945 kein Volk gegeben, das gegen die Pest des Rassismus so gefeit war wie das italienische. Mussolini hatte selbst in seinen „Scritti e Discorsi"[31] erklärt, der rassische Antisemitismus sei Unsinn und werde in Italien nie Eingang finden.

Als aber der „geniale" Staatsmann sah, daß Hitler mit seinen Gewaltakten und Erpressungen Erfolg hatte, akzeptierte er die Theorie von der dekadenten Schwäche der Demokratien und näherte sich Hitler, den er bei dessen erstem Besuch abfällig beurteilt hatte. Natürlich verlangte Hitler für die Unterstützung der Impero-Phantasien des vielbewunderten Duce bedingungslosen Anschluß an seine eigenen Eroberungspläne und ein Militärbündnis auf Gedeih und Verderb.[32] Es wurde eines auf Verderb für beide, zum Glück für die Menschheit.

Die fünfjährige Berührung mit dem italienischen Volk hatte mich überzeugt, daß es sehr unmilitaristisch, ja größtenteils antimilitaristisch ist, wie sich im Zweiten Weltkrieg erwiesen hat. Italienische und französische Proletarier sind, anders als die Masse der deutschen Arbeiter, keineswegs überzeugt, daß es süß und ehrenvoll ist, für das Vaterland zu sterben. Sie haben keine Lust, ein Impero mit ihrem Blut für die Kapitalisten zu erobern, von dem sie selber nichts haben.

Auch die Bestialitäten gegen die Juden und die eroberten Nationen, durch die der Hitler-Caliban[33] wie ein vorsintflutlicher Dinosaurus durch Deutschland und die annektierten Gebiete getrampelt ist, lagen den humanen italienischen Massen fern. Als Mussolini die Rassenlehre Hitlers 1938 auf dessen Befehl einführte, lehnte das italienische Volk, die Nutznießer des Systems ausgenommen, sie geschlossen ab.

Mit einem solchen Volke moderne Kriege und ein Impero erobern zu wollen, war eine Fehlkalkulation von gigantischen Ausmaßen, die die Urteilsfähigkeit des Duce für alle Zeiten demaskiert. Ich habe die Mussolini-Legende so wenig mitgemacht wie die Hitler-Legende. Sie hatte viele Anhänger.

---

[31] Siehe oben Kapitel 9, Anm. 60; vgl. Meir Michaelis, Mussolini and the Jews. German-Italian Relations and the Jewish-Question in Italy 1922–1945. Oxford 1978.

[32] Achse Berlin-Rom vom 25. Oktober 1936: Zusammenarbeit beider Staaten. 6.November 1937 Beitritt Italiens zum deutsch-japanischen Antikominternpakt, der am 25. November 1936 zur Abwehr der kommunistischen Internationale geschlossen wurde. Stahlpakt vom 22. Mai 1939: Militärbündnis zwischen Deutschland und Italien auf Gegenseitigkeit, weit über Defensivpakt hinausgehend und im wesentlichen gegen die westlichen Demokratien gerichtet.

[33] Caliban = Halbtierisches Ungeheuer in Shakespeares „Sturm", ein Mittelding zwischen Mensch und Meerkalb, Gegenteil zu zartem Luftgeist Ariel; bildlich für ein roher Mensch.

Das dröhnende Megaphon des Duce war aus Blech. Ich habe später in New York seine „Scritti e Discorsi" gelesen. Es ist eine Mischung von leerem Bombast, plärrenden Phrasen und blöden Fehlberechnungen. Auch die Hitler-Legende, den viele Journalisten heute noch für genial, dämonisch und gigantisch-zerstörerisch erklären, habe ich nie mitgemacht. Ich habe gegen alle Widersprüche daran festgehalten, daß er ein leerer aufgeblasener Dummkopf gewesen ist. Schlau war er, aber nicht klug oder gar ein Staatsmann.

Von Wilhelm II. an ist der Typ des Lautsprechers in Deutschland eingeführt worden. Mussolini bleibt bei den skeptischen Italienern eine vereinzelte Verirrung. Ich hoffe, eine Arbeit über den Verfall der Staatskunst in unserer Epoche noch schreiben zu können.[34] In diese Gallerie werden auch die britischen Staatsmänner des 20. Jahrhunderts, die mit dem Caliban zu paktieren versuchten, aufgenommen werden. Auch amerikanische Politiker werden einen Ehrenplatz in dieser Gallerie erhalten. Vielleicht war Roosevelt[35] der einzige bedeutende amerikanische Staatsmann unserer Epoche.

Vor allem bleibt den italienischen Proletariern der Ruhm, die Entdeckung gemacht und praktiziert zu haben, daß man einen Proletarier zwar in eine Uniform stecken und nach Afrika schicken kann, daß aber die Macht des Führers endigt, wenn der Proletarier nicht für dessen Ziele kämpfen und sterben will. Die passive Resistenz der bewaffneten Massen ist eine Entdeckung, die den Krieg schon sinnlos gemacht hat, bevor die Entdeckung der Atombombe ihn endgültig undurchführbar gemacht hat.

Im April und Mai 1938 kam Hitler nach Italien, um das Militärbündnis mit dem Duce abzuschließen. Mit ihm kam seine Gestapo mit ihren Listen. Sie besetzte und kommandierte die italienischen Polizeiämter. Zahlreiche politisch völlig harmlose jüdische Refugees wurden verhaftet. Andere mußten sich täglich bei der Questura melden. Keiner kümmerte sich um mich. Da Bessie Verhaftungen nervlich und gesundheitlich nicht gewachsen war, schickte ich sie mit unserem damals 17 Jahre alten Sohn nach Zürich. Ich konnte nicht wegfahren, da ich paßlos war. Ich rief sie jeden Abend an und berichtete, daß das Wetter ungetrübt heiter geblieben sei.

Am Morgen nach der Abreise Hitlers fand ich eine Vorladung auf die Questura vor. Ich ging hin. Es war recht unbehaglich. Ich hatte von Gefängnissen genug. Die primitiven italienischen Gefängnisse wären nicht angenehm gewesen. Ich wunderte mich, daß die Vorladung gerade am Morgen nach der Abreise Hitlers gekommen war. Ich stand etwas bänglich auf dem Gang vor dem Zimmer, auf das ich vorgeladen war. Plötzlich öffnete Signor

---

[34] Im Nachlaß Hirschbergs liegt ein unveröffentlichtes Manuskript „Die Kulturkrise der Gegenwart", 340 Seiten, verfaßt zwischen 1947 und 1949, das gemeint sein könnte.

[35] Franklin Delano Roosevelt (1882–1945), Anwalt, 32. US-Präsident (1933–1945), seit 1910 Senator, 1929 Gouverneur von New York, 1933 gegen Hoover Präsident vor allem wegen seiner Wirtschaftspolitik (New Deal), Durchsetzung des Sozialstaats und Mobilisierung der USA im Zweiten Weltkrieg.

Granata die Türe. Er sah mich stehen. Er schrie begeistert: „Dottore, il passaporto di Roma è arrivato." Ich war nur vorgeladen, um meinen Nansenpaß in Empfang zu nehmen.

Im September 1938, als die genialen Staatsmänner in München zusammenkamen[36], wo Mussolini den Vermittler zwischen dem Caliban und den Eseln spielte, saßen wir angstvoll vor unserem Radio. Wir hörten erleichtert, daß peace for our time zustandegekommen war.[37] Von da an ging es mit unserem Asyl in Italien rasch zu Ende. Ein Freund rief mich an, ich solle mir eine Abendzeitung holen. Darin stand die erste antisemitische Verordnung, daß jüdische Schüler die öffentlichen Schulen nicht mehr besuchen durften. Mein Sohn stand neben mir. Ich sagte gepreßt: „Erich, hier können wir nicht mehr bleiben. Wir müssen weiterwandern nach Amerika." Er sagte strahlend: „O fein, da lernen wir einen neuen Erdteil kennen." Bald brachte der „Corriere della Sera" die gemeinsten Angriffe gegen die Juden, sogar die Weisen von Zion.[38]

Im September 1938 waren wir noch einmal in Loano bei Genua. Es war anders als im Sommer 1937. Ich fühlte, daß es zu Ende ging. Die Polizei kam zu mir ins Hotel. Ich fürchtete, man habe mich angezeigt. Sie wollten aber nur unsere Personalien feststellen und die Pässe sehen. Bessie hatte noch einen deutschen Paß. Bei seiner Erneuerung, für die ich sogar die 1. Rate der Judenvermögensabgabe bezahlt hatte, erlitt sie vor Aufregung auf der Piazza del Duomo eine Ohnmacht. Als sie zu sich kam, war ihr erster Griff nach dem neuen Paß. Ein Italiener half ihr in ein Taxi.

In Loano erhielt ich einen Brief von Karl Löwenstein aus Amherst, wo er Professor war.[39] Er schrieb, ich solle uns sofort für das Visum nach USA registrieren. Mit diesem Brief saß ich allein im Garten einer Cafeteria. Ich überlegte. Es war nicht leicht, diese Existenz abermals preiszugeben. Auf einmal wurde mir klar, daß ich in Italien wieder in den Fängen der Gestapo war. Ich schrieb nach Neapel an das amerikanische Konsulat und registrierte uns für das Visum nach USA. So wurden wir am 24. September 1938 regi-

---

[36] Münchner Abkommen vom 29. September 1938 zwischen Deutschland, Italien, Frankreich und England zur Lösung der deutsch-tschechischen Krise, setzte Modalitäten der Abtretung der sudetendeutschen Gebiete an Deutschland fest; trotz der Nachgiebigkeit (Appeasement) Frankreichs und Englands fuhr Hitler mit seiner aggressiven Außenpolitik fort. Vgl. Boris Celovsky, Das Münchner Abkommen von 1938. Stuttgart 1958.

[37] So der englische Premierminister Chamberlain bei seiner Rückkunft in London. Arthur Neville Chamberlain (1869–1940), britischer Politiker, 1937–1940 Premierminister, bis zum Frühjahr 1939 Anhänger der sog. Appeasement-Politik (Nachgiebigkeit gegenüber Hitler), erst danach gegen Deutschland.

[38] „Protokolle der Weisen von Zion" = Antisemitisches Falsifikat als Beleg für die angebliche jüdische Weltverschwörung; vgl. Wolfgang Benz (Hrsg.), Legenden, Lügen, Vorurteile. Ein Wörterbuch zur Zeitgeschichte. München 1992, S. 165–167.

[39] Karl Löwenstein war seit 1936 Professor of Law and Political Science am Amherst College, Massachusetts/USA.

striert. Am 30. September wurde die Verordnung erlassen, daß alle seit 1914 eingewanderten Juden bis 31. März 1939 Italien zu verlassen hätten. Am 1. Oktober registrierten sich 3 000, am 2. Oktober 5 000. Die Unglücklichen, die nicht rechtzeitig fortkommen konnten, wurden in Lagern interniert und größtenteils von der Gestapo nach den Vernichtungslagern im Osten deportiert. Dieser Brief Karls und dieser rasche Entschluß haben mir das Leben gerettet.

Ich ging zu unserem Hausverwalter. Er hatte das Faschistenzeichen an. Ich sagte: „Consigliere, Sie wissen, daß wir ausgewiesen sind. Ich habe für das Visum nach USA eingegeben. Wann ich es bekomme, ist unsicher. Ich habe noch zwei Jahre Mietvertrag. Ich möchte diesen lösen." Er antwortete: „D'accordo, Dottore, que vuole di più?" Ich sagte, da er so liebenswürdig sei, bäte ich um monatliche Kündigung. Er erwiderte: „D'accordo, Dottore, que vuole di più?" Ich bedankte mich. Darauf sagte er: „Sie sehen, ich trage das Faschistenabzeichen. Aber das, was jetzt in Italien gegen die Juden gemacht wird, mißbilligen wir alle aufs schärfste. Ich möchte an Ihnen, soweit ich kann, gutmachen, was meine Regierung an Ihnen sündigt." Das ist das italienische Volk. Man male sich so eine Rücksprache mit einem Naziverwalter aus und man hat den Kontrast, der das Militärbündnis Hitler-Mussolini von Anfang an unterminiert hat.

Wir lösten unseren Haushalt in Milano auf. Um unser Gepäck zu erleichtern, verkaufte ich einige Hundert Bücher, darunter die Weimarer Goetheausgabe für 500 Lire, was heute nicht ganz 1 Dollar ausmacht. Es war ein temporäres Irresein. Wir fuhren nach Neapel, um das Visum in Empfang zu nehmen. Wir stiegen in einem großen Hotel ab. Zu meinem Schrecken teilte mir der amerikanische Konsul mit, die Visen seien bewilligt, aber er habe keine Nummern, wir müßten einen Monat warten. Wir zogen in ein kleineres Hotel um. Bessie hatte vor Aufregung Gallenbeschwerden. Nettie, Erich und ich machten einen Ausflug nach Pompei. Wir bestiegen den Vesuv. Mit Ausnahme unseres glücklichen Sohnes hatten wir keine rechte Freude an der herrlichen Hafenstadt und ihrer Umgebung. Oft saßen wir auf dem Posillipo[40] mit seiner wunderbaren Aussicht.

Wir brannten darauf, fortzukommen. Endlich bekamen wir die Visen. Ich hatte von Nazideutschland kein Zeugnis über gute Führung, das ich auch nicht gut von den Nazibanden verlangen konnte. Der Konsul sagte, es gehe auch ohne das. Ich bekam aber ein italienisches Führungszeugnis, die „buona condotta". Man brauchte für die Ausreise eine Bestätigung, daß man alle Steuern bezahlt habe. Ich hatte nie Einkommensteuer bezahlt. Niemand hatte eine solche Steuer von mir verlangt. Ich sagte zu meinem Kollegen Momigliano, ich würde nachzahlen, was man verlange, um die Bestätigung zu erhalten. Er sprach mit dem Steuerbeamten und erklärte ihm meine Lage. Er berichtete, der Beamte habe gesagt, der Dottore solle keine Geschichten ma-

---

[40] Höhenzug in der Nähe Neapels.

chen. Er solle nichts nachzahlen. Das gäbe nur Scherereien. Er bekomme das Zeugnis. Das ist auch Italien.

Wir fuhren mit der Bahn nach Genua. Dort hatten wir auf dem 40 000 Tonnen großen hocheleganten „Conte di Savoia" gebucht. Erich Katzenstein, Nettie und Momigliano gaben uns das Geleit. Endlich stach das Schiff in See. Zum zweiten Mal versank die Vergangenheit mit den Ufern hinter uns.

Wir hatten zwei kleine Kabinen mit Bad. Man war tagsüber meist auf dem Deck. Dr. Fröhlich[41] und seine Frau[42] fuhren mit uns. Erich und ich genossen das phantastische Essen. Man konnte sich bestellen, was man wollte. Ich hatte nach zwei Tagen genug. Aber unser Sohn aß schon zum Frühstück ein Beefsteak und hielt begeistert bis zum Schluß durch.

Wir fuhren bei strahlendem sonnigen Wetter an den Azoren und nachts an der afrikanischen Küste vorüber. Im Atlantik kamen wir in einen Sturm. Ein kleines Schiff war in Seenot. Wir mußten zurückfahren und bei ihm warten, bis ein kleineres Schiff uns ablöste. Die Wellenberge, der fahl leuchtende Abendhimmel boten einen gespenstischen Anblick. Der „Conte di Savoia" meisterte den Sturm spielend. Wir wurden nicht seekrank. Beim Mittagessen blieben viele Plätze leer. Auf einmal neigte sich das Schiff zur Seite und alles Porzellan fiel klirrend zu Boden.

Wir hatten große Verspätung. Bessies Paß lief in wenigen Tagen ab. Aber auch diese Sorge war unbegründet. Der amerikanische Immigration-Officer schaute nur das amerikanische Visum an und warf unsere Pässe in den Papierkorb.

Am 9. März 1939 fuhren wir spät abends an der Freiheitsstatue vorüber in den Hafen von New York ein. Wir waren angelangt. Ein neues Leben fing an. Die Vergangenheit lag scheinbar hinter uns.

---

[41] Hans David Fröhlich (1895–1980), Dr. iur., seit 1924 als Rechtsanwalt in München zugelassen, 1936 nach Mailand abgemeldet, seit 1939 USA.
[42] Margarete Fröhlich, geb. Jacoby (geb. 1898).

Anhang

Max Hirschberg an den Präsidenten des Oberlandesgerichts München, 12.Mai 1933.
Betr. Vollzug des Gesetzes über die Zulassung zur Rechtsanwaltschaft.
BayHStA, MJu 21015.

[...] Es ist durchaus unrichtig, daß ich mich jemals in irgend einer Weise kommunistisch betätigt hätte; es ist durchaus unrichtig, daß ich jemals mit den weltanschaulichen Grundsätzen und Zielen des Kommunismus einverstanden gewesen wäre. Diese Beschuldigung bedeutet eine Verkehrung meiner ganzen Persönlichkeit, Weltanschauung und Berufsarbeit ins gerade Gegenteil. Da diese Frage für mich existenzbedeutend ist, wird es mir gestattet sein, bevor ich Gewährsmänner über meine Behauptungen benenne, meine Weltanschauung und Arbeit etwas ausführlicher darzulegen, um die völlige Unmöglichkeit nachzuweisen, daß gleichzeitig kommunistische Einstellung oder Betätigung in Frage kommen könnte. Ich mache alle Angaben aus dem Gedächtnis nach bestem Wissen, Ergänzungen werden die Herren Kollegen Dr. Graf von Pestalozza und Dr. Georg Krauss II, denen ich Vollmacht erteile, für mich in Vorlage bringen.

I.

Ich bin in München am 13. November 1883 als Sohn eines Kaufmanns geboren, bin deutscher Staatsangehöriger und habe mein ganzes bisheriges Leben mit Ausnahme der vier Frontdienstjahre in Deutschland verbracht. Ich besuchte in München die Volksschule und das Wilhelmsgymnasium, studierte Rechtswissenschaften in München, Berlin und Leipzig, bestand das Staatsexamen in München und praktizierte an den Münchner Gerichten, am Bezirksamt Freising und bei Rechtsanwalt Dr. Friedlaender in München.

Ich promovierte an der Münchner Universität magna cum laude bei von Ulmann und Birkmeyer mit einer strafrechtlichen Arbeit „Die Schutzobjekte des Verbrechens", die bei Olshausen und Frank bei der Systematik zitiert ist. Ich bestand den Staatskonkurs 1910 in München mit Note 60 = 2, mit dem 7. Platz unter 354 bayerischen Kandidaten. Ich wurde im Frühjahr 1911 am Landgericht Traunstein, wo ich vorübergehend eine Vertretung führte, und im Oktober 1911 am Landgericht München I und II und Oberlandesgericht München als Anwalt zugelassen.

Ich bin seitdem ununterbrochen bei den Münchner Gerichten als Anwalt zugelassen und tätig gewesen. In den 22 Jahren meiner Anwaltstätigkeit wurde ich niemals gerichtlich oder standesgerichtlich irgendwie beanstandet. Ich veröffentlichte im Archiv für Kriminologie und anderen wissenschaftlichen Zeitschriften kleinere Arbeiten, insbesondere über Strafprozeß und Kriminalpsychologie.

II.

Bei Kriegsausbruch rückte ich August 1914 als Landwehrmann ein. Nachdem ich mich freiwillig an die Front gemeldet hatte, kam ich Mitte Januar 1915 als Unteroffizier an die Westfront. Ich war, von kurzem Urlaub abgesehen, ununterbrochen vom Januar 1915 bis zum Tag des Waffenstillstands an der Front, erst im Kampfabschnitt Arras-Vimy, dann in den Großkämpfen bei Verdun, dann südlich bei St. Mihiel. Bei Ausbruch der Revolution war ich, nachdem ich die Räumung des St. Mihiel-Bogens mitgemacht hatte, in Feuerstellung bei Mars la Tour.

Ich führte meine Batterie geordnet über die Rheinbrücken auf dem Landwege bis Fürth in Bayern, wo wir Mitte Dezember 1918 eintrafen und demobilisiert wurden. Ich wurde an der Front, obwohl Jude, zum Offizier und später zum Batterieführer befördert und erhielt 1915 das EK II, einige Monate nach den blutigen Kämpfen vor Verdun das Eiserne Kreuz I. Klasse.

Nach einer Abkommandierung zur Feldartillerie qualifizierte mich Hauptmann Streck mit den Worten: „Er ist zwar Jude, wenn aber ein Jude so tapfer sein Leben einsetzt wie dieser, eignet er sich auch zum Offizier." Mit meinen Kameraden aller Bevölkerungsschichten verband mich, zumal ich grundsätzlich ihre Verpflegung teilte, eine Kameradschaft, die auch in den letzten schweren Kriegszeiten und nach Ausbruch der Revolution die vollständige Ordnung in meiner Batterie gewährleistete.

Ich beantrage zu diesem Punkte zu vernehmen meinen Kameraden Architekt Paul Gedon in München, Gabelsbergerstraße 5.

Ich führe dies nicht aus, als ob ich mehr als meine Pflicht bei der Verteidigung meines deutschen Vaterlandes getan hätte, ich glaube aber, daß diese Tatsachen bei der Entscheidung über meine Existenz in die Wagschale fallen dürften.

III.

Ich hatte mich vor und während des Krieges nur mit wissenschaftlichen, insbesondere rechtswissenschaftlichen Fragen beschäftigt; daneben hatte die große deutsche Philosophie, die große deutsche Kunst den Inhalt meiner geistigen Existenz gebildet. Im letzten Kriegsjahr verlor ich einige ganz junge Kameraden meiner Batterie durch tödliche Verwundungen. Besonders tief bewegte mich der Tod eines jungen Bauernsohnes, eines prächtigen Menschen, der kurz vor Kriegsende bei Ausführung eines von mir erteilten, notwendigen Befehles tödlich getroffen wurde; ich mußte seinen alten Eltern wenige Tage vor dem Waffenstillstand den Tod ihres einzigen Sohnes mitteilen.

Ebenso tief erschütterte mich die Tatsache, daß einige Zeit vorher eine neben mir einschlagende Granate über mich hinweg einen 18 jährigen braven Jungen tötete, während ich unverletzt blieb. Auch der Besuch verwundeter Kameraden in Kriegslazaretten und die dort empfangenen furchtbaren Eindrücke riefen in mir eine tiefgehende Veränderung meiner Gesamtanschauung hervor.

Es herrschte in mir das tiefe Verlangen, der kommenden Generation diese furchtbaren Leiden zu ersparen. Aus diesem Grunde schloß ich mich gleich Hunderttausenden heimgekehrter Soldaten damals der USP als Mitglied an. Ich habe mich in der Partei nicht betätigt und jedes Amt abgelehnt. Ich darf hier gleich grundsätzlich aussprechen: Ich habe niemals politischen Ehrgeiz gehabt, weder damals noch in der SPD irgend ein Amt, irgend eine Funktionärsstelle bekleidet, ich habe selten auch nur politische Versammlungen besucht, ich habe niemals in einer politischen Versammlung über eine politische Frage eine Rede gehalten oder auch nur das Wort ergriffen, insbesondere habe ich niemals für politische Zwecke agitiert.

Es ist daher vollkommen abwegig, wie es zu geschehen scheint, aus der Tatsache, daß ich politische Verteidigungen geführt habe, zu folgern, ich sei Politiker oder ein politischer Mensch gewesen. Ich habe klar erkannt, daß mich die Lebensaufgabe der Anwaltsarbeit vollkommen erfüllt , und ich habe es konsequent abgelehnt, daneben eine politische Lebensarbeit, zu der mir alle Vorbedingungen und Kenntnisse fehlen, zu übernehmen.

Ich wurde von dem früheren Altbürgermeister Schmid vor Jahren gebeten, in den Stadtrat zu gehen, weil die Fraktion einen Juristen benötige. Ich habe dies abgelehnt mit der Begründung, daß ich ausschließlich Anwalt sei und diese Arbeit mich vollkommen erfülle, eine zweite Aufgabe daneben sei unmöglich.

Meine Zugehörigkeit zur USP hatte mit Sympathie für den Kommunismus nichts zu tun; die KPD bekämpfte ja diese Partei aufs heftigste. Bei der Spaltung der USP trat ich zur SPD über, der ich seit über 10 Jahren als einfaches Mitglied angehörte. Diese Entscheidung war für mich ganz selbstverständlich, weil ich demokratischer Sozialist und somit schärfster Gegner des Bolschewismus war. Beides sind diametrale Gegensätze; es ist ja bekannt, mit welcher Todfeindschaft die KPD seit vielen Jahren die SPD bekämpfte.

Die Haltung der SPD hatte ich keineswegs in allen Fragen gebilligt; ich hatte und wollte aber keinen Einfluß politischer Art, ich war auch in dieser Partei niemals Funktionär, gehörte keiner Kommission an, ich wurde selbst zu den Versammlungen, in denen die Funktionäre und Abgeordneten bestimmt wurden, niemals zugezogen. Ich wollte mich auf die Lebensaufgabe des Anwaltsberufs konsequent konzentrieren; außerdem lebte ich völlig zurückgezogen für meine Familie.

Der KPD habe ich selbstverständlich niemals angehört; ich habe niemals eine Versammlung dieser Partei besucht, die Presse der KPD habe ich nicht einmal gelesen, soweit dies nicht zur Führung von Beleidigungsprozessen gegen kommunistische Redakteure für Mitglieder der SPD und der freien Gewerkschaften im einzelnen Fall nötig war.

Meine Friedenssehnsucht und die andere Grundlage meiner Weltanschauung, das Streben nach Gerechtigkeit , schlossen die Einstellung oder gar Betätigung für ein System, das weder Frieden noch Gerechtigkeit auch nur anerkennt, diametral aus. Als Fachmann genügte mir die bolschewistische „Justiz" zur Ablehnung.

IV.

Die Annahme des Herrn Vorsitzenden des Anwaltskammer-Vorstandes, ich hätte regelmäßig Kommunisten verteidigt, ist vollkommen unhaltbar. Ich habe seit über 10 Jahren, soweit ich auswendig feststellen kann, seit 1921 in keinem einzigen Falle in einem Prozeß Kommunisten verteidigt. Ich habe 1921 zusammen mit dem leider früh verstorbenen genialen Verteidiger Dr. Anton Gaenssler in einem größeren Sprengstoffprozeß Kommunisten verteidigt. So wenig man daraus folgern wird, Kollege Gaenssler sei Kommunist gewesen, so wenig ist eine solche Folgerung bei mir gerecht.

In den Jahren 1919 bis 1921 haben viele Anwälte politische Verteidigungen auch von Kommunisten geführt, ohne daß weltanschauliche Sympathie auch nur in Frage kam. Ich darf daran erinnern, daß der Berliner Verteidiger Dr. Alsberg noch voriges Jahr am Reichsgericht große Kommunistenprozesse verteidigte, ohne daß man daran denken wird, ihn für einen Anhänger der KPD zu halten.

In dem erwähnten Prozeß habe ich im Plädoyer die Gewissenlosigkeit der Führer der KPD, die diese Arbeiter ins Unglück gestürzt haben, öffentlich scharf gebrandmarkt. Dadurch wurden mir alsbald keine Verteidigungen von Kommunisten mehr angeboten und seit über 10 Jahren habe ich solche konsequent nicht in einem einzigen Falle übernommen. Es war der KPD bekannt, daß ich Verteidigungen für die SPD und die freien Gewerkschaften führte, sodaß meine ablehnende Haltung bei dem diametralen Gegensatz beider Parteien feststand.

Die Tatsache, daß ich Beleidigungsprozesse gegen kommunistische Redakteure führte, stellte dies vollends klar. Neben politischen Prozessen für Angehörige der SPD habe ich solche nur für einzelne demokratische Zeitungen wie „Berliner Tageblatt" und „Frankfurter Zeitung" und für Angehörige des Bauernbundes geführt. Im übrigen darf ich darauf verweisen, daß die Führung einer Verteidigung in einem solchen politischen Prozeß keinen

Schluß auf die eigene Einstellung des Anwalts zuläßt, viele Anwälte verteidigen ständig Angehörige der verschiedensten Parteien in politischen Prozessen.

Daß meine Einstellung das diametrale Gegenteil zu kommunistischer Anschauung darstellt, wird die Befragung der unten angeführten Zeugen auch
erweisen. [...]

Abschließend darf ich sagen, daß ich außer für Frieden und Gerechtigkeit
als Grundlage meiner Gesamteinstellung für Menschlichkeit eintrete. Daß
diese Einstellung jede Neigung zum Bolschewismus mit seinen blutigen
Schrecknissen diametral ausschließt, bedarf keiner Darlegung. Ich stelle meine Gesamthaltung unten unter Beweis.

V.

Schließlich darf ich auf meine anwaltschaftliche Arbeit als Ganzes verweisen.
Die politischen Verteidigungen waren nur ein kleiner, für mich keineswegs
der wichtigste Teil meiner Berufsarbeit. Nur weil sie sich zeitweise häuften
und meist die Zeitungen beschäftigten, erschien dieser Teil meiner Arbeit als
charakteristisch für meine Berufstätigkeit.

Neben meiner Zivilpraxis war mein Hauptbestreben darauf gerichtet, Kri-
minalpraxis der verschiedensten Gebiete auf möglichst wissenschaftlichem
Niveau zu führen. Als Spezialgebiet hatte ich Wiederaufnahmesachen. Ich
habe im Falle Götz in Augsburg die Aufhebung des irrtümlichen Todesurteils
und die rechtskräftige Verurteilung wegen fahrlässiger Tötung mit sofortiger
Haftentlassung erreicht und im Falle Pfeuffer in Bamberg die Aufhebung einer Zuchthausstrafe von 15 Jahren und Verurteilung zu 4 Jahren Gefängnis
mit Haftentlassung im Wiederaufnahmeverfahren.

Seitdem war ich viele Jahre lang mit Wiederaufnahmesachen, die meist
nach Prüfung abgelehnt werden mußten, beschäftigt. Zuletzt habe ich 3 Jahre
an dem Nachweis gearbeitet, daß ein lebenslänglich Verurteilter die Tat nicht
begangen hat, sondern ein anderer. In dieser Sache schwebt die Wiederaufnahme, die Staatsanwaltschaft hat jetzt gegen den wirklichen Mörder Anklage erhoben, der zu unrecht Verurteilte ist seit vielen Jahren im Zuchthaus
Straubing.

Diese Arbeiten, die mit umfangreichem Briefwechsel, besonders mit vielen Lebenslänglichen verbunden waren, erschienen mir neben wissenschaftlicher Kriminalistik als Lebensaufgabe. Daneben in dilettantischer Weise eine
politische Rolle zu spielen, war nicht mein Ehrgeiz, meine Berufsarbeit nahm
mich restlos in Anspruch, zumal ich daneben wissenschaftlich arbeitete.

Über die Art meiner Berufsausübung möchte ich den unten benannten
Kollegen, die mich größtenteils seit über 20 Jahren kennen, und den unten benannten Richtern das Urteil überlassen. Ich darf behaupten, daß meine ruhi-
ge, sachliche, unnötige Kränkungen des Gegners tunlichst meidende Pro-

zeßführung von keinem objektiven Beurteiler bezweifelt werden wird; von beschäftigten Anwälten hatte sicher keiner weniger Konflikte mit Gericht und Kollegen als ich. Ich bitte diese Beweisanträge nicht für unerheblich zu erklären; kommunistische Einstellung ist bei dieser Gesamthaltung sicherlich eine undenkbare Annahme.

VI.

[... Hirschberg nennt eine große Zahl von Richtern, Anwaltskollegen und sonstigen Personen als Gewährsleute]

Ein Teil dieser Gewährsmänner wird Einzelheiten meiner politischen Einstellung nicht angeben können, weil ich im Gespräch mit Richtern und Kollegen in politischen Dingen stets größte Zurückhaltung übte; aber über meine Persönlichkeit im allgemeinen wird jeder von ihnen urteilen können, woraus Schlußfolgerungen gezogen werden können.

Daß ich in Zukunft noch viel mehr Zurückhaltung üben und noch viel mehr ganz zurückgezogen leben werde, versteht sich von selbst. Daß die Führung politischer Prozesse nicht mehr in Frage kommt, bedarf keiner Erwähnung. Daß politische Betätigung noch viel weniger als früher in Frage kommt, ist selbstverständlich.

Dr. Max Hirschberg
Rechtsanwalt

Lebensdaten Max Hirschbergs

1883	13. November in München geboren
1893–1902	Wilhelmsgymnasium München
1903–1907	Jurastudium Berlin, Leipzig und München
1907	1. Examen
1907–1910	Referendarzeit
1910	2. Examen („Staatskonkurs"), Platz 7 unter 354 Kandidaten, Promotion zum Dr.iur.
1911	Niederlassung als Rechtsanwalt zunächst in Traunstein, dann in München
1914–1918	Kriegsdienst, von 1915 an der Front, als Leutnant d.R., mehrere Auszeichnungen
1919	Rechtsanwalt in München, politisches Engagement in USPD und SPD, Verteidigungen in politischen Prozessen
1920	Heirat mit Bessie Gerstle (1888–1970), Sohn Erich (1921)
1922	Fechenbachprozeß
1925	Dolchstoßprozeß; in der Folgezeit erfolgreiche Anwaltstätigkeit, Spezialität Wiederaufnahmeverfahren; aktive Gegnerschaft zum Nationalsozialismus
1933	10. März–26. August „Schutzhaft", weiteren Maßnahmen entgeht er nur knapp
1934	April Emigration über Schweiz nach Italien
1934–1939	Mitarbeit bei italienischem Anwalt in Mailand
1935	Dezember Entziehung der deutschen Anwaltszulassung
1938	Dezember Ausbürgerung

1939   Aberkennung des Doktortitels; Weiteremigration nach USA, 9. März Ankunft in New York; in der Folgezeit Rechtsberater, nach 1945 bes. in Rückerstattungs- und Wiedergutmachungssachen; literarische und wissenschaftliche Betätigung, zahlreiche Veröffentlichungen, darunter

1960   der Klassiker „Das Fehlurteil im Strafprozeß"

1961   50jähriges Jubiläum der Anwaltszulassung, gesundheitsbedingter Rückzug aus dem Beruf

1964   21. Juni in New York gestorben

Bibliographie Max Hirschberg

Die Schutzobjekte der Verbrechen, speziell untersucht an den Verbrechen gegen den Einzelnen. Eine konstruktiv-dogmatische Studie, zugleich ein Beitrag zur Strafrechtsreform. (Iur. Diss. München 1910) Breslau 1910 (= Strafrechtliche Abhandlungen Heft 113).

The Communist Terror in Munich. In: The Nation (New York) vom 19. Juli 1919, S. 76–77.

Bolschewismus. Eine kritische Untersuchung über die amtlichen Veröffentlichungen der russischen Sowjet-Republik. München-Leipzig (Duncker und Humblot) 1919.

Die Gerichtsverfassung der russischen Sowjet-Republik. In: „Deutsche Juristenzeitung" 24. Jahrgang (1919), Heft 15/16, Sp. 629–633.

German Political Tendencies Before the Coup. In: The Nation (New York) vom 3. April 1920, S. 418–419.

Der Fall Fechenbach vor dem Münchner Volksgericht. Eine Darstellung nach den Akten von Rechtsanwalt Dr.Max Hirschberg. Mit einem Nachwort vom Sachverständigen Dr.Thimme. Berlin (Verlag für Sozialwissenschaft) 1922 (= Politische Prozesse. Aktenmäßige Darstellungen hrsg. von Robert Breuer, Heft 2).

[Vorrede zu:] Das Fechenbach-Urteil vor dem Deutschen Reichstage. Nach dem amtlichen Stenogramm der Reichstags-Sitzungen vom 2. und 3. Juli 1923. München (G.Birk und Co.) 1923, S. 3–5.

Zusammen mit Friedrich Thimme (Hrsg.), Der Fall Fechenbach. Juristische Gutachten. Tübingen (J. C. B. Mohr) 1924 (= Recht und Staat in Geschichte und Gegenwart Heft 33).

Der Fall Fechenbach. In: Die Justiz I (1925/26), S. 46–59.

[Vorwort zu:] Der Dolchstoß-Prozeß in München 1925. Eine Ehrenrettung des deutschen Volkes. Eine Sammlung von Dokumenten. München (G. Birk und Co.) 1925, S. 3–4.

Zusammen mit Wladimir Eliasberg, Ein „Fall" von Notdiebstahl. In: Monatsschrift für Kriminalpsychologie und Strafrechtsreform (MschrKrimPsych) 18
(1927), S. 661–670. Nachtrag ebd. 19 (1928), S. 415–417.

Ein Fehlurteil auf Grund unwahrer Kinderaussagen. In: MschrKrimPsych 19
(1928), S. 670–676.

Zusammen mit Hans Molitoris, Aufhebung eines Fehlurteils in einer Mordsache. In: Archiv für Kriminologie 82 (1928), S. 28–40.

Ein aufgedecktes Meineidskomplott. In: Archiv für Kriminologie 84 (1929),
S. 81–104.

Die Lüge als Schuldbeweis. In: MschrKrimPsych 20 (1929), S. 337–343.

Zur Psychologie des Wiederaufnahmeverfahrens. In: MschrKrimPsych 21
(1930), S. 395–412.

Ein Fall von sexuellem Infantilismus. In: MschrKrimPsych 22 (1931),
S. 412–418, 744–745 (Nachtrag).

Die Verschlechterung der Strafrechtspflege durch Notverordnungen. In: Die
Justiz VIII (1932/33), S. 122–133.

Eine merkwürdige Meineidssache. In: MschrKrimPsych 24 (1933),
S. 101–107.

Fehlurteile und Wiederaufnahmeverfahren. Die Mordsache Rettenbeck. In:
Schweizer Zeitschrift für Strafrecht 49 (1935), S. 331–349.

Wrongful Convictions. In: Rocky Mountain Law Review (University of Colorado) December 1940, S. 20–46.

Pathology of Criminal Justice. Innocent Convicted in Three Murder Cases.
In: Journal of Criminal Law and Criminology 31 (1941), S. 536–550.

Good Nazis, Bad Germans. In: The Nation (New York) vom 9. Juni 1945,
S. 648–649.

Die Weisheit Russlands. Meisterwerke der russischen Literatur. Die Bedeutung des russischen Geistes in der Kulturkrise der Gegenwart. Stockholm-
Zürich-New York-London (Neuer Verlag) 1947.

Das Fehlurteil in der Strafjustiz. Zur Pathologie der Rechtsprechung. In: Monatsschrift für Kriminologie und Strafrechtsreform 38 (1955), S. 129–150.

Das Fehlurteil im Strafprozeß: Zur Pathologie der Rechtsprechung. Stuttgart (Kohlhammer) 1960.

desgl. Taschenbuchausgabe: Frankfurt (Fischer) 1962.

desgl. Japanische Übersetzung: Tokio 1961.

desgl. Spanische Übersetzung: La Sentencia Erronea en el Proceso Penal. Übers. von Tomas A. Banzhaf. Buenos-Aires 1969.

[Vorwort zu:] Friedrich S. Grosshut, Staatsnot, Recht und Gewalt. Nürnberg (Glock und Lutz) 1962, S. 7–13.

Meisterwerke der russischen Literatur übertragen und erläutert von Max Hirschberg. München (Droemer-Knaur) 1963.

Das amerikanische und deutsche Strafverfahren in rechtsvergleichender Sicht. Neuwied-Berlin (Luchterhand) 1963 (= Strafrecht – Strafverfahren – Kriminologie Band 6).

Unveröffentlichte Manuskripte im Nachlaß

Neben Gedichten, Briefen u.a. Lebenszeugnissen:

Die Kulturkrise der Gegenwart. 340 Seiten, Typoskript.

Selbstporträt im Rahmen der Epoche (= Erinnerungen). 311 Seiten, Typoskript.

Die Dreyfus-Affäre und ihre politischen Hintergründe. Das unsterbliche Frankreich. 438 Seiten, Typoskript.

Immortal France. The Background of the Dreyfus-Affair. 401 Seiten, Typoskript.

Alexander Puschkin, Eugen Onegin. Deutsche Nachdichtung in Versen von Max Hirschberg. 132 Seiten, Typoskript.

Mein Leben in Deutschland vor und nach dem 30. Januar 1933. 102 Seiten, Typoskript. Wettbewerbsbeitrag 1939/40.
Lagerort: Houghton Library, Harvard University, Cambridge, Mass., USA.
Signatur: bMS Ger 91 (97).

Benutzte Archive

(Einzelnachweis jeweils in der Fußnote)

Bayerisches Hauptstaatsarchiv (BayHStA)
Bestände: Staatsministerium der Justiz (MJu)
Staatsministerium für Unterricht und Kultus (MK)
Reichsstatthalter
Offizierspersonalakten (OP)
Reichswehrgruppenkommando IV
Sammlung Personen
Presseausschnittsammlung

Staatsarchiv München (StAM)
Bestände: Oberlandesgericht München (OLG München)
Landgerichte (LG)
Staatsanwaltschaften (inkl. Standgericht München, Volksgerichte
München I und Traunstein)
Amtsgericht München (AG)
Amtsgericht Weilheim (AG)
Justizvollzugsanstalt München (JVA München)
Polizeidirektion München
Personalakten (PA)
Regierung von Oberbayern (RA)
Landratsämter (LRA)

Staatsarchiv Bamberg
Bestände: Staatsanwaltschaft beim Landgericht Bamberg
Justizvollzugsanstalt Ebrach

Stadtarchiv München
Bestände: Einwohnermeldebögen
Personalakten der Anwaltskammer München
Fotosammlung

Bundesarchiv, Abteilung Berlin

Archiv der Universität München

Archiv des Wilhelmsgymnasiums München

Deutsches Literaturarchiv Marbach

Archiv des Deutschen Liberalismus Gummersbach

Archiv des Leo-Baeck-Instituts New York

Archiv des Instituts für Zeitgeschichte München

Stadtarchiv Traunstein

Justizvollzugsanstalt München-Stadelheim

Bibliographie

(Aufgenommen wurden nur mehrfach zitierte Titel. Die übrige Literatur ist in der jeweiligen Fußnote nachgewiesen.)

Franz J. Bauer und Eduard Schmidt, Die bayerischen Volksgerichte 1918–1924. Das Problem ihrer Vereinbarkeit mit der Weimarer Verfassung. In: ZbLG 48 (1985), S. 449–478.

Werner Biebl, Die Staatsanwaltschaft bei dem Bayerischen Obersten Landesgericht. München ²1993.

Karl Bosl (Hrsg.), Bayern im Umbruch. Die Revolution von 1918, ihre Voraussetzungen, ihr Verlauf und ihre Folgen. München 1969.

Martin Broszat, Der Staat Hitlers. München 1969.

ders. und Elke Fröhlich (Hrsg.), Bayern in der NS-Zeit. Bd. II, München-Wien 1979.

Werner J. Cahnmann, Die Juden in München 1918–1943. In: Hans Lamm (Hrsg.), Vergangene Tage. Jüdische Kultur in München. München 1982, S. 31–78.

Ernst Deuerlein (Hrsg.), Der Hitler-Putsch. Bayerische Dokumente zum 8./9. November 1923. Stuttgart 1962.

Adolf Eckstein, Haben die Juden in Bayern ein Heimatrecht? Berlin 1928.

Hans Fenske, Konservativismus und Rechtsradikalismus in Bayern nach 1918. Bad Homburg u.a. 1969.

Ernst Fraenkel, Zur Soziologie der Klassenjustiz. Berlin 1927, Nachdruck Darmstadt 1968.

Horst Göppinger, Juristen jüdischer Abstammung im „Dritten Reich". Entrechtung und Verfolgung. München ²1990.

Otto Gritschneder, Bewährungsfrist für den Terroristen Adolf H. Der Hitler-Putsch und die bayerische Justiz. München 1990.

ders., „Der Führer hat Sie zum Tode verurteilt...". Hitlers „Röhm-Putsch"-Morde vor Gericht. München 1993.

ders., Weitere Randbemerkungen. München 1986.

Lothar Gruchmann, Justiz im Dritten Reich 1933–1940. Anpassung und Unterwerfung in der Ära Gürtner. München 1988.

Emil Julius Gumbel, Vier Jahre politischer Mord. Berlin 1922, Nachdruck Heidelberg 1980.

ders., Verschwörer. Beiträge zur Geschichte und Soziologie der deutschen nationalistischen Geheimbünde seit 1918. Wien 1924, Nachdruck Heidelberg 1979.

ders., Verräter verfallen der Feme. Berlin 1929.

ders., Laßt Köpfe rollen. Faschistische Morde 1924–1931. Berlin 1931.

ders., Vom Fememord zur Reichskanzlei. Heidelberg 1962.

Heinrich Hannover, Max Hirschberg (1883–1964). Der Kritiker des Fehlurteils. In: Kritische Justiz (Hrsg.), Streitbare Juristen. Baden-Baden 1988, S. 165–179.

ders. und Elisabeth Hannover-Drück, Politische Justiz 1918–1933. Frankfurt 1966.

Robert Heinrich, 100 Jahre Rechtsanwaltskammer München. Festschrift. München 1979.

Helmut Heinrichs u.a. (Hrsg.), Deutsche Juristen jüdischer Herkunft. München 1993.

Heinrich Hillmayr, Roter und Weißer Terror in Bayern nach 1918. Ursachen, Erscheinungsformen und Folgen der Gewalttätigkeiten im Verlauf der revolutionären Ereignisse am Ende des Ersten Weltkrieges. München 1974.

Paul Hoser, Die politischen, wirtschaftlichen und sozialen Hintergründe der Münchner Tagespresse zwischen 1914 und 1934. Methoden der Pressebeeinflussung. 2 Bände. Frankfurt u.a. 1990.

Paul Egon Hübinger, Thomas Mann, die Universität Bonn und die Zeitgeschichte: Drei Kapitel deutscher Vergangenheit aus dem Leben des Dichters 1905–1955. München-Wien 1974.

Gotthard Jasper, Der Schutz der Republik. Studien zur staatlichen Sicherung der Demokratie in der Weimarer Republik. Tübingen 1963.

ders., Justiz und Politik in der Weimarer Republik. In: VfZ 30 (1982), S. 167–205.

Otto Kirchheimer, Politische Justiz. Verwendung juristischer Verfahrensmöglichkeiten zu politischen Zwecken. Neuwied-Berlin 1966.

Eberhard Kolb, Die Weimarer Republik. München 1984.

Tillmann Krach, Jüdische Rechtsanwälte in Preußen. Über die Bedeutung der freien Advokatur und ihre Zerstörung durch den Nationalsozialismus. München 1991.

Thomas Lange, Bayern im Ausnahmezustand 1919–1923. Zur politischen Funktion des bayerischen Ausnahmerechts in den ersten Jahren der Weimarer Republik. (Phil.Diss. München 1985) München 1989.

Sievert Lorenzen, Die Juden und die Justiz. Bearbeitet im Auftrag des Reichsministers der Justiz. Berlin-Hamburg ²1943.

Irmtraud Permooser, Der Dolchstoßprozeß in München 1925. In: ZbLG 59 (1996), S. 903–926.

Theo Rasehorn, Justizkritik in der Weimarer Republik. Das Beispiel der Zeitschrift „Die Justiz". Frankfurt 1985.

Karl Rohe, Das Reichsbanner Schwarz-Rot-Gold. Düsseldorf 1966.

Hermann Kurt Schueler, Felix Fechenbach 1894–1933. Die Entwicklung eines republikanischen Journalisten. Phil.Diss. Bonn 1980.

Hermann Schueler, Auf der Flucht erschossen. Felix Fechenbach 1894–1933. Eine Biographie. Köln 1981, Taschenbuch Berlin 1984.

Albert Schwarz, Die Zeit von 1918 bis 1933. In: Max Spindler (Hrsg.), Handbuch der bayerischen Geschichte. Band IV/1, München 1974/75, S. 454 ff.

Ernst C. Stiefel und Frank Mecklenburg, Deutsche Juristen im amerikanischen Exil (1933–1950). Tübingen 1991.

Klaus Voigt, Zuflucht auf Widerruf. Exil in Italien 1933–1945. 2 Bände. Stuttgart 1989/1993.

Wilhelm Volkert (Hrsg.), Handbuch der bayerischen Ämter, Gemeinden und Gerichte 1799–1980. München 1983.

ders. (Hrsg.), Ludwig Thoma. Sämtliche Beiträge aus dem „Miesbacher Anzeiger" 1920/21. Kritisch ediert und kommentiert. München 1989.

Falk Wiesemann, Die Vorgeschichte der nationalsozialistischen Machtergreifung in Bayern 1932/33. Berlin 1975.

Abkürzungsverzeichnis

BayHStA ..... Bayerisches Hauptstaatsarchiv, München
Bl. .... Blatt
BVP .... Bayerische Volkspartei
DDP .... Deutsche Demokratische Partei
Diss. .... Dissertation
DNVP .... Deutschnationale Volkspartei
DVP .... Deutsche Volkspartei
GVBl. .... Bayerisches Gesetz- und Verordnungsblatt
IWK ...... Internationale Wissenschaftliche Korrespondenz zur Geschichte der deutschen Arbeiterbewegung
JVA .... Justizvollzugsanstalt
KPD .... Kommunistische Partei Deutschlands
MABl. .... Ministerialamtsblatt der bayerischen inneren Verwaltung
MdL .... Mitglied des Landtags
MdR .... Mitglied des Reichstags
OLG .... Oberlandesgericht
RGBl. .... Reichsgesetzblatt
SM .... Süddeutsche Monatshefte
SPD .... Sozialdemokratische Partei Deutschlands
StAM .... Staatsarchiv München
USPD .... Unabhängige Sozialdemokratische Partei Deutschlands
VfZ .... Vierteljahrshefte für Zeitgeschichte
VO .... Verordnung
ZbLG .... Zeitschrift für bayerische Landesgeschichte

Personenregister

Abel, Werner 201f., 282
Allport, Gordon W. 37
Alsberg, Max 49, 85, 192, 312
Amann, Max 243
Amira, Karl von 12, 68
Arco-Valley, Anton Graf 121–123
Aschaffenburg, Gustav 143
Asquith, Herbert Henry Earl of 266
Auer, Erhard 14, 117f., 122, 124, 140, 175, 234, 252, 258, 262, 273
Axelrod, Towia 128

Bach, Johann Sebastian 48, 52, 87, 97
Baerwald, Leo 247
Ballin, Fritz 174
Bang, Hermann 95, 100
Barth, Emil 252
Barthelmess, Richard 75
Bauer, Gustav 154, 260
Bauer, Max Hermann 149, 151, 246
Beer-Hofmann, Richard 71
Beethoven, Ludwig van 56f., 97
Beimler, Hans 140
Bell, Johannes 181
Berchtold, Hermann 198
Berliner, Charlotte 11
Berliner, Cora 56, 104, 108
Bernstein, Max 172–174
Berten, Wilhelm 281
Bertie, Francis Leveson 267
Bethmann Hollweg, Theobald von 113, 150, 161, 170, 255
Bewersdorff, Gustav 245
Binding, Karl 12, 71
Birkmeyer, Karl von 69, 79, 309
Bismarck, Otto von 89
Böhm, German 197
Bosch, Robert 263
Bottai, Giuseppe 298
Brahm, Otto 71
Brahms, Johannes 57, 94, 99
Braun, Otto (Ministerpräsident) 25, 152, 234
Braun, Otto (Oberleutnant) 196
Bredow, Ferdinand von 296
Brentano, Lujo 113, 126, 161
Breslauer, Martin 78
Breughel, Pieter 95, 139
Briand, Aristide 249
Brockdorf-Rantzau, Ulrich Graf 180

Brod, Max 105
Brodauf, Alfred 181
Bruckner, Ferdinand 284
Brüning, Heinrich 21, 274
Bruno, Giordano 207
Buch, Walter 17, 241
Büchner, Georg 118, 138f.
Bülow, Bernhard Fürst 63, 84, 205
Buisson, Wilhelm 233f.
Burger, Alfred 193f.

Calas, Jean 205–207
Caniglia, Maria 57
Chamberlain, Arthur Neville 305
Chopin, Frederic 97
Ciano, Galeazzo Conte 298
Claß, Heinrich 162, 252
Clemenceau, Georges 159, 206
Coßmann, Bernhard 161
Coßmann, Paul Nikolaus 16, 114, 160–168, 175f., 184, 246, 251–258, 264–269, 271f.
De Coster, Charles 280
Cuno, Wilhelm 189f.
Czernichowski, Martha 160
Czernin, Ottokar Graf 162, 256

David, Eduard 260
Dawes, Charles 248
Defoe, Daniel 66
Dehler, Thomas 36, 46–48, 219
Delbrück, Hans 165, 246, 265f.
Destiker, Pierre-Henri 158
Dittmann, Wilhelm 180f.
Dobner, Hans 196–199
Dobring, Alfred 257
Döblin, Alfred 103
Dohna-Schlodien, Alexander Graf zu 177
Dostojewski, Fjodor 73f., 98–100, 103, 127, 231
Dreyfus, Alfred 182, 205f.
Dünkelsbühler, Alexander 94, 148

Ebert, Friedrich 116, 121, 150, 152, 159, 244–246, 258–262, 264
Eckardstein, Hermann Freiherr von 252
Ehrenberg, Hans 264
Ehrentreu, Heinrich 238
Ehrhardt, Hermann 149, 151f., 193, 237

Einstein, Albert 41f., 55
Eisenberger, Karl 141f.
Eisner, Kurt 9, 14, 118f., 121, 123–126, 157–160, 164f., 169
Eitel Fritz, Prinz von Hohenzollern 261
Eliasberg, Wladimir Gottlieb 49, 144
Emminger, Erich 182, 222f., 239
Engels, Friedrich 64
Epp, Franz von 130, 133
Erhardt, Kurt 282, 295
Erzberger, Matthias 114, 137, 169f., 191–194, 200, 251
Escherich, Georg 153f., 172
Estorff, Ludwig von 151
Eukleides, Euklid 100
Eulenburg, Philipp Fürst zu 172
Euripides 64
Eysoldt, Gertrud 70

Falkenhayn, Erich von 170
Fay, Sidney B. 37
Fechenbach, Felix 9, 16, 46, 50, 121f., 139, 155, 157–187, 207f., 232, 241f., 271, 279
Feder, Gottfried 20, 127, 242
Feuchtwanger, Lion 9–11, 18
Feuchtwanger, Ludwig 42
Feuermann, Emmanuel 57
Feust, Karl 290
Fink, Max J. 36
Fischer, Eugen 165, 267
Fischer, Hermann 200
Flaubert, Gustave 102
Fleischmann, Marcel 297
France, Anatole 65, 206, 210, 271
Franco, Francisco 140
Frank, Albert 140, 167, 271
Frank, Bruno 48, 106
Frank, Hans 17, 31, 288, 291
Frank, Karl 291
Franz Ferdinand, Erzherzog 90
Freud, Sigmund 65, 72, 86
Freymuth, Arnold 177f.
Frick, Wilhelm 194, 197
Friedenreich, Martin 283, 286f.
Friedlaender, Max 78, 141, 309
Fröhlich, Hans David 307
Fröhlich, Margarete 307

Gaenssler, Anton 312
Gaenssler, Max 283
Gagern, Heinrich von 133
Galilei, Galileo 207
Gallifet, Gaston Marquis von 131

Gandorfer, Karl 126
Gandorfer, Ludwig 126
Ganghofer, Ludwig 217
Gareis, Karl 15, 137, 193, 196, 198–200
Gargas, Sigismund 171–174, 176, 180, 184, 187
Gedon, Paul 108f., 310
Gerlach, Hellmut von 180
Gerlich, Fritz 163, 254f.
Gerstle, Emil 108, 186
Gerstle, Julius 112, 278
Gesell, Silvio 126
Geßler, Otto 154, 238
Gide, Andre 96
Gigli, Beniamino 57
Glaeser, Ernst 281
Glaser, Friedrich 197f.
Goebbels, Joseph 294
Gömbös, Gyula von Jákfa 194
Göring, Hermann 235f., 241, 295f.
Goethe, Johann Wolfgang von 59, 65, 77, 83, 93, 229, 280
Götz, Otto 209, 220–223, 313
Goetz, Walter 166
Gogol, Nikolai 102, 139
Gorki, Maxim 70
Graf, Oskar Maria 42
Greiner, Oskar 30
Groener, Wilhelm 117, 259–263
Groß, Hans 146
Grosshut, Friedrich S. 40, 42, 48f.
Gruber, Martin 16, 23, 223, 271
Gruber, Max von 161f., 256
Günther, Albrecht Erich 23f.
Gürtner, Franz 203, 233, 236, 242
Gulat-Wellenburg, Walter von 231
Gumbel, Emil Julius 11

Hammann, Otto 166
Hanfstaengl, Ernst 241
Harden, Maximilian 172, 200
Hartshorne, Edward Y. 37
Hasek, Jaroslav 281
Haslbeck, Franz 278–282, 285
Hass, Karl 46, 121, 168, 171f., 174–176, 178, 182–184
Hattingberg, Hans von 144
Hauptmann, Gerhart 71, 101
Heifetz, Jascha 57
Heilemann, Ernst 63
Heim, Georg 118, 123, 158, 246, 258
Heines, Edmund 295
Heinrich, Paul 257

Heinze, Karl Rudolf 181
Held, Heinrich 25, 249, 275
Helfferich, Karl 192f.
Hell, Robert 132
Helldorf, Wolf Heinrich Graf 295
Hellmann, Friedrich 68
Hemmeter, Walther 153
Hentig, Hans von 143, 220, 223
Hermann, Friedrich Anton 219
Hertling, Georg Graf von 164, 251
Herz, Ludwig 266, 272
Heß, Rudolf 240
Heydrich, Reinhard 27
Heyn, Albert 280
Hilferding, Rudolf 244
Himmler, Heinrich 27
Hindenburg, Paul von 112f., 134, 169,
    246, 249, 260, 262, 270, 274, 276, 278
Hirschberg, Arthur 88
Hirschberg, Bessie 33, 57, 72, 76, 97–100,
    102, 105, 108, 112, 147, 156, 186, 190f.,
    223, 241, 271, 278f., 281f., 284–287,
    292f., 295, 297–299, 306f.
Hirschberg, Dorothea 72, 88
Hirschberg, Erich 33, 156, 286, 306f.
Hirschberg, Ferdinand 11, 186, 189
Hirschberg, Stefanie 88
Hirschberg, Stephan 61, 102
Hirschfeld, Oltrig von 192f.
Hitler, Adolf 9, 17–21, 25, 35, 87, 123,
    127f., 137, 154, 163, 183f., 192, 194, 199,
    201, 203, 220, 233–244, 247f., 254f., 272,
    274–276, 282, 289, 291–297, 303–306
Hoeflich, Lucie 70, 104
Hoegner, Wilhelm 131, 293
Hölderlin, Friedrich 57, 200
Hoffmann, Johannes 125f., 129, 131
Hofmannsthal, Hugo von 77
Holstein, Friedrich von 84, 166, 267
Honigsheim, Paul 126
Horn, Karl 133
Horvath, Ödön von 233
Hoyos, Alexander Graf 166
Huch, Friedrich 100
Huch, Ricarda 105
Hugenberg, Alfred 272, 297

Ibsen, Henrik 97, 99

Jacoby, Hugo 78
Jacoby, Siegfried 78
Jagow, Traugott von 151f.
Jahreiß, Paul von 122

Jochim, Theodor 268–270
Joel, Karl 104
Josephthal, Fritz 290
Jung, Edgar Julius 296f.

Kafka, Franz 59
Kahl, Wilhelm 181
Kahr, Gustav von 149, 153f., 200, 234,
    236–241, 243, 295f.
Kanzler, Rudolf 172
Kapp, Wolfgang 150–152, 193, 242
Károlyi, Michael Graf 252
Kassenetter, Joseph 283
Kassenetter, Josephine 283f.
Katzenstein, Erich 57, 97f., 107, 112, 190,
    294, 302, 307
Katzenstein, Nettie 57, 97f., 107, 112, 190,
    288, 293f., 306f.
Kaufmann, Adolf 136
Kempner, Robert M.W. 21f.
Kern, Erwin 200
Kessel, Eugen von 296
Kierkegaard, Sören 58, 96f., 101, 103, 142
Killinger, Manfred von 193f.
Kisch, Wilhelm 288
Kitzinger, Friedrich 68, 177, 180
Klabund 105
Klingelhöfer, Gustav 126
Klingler, Karl 56f.
Knilling, Eugen von 234
Koblenzer, Sally 78, 299
Körner, Hermine 99
Kohler, Josef 12, 69
Kohlrausch, Eduard 179, 242
Kohn, Elisabeth 56, 145, 201, 282f., 286,
    297
Kolmsperger, Max 291
Kraepelin, Emil 12, 70, 79
Kraus, Felix von 57
Kraus, Karl 90
Krauss, Georg 281, 283, 309
Krauss, Johanna 281
Kriebel, Hermann 184, 235f.
Krille, Moritz Otto 294
Kübler, Konrad 126
Kühl, August 228
Kühlewein, Heinrich 184
Kühlmann, Richard von 171, 271
Kuhl, Hermann von 257, 270
Kuttner, Erich 257

Lagerlöf, Selma 109
Landauer, Gustav 124, 133

Landsberg, Otto 245, 257, 276
Lasalle, Ferdinand 64
Ledebour, Georg 181
Legien, Carl 260
Lehmann, Else 71, 99
Leib, Joseph Anton 132
Leipart, Theodor 263, 276
Lembke, Karl Heinz 171f., 174, 176, 184
Lenin, Wladimir I. 128
Leoncavallo, Ruggiero 95
Leoprechting, Hubert von 182
Lepsius, Johannes 165
Lessing, Gotthold Ephraim 70
Lessing, Theodor 105
Lettow-Vorbeck, Paul von 151
Levetzow, Magnus von 257
Levien, Max 124f., 128
Leviné, Eugen 125, 128, 134, 138, 151, 201
Leviné, Rosa 134
Liebknecht, Karl 116f., 121, 191
Lichnowsky, Karl Fürst 252
Liepmann, Moriz 178
Lindenfels, Otto von 132
Lindner, Alois 122f.
Lipp, Franz 126
Lipps, Theodor 12, 72, 79
Liszt, Franz von 12, 69, 78, 146, 179
Lloyd-George, David 159, 266
Loebe, Paul 181
Loeffler, Karl David 95
Löwenfeld, Charlotte 271
Löwenfeld, Philipp 11f., 21–26, 29, 131, 136f., 139, 155, 164, 177, 180, 185, 194, 197–199, 201, 238, 265, 274–277, 282, 284, 293
Löwenstein, Karl 264, 277, 288, 291, 305
Lossow, Otto von 235, 238–241
Ludendorff, Erich 17, 113, 134, 149, 169, 179, 183, 239–242, 245f., 253, 259, 263–265, 270, 272
Ludwig II. König von Bayern 62
Ludwig III. Kronprinz bzw. König von Bayern 79, 159
Luetgebrune, Walter 275
Lüttwitz, Walther von 149, 152
Lützow, Hans von 131
Luitpold Prinzregent von Bayern 62
Luther, Hans 248
Luxemburg, Rosa 116f., 121, 191

Mackensen, August von 112
Mann, Heinrich 62, 64, 66, 97f., 113

Mann, Thomas 34, 41, 48, 277, 301
Marx, Karl 64
Marx, Wilhelm 246, 248
Matteotti, Giacomo 199
Matthes, Joseph Friedrich 296
Max I. Joseph König von Bayern 269
May, Karl 66
Mazzucchetti, Lavinia 288f., 293
Meier-Graefe, Julius 106
Mendelssohn-Bartholdy, Albrecht 176, 178
Meyer, Karl 122, 135
Michaelis, Georg 102, 114f.
Misch, Carl 202
Mittermeier, Wolfgang 178
Mitzky, Dora 289
Moehl, Arnold von 153
Mörike, Eduard 280
Moissi, Alexander 71
Molitoris, Hans 219f.
Moltke, Helmuth von 170
Momigliano, Eucardio 32, 288f., 293, 298–302, 306f.
Du Moulin-Eckart, Karl Leon Graf 294
Mozart, Wolfgang Amadeus 57, 89, 94
Mühsam, Erich 124
Müller, Karl Alexander von 163
Müller, Richard 252
Müller-Franken, Hermann 180
Müller-Meiningen, Ernst 141f., 154, 179, 183
Mussolini, Benito 35, 249, 295, 300, 302–306

Nalbandoff, Wladimir 291
Nansen, Fridtjof 302
Napoleon I. 86
Naumann, Friedrich 84, 264
Neithardt, Georg 176, 242, 287
Neuburger, Fritz 70, 108, 280, 286
Neumann, Therese 163, 255
Neunzert, Max 243
Niedner, Alexander 177
Niekisch, Ernst 125
Nietzsche, Friedrich 109
Nöbauer, Anna 224–227
Nortz, Eduard 235
Noske, Gustav 130f., 134, 150, 258
Nowak, Karl Friedrich 252

Oldenbourg, Paul 94
Osel, Heinrich 122
Oskar Prinz von Hohenzollern 261

Oven, Ernst von 130

Pabst, Waldemar 150f.
Pallenberg, Max 99
Papen, Franz von 154, 297
Payot, Rene 168–170, 176, 180, 187
Pembaur, Josef 62
Pestalozza, Anton Graf 29, 134, 139, 164, 179, 251, 253f., 257, 269, 271f., 282f., 285, 287, 309
Pestalozza, Therese Gräfin 254
Pestalozza, Joseph Graf 179
Pfeuffer, Johann 208f., 217–220, 313
von der Pfordten, Theodor 183, 241
Pinza, Ezio 57
Pirandello, Luigi 284
Pöhner, Ernst 151, 153, 167, 183f., 193, 196, 198
Poincaré, Raymond 189
Possart, Ernst von 70, 89
Pracher, Georg 196–198
Preger, Konrad von 182
Prüfert, Erich 131
Puschkin, Alexander 43f., 72, 74, 297
Pythagoras 56, 65

Radbruch, Gustav 178, 182
Rathenau, Walther 137, 195, 199f., 202, 232, 270
Rauscher, Ulrich 150
Regensteiner, Ludwig 137
Reinhardt, Max 70f.
Reisenauer, Alfred 57
Reiß, Karl 98
Rettenbeck, Lorenz 220, 223–229
Reznicek, Ferdinand von 63
Rheinstrom, Clairisse 76, 286
Rheinstrom, Edgar 112
Rheinstrom, Heinrich 76, 84, 89, 136
Richter, Werner 39, 44, 46–49, 223
Riegner, Alma 71, 297
Riegner, Rudolf 71, 100, 297
Rilke, Rainer Maria 72, 96, 101
Ritter zu Groenesteyn, Otto von 169f., 176
Rode, Walther 138
Röhm, Ernst 27, 194, 236, 247, 274f., 294f.
Roon, Gerhard Graf 271
Roon, Moritz Graf 271
Roosevelt, Franklin Delano 304
Rosenthal, Martin 190
Roth, Christian 142, 179, 182
Rubinstein, Arthur 57

Rudolph, Ludwig von 269
Rupprecht, Kronprinz von Bayern 243

Sänger, Alwin 11
Sandmayr, Maria 195f.
Sauer, Oskar 71
Scanzoni von Lichtenfels, Amalia 283
Scanzoni von Lichtenfels, Gustav 282f.
Scanzoni von Lichtenfels, Rosario 283
Schacht, Hjalmar 243f.
Schäffer, Albrecht 64, 97, 101, 106
Scheidemann, Philipp 137, 200, 251, 260, 263f.
Schickaneder, Georg 225–227
Schiller, Friedrich 65, 168, 271
Schleicher, Elisabeth von 296
Schleicher, Kurt von 295f.
Schlimm, Franz 193
Schmidt, Robert 260
Schnabel, Arthur 57, 87
Schneppenhorst, Ernst 129
Schnitzler, Arthur 71, 256
Schoen, Hans von 164f.
Schopenhauer, Arthur 65, 73, 100, 290
Schramm, Christoph 247
Schramm, Karl 248
Schroeder, Franz Clemens 150
Schubert, Franz 48, 57, 87f.
Schulz, Heinrich 193
Schulze-Gävernitz, Gerhard von 264
Schumann, Robert 57
Schuster, Karl 198
Schwartz, Heinrich 87
Schwarz, Franz Xaver 284
Schwarzkopf, Elisabeth 57
Schweighardt, Hans 195f.
Schwertfeger, Bernhard 268
Schweyer, Franz 236
Seeber, Josef 269
Seeckt, Hans von 239, 241
Seißer, Hans von 235, 240f.
Severing, Carl 25, 154, 234
Shakespeare, William 55, 70f., 99, 124, 280
Simmel, Georg 103f.
Simon, Heinrich 264
Smuts, Jan Christiaan 266
Sokrates 207
Soldmann, Fritz 126
Sophokles 64
Spreti, Hans-Erwin Graf 294
Stampfer, Friedrich 195
Stapel, Wilhelm 23–25

Steiner, Ania 285
Stenglein, Ludwig 242
Stignani, Ebe 57
Stinnes, Hugo 189, 192
Straßer, Gregor 295
Straßer, Otto 296
Straßmann, Fritz 12, 69
Strauß, Alfred 290
Streicher, Julius 290
Stresemann, Gustav 248f.
Südekum, Albert 260
Swift, Jonathan 65

Thimme, Friedrich 157, 165, 175, 177f.,
    180, 182f., 263–265
Thoma, Ludwig 63, 217
Thomas, Wendelin 140, 181
Thyssen, August 192
Thyssen, Fritz 192
Tillessen, Heinrich 193
Timm, Johannes 197f.
Tirpitz, Alfred von 114, 161, 170
Toennies, Ferdinand 264
Toller, Ernst 126
Tolstoi, Leo 73f., 97, 104–106
Torquemada, Thomas de 168
Toscanini, Arturo 57
Trotha, Adolf von 257
Trotzki, Leo 128
Tschechow, Anton 110

Varisco, Bernardino 104
Verdi, Giuseppe 57
Vögler, Albert 192
Volkmann, Erich Otto 268
Vollmar, Georg von 158

Vollmeier, Ludwig 278
Voltaire 205–207
Voß, Johann Heinrich 64

Wach, Adolf 12, 71, 178
Wadler, Arnold 243
Wagner, Richard 57, 66, 89
Wassermann, Jakob 101, 280, 286
Wassmann, Hans 70
Weber, Carl Maria von 66
Weber, Marianne 264
Weber, Max 87, 126, 263f.
Weil, Lotte 186, 241, 289, 300
Weiler, David 167
Weinmann, Max 240
Weinmann, Rosa 240
Werfel, Franz 88
Wels, Otto 258f., 276
Werner, Alfred 148, 198
Westarp, Hella Gräfin 130
Wilde, Oscar 142
Wilhelm II. Kaiser 62f., 83f., 89, 91, 166,
    172, 205, 260, 304
Wilhelm Kronprinz 261
Wilmersdoerffer, Ernst 83, 94, 191
Wilson, Thomas Woodrow 114, 159, 162,
    265f.
Winnig, August 151
Wirth, Joseph 202
Wolf, Hugo 57
Wolff, Martin 12, 69
Wolfskehl, Karl 43–45

Zehnter, Karl 295
Zeller, Alfred 196
Zola, Emile 99, 206f.